HANS W. FISCHER

GERMANISCH-DEUTSCHER SAGENSCHATZ

AUS EINEM JAHRTAUSEND

HANS W. FISCHER

GERMANISCH-DEUTSCHER SAGENSCHATZ

AUS EINEM JAHRTAUSEND

RHEINGAUER VERLAGSGESELLSCHAFT
ELTVILLE AM RHEIN

Rheingauer Verlagsgesellschaft
Eltville am Rhein, 1985
Gesamtherstellung
May & Co, Darmstadt
ISBN 3 88102 024 1

ERSTES BUCH

KUNDE DER SEHERIN: NORDISCHE GÖTTER

Allen Edlen gebiet ich Andacht,
Hohen und Niedern von Heimdalls Geschlecht;
Ich will Walvaters Wirken künden,
Die ältesten Sagen, deren ich mich entsinne.

So hebt die Wala, die Seherin, feierlich ihren Spruch an in der Völuspa, dem gewaltigsten Gedicht der Vers-Edda. In granitenen Strophen kündet sie das Götterschicksal von der Schöpfung bis zum Untergang der Welt. Die steile Großartigkeit der Schau entspricht Zug um Zug der Eis- und Felsnatur Islands, wo das germanische Heidentum seine letzte Zuflucht fand. Ganz und gar nordisch geprägt sind diese Göttergestalten; wir dürfen keineswegs unsern Wodan mit Odin, unsern Donar mit Thor, unsern Ziu mit Tyr völlig gleichsetzen. Aber gewiß stammen die deutschen und die nordischen Götter aus derselben Wurzel; und da es eine zusammenhängende deutsche Überlieferung der alten Göttersage nicht gibt, vielmehr alles, was wir darüber wissen, erst von der Wissenschaft mühsam erschlossen werden mußte, wollen wir dafür danken, daß die Nordländer, auch als sie schon Christen waren, genug Ehrfurcht vor ihrem Ahnengut hatten, um es zu hüten und zu bewahren.

Diese Überlieferung ist keine Glaubenslehre, die den Anspruch erhöbe, daß man bestimmte Sätze für wahr halten müsse, sondern sie ist Dichtung; und als solche soll sie auch aufgenommen und genossen werden. Ihre Wahrheit liegt in der letzten Tiefe des Erlebnisses, das jeder an sich selbst erfuhr. Es besteht kein Zweifel daran, daß die germanische Religion letzten Endes eine Naturreligion war, daß sich also in den Göttern segensreiche Naturkräfte verkörperten, genau wie in ihren Erzfeinden, den Riesen, verderbliche. Davon ist auch etwas erhalten geblieben: wir spüren in Odin das Wehen des Windes, von dem keiner weiß, woher er kommt, noch wohin er geht; sehen um Balder den Glanz der blühenden Erde; fühlen in Thor den elementarischen Zorn des Gewitters. Aber noch viel zwingender stellt sich dar in Odin der heldische Mann, der um das letzte Geheimnis ringt und offenen Auges in den Untergang geht; in Balder der strahlende Held, der ahnungsloser Blindheit und bewußter Tücke zum Opfer fällt; in Thor der einfache, bäurische Draufgänger, der die rohen Mächte durch seine Faust bändigt, aber gelegentlich auch ein wenig gefoppt wird. Kurz: wir haben in diesen Gestalten nicht mehr vermenschlichte Naturkräfte vor uns, sondern erhöhte Menschen, in denen Naturkraft lebendig ist. Loki mag ursprünglich ein Gott des Feuers sein: in der Sage wird man nur gelegentlich daran erinnert, hier sind seine Behendigkeit, seine List, seine Bosheit menschliche Eigenschaften geworden; und menschliches Schicksal ist es, wenn an der Seite des Gefesselten seine sanfte Frau sitzt und die Gifttropfen, die auf ihn fallen, in einer Schale auffängt.

Lest die Geschichte der nordischen Götter nicht, um euch den Kopf über die mythologischen Hintergründe zu zerbrechen, sondern um das Beispielhafte dieses Götterschicksals mitzuerleben: wie eine hohe Welt sich strahlend aufbaut, zwanghaft in Schuld verstrickt wird und endlich untergeht, gerade im Untergang am herrlichsten – weil sie den Mut zu ihrem Schicksal hat. Und freut euch, wie reich sich zwischen Anfang und Ende vielfältiges Dasein hinbreitet, von der Erhabenheit des Odinsmythos bis zum bauernderben Humor der Riesenabenteuer.

DIE SCHÖPFUNG

Im Anfang war nichts, weder Sand noch See, weder Erde noch Himmel: nur gähnender Abgrund. Da schied sich Dunkel von Hell, Kälte von Hitze. Im Norden des Abgrunds lag fröstelnd Nebelheim, dort tiefte sich ein Brunnen, der hieß Tobender Kessel, und ihm entsprangen zwölf brausende Flüsse. Im Süden aber loderte in heißen Flammen Muspelheim, und von ihm wehte glühender Atem gegen Nebelheim hin.

Die zwölf Flüsse strömten weit hinweg von ihrem Quell und erstarrten zu Eis, das sich am Hang des Abgrunds emporschob; sprühende Nässe legte sich als Reif darauf. Aber durch den heißen Luftstrom von Muspelheim her begann der Reif zu schmelzen und zu träufeln, die Tropfen gewannen Leben, und aus ihnen entstand der Urriese Ymir. Wild und ungeheuer im Abgrund liegend, schlief er ein und verfiel in Schweiß. Da wuchsen ihm unterm linken Arm ein Mann und eine Frau, und sein eines Bein zeugte mit dem andern einen sechshäuptigen Sohn: daher stammte das Geschlecht der Riesen. Aus den Schmelztropfen entstand zu gleicher Zeit eine Kuh, deren Euter vier Milchströme entquollen; damit ernährte sich Ymir. Die Kuh leckte, um ihren Hunger zu stillen, den Reif von den Felsen: da kam unter ihrer warmen Zunge am ersten Tage aus dem Gestein helles Haar zum Vorschein, am zweiten eines Mannes Kopf, und am dritten Tag erstand ein ganzer Mann, der hieß Buri und war schön, groß und stark. Sein Sohn war Bor; er nahm Bestla, des Riesen Bölthorn Tochter, zum Weib und zeugte mit ihr drei Söhne: Odin, Wili und We. Mit ihnen beginnt der Götter Geschlecht.

Es war Feindschaft zwischen den göttlichen Brüdern und den Riesen, und eines Tages erschlugen die drei den gewaltigen Ymir. Aus seinen Wunden schoß das Blut in so gewaltigem Strom, daß alle Reifriesen ertranken bis auf einen, der sich mit seiner Frau auf einen Mahlkasten rettete und so emporgetragen ward. Er entkam und wurde der Stammvater eines neuen Riesengeschlechts.

Bors Söhne nahmen Ymirs Leiche, aus seinem Fleisch schufen sie die Erde und stemmten sie hoch, daß sie über dem Abgrund schwebte; aus dem Blut machten sie das Meer, das sie rund um die Erde legten, und die Seen und Flüsse; aus den Knochen die Berge und aus den Zähnen die Felsen; aus dem Haar bildeten sie die

Bäume; die Hirnschale wölbten sie als Himmel über die Erde und warfen das flockige Gehirn als Gewölk zu ihm empor. Sie fingen die Feuerfunken ein, die von Muspelheim herübersprühten, setzten sie als Gestirne an den Himmel und regelten ihre Bahn, daß nach ihnen Tage und Jahre bestimmt werden konnten. Die Wimpern Ymirs aber stellten sie als Zaun um die Erde, zum Schutz gegen die Riesen, und nannten das eingehegte Land Midgard.

Als die drei göttlichen Brüder einmal am Meerstrand entlanggingen, fanden sie dort zwei Baumstämme; aus ihnen schufen sie das erste Menschenpaar. Odin begabte es mit Atem, Wili mit Vernunft, We mit Empfindung und Sinnen. Sie nannten den Mann Ask und die Frau Embla, Esche und Ulme, und die zwei wurden die Ahnen des Menschengeschlechts. Ihm wiesen die Götter als Wohnung Midgard zu.

In der Leiche des erschlagenen Ymir hatten sich Maden gebildet; sie wühlten und wimmelten, da das Fleisch zu Erde gewandelt wurde, im Boden. Da schufen die Götter sie um zu Zwergen. Die hausen unter der Erdoberfläche im Dunkeln, darum heißen sie auch Schwarzalben. Klug und geschickt üben sie viele Künste, besonders die des Schmiedens, und manches köstliche Kleinod entstammt ihrer Hand. Vier der Zwerge nahmen die Götter und setzten sie nach Nord, Süd, Ost und West unter den Rand des Himmelsgewölbes, damit sie es stützten.

Die Riesen blieben verbannt aus dem befriedeten Reich von Midgard. Sie zeugten sich fort und wuchsen zu gewaltiger Zahl, ein wildes, unbändiges, ungetümes Geschlecht, unversöhnliche Feinde der Götter, die ihren Urahnen erschlagen und sie selbst hinausgedrängt hatten an den Rand der Welt, obwohl ihr Stamm doch der ältere war. Die Riesen heißen auch Jöten, Thursen oder Trolle, ihr Reich wird Riesenheim genannt oder Utgard, Aus-der-Welt, weil es außerhalb von Midgard liegt. Es gibt Eis- oder Reifriesen, Berg- und Steinriesen, Wasserriesen und Sturmriesen; die meisten haben ihre Wohnung im Osten und Norden der Welt. Im Süden wohnen die Feuerriesen, Muspelheim ist ihr Reich und ihr Fürst der gewaltige Surtur.

Die Götter selbst erbauten ihre Burg inmitten von Midgard und nannten sie Asgard, nach dem Namen des eigenen Geschlechts; denn sie heißen Asen, das will sagen: die Hohen im Geist.

ASGARD UND DIE GOLDENE ZEIT DER GÖTTER

Auf dem Idafeld hielten die Asen ihre Versammlungen, dort bauten sie ein Heiligtum und setzten um Odins Hochsitz ihre Stühle. Rings um die Thingstätte lagen ihre Säle, alle schön und von Gold glänzend. Denn sie hatten des Goldes genug; aus ihm bildeten sie alles Gerät, dessen sie bedurften.

Über das Dach des Heiligtums hinaus rauschte der Wipfel eines gewaltigen Baums, der Weltesche Yggdrasil; ihre Krone ragte in den Himmel und breitete sich über die ganze Welt, ihre drei Hauptwurzeln aber stießen weit hinein in die Tiefe. Eine reichte hinab nach Nebelheim bis zum Tobenden Kessel. Die zweite zog sich hin nach Riesenheim, und unter ihr lag ein Brunnen, dessen Wasser jeden, der davon trank, mit Weisheit beschenkte; ihn hütete der weise Riese Mimir. Unter der letzten Wurzel aber, die die Esche in Asgard selbst geschlagen hatte, lag der Urdbrunnen. Auf seinem dunklen Spiegel schwammen zwei Schwäne, und bei ihm wohnten drei geheimnisvolle Jungfrauen, die Nornen, Urd, Werdandi und Skuld geheißen: Vergangenheit, Gegenwart und Zukunft. Sie bestimmten den Menschen das Schicksal und pflegten des heiligen Baums, seine Wurzel fleißig mit dem Wasser ihres Brunnens tränkend. Und er bedurfte der Pflege: denn in Nebelheim, beim Tobenden Kessel, lag der scheußliche Drache Nidhöggr, der nagte an der Wurzel, und mit ihm viel anderes häßliches Gewürm, so daß den Baum Auszehrung und Fäulnis bedrohte. Hoch oben in Yggdrasils Krone saß ein Adler, er schrie zornige Scheltworte gegen den Drachen, und der antwortete aus der Tiefe mit giftigen Schmähungen; zwischen den beiden ewigen Gegnern aber rannte am Stamm hurtig das Eichhörnchen Ratatöskr auf und ab und trug die Zornreden des einen zum andern.

Aber noch stand die Esche unerschüttert, noch war der Bestand der Welt nicht bedroht. Wohl schlug im Norden ein Riese mit mächtigen Adlerflügeln, dann kam Sturm, der Meer und Feuer aufpeitschte: aber der starke Baum wankte nicht. Eisriesen schickten den grimmigen Winter aus: aber immer wieder mußte er dem Sommer weichen. Fest gegründet war die Ordnung der Jahre und Tage. Allmorgendlich ritt der Tag empor auf seinem Hengst Goldmähne, von dem heller Glanz strahlte; allabendlich fuhr die Nacht hinab auf dem Hengst Reifmähne, von dem kühler Tau in die Täler tropfte. Sonne und Mond vollendeten in leuchtendem Wagen ihren Lauf; hinter jedem der Gestirne setzte ein Wolf her, Geschöpf der Finsternis, gierig, die lockende Beute zu verschlingen: aber noch erraffte sie keiner.

In Frieden lagen Asgard und Midgard, Götter- und Menschenland; sicher ruhte das Heim der Asen in seinem eigenen Schutz. Mit der übrigen Welt hing es durch eine Brücke zusammen, die sich in vielfarbigem Glanz wölbte – Bifröst nannten sie die Götter und die Menschen Regenbogen –, und an ihrem Fuß wachte Heimdall, der helläugige Ase, bereit, ins Horn zu stoßen, wenn jemand ihr nahte. Nichts als Glück herrschte in Asgard, alle, die darin weilten, freuten sich, die Asen sowohl wie die seligen Lichtalben, die am Südende des Himmels, hoch oben im Blau, den strahlenden Saal Gimle bewohnten.

Die Götter lebten ihre goldene Zeit. Ihr Höchster war Odin, aber mit ihm hausten viele andere: Frigga, sein Weib, voll Würde und Klugheit, und ihrer beider Sohn, der lichte Balder; der starke Thor, Odins Sohn von der großen Mutter Erde, rothaarig und rotbärtig, Schützer der Saaten und Freund der Bauern, und seine Gattin Sif, blond wie ein reifes Ährenfeld; der kühne Tyr, Thor an streitbarer Kraft der nächste; Heimdall, der Himmelswächter, keines Schlafs bedürftig, scharfäugig und scharfhörig; der kluge Bragi und sein Weib Idun, die Hüterin der wunderbaren Äpfel, an denen die Götter sich immer wieder ewige Jugend aßen; der schweigsame Widar und der blinde Hödur. In Wonne und Herrlichkeit verbrachten sie ihr Dasein, reich geschmückt gingen sie einher, spielten mit goldenen Bällen, ließen die Würfel rollen und zogen die Steine auf dem Brett.

Nur einer war, der sich damals schon um schwere Rätsel mühte: Odin, der höchste und älteste aller Götter, er, der sich noch des dunklen Urgrunds bewußt war und ahnend in die dunkle Zukunft schaute.

ODIN

Einer Riesin Söhne waren Odin und seine zwei Brüder, die den Ymir töteten, die Welt bauten und die Menschen schufen. Von den dreien lebte allein Odin noch in Asgard, alle fernere Kunde von Wili und We verging – als seien sie nichts andres gewesen denn Kräfte eben des Einen, des Einzigen, des Allvaters. Er aber blieb seinem Ursprung immerdar verhaftet. Er hat Umgang gepflogen mit Riesen und schönen Riesentöchtern, und einem Riesen ward er Freund: dem weisen Mimir, seiner Mutter Bruder, der den Brunnen der Weisheit hütete. Ihm zahlte er einen hohen Preis dafür, daß er aus dem Brunnen trinken durfte: ein Auge gab er dafür zum Pfande, so daß man ihn fortan nur als Einäugigen kannte.

Durch Opfer erkaufte Odin Wissen, und er scheute selbst das schwerste Opfer nicht.

Er verlieh einst den ersten Menschen den Atem: Atem ist Leben, und wo Leben ist, ist auch Tod. So ward Odin auch der Gott der Todgeweihten, ob sie vom Speer durchbohrt wurden oder aufgehängt am hohen Holz. Er nahm sie als seine Opfer auf, und er erfuhr das Opfer an sich selbst. Dunkle Kunde geht von ihm um aus der Urzeit: einst hing er selbst hoch im Wind an einem Baum, vom Speer durchstochen, dem Odin geweiht, er selber sich selbst. Einsam rang er in Todesnot, niemand reichte im Labe: da beugte er sich nieder, nach dem Geheimnis suchend, und fiel seufzend zur Erde. Bestanden war die Todesprobe: eben, als er zu sterben meinte, ward die Kunst der Runen sein. Er lernte die zauberkräftigen Zeichen ritzen und lernte sie lesen, er lernte die Lieder der Beschwörung und wußte alle zum Reden zu bringen, die geheimes Wissen besaßen.

Zukunftskundig waren die Nornen, auch sie von riesischer Herkunft, obwohl Asgard zugeordnet. Schicksallos ist das Glück; es war ein Zeichen, daß die goldene Zeit nicht dauern werde, als die Schicksalsschwestern sich den Asen gesellten. Aber nur Odin verstand die Warnung. Er war's, der sich um die Zukunft sorgte und vertraut wurde mit den geheimnisvollen Frauen, die Stäbe schnitten und Lose legten. Und er fand solcher wissenden Frauen noch mehr. Einmal traf er eine Seherin, die einsam am Wege saß, und zwang sie durch seinen furchtbaren Blick, ihm Kunde zu geben aus Vergangenheit und Zukunft; als er sah, daß sie vieles wußte, was nur ihm bekannt war, und mehr noch dazu, belohnte er sie reich mit Halsschmuck und Ringen. Ja, er verstand sogar, eine weissagende Riesin aus dem Todesschlaf zu erwecken, damit sie ihm Zukünftiges deute; unmutig fuhr sie empor aus dem Hügel, darin sie lag – schon lange tot, vom Schnee beschneit, vom Regen geschlagen, vom Tau beträuft –, und kündete Unheil, so daß er sie mit einer Verwünschung zurückschickte ins Grab. Großer Künste war Odin mächtig, aber beladen auch mit viel schlimmem Wissen.

Immer ist dem Seher der Dichter verwandt. Und so war es auch Odin, der die Kunst der Dichtung Göttern und Menschen brachte. Auch das tat er mit Gefahr, und es war große List nötig, den köstlichen Met zu erlangen, der, aus dem Blut eines weisen Zwerges gewonnen, die Gabe der Dichtung verlieh. Eifersüchtig hütete der starke Riese Suttung den Trank; er hielt ihn in einem Felsen verborgen und hatte als Hüterin über ihn seine Tochter Gunlöd gesetzt.

So aber wird erzählt, wie Odin ihn gewann: Er machte sich auf ins Riesenreich und kam zu einer Wiese, auf der neun Knechte mähten. Ihre Sensen schnitten schlecht; da zog er einen Wetzstein hervor und schärfte sie. Die Knechte kannten einen solchen Stein noch nicht, und jeder hätte ihn gern gehabt; da warf Odin ihn in die Luft, und als sie alle gierig danach griffen, gerieten sie in Streit und erschlugen sich gegenseitig mit den Sensen. Sie standen aber im Dienste Baugis, der Suttungs Bruder war. Zu Baugi, der sich so plötzlich aller Knechte beraubt sah, ging nun der göttliche Wanderer; er nannte sich Bölwerk und erbot sich, ihm die Arbeit der neun Knechte zu leisten, wenn ihm der Riese einen Schluck von Suttungs Met verschaffte. Baugi sagte, versprechen könne er ihm das nicht, aber er wolle es versuchen. Den ganzen Sommer hindurch tat Bölwerk die Arbeit von neun Männern, und als die Ernte eingebracht war, begleitete ihn Baugi zu Suttung, um den Schluck Met zu erbitten; aber Suttung schlug es ihm rund ab. Da bat Bölwerk den Baugi, ihm zu helfen, daß er mit List an den Trank komme, und Baugi sagte es zu. Bölwerk zog nun einen Bohrer hervor und bat Baugi, den Felsen zu durchbohren. Baugi begann zu bohren und sagte nach einer Weile, jetzt sei er fertig; Bölwerk blies in das Loch, und ihm flogen die Späne entgegen: daran merkte er, daß Baugi ihn betrügen wollte, und hieß ihn seine Sache besser machen. Als Baugi das nächste Mal absetzte und Bölwerk blies, flogen die Späne nach innen. Nun verwandelte sich Bölwerk in eine Schlange und schlüpfte in das Loch; der verräterische Baugi stach ihm mit dem Bohrer nach, verfehlte ihn aber. So gelangte Bölwerk glücklich zu Gunlöd.

Sie saß auf einem goldenen Sessel, und bei ihr standen drei Kessel, gefüllt mit dem köstlichen Met. Sie war sehr hold, und Bölwerk warb um ihre Gunst, er schwor ihr den Ringeid und blieb drei Nächte bei ihr. Da versprach sie ihm drei Züge von dem Met, und mit jedem Zug trank er einen der Kessel leer, so daß er den ganzen Met in sich hatte. Dann aber verließ er Gunlöd, seines Eides nicht mehr gedenkend, und als er dem Fels entschlüpft war, wandelte er sich in Adlers Gestalt und flog eilend Asgard zu.

Suttung, den Raub gewahrend, griff zu seinem eigenen Adlergewand und verfolgte den Fliehenden. Als die Asen Odin heranfliegen sahen, stellten sie große Schüsseln in den Hof, und sobald er über Asgard schwebte, spie er, noch aus der Luft, den Met hinein. Fast hätte Suttung den Gott eingeholt, aber nach Asgard hinein wagte er nicht zu folgen und kehrte zornig um. Von dem Dichtermet teilte Odin den Asen aus – vor allem Bragi, der der Gott der Dichter wurde – und nachmals auch den Menschen, die zu Dichtern berufen sind. Einer von ihnen hat später diese Geschichte erzählt und, da er ein Schalk war, ihr noch einen lustigen Schnörkel angehängt: es soll nämlich Odin, als ihm Suttung so hart auf den Fersen war, ein wenig von dem geschluckten Met nach hinten verspritzt haben, so daß dies Teil für jeden zu haben war – und daher stammen die schlechten Dichter.

Seht: auch über Odins Gesicht gleitet zuweilen ein Strahl des Lächelns, obwohl es sonst Spiegel eines unerbittlichen Schicksals und eines bitteren Wissens ist. Denn er als der einzige unter den Asen weiß, daß die ganze Herrlichkeit der Götter einmal untergehen und das All in heißer Lohe verlodern wird. Bis zum letzten Kampf aber waltet er seines Amts. Einen hohen Sitz hat er sich erbaut mitten in Asgard; von ihm aus blickt er hinweg über die ganze Welt.

DER WANENKRIEG

Abseits von Asgard lebte noch ein anderes Göttergeschlecht, die Wanen, von denen niemand weiß, woher sie stammen; sie waren ein reiches und weises Volk voll tiefen geheimen Wissens. Ein Weib ihres Stamms, Gulweig, durchzog die Welten, sie kam nach Midgard und auch nach Asgard. Die Menschen nannten sie Heid, und wo sie erschien, liefen sie ihr zu. Denn sie wußte viele Zauberkünste und versprach geheime Wünsche zu erfüllen, so daß die Herzen von bösen Gelüsten und Gier nach Gold entbrannten; auch konnte sie die Zukunft voraussagen, und überall luden die Weiber sie in ihre Häuser. Höher schien sie verehrt als die Asen selbst, und sie frohlockte über ihre Macht. Als sie aber nach Asgard kam und dort ihre Künste üben wollte, ergriffen die Asen die Zauberin; sie stießen sie mit Geren und warfen sie in ein Feuer, aber sie erstand aus der Asche einmal und nochmals und verbrannte erst, als die Asen sie zum drittenmal ins Feuer warfen.

Da die Wanen vernahmen, wie man ihre Schwester gepeinigt und getötet hatte, zogen sie gegen die Asen und verlangten Sühne für den Mord. Die Asen gingen zu Rat und beschlossen, weder Wergeld zu zahlen, noch den Wanen, wie diese heischten, Anteil an den Opfern zu gewähren. Da entbrannte in der Welt der erste Krieg, den

Volk gegen Volk führte, und Odin eröffnete ihn, indem er seinen Speer über das Heer der Feinde schleuderte. Die Wanen waren stark und kampfgeübt, sie behaupteten in mehreren Schlachten das Feld und drangen sogar über den zerstampften Wall bis nach Asgard hinein; aber beide Gegner hatten sich so viel Schaden getan, daß die Klügsten unter ihnen zum Vergleich rieten. So schlossen sie Frieden und stellten sich gegenseitig Geiseln. Die Asen gaben den Wanen Hönir, einen Verwandten Allvaters, und den weisen Riesen Mimir; die Wanen aber den Asen den reichen Njörd, einen ihrer Besten, samt seinen beiden Kindern Frey und Freia.

Versöhnt schieden die Gegner und führten nie wieder Krieg miteinander. Dennoch erzürnten sie sich noch einmal. Denn die Wanen fühlten sich beim Geiseltausch hintergangen, weil Hönir sich als schwerfälligen und blöden Geistes erwies, so daß er ihnen nicht wie einer ihresgleichen Rede und Antwort stehen konnte, sondern stets Mimir für sich sprechen ließ. Da dachten sie Rache zu nehmen für den Betrug und schlugen dem Riesen das Haupt ab. Aber der Streit, der daraus entstand, ward verglichen. Die Wanen gaben Hönir zurück – er begleitete später Odin auf mancher Fahrt – und lieferten Mimirs Haupt Allvater aus, der es durch seine Zauberkünste wieder belebte; wie einst mit dem weisen Riesen selbst pflog Odin mit dem Haupte Mimirs Zwiesprache, wenn den Göttern Unheil drohte.

Von da an war weder im guten noch im bösen mehr Gemeinschaft zwischen den beiden Göttergeschlechtern; die Kunde von den Wanen ging den Völkern, die die Asen verehrten, fast ganz verloren, als sei Wanenheim versunken und verschwunden. Nur einer der Wanengöttinnen dienten noch manche Stämme: der geheimnisvollen Nerthus, der Schwester und Gattin Njörds, die ihn nicht zu den Asen begleitet hatte. Auf Rügen in einem heiligen Hain an einem See stand ihr Wagen, und einmal im Jahre zur Frühlingszeit pflegte sie sich zu zeigen, eine segensreiche Göttin der fruchtbaren Erde. Dann begleiteten sie die Priester auf ihrem Wagen, den weiße Kühe zogen, hinaus ins Land, und wo sie erschien, wurden freudige Feste gefeiert. Aber danach kehrte sie zurück in den Hain, in dem See wurde sie gebadet, und die Sklaven, die bei der Feier geholfen hatten, verschlang das Wasser.

Njörd lebte mit Frey und Freia fortan in Asgard, und sie gehörten zu den Asen, als seien sie von ihrem Stamm geboren. Njörd, ein milder Gott, gründete sein Haus dicht am Strand des Meers, das er liebte. Frey, leuchtend von schöner, heller Kraft, sorgte für Regen und Sonnenschein und schenkte Erntesegen; als Waffe führte er ein Schwert, glänzend wie ein Sonnenstrahl. Freia aber war die schönste unter allen Göttinnen, kühn und den Kämpfern hold, dabei aller Liebenden Schützerin, und so hoch ehrten sie die Menschen, daß sie von ihrem Namen das Wort herleiteten, das den Zauber aller edlen Weiblichkeit in sich schließt: das Wort Frau.

LOKI UND SEINE BRUT

Aus Riesengeschlecht stammte Loki, und mit einer Riesin im Eisenwald zeugte er drei Ungeheuer: den Fenriswolf, die Midgardschlange und die Hel. Die drei Geschwister wuchsen auf in Riesenheim; aber die Götter erfuhren von ihnen, und eine Seherin weissagte ihnen Unheil von der bösen Brut. Da gebot Odin den Asen, die drei zu ergreifen und vor ihn zu bringen. Er packte die Schlange und warf sie ins Meer; dort lag sie in der Tiefe und wuchs immer mächtiger, bis sie den ganzen Erdkreis einschloß, sich selbst in den Schwanz beißend. Die Hel verbannte er nach Nebelheim und gab ihr die Herrschaft über die Toten. Nastrand hieß ihr Saal, dessen Fenster sich nach Norden kehrten, daß kein Sonnenstrahl ins Innere drang; Gifttropfen fielen von den Dachbalken, die Wände waren von Schlangenleibern geflochten. Finster brütend saß Hel in der Halle, das Fleisch blau angelaufen von Verwesung. Ein gewaltiges Gitter schloß ihr Reich ab, davor bellte Garm, ein riesiger wilder Hund mit blutbefleckter Brust. Und Nidhöggr, der Drache, der seit Urzeiten in Nebelheim lag und die Wurzeln der Weltesche benagte, warf sich auf die toten Leiber und saugte aus ihnen das geronnene Blut.

Den Wolf zogen die Asen bei sich auf; aber nur der kühne Tyr wagte sich in seine Nähe, um ihm Futter zu reichen. Das Untier wuchs von Tag zu Tag und dünkte den Göttern immer gefährlicher, so daß sie sich nicht mehr trauten, es mit Gewalt zu bändigen. Darum versuchten sie es mit der List. Sie schmiedeten eine starke Fessel, gingen damit zu dem Wolf und sagten: „Du rühmst dich so großer Stärke; gib uns einen Beweis von ihr, indem du diese Fessel brichst!“ Der Wolf dachte, das sei für ihn keine zu harte Probe, und ließ sich die Fessel um die Beine legen. Nur einmal streckte und stemmte er sich, und schon brach die Kette entzwei.

Nun fertigten die Götter eine doppelt so starke Fessel an und sprachen zum Wolf: „Wenn du diese Kette zerreißt, wirst du wegen deiner Stärke berühmt sein in der ganzen Welt!“ Der Wolf sah wohl, daß sie sehr stark war; aber er wußte auch, wie sehr seit der ersten Probe seine Kraft zugenommen hatte. „Ich muß es darauf wagen“, dachte er bei sich; „ohne Gefahr kein Ruhm!“ Und so bot er seine Pfoten willig dar. Diesmal mußte er sich gewaltig anstrengen; lange schüttelte er, bis er die Fessel nahe hin zum Boden gestreift hatte, dann schlug er wild um sich und straffte alle Muskeln: endlich sprang die Kette entzwei. Das machte den Wolf sehr stolz, aber die Götter bekamen Angst, daß sie seiner nie mehr Herr werden würden.

Nun schickten sie Freys Boten Skirnir zu den Zwergen und ließen von ihnen eine Zauberfessel herstellen; sie sah zart und weich aus wie ein seidenes Band, aber sie war von ungeheurer Stärke. Als sie die Fessel hatten, ruderten sie hinaus zu einem einsamen Eiland und nahmen den Wolf mit. Dort zeigten sie ihm das Band und sagten, es sei recht fest, obwohl man es ihm nicht ansehe; von ihnen selbst könne keiner es zerreißen – und sie erprobten es reihum mit beiden Händen –: „Aber für dich wird es nach den früheren Proben gewiß ein kleines sein, diese Fessel zu sprengen!“ Der Wolf betrachtete das Band voll Mißtrauen und antwortete: „Ein so dünnes Schnürchen zu zerreißen kann mir schwerlich viel Ruhm einbringen, wenn es dabei natürlich zugeht. Aber ist das Ding mit List und Tücke gemacht, werde ich mich sehr hüten, es an meine Beine zu lassen.“

Da sagten die Götter: „Nun, du müßtest doch eigentlich ein so dünnes Seidenband ohne Mühe zerreißen können, nachdem du vorher dicke Eisenketten sprengtest! Wenn du aber damit nicht fertig wirst, dann brauchen wir überhaupt keine Angst mehr vor dir zu haben und werden dich ganz von selbst wieder losbinden.“ Doch der Wolf erwiderte: „Wenn ihr mich erst einmal so gebunden habt, daß ich mich nicht mehr selbst losmachen kann, dann könnte ich gewiß lange warten, bis ihr es tut! Ich habe wahrhaftig wenig Lust, mir dieses Band anlegen zu lassen! Aber wenn ihr glaubt, ich sei feige, will ich’s dennoch wagen: doch muß dann auch einer von euch den Mut haben, mir seine Hand in den Rachen zu stecken, zum Pfande dafür, daß ihr mich nicht betrügt!“ Die Götter schauten sich betreten an, und keiner hatte Lust, seine Hand zu wagen. Da trat Tyr vor und legte die Rechte in den Rachen des Ungeheuers. Jetzt streckte es sofort seine Tatzen hin und ließ sich fesseln. Aber als es sich zu stemmen begann, härtete sich das Band, und je mehr der Wolf sich mühte und herumwarf, um so schärfer schnitt die Fessel ein. Da lachten die Götter, daß ihnen die List geglückt war, nur Tyr lachte nicht mit: denn der Wolf biß ihm die Hand glatt vom Gelenk.

Die Götter zogen das Ende des Bandes durch eine große Steinplatte, die sie tief in einer Felsenschlucht verankerten. Aber der Wolf schnappte immer noch wie rasend um sich, um sie zu beißen. Da nahmen sie ein Schwert und stießen es in seinen Rachen, daß der Griff den unteren Teil des Gaumens berührte und die Spitze den oberen: so ward ihm das Maul gesperrt. In ohnmächtiger Wut heulte er fürchterlich, ein Geiferstrom floß ihm aus den Lefzen: hilflos gefesselt sollte er liegen bis zum Ende der Welt.

Lokis Brut hatten die Götter unschädlich gemacht, aber ihm selbst fügten sie kein Leid zu; ja, sie duldeten ihn unter sich. Denn er glich nicht jenen Ungeheuern, sondern war trotz seiner riesischen Herkunft eher zierlichen Wuchses und gebildet wie die Asen selbst, von schönem hellem Antlitz. Klug war er und wußte immer gute Ratschläge; daß sich hinter ihnen oft Tücke und Bosheit verbarg, sollten die Götter erst allmählich gewahr werden. Vorerst mochten sie ihn wohl leiden, ja, sie liebten ihn, der hohe Odin sowohl wie der starke Thor, und er durfte sie oft auf ihren Fahrten begleiten; Odin machte ihn sogar zu seinem Blutsbruder. So weilte Loki gern in Asgard und führte auch ein Weib heim; sie hieß Sigyn und gebar ihm zwei wohlgebildete Söhne.

THIASSI UND SKADI

Einst wanderte Odin mit Hönir und Loki in die Berge gen Norden, dem Gebiet der Eisriesen zu. Sie litten großen Hunger in der öden Wildnis. Endlich, als sie in ein Tal hinabstiegen, erblickten sie eine Rinderherde; aus ihr griffen sie sich einen feisten Ochsen und töteten ihn. Unter einem hohen Eichbaum setzten sie sich nieder und legten das Fleisch zwischen heiße Steine, um es zu rösten. Als sie nach geraumer Frist den Deckstein aufhoben, fanden sie das Fleisch noch roh. Sie versuchten es ein zweites Mal, aber wieder wollte das Fleisch nicht gar werden. Verwundert fragten sie sich, woran das liege; da sprach eine Stimme aus der Eichenkrone: „Ich bin es, der das Fleisch nicht gar werden läßt! Versprecht mir Anteil an eurer Mahlzeit, dann will ich sie euch sogleich fertigmachen!“ Sie schauten empor und sahen in den Ästen einen mächtigen Adler sitzen. „So komm und hilf uns!“ riefen sie hinauf; er stieß herab auf den Stein, und im Nu war der Braten gebräunt.

Aber jetzt griff der Vogel, ohne die Teilung abzuwarten, sofort mit den Klauen nach den besten Stücken, er nahm ohne Umstände die beiden Hinterkeulen und die beiden Schultern für sich. Das ärgerte Loki, er packte eine große Stange und schlug nach dem Adler; der wich aus, daß ihn der Hieb nur leicht streifte, und flog auf: aber die Stange blieb an ihm haften, und im gleichen Augenblick fühlte Loki, daß auch er nicht mehr loslassen konnte. Festhängend wurde er von dem Adler, der dicht am Boden hinstrich, mitgeschleift über Stock und Stein; die Arme drohten ihm aus den Schultern zu reißen, die Beine auf dem Felsgrund zu zerschmettern.

Da begann er zu bitten, bis der Adler ein wenig innehielt und abermals zu sprechen begann: „Ich bin der Riese Thiassi, auf meinem Grund und Boden tötetet ihr meinen Ochsen, und du schlugst sogar noch nach mir, als ich mein Eigentum wiedernehmen wollte. Nun habe ich dich, und du wirst nicht frei werden, ehe du mir nicht schwörst, Idun mit ihren Äpfeln aus Asenheim wegzuführen und in meine Hand zu bringen!“ Sehr ungern willigte Loki darein; aber die Zauberkraft des Adlers ließ ihn nicht los, so daß er endlich den Eid leistete. Jetzt gab der Riese ihn frei, und er kehrte zu seinen Gefährten zurück; aber er verschwieg ihnen wohlweislich, was er hatte versprechen müssen.

Als sie wieder daheim waren, ging er an dem vereinbarten Tag zu Idun und erzählte ihr, er habe draußen im Walde hinter Asgards Grenze einen Apfelbaum gefunden mit noch schöneren Äpfeln, als sie selbst besitze. „Komm mit, wenn du es nicht glaubst, und nimm auch deine Äpfel mit, damit du sie vergleichen kannst!“ Idun ließ sich überreden. Aber als sie die Grenze Asgards überschritten hatten, brauste der Adler heran, ergriff die Göttin und fuhr mit ihr davon zu seinem Hof nach Riesenheim, wo er sie gefangenhielt.

Den Göttern ging es schlecht, als sie Idun verloren hatten, an deren Äpfeln sie sich immer neue Jugend gegessen hatten. Ihre Haut welkte, ihr Haar ergraute, sie alterten wie Menschen. Da gingen sie zu Rate, um nach dem Verbleib der Verschwundenen zu forschen, und stellten bald fest, daß am Tag, da sie verschwand, als letzter Loki bei ihr gewesen war. Sie ergriffen und verhörten ihn, und als er Ausflüchte machte, drohten sie ihm mit Marter und Tod. Da bekannte er, was geschehen war, und erbot sich, Idun wieder herbeizuschaffen, wenn Freia ihm ihr Falkengewand leihe. Als Falke flog er nach Riesenheim und kam zu Thiassis Gehöft, gerade als der Riese aufs Meer hinausgerudert war und Idun allein im Hause saß. Er verwandelte sie in eine Nuß, ergriff sie mit den Klauen und flog pfeilgeschwind nach Asenheim zurück.

Als Thiassi heimkehrend Idun nicht mehr fand, fuhr er in sein Adlergewand und brauste dem Diebe nach. Die Götter spähten nach Norden aus und sahen den Falken heranfliegen – und mit gewaltigem Flügelschlag hinter ihm den Adler. Rasch rannten sie vors Tor und häuften um den Wall Späne und Reisig auf. Sobald der Falke über den Wall hinweggeschossen war, warfen sie Feuer in die Späne, lichte Lohe schlug empor, hinein ins Gefieder des nachjagenden Adlers, der den Flug nicht mehr hemmen konnte. Brennend stürzte er zu Boden: da waren die Asen schnell über ihm und schlugen ihn tot. Mit großer Freude feierten sie Iduns Wiederkehr, die ihnen die ewige Jugend zurückbrachte.

Nicht lange darauf erschien in Asgard Skadi, Thiassis Tochter, eine schöne, gewaltige, wilde Jungfrau, angetan mit Brünne und Helm, die Lanze in der Faust, und verlangte Mordbuße für ihres Vaters Tod. Den Asen schien es billig, ihr einen Vergleich zu bieten, und sie bewilligten ihr zur Sühne dreierlei. Für den Verlust des Vaters boten sie ihr einen Gatten; sie sollte ihn selbst wählen dürfen unter den Asen, aber bei der Wahl nur die Füße sehen. Damit war sie einverstanden. Ihr Blick war, als sie eintrat, auf Balder gefallen, der ihr der Schönste von allen schien, und sie vermeinte, sie werde ihn an den Füßen erkennen. Aber sie irrte sich: als die Götter hinter einem Vorhang, der nur die Füße frei ließ, an ihr vorbeischritten, erwies sich der, den sie wegen seiner schönen Füße erwählte, als Njörd; und ihm ward sie vermählt.

Zum zweiten sollte der Trauernden das Lachen wiedergeschenkt werden, das sie durch den Tod des Vaters verloren hatte; und das übernahm Loki. Er band das Ende eines Seils einer Ziege an den Bart und das andere Ende um seinen Leib, meckernd und zerrend tanzten sie in krummen Sprüngen umeinander wie ein verliebtes Paar, bis Loki erschöpft in Skadis Schoß fiel: da mußte sie laut auflachen. Und zum dritten verlangte sie, daß dem schmählich erschlagenen Thiassi Genugtuung werde durch ewigen Ruhm. Da nahm Odin Thiassis Augen und warf sie an den Himmel, wo sie als zwei herrlich leuchtende Sterne stehenblieben.

So war der Streit geschlichtet, und die Asen hatten zu der zurückgewonnenen Idun noch als neue Genossin die schöne Riesentochter erhalten. Aber es erwies sich, daß Njörd und Skadi nicht füreinander geschaffen waren. Njörd liebte das Meer, dicht am Strande stand sein Saal; Skadi aber war gewöhnt, in den hohen Bergen zu hausen und auf flüchtigen Schneeschuhen hinter dem Wild zu jagen – sie verlangte zurück nach ihres Vaters Gehöft im Eisriesenreich.

Die Gatten einigten sich: immer nach neun Tagen wollten sie das Heim wechseln. Aber sie vermochten sich beide nicht zu gewöhnen. Fremd blieben Njörd die Berge; er sehnte sich, den Gesang der Schwäne zu hören statt des Geheuls der Wölfe. Und Skadi fuhr alle Nächte aus dem Schlaf vor dem Donner der Brandung und dem Schrei der Möwen. Da trennten sie sich endlich, und Skadi wanderte wieder hinauf in das wilde, eisige Gebirge.

Dort traf sie später Uller, den jagdfreudigen Asen, der nicht gern in Asgard weilte, sondern es wie sie liebte, auf gleitenden Schuhen über die weiten Schneeflächen zu fliegen. Sie wurden ein Paar, das in wilder Freiheit hoch oben in den Bergen hauste, und nur selten kehrten sie einmal bei den Göttern ein.

FREY WIRBT UM GERD

Einst setzte sich Frey auf den Hochsitz Odins; hinwegschauend über alle Welten, sah er auf einem Hof in Riesenheim eine schöne blonde Jungfrau aus der Tür treten und hinüber zum Frauenhaus gehen; als sie die Hand hob, den Riegel wegzuschieben, leuchteten ihre Arme auf, daß Luft und Meer von ihrem Schein erstrahlten. Da ward Freys Herz von heftiger Liebe ergriffen. Er kehrte heim in seinen Saal und saß dort Tage hindurch allein, krank vor Sehnsucht nach der jungen Riesentochter; niemand traute sich ihn anzureden. So verdüstert war sein Gemüt, daß sein Vater Njörd um ihn fürchtete und Skirnir, den Freund und Diener Freys, bat, zu erkunden, worum er sich in Gram verzehrte. Schwer öffneten sich Freys Lippen, als Skirnir ihn befragte; zögernd gab er Antwort, voll Unmut und Trauer darüber, daß seine Liebe zu dem Mädchen aus Feindesgeschlecht ohne Hoffnung sei. „Ich will hinfahren zu ihr als dein Werber", sagte Skirnir, „wenn du mir dein Roß leihst, das mich durch die wabernde Lohe trägt, und dein Schwert, das von selbst gegen die Brut der Riesen kämpft!" „Nimm Schwert und Roß und reite zu Gymirs Tochter", antwortete Frey.

Ferner erbat Skirnir reiche Gaben von den Asen, um sie Gerd zu bieten; dann sattelte er das Roß, in der Nacht ritt er eilends über die Berge nach Riesenheim und durchdrang den Feuergürtel, der um die Gemarkung des Riesen lohte.

Eine Umwallung von Pfählen schützte Gymirs Haus, wütende Hunde kläfften dem Boten entgegen, und vor dem Tore saß auf einem Hügel ein gewaltiger Hirte, Gerds Bruder, zum Wächter des Hofes bestimmt, da Gymir nicht daheim weilte. Skirnir rief den Hüter an und fragte: „Wie komme ich an den wilden Kötern vorbei in Gymirs Haus?" Der Wächter antwortete: „Wunder nimmt es mich, daß du lebend bis hierher kamst; aber niemals kommst du lebend hinein zu Gymirs Tochter!" Da sprach Skirnir: „Besser als fragen ist kühner Angriff, auf den Tag ist meines Lebens Zeit bestimmt!" Er zog ansprengend das Schwert und erschlug den Wächter samt den Hunden; der Boden bebte vom Hufschlag des Rosses und den Schlägen des Schwerts, daß die Halle erdröhnte und Gymirs Tochter erschrocken emporfuhr. Sie rief nach der Magd, die brachte ihr Botschaft: „Ein Mann steht vor der Tür, und sein Pferd grast auf dem Hof." „Laß ihn eintreten in den Saal", sprach da Gerd, „wir wollen ihm Met bieten als Friedenstrank – obwohl ich ahne, daß er meines Bruders Mörder ist."

Betroffen schaute Gerd auf den Eintretenden, der das bloße Schwert in der Hand trug, und fragte: „Wer bist du, daß du allein durch das lodernde Feuer rittest zu unserm Saal?" „Wer ich bin, das kümmre dich nicht; ich ritt durch die Flamme, um dich zu finden! Sieh hier elf goldene Äpfel, die sollen dein sein, wenn du darein willigst, Frey deinen Liebsten zu nennen!" Und er bot ihr die goldenen Äpfel, die Idun ihm mitgegeben hatte. Doch Gerd entgegnete: „Niemals, solange ich lebe, nehme ich die Äpfel an um eines Mannes Liebe; niemals will ich mit Frey hausen!" Da bot Skirnir ihr einen herrlichen Goldring, den Odin ihm lieh; aber sie antwortete: „Ich brauche den Ring nicht, Gold genug haben wir selbst hier auf Gymirs Hof." Da rief Skirnir: „Dann sieh das scharfe Schwert in meiner Hand. Das Haupt schlage ich dir ab, wenn du nicht willig bist!" Aber Gerd trotzte der Drohung: „Nicht mit Gewalt laß ich mich zwingen, einen Mann zu lieben! Aber du fürchte selbst, daß Gymir dich hier antrifft: dann wirst du kämpfen müssen um dein eigenes Leben!" „Schau auf mein Schwert, Todesrunen sind auf seine Klinge geätzt – vor ihr sinkt der Riese, dein Vater, dahin, wenn er naht! Dich selbst aber, Unbändige, will ich zähmen durch Zaubers Gewalt, dich mit der Zauberrute schlagen, die ich schnitt vom heiligen Baum! Wohnen sollst du, wo keines Mannes Auge dich erblickt, auf wüstem Felsen vor Hels Tor, unter Scheusalen selbst ein Scheusal! Wahnsinn und Unheil komme über dich! Hunger sollst du leiden, jede Speise verkehre sich dir in Unrat! Leid gebe ich dir statt Glück! Brennen sollst du vor Gier, verdorren vor Sehnsucht, unnütz sein wie die Distel, die zur Erntezeit ins Feuer geworfen wird!" Entsetzt sank Gerd auf einen Sitz, aber Skirnir fuhr fort: „Bei dieser Zauberrute – alle Asen seien dir feind, Odin und Thor und der helle Frey! Hören sollen es alle Welten: Verbannt sei Liebe und Lust von dir! Ein dreiköpfiger Thurse soll bei dir hausen, Trolle mögen dich plagen, vergebens schmachte dein Mund nach eines edlen Mannes Kuß! Sieh, hier ritz ich die Zeichen in den Stab, die Riesenrune und drei andere dazu: vergebliche Sehnsucht, brennende Begierde, unstillbares Leid!"

Da brach der Stolz der schönen Riesenjungfrau, sie bat den zornigen Boten, innezuhalten; denn besser dünkte es ihr, dem hellen Asen zu gehören, als unter Ungeheuern zu hausen, aller Mannesliebe beraubt. Und als sie sich ergab, schnitt Skirnir mit scharfem Messer die Unheilsrunen wieder vom Stab, so den Zauber lösend. Gerd aber reichte ihm den Friedensbecher und sprach: „Nimm, junger Bote, diesen Kristallkelch voll von firnem Met! Es geschehe, was ich nie für möglich hielt: ich will das Weib Freys werden!" „So sag mir, damit meine Botschaft gesichert sei: wann willst du dem starken Gott in Liebe gehören?" Sie antwortete: „Wir kennen wohl beide den Wald voll stiller Heimlichkeit, der Barri heißt: dort will ich nach neun Nächten Frey meine Liebe schenken."

Skirnir ritt heim; schon vor dem Tor erwartete ihn Frey und fragte den Boten, ehe er noch aus dem Sattel steigen konnte: „Sag mir sogleich, was du ausgerichtet hast in Riesenheim!" „Nach neun Nächten erwartet dich Gerd im Walde Barri, um dir Freude zu geben!" Da sagte Frey: „Eine Nacht ist lang, zwei sind ewig, wie will ich neun Nächte ertragen? Oft schien mir ein Monat kürzer als jetzt eine halbe Nacht des Wartens!"

So gewann Skirnir die schöne Riesentochter für Frey. Gerd kam, wie sie verheißen hatte, in der neunten Nacht zum Walde Barri, und der Gott feierte mit ihr Hochzeit. Sie zog mit ihm nach Asgard und saß hinfort unter den Asinnen als eine von ihnen.

DIE KLEINODE DER ASEN

Einen bösen Streich beging Loki gegen Sif, die Gattin Thors. Sie hatte das schönste blonde Haar, üppig wie ein goldenes Feld; es war ihr Stolz und die Freude des starken Gottes. Als sie einmal allein und unbewacht schlief, schlich sich Loki zu ihr und schnitt ihr das ganze Haar dicht über der Wurzel ab. Aber Thor entdeckte, wer den Frevel begangen hatte; er packte Loki bei der Gurgel und schüttelte ihn, daß ihm die Knochen zu zerbrechen drohten. Da bekam der Tückische Angst und flehte um Gnade: „Ich will – das schwör ich dir mit den stärksten Eiden! – zur Sühne von den Zwergen ein neues Haupthaar für Sif machen lassen, das ganz aus Gold ist und wächst wie anderes Haar!"

Darauf ließ ihn Thor aus den Fäusten, und Loki ging zu drei Zwergen, die er als kunstreiche Schmiede kannte. Sie fertigten ihm nicht nur das Haar, wie er es verlangte, sondern außerdem noch ein wunderbares Schiff, groß genug, alle Asen zu fassen, und doch zusammenfaltbar, daß man es in die Tasche stecken konnte; und zum dritten den bezauberten Speer Gungnir, dessen Stoß keiner aufzuhalten vermochte. Als Loki mit diesen köstlichen Kleinoden auf dem Heimweg war, begegnete er dem Zwerge Brock und rühmte ihm die kunstvollen Werke über die Maßen. Aber Brock sagte: „Mein Bruder Sindri ist ein Schmied, der Kleinode von gleichem und noch höherem Wert herzustellen versteht!" Das wollte Loki nicht glauben; und so schloß er mit Brock eine Wette darüber, Kopf gegen Kopf.

Sie gingen miteinander zur Schmiede Sindris und erzählten ihm, was sie ausgemacht hatten. „Wir wollen's erproben!" sprach Sindri, legte eine Schweinshaut ins Schmiedefeuer und setzte den Bruder an den Blasebalg mit der Ermahnung: „Hör nicht auf mit Blasen, bis die Arbeit fertig ist!" Loki stellte sich heimlich hinter die Tür und schaute zu. Als er sah, wie eifrig Sindri schmiedete und Brock blies, bangte er um seinen Kopf; er verwandelte sich in eine Fliege, die sich auf Brocks Hand setzte und ihn stach. Doch der Zwerg achtete nicht darauf und blies weiter, bis Sindri das fertige Werk aus dem Feuer zog: da war es ein Eber mit goldenen Borsten.

Dann legte der Meister ein Stück Gold ins Feuer und hieß abermals den Bruder blasen, ohne auszusetzen. Die Fliege kam wieder, setzte sich auf Brocks Hals und stach ihn doppelt so lange als vorher; er zuckte ein wenig mit der Haut, aber fuhr unbeirrt mit Blasen fort. Als der Schmied das Werk aus der Glut nahm, war es der Ring Draupnir.

Endlich legte er Eisen ins Feuer und schärfte dem Bruder wiederum ein: „Jetzt höre keinen Augenblick auf, sonst wird das Werk unbrauchbar!" Brock blies mit Macht; da setzte sich die Fliege zwischen seine Brauen und stach ihn so heftig, daß ihm das Blut in die Augen rann und er nichts mehr sah. Blitzschnell fuhr der Zwerg mit der Hand ins Gesicht, die Fliege wegzujagen, und einen Augenblick lang sank der Balg zusammen. Sindri schalt, nun sei das Werk verdorben. Aber als er es aus dem Feuer nahm, war es ein blitzender

Hammer, ganz untadelig bis auf den Stiel, der ein wenig zu kurz geraten schien.

Sindri gab die drei Kleinode seinem Bruder und sprach: „Nun geh mit Loki nach Asgard, damit dort über die Wette entschieden werde!“ Die Asen kammen zusammen und bestimmten, daß Odin, Thor und Frey Richter sein sollten. Als erster bot Loki seine Schätze. Er gab Odin den Speer Gungnir, dessen Stoß keiner aufhalten konnte; er gab Thor das Goldhaar für Sif, und als sie es aufs Haupt setzte, war es sofort angewachsen und umwallte sie als goldene Flut; er gab Frey das Schiff und erklärte ihm seine Tugenden: wie man es zusammen- und auseinanderfalten könne, und daß es, wohin es auch fahre, stets günstigen Wind in den Segeln habe.

Dann aber kam Brock und gab Odin den Ring Draupnir: jede neunte Nacht würden von ihm acht neue Goldringe tropfen, gleich schwer wie er selbst. Er gab Frey den goldborstigen Eber: der könne über Luft und Meer rennen, schneller als jedes Roß, bei Tag und auch bei Nacht, denn dann würden seine Borsten den Weg hell erleuchten. Und zuletzt gab er Thor den Hammer, Mjölnir geheißen: „Nichts kann seinem Schlage widerstehen, niemals verfehlt er im Wurf sein Ziel, und immer wieder kehrt er in die Hand zurück!“ Thor ergriff den Hammer, und der lag trotz des kurzen Stiels fest in seiner Faust.

Da sprachen die Schiedsrichter das Urteil: der Hammer sei von allen Kleinoden das köstlichste, die stärkste Waffe gegen die Urfeinde, die Riesen. Damit hatte der Zwerg die Wette gewonnen, und jetzt forderte er den Kopf des Gegners. Vergebens bot ihm Loki Lösegeld, der Zwerg bestand auf seinem Recht. Endlich sagte Loki: „Nun, so faß mich!“ – und im Augenblick war er weit fort von der Stelle, wo er eben noch gestanden hatte; denn er trug ein Paar Schuhe, mit denen er windschnell davoneilen konnte. Nun bat der Zwerg Thor, Loki zu ergreifen, und Thor mußte ihm um des Hammers willen wohl willfahren. Der Zwerg warf sich sofort auf den Gefangenen, um ihm den Kopf abzuschneiden; aber der Listige sagte: „Das darfst du nicht: dir gehört wohl mein Kopf, aber nicht mein Hals!“ Darauf nahm der Zwerg einen Faden und ein Messer; er wollte Loki die Lippen durchstechen und den Faden durchziehen, um ihm den Lügen- und Lästermund zuzuschnüren, daß er nicht mehr essen und atmen könne. Doch das Messer schnitt nicht; da sagte der Zwerg: „Daß ich meines Bruders Ahle hier hätte!“ – griff in die Luft, und schon hielt er sie in der Hand. Damit nähte er Loki die Lippen zusammen und glaubte seinem Willen genug getan zu haben. Aber Loki riß den Faden heraus, und ob ihm auch das Blut von den zerfetzten Lippen rann, so gewann er doch Leben und Freiheit wieder.

Die drei Asen, die Schiedsrichter gewesen waren, freuten sich der gewonnenen Kleinode. Die Tücke Lokis war diesmal den Göttern zum Segen ausgeschlagen. Und Thor war fortan, kraft seines Hammers, der Riesen gefürchtetster Feind.

DER RIESENBAUMEISTER

Herrlich waren die Götter schon zur Wehr gerüstet gegen ihre Feinde; da kam eines Tages ein ungeschlachter Mann zu ihnen, der sagte, er sei ein Baumeister und erbiete sich, ihr Reich mit einer gewaltigen Mauer zu umhegen, die jedem Angriff der Berg- und Eisriesen trotzen könne. In drei Halbjahren wolle er ihnen diese feste Burg türmen. Als Lohn aber, so verlangte er, solle man ihm Freia ausliefern, dazu die Sonne und den Mond.

Die Götter berieten lange, ob sie den Vertrag schließen sollten, und ihnen schien die Forderung zu hoch. Aber Loki redete ihnen so eindringlich zu, daß sie endlich doch einwilligten. Nur bedangen sie sich aus: Die Burg solle in einem einzigen Winter fertig werden, fehle aber am ersten Sommertag auch nur ein Stein an dem Bau, so solle der Baumeister seines Lohnes verlustig gehen; auch dürfe niemand ihm bei der Arbeit helfen. Darauf antwortete der Fremde: „Männer zur Hilfe brauche ich nicht; aber das muß mir erlaubt sein, daß mein Hengst die Steine herbeischleppt.“ Das gestanden ihm, abermals auf Lokis Rat, die Götter zu.

Am ersten Wintertag ging der Baumeister ans Werk. Tagsüber baute er, des Nachts schaffte er mit dem Hengst die Blöcke zur Stelle; und die Asen staunten, wieviel das Roß leistete. Der Meister schaffte unverdrossen; denn der fühlte sich sicher, da ihm die Götter mit den höchsten Eiden den Vertrag beschworen hatten, und zudem Thor, der erbitterte Feind aller Riesen, nach Osten gefahren war, um Trolle zu töten. So wuchs der Bau immer höher und fester, und die Arbeit ging um so schneller, je weiter die Zeit vorrückte. Drei Tage vor Sommersanfang schloß sich der mächtige Mauerring bis auf eine kleine Lücke an der Stelle, wo das Tor eingesetzt werden sollte.

Inzwischen aber begann die Götter der Vertrag zu reuen. Es schien ihnen Schmach und Schande, daß sie die schönste der Göttinnen ausliefern und den Himmel durch Wegnahme der großen Lichter schänden sollten. Lange besprachen sie sich miteinander und schalten auf Loki, der ihnen den schlechten Rat gegeben hatte. So zornig waren sie auf ihn, daß sie ihn mit Marter und Tod bedrohten, wenn er ihnen nicht einen Ausweg weise, daß sie dem Baumeister den ausbedungenen Lohn verweigern könnten. Loki bekam Angst, als er alle gegen sich sah, und schwor ihnen, dafür zu sorgen, daß der Baumeister seines Anspruchs verlustig gehe.

Als am letzten Abend der Meister ausfuhr, um die noch nötigen Steine zu holen, geschah es, daß aus dem Walde eine Stute wiehernd auf seinen Hengst zutrabte. Da wurde der Hengst wild, zerriß die Seile und rannte der Stute zu, und als sie sich wandte, sauste er im Galopp hinter ihr her in den Wald. Der Baumeister stürzte nach, um sein Roß zu greifen; aber die Pferde rannten die ganze Nacht hindurch, und erst am Morgen konnte er den Hengst wieder fangen. So war die Nacht verloren und auch der Tag, da die Steine fehlten; und der Baumeister mußte seine Wette verloren geben.

Da geriet er in einen furchtbaren Zorn, er begann zu toben, und sein Gesicht entstellte sich, daß die Götter erschraken; denn jetzt erkannten sie, was sie vordem nur geargwöhnt hatten: daß der Baumeister ein Bergriese war. Da schienen ihnen die Eide, dem Feinde geschworen, nicht mehr heilig; sie riefen Thors Namen, und im selben Augenblick war der Donnerer da. Sein Hammer sauste durch die Luft, mit einem einzigen gewaltigen Schlage zahlte er den Arbeitslohn aus, daß der Schädel des Riesen in tausend Stücke barst und seine Seele zur Hel fuhr. Die Asen füllten die Lücke aus; so war die Mauer gebaut und schirmte hinfort ihr Reich. Mit des Riesen Haupt zugleich aber waren heilige Eide zerschmettert.

Die Stute, die den Hengst von der Arbeit fortgelockt hatte, war Loki selbst gewesen in verwandelter Gestalt. Aus der Paarung der beiden Pferde entsprang ein Fohlen, silbergrau und achtbeinig; es wurde der schnellste Hengst der Welt. Odin nahm es für sich und nannte es Sleipnir.

WALHALL

In hohem Glanz stand Asgard, von gewaltiger Mauer umschlossen, und allenthalben erhoben sich die herrlichen Hallen der Götter, die in ihren starken Händen die Macht hielten.

In Trudheim hatte sich der starke Thor einen riesigen Bau errichtet, in dem er mit der sanften Sif wohnte. Aber er war selten zu Hause; denn seitdem er den Mjölnir besaß, den gewaltigen Hammer, fuhr er immer wieder aus nach Osten, um Trolle zu töten. Zwei Böcke zogen seinen Wagen, sie hießen Zahnknisterer und Zahnknirscher; unter den Hufen und den Rädern donnerte das Land, über das er hinwegfuhr, und durch den ganzen Himmel zuckte der Blitz, wenn er den Hammer warf. Oft nahm er den hurtigen Thialfi mit sich, den er auf einer seiner Fahrten zum Diener gewonnen hatte: Eines Abends nämlich war er zu einem Bauern gekommen und hatte Nachtquartier begehrt; das wurde ihm gern gegeben, aber es gebrach an Kost. Da schlachtete Thor seine beiden Böcke, ließ sie kochen und lud den Bauern mit Frau und Kindern zum Essen ein; dabei gebot er ihnen, sie sollten die Knochen unzerbrochen auf die Bocksfelle werfen, die er vor dem Feuer auf den Boden gebreitet hatte. Thialfi aber, des Bauern Sohn, war lüstern nach dem Mark, darum spaltete er heimlich einen Schenkelknochen mit dem Messer. Am andern Morgen in aller Frühe stand Thor auf, hob den Mjölnir und weihte die Bocksfelle: da sprangen die beiden Böcke lebend empor; aber einer lahmte auf dem Hinterfuß. Als Thor das bemerkte, fragte er heftig, wer den Knochen beschädigt habe; er packte voll Zorn den Hammer, daß die Knöchel der Hand weiß wurden, und kniff die Augen zusammen; sein Blick, der aus dem Schlitz der Lider fuhr, war so furchtbar, daß der Bauer fast in den Boden sank. Er fiel mit seinem Weibe dem Gott zu Füßen und bat um Schonung, indem er alle seine Habe als Sühne bot. Da verging Thor der Zorn, er schonte das Leben der Armen und nahm ihre beiden Kinder Thialfi und Röskwa zum Zeichen der Versöhnung in seinen Dienst. Röskwa, die rasche, gab er seiner Gattin Sif als Dienerin; Thialfi, der schnelle, aber mußte forthin ihn selbst auf seinen Fahrten begleiten. Die Kämpfe mit den Riesen machten Thor berühmt in allen Welten; keine Wehr konnte dem Mjölnir widerstehen. Außer dem Hammer besaß Thor noch zwei Kleinode: einen Kraftgürtel, der ihm, wenn er ihn umlegte, die Stärke verdoppelte, und ein Paar Eisenhandschuhe, die ihm dazu dienten, den Hammer besser zu fassen. So bewaffnet schützte Thor die Bauern gegen die Riesenmächte, die ihnen Haus und Hof, Saat und Vieh bedrohten; er war ihr Gott, ihnen in vielem gleich, einfach, kraftvoll und derb, kein Freund vieler Reden, sondern stets bereit, dreinzuschlagen. Aber er wußte auch zu segnen, und derselbe Hammer, der die Häupter der Feinde zerschmetterte, weihte auch die Ehe und verhieß dem Bauerngeschlecht starken Nachwuchs.

In Breitglanz wohnte Balder, Odins Sohn von seinem Weibe

Frigga, und mit ihm seine Frau Nanna: zwei Gatten, die sich so liebten, daß sie eins waren in Leben und Sterben. Balder war der beste und edelste aller Asen; wo er war, konnte nichts Unreines sein. So schön war er von Gestalt und Angesicht, daß es um ihn glänzte, und sein Haar strahlte im hellsten Blond; die weißeste aller Blumen wurde darum Balders Braue genannt. Er war sehr klug und beredt, aber nicht immer fand sein Rat Gehör. Mit Nanna zeugte er einen Sohn, der hieß Forseti und glich seinem Vater in vielem. Er war berühmt um seiner Gerechtigkeit willen; in seinen Saal kamen alle, die sich stritten, und gingen versöhnt hinweg.

Albenheim hatte Frey zur Wohnung für sich und Gerd erwählt, mitten unter den Lichtalben, denen er Freund und Schützer war. Er glich selbst der Sonne, wenn er auf seinem goldborstigen Eber dahinfuhr oder auf seinem Zauberschiff durch Luft und Meer glitt, und sein Schwert blitzte wie ein lichter Strahl. Ihn liebten alle, die stark und froh im Lichte leben, und ihm zu Ehren opferten die Menschen den Eber am Julfest, wenn die Sonne neu aufersteht.

Seine Schwester, Freia, hauste in Folkwang, und viele Helden lud sie zu sich; denn sie, die schönste von allen, war auch eine kampffreudige Frau, die sich an Streit und Schlacht freute wie Walvater selbst und, wenn sie mitkämpfte, die Hälfte der Gefallenen für sich wählen durfte. Sie hatte einen Mann namens Odd, aber er war unstet und fuhr fremde Wege. Oft weinte sie ihm nach, wenn er von ihr ging, und ihre Tränen fielen ihr als Goldtropfen in den Schoß; oft eilte sie suchend hinter ihm her und holte ihn zurück, aber immer wieder trieb ihn die Unrast fort. Zauberkundig wie keine andere der Göttinnen – denn sie stammte ja aus dem Wanengeschlecht –, konnte sie doch den Mann nicht halten, den sie liebte. Aber viele andere wurden von ihr bezaubert, nicht nur Götter, sondern auch Riesen, und es wurden von ihr viele Liebesgeschichten erzählt; Loki verleumdete sie, sie habe sogar häßliche Zwerge mit ihren weißen Armen umschlungen, um ein herrliches Halsgeschmeide, das sie geschmiedet hatten, von ihnen zu erlangen. Aber das haben weder die Götter geglaubt noch die Menschen, die Freias Geschmeide aufblitzen zu sehen meinten, wenn die Sonne im Meer widerstrahlte: von dem goldenen Gestirn und nicht aus der dunklen Erde stammte ihr Schmuck und ihre Schönheit. Die Göttin liebte es, in einem Falkengewande unter dem Himmel einherzufahren; aber manchmal lenkte sie auch einen Wagen, den geschmeidige Katzen zogen.

Alle Götter Asgards hatten ihre besondere Stätte, Tyr, Njörd und Heimdall, Bragi mit Idun, Hödur und Widar und selbst Uller, obwohl er meist auf den Schneeschuhen im hohen Norden unterwegs war. Auch Frigga, Odins Gattin, besaß ihren eigenen Saal, Fensalir, in dem sie mit Fulla, ihrer Schmuckmaid, und vielen Dienerinnen wohnte. Sie hielt strenge Zucht als Hüterin der Ehe und des Hauses, eine schöne, würdevolle Frau, von ihrem Gatten hoch geehrt und oft um Rat gefragt.

Aber kein Saal läßt sich an Pracht vergleichen mit dem, den sich Odin in Gladsheim errichtete und der den Namen Walhall trägt. Leicht erkennt ihn, wer dort hinkommt: ein reißender Strom geht um ihn herum, ein gewaltiges Gitter schließt ihn ab; das Dach ist aus Speerschäften gefügt und mit Schilden bedeckt, mit Brünnen sind die Bänke belegt, ein Wolf hängt über dem westlichen Tor, und darüber droht ein Adler. Am erstaunlichsten ist die ungeheure Größe des Baues: fünfhundertvierzig Türen hat er im ganzen, und aus jeder sollen einmal achthundert Kämpfer schreiten. Hier haust Odin, der Heervater, mit seinen Einheriern und Walküren.

Auf dem Hochsitz thront er selbst. Zu Füßen liegen ihm seine zwei Wölfe, Geri und Freki, die grauen Hunde des Schlachtfeldes. Auf seinen Schultern sitzen zwei Raben, Hugin und Munin, Gedanke und Erinnerung; sie schickt Odin jeden Morgen rund um die Welt, zur Stunde des Mahls sind sie wieder zurück und raunen ihm ins Ohr, was sie sahen. Auf den Bänken aber sitzen die Einherier, die Helden, die in der Schlacht den Tod fanden; täglich mehrt sich ihre Zahl. An jedem Morgen ziehen sie hinaus auf den Hof, dort kämpfen sie miteinander und erschlagen sich gegenseitig. Aber nach der Schlacht stehen alle wieder auf, frisch und heil kehren sie zurück zu Mahl und Gelage. Auf mächtigen Schüsseln wird ihnen Fleisch eines riesigen Ebers aufgetragen, der allmorgendlich geschlachtet und in einem gewaltigen Kessel gesotten wird, aber am nächsten Tag ist das Tier wieder lebendig: so geht ihnen die Speise nie aus. Und auch an Getränk gebricht es nie; vom Laube der Weltesche zehrt eine Ziege, und ihrem Euter entströmt köstlicher Met, mehr als genug, um alle zu tränken und trunken zu machen. Nach Herzenslust schmausen und zechen sie; nur Allvater ißt nicht, sondern füttert mit dem Fleisch seine Wölfe: denn er bedarf keiner Nahrung, ihm genügt als Speise und Trank zugleich der Wein, der im Becher vor ihm steht.

Als Schenkinnen, die den Helden den Met in Trinkhörnern kredenzen, dienen schöne Mädchen; man nennt sie Walküren, weil sie auf der Walstatt die Helden küren, die Odin zu sich nach Walhall berufen will, oder Schildjungfrauen, weil sie in voller Rüstung, den

Schild am Arm, hinausreiten in die Schlacht. In kleiner Schar – zu dritt oder sechst oder neunt – fahren sie dahin durch die Luft wie Sturmwind, von den Mähnen ihrer Rosse tropft Tau und schlägt eisiger Hagel nieder in die Bäume, ihre Helme und Brünnen brennen, und auf ihren Speerspitzen tanzen Flammen; aber nur wenigen sind sie sichtbar, meist schaut sie das Auge des Helden erst, wenn es im Tode bricht. Je nachdem Walvater gebietet, schützen sie Helden mit ihrem Schild oder stoßen ihnen den Speer in die Brust, sie entscheiden die Schlacht und geleiten die Gefallenen empor nach Walhall. Sie tun nicht Frauenarbeit, drehen nicht Flachs an der Spindel zu Fäden und weben kein Linnen: wenn sie sich an den Webstuhl setzen, dienen ihnen Speere als Querstange, Schwerter als Spule, Pfeile als Schiffchen, lebendige Eingeweide als Garn, und grausiges Schicksal ist es, was sie weben, ehe sie davonstürmen auf das Feld, das sich vom Blut der Helden rötet, während blutige Wolken darüberhin wandern.

Von den Asinnen mischt sich nur eine zuweilen in den Kampf der Helden: Freia. Aber häufig in die Schlacht stürzt sich Heervater selbst. Dann reitet er auf seinem Hengst Sleipnir, der Goldhelm bedeckt sein Haupt, und seine Hand schleudert zur Eröffnung des Kampfes den Speer über das Heer, das er dem Untergang weiht. Dunkel und für Menschen nicht durchschaubar sind seine Gedanken, keiner weiß, wem er mit eigener Hand oder durch seine Walküren den Sieg, wem er den Tod bescheren will. Oft trifft der Todesstoß gerade seine Lieblinge, die er schützte, bis die Zeit kam, sie heimzuholen nach Walhall. Und obwohl mancher ihm zürnte ob der Unerforschlichkeit seiner Wahl, die sterblichem Auge oft Willkür scheint – jeder Held wollte doch aufgenommen werden in die Schar der Erwählten, keiner wollte im Bett den Strohtod sterben. Und wen nicht des Feindes Waffe, sondern Krankheit oder Alter niederwarf: der zeichnete sich wohl mit dem Schwert die Todesrunen auf die Brust und stieß sich, königlich den Waffentod suchend, mit eigener Hand den Stahl in die Brust.

Wenn ein großer Held oder König der Pforte naht, dann springen die Einherier freudig von den Sitzen und holen den neuen Gast mit hohen Ehren herein; Odin selbst weist ihm den Platz an unter der erwählten Schar und läßt ihm den Willkommenstrunk reichen. Unablässig mehrt er die Zahl seiner Krieger für den letzten, größten Kampf, in den er selbst allen vorausziehen wird gegen die Mächte des finstern Abgrunds.

HEIMDALL STIFTET DIE STÄNDE

Einst wanderte am Meerstrand Heimdall entlang, der rasche, kluge, kraftvolle Ase. Er traf auf eine Hütte mit offener Tür, ein Herdfeuer glomm am Boden, und daneben hockte ein altes struppiges Ehepaar, Urahn und Urahne genannt, in verblichener Kleidung. Der Gott nannte sich Rigr; er setzte sich zwischen die beiden auf die Bank. Urahne nahm einen Brotlaib aus der Asche, schwer und schwarz von Kleie, sie stellte die Schüssel mit Mus auf den Tisch und gesottenes Kalbfleisch. Sie aßen, und der Gott blieb drei Nächte bei dem Paare; dann wanderte er weiter. Nach neun Monaten gebar Urahne einen dunkelhäutigen Sohn, den nannten sie Thräl. Er wuchs auf und gedieh, dick waren seine Finger, schwarz die Nägel, knotig die Gelenke, rauh die Haut seiner Hände, das Gesicht grob, der Rücken rund, die Füße groß. Aber er regte seine Kräfte, flocht Seile aus Bast, schnürte Bürden und schleppte Reisig. Eine Dirne kam in die Hütte, stumpfnasig, stolpernden Gangs, mit sonnverbrannten Armen; sie hieß Thyr. Breit setzte sie sich neben den Jungen auf die Bank, sie rückten eng zusammen und flüsterten miteinander, und als der Abend kam, teilten sie das Lager. Thräl der Knecht und Thyr die Magd lebten froh zusammen und zeugten viele Kinder, Söhne und Töchter, ein krummes, plumpes, dumpfes Geschlecht, tauglich nur zu schwerer Arbeit; sie zogen Hecken, misteten den Acker und mästeten Schweine, hüteten Geißen und gruben Torf.

Danach kam Rigr an ein Haus mit eingeklinkter Tür. Am Herd saß ein Ehepaar, fleißig am Werk, Ahn und Ahne nannten sie sich. Der Mann schnitzte eine Weberstange, neben ihm stand der Werkzeugkasten; sein Haar lag glatt an der Stirn, sein Bart war gekämmt, das Kleid saß ihm knapp am Leibe. Das Weib daneben bewand den Rocken mit Werg und spann den reinen Faden ab. Sie trug die Haube auf dem Kopf, einen Schmuck am Hals, ein Tuch um den Nacken; über ihren Schultern war das Kleid mit Nesteln befestigt. Ein gutes Mahl trug sie dem Gaste auf, sie aßen fröhlich. Und wieder blieb der Gott drei Tage bei dem Paar; dann wanderte er weiter. Nach neun Monden gebar Ahne einen Knaben, der wurde Karl geheißen: rot und frisch und funkeläugig blickte er aus den Windeln. Er wuchs und gedieh, zähmte Stiere, zimmerte und führte den Pflug, baute Häuser, Scheunen und Wagen. In den Hof fuhr als seine Braut Snör, in einem Ziegenpelz, die Schlüssel am Gürtel. Sie wechselten die Ringe und schlugen ihr Bett im Hause auf. Viele Kinder zeugten und zogen sie auf, rüstige Schaffer und Werker, kräftige und hübsche Frauen; so stammt von Karl, dem Mann, und Snör, der Frau, der Bauern Geschlecht.

Zuletzt kam Rigr zu einem Saal mit verschlossener Tür, an der ein leuchtender Ring als Klopfer hing. Er trat ein, der Estrich der Halle war reinlich mit Sand bestreut; dort saß ein Paar, Vater und Mutter. Der Mann wand Bogensehnen, spannte den Bogen, schäftete Pfeile; die Hausfrau aber besah ihre Hände und strich ihr Kleid zurecht. Einen Schleier trug sie auf dem Kopf, an der Brust ein Geschmeide, am blauen Gewande eine Schleppe; ihre Brauen glänzten, Brust und Nacken leuchteten weißer als der Schnee. Rigr setzte sich zwischen die zwei auf die Bank. Dann deckte die Frau den Tisch mit geblümtem Damast, legte flache Weizenbrote hin und setzte silberne Schüsseln mit gespicktem Wildbret und gebratenen Vögeln auf, dazu Wein in kostbaren Kannen und Kelchen. Bis in den späten Abend sprachen und tranken sie zusammen. Wieder blieb Rigr drei Nächte bei dem Paar, und nach neun Monaten gebar Mutter einen Sohn, der hieß Jarl. Er lag in Seide gehüllt mit lichten Locken und leuchtenden Wangen, und seine Augen blickten scharf wie die einer Schlange. Jarl wuchs auf und lernte den Schild schütteln, Spieße werfen, Lanzen schwingen, Hunde hetzen, Hengste reiten, mit dem Schwert kämpfen und schwimmen im Meer.

Dann aber kam Rigr selbst aus dem Walde zu ihm, lehrte ihn Runen, nannte ihn Sohn und hieß ihn Land und Höfe als eigen besitzen. Da ritt Jarl durch feuchtes Gebirge zur Feindeshalle, mit Lanze und Schwert kämpfte er und färbte den Grund mit Blut, erschlug den Feind und nahm sein Land. Als Herrscher und Herr über achtzehn Höfe teilte er Ringe und Rosse an seine Getreuen aus. Er schickte Boten auf die Freite, und sie führten ihm als Braut Erna zu, die schlanke, lichte, kluge Fürstentochter. Von Herzen liebten sie sich und führten das Geschlecht der Herren fort; viele Söhne wurden ihnen geboren und wuchsen auf in kriegerischem und adeligem Spiel.

Der jüngste von ihnen hieß Konr, er lernte Runen und alle Künste, vermochte Menschen unsichtbar zu machen, feindliche Schwerter zu stumpfen, die Wellen des Meers zu stillen, Feuer zu löschen, den Aufruhr des Herzens zu beschwichtigen. Die Vogelsprache verstand er und hatte die Stärke von acht Männern. Mit seinem Vater stritt er in Runenweisheit und errang den Sieg.

Einst streifte er durch den Wald, nach Vögeln jagend, da sang ihm von einem kahlen Ast eine Krähe zu: „Was willst du Vögel beizen, Fürstensohn? Auf dem Hengst sollst du reiten und Feinde töten! Dänemark hat schönere Hallen als dieses Land, es ist reicher an Gut und Schätzen! Dort fahren sie auf Schiffen, dort kämpfen sie mit Schwertern – auf, Konr, ins fremde Land: dort sollst du herrschen und König sein!"

THORS RIESENABENTEUER

Thors Kampf mit Rungnir

Als Thor einmal fern auf Ostfahrt weilte, ritt Odin auf seinem Hengst Sleipnir nach Riesenheim. Der Riese Rungnir sah ihn kommen und rief ihn an: „Wer bist du, Mann mit dem Goldhelm, der durch Wind und Wellen reitet? Und was hast du für einen schönen Hengst?" „Ja, gut ist mein Hengst", antwortete Odin, „fast möchte ich meinen Kopf wetten, du hast keinen besseren!" „Oho", antwortete Rungnir, „ist deiner gut, so ist mein Gulfax noch besser – du sollst sehen, daß er größere Sprünge macht!" Odin schüttelte lachend den Kopf und sprengte davon, da warf sich Rungnir zornig auf Gulfax und jagte ihm nach. Sie sprangen von Berg zu Berg, aber Odin blieb dem Riesen immer um einen Gipfel voraus. Blindwütend stürmte ihm Rungnir nach; er kam erst zur Besinnung, als er sich plötzlich innerhalb des Gatters von Asenheim sah.

Aber die Asen empfingen ihn freundlich, sie führten ihn in den Saal wie einen willkommenen Gast und luden ihn zum Trinken ein. Sie boten ihm die Krüge, aus denen sonst Thor trank – dem genügte einer auf einmal nicht! –, und der Riese leerte sie hintereinander. Da wurde er bald betrunken und begann große Sprüche zu machen. „Wartet nur, ich packe mir ganz Walhall auf den Rücken und schleppe es nach Riesenheim! Asgard schmeiß ich ins Meer! Freia und Sif nehme ich beide mit – und euer ganzes Bier sauf ich allein aus!" Dabei trank er mächtig, die Göttinnen wichen scheu vor ihm zurück, und nur Freia traute sich noch, ihm einzuschenken.

Endlich wurden den Asen seine groben Prahlereien zuviel. Sie riefen Thors Namen, und sofort trat der Donnerer in den Saal, den Hammer hoch in der Faust. Zornig fragte er: „Wer hat den wüsten Kerl eingelassen, daß er sich hier volltrinken kann? Wer hat ihm Frieden in Walhall versprochen, daß ihm Freia einschenkt wie einem Festgenossen?" Aber Rungnir ließ sich nicht einschüchtern, er sah Thor rauflustig an und sagte: „Odin hat mich eingeladen, ich habe hier Gastrecht." „Die Einladung wird dir leid werden", entgegnete

Thor, „noch ehe du wieder draußen bist!" Trotzig sprach Rungnir dagegen: „Das wäre ein mäßiger Ruhm für einen großmächtigen Asen, einen Waffenlosen umzubringen! Wenn du Herz hast, dann miß dich mit mir auf der Grenze unserer Reiche! Hätte ich nicht dummerweise meinen Schild und meinen Schleifstein daheim gelassen, dann könntest du es sogleich Mann gegen Mann mit mir versuchen! So aber handeltest du wie ein feiger Schuft, wenn du mich erschlügst!"

Die Herausforderung kam dem Donnergott recht; noch hatte es bisher kein Riese gewagt, sich ihm zum Zweikampf zu stellen. Sie bestimmten Ort und Stunde, und Rungnir ritt im Galopp zurück nach Riesenheim. Dort empfingen ihn seine Genossen mit großem Hallo, sie machten viel Rühmens von seiner Fahrt und von seinem Mut, daß er Thor zum Kampf gefordert hatte. Aber sie hatten doch auch ein wenig Angst um den Ausgang; denn Rungnir war ihr stärkster Mann, und wenn er unterlag, so stand ihnen allen nicht viel Gutes bevor. Darum wollten sie ihm einen Gefährten zum Streit geben und bauten einen Riesen aus Lehm, neun Meilen hoch und drei Meilen breit über der Brust; aber als der Lehmriese fertig dastand, fanden sie kein Herz, das groß genug für ihn gewesen wäre, bis sie es aus einer Stute schnitten und ihm einsetzten. Doch das war ein furchtsames Herz, nicht geeignet, vor Thor standzuhalten. Rungnirs Herz dagegen war von hartem Stein, an allen drei Ecken scharf zugespitzt. Auch sein Haupt war von Stein, und von Stein sein riesiger Schild, den er vor sich hielt; einen gewaltigen Wetzstein trug er als Waffe über der Achsel. Grimmig und entschlossen wartete er auf Thor; aber der Lehmriese neben ihm wackelte vor Angst und benäßte sich, als er den starken Asen von weitem sah.

Dem Gott voran rannte sein hurtiger Diener Thialfi; er eilte hin zu Rungnir und rief ihm zu: „Achtung, Riese! Du kennst Thors Kampfesweise nicht, darum hältst du den Schild gerade vor dich hin. Aber Thor wird von unten her aus der Erde auf dich losfahren – schnell, wirf den Schild unter deine Füße!" Rasch warf Rungnir den Schild auf den Boden und stellte sich darauf, den Wetzstein schwang er hoch in den Händen. Da kam Thor gestürmt in Asenzorn, von Donner umgrollt, von Blitzen umzuckt; schon in weiter Entfernung reckte er den Arm hoch und schleuderte den Mjölnir gegen den Riesen, der aber warf in gleichem Schwunge seinen Wetzstein gegen den Gott. Beide Waffen trafen sich im Fluge, der Wetzstein zersprang in tausend Stücke, eins davon fuhr in Thors Haupt, so daß er vornüber zur Erde fiel; der Hammer aber traf mitten in Rungnirs Schädel und zertrümmerte ihn. Wie ein Felsblock stürzte der Riese nieder, über Thor hinweg, so daß einer seiner Füße über des Asen Hals zu liegen kam.

Ohne große Mühe hatte indessen Thialfi dem Lehmriesen den Garaus gemacht; doch vergebens versuchte er, den zentnerschweren Fuß Rungnirs von Thors Halse wegzuheben. Jetzt liefen die Asen herbei, die dem Kampf aus der Ferne zugesehen hatten; aber auch ihnen gelang es nicht, Thor zu befreien. Da kam Magni, Thors Sohn von einem Riesenweib, vor drei Tagen erst geboren, aber schon fest auf den Beinen und von gewaltiger Kraft; er hob den Fuß auf und schleuderte ihn beiseite. Thor stand auf, streichelte den Sohn übers Haupt und schenkte ihm als Lohn Gulfax, den Hengst des Riesen. Damit waren alle zufrieden außer Odin; der meinte, Thor hätte den Hengst lieber seinem Vater schenken sollen als dem Sohn einer Riesin. Aber Thor kehrte sich nicht daran.

Von dem zersprungenen Wetzstein Rungnirs stammen alle Wetzsteine in der Welt. Das Stück, das Thor ins Haupt fuhr, blieb darin stecken, und keine Beschwörung vermochte es herauszuziehn. Wenn aber jemand einen Wetzstein unachtsam auf die Tenne wirft, rührt sich der Stein in Thors Schädel und macht ihm großen Schmerz: darum gehe jeder sorgsam mit seinem Wetzstein um!

Die Heimholung des Hammers

Beim Erwachen griff Thor nach seinem Hammer und fand ihn nicht. Erschrocken tastete er um sich, zornig schüttelte er den Kopf, daß Bart und Haare wie rotes Feuer um ihn stoben, überall suchte er, aber umsonst. Da ging er, Rat zu suchen bei dem listigen Loki: „Höre, was noch niemand auf Erden und im Himmel ahnt: Mein Hammer ist geraubt!“ Sie schritten beide zum Palast der Freia, und Loki fragte sie: „Willst du mir dein Federhemd leihen, daß ich Mjölnir suchen kann?“ Freia antwortete: „Und wäre es von Silber oder von Gold, du solltest es haben!“

Loki fuhr ins Federhemd und flog mit rauschendem Gefieder davon, über die Grenze des Götterreichs hinweg ins Riesenland. Auf einem Hügel fand er den Riesenfürsten Thrym sitzen, wie er seinen Hunden goldene Halsbänder umlegte und seinen Pferden die Mähnen strählte. Gut gelaunt begrüßte ihn Thrym und fragte: „Wie geht's den Asen? Und warum kommst du allein ins Riesenreich?“ „Schlecht steht's bei den Asen“, antwortete Loki und fragte geradezu: „Bist du's, der Thors Hammer verborgenhält?" „Ich halte ihn verborgen", erwiderte der Riese; „er liegt acht Meilen tief unter der Erde. Und keiner soll ihn zurückholen, er brächte mir denn Freia als Braut ins Haus."

In Eile flog Loki zurück, Thor stand vor der Schwelle und rief ihm schon von weitem entgegen: „Hat deine Fahrt die Mühe gelohnt? Gib Bericht, noch ehe du dich niederläßt, ohne Zaudern, der Wahrheit gemäß!" Noch aus der Luft antwortete Loki: „Thrym, der Riesenkönig, hat den Hammer – niemand holt ihn zurück, er bringe ihm denn Freia als Braut ins Haus."

Zusammen schritten die beiden zu der schönen Göttin, und Loki sprach zu ihr ohne Umschweif: „Schmücke dich mit dem Brautlinnen, Freia! Du mußt mit mir zu Thrym nach Riesenheim!" Da ergrimmte Freia, sie fauchte vor Zorn und riß sich das köstliche Geschmeide von der Brust: „Hältst du mich für mannstoll, Loki, daß du meinst, ich möchte eines Riesen Braut werden?" Sie riefen die Götter zum Thing. Alle Asen und Asinnen eilten herbei, sie sannen und stritten hin und her, aber keiner fand einen Rat. Endlich nahm Heimdall das Wort, der kluge, scharfsichtige, und riet: „Kleiden wir Thor in das Brautlinnen, legen wir ihm das Geschmeide Freias um den Hals! Schlüssel sollen an seinem Gürtel klingen, das Frauengewand falle ihm übers Knie, auf dem Kopf trage er die hohe Brauthaube mit dem Schleier!" Aber Thor rief unmutig dagegen: „Wollt ihr euch lustig machen über mich, daß ich mich als Weib verkleiden soll?" „Nein", entgegnete ihm Loki, „so sollst du nicht reden, Thor! Willst du denn, daß die Riesen in Walhall einziehen? Du mußt den Hammer heimholen!"

Da willigte Thor ein. Sie kleideten ihn ins Brautlinnen und legten ihm das Brustgeschmeide um, die Schlüssel klirrten ihm am Gürtel, das Gewand fiel ihm übers Knie, und auf seinem Kopf türmte sich, das Gesicht verhüllend, die Haube mit dem Schleier. Loki aber erbot sich, als Zofe verkleidet, die falsche Braut zu begleiten. Sogleich wurden die Böcke von der Weide geholt und an den Wagen geschirrt, das Gefährt brauste hin, daß Felsen barsten und Funken stoben: so fuhr Thor nach Riesenheim.

Thrym, der Riesenkönig, rief sein Gesinde: „Nun schnell, bestreut die Bänke mit grünen Zweigen und goldenen Ringen! Führt mir Freia, die Tochter Njörds, als Braut herein! Ich habe Kühe mit goldenen Hörnern und rabenschwarze Ochsen, habe in Fülle Schmuck und Schätze – nur Freia fehlte mir noch!"

Schnell strömten die Gäste zur Hochzeit herbei. In großen Kesseln wurde Bier und Met gebracht, die Tische bogen sich von der Last der Speisen. Thor langte mächtig zu, er aß einen Ochsen und acht Lachse, verschlang alle Süßigkeiten, die für die Frauen bestimmt waren, und trank drei Tonnen Met. Staunend brummte Thrym: „Hat man je eine Braut so schlingen sehen, sah man je ein Mädchen so gierig trinken?" Aber sofort war der schlaue Loki zur Hand, der als zierliche Zofe neben der Braut saß: „Acht Tage lang hat Freia nichts gegessen, so sehnte sie sich nach Riesenheim!"

Das gefiel dem Riesen, und er lüftete ein wenig den Schleier, um der Braut einen Kuß zu rauben: aber sofort prallte er zurück, er tat vor Schreck einen Sprung rückwärts durch den ganzen Saal: „Wie furchtbar flammen Freias Augen, als wollten sie mich verbrennen!" Aber wieder griff die schlaue Magd ein: „Acht Nächte lang hat Freia nicht geschlafen vor lauter Sehnsucht nach Riesenheim!"

So blieb der Betrug unentdeckt, und es begannen die Bräuche der Hochzeit. Zuerst trat die Schwester des Riesen vor die Braut, um ihr die Herrschaft im Hause zu übergeben, und erbat goldene Ringe als Gegengabe und Unterpfand. Aber schon rief Thrym, ungeduldig, die Braut zu besitzen: „Bringt endlich den Hammer, die Braut zu weihen! Legt ihr den Mjölnir in den Schoß! Und dann gebt uns zusammen!"

Thor lachte das Herz im Leibe, als er den Hammer auf seinen Knien sah. Er packte ihn und fuhr empor, daß ihm der Kopfputz vom Haupte fiel; seine Augen sprühten, und der rote Bart umloderte sein Gesicht. Mit dem ersten Schlage traf er Thrym, er zahlte der Schwester den Brautpfennig mit Hammerhieben, das ganze Geschlecht des Riesen im Saal erschlug er, daß nicht einer entrann. So holte Thor seinen Hammer heim.

Thors Besuch bei Geirröd

Seit Thor sich siegreich den Hammer von Thrym zurückgeholt hatte, verlangte kein Riese mehr danach, sich mit ihm zu messen; allzusehr gefürchtet war die unwiderstehliche Waffe des starken Asen. Wohl aber meinte mancher ihm gewachsen zu sein, wenn es gelänge, ihn ohne den Mjölnir ins Riesenreich zu locken. Einmal sollte das geschehen.

Loki hatte, wie er gern tat, wieder Freias Falkengewand entliehen und war, vergnüglich schweifend, bis zum Hof des Riesen Geirröd geflogen. Dort setzte er sich aufs Dach der Halle und guckte neugierig durch das Lichtloch in den Saal. Aber der Riese erspähte den Vogel von seinem Sitze aus gleichfalls und befahl einem Diener, ihn zu greifen. Der Mann kletterte auf das steile Dach, er kam sehr mühsam hoch, und Loki hatte seine Freude daran, daß es so schwer und langsam ging; er wollte den Verfolger foppen und blieb ruhig sitzen, um erst im letzten Augenblick ihm vor der Nase wegzufliegen. Aber als es soweit war und er sich flügelschlagend abstoßen wollte, merkte er zu seinem Schreck, daß er selbst der Betrogene war: seine Füße hafteten fest an dem Dach, als sei er angeleimt. Da packte ihn der Mann beim Kragen und brachte ihn seinem Herrn.

Als Geirröd dem Falken in die Augen blickte, merkte er sofort, daß das kein richtiger Vogel war, und befragte ihn, wer er sei; aber der Falke machte den Schnabel nicht auf. Da sperrte ihn Geirröd in einen dunklen Käfig und ließ ihn drei Monate lang hungern, bis er mürbe wurde und dem Riesen seinen Namen gestand. Geirröd drohte, ihm den Hals umzudrehen, wenn er nicht auf der Stelle schwöre, ihm den Donnerer in die Hände zu spielen. Darauf leistete Loki schwere Eide: er werde Thor in das Gehöft des Riesen bringen, und zwar ohne seine Waffen.

Als er glücklich zurück nach Asenheim gekommen war, beschwatzte er Thor, friedlich mit ihm auf Gasterei zu fahren zu einem gutmütigen Freunde der Götter. Arglos machte sich der Gott ohne Hammer, Kraftgürtel und Eisenhandschuhe mit ihm auf den Weg nach dem Gehöft, wo ihn festliche Schmäuse und gewaltige Trünke erwarten sollten. Zu seinem Heil kamen sie unterwegs auf den Hof der Riesin Grid, die den Göttern zugetan war; denn sie hatte Odin selbst einen Sohn, den schweigsamen Widar, geboren. Von ihr erfuhr Thor, daß Geirröd ein wüster Riese sei, dem man nicht trauen dürfe. Trotz der Warnung wollte Thor nicht umkehren; aber Grid ließ ihn wenigstens nicht ungerüstet ziehen, sondern gab ihm ihren eigenen Kraftgürtel und ihre Eisenhandschuhe sowie einen schweren eisernen Stab mit. Loki aber mußte ihn weiter begleiten, obgleich ihm nicht wohl dabei war.

Vor der Gemarkung Geirröds strömte der Fluß Wimur mit gewaltigen Wogen. Thor band den Kraftgürtel der Riesin um und stemmte sich mit dem Eisenstab gegen die Strömung; Loki aber mußte sich am Gürtel festhalten, denn er wäre sonst fortgeschwemmt worden. In der Mitte des Stroms stieg das Wasser so hoch, daß es Thor über die Schultern flutete. „Wachse nicht weiter, Wimur", besprach ihn der Gott, „ich muß dich durchwaten zu der Riesen Reich! Wächst du aber dennoch, so wachse mir selber die Asenkraft hoch bis zum Himmel!“ Doch der Strom schwoll weiter, und jetzt sah Thor auch die Ursache: ein Stück weiter aufwärts stand, die Beine gespreizt, die Riesentochter Gjalp auf beiden Ufern und vermehrte sein Wasser. Da nahm er einen Stein und warf nach ihr, daß sie davonsprang; im selben Augenblick aber erfaßte er einen überhängenden Ebereschenzweig und zog sich ans Land.

Triefend kamen die beiden Weggenossen auf den Hof. Man führte sie nicht in den Saal, sondern in den Ziegenstall. Dort stand ein Stuhl, und Thor setzte sich darauf. Sofort stieg der Stuhl empor gegen die Decke, um den Gott zu zerquetschen; er aber stützte den Eisenstab mit aller Kraft gegen den Dachbalken und drückte den Stuhl abwärts. Da hörte er es unter dem Sitz krachen und schreien; dort hatten voll Tücke die beiden Riesentöchter Gjalp und Greip gehockt, mit ihren Nacken hatten sie ihn hochgestemmt – nun lagen sie da mit zerbrochenem Rückgrat.

Geirröd ließ die Gäste rufen: zu einem Spiel sollten sie kommen vor der Mahlzeit. Sie traten in den Saal, durch seine ganze Länge hindurch brannten Feuer; über sie hinweg sah Thor an der hinteren Wand den Riesen stehen: der faßte mit einer Zange in die Flamme, zog einen glühenden Eisenbolzen heraus und schleuderte ihn gegen Thor. Der Gott fing den Klump mit seinen Eisenhandschuhen in der Luft auf und schwang ihn hoch, um ihn zurückzuwerfen. Da sprang Geirröd, um sich zu schirmen, hinter einen Eisenpfosten, der das Dach stützte. Aber Thor zielte und warf: der Bolzen durchschlug den Pfosten, durchbohrte Geirröd und fuhr durch die Wand tief in den Erdboden. So fiel Geirröd, getötet von der eigenen Waffe in der Faust des hammerlosen Thor. Und der Donnerer ward in Riesenheim gefürchteter denn je.

Utgard-Lokis Blendwerke

Immer, wenn Thor mit Riesen zusammenstieß, mußten sie es mit dem Leben bezahlen. Nur einmal geschah es, daß der Gott den kürzeren zog, wenn auch nicht durch die Stärke des Gegners, sondern durch seine List.

Nach Osten war Thor übers Meer gefahren, dann wanderte er zu Fuß hinein nach Riesenheim, begleitet von Loki und Thialfi, seinem schnellen Diener, der den Sack mit Mundvorrat trug. Denn Nahrung war hier nicht zu finden, finstrer Wald dehnte sich endlos, und sie wanderten vom Morgen bis zum Abend, ohne ein Dach oder einen Menschen zu treffen. Aber als die Nacht schon hereingebrochen war und es sie sehr nach einer Herberge verlangte, stießen sie auf ein großes Haus; die Tür stand offen, so breit wie der ganze Saal, in den sie hineinführte. Drinnen legten sie sich zur Ruhe nieder. Um Mitternacht begann der Boden zu erbeben, daß das Haus schwankte wie ein Schiff, und sie glaubten auch den Sturm schnauben zu hören. Da standen sie auf und tasteten sich im Dunkel weiter, bis sie den Eingang zu einer kleinen Nebenhöhle fanden. Dort setzte sich Thor, den Hammer in der Faust, auf die Schwelle, und die beiden andern verkrochen sich, da das Schnauben fortdauerte, in der äußersten Ecke.

Endlich brach der Morgen an, und Thor ging hinaus. Draußen im Walde sah er einen riesigen Kerl liegen, der schnarchte ungeheuer. Dem Donnerer stieg der Zorn auf: er wußte jetzt, was das in der Nacht für ein Schnauben gewesen war. Sofort legte er den Kraftgürtel um und packte mit gewaltiger Faust den Hammer, aber da erwachte der Mann und erhob sich schnell in seiner ganzen Länge: zum ersten Male fehlte dem Gott der Mut, zuzuschlagen, und er fragte den Riesen nach seinem Namen. „Ich heiße Skrymir", antwortete der, „und du bist doch wohl Asa-Thor? Hast du mir etwa meinen Handschuh fortgeschleppt?" Er bückte sich und hob den Handschuh auf, da fielen Loki und Thialfi heraus: das Haus, in dem sie Zuflucht gesucht hatten, war der Handschuh gewesen und die Nebenhöhle der Däumling. Als er dies sah, sagte Thor nicht nein, da der Riese ihm anbot, friedlich zusammen weiterzuwandern. Sie setzten sich zum Frühstück und aßen, der Riese aus seinem Sack und die Asen aus dem ihren. „Sind wir Genossen, so wollen wir künftig auch zusammen aus einem Sack essen", meinte der Riese, und als Thor zustimmte, nahm er alles, was an Speise da war, steckte es in seinen Ranzen, den er zuschnürte und auf den Rücken warf, und schritt voraus.

Sie mußten sich große Mühe geben, seinen langen Schritten zu folgen; den ganzen Tag führte er sie weiter durch den Wald, und sie waren recht froh, als er am Abend unter einer großen Eiche haltmachte und sagte: „Hier wollen wir übernachten!" Er selbst wollte sich gleich hinlegen und schlafen, die andern könnten sich das Nachtessen zurechtmachen, sie hätten ja den Sack. Kaum hatte er sich hingelegt, so war er auch schon eingeschlummert. Unterdessen wollten die Asen die Riemen des Sacks lösen; aber so sehr sie sich mühten, sie bekamen keinen einzigen Knoten auf. Das verdroß Thor gewaltig, er ergriff zornig den Hammer mit beiden Händen, und indem er vorsichtig hinübertrat, schlug er Skrymir auf den Kopf. Davon erwachte der Riese und brummte schläfrig: „Mir ist wohl ein Blatt vom Baum auf den Kopf gefallen? Hat euch das Abendessen gut geschmeckt? Dann geht nur auch schlafen!“ Thor antwortete, das wollten sie tun, und die drei legten sich mit leerem Magen ein Stückchen weiter hin unter eine andere Eiche. Aber es war ihnen nicht wohl zumute, und sie schliefen recht unruhig.

Um Mitternacht hörte Thor den Riesen wieder schnarchen, daß es durch den ganzen Wald brauste. Da trat er leise zu ihm hin und schlug ihn mit dem Hammer, rasch und fest, mitten auf den Schädel; er glaubte zu sehen, wie das Eisen tief eindrang. Abermals erwachte Skrymir, sah ihn an und fragte verdrießlich: „Was ist denn schon wieder los? Mir ist wohl da eine Eichel auf den Kopf gefallen? Und was willst du denn hier, Thor?“ Verlegen stotterte Thor, er sei eben aufgewacht; aber es sei wohl erst Mitternacht, und sie könnten ruhig weiterschlafen. Damit ging er an seinen Platz zurück; aber er lag wach und lauschte auf die Atemzüge des Riesen – wenn Skrymir wieder einschliefe, wollte er so zuschlagen, daß er das Aufwachen vergäße.

Gegen Morgen endlich schien es ihm soweit zu sein, er stand auf, und mit einem Anlauf heranspringend, traf er den Schlafenden so mächtig auf die Schläfe, daß der Hammer bis an den Schaft versank. Aber siehe, Skrymir setzte sich auf, fuhr sich mit der Hand über das ganze Gesicht und sprach gähnend: „Die Vögel da oben schmeißen mich wohl mit Zweigen! Da wollen wir aufstehen, Thor, und uns auf die Socken machen. Wenn ihr dort geradeaus nach Osten geht, dann kommt ihr zur Burg Utgart; ihr werdet staunen, was ihr da für Kerle finden werdet, gegen die bin ich nur ein Krümel – und ich bin doch auch nicht gerade winzig, nicht wahr? Mit denen anzubinden ist keine Kleinigkeit, die lassen sich's nicht gefallen, wenn ihr große Sprüche macht. Wenn ich euch gut raten soll, dann kehrt lieber vorher um! Ich selbst habe noch woanders zu tun, ich muß nach Norden in die Berge!“ Damit nahm er den Ranzen samt der ganzen Speise auf den Rücken und schlug sich seitwärts in den Wald; die Asen vergaßen ganz, ihm glückliche Reise zu wünschen.

Aber sie gingen doch weiter auf dem gewiesenen Weg, und am Mittag kamen sie an die Burg, die war so hoch, daß sie sich fast das Genick verrenken mußten, um bis zum Mauerrand hinaufzusehen. Die Toröffnung war mit einem Gitter verschlossen; Thor rüttelte vergeblich daran, es öffnete sich nicht, und sie mußten sich zwischen den Stäben hindurchquetschen, um in den Hof zu gelangen. Durch eine offene Tür traten sie in eine große Halle; auf den Seitenbänken saßen grimmige Kerle von ungeheurer Größe, und auf dem Hochsitz, gewaltiger als alle, der König Utgard-Loki. Als sie vor ihn traten, ließ er sie eine ganze Weile warten, ehe er sie auch nur ansah; dann zog er spöttisch die Lippe hoch, daß seine Hauer blitzten, und sagte: „Man soll doch nie glauben, was einem von draußen zugetragen wird! Dieser Knirps soll der große Thor sein? Nun, vielleicht steckt mehr in dir, als wonach du aussiehst! Hier könnt ihr alle drei herzeigen, was ihr könnt; bei uns gilt nur der etwas, der andere im Wettstreit besiegt. Wer will anfangen?"

Da meldete sich Loki, der sich bisher zuhinterst gehalten hatte: „Ich verstehe mich besonders gut aufs Essen und will's euch beweisen! Keiner in diesem Saal wird imstande sein, seine Speise so schnell zu verzehren wie ich!" „Das läßt sich hören", entgegnete Utgard-Loki; „wir wollen es probieren! Komm du mal her, du da von der hintersten Bank, ja du, Logi!" Es trat einer vor von den Plätzen, wo die Geringsten zu sitzen pflegen, gehäuft voll von Fleisch. Von den entgegengesetzten Enden an begannen die beiden zu schlingen, in der Mitte trafen sie aufeinander; aber es fand sich, daß Loki nur das Fleisch verzehrt hatte, Logi aber auch die Knochen und den halben Trog dazu. Da waren alle der Meinung, daß Loki schlecht abgeschnitten habe.

Nun fragte Utgard-Loki: „Worauf versteht sich denn der junge Mensch da?" Thialfi erwiderte, er wolle wohl mit jedem hier im Saale um die Wette laufen. „Ausgezeichnet", sagte Utgard-Loki; „du mußt fix auf den Beinen sein, wenn du dich dazu erbietest; sehen wir zu!" Er führte sie hinaus zu einer guten Rennbahn auf ebenem Felde und rief ein Bürschchen namens Hugi herbei, das sollte mit Thialfi um die Wette laufen. Im ersten Lauf war Thialfi noch nicht am Ende der Bahn, da kam ihm Hugi schon wieder entgegen; und Utgard-Loki rief: „Fest, Thialfi, schmier deine Knochen, sonst verlierst du, obwohl du der beste Läufer bist, der bisher zu uns kam!" Beim zweiten Lauf war Hugi einen ganzen Pfeilschuß voraus, und Utgard-Loki sagte: „Thialfi läuft gut, aber den Vorsprung holt er nicht mehr auf!" Und in der Tat hatte Thialfi beim dritten Lauf noch nicht die Mitte der Bahn erreicht, da war Hugi schon am Ziele. Damit war auch dieser Wettstreit für die Asen verloren.

Jetzt wandte sich Utgard-Loki an Thor selbst: „Nun sind wir wirklich gespannt, womit du uns in Erstaunen setzen willst; von dir erzählen sich die Leute ja Wunderdinge!" „Am liebsten versuchte ich es mit dem Trinken", antwortete Thor. „Schön", sagte Utgard-

Loki und hieß alle ihm wieder in den Saal folgen; „bringt das Horn her, aus dem unsere Leute den Strafschluck trinken müssen!" Der Schenke brachte das Horn, und Thor nahm es; es schien ihm zwar etwas lang zu sein, aber nicht übermäßigen Umfangs. „Die besten Zecher von uns leeren es in einem Zug, die mäßigeren in zweien; Schwächlinge, die drei Züge dazu brauchen, haben wir nicht unter uns", bemerkte Utgard-Loki. Thor hatte schönen Durst, er setzte das Horn mit Hochgenuß an den Mund und sog so gewaltig, daß er meinte, damit müsse unbedingt der Rest getrunken sein. Aber als er nicht mehr schlucken konnte und absetzen mußte, fand er, da er hineinsah, daß kaum die Blume abgetrunken war. „Ganz gut geschluckt", sagte Utgard-Loki, „aber lange nicht genug, um Staat damit zu machen! Du hast mich enttäuscht, Thor, aber ich hoffe, beim zweiten Male schaffst du die Kleinigkeit!" Sehr beschämt und ohne zu mucken setzte Thor wieder an, er tat einen entsetzlichen Zug, bis ihm der Atem ausging; trotzdem wollte sich die Spitze des Horns nicht heben, und als er aufhören mußte, schien es ihm, als habe es noch weniger abgenommen, als beim erstenmal. Utgard-Loki lachte: „Du sparst wohl deine Kräfte für den dritten Schluck? Wohl bekomm's! Aber dieser muß wirklich der größte sein, sonst schaffst du's nun und nimmermehr und bist elend durchgefallen!" Zornig hob Thor das Horn zum dritten Male; er trank, daß er vor Anstrengung blau im Gesicht wurde, und diesmal hatte sich die Flüssigkeit wirklich sichtbar verringert. Aber das war auch alles, und Thor gab unwirsch das Horn zurück; er hatte von diesem Wettstreit genug und wollte keinen Tropfen mehr.

„Du bist doch nicht der Kraftkerl, für den wir dich hielten", sagte Utgard-Loki; „aber vielleicht liegt deine Stärke auf einem andern Gebiet: Dann könntest du die Scharte noch auswetzen!" „Bei den Asen würde mir keiner sagen, daß das schwache Trünke waren", antwortete Thor; „aber was für ein Wettspiel habt ihr mir noch anzubieten?" Utgard-Loki erwiderte: „Unsere jungen Burschen machen sich gern einen Spaß damit, meine Katze vom Boden hochzuheben. Das ist weiter kein Kunststück, und ich würde mich nicht unterstehen, dem großen Thor eine so leichte Probe anzubieten, wenn ich nicht eben gesehen hätte, daß wir dich früher sehr überschätzt haben." Da kam die Katze schon in den Saal gelaufen, sie war grau von Farbe und wirklich recht groß. Thor trat zu ihr hin, legte ihr eine Hand unter den Bauch und versuchte sie hochzuheben. Aber die Katze machte einen Buckel, der wölbte sich immer höher, je höher Thor die Hand emporzog. Endlich stemmte er die Hand mit aller Gewalt hoch, aber er erreichte nicht mehr, als daß sich ein Fuß der Katze vom Boden löste; weiter kam und kam Thor nicht, da gab er es auf. „Das hab' ich mir gleich gedacht", spottete Utgard-Loki, „die Katze ist zu groß für den kleinen Thor, mit ihr werden nur Riesen fertig, wie hier welche sitzen!"

„Käme nur einer von ihnen her und ränge mit mir!" schrie Thor, nun in voller Wut; „so klein ich bin, ich will ihn lang auf die Erde werfen!" „Langsam, langsam", antwortete Utgard-Loki und musterte die Riesen auf den Bänken; „die hätten allzu leichtes Spiel mit dir! Versuch es erst nur mal mit meiner Amme, die ist mit Männern deines Wuchses schon öfter fertig geworden!" Auf seinen Wink trat ein altes Weib in den Saal, es ging sofort auf Thor los, und er hatte alle Mühe, sich zu wehren. Mit aller Kraft gelang es ihm nicht, die Alte von der Stelle zu rücken, sie stand um so fester, je mehr er sich anstrengte. Jetzt aber ging sie ihm mit allen Regeln der Kunst zu Leibe und riß ihn mit einem starken Schwunge nieder, daß er auf ein Knie fiel. Da schied Utgard-Loki die beiden: „Genug damit! Auf einen Kampf mit den Männern wird Thor ja nun nicht mehr wild sein!" Inzwischen war es Nacht geworden. Der Riesenkönig wies den Gästen Sitze an der Tafel und später ein gutes Nachtlager an, sie hatten sich über seine Gastlichkeit nicht zu beklagen. Doch die Niederlage wurmte sie im tiefsten Herzen.

Des Morgens in der Frühe standen die drei auf und machten sich gleich reisefertig. Aber Utgard-Loki nötigte sie noch zum Frühstück, er ließ reichlich und vom Allerbesten auftragen, und als sie aufbrachen, begleitete er sie hinaus aus der Burg. Draußen nahm er Abschied und fragte Thor: „Nun, wie hat es dir bei mir gefallen? Hast du schon einmal einen mächtigeren Mann getroffen?" Thor antwortete: „Ich habe wenig Ruhm geerntet, das kann ich nicht leugnen, und ich ärgere mich wütend, daß ihr euch nun alle über mich lustig machen werdet!"

Da sprach Utgard-Loki: „Jetzt sollst du die Wahrheit hören, da ich dich glücklich aus der Burg habe – solange ich lebe, sollst du mir nicht wieder hereinkommen! Ich hätte dich bestimmt auch diesmal nicht eingelassen, hätte ich deine Kraft gekannt. Wahrhaftig, schlecht wäre es uns gegangen, wenn ich dir nicht die Sinne verblendet hätte Skrymir, dem ihr im Walde begegnetet, war ich selbst; du hast mich nicht wiedererkannt. Daß du den Ranzen nicht aufkriegtest, war kein Wunder: ich hatte ihn mit einem Zauberdraht verschnürt. Von deinen drei Hammerhieben hätte der schwächste genügt, um mich totzuschlagen – wenn er mich nur getroffen hätte! Aber da war ein

Berg in der Nähe, den zog ich jedesmal, ohne daß du es merktest, rasch vor mich, wenn du zuschlugst – du mußt ihn haben liegen sehen, als wir vorbeigingen, er hat drei tiefe Täler: das sind die Spuren deines Hammers! Und die Wettkämpfe in meinem Saal waren lauter Gaukelspiele. Loki mußte im Essen unterliegen, denn der Logi, den ich gegen ihn stellte, war das Wildfeuer, seine Flamme fraß Speise und Trog zugleich. Thialfi lief wie der Wind, aber Hugi, der gegen ihn stritt, war mein Gedanke, der lief freilich noch schneller. Daß du das Horn nicht leeren konntest, wird dich nicht länger wundern, wenn du hörst, daß seine Spitze ins Meer tauchte – du sahst es bloß nicht; wenn du aber den Strand hinabkommst, wirst du sehen, wie sich das Wasser durch deinen Zug verringert hat: das wird fortan Ebbe heißen. Wir staunten alle, als du meine Katze hochzogst, und erschraken sehr, als du ihren Fuß von der Erde löstest: denn die Katze war die Midgardschlange, die die ganze Erde umklammert hält – du stemmtest sie so hoch, daß sie einen Fuß loslassen mußte und ihr gekrümmter Rücken fast den Himmel berührte! Deine größte Tat aber war der Kampf mit der, die du für meine Amme hieltest: denn sie war das Alter selbst. Keiner ward geboren und keiner wird geboren werden, den das Alter nicht endlich zu Boden wirft; aber dich zwang es nur auf ein Knie. Dies ist die Wahrheit – und nun wollen wir uns trennen und, soweit es nach mir geht, niemals wiedersehen! Komm nicht wieder, mich zu besuchen! Ich habe diesmal Ängste genug ausgestanden; von nun an will ich durch meine Künste die Burg so schützen, daß ihr gar nicht erst hineinkommt!“

Als Thor hörte, wie er genarrt worden war, ergrimmte er und riß den Hammer empor. Doch ehe er noch zuschlagen konnte, war Utgard-Loki schon verschwunden, und verschwunden war auch die ganze Burg. Wo sie eben noch gestanden hatte, dehnten sich Berge und Täler einsam und leer. So blieb Thor mit seinen Begleitern nichts übrig als heimzufahren. Er war sehr ärgerlich über das Abenteuer und ließ sich nicht gern daran erinnern.

Fahrt zu Hymir

Gute Freundschaft hielten die Asen mit dem Meerriesen Ögir. Sein Weib Ran war böse und tückisch; sie erregte Stürme, zertrümmerte Schiffe und fischte nach den Leichen der Ertrunkenen. Aber Ögir war friedlichen Sinns, er glättete das Meer und war Menschen und Göttern hold. Odin hatte ihn in Walhall gastlich bewirtet und war auch bei ihm schon eingekehrt. Einmal waren die Asen auf Jagd gezogen und hatten viel Wild erbeutet; sie hatten Lust auf Schmaus und Gelage und wollten sich insgesamt zu einem Fest bei Ögir einladen: denn er, sagten sie, besitze den größten Bierkessel. Als Bote wurde Thor zu ihm vorausgesandt. Ögir nahm ihn freundlich auf, aber die Bitte kam ihm für diesmal nicht gelegen, darum sagte er zu dem starken Asen: „Auch mein größter Kessel ist zu klein für euch alle; aber es gibt noch einen größeren, ihn besitzt der Riese Hymir. Wenn du mir den bringen könntest, so solltet ihr mir liebe Gäste sein!"

Das ließ sich Thor nicht zweimal sagen, denn ihm stand das Herz stets nach Abenteuern im Riesenreich. Als Fahrtgenossen wählte er sich Tyr, der mit Hymirs Sippe verwandt war und den Weg wohl wußte. Sie hatten eine weite Reise, denn sie mußten den nördlichen Eisstrom überqueren und dann noch weit nach Osten fahren, bis sie Hymirs Reich erreichten.

Dort kauerte am Eingang die Ahnfrau des Geschlechts, ein altes Ungeheuer mit neunhundert Köpfen; Tyr graute es ob dieser Verwandtschaft. Aber drinnen begrüßte sie eine schöne Frau, goldhaarig und mit lichten Augenbrauen, und dieser Base freute sich Tyr. Freundlich bot sie ihm den Willkommentrunk und sprach: „Liebe Blutsfreunde, ich will euch hinter den Kesseln verstecken, die dort hinten im Saale hängen, damit euch Hymir nicht sofort erblickt, wenn er nach Hause kommt; denn er ist grimmig und sieht Gäste nicht immer gern."

Spätabends kam der Riese heim von der Jagd; mit dröhnenden Schritten trat er in den Saal, von Eis klirrend, der Bart umstarrte sein Kinn wie ein gefrorener Wald. „Freude mit dir, Hymir!" grüßte ihn die Frau; „Freunde sind zu uns gekommen: Tyr, unser Blutsfreund, den wir so lange nicht bei uns gesehen haben, und mit ihm zusammen der starke Thor." Und sie fuhr leise fort, immer darauf bedacht, seine Wildheit zu besänftigen: „Die beiden sitzen hinten an der Giebelwand, von der Säule verborgen; denn sie sind bange vor dir." Da sah der Riese nach ihnen hin, und seine Augen waren so scharf, daß vor ihrem Blick die Säule zersprang; der Querbalken brach, die Kessel stürzten herab, acht an der Zahl, und alle zerbarsten, nur einer, der größte, hartgehämmerte, kam heil auf den Boden. Die beiden Götter traten vor in den Saal; der graue Riese beäugte sie mißtrauisch, denn ihm ahnte nichts Gutes. Aber er gab Befehl, das Mahl zu rüsten; drei Stiere ließ er braten und auftragen, und zwei davon verzehrte Thor allein. Dem Riesen gefiel das wenig, und er brummte: „Nun werden wir uns morgen unsere Mahlzeit erjagen müssen!"

Beim Morgengrauen erhob er sich, um auf den Fischfang zu gehen, und Thor sprang vom Lager, um ihn zu begleiten. Der Riese schüttelte den Kopf: „Du wirst mir nicht viel helfen können beim Rudern, klein wie du bist, und frieren wirst du auch, denn ich fahre weit hinaus in die See." „Fahr nur zu", antwortete Thor mit unterdrücktem Zorn, „ich werde es gewiß nicht sein, der zuerst umkehren will! Aber was soll ich mir für einen Köder mitnehmen?" „Für dich habe ich keinen", sagte Hymir unwirsch, „sieh selbst, wie du dir einen besorgst!" Da ging Thor hinaus auf die Weide, wo die Rinder des Riesen grasten, und sah unter ihnen einen pechschwarzen Stier stehen, den größten von allen; den packte er an den Hörnern und drehte ihm den Kopf ab. „Es wäre besser, du gingest müßig, deine Arbeit bringt mir wenig Nutzen", murrte der Riese, als Thor mit dem Köder zum Strande kam. Er hatte inzwischen das Boot fertiggemacht, und sie ruderten zusammen hinaus, der Riese vorn am Bug, Thor hinten im Schöpfraum. Das Boot flog dahin, daß es den Riesen wunderte, und bald gebot er Halt: „Hier sind die Fischgründe, wo ich die Angel auszuwerfen pflege." Aber Thor hielt nicht inne, sondern rief: „Bist du schon müde, Hymir?" Da schwieg der Riese und ruderte verdrossen weiter. Endlich aber sagte er: „Nun laß uns wirklich einhalten, jetzt wird das Fischen gefährlich, denn bald stoßen wir auf die Midgardschlange." „Fahren wir noch ein Stückchen!" antwortete Thor, und ohne der schlechten Laune Hymirs zu achten, ruderte er noch eine mächtige Strecke.

Weit draußen zog er die Ruder ein, Hymir warf die Angel aus und hob zwei Walfische aus der Flut; Thor aber hatte das Stierhaupt an einem mächtigen Haken mit starker Schnur über Bord geworfen, und als die Schnur zuckte, begann er zu ziehen. Die Midgardschlange hatte den Köder geschnappt; als ihr der Haken in den Schlund drang, riß sie rückwärts, und der Ruck war so heftig, daß beide Fäuste Thors gegen die Bordwand prallten. Da kam der Asenzorn über ihn, er stemmte sich so gewaltig, daß die Planken sich bogen, und zog das Haupt der Schlange empor zum Bootsrand: wild drohten ihn ihre Augen an, und ihr Giftatem blies ihm entgegen; vom Zerren und Reißen schwankte das Schiff, daß das Wasser hereinschlug und der Riese in Angst geriet, sie würden kentern. Schon hob Thor den Hammer, um dem Wurm das Haupt zu zerschmettern: da schnitt Hymir rasch die Schnur durch, und das gleißende Haupt versank.

Thor warf dem Untier noch den Hammer nach, daß das Meer hoch aufschäumte und die Luft donnernd widerhallte; aber es war zu spät. Voll Zorn, daß ihm der alte Feind entgangen war, schlug er den Riesen mit der Faust vor den Schädel, daß er über die Bank zurückflog und die Sohlen gen Himmel kehrte. Dann griff er wieder zu den Riemen; Hymir, dem übel zumute war, raffte sich auf, und sie ruderten stumm zurück.

Als sie anlegten, war dem Riesen der Mut wieder gewachsen, und er forderte Thor zu einer neuen Kraftprobe: „Wie wollen wir die Arbeit jetzt teilen? Willst du die Walfische nach Hause tragen oder das Boot festmachen?“ Thor antwortete kein Wort; er packte das ganze Boot, ohne es erst auszuschöpfen, so wie es war, hob es samt Ruder, Gerät und Walfischen auf den Nacken und trug es zum Thursenhof in der Bergschlucht. Aber noch immer war der Trotz des Riesen nicht gebrochen. Sie saßen bei Mahl und Trunk, Hymir hatte vor sich einen herrlichen gläsernen Becher, den hielt er hoch und sagte: „Rudern kannst du, Thor, und auch sonst noch allerlei; aber so viel Kraft hast du nicht, daß du diesen Becher zerbrechen könntest!“ Thor ergriff den Becher und schleuderte ihn gegen die Säule, er fuhr hindurch durch den Stein und kehrte heil in Hymirs Hand zurück. Nochmals und nochmals erprobte es Thor, immer zorniger wurde er, während der Riese lachte, wenn er den Becher wieder fing. Da flüsterte dem Gott die blonde Frau des Riesen ins Ohr: „Wirf ihn Hymir an den Kopf!“ Mit aller Asenkraft, tief die Knie beugend, schmetterte Thor den Kelch gegen des Riesen Steinhaupt: es blieb heil, aber der Kelch zersprang klirrend.

Traurig und finster sah der Riese hinab auf die Scherben. „Mein teuerster Besitz ging mir verloren mit diesem Kelch; nie mehr werde ich ihn in den Händen halten und sagen: Schmeckst du prächtig, mein liebes Bier! Nun freut mich auch mein Braukessel nicht mehr; ihr wollt ihn haben — nehmt ihn euch denn, wenn ihr stark genug seid, ihn aus der Halle zu bewegen!“ Vergebens versuchte Tyr zweimal, das mächtige Gefäß vom Platze zu rücken. Da stieg Thor hinab vom Hochsitz und ergriff den Kessel am Rand, er schwang ihn hoch und stülpte ihn sich über den Kopf, daß die Ringe rasselten. So schritten die beiden Asen aus dem Hause und Hofe und weiter ihres Wegs.

Nach einer Weile schaute Thor sich um und sah, daß Hymir hinter ihnen her eilte mit einer ganzen Heerschar von vielhäuptigen Fels- und Höhlenungetümen. Da hob der Donnerer den Kessel vom Haupt und schwang den Hammer; den Hymir erschlug er und seine ganze

Riesengefolgschaft. Dann wanderten die beiden Götter weiter, des Sieges und der Beute froh kamen sie zu Ögirs ragender Halle.

Dort vereinigten sich die Asen zu festlichem Mahl und Gelage. Der freundliche Meerriese hatte sein Bestes getan, um die Götter zu ehren. Herrlich war der Saal geschmückt, er strahlte in lichtem Glanz, der nicht von Kerzen kam, sondern von lauterem Gold; Speisen und Getränke schwebten von selbst auf den Tisch, die Diener hatten nichts zu tun, als sie den Gästen auszuteilen. Mitten im Saal aber stand der mächtige Kessel, gefüllt mit köstlichem Bier, genug und übergenug für alle. Die Asen tranken mit Lust und sprachen: „Alle Jahre um diese Zeit werden wir hinfort wieder hier trinken aus Hymirs Kessel, den Thor den Riesen entriß!"

BALDERS TOD

Schweres Unheil kündete sich an: Balder, den Edlen, quälten böse, todverheißende Träume. Als er sie den Asen erzählte, hielten sie Rat, wie sie die Drohung von seinem Haupte abwenden könnten. Da ging die mütterliche Frigga hin und nahm Eide von allen Wesen und Dingen, daß sie Balder verschonen wollten, und alle schwuren ihr zu: Feuer und Wasser, Eisen und Erz, Steine und Erde, Seuchen, vierfüßige Tiere, Vögel und Giftschlangen. Als das geschehen war, schien jede Gefahr gebannt. Freudig und aufrecht stand Balder, die Brust ungeschützt, das freie Haupt vom hellen Blondhaar umweht, auf dem Thingplatz, und die Asen vergnügten sich damit, Pfeile nach ihm zu schießen, mit Schwertern nach ihm zu schlagen, Steine auf ihn zu werfen: nichts vermochte ihn zu versehren, lachend fing er die Geschosse aus der Luft, und alle freuten sich ihres unverwundbaren Lieblings.

Nur Loki sah mit Neid und Haß auf das hohe Glück der Götter. In Gestalt eines alten Weibes kam er zu Frigga und sprach sie an: „Schön ist's zu sehn, wie die Asen mit Balder spielen. Aber vermag ihm wirklich gar nichts in der Welt zu schaden?" Frigga antwortete: „Nein, nichts wird ihm schaden, ich habe Eide empfangen von allen Wesen und Dingen." Loki fragte weiter: „Haben wirklich alle ohne Ausnahme geschworen?" Lächelnd antwortete Frigga: „Im Westen Walhalls sah ich einen kleinen Mistelzweig, der war so jung und schwach, daß ich ihm den Eid nicht abnahm."

Da ging Loki hinweg und brach den Mistelzweig ab. Er eilte mit ihm zum Thing zurück und sah abseits von allen den Hödur stehen: der nahm als einziger an dem Spiel nicht teil, denn er war blind. Loki trat, von den andern Göttern unbemerkt, hinter ihn und fragte: „Warum schießt du nicht auch einmal nach Balder?“ Hödur antwortete: „Ich sehe ja nicht, wo er steht, und habe auch keine Waffe.“ „Ich will dir helfen“, sprach Loki, „damit du wie die andern Asen Balder Ehre erweisen kannst. Schieße nach ihm mit dieser Gerte, ich will den Schuß lenken!“ Da nahm Hödur den Mistelzweig und schoß, wie Loki lenkte, und während der Verräter rasch entschwand, durchbohrte der Zweig Balder, daß er tot zur Erde fiel. Nie wurde bei Göttern und Menschen ein unheilvollerer Schuß getan. Den Asen sanken die Hände, sie standen erstarrt vor Schreck, das Wort erstarb ihnen im Munde. Fassungslos blickten sie einander an und auf den unglücklichen Schützen, aber keiner legte Hand an ihn, so heilig war die Stätte. Vergebens versuchten sie zu sprechen, sie vermochten es nicht, denn zu gewaltsam entstürzten ihnen die Tränen. Keiner aber trug tiefer an dem Leid als Odin, denn keiner wußte so gut wie er, was die Götter mit Balder verloren hatten.

Als die Asen sich endlich gefaßt hatten, gingen sie miteinander zu Rate, und Frigga sagte: „Wer unter euch allen meine ganze Huld und Liebe gewinnen will, der reite hinab zur Hel und biete ihr Lösegeld, damit sie Balder freigibt und uns wiederschickt.“ Es erbot sich der kühne Hermod, Odins Sohn, zu dem Ritt. Der Vater gab ihm seinen Hengst Sleipnir, Hermod schwang sich auf und sprengte davon. Die Asen aber rüsteten Balder ein Leichenbegängnis, wie es noch keinem je bereitet ward. Alle Götter waren zur Stelle, voran Odin und Frigga, begleitet von allen Walküren und Einheriern; Frey kam in seinem Wagen, vom goldborstigen Eber gezogen, Heimdall auf seinem goldmähnigen Hengst, Freia mit ihrem Katzengespann; aber es waren auch Zwerge da und selbst manche aus dem Geschlecht der Berg- und Reifriesen; denn alle waren Balder hold gewesen.

Sie trugen seine Leiche hinab zum Meer, um sie auf sein Schiff zu betten, das größte und schönste von allen. Als sie es aber vom Strand hinabstoßen wollten in die Flut, rührte es sich nicht vom Flecke. Da riefen sie die Riesin Hyrockin zu Hilfe. Sie kam angeritten auf einem Wolf, der mit Schlangen aufgezäumt war, und als sie absprang, mußten vier Berserker das ungebärdige Tier auf den Boden werfen, um es zu bändigen. Mit wildem Griff packte die Riesin den Bug des Schiffes, mit einem Ruck riß sie es vorwärts, daß das Feuer aus den Walzen stob und die Erde erbebte. So furchtbar war der Anblick ihrer Riesenkraft, daß Thor ergrimmte und den

Hammer hob, um sie zu erschlagen; doch die Götter baten ihn, Frieden zu halten.

Nun schichteten sie einen Holzstoß auf dem Schiff und legten Balders Leiche darauf, und als des Toten Gattin, Nanna, das sah, zersprang ihr vor Leid das Herz. Sie betteten sie dem Gatten zur Seite, köstliche Kleinode wurden um die Toten gehäuft, Odin gab dem toten Sohn seinen Ring Draupnir mit, von dem jede neunte Nacht acht gleichschwere Ringe troffen, und auch Balders Hengst wurde herbeigeführt mit Sattel und Zaumzeug. Dann ward der Scheiterhaufen entzündet, und Thor weihte den lohenden Leichenbrand mit dem Hammer; dabei rannte ihm ein Zwerg vor die Füße, den stieß er mit der Fußspitze ins Feuer, daß er mitverbrannte. Lodernd schwamm das Schiff, das den toten Gott trug, ins Meer hinaus. Die trauernden Töchter Ögirs begleiteten es weit, sie weinten und warfen ihre feuchten Schleier himmelan.

Nun aber ist zu berichten von Hermods Ritt zur Hel. Neun Tage und Nächte ritt er durch tiefe finstere Täler, nichts rings um sich erkennend, bis er zu dem brausenden Fluß kam, über den eine goldleuchtende Brücke führte. Unter ihr wachte ein Riesenweib, das rief ihn an und fragte ihn nach Namen und Herkunft. „Fünfhundert tote Männer ritten gestern über die Brücke", sagte sie, „aber sie dröhnte unter ihnen nicht so laut wie unter dir allein. Du trägst nicht die bleiche Farbe der Toten, warum reitest du dahin auf dem Höllenweg?" Er antwortete: „Ich reite zur Hel, Balder zu suchen. Hast du gesehen, wie er des Weges fuhr?" „Ja", sagte sie, „hier ist er geritten, über die Brücke weg und nordwärts weiter zu dem Hause der Hel." Weiter ritt Hermod und kam zum Höllentor. Hier stieg er vom Roß und zog den Sattelgurt fest, dann schwang er sich auf und setzte die Sporen ein: der Hengst flog hinweg über das hohe Gatter, ohne es mit dem Hufe zu streifen, Hermod ritt vorbei an dem Höllenhund, der ihn mit blutbefleckter Brust anheulte, bis hin zur Halle. Dort stieg er ab und ging hinein und sah seinen Bruder Balder auf dem Hochsitz, blaß und blutig, aber königlich geehrt: denn die Bänke waren mit goldenen Ringen bestreut, und der schimmernde Trank stand eingeschenkt unter dem Schild zu seinen Häupten.

Eine Nacht lang weilte Hermod bei dem toten Bruder. Am Morgen bat er Hel, daß sie Balder mit ihm heimreiten lasse, denn allzu tief sei die Trauer bei Göttern und Menschen und allen Wesen um seinen Tod. Darauf sagte Hel: „Ist es wirklich so, wie du behauptest, daß alle Balder so innig lieben und alle nach ihm weinen, dann möge er zurückkehren nach Asgard! Aber hier muß er bleiben, wenn nur ein einziges Wesen seine Wiederkehr nicht begehrt oder über sein Hinscheiden nicht weint." Mit diesem Bescheid schied Hermod hinweg, Balder begleitete ihn bis ans Tor und gab ihm für seinen Vater Odin den Draupnir zum Gedenken wieder mit, Nanna schenkte ihm ein Tuch für Frigga und einen Ring für Fulla, Friggas Schmuckmaid.

Die Asen sandten Botschaft in alle Welt und baten alle Wesen, mit ihnen zusammen Balder aus der Hölle herauszuweinen. Da weinten alle, Menschen und Tiere, auf Erde, Steinen und Bäumen standen Tränen wie Tau, und vom Erz tropften sie, als wenn es schmölze. Beglückt über diese Trauer aller eilten die Boten zurück, da sahen sie unterwegs in einer Höhle ein altes Riesenweib sitzen, das nannte sich Thöck, und sie baten auch Thöck, mitzuweinen, damit Balder erlöst werde. Aber sie antwortete: „Aus Thöcks Augen tropft keine Träne um Balders Tod. Weder lebend noch tot hat mir der Sohn des Götteralten Gutes getan – mag Hel behalten, was sie hat!" So blieb Hels Forderung unerfüllt, und Balder durfte aus ihrem dunklen Reiche nicht zurückkehren ins Licht. Die aber die Götter für Thöck, die Riesin, hielten, das war abermals Loki in trügerischer Gestalt.

Noch wußten die Götter nicht, daß Loki der Übeltäter war, obwohl sie Verdacht auf ihn hatten, und so entging er fürs erste der Strafe. Aber an Hödur, der den tödlichen Schuß gegen Balder entsandt hatte, nahm Wali Rache. Ihn gebar die Riesin Rind dem Odin; einen Tag alt, ehe er noch die Haut mit Wasser genetzt oder das Haar gekämmt hatte, erschlug der Starke den blinden Mörder Balders. Loki aber sollte die Rache selbst auf sein Haupt herabziehen.

LOKIS BESTRAFUNG

Wieder einmal saßen die Asen festlich vereint in Ögirs Halle; nur Thor fehlte, denn er war noch nicht zurück von der Ostfahrt. Aber alle andern waren gekommen: Odin und Frigga und Thors Gattin Sif, Frey und Freia, Tyr, Heimdall und Widar, Njörd und Skadi, Bragi und Idun, und auch Loki war zur Stelle. Die Asen priesen den Gastgeber und lobten seine hurtigen Gehilfen, die so wohl ihres Amtes walteten. Das reizte Lokis Tücke, er suchte Händel mit einem der Diener und schlug ihn, daß er tot zur Erde fiel. Die Götter sprangen erzürnt auf, denn die Halle war eine hochheilige Friedensstätte, und Loki hatte sie frevlerisch entweiht. Sie griffen zu ihren Schilden, Loki fühlte sich nicht mehr sicher und entfloh zur

Tür hinaus in den Wald. Eine Weile verfolgten ihn die Asen und riefen ihm Drohworte nach; aber er entkam und sie kehrten zu dem Gelage zurück, wiewohl ihre Freude gestört war.

Aber Loki kam vor Bosheit nicht zur Ruhe, und so wagte er es abermals. An der Tür warnte ihn Ögirs zweiter Diener: „Sie reden drin schlimm von dir!“ Aber Loki stieß ihn zur Seite: „Schimpf und Schande will ich ihnen dafür schaffen und Gift in ihren Met gießen!“ So trat er wiederum ein, und die Asen verstummten vor der Frechheit des Bösen. „Warum schweigt ihr still“, rief er ihnen zu, „ist euch die Sprache weggeblieben? Heißt mich entweder zu euch sitzen oder hinweggehen!“ „Niemals wieder sollst du bei uns sitzen“, antwortete ihm Bragi; „die Asen wissen, wer zu ihnen gehört und wer nicht!“ Da wandte sich Loki an Odin: „Hast du vergessen, Odin, daß wir in Urzeiten unser Blut mischten? Damals schwurst du, keinen Becher zu trinken, wenn er nicht auch mir geboten würde!“ „So stehe denn auf, Widar“, sagte darauf Odin, seines Eides gedenkend, „heiß Loki niedersitzen und reiche ihm den Trank!“ Widar gehorchte, wennschon nicht gern, und Loki trank: „Heil allen Asen und Asinnen – allen, außer Bragi, der mir den Sitz verweigerte!“ So begann Loki den Zank; denn als Bragi ihm antwortete, überschüttete er ihn mit Scheltworten, und immer, wenn ein Gott oder eine Göttin versuchte, den Streit zu schlichten, wandte er sich gegen den Schlichter. Da war kein Ase, den er nicht schmähte, keiner, den er nicht durch schändliche Vorwürfe kränkte und verhöhnte, während er sich zugleich prahlerisch der eigenen Missetaten rühmte. Ungerecht nannte er Odin, weil er die Helden veruneinige und die Besten töte; einen törichten Krüppel hieß er Tyr, weil er sich die Hand vom Wolf abbeißen ließ; von Njörd, Frey, Heimdall, von jedem wußte er eine häßliche Geschichte. Und ebensowenig verschonte er die Asinnen; er warf nicht nur der üppigen Freia ihre Liebesabenteuer vor, nein, er verleumdete auch die Tugend Iduns und selbst die der sanften Sif, als sie ihm mit gütlichem Friedenswort einen Eisbecher voll süßen Mets bot. Zügellos spie er Lästerung nach Lästerung aus, auf den Frieden pochend, den Odin ihm in der Halle gegeben hatte; er lachte nur, wenn ein Ase ihm drohte oder wenn die wilde Skadi gegen ihn auffuhr, als er sich rühmte, der erste gewesen zu sein unter denen, die ihren Vater töteten. Als aber Frigga ihn warnte und Balders des Reinen gedachte, ihres Sohns, der frei von jeglicher Schuld dem Bösen hätte entgegentreten können, da zieh sich Loki voll hämischer Freude selbst seines ärgsten Frevels: „Ich war es, der ihn tötete, und abermals ich, der seine Wiederkehr verhinderte!“

Da erbebte die Erde, donnernd rollte Thors Wagen heran, und der starkte Ase trat in den Saal, der von den Lästerungen Lokis widerhallte. Drohend erhob er den Hammer und rief: „Schweig, unreiner Wicht, sonst soll Mjölnir dir den Mund schließen!“ Dreimal noch versuchte Loki Gegenreden, höhnisch rückte er dem Donnerer sein Abenteuer bei Utgard-Loki vor, da er ängstlich in dem Däumling des Handschuhs kauerte – aber da blitzten Thors Augen so wild, daß Loki nicht mehr länger bleiben wollte. „Allen Asen und Asinnen habe ich gesagt, was ich auf dem Herzen hatte – jetzt weiche ich von hier, denn ich zweifle nicht: du schlägst zu! Möge das Feuer die Halle und euch alle fressen!“ Flink sprang er hinaus und warf knallend die Tür hinter sich zu; schnell wie der Wind entkam er.

Fern von Asgard verbarg er sich, dort wo der Franangerfluß in den Fjord fällt. In der Einsamkeit baute er sich auf dem Berg ein Haus mit vier Türen, so daß er nach allen Himmelsrichtungen Ausschau halten konnte. Des Tags verwandelte er sich oftmals in einen Lachs und spielte munter im Wasserfall umher. Abends pflegte er im Haus beim Feuer zu sitzen und aus Garnfäden ein Netz zu knüpfen – eine Kunst, die damals noch niemand kannte. Die Asen aber waren entschlossen, seine Frevel nicht länger zu dulden. Von seinem hohen Sitz aus spähte Odin durch alle Welt und erblickte Lokis Haus. Die Asen machten sich auf, den Bösen zu fangen. Loki sah sie kommen; er warf rasch das Netz ins Feuer, dann sprang er als Lachs in den Wasserfall. Als die Asen ins Haus drangen, fanden sie ihn nicht mehr; auf dem Herd in der Asche aber sahen sie die Reste des Netzes, und der kluge Heimdall erriet, daß das wohl ein Gerät zum Fischfang sei. Sogleich machten sich die Asen daran, selbst ein großes Netz zu knüpfen, und als sie es fertig hatten, gingen sie hinab zum Fluß und senkten es ins Wasser.

Die ganze Breite des Stroms sperrten sie, auf der einen Seite hielt Thor das Seil, auf der andern alle übrigen: so zogen sie das Netz vom Wasserfall zum Meere hin. Loki schwamm vor ihnen her, und um dem Netz zu entgehen, drückte er sich zwischen zwei Steine; da glitt es über ihn hinweg. Aber die Asen hatten gemerkt, daß da etwas Lebendiges lag; sie gingen wieder hinauf zum Fall und warfen das Netz zum zweitenmal, nachdem sie es stark mit Steinen beschwert hatten, damit es ganz dicht über den Grund streifte und nichts unter ihm durchschlüpfen könne. So wurde Loki stromabwärts getrieben; als er aber fürchten mußte, ins Meer gejagt zu werden, schnellte er sich aus dem Wasser zurück über den Rand des Netzes und schwamm wieder aufwärts in den Fall. Die Asen sahen es und zogen das Netz zum drittenmal; diesmal hatten sie sich geteilt, auf jedem Ufer ging und zog eine Schar, Thor aber watete dicht hinterm Netz mitten im Flußbett. Da geriet Loki in arge Bedrängnis; gleich gefährlich war es, sich ins Meer treiben zu lassen oder zurückzuspringen. In der Not entschied er sich für den Sprung; wie der Blitz schnellte er sich abermals über den Netzrand. Aber Thor hatte scharf aufgepaßt, er faßte ebenso rasch zu und packte den Fisch. Der suchte zu entschlüpfen, aber Thors Griff war fest, er drückte den Lachs über dem Schwanz zusammen; und darum ist der Lachs hinten so schmal. Nun gelang es Loki nicht mehr zu entkommen, er war ein Gefangener und durfte auf keine Gnade rechnen.

Die Asen schleppten den Übeltäter in eine Felshöhle. Sie stellten drei große Steinplatten hochkant und bohrten in jede ein Loch. Dann holten sie die beiden Söhne Lokis, die er von seinem Weibe Sigyn hatte, Wali und Narfi. Den Wali verwandelten sie in einen Wolf, der fiel sofort über seinen Bruder her und zerriß ihn. Aus dem Gedärm des Getöteten drehten sie eine Fessel und schnürten damit Loki auf die Felsplatten, daß die scharfen Kanten ihm in Genick, Kreuz und Kniekehlen schnitten; die Fessel aber wurde eisenfest.

Als er so gebunden lag, holte die wilde Skadi eine Giftschlange und hängte sie über dem Mörder ihres Vaters so auf, daß der ätzende Geifer aus ihrem Maul ihm ins Gesicht tropfte. Aber Sigyn, Lokis treues Weib, setzte sich neben den Gefesselten und fing mit einer Schüssel die Gifttropfen auf. Immer, wenn das Gefäß voll war, mußte sie es ausschütten; dann tropfte das Gift Loki ins Gesicht, und er wand sich in Zuckungen, daß die ganze Erde erbebte und die Menschen erschraken. So gefesselt sollte er liegen bis ans Ende der Tage.

GYLFI IN WALHALL

Tiefes Geheimnis ist um Odin, keiner kennt ihn ganz. Waren es nicht drei göttliche Brüder, Odin, Wili und We, die den Riesen Ymir erschlugen und aus seinem Fleisch und Bein die Welten bauten, waren es nicht wiederum die drei, die die ersten Menschen schufen, indem der eine ihnen Atem, der zweite Vernunft, der dritte Empfindung schenkte? Atem, Vernunft, Empfindung; sie zusammen erst machen des Menschen Wesen aus, in jedem einen sind alle drei, und so sind die drei Götter auch nur dreifache Kraft in einem, in Allvater, den die Menschen Odin nennen. Einem einzigen Sterblichen erschien

Odin seither einmal in dreifältiger Gestalt: dem König Gylfi, und ihm gewährte er Einblick in sein Wissen um Götter und Welten.

Alles Wissens Ströme münden in Odin; er nahm die Weisheit Mimirs auf und die dunkle Kunde der Wala. Keiner kam ihm je gleich in der Kenntnis aller Dinge und aller heimlichen Namen, und wenn einer es wagte, mit ihm zu streiten, wer der weisere sei, so mußte er unterliegen; ein eisgrauer Riese, Wafthrudnir, verwettete im Wissensstreit mit ihm den Kopf. Aber einmal ließ Odin es zu, daß ein Mann ihn befragte: Gylfi stand er Rede und Antwort, so daß das Wissen von verborgenen Dingen des Himmels und der Erde seitdem unter die Menschen kam.

Gylfi war in grauer Vorzeit ein König in Schweden, ein kluger Mann und manches Zaubers kundig. Gern pflegte er Umgang und Gespräch mit Leuten geheimnisvoller Herkunft und seltsamen Wesens, und so unterhielt er sich lange mit einer fahrenden Frau, die das Land durchzog und über die niemand etwas wußte. Ihre Erzählungen fesselten ihn so sehr, daß er ihr auf ihre Bitte zur Belohnung ein Stück Ackerland versprach, nicht größer, als was sie mit vier Stieren umpflügen könne in einem Tage und einer Nacht. Sie stammte aber aus Asengeschlecht und hieß Gefion. Hoch im Norden, in Riesenheim, war sie eines Riesen Weib gewesen; von ihm besaß sie vier starke Söhne. Die holte sie herbei, verwandelte sie in Stiere und spannte sie vor den Pflug. Die vier zogen, daß der Dampf von ihnen ging, und so gewaltig schnitt die Pflugschar in die Erde, daß der Boden sich löste und von den Stieren hinweggerissen wurde über die Küste hinaus ins Meer; dort hieß Gefion das ausgepflügte Land stillstehen als Insel und nannte es Seeland. Wo es sich aber losgelöst hatte, bildete sich ein großes Gewässer, der Mälarsee, der genau den gleichen Umriß zeigt wie die Insel.

Als König Gylfi die ungeheure Kraft der Gefion sah, wurde er sehr begierig, ihr Geschlecht, die Asen, kennenzulernen und zu erfahren, woher ihre Macht stamme. Darum machte er sich auf nach Asgard, in gewandelter Gestalt, anzusehen wie ein alter Wanderer. Aber die Asen wußten, wer er war und was er wollte. Sie verblendeten ihm den Blick: Burg und Saal reckten sich vor seinen Augen so hoch empor, daß er kaum mehr das Dach erspähen konnte, das mit goldenen Schilden belegt war. Im Tor traf Gylfi einen Mann, der spielte mit Messern; er warf sie in die Höhe, daß immer sieben zugleich in der Luft waren, und fing sie wieder auf. Der Mann fragte den Ankömmling nach seinem Namen; der nannte sich Gangleri, den Wandersmann, und bat, vor den König geführt zu werden und über

Nacht bleiben zu dürfen. „Wie heißt der König?“ fragte er. „Das sollst du drinnen erfahren!“ antwortete der Mann und führte ihn in die Halle, und das Tor fiel von selbst dicht hinter seiner Ferse zu.

Da war ein mächtiger Raum, erfüllt von vielen Menschen, die spielten, tranken und mit Waffen gegeneinander kämpften. Vorsichtig spähte Gangleri nach den Ausgängen für den Fall, daß etwa Gefahr drohe. Aber da stand er schon vor der Stirnwand, dort waren drei Hochsitze übereinander, und in jedem saß ein königlicher Mann. Nun nannte ihm sein Führer die Namen: „Der im untersten Sitze heißt Hoch, der im mittleren Gleichhoch, der im obersten Dritt.“ Hoch redete den Gast an: „Speise und Trank soll dir werden wie allen in der hohen Halle; oder begehrst du noch mehr?“ Gangleri antwortete: „Ich möchte erfahren, ob hier ein Wissender ist.“ „Wissende sind hier genug, frage, soviel du willst!“ beschied ihn Hoch. Gleichhoch fuhr fort: „Aber wenn du nichts mehr zu fragen weißt, so kostet es dich dein Haupt!“ Und Dritt fügte hinzu: „Bleib dort stehen an deiner Stelle! Wer fragt, soll stehen, und es sitze, wer Antwort gibt.“

Da hob Gangleri unverzagt an zu fragen, und die hohen Drei gaben ihm Antwort wechselweise. So erfuhr er die heiligen zwölf Namen Odins und der Dinge Beginn; erfuhr, wie die Welten geschaffen wurden und die Menschen, und wie die Ordnung der Welt gestiftet ward. Von den Riesen hörte er und von den Zwergen und von den Ungeheuern, die die Welt bedrohen. Namen und Art der Asen und Asinnen wurden ihm kund und die der Säle, in denen sie hausen; und gar nicht genug wundern konnte er sich über alle Herrlichkeiten Walhalls. Von den Taten der Götter wurde ihm berichtet, die Riesenkämpfe Thors wurden ihm erzählt, und er verlangte von diesen Abenteuern immer mehr, obwohl darunter manche waren, die ihm die drei nicht eben gern erzählten: denn nicht immer hatte der starke Ase gut abgeschnitten, und Utgard-Loki zumal hatte ihn weidlich genarrt. Aber Gangleri ließ nicht nach zu fragen. Die drei mußten ihm weiter erzählen von Lokis Bosheit und von dem Traurigsten, was den Asen je widererfahren war, von dem Tode des lichten Balder; und auch von Lokis Strafe berichteten sie ihm, die dauern soll bis ans Ende der Tage. „Und was ist zu künden von der Götterdämmerung?“ Da gaben sie ihm Bericht von dem Untergang der Welt, wie die Wala ihn einst geweissagt hatte, und teilten ihm auch mit, daß aus der zerstörten eine neue Welt erstehen werde.

„Aber was geschieht dann?“ fragte Gangleri.

„Wie magst du dich erdreisten, danach zu fragen!" rief Hoch.

„Keiner fragte je nach fernerer Zukunft!" rief Gleichhoch.

„Niemand weiß noch mehr über das Schicksal der Welt!" rief Dritt.

Da geschah ein Donnerschlag, es krachte von allen Seiten, und Gangleri wandte unwillkürlich den Kopf.

Aber als er nun rings um sich blickte, sah er weit und breit nichts mehr als flaches Feld. Keine Halle war mehr da und keine Burg. Da wandte sich Gylfi um und wanderte zurück in sein Reich. Dort erzählte er, was er gesehen und gehört hatte, und so kam die Kunde vom Wesen und Walten der Asen unter die Menschen.

ODIN DER WANDERER

An einem Herbsttag ruderten zwei Knaben mit ihren Angeln zum Fischfang: Agnar und Geirröd, König Raudungs Söhne. Der Wind trieb sie weit ins Meer, in dunkler Nacht scheiterte ihr Boot an einer Schäre. Sie stiegen aufwärts und fanden Obdach bei einem kleinen Bauern, dort blieben sie den ganzen Winter über. Die Frau nahm sich Agnars an, der Mann Geirröds, und er unterwies ihn in vielen Dingen. Die Knaben aber wußten nicht, daß der Bauer Odin war und sein Weib Frigga.

Im Frühjahr gab ihnen der Bauer ein Schiff. Sie gingen zusammen zum Strand hinab, doch ehe die Knaben einstiegen, nahm der Mann Geirröd beiseite und sprach mit ihm allein. Mit gutem Wind fuhren die Brüder davon und erreichten den Hafen der Heimat. Geirröd sprang von der Spitze des Schiffs ans Land und stieß es zurück ins Wasser mit den Worten: „Fahr hin in aller bösen Geister Gewalt!" Da trieb Agnar wieder in die See und ward weit weg verschlagen in ein Land, wo einsam in einer Höhle eine Riesin hauste; dort blieb er und lebte mit ihr. Geirröd aber ging hinauf zum Hof. Er wurde wohl empfangen, aber er fand den Vater nicht mehr, denn der war gestorben. An seiner Statt ward Geirröd König und herrschte mit großer Macht.

Viele Jahre danach schauten Odin und Frigga von ihrem lichten Sitz über die Welt. Da sprach Odin: „Sieh: Agnar, dein Pflegling, zeugt in dunkler Höhle Kinder mit einem Riesenweib – aber Geirröd, der meine, herrscht als König über sein Land!" Frigga erwiderte: „Er ist König, aber niedrigen Herzens und karg gegen Gäste – kaum, daß er ihnen satt zu essen gibt." Das nannte Odin eine Lüge, sie stritten sich und schlossen endlich eine Wette, wer recht habe. Odin selbst wollte die Probe machen.

Heimlich sandte Frigga ihre Schmuckmaid Fulla zu Geirröd mit falscher Warnung: „Ein Zauberer wird in dein Land kommen, vor dem hüte dich! Du wirst ihn daran erkennen, daß kein Hund, sei er auch noch so böse, ihn angreift." Diese Warnung verdüsterte das Herz des Königs. Er war niemals sehr freundlich gegen Gäste; aber als jetzt eines Tags ein Mann am Hof erschien, vor dem die Hunde, statt ihn anzubellen, mit eingezogenen Schwänzen flüchteten, ließ er ihn packen und in Fesseln schlagen. Der Fremde trug einen blauen Mantel und nannte sich Grimnir, aber er antwortete auf keine weitere Frage. Da ergrimmte Geirröd und ließ ihn, um ihn zum Sprechen zu zwingen, in die Halle zwischen zwei Feuer setzen; dort saß Grimnir acht Nächte lang ohne einen Tropfen Getränk.

Geirröd aber hatte einen Sohn von zehn Jahren, den hatte er Agnar genannt nach seinem Bruder. Der Knabe fühlte Mitleid mit dem schuldlos Gepeinigten, er nahm ein volles Horn, trat zu ihm hin und reichte es ihm. Grimnir trank es aus, eben, als das Feuer seinen Mantel ergriff. Da sprach er: „Laß ab von mir, Lohe! Acht Nächte saß ich zwischen den Feuern, und niemand bot mir Labung als allein Agnar: darum soll er König sein an Geirröds Statt. Heil dir, Agnar! Herrlich lohnt dir der Herrscher der Helden deine Gabe!" Und weiter sprach er zu dem Knaben: er gab ihm Kunde von Walhall und von den Welten, von dem Geheimnis der Schöpfung und von sich selbst, dem rätselvollen Gott, dem Schweifenden, Vielnamigen. Der Knabe lauschte, aber Geirröd hörte nicht hin; er trank Met und trank davon zuviel. Trunkene Gefährten um sich, saß er achtlos auf dem Hochsitz und hielt spielend das Schwert, halb aus der Scheide gezogen, auf den Knien.

Da rief Odin ihn an: „Du hast dich sinnlos betrunken, Geirröd, meine Huld hast du verloren, was ich dir kündete, schlugst du in den Wind! Schon sehe ich dich in deinem Blute liegen! Du hast mich nicht erkannt, nun magst du Odin schauen – komm heran, wenn du kannst!"

Bestürzt sprang Geirröd auf, er wollte hin zu dem Gefangenen, um ihn aus den Feuern zu führen. Da schaute er Odin. Ihm entglitt das Schwert, den Griff nach unten gekehrt, er strauchelte und fiel in die Spitze: von ihr durchbohrt, hauchte er das Leben aus. Odin aber verschwand, und Agnar wurde König statt Geirröd.

ODINS WEISHEIT

Gefährlich ist's, dem Gott ins Auge zu sehen, wenn er in seiner ganzen Herrlichkeit erscheint; es bedeutet den Tod. Oft ist Odin unter die Menschen gegangen; aber wenn es nicht galt, einen Helden heimzuholen, der ihn sterbend im Glanze schaute, kam er meist in der Gestalt, in der er den König Geirröd heimsuchte: als graubärtiger Wanderer, in den blauen Mantel gehüllt, den breiten Hut tief ins Gesicht gezogen, daß er das fehlende Auge beschattete. Allenthalben lebte sein Bild, überall gab man ihm neue Namen – und doch ist er immer der Höchste, ob ihn die Nordleute Odin nennen oder die Deutschen Wodan. Viele gewaltige Geschlechter haben sich der Abkunft von ihm gerühmt, und viele Helden sahen ihm ähnlich, soweit menschliches Maß göttlichem nahe zu kommen vermag. Sein Wirken aber erkannten die Menschen, auch wenn sie ihn nie sahen, im Rauschen des Windes und in der unruhigen Sehnsucht ihres Herzens: wie er Walgott ist, so ist er auch Windgott und Wunschgott.

Helden weihten sich ihm, und Heldenmädchen aus königlichem Blut gesellten sich den Walküren. Sie wurden, obwohl menschlicher Herkunft und menschlichen Schicksals, für eine Zeit Schildjungfrauen des hohen Gottes. Aber nicht immer wählten sie Helden zum Tode, sondern zuweilen auch zur Liebe und wurden Frauen derer, die sie kürten. Sterbliche übernahmen göttliches Amt: so taten auch die Könige, die nach Odins Vorbild den Speer über das Feindesheer schleuderten, um es dem Gott zu opfern.

Auch Odins Weisheit kam unter die Menschen. Manches erlauschten sie und fingen sie auf von seiner Runenkunde, und zuweilen rühmte sich wohl einer, Schüler des großen Meisters zu sein und die rechten Runen ritzen zu können: Siegrunen, die man auf den Schwertknauf schneidet; Älrunen, aufs Trinkhorn zu ritzen, damit sie der Trunkenheit wehren; Gebärrunen zur Hilfe für die Kreißende; Brandungsrunen für glückliche Landung; Astrunen gegen Krankheit; Rederunen und Denkrunen für Zunge und Haupt. Kund wurden manchen Menschen auch Zauberlieder und Zaubersegen: Wunden zu heilen und Feindeswaffen zu stumpfen, Fesseln zu entschlüpfen und einen Speer in der Luft aufzuhalten, Feuer zu besprechen und Haß zu schlichten, Sturm zu stillen und Hexen zu bannen, Glück herbeizuziehen und Mädchen zu betören, ja, selbst einen Gehängten zu erwecken, daß er vom Galgen geht und spricht.

Und ebenso drang von den wissenden Frauen, mit denen Odin Umgang pflog, Gabe der Zauberei und Weissagung auf die Erde ein.

Die geheimnisvollen Nornen am Urdbrunnen und die zukunftkündenden Wölwen fanden Nachfolgerinnen. An manches Kindes Wiege traten weise Frauen, die ihm Gutes, und wohl auch welche, die ihm Böses anwünschten. Wahrsagerinnen zogen durchs Land, den Stab in der Hand, den Zauberbeutel am Gürtel, mit Schuhen und Handschuhen aus Pelz; sie gingen in die Häuser, wie es einst Gulweig tat, und die Menge drängte sich um sie. Nicht mehr entrückt in Asgard oder andern fernen Welten blieb das Walten der Götter; rings um sich herum spürten es die Menschen mit heiliger Scheu.

Aber sie fühlten den Gott nicht nur im dunklen Geheimnis, sondern auch im Licht des hellen Tages. Denn Odin hatte, da er wandernd die Welt durchstreifte, Menschenart und Menschensinn wohl kennengelernt. So konnte er zu Männern reden als ein Mann, ein vielbefahrener und vielerfahrener, der andern wohl zu raten weiß. In kurzen markigen Sprüchen zeichneten die Nordmänner auf, was er ihnen an harter und klarer Lebensweisheit schenkte.

Er lehrte sie, das Leben zu lieben trotz aller Mühsal: ganz unglücklich ist niemand auf Erden, etwas hat jeder als Trost, seien es Söhne oder Freunde oder das Bewußtsein trefflichen Tuns. Armut ist nicht das schlimmste: solange Leben ist, ist Hoffnung, noch zu Gut und Habe zu kommen. Selbst Schaden am Leibe läßt sich überwinden: der Lahme kann reiten, der Handlose hüten, der Taube zugreifen! Nur der Tote taugt zu nichts mehr. Darum freue sich jeder der Sonne, sofern er nur eins nicht verliert: die Ehre.

Denke daran, dein Leben zu verteidigen: im freien Feld weiche nicht einen Schritt von den Waffen, und wenn du in ein Haus trittst, sieh nach den Ausgängen! Aber sei nicht allzu klug, mach dir nicht schlaflose Nächte mit Sorgen, und vor allem: scheue nicht den Kampf; denn sterben muß jeder, und wen der Speer verschonte, den erschlägt doch schließlich das Alter. Vorsichtig sollst du sein und nicht blindlings vertrauen; unter jedem Gewand kann sich die Faust verbergen, die dich töten will. Aber kommt es zum Kampf, dann sei kühn und gehe, wenn es not tut, so freudig in den Tod, wie du fröhlich lebtest.

Deine Feinde sollst du hassen und ihnen nicht Frieden geben, versäume ihnen gegenüber keinen Vorteil und steh früh auf, wenn du ihrer Herr werden willst! Aber wie du Böses mit Bösem vergiltst, so vergilt auch Gutes mit Gutem, und wie du dem Feinde Feind bist, so sei dem Freunde Freund. Denn Köstlicheres findest du nicht als Freundschaft. Der Mann ist des Mannes Lust; kein Weg ist zu weit zum Freunde, dem du in allem Vertrauen schenkst und der dir in allem die Wahrheit sagt.

Gönne jedem das Seine und freue dich nicht über fremdes Unglück. Sei gastfreundlich gegen den Fremdling, und kommst du als Gast, so wahre die gute Sitte. Rede nicht unnütz, trinke nicht zuviel: leicht gerät ins Unglück, wer sich um die Besinnung bringt. Aber wenn du bei andern noch so gut aufgenommen wirst: Herr bist du nur daheim, auf eigenem Besitz, und sei er noch so klein.

Zuverlässig ist nichts auf der Welt, kein Gut, kein Weib, kein Sohn – und auch keine Macht: denn immer lebt dem Starken ein Stärkerer.

Alles vergeht und stirbt einmal: der Besitz, die Sippen, endlich du selbst. Eines nur bleibt und überlebt dich: der Ruf, den du dir selbst gewannst.

– So lehrte Odin sein Volk; und es lebte nach dieser Lehre in seiner Heldenzeit.

RAGNARÖK

Einmal bricht Ragnarök herein, Götterdämmerung und Weltende. Vor seinem Nahen bebt Unruhe durch alle Welten, und viele Zeichen geschehen. In Riesenheim schlägt der feuerrote Hahn mit den Flügeln, er wittert den Anbruch der letzten Schlacht und kräht gellend seine Herausforderung; in Walhall antwortet mit zornig gesträubtem Gefieder der goldene Hahn der Götter, und tief aus Hels Reich dringt der Schrei des schwarzroten Hahns. Die Menschen geraten in Aufruhr, aus Bosheit und Habsucht fallen sie einander an und wüten mit Mord und Krieg. Treue und Glauben sind dahin, keiner schont des andern, Bruder erschlägt den Bruder, Vater und Sohn erwürgen sich gegenseitig; drei Jahre lang rasen Beil und Schwert, krachen die Schilde.

Darauf fegen eisige Stürme über die Erde, der Boden klirrt vor Frost, Schnee stiebt so dicht, daß man die Sonne nicht mehr sieht; ohne daß dazwischen ein Sommer käme, folgen drei Winter aufeinander. Dann aber geschieht, was den Menschen den größten Jammer bringt: der Wolf, der hinter der Sonne her rennt, erreicht und verschlingt sie, und der andere verschluckt den Mond; gleichzeitig stürzen auch die Sterne herab von dem Himmel, der pechfinster über der Erde lastet.

Aber nun beginnt auch die Erde zu beben, die Bäume schlagen entwurzelt hin, die Berge stürzen ein: tief im Abgrund zerren die gefesselten Unholde an ihren Banden. Der Fenriswolf reißt sich los, Garm bricht aus dem Helgatter, Loki sprengt Fesseln und Kerker. Die Midgardschlange peitscht mit dem Schwanze das Meer, daß es über die Ufer schäumt, wütend strebt sie zum Lande hin. Die Flut hebt Nagelfar hoch, das riesige Schiff, das aus Nägeln der Toten gebaut ist; auf ihm fahren die schrecklichen Bewohner des Helreichs heran, und Loki steuert. Rym stampft mit hocherhobenem Schild den Reifriesen voran. Der Fenriswolf schießt mit klaffendem Rachen daher, daß der Unterkiefer den Boden, der Oberkiefer den Himmel berührt, seine Augen glühen, und aus seinen Nüstern fährt Feuer. Neben ihm wälzt sich die Midgardschlange, grauenvoll anzusehen, und bläst Gift in dicken Wolken von sich. Garm rennt heulend mit blutiger Brust, Geifer fliegt ihm von den Lefzen. In wildem Getümmel stürmen die Ungeheuer Asgard zu.

Längst hat Heimdall ins Horn gestoßen, sein gellender Schrei rief die Asen zur letzten Beratung, und zum letzten Male hielt Odin murmelnde Zwiesprache mit Mimirs Haupt: die Götter wissen ihr Schicksal. Indessen sammeln sich die feindlichen Ungetüme auf dem Felde Wigrid, das hundert Meilen in die Länge und die Breite mißt. Da birst krachend der Himmel auseinander, durch die Lücke kommen in lodernder Glut die Muspelsöhne gebraust, ihnen voran Surtur, er schwingt sein riesiges Flammenschwert. Unter den donnernden Hufen ihrer Rosse bricht die Brücke Bifröst zusammen. Davon erbebt die ganze Welt, die Grundfeste schwankt, daß in Jötenheim die Riesinnen straucheln, die Zwerge stöhnen vor den Steintüren ihrer Höhlen. Yggdrasil, die Weltesche, erzittert bis in die Wurzeln, aus der aufrauschenden Krone stößt schreiend der Adler herab: aber noch einmal steht der uralte Weltenbaum.

Nun ziehen von Walhall her die Asen und ihr Heer heran, herrlich gerüstet. Allen voran reitet Odin, von seinem Haupt leuchtet der Goldhelm, von seiner Brust die goldene Brünne; in der Hand führt er den Speer Gungnir, zum letzten Male wirft er ihn über das Heer der Feinde. Ihm nach dringen Thor und Frey, Tyr und Heimdall, jeder sucht sich seinen Gegner, und dicht hinter Allvater hält sich sein Sohn, der starke Widar. Die Einherier folgen in der zugespitzten Schlachtordnung, die Odin selbst fand und den Eberrüssel nannte; aber ehe sie sich in die Masse der Feinde hineinkeilen, streiten ihnen voran die hohen Götter, ein jeder gegen den Feind, den er sich erwählte. Odin sprengt gegen den Fenriswolf, aber der schnappt zu mit dem gewaltigen Rachen und verschlingt den Vater der Götter. Doch schon springt Widar herbei, um den Vater, den er nicht schützen konnte, zu rächen; er setzt dem Wolf die eiserne Sohle seines gewaltigen Schuhs in den Unterkiefer, mit der Rechten packt er den Oberkiefer und reißt den Schlund des Untiers auseinander, daß es hinstürzt und verendet. Thor schleudert auf das Haupt der Midgardschlange den Mjölnir und zerschmettert es, aber während sie sich sterbend krümmt, taumelt er neun Schritte zurück und fällt zu Boden: ihn tötete der giftige Atem, den der Wurm ihm entgegenblies. Tyr springt mit dem kurzen Schwert an gegen Garm, er durchbohrt den Höllenhund und empfängt gleichzeitig den Tod. Heimdall kämpft mit Loki, und einer erschlägt den andern. Frey prallt zusammen mit dem gewaltigen Surtur, das Lichtschwert des Gottes zerbricht unter dem Flammenschwert des Feuerriesen, und Frey fällt. Nun rast die Schlacht über das breite Gefilde, ungeheures Morden hebt an: da reckt sich Surtur über das Gewühl der verblutenden Heere, in der Faust schwingt er einen Feuerbrand und wirft ihn über die Erde, daß sie aufbrennt und die ganze Welt in lichter Lohe vergeht.

Verbrannt ist die Erde und was auf ihr war, ihre letzten Trümmer sanken ins Meer.

Aber einmal kommt der Tag, da steigt sie neu und verjüngt aus dem Wasser empor; sie begrünt sich mit Gras und Laub, Wasserfälle stürzen, vom Felsen schwebt der Adler über die Flut, um Fische zu fangen. Jung und hell scheint eine neue Sonne, die die alte gebar, ehe noch der Wolf sie verschlang. Und wieder sind Götter da: Widar und Wali, Odins Söhne, leben, sie entkamen unversehrt aus Flut und Flamme, und Thors Söhne Modi und Magni, die den Hammer des Vaters retteten. Und dann naht sich, aus dem Totenreich auferstanden, der reine Balder; er führt an der Hand Hödur, seinen unschuldigen Mörder, mit sich. Heiter sitzen die Götter zusammen, dort, wo einst das Idafeld war. Was hinter ihnen liegt, erscheint ihnen wie ein Traum, und sie erzählen sich, als seien es Märchen, die Geschichten von dem Wolf und von der Midgardschlange, von Thors kühnen Fahrten und von Odins erhabener Weisheit. Eines Tages finden sie im Gras die goldenen Spiele der alten Götter: nun ist wieder goldene Zeit wie einst, die Sonne prangt, und die Erde schenkt, ohne Aussaat, die Fülle ihrer Frucht. Und jetzt treten zwei Menschenkinder ins junge Licht, Lif und Lifthrasir; sie lagen umschlungen im Dikkicht eines Waldes und nährten sich von Morgentau. Von ihnen stammt ein neues Menschengeschlecht, das die Erde bevölkert.

Einmal noch hebt sich im Glanz der neuen Sonne der Drache Nidhöggr aus der Tiefe, den Rachen mit Aas gefüllt, ein drohendes finsteres Gespenst – wie eine tiefziehende Wolke streicht er mit schwarzen Flügeln über die Erde und versinkt weit draußen im Meer. Nie wird er wiederkehren.

Denn kommen wird als Herrscher über die Welt, an des hehren Odin Statt, ein anderer: der Allerhehrste, dessen Namen kein Mund nennt.

ZWEITES BUCH

LIED DES SÄNGERS: GERMANISCHE HELDEN

Der Besitz stirbt, es sterben die Freunde,
Endlich stirbt man selbst;
Doch nimmer mag dem der Nachruhm sterben,
Welcher sich guten gewann.

Die germanische Heldensage bewahrt die große Tat dem Gedächtnis des Volkes; zu Ehren des Helden wurde das Lied gedichtet, das der Sänger vortrug. Die Sänger waren selbst wehrhafte Männer und Gefolgsleute von Fürsten, in ihrem Wesen den Helden, die sie besangen, zutiefst verwandt, und sie wandten sich an Hörer von gleicher Art. Eines der ehrwürdigsten dänischen Heldenlieder, das Bjarkilied, pries die Treue, mit der Rolf Krakis Mannen ihrem König in den Tod folgten; es war jahrhundertelang im ganzen Norden bekannt und berühmt. Ehe Olaf der Heilige von Norwegen in die Schlacht bei Stiklestad zog, in der er fiel, bat er seinen Skalden Thormod, das Heer mit einem Liede aufzuwecken; da sang der Skalde, um die Herzen mit Kampfmut zu befeuern, das alte Lied aus heidnischen Zeiten, und er selbst besiegelte die Treue zu seinem König mit dem Schlachtentod.

Weil sie ganz aus dem Leben eines kriegerischen Volkes stammen, sind die alten Lieder und Sagen zumeist hart und unerbittlich. Kampf ist diesem Geschlecht Gewohnheit und Lust, Blutrache heilige Pflicht, Treue gilt nur gegenüber dem Freund, dem Fürsten und der Sippe, und dicht neben der Heldentat steht oft genug die Freveltat. Aber in Gut und Böse sind diese Männer ganz und unbedingt. Sie bekennen sich zu ihrem Schicksal, darum fürchten sie auch das bittere Ende nicht; ja, sie bejahen es. „Wir haben schön gekämpft, Bruder, wie Adler auf den Zweigen stehen wir auf den Leichen erschlagener Feinde!“ sagt sterbend ein Bruder zum andern. Mehr als einem Helden wird nachgerühmt, daß er lachend starb. Und die Frauen stehen den Männern nicht nach: auch sie sind unbedingt in Liebe und Haß, auch sie wagen das Ungeheure und erfüllen furchtlos ihr Geschick.

Alt sind diese Sagen und Lieder, viele stammen noch aus der Völkerwanderungszeit, obzwar die, die wir noch besitzen, erst später aufgezeichnet und vielfach umgeformt sind. Andere gingen ein in Chroniken, Geschichtswerke und späte Heldenromane: aber auch in dieser gewandelten Gestalt ist der Atem der alten Heldenzeit noch zu spüren. Viele germanische Völker haben zu dem Sagenschatz beigesteuert: Goten, Burgunden und Franken, Angeln und Sachsen, Langobarden und Dänen und andere; das meiste freilich ist in nordischen Ländern aufgezeichnet und aufbewahrt worden. Wo das Christentum am spätesten eindrang, erhielt sich auch der heidnische Geist der alten Heldendichtung am reinsten, und hier wuchs auch die Sage noch nach bis zur ersten Zeit des Christentums. Manche Sage, die ursprünglich einem andern germanischen Volk gehörte, hat sich im Norden auf neue und besondere Art entwickelt, wie etwa die von den Wölsungen, die ganz selbständig neben der deutschen Nibelungensage steht.

Die Germanen haben sich früh in eine Reihe einzelner Völker aufgespalten, die oft genug in böser Feindschaft miteinander lebten. Aber in welcher Sprache und in welcher Form uns auch die alten Heldensagen überliefert wurden: sie sind geeint durch das gleiche Grundgefühl, die Bejahung des Lebens und des Todes.

WÖLSUNGEN UND GJUKUNGEN

Sigmund und Signy

Ein starkes und wildes Geschlecht waren die Wölsungen. König Wölsi, von dem sie den Namen trugen, leitete seinen Stamm von Odin her. Ehe er noch zur Welt kam, wurde sein Vater erschlagen, und die Mutter litt große Not, weil sie das Kind nicht gebären konnte. Sechs Jahre mußte sie es tragen, dann wurde es ihr aus dem Leibe geschnitten. Der Knabe war groß und wohlausgebildet wie ein Sechsjähriger; er küßte seine Mutter, ehe sie starb, und sie gab ihm den Namen. Rasch wuchs er zu einem gewaltigen Krieger heran und nahm eine Walküre zum Weibe. Mit ihr zeugte er elf Kinder; die beiden ältesten und schönsten, ein Knabe und ein Mädchen, waren Zwillinge und hießen Sigmund und Signy.

Wölsi erbaute sich eine herrliche Halle rings um den Stamm einer mächtigen Eiche; sie überrauschte mit ihrer Krone das Dach wie die Weltesche Walhall, und der Baum ward heiliggehalten. In der Halle verlobte Wölsi seine Tochter Signy dem König Siggeir von Gautland, der als Freier übers Meer gekommen war; hier wurde das Brautbier getrunken, und hell loderten große Feuer um den Stamm. Da trat ein Mann herein, allen unbekannt, bekleidet mit einem verschossenen blauen Mantel und Leinenhosen, die über den nackten Füßen zugebunden waren. Er war sehr groß und sehr alt und hatte nur ein Auge, sein Schlapphut war tief in die Stirn gezogen. In der Hand trug er ein Schwert; zum Baumstamm schreitend, stieß er es mit einem Schwung bis an das Heft ins Holz. Während alle stumm und staunend auf ihn blickten, sprach er: „Wer dies Schwert aus dem Stamm zieht, dem sei es geschenkt! Keine bessere Waffe wird er je erlangen." Darauf schritt der Alte hinaus, und niemand wußte, woher er kam, noch wohin er ging.

Alle Helden eilten zum Baum, und jeder wollte der erste sein, das Schwert herauszuziehen; aber es steckte fest und rührte sich nicht. Da trat Sigmund herzu, Wölsis Sohn, und da er zog, glitt es so leicht aus dem Stamm wie aus einer Scheide. Keiner glaubte, als sie es beschauten, ein schöneres gesehen zu haben, und König Siggeir bot Sigmund das dreifache Gewicht in Gold, wenn er es ihm überlassen wolle. Aber Sigmund sagte: „Käme das Schwert dir zu, so hättest du es gewonnen statt meiner; nun gebe ich's für all dein Gold nicht her." Das dünkte Siggeir eine schnöde Abweisung; aber er verhehlte seinen Grimm und sann heimlich auf Rache.

Am Abend hielt Siggeir Beilager mit Signy; am nächsten Morgen schon drängte er zur Abfahrt, da guter Segelwind wehe. Insgeheim sagte Signy zu ihrem Vater: „Am liebsten bliebe ich hier; mein Herz lacht Siggeir nicht entgegen, ich erwarte nichts Gutes von unserer Ehe." Aber Wölsi antwortete: „Wir dürfen deinem Mann nicht das Wort brechen, das wäre eine Schande für uns und für ihn, und er hätte ein Recht, Rache zu fordern." So nahmen die Neuvermählten Abschied. Aber bevor sie aufs Schiff gingen, lud Siggeir seinen Schwiegervater mit allen seinen Söhnen ein, ihn nach drei Monden zu besuchen. „Allzu kurze Zeit war ich bei euch; wir wollen nachholen, was wir diesmal versäumten."

Wie sie verabredet hatten, brachen Wölsi und seine Söhne mit drei Schiffen auf und fuhren nach Gautland. Noch am gleichen Abend, da sie anlegten, kam Signy zum Strand herab und warnte sie: „Siggeir sinnt auf Verrat, er hat ein gewaltiges Heer versammelt. Fahrt nach Hause und bietet euren ganzen Heerbann auf – dann mögt ihr wiederkommen. Aber geht nicht, allzu schwach an Zahl, in die Falle, aus der ihr nicht entrinnen könnt!" Darauf erwiderte Wölsi: „Noch im Mutterleib schwur ich, nie vor Feuer noch Eisen zu fliehen. Diesen Eid habe ich gehalten; soll ich ihn brechen jetzt, da ich alt bin? Sollen Mädchen über meine Söhne spotten, daß sie den Tod fürchteten? Einmal muß jeder sterben, dem Geschick kann keiner entgehen. Darum wollen wir nicht fliehen, sondern wie Helden kämpfen. Hundertmal stand ich in der Schlacht, stets habe ich gesiegt, ob wir weniger an Zahl waren oder mehr. Niemals soll jemand hören, daß ich floh oder um Frieden flehte!" Da brach Signy in Tränen aus und bat, bei ihnen bleiben zu dürfen. Aber Wölsi sagte: „Du sollst zu deinem Gatten zurückgehn, dahin gehörst du. was auch geschehe." Und so mußte Signy heimkehren.

Am nächsten Morgen stiegen die Wölsungen mit ihrer Mannschaft wohlgerüstet vom Strand hinauf, und Siggeir kam ihnen mit dem ganzen Heere entgegen. Wild tobte die Schlacht, achtmal durchbrach Wölsi mit den Seinen die feindlichen Reihen, aber beim neunten Male fiel der König mit seinen Mannen. Seine zehn Söhne aber wurden von der andrängenden Menge der Feinde so eng eingekeilt, daß sie die Waffen nicht mehr brauchen konnten; sie wurden von der Übermacht bezwungen und gefangen vor Siggeir geführt, der sie sofort hinzurichten befahl. Da dachte Signy in ihrem Herzen: Solange

Leben ist, solange ist Hoffnung! — und sprach zu ihrem Mann: „Ich bitte dich, laß meine Brüder nicht gleich töten, sondern setze sie in den Stock!“ Siggeir lachte und sagte: „Schlimmer scheint mir das, als sie zu töten: aber eben darum sei deine Bitte gewährt!“

Man führte die Brüder in den Wald und klemmte ihnen Hände und Füße so in einen gefällten und gespaltenen Baumstamm, daß sie sich nicht rühren konnten. Signy wartete auf eine Gelegenheit, zu ihnen zu gelangen, aber sie wurde allzu scharf bewacht. Des Nachts kam eine riesige Wölfin, sie biß den Bruder, der am Ende des Stocks saß, tot und fraß ihn auf, und so geschah es neun Nächte nacheinander, daß endlich nur noch Sigmund übrigblieb. In der zehnten Nacht kam die Wölfin wieder, sie näherte den offenen Rachen dem Gesicht Sigmunds und ließ die lechzende Zunge weit heraushängen. Da biß Sigmund zu und hielt mit seinen Zähnen ihre Zunge fest; in wütendem Schmerz stemmte sie ihre Füße mit aller Kraft gegen den Stamm und zerrte so heftig, daß der Spalt sich weitete und der Stock barst. Nun kam Sigmund frei, er riß dem Tier mit seinen Zähnen die Zunge aus dem Schlund und erwürgte es; dann entwich er in den Wald.

Am nächsten Tage endlich gelang es Signy, an die Stätte zu kommen. Sie sah an den Spuren, was geschehen war, und folgte dem Bruder, bis sie ihn fand. Sie besprachen sich miteinander und beschlossen, er solle sich eine Höhle bauen und im Walde bleiben, bis die Zeit zur Rache gekommen sei. Signy ging zurück und versorgte ihn mit dem Nötigsten, dessen er bedurfte; auch brachte sie ihm sein Schwert. Siggeir aber glaubte, Sigmund sei tot.

So vergingen lange Jahre, und die Geschwister nährten ihren Rachewunsch. Sie wußten, daß Sigmund einen Helfer dazu brauchte, und Signy gedachte ihm einen zu geben aus ihrem eigenen Blut. Von Siggeir besaß sie zwei Söhne; als der älteste zehn Jahre alt geworden war, sandte sie ihn hinaus in den Wald zu Sigmund. Der wollte ihn erproben und gab ihm einen Beutel mit Mehl. „Knete den Teig zum Brot“, sagte er, „derweil ich Holz suche.“ Als er wiederkam und nichts getan fand, entschuldigte sich der Knabe: „Ich mochte den Beutel nicht anfassen, es bewegte sich etwas darin.“ Daran merkte Sigmund, daß der Knabe kein festes Herz habe, und sagte es der Schwester, als sie ihn besuchte. „Was nicht taugt, soll man töten!“ sprach Signy, und Sigmund tat nach ihrem Wort. Ein Jahr darauf sandte Signy ihm den zweiten Sohn; dem erging es ebenso. Da erkannte Signy, daß ihr der starke Sproß nicht von Siggeir kommen könne, sondern nur von Sigmund selbst. Einmal weilte eine zauberkundige Frau bei ihr, die von Leib und Angesicht sehr schön war: mit ihr tauschte sie die Gestalt, und während die Fremde in Siggeirs Halle blieb, ging sie hinaus in den Wald zu Sigmunds Hütte und klopfte an um Herberge, da sie sich verirrt habe. Sie gefiel seinen Augen über die Maßen, und als sie zur Nacht gegessen hatten, bat er sie, sein Lager zu teilen. Drei Nächte blieb sie bei ihm, dann kehrte sie nach Hause zurück.

Nach neun Monaten gebar sie einen Knaben, den nannte sie Sinfjötli. Er wurde groß und stark und kühnen Antlitzes, ein echter Wölsung. Als er zehn Jahre alt war, nähte sie ihm einmal den Ärmel des Wamses zu, und um ihn zu erproben, zog sie ihm Nadel und Faden durch das Fleisch. Er zuckte nicht. Sie riß ihm den Ärmel herunter, daß die Haut in Fetzen ging, und fragte ihn: „Tut es immer noch nicht weh?" Er antwortete: „Nicht mehr, als ein Wölsung verträgt." Da schien er ihr reif, zu seinem Vater geschickt zu werden. Sigmund gab auch ihm den Beutel mit Mehl, und als er zurückkam, fand er das Brot gebacken. „Hast du etwas in dem Mehl gefunden?" fragte er. „Es schien mir so, als bewegte sich etwas", antwortete der Knabe, „aber ich habe es mit hineingeknetet." Sigmund lachte und sprach: „Von dem Brot sollst du nicht kosten: was du mitgeknetet hast, war eine Giftschlange." Sigmund selbst war gegen alles Gift gefeit, aber jeder andere hätte sich an dem Brot den Tod gegessen.

Mit Freuden behielt Sigmund den Knaben bei sich, doch schien er ihm noch zu jung, um an dem Rachewerk teilzunehmen. So zog er ihn bei sich auf und übte ihn in verwegenen Taten. Einsam und allen Menschen feind, lebten sie wie wilde Wölfe im Wald, und wer ihnen begegnete, den erschlugen sie und machten Beute.

Als Sinfjötli voll erwachsen war und viele Proben seines Muts gegeben hatte, hielt Sigmund die Zeit zur Rache für gekommen. Er ging mit ihm aus dem Wald zu Siggeirs Hofe, und sie versteckten sich tagsüber im Vorsaal hinter den Bierfässern. Abends gelang es ihnen, die Königin zu sprechen, und Sigmund raunte ihr zu: „Heut nacht wird das Werk geendet." Signy aber hatte Siggeir noch zwei Söhne geboren, die waren noch klein und spielten in der Halle; dabei rollte ihnen ein Goldring weg. Sie rannten nach, ihn zu suchen, und sahen hinter den Fässern zwei Männer kauern, die ihnen wild und unheimlich schienen; da liefen sie in den Saal und erzählten es dem König. Aber ehe der noch richtig begriffen hatte, nahm Signy die Knaben an der Hand und führte sie hinaus. „Töte sie, sie haben euch verraten!" rief sie Sigmund zu. Sigmund zauderte, da sprang Sinfjötli vor, tötete die Kinder und warf die Leichen in den Saal, Siggeir vor die Füße. Der König sprang auf, mit ihm seine Mannen, und sie stürmten auf die Eindringlinge ein. So wild die beiden um sich hieben, der Feinde waren zu viele; sie wurden überwältigt und gebunden.

Die ganze Nacht lang brütete Siggeir darüber, wie er ihnen einen schmerzlichen Tod antun könne. Am nächsten Morgen ließ er einen Grabhügel aus Steinen errichten, der ward durch einen Felsblock in zwei Kammern geteilt; dahinein wurden die beiden gestoßen: sie sollten härtere Qualen dadurch leiden, daß sie einander hörten, ohne zusammenkommen zu können. Dann wurde der Hügel mit Steinen gedeckt und mit Rasen belegt. Ehe er aber geschlossen wurde, kam Signy mit einem Bund Stroh und warf es, den Knechten Schweigen gebietend, in Sinfjötlis Kammer. In der Nacht wühlte er mit der Hand in dem Strohbündel und bekam ein Stück Speck zu packen, das darin verborgen war. „Hungers werden wir nicht sterben!" rief er hinüber zu Sigmund. Aber als er den Speck betastete, merkte er, daß darin ein Schwert stak, und am Knauf fühlte er, daß es Sigmunds Schwert war. Da ließ er die Schwertspitze durch die Lücke über dem Fels hinweggleiten, und Sigmund ergriff sie von seiner Seite. Wie eine Säge zogen die beiden die Schneide hin und her, und sie schnitt durch den Felsen; sie sägten ihn entzwei und schnitten sich einen Ausweg aus dem Hügel, entrannen der Gruft und gingen zur Halle, in der Siggeir mit seinen Mannen schlief. Ringsherum häuften sie dürres Holz, dann warfen sie Feuer hinein, und Sigmund stellte sich mit seinem Schwert an die Tür, daß keiner entweiche. Von dem Qualm erwachten die Männer und sahen über sich schon die Dachbalken lodern. „Wer legte Feuer um das Haus?" rief Siggeir. Da schrie Sigmund in den Saal: „Wir taten es, Sigmund und Sinfjötli, damit du erfährst, daß noch Wölsungen leben!"

Dann rief er: „Komm heraus, Schwester!" Signy kam, und der Bruder sprach zu ihr: „Heut wird Wölsi gerächt, und du verlierst den Gatten: so zahlen wir die Rache mit deinem Leid. Laß es mich an dir gutmachen und komm mit uns, du sollst bei mir in hohen Ehren leben." Aber sie antwortete: „Mein ganzes Leben lang habe ich auf diese Rache gewartet – ich tat mehr dafür, als du bisher weißt. So höre es denn jetzt: Ich selbst kam damals in gewandelter Gestalt zu dir in den Wald, und Sinfjötli ist dein Sohn – ein Wölsung aus deinem und meinem Blut. Ja, ich tat alles, was ich vermochte; doch dessen ist so viel geworden, daß ich nicht länger leben kann. Ungern nahm ich Siggeir zum Mann, aber gern will ich jetzt mit ihm sterben." Sie küßte den Bruder und den Sohn: „Alles Glück soll mit euch sein!" Dann ging sie zurück ins Feuer und verbrannte mit Siggeir und allen seinen Mannen.

Sinfjötlis und Sigmunds Tod

Sigmund fuhr mit dem Sohne zurück in sein Reich und brachte es wieder in seine Gewalt. Dann nahm er eine schöne und stolze Frau, Borghild von Bralund, zum Weibe; mit ihr zeugte er einen Sohn, der hieß Helgi und ward nachmals ein berühmter Held. Sinfjötli aber ging auf Heerfahrt als ein kühner Seekönig. Einmal wollte es das Schicksal, daß er um einer Frau willen einen Helden erschlug, der Borghilds Bruder war. Als er zurückkehrte zu Sigmund, war ihm Borghild gram und verlangte, er solle vom Hofe weichen. Sigmund bot seiner Frau, damit sie Sinfjötli verzeihe, reiche Mordbuße für ihren Bruder, was er sonst nie in seinem Leben getan hatte. Borghild nahm die Buße an, aber ihren Groll hegte sie insgeheim weiter.

Als die Leichenfeier für ihren Bruder gehalten wurde, trat sie zu Sinfjötli und bot ihm ein Horn mit Met; er blickte hinein und sah, daß Gift darin war, darum wies er es zurück und flüsterte Sigmund, der neben ihm saß, zu: „Der Trank ist trübe." Da sagte Sigmund: „Gib ihn mir, Sohn", und trank das Horn aus, denn ihm vermochte Gift nichts anzuhaben. Borghild kam zum zweiten Male mit einem neuen Horn; wieder weigerte sich Sinfjötli, und Sigmund leerte es zum zweiten Male. Nun kam Borghild zum dritten Male und sprach spöttisch zu Sinfjötli: „Das ist kein echter Wölsung, der sich vor einem Trunke scheut!" Trotz der Hohnrede wollte Sinfjötli auch diesmal das Horn nicht nehmen; aber Sigmund, schon trunken, vergaß, daß der Sohn nicht giftfest war wie er selbst, und sagte scherzend zu ihm: „Seihe den Trank durch den Bart!" Da trank Sinfjötli das Horn leer und fiel sofort tot zu Boden.

Sigmund meinte selbst zu sterben, so schwer traf ihn der Schmerz. Sofort und für immer verließ er Borghild, und sie überlebte die Trennung nicht lange. Den toten Sohn aber trug er auf seinen Armen hinab ans Meer; er wollte ihn selbst jenseits der Föhrde begraben. Da kam ein alter Mann in einem kleinen Boot gefahren und fragte Sigmund, ob er ihn übersetzen solle, und es deuchte Sigmund, er habe den Fährmann schon gesehen. Er legte die Leiche ins Boot, und es fand sich, daß für ihn selbst kein Platz mehr darin war. So hieß er den Fährmann den Toten zuerst hinüberfahren und ging, während jener abstieß, ein Stück am Strand entlang. Als er aber die Augen hob, waren Boot und Fährmann verschwunden: da wußte er, daß Odin selbst seinen Sohn heimgeholt hatte.

Nicht lange darauf sah Sigmund eine überaus schöne und kluge Jungfrau namens Hjördis, die Tochter des Königs Eylimi, und er beschloß, um sie zu werben. Aber sie hatte viele andere Freier, und unter ihnen war der vorzüglichste Lyngwi, der Sohn des mächtigen Königs Hunding. Eylimi wollte sich keinen der beiden Freier zum Feinde machen, und darum legte er die Wahl in die Hand der Tochter. Sie sprach: „Dann wähle ich Sigmund; ist er nicht mehr jung, so hat doch keiner höheren Ruhm als er gewonnen.“ Nach ihrem Willen feierte sie Hochzeit mit Sigmund, aber Lyngwi fuhr voll Zorn hinweg.

Bald führte Sigmund die Braut in sein Land, und Eylimi begleitete die beiden; sie hatten nur eine kleine Heerschar bei sich. Noch waren sie unterwegs, da zogen Lyngwi und seine Brüder schon mit großer Macht heran. Sie forderten Sigmund offen zur Schlacht, denn sie wußten, daß er trotz ihrer Überzahl dem Kampf nicht ausweichen würde. Sigmund barg Hjördis mit einer Magd und ihrem Hochzeitsgut im Walde, dann richteten er und Eylimi die Banner auf und bliesen zur Schlacht. In dem wilden Kampf stritt Sigmund, der Alte, allen voran, und obwohl seine Arme bis an die Schultern vom Blut der Feinde rot waren, blieb er selbst ganz heil, als halte eine Walküre über ihn den Schild. Da trat ein alter Mann vor ihn hin, einäugig, den Schlapphut tief in die Stirn gezogen, er trug einen verschlissenen blauen Mantel und in der Hand einen Speer: den hob er gegen Sigmund, und als der König auf den Speer schlug, sprang sein Schwert in zwei Stücke. Nun wendete sich das Schlachtglück. Sigmunds Mannen wurden rings um ihn hingemäht, Eylimi erschlagen, und Sigmund selbst stürzte, durch einen Schwerthieb tödlich getroffen, auf den blutgetränkten Boden. Lyngwi suchte vergebens nach Hjördis; als er sie nicht fand, zog er sofort weiter und nahm des Feindes Reich ein. Sigmund aber blieb todwund auf der Walstatt liegen.

In der Nacht ging Hjördis über das Leichenfeld; sie fand den Vater tot, den Gatten aber noch atmend. Angstvoll forschte sie, ob er wieder gesunden würde. Aber Sigmund sagte: „Von den schwersten Wunden kann man genesen, aber mein Glück ist dahin, darum will ich nicht mehr leben. Odin zerbrach mir das Schwert, nach seinem Willen war dies meine letzte Schlacht.“ „Wer soll meinen Vater rächen, wenn du nicht mehr bist?“ fragte sie. Er antwortete: „Einen andern als mich hat Odin dazu bestimmt. In deinem Schoß wächst ein Sohn, er wird der herrlichste unter den Wölsungen sein. Verwahre für ihn die Stücke meines Schwerts, ein neues wird daraus geschmiedet werden, das beste aller Schwerter, das wird Gram heißen. Mit ihm wird unser Sohn Heldentaten vollbringen, die seinen Namen erstrahlen lassen bis ans Ende der Tage. Das tröste dich; mich aber laß dahin fahren, wo meine Väter und Sinfjötli mich erwarten." Dann schwieg er, und Hjördis saß bei ihm, bis er starb. Das geschah, als die Sonne aufging.

Man erzählt, daß Odin ihm und Sinfjötli in Walhall den Platz auf der vordersten Bank anwies, und daß auf sein Geheiß die beiden manchem großen Helden entgegengingen, um ihn in die Halle des Hohen heimzuholen.

Hjördis blieb mit ihrer Magd im Walde verborgen, bis eines Tages Alf kam, der Sohn des Königs Hjalprek von Jütland; er fand sie und nahm sie samt dem Schatze mit an den Hof seines Vaters. Dort ward sie wohl empfangen und genoß königliche Ehren. An Hjalpreks Hof aber lebte auch ein Mann namens Regin, dessen Vater hieß Reidmar, und von ihm und seinen Söhnen ist eine wundersame Geschichte zu erzählen.

Der Andwari-Schatz

Als die drei Asen Odin, Hönir und Loki einmal unterwegs waren, um die Welt zu besehen, kamen sie an einen Bergstrom, der in einem Wasserfall hinabstürzte; dort sahen sie auf einem Felsen einen Fischotter sitzen und mit zugekniffenen Augen einen Lachs fressen. Loki warf nach dem Otter mit einem Stein, der ihn an den Kopf traf und sofort tötete, und er war auf den Wurf sehr stolz, weil er mit ihm einen doppelten Fang gemacht hatte. Die drei nahmen Otter und Lachs im Reisesack als willkommene Beute mit und kamen an einen Hof, auf dem ein gewaltiger Bauer namens Reidmar saß, ein starker, reicher und zauberkundiger Mann aus riesischem Geschlecht. Ihn baten sie um Herberge für die Nacht; die Mahlzeit, sagten sie, brächten sie sich selbst mit: und sie zeigten Reidmar ihre Beute. Aber als der Bauer den Otter sah, geriet er in großen Zorn; er rief seine beiden Söhne Fafnir und Regin herbei und sprach heftig zu ihnen: „Diese Männer haben euren Bruder Otter erschlagen – packt sie!" Da warfen sich Reidmar und seine Söhne auf die drei Asen, überwältigten und banden sie, und nun erfuhren die Überraschten: Otter sei Reidmars Sohn gewesen, ein eifriger Jäger und

Fischer, und habe die Gewohnheit gehabt, in Gestalt eines Fischotters Lachse im Wasserfall zu fangen. Daß er aber die Asen nicht gewahrte, kam von seiner Gier: er pflegte beim Essen stets die Augen zu schließen, weil er nicht sehen mochte, daß die Speise weniger wurde.

Die Asen boten Lösegeld, soviel Reidmar verlangen würde. Da ließ Reidmar dem Otter das Fell abziehen und bestimmte: „Ihr sollt den Balg so prall mit rotem Gold ausstopfen, daß er von selbst steht, und ihn so mit Gold umhüllen, daß man kein Haar mehr sieht; dann mag der Streit geschlichtet sein!" Das beschworen sie gegenseitig mit hohen Eiden. Bis zur Erfüllung sollten Odin und Hönir auf dem Hofe in Haft bleiben, während Loki inzwischen das Gold herbeischaffte. Zu größerer Sicherheit pfändete Reidmar dem Odin den Speer und dem Loki die Schuhe, so daß der Listige sich barfuß auf den Weg machen mußte.

Er nahm seinen Weg zu den Schwarzalben; dort wußte er einen Zwerg namens Andwari, der einen großen Schatz besaß. Andwari hatte seine Lust daran, sich als Hecht im Wasser zu tummeln; Loki lauerte ihm am Fluß auf und griff ihn; er schwur, den Zwerg nie wieder freizugeben, wenn er sich nicht mit all seinem Gold loskaufe. Andwari mußte sich wohl oder übel fügen und schleppte aus dem Felsen seine ganzen Schätze herbei; darunter waren viel edle Kleinode und auch ein köstlicher Helm, Schreckenshelm genannt, weil jedes Wesen vor dem, der ihn auf dem Haupte trug, vor Schreck erzitterte. Als Loki schon die Beute zusammenraffte, sah er, daß der Zwerg hurtig einen Ring in seinen Ärmel gleiten ließ; da befahl er ihm, den Ring auch herauszugeben, denn er gehöre zum Schatz. Der Zwerg flehte und bat, ihm doch wenigstens dies eine Stück zu lassen, er könne mit seiner Hilfe einen neuen Schatz erwerben. Aber als Loki von dieser Tugend des Rings vernahm, hatte er erst recht keine Lust, auf ihn zu verzichten. „Nicht ein Körnchen Gold sollst du behalten!" sagte er und nahm ihm den Ring mit Gewalt. Da ging der Zwerg in den Fels, um sich zu bergen, und sprach eine Verwünschung aus: „Dieser Ring soll jeden, der ihn besitzt, das Leben kosten!" Loki rief ihm höhnisch nach: „Wem ich ihn weitergebe, dem werde ich's bestellen!"

Damit ging er davon und brachte den Schatz zu Odin. Dem schien, als er ihn besah, der Ring besonders köstlich, darum nahm er ihn an sich. Das übrige Gold aber bot er als Lösung für sich und seine Genossen. Reidmar packte, mit den Fäusten nachstopfend, den Otterbalg so voll, daß er steif auf der Erde stand, und dann mußte

Odin rings um den Otter Gold häufen, während Reidmar dabeistand und aufpaßte. Der Bauer fand immer noch eine Stelle, die hervorschimmerte, und Odin mußte so lange Gold ausschütten, bis nichts mehr vorhanden war. Aber da rief Reidmar: „Hier guckt noch ein Barthaar vor! Deck es mit Gold zu, sonst wird nichts aus der Sühne!" Nun blieb Odin nichts anderes übrig, als den Ring herzugeben. Als er mit ihm das Barthaar zugedeckt hatte, erklärte Reidmar die Asen für quitt und ledig, gab auch Odin den Speer und Loki die Schuhe zurück. Da sie nun sicher waren durch den Schutz der Eide, konnte Loki nicht mehr an sich halten und sagte: „Das rief mir Andwari zum Abschied zu: ‚Dieser Ring soll jeden, der ihn besitzt, das Leben kosten!' Ich sage es dir weiter, Reidmar, damit es sich recht bald an dir erfüllt!" Damit fuhren die Asen dahin, und Reidmar rief ihnen nach: „Hättet ihr mir das eher gesagt, ihr wärt nicht heil davongekommen!"

Der Fluch blieb bei dem Ring, und Reidmar war der erste, der das erfahren mußte. Er nahm den Schatz an sich als Buße für seinen Sohn; aber Fafnir und Regin sagten, daß sie als Brüder des Erschlagenen Anspruch auf einen Teil des Wergelds hätten. Davon wollte Reidmar nichts hören, kein Stäubchen sollten sie kriegen. Aus Zorn darüber machten die Brüder einen bösen Anschlag: sie überfielen des Nachts den Vater im Schlaf, und Fafnir stieß ihm sein Schwert durch den Leib. Nun verlangte Regin, daß sie den Schatz teilten, jedem die Hälfte. Aber Fafnir schrie ihn an: „Glaubst du, ich habe meinen Vater totgestochen, um dich reich zu machen? Scher dich hinweg, damit dir's nicht ebenso geht wie ihm!" Damit setzte er, der ohnehin bei weitem der Stärkere war, den Schreckenshelm auf und zückte das Schwert, so daß Regin von Entsetzen gepackt wurde und hinwegfloh.

Fafnir ging mit dem Schatz hinauf in die Gnitaheide und grub sich dort eine Höhle. Dann verwandelte er sich in einen Drachen und legte sich auf das Gold.

Regin aber kam nach Jütland zu König Hjalprek und wurde dessen Schmied; denn auf die Schmiedekunst verstand er sich meisterlich.

Sigurd der Drachentöter

An Hjalpreks Hofe gebar Hjördis, als ihre Zeit gekommen war, einen schönen und starken Sohn. Der König nahm ihn auf den Arm an des Vaters Statt und freute sich über die funkelnden Augen des jungen Wölsungs, er netzte sein Haupt mit Wasser und nannte ihn Sigurd. Der Knabe wuchs fröhlich auf, und als Hjördis Hjalpreks Sohn Alf zum Manne nahm, wurde er Regin zur Erziehung gegeben. Bei ihm lernte er alles, was dem Sproß eines edlen Geschlechts nötig ist; denn Regin war klug und vielerfahren. Aber er hing mit seinem Herzen immer noch an dem Schatz, dessen ihn Fafnir beraubt hatte, Gold war sein Gedanke und sein Traum, und von Gold redete er auch mit dem Knaben, als er herangewachsen war. Er begann damit, daß er zu Sigurd sagte: „Weißt du nicht, daß dir ein großer Schatz gehört, den deine Mutter als deines Vaters Erbe mitbrachte? Wo ist der eigentlich geblieben?“ Sigurd antwortete: „Die Könige haben ihn in Verwahrung.“ Versuchend fragte Regin weiter: „Traust du ihnen denn, daß sie dich nicht darum betrügen?“ Aber der Knabe blieb arglos und sagte: „Sie werden ihn mir geben, wenn ich erwachsen bin. Jetzt ist er gut bei ihnen aufgehoben, denn sie sind klüger als ich.“ Aber Regin ließ nicht nach und sagte das nächste Mal: „Du lebst doch hier, als wenn du ein Knecht wärst und selbst nichts besäßest.“ „Ich habe, was ich brauche“, antwortete Sigurd, „und wenn ich um etwas bitte, so bekomme ich es.“ „Nicht einmal ein eigenes Roß hast du; so bitte doch darum.“ Sigurd ging zu Hjalprek, und der König sagte sofort zu ihm: „Wähl dir, welches du willst, aus meinem Gestüt.“

Tags darauf ging Sigurd in den Wald, wo die Pferde des Königs weideten, und begegnete dort einem graubärtigen Mann, den er nicht kannte. Der Alte fragte den Knaben, wohin des Wegs, und Sigurd antwortete: „Ein Roß aussuchen; willst du mir dabei helfen?“ Sie gingen, bis sie die Pferde fanden, und der Alte riet dem Knaben: „Jag sie in den Fluß, dann wird sich's zeigen, welches das beste ist!“ Sie taten es, und als das Rudel in die reißende Strömung kam, kehrten alle um, nur eines nicht: ein junger, starker, grauer Hengst, dessen Rücken noch niemand bestiegen hatte. Spielend durchschwamm er den Strom und kam im Bogen zurück, um wiehernd ans Land zu springen. Ihn nahm Sigurd, und der Alte sprach: „Der ist der rechte, er stammt von Sleipnir ab, dem Hengste Odins, und wird das beste aller Rosse werden.“ Damit verschwand er. Sigurd führte das Roß heim und nannte es Grani.

Nun gab Regin eine Weile Ruhe. Aber als er sah, daß Sigurd immer kräftiger heranwuchs und schon ein starker Jüngling war, begann er wieder, ihn weiterzutreiben. „Ein Roß hast du ja nun bekommen“, sagte er, „aber an anderm Gute fehlt es dir noch immer. Es tut mir leid, daß du so arm sein sollst. Und doch hättest du

Aussicht, einen großen Hort zu erlangen, der dir Ehre und Ansehen brächte – er liegt gar nicht weit von hier." Sigurd fragte ihn, wo der Ort wäre, und Regin antwortete: „Draußen auf der Gnitaheide. Aber den Hort hütet ein Drache, und um ihm zu begegnen, braucht man freilich viel Mut – so viel, wie Wölsi hatte, dein Ahn, oder dein Vater Sigmund. Aber nicht immer bleibt sich die Art eines Geschlechts gleich." Drauf sprach Sigurd gekränkten Herzens: „Warum reizt du mich so, Regin? Ich bin noch jung, und vielleicht habe ich noch nicht die Kühnheit meiner Väter. Warte ab, ob ich nicht doch zu großen Taten tauge! Doch vorerst erzähle mir, was es mit dem Schatze für eine Bewandtnis hat!"

Darauf erzählte ihm Regin die ganze Geschichte von dem Andwari-Schatz, von Reidmars Ermordung und von dem Verrat Fafnirs, der jetzt als Drache auf dem Schatz liege. Atemlos hörte der Knabe zu; und als Regin geendet hatte, sprach er: „Du stammst aus einem bösen Geschlecht, und böse wurde dir mitgespielt. Aber um gegen den Drachen zu kämpfen, bedarf es eines Schwerts, das alle andern übertrifft!" „Das will ich dir schmieden!" sagte Regin.

Er schmiedete ein schönes Schwert und gab es Sigurd. Aber der schüttelte den Kopf: „Schlechte Arbeit, Regin!" – und schlug es auf den Amboß, daß es in Stücke sprang. Regin schmiedete ein zweites Schwert, das war noch schöner: „Damit wirst du zufrieden sein." Aber als Sigurd es erprobte, zerbrach es wie das erste, und er sprach zornig zu dem Schmied: „Bist du ein Stümper oder ein Verräter?" Da erinnerte er sich, daß ihm seine Mutter einst die Bruchstücke des väterlichen Schwerts gezeigt hatte; er ging hin und erbat sie von ihr, brachte sie Regin und befahl ihm: „Nun wende deine allerbeste Kunst an!" Murrend machte sich Regin an die Arbeit, aber als er das fertige Schwert aus der Esse hob, funkelte es, als lodere Feuer aus seinen Schneiden. „Versteh ich nun mein Handwerk?" fragte er, und Sigurd nahm das Schwert und schwang es nieder auf den Amboß: es zerspaltete ihn, ohne zu brechen, und biß noch tief in die Erde, und als Sigurd es herauszog, zeigte es weder Sprung noch Scharte. „Dieses Schwert scheint gut!" sagte Sigurd und ging hinab zum Fluß; er warf eine Wollflocke hinein und ließ sie mit der Strömung gegen die Schneide treiben: in zwei Teile geschnitten, floß die Flocke wie Wasser links und rechts vorbei. Sigurds Augen blitzten vor freudigem Mut, er sprach zu dem Schwert: „Gram sollst du heißen!" Und als Regin fragte: „Hielt ich nun mein Versprechen?" – antwortete er: „Ja, und jetzt halte ich das meine. Wir reiten schon morgen zur Gnitaheide!"

Sie kamen zur Heide und fanden bald die Spur des Wurms: breit ausgewalzt lag sie und bezeichnete den Weg, auf dem er zum Wasser kroch, um zu trinken. Regin sank das Herz, und er barg sich im Gebüsch; aber Sigurd band sein Roß im Walde an und hob auf der Fährte eine große Grube aus, in die er sich setzte, so daß sie ihn verbarg. Er mußte nicht lange warten, bis der Drache sich heranwälzte, schon von weitem hörte er ihn stampfen und schnauben, daß die Erde bebte, und aus den Nüstern des Ungeheuers sprühten Gift und Feuer. Sigurd kauerte furchtlos in seiner Grube, und als der Drache über ihn hinwegkroch, stieß er ihm das Schwert durch die Blöße bis ans Heft ins Herz. Schnell riß er die Klinge wieder heraus, sprang aus der Grube und weit zur Seite, daß ihn der Wurm nicht erreichen konnte; denn der begann nun zu toben und mit dem Schwanz so wild um sich zu schlagen, daß Bäume und Felsen, die er traf, wie Glas zersprangen.

Endlich ermattete er, da ihm das Blut in Strömen entstürzte; die bösen Augen starr auf seinen Mörder gerichtet, begann er zu sprechen: „Wer bist du, Geselle, der mir den Stahl ins Herz stieß?" Sigurd wollte Namen und Geschlecht nicht nennen, denn er wußte, daß der Fluch des Sterbenden dadurch Kraft erhielt; darum sagte er: „Ich heiße Wundertier und habe weder Vater noch Mutter." Da schalt ihn der Wurm: „Aus einer üblen Hecke scheinst du mir zu stammen, daß du dich deines Namens und deines Vaters schämst!" – und nun antwortete Sigurd: „Schwerlich wirst du mein Geschlecht kennen: Sigurd heiße ich, und Sigmund war mein Vater." „Einen kühnen Vater hast du gehabt, helläugiger Knabe!" sprach Fafnir; „aber wer reizte dich, mich zu töten?" „Mein eigenes Herz trieb mich dazu, mir halfen meine Faust und mein Schwert. Jung muß beginnen, wer ein Held werden will!" „War wirklich dein eigener Mut so groß?" höhnte ihn der Wurm; „du lebst doch unfrei an eines fremden Königs Hof, und Knechte haben kein festes Herz!" Sigurd antwortete mit Stolz: „Nie bin ich ein Knecht gewesen, ob ich schon an fremdem Hofe lebe; mir scheint, du hast's erfahren, daß ich ein Freier bin!" „Du deutest meine Worte übel, da ich es doch gut meine", sprach der Wurm; „aber du kamst doch nicht aus eigenem Antrieb? Schickte dich nicht Regin?" Und er begann zu brüllen: „Ja, Regin verriet mich — gib acht, daß er nicht auch dich verrät! Ich sage dir die Wahrheit: Auf dem Hort ruht ein Fluch, der tötet seinen Herrn!" „Keiner besitzt seine Schätze länger als bis zu seinem Tode", entgegnete Sigurd unverzagt; „einmal muß jeder sterben und von ihnen scheiden." Nun wurde Fafnir matt, er röchelte mit letzter Kraft: „Ich dachte nicht, so bald scheiden zu müssen! Auf dem Haupte trug ich den Schreckenshelm, Gift blies ich von mir, ich meinte der Stärkste zu sein, dem keiner zu nahen wagte – nun sterbe ich um den Hort! Ich rate dir, Sigurd, reite hinweg, laß das gleißende Gold liegen, es bringt dir den Tod!“ Aber Sigurd lachte: „Rate, soviel du willst, ich hebe den Schatz auf der Heide – du aber lieg und stirb!“ Damit wandte er sich ab. Fafnir aber streckte sich stöhnend und verendete.

Solange Sigurd mit Fafnir kämpfte, hatte Regin sich ferngehalten; jetzt kam er angelaufen und traf den jungen Helden, der sein blutiges Schwert am Gras abwischte. Schon von weitem rief er ihm zu: „Heil dem Sieger! Du hast eine Tat vollbracht, daß man dich hinfort als den unerschrockensten aller Helden preisen wird!“ „Viel kühne Männer gibt es“, antwortete Sigurd; „wer will entscheiden, welcher der kühnste von allen ist?“ Aber jetzt ging ein Schatten über Regins Gesicht, er blickte finster zu Boden und sagte endlich: „Herrlich war dein Sieg, Sigurd, und du kannst stolz sein darauf. Aber Fafnir war mein Bruder, und ich trage die Mitschuld an seinem Tode.“ „Freilich“, erwiderte Sigurd, „ich wäre nie hierhergeritten, um mit ihm zu kämpfen, wenn du mich nicht dazu gereizt hättest! Aber an seinem Tode hast du keine Schuld, du hattest dich ja im Heidekraut verkrochen, während ich das Schwert mit seinem Blut rötete!“ „Und das Schwert, mit dem du ihn erschlugst – schmiedete ich es dir nicht?“ fragte Regin dagegen. „Mut im Herzen ist besser als Stahl“, antwortete Sigurd; „eher hätte ich mit stumpfem Schwert gesiegt als ein Feiger mit Gram.“ „So trügest du also allein die Schuld an meines Bruders Tod?“ sagte nun Regin, und seine Augen blitzten tückisch, als der junge Held nickte. Denn so dachte der Arge bei sich: Hätte ich Sigurd geholfen, Fafnir zu erschlagen, so hätte ich nur Anteil fordern dürfen von der Beute; erschlug er aber meinen Bruder allein, dann kann ich den ganzen Hort fordern als Buße und Wergeld. Aber er traute sich nichts zu sagen; und um seinen Mut zu stärken, schnitt er dem toten Fafnir das Herz aus dem Leibe und trank das immer noch herausströmende Blut; dann bat er Sigurd, ihm das Herz zu braten, indes er ein wenig ruhe, und ging abseits ins Gebüsch, um seinen Plan zu überdenken.

Sigurd zündete ein Feuer an und briet Fafnirs Herz am Spieß. Als der Saft herausschäumte, wollte er versuchen, ob es gar sei, und prüfte es tastend; dabei verbrannte er sich und steckte den Finger rasch in den Mund, so daß ihm der Saft auf die Zunge kam. Auf einmal verstand er die Sprache der Vögel und hörte, was im Geäst über ihm die Spechtmeisen zwitscherten; eine nach der andern sang ihren Spruch: „Wenn Sigurd klug wäre, äße er das Herz selbst!" „Seht, da liegt der falsche Regin und überlegt, wie er den Helden betrügen kann! Des Mordes an seinem Bruder will er ihn beschuldigen und Rache fordern!" „Um sein Haupt kürzen sollte ihn der Held, dann besäße er den Schatz sicher und allein!" „Welcher Tor läßt einen Bruder entrinnen, nachdem er den andern tötete?" „Er ist dumm, er ist dumm, der Held, daß er den bösen Troll nicht erschlägt, der ihm ans Leben will!" Als er dies hörte, sprach Sigurd: „Ehe das geschieht, daß Regin mir den Tod bringt, will ich ihn lieber seinem Bruder nachsenden!" Er ging ins Gebüsch und schlug dem Bösen das Haupt ab. Dann aß er das Drachenherz und fühlte, wie Kraft und Mut ihn gedoppelt durchströmten.

Er sattelte Grani und ritt auf der Spur des Drachen zur Höhle, in der der Schatz lag; die Vögel riefen hinter ihm her: „Nimm den Schatz, kühner Held, und gewinne dir dazu ein schönes Weib!" „An Gjukis Hofe wartet eine auf dich!" „Nein, auf dem Hindenberg sitzt die rechte, von Glut umlodert, nur dem Kühnsten ist sie bestimmt, der die Furcht nicht kennt!" So stritten sie sich, aber Sigurd hörte sie nicht mehr. Er kam zur Höhle und fand sie offen; die Tür war von Eisen, und tief im Felsen verbarg sich ein eisernes Gewölbe. Dort fand er das Gold in Haufen, mehr als zwei Pferdelasten, und er füllte es in zwei große Kisten. Mit ihnen belud er Grani, und sie schienen ihm eine schwere Bürde selbst für den starken Hengst; darum nahm er ihn beim Zügel, um ihn zu führen. Aber Grani rührte sich nicht vom Fleck, er wollte keinen Schritt gehen, ohne seinen Herrn auf dem Rücken zu fühlen. Sigurd verstand seinen Willen, er sprang in den Sattel, und nun flog der Hengst mit ihm und der Last dahin wie ein Vogel.

Sigurd und Brynhild

Weit ritt Sigurd durchs Land, dem Süden zu, und kam zu Hindenberg; von dem Gipfel schien Glut zum Himmel zu schlagen, als brenne ein großes Feuer. Näher reitend sah er, daß der Glanz der Sonne widerstrahlte von blanken Schilden, die waren wie eine Mauer rundum gestellt, und über der Schildburg wehte ein Banner. Er saß ab und ging hinein in die Burg. Dort lag ein Mensch in voller Rüstung und schlief. Sigurd zog ihm den Helm vom Haupte; da fielen lange Flechten herab, und er sah, daß es ein schönes Weib war.

Darauf wollte er ihr den Panzer abziehen, aber der saß so fest, als wäre er ans Fleisch gewachsen. Mit seinem Schwert schlitzte er ihr vom Hals herab die Brünne an der Brust auf und danach an den Armen, Gram schnitt durch den Stahl wie durch Tuch; und als der Druck des Panzers wich, erwachte die Frau.

Sie fuhr empor und sprach mit fliegendem Atem: „Wer zerschnitt mir die Brünne? Wer brach meinen Schlaf? Wer befreite mich aus der dunklen Fessel?" „Sigurd, Sigmunds Sohn!" antwortete der Held. Sie fuhr sich mit der Hand über die Stirn, mühsam schien sie sich zu erinnern: „Lange lag ich in lastendem Schlummer nach Odins Willen – ich konnte mich dem Schlaf nicht entwinden." Aber dann sprang sie auf, hob ein Horn mit Met empor und rief: „Heil dir, Tag, und Heil dir, Nacht, seht mit gnädigen Augen auf uns nieder! Heil euch, Asen und Asinnen, und dir, fruchtbare Erde! Gebt uns Rat und gebt uns Segen!" Sie setzten sich zusammen nieder, und Sigurd fragte sie nach ihrem Namen. „Brynhild bin ich, König Budlis Tochter – aber da ich als Walküre ritt in Odins Geleit, nannte er mich Hilde unterm Helm. Ich brachte den Helden Sieg und Tod nach seinem Beschluß. Einmal sandte er mich aus, als die Könige Helmgunnar und Agnar miteinander kämpften. Helmgunnar war alt, aber ein gewaltiger Krieger, und Odin hatte ihm den Sieg verheißen; Agnar aber war jung, und ihm sollte der Tod bestimmt sein. Da handelte ich gegen des Gottes Befehl, hielt den Schild über Agnar und fällte seinen greisen Gegner. Dafür bestrafte mich Odin; er stieß mich aus der Zahl der Walküren: Weib unter Weibern sollte ich sein, einem Manne gehören und ihm Kinder gebären. Ich aber schwor vor seinen zornigen Augen: keinem andern wollte ich gehören als dem, der keine Furcht kennt! Das gewährte mir Odin. Er stellte eine Burg von Schilden um mich, stach mich mit dem Schlafdorn und sprach: ‚Hier sollst du schlafen, bis der kommt, dem du dich gelobtest; kein anderer soll die Burg finden, kein anderer durch die Schilde dringen, kein anderer dich wecken.' Nun kamst du: du bist der, der die Furcht nicht kennt!"

Sie reichte ihm den Met und sprach: „Heil dir, furchtloser Held! Stärke und Ruhm sollst du dir trinken, Weisheit und Liebe, wie es die Runen verheißen, die auf dieses Horn geritzt sind!" Lange saßen sie zusammen und redeten miteinander, und er vernahm von ihr viele verborgene Kunde, wie sie nur die kennen, die Allvater nahe sind. Immer klüger und schöner erschien ihm die Frau, und als sie zu ihm sprach: „Nun wähle dein Schicksal, mein Held!" – erwiderte er: „Nur dich will ich haben!" Darauf sagte sie: „Nur dich will ich und keinen andern, und könnte ich wählen unter allen Königen der Welt!" Sie verlobten sich miteinander und schworen sich heilige Eide; zum Zeichen ihres Bundes schenkte er ihr den Andwari-Ring. Dann aber verließ er sie, denn noch hatte er Rache zu üben für seinen erschlagenen Vater; und sie verhieß seiner zu warten bei ihrem Vater Budli. Sigurd zog hinweg, um ein Heer zu sammeln gegen König Hunding und seine Söhne. Da erfuhr er, daß den König schon Helgi, Sigmunds Sohn von Borghild, in der Schlacht getötet habe und in einer zweiten Schlacht auch die Söhne Hundings, bis auf zwei, von denen einer Lyngwi war. Er beschloß, daß auch sie nicht mehr leben sollten. Mit vielen Schiffen fuhr er gegen sie aus, er schlug sie in einer blutigen Schlacht, und als er Lyngwi begegnete, spaltete er ihm mit einem Schwertschlage Helm und Haupt und durch die Brünne die Brust. Aber aus Kampf kommt Kampf, neue Kriege schlossen sich an diesen an, und Sigurd hatte noch manche Fahrt zu bestehen; auf allen gewann er Sieg und Ruhm, und sein Name erklang weithin durch die Welt. Auf einem seiner Züge kam er zu König Gjuki, der am Rhein herrlich Hof hielt.

Gjuki hatte drei Söhne, Gunnar, Högni und Guthorm, und eine Tochter Grimhild, die sehr schön war von Angesicht und Wuchs. In jüngster Zeit war es oft geschehen, daß die Jungfrau träumte, und was sie sah, stimmte sie bald fröhlich, bald traurig. Einmal hatte sie im Traum einen Habicht auf der Faust, dessen Gefieder war ganz von Gold, und sie erwachte mit Freuden. Ein anderes Mal sah sie einen Hirsch, der weit über alles andere Wild hinwegragte und dessen Fell wie Gold gleißte; Jäger hetzten hinter ihm her, da rannte er zu ihr und legte ihr den Kopf in den Schoß; aber ihn traf ein Pfeil, und das Blut spritzte ihr über die Kleider, so daß sie schreiend aus dem Schlaf fuhr. Sie erzählte die Träume ihrer Mutter, einer klugen, zauberkundigen Frau, die in vielem den alten Seherinnen glich; die sagte, jedes Schicksal müsse sich mit Lust und Leid erfüllen: gewiß sei, daß Grimhilds Schicksal sich erfüllen werde durch einen Mann. Aber von einem Mann wußte die Jungfrau noch nichts, bis Sigurd in die Burg der Gjukungen einritt.

Als er an der Spitze seiner Mannen nahte, schien es den Wächtern am Tor, als zöge einer der Götter einher, so herrlich war er gerüstet, und so hoch ragte er über sein Gefolge. Ohne Einlaß zu erbitten, ritt er geradeswegs durchs Tor. Da kam Gjuki mit seinen Söhnen und seinen Mannen heraus, um den dreisten Eindringling zur Rede zu stellen; aber als er den Namen des Helden hörte, sagte er: „Wenn du Sigurd bist, sollst du uns willkommen sein und alles mit uns teilen!" So ward Sigurd vertrauter Genosse des Königs und seiner Söhne, und sie ehrten ihn hoch, als sich zeigte, daß er in allem sogar Gunnar und Högni, die starke und kühne Männer waren, bei weitem übertraf. Die alte Königin wußte sofort, als sie ihn erblickte, daß er es war, auf den die Träume ihrer Tochter zielten; aber sie gewahrte bald, daß er eine andere im Herzen trug. Da trat sie eines Abends, als die Könige beim Trunk zusammen saßen, vor ihn hin und sagte: „Heil und Freude sei dir, daß du bei uns bist – nimm dieses Horn aus meiner Hand und trink!" Er nahm das Horn und leerte es, und im selben Augenblick hatte er Brynhild vergessen.

Nun erst wurden ihm die Augen für Grimhild aufgetan, und als sie eines Abends im Saal umherging, um den Königen den Trank zu reichen, sah er, wie schön und wie königlich von Gebärde sie war. Die alte Königin aber hatte schon mit Gjuki und den Söhnen gesprochen. „Du hast an deinem Hofe den größten Helden", hatte sie zu ihrem Mann gesagt und den Arm um seinen Hals gelegt; „halte ihn bei dir! Gib ihm deine Tochter und was er sonst noch von dir begehrt!" „Ich gedachte meine Tochter nicht anzubieten", antwortete der König; „aber es bei Sigurd zu tun, bringt wohl größere Ehre, als andere um sie werben zu lassen." Als die Gelegenheit sich bot, sprachen die Gjukungen zu Sigurd: „Wir freuen uns, dich bei uns zu haben, und möchten, daß du immer bei uns bleibst; wir wollen die Herrschaft mit dir teilen und dir Grimhild zur Frau geben." Sigurd schlug fröhlich ein, er schloß Blutsbrüderschaft mit Gunnar und Högni und feierte Hochzeit mit Grimhild. Sie lebten glücklich miteinander und bekamen bald einen Sohn, den sie Sigmund nannten nach Sigurds Vater. Von nun an wuchs Glück und Macht der Gjukungen beständig; sie machten mit Sigurd zusammen manche Heerfahrt und brachten immer Sieg und Beute heim.

Die alte Königin aber meinte, daß ihrem Sohne Gunnar zu seinem Glück nur noch eines fehle: ein schönes und edles Weib. Und wie sie ringsum in alle Länder Ausschau hielt, welche seiner würdig sei, fand sie keine andere als Brynhild, König Budlis Tochter, deren Ruf durch alle Welt klang. Brynhild hatte, seit sie wieder bei ihren Eltern lebte, viele Freier zurückgewiesen, und als ihr Vater darüber zornig wurde, hatte sie endlich gesagt: „Ich will keinen als den Mann, der keine Furcht kennt! Nur wer durch loderndes Feuer zu mir reitet, soll mich gewinnen!" Darauf war sie zurückgegangen in die Schildburg, und ringsherum hatte sie durch Zauberkraft einen brennenden Gürtel ziehen lassen, gewiß, daß keiner ihn durchdringen werde als allein Sigurd. Und noch hatte keiner die Probe gewagt.

Gunnar aber gedachte sie zu bestehen, als die Mutter ihm Brynhilds Namen nannte.

Mit Sigurd und seinen Brüdern zog er in Budlis Land, und sie kamen dahin, wo das Feuer um die Burg loderte. Mutig gab Gunnar seinem Hengst die Sporen, aber das Roß wich vor der Glut zurück. Nun bat er Sigurd, ihm Grani zu leihen, und willig ließ Sigurd Gunnar aufsitzen. Aber Grani rührte sich nicht vom Flecke, er weigerte sich, einen andern als seinen Herrn zu tragen. Da sah Gunnar, daß nicht er, sondern nur Sigurd durch die Flammen zu Brynhild gelangen würde, und sie tauschten miteinander Namen und Gestalt: diesen Zauber hatte die alte Königin sie gelehrt.

Als Grani seinen Herrn auf dem Rücken spürte, sprang er mitten hinein ins Feuer, daß die Lohe hoch aufschlug; unter seinen donnernden Hufen wankte der Boden, Funken sprühten, und dazwischen qualmte dicker Rauch, daß es Sigurd schwarz vor den Augen ward. Aber mit dem Schwert trieb er den Hengst weiter, und mit jedem Sprung vorwärts sank das Feuer vor ihm ein. Als er abgesessen war und in die Burg eintrat, fuhr Brynhild auf, tief erschrokken, daß sie einen Fremden vor sich sah; denn in keinem Zuge glichen sich Gunnar und Sigurd. Nur die Augen des Mannes schienen Brynhild seltsam bekannt – sie allein lassen sich beim Gestaltentausch nicht wechseln –, und das verwirrte sie am meisten. Sie fragte ihn, wer er sei, und er antwortete: „Gunnar heiße ich, Gjukis Sohn, und bin gekommen, dich heimzuführen als mein Weib.“ Sie stand unschlüssig und voll Kummer, aber er mahnte sie: „Gedenke deines Gelübdes, daß du dem zu eigen sein wolltest, der durchs Feuer zu dir reitet!“ „Ja, das ist das Zeichen“, antwortete sie darauf, ging zu ihm hin und hieß ihn willkommen. Drei Nächte blieben sie zusammen und teilten das Lager; jedesmal aber legte Sigurd, um dem Freunde die Treue zu wahren, zwischen sich und Brynhild das nackte Schwert. Verwundert fragte sie ihn: „Warum tust du das?“ Und er antwortete: „Auf diese Art muß ich Vermählung feiern, sonst ist mir der Tod verhängt.“ Am dritten Morgen reichten sie sich die Ringe, und er empfing von ihr das Kleinod Andwaris zurück. Dann versprach sie, nach drei Tagen aufzubrechen mit ihrem Vater und ihrem Bruder und zum Rhein zu kommen: dort sollte die Hochzeit gefeiert werden.

Fröhlich sprengte Sigurd durch das Feuer zu seinen Freunden zurück und tauschte wieder die Gestalt mit Gunnar. Fröhlich zogen sie heim, und das Fest ward mit Pracht gerüstet. Sigurd aber erzählte arglos das Geschehene seiner Frau, freilich mit dem Beding, sie solle es niemand sagen, und schenkte ihr den Andwari-Ring. Kurz darauf kam, wie sie versprochen, Brynhild, geleitet von ihrem Vater Budli und ihrem Bruder Atli. Sie sah Sigurd bei den Königen stehen, und es durchfuhr sie ein Schreck; aber sie bemerkte sofort, daß er sie nicht erkannte. So schwieg sie und ging mit Gunnar zur Hochzeit. Viele Tage währte die Feier. Brynhild ward Gunnars Weib und begegnete ihm freundlich, obwohl sie etwas an ihm fremd dünkte und anders als damals, da sie ihn zum erstenmal erblickte; denn er hatte andere Augen als der Held, der durchs Feuer zu ihr geritten war. Gegen Sigurd und Grimhild hegte die Königin heimlichen Haß. Sigurd aber erging es seltsam: je länger er Brynhild anblickte, wie sie da königlich neben Gunnar saß, um so bekannter schien sie ihm; langsam dämmerte alte Erinnerung in ihm auf, und als das letzte der Gelage verrauscht war, sah er wieder vor sich das Gesicht der Schildjungfrau, die er einst aus dem Schlaf geweckt und der er sich angelobt hatte. Aber er schwieg still und verschloß, was er nun wieder wußte, in sich.

Sigurds Tod

Eines Tages gingen die beiden Königinnen zum Rhein, um zu baden. Da trat Brynhild von Grimhild hinweg weiter in den Strom hinaus, und als Grimhild verwundert fragte, warum sie das tue, antwortete sie: „Es ziemt sich nicht, daß wir im gleichen Wasser stehen, denn ich habe höheren Rang als du. Mein Gatte ist der kühnste der Helden, er ritt durch die flammende Lohe, was Sigurd nicht vermochte, und ist ein geborener König, während Sigurd als Knabe Knecht bei Hjalprek war.“ Darüber geriet Grimhild in hellen Zorn und rief: „Du tätest besser, zu schweigen! Alle rühmen ihn, und du hast am wenigsten Grund, ihn zu schmähen: er, der den Fafnir tötete, war's, der durch die Waberlohe zu dir ritt, er war's, der drei Nächte bei dir lag, und er erhielt den Ring aus deiner Hand!“ Damit hielt sie ihr den Ring entgegen, und Brynhild erkannte ihn. Sie wurde bleich und glaubte sterben zu müssen. Schweigend ging sie heim.

Sie legte sich aufs Bett und lag mit geschlossenen Augen da wie eine Tote. Niemand durfte zu ihr kommen neun Tage lang. Qualvoll schleppten sich ihre Nächte hin; sie dachte daran, daß Sigurd, der ihr bestimmt gewesen war, nun Grimhild im Arm halte, daß sie neben ihm schlafe, zärtlich von ihm in Decken gehüllt – und kalter Grimm rann wie Eis durch ihre Adern. Qualvoll vergingen die Tage;

sie dachte des Verrats, der an ihr begangen war, und der gebrochenen Eide, sie blickte in die Zukunft und sah nichts als Grauen vor sich. So sollte es denn Grauen sein! Sie rief Gunnar zu sich. „Wo hast du den Ring, den ich dir gab?“ fragte sie ihn, und da er schwieg, fuhr sie fort: „Ich weiß, daß Sigurd es war, der durch die Waberlohe ritt, weiß, daß ihr alle mich betrogen habt. Aber“ – und sie richtete sich auf, todblassen Antlitzes – „auch du bist betrogen, Gunnar, Sigurd brach dir den Eid: ich bin sein Weib gewesen! Aber ich will nicht zweier Männer Weib heißen, so kann ich nicht leben. Einer von uns dreien muß sterben, entweder Sigurd, oder du, oder ich!“ Lange zögerte Gunnar, ihr zu antworten, trübe und schwer war ihm zu Sinne, denn unglaublich schien ihm die Kunde; dann aber trat Zorn in seine Augen, und er sprach: „So muß Sigurd fallen!“ Da rief Brynhild, und ihr Antlitz verzerrte sich in Wut: „Dann laß seinen Sohn Sigmund mit ihm dahinfahren, damit der junge Wolf nicht des Vaters Rächer wird!“

Gunnar ging zu Högni, um mit ihm zu beraten, wie Sigurd zum Tode zu bringen sei. Er sagte ihm, Brynhild werde ihn verlassen, wenn Sigurd nicht sterbe. Lange wollte der Bruder von der Tat nichts wissen. „Brynhild hat dich aufgereizt, aber uns geziemt es nicht, ihn zu töten; denn wir sind Blutsfreunde.“ Gunnar drang weiter in ihn: „Wir werden den Hort besitzen, wenn Sigurd gefallen ist, und werden die reichsten aller Könige sein!“ Aber Högni sprach dagegen: „Und hätten wir alle Schätze der Welt – nie wieder werden wir einen so edlen Helden bei uns haben!“ Da sagte ihm Gunnar endlich, was Brynhild ihm trügerisch vertraute: daß Sigurd ihm die Treue gebrochen habe. Und als er sah, daß Högni immer noch zögerte, gegen den Blutsbruder das Schwert zu heben, fügte er hinzu: „Guthorm soll ihn erschlagen; er war damals noch zu jung und hat den Eid nicht mitgeschworen.“

Sie gaben Guthorm einen Trank zu trinken aus Sud vom Fleisch der Schlange und des wilden Wolfs, mit Zaubersprüchen gewürzt, und er entbrannte von wilder Mordlust. Am frühen Morgen, als Sigurd noch bei Grimhild lag, ging Guthorm vor die Kammer; leise öffnete er die Tür und blickte hinein; da sah er in die Augen Sigurds, der gerade wach war; vor ihrem scharfen Glanz prallte er zurück und schloß die Tür wieder. Und so geschah es noch einmal. Als Guthorm aber zum dritten Male die Tür öffnete, war Sigurd eingeschlafen; da schlich der Mörder leise zum Bett und stieß ihm sein Schwert in die Brust, daß es senkrecht in seinem Herzen stand. Aber noch so richtete der Held sich auf, seine Hand faßte Gram, und als der Mörder zur Tür flüchtete, warf er ihm das Schwert nach; es traf ihn in den Rücken und zerschnitt ihn in zwei Teile, weit hinweg flog der obere mit Haupt und Händen. Von dem Aufschlag erwachte Grimhild, Sigurds Blut stürzte über sie und das Bett, sie fuhr empor und schlug fassungslos die Hände zusammen. Da richtete sich Sigurd noch einmal auf und sprach: „Bange ist mir um unseren Sohn, er ist allzu jung und kann nicht aus dem Hause entfliehen – einen unheimlichen schwarzen Plan haben deine Brüder gegen uns erdacht –, aber des Unheils Stifterin ist Brynhild. Sie liebte mich mehr als jeden andern Mann, aber ich habe Gunnar nichts angetan, ich hielt Sippe und Eide heilig und habe sein Weib nicht berührt." Damit sank er zurück und starb. Grimhild aber stieß einen Schrei aus, der durch das ganze Haus kreischte; er drang ins Ohr Brynhilds, und sie lachte gellend auf, daß Gunnar sich vor ihrem Lachen mehr entsetzte als vor dem Schmerzensschrei seiner Schwester.

Sigurd ward aufgebahrt, und Grimhild saß über der verhüllten Leiche. Ihr Herz wollte zerspringen, aber keine Träne kam aus ihren Augen und kein Wort der Klage über ihre Lippen. Stumm und wie aus Stein saß sie da, als Helden und edle Frauen kamen, um sie zu trösten. Es trat eine Alte zu ihr, der war die ganze Sippe gestorben, nur sie allein lebte noch; es kam eine andere, der wurden Mann und sieben Söhne in einer Schlacht erschlagen, Vater und Bruder ertranken ihr im Meer, und sie wurde als Sklavin hinweggeführt zu einem harten Herrn. Aber kein fremdes Leid dünkte Grimhild so schwer wie ihr eigenes, kein Zuspruch löste ihren Gram in Tränen. Endlich riß eine Halbschwester Grimhilds mit einem raschen Griff das Tuch von dem Gesicht des Toten und rief: „Schau den Geliebten noch einmal an!" Da sank Grimhild vom Sitz herab auf die Knie, sie sah das blonde Haar vom Blut verharscht, sah die leuchtenden Augen erloschen, sah die durchbohrte Brust, und wie ein Regenschauer ergossen sich die Tränen aus ihren Augen. Dann begann sie zu reden, sie pries den Toten, der über alle Helden hinweg glänzte wie das Diadem auf der Stirn eines Königs, sie fluchte ihren Brüdern und fluchte Brynhild, von der alles Unheil gekommen war. Brynhild aber stand ihr gegenüber an der Säule, alle ihre Muskeln strafften sich, sie starrte mit verzerrtem Munde und glühenden Augen auf Sigurds Todeswunde.

Die Nacht kam, viel hatten die Helden getrunken beim Totenmahl, aber Gunnar fand keinen Schlaf; er lag und bewegte die Füße, hörte draußen einen Adler schreien und einen Raben krächzen: was mochten sie miteinander sprechen? Da fuhr Brynhild aus kurzem

Schlummer auf und sprach: „Mein Werk ist getan, mein Mord vollbracht! Böses sah ich im Schlaf, Gunnar: Alles war tot im Saal, ich schlief im kalten Bett, du wurdest mit einer Fessel am Fuß dahingeführt von Feinden – sterben sollt ihr alle, ihr Meineidigen, die ihr vergaßet, daß ihr einst euer Blut mit dem Sigurds mischtet! Hör es, Gunnar: Ohne Wandel hielt euch der Held die Treue, drei Nächte ruhten wir zusammen, aber zwischen uns lag das nackte Schwert mit scharfen Schneiden! Nun bleibt mir selbst nichts mehr als der Tod."

Sie ging zur Halle, zum Sterben entschlossen; Gunnar versuchte sie zu halten, aber sie stieß seine Hand hinweg. Er rief Högni: „Hilf mir der Frau wehren, die sich töten will – genug Unheil ist geschehen!" Aber Högni sagte: „Laß sie den dunklen Weg gehen, und möge sie nie wiedergeboren werden! Uns allen zum Bösen kam sie aus der Mutter Leib!"

Brynhild hieß ihre Schätze in die Halle tragen, sie saß auf dem Hochsitz, die goldene Brünne um die Brust und das Schwert in der Hand; rings um sie lag entseeltes Gesinde, und sie streute reiche Gaben über die Toten aus. Dann stellte sie das Schwert hoch, setzte die Spitze an die Panzerfuge und durchstach sich die Brust. Aufs Polster sinkend, rief sie in den Saal: „Nun herbei, wer noch mit mir sterben will, ich geb ihm als Totenspende Goldschmuck und reiches Gewand!" Aber alle schwiegen, niemand rührte sich, und endlich tönte wie eine Stimme der Ruf aller: „Genug sind der Toten! Wir wollen leben, wir sterben nicht um der Ehre willen!" Da sagte sie: „Lebe, wer mir nicht folgen will! Aber eure Leichenfeier wird einst armselig sein, keine herrlichen Gaben werden auf eurem Holzstoß brennen!" Darauf wandte sie sich zu Gunnar: „Hör meine letzte Bitte: Erbaue einen breiten Holzstoß, groß wie eine Burg, draußen auf dem Feld, daß Platz sei für uns alle, die mit Sigurd sterben gingen! Mit Tuch sei der Scheiterhaufen bekleidet und mit Schilden umstellt! Seite an Seite will ich mit Sigurd liegen, und zwischen uns blinke das scharfe Schwert, wie es einst zwischen uns lag! Zwei meiner Knechte sollen ihm zu Häupten liegen und zwei zu Füßen, mit kostbaren Ketten geschmückt, dazu zwei Hunde und zwei Habichte; die andern Knechte bei mir und fünf Mägde dazu – mit reichem Gefolge hinter sich soll der Held in den goldenen Saal treten, daß ihm das schwere Tor nicht auf die Ferse schlägt!"

Wie Brynhild befohlen hatte, wurden die Leichen auf den Scheiterhaufen gelegt, dazu Guthorm, der Mörder, und auch Sigmund, Sigurds dreijähriger Sohn, der in derselben Nacht erschlagen worden war wie er. Auf einem purpurbekleideten Wagen wurde Brynhild zum Holzstoß gefahren, man hob ihn hinauf samt den Rossen, und als die Scheite gen Himmel loderten, streckte sich die Sterbende neben Sigurd hin. So verzehrte ihre Leiber das Feuer.

Aber Sigurd war Brynhild voraus auf dem Wege zur Hel; da schwang sich die Tote auf den Purpurwagen und fuhr ihm nach, um ihn zu ereilen. Vor der Schwelle der Unterwelt kam sie vorbei an einer Felsklippe, in der eine Riesin wohnte; die Alte stand da, ihr im Weg, dunkelhäutig, in einem Fellrock, und hielt einen langen Stecken in der Hand. Mit rauher Stimme begann sie auf Brynhild zu schelten: „Diesen Stecken wollte ich zu deinem Scheiterhaufen tragen, damit du besser brenntest! Längst hätte man dich verbrennen sollen, so lebte Sigurd noch, der herrlichste der Helden. Besser hätte es dir geziemt, Borten im Hause zu wirken, als den Gatten einer andern zu begehren und deine Hände zu waschen in Menschenblut!"

Herrisch rief Brynhild: „Was schiltst du mich, Weib aus Stein? Als Walküre kämpfte ich in vielen Schlachten, Hilde unterm Helm ward ich genannt! Zu mir kam Sigurd geritten, der edelste der Helden, wir schliefen auf einem Bett zusammen wie Geschwister – betrogen wurde ich, nie lag ich ihm als Weib im Arm. Aber jetzt bleiben wir beieinander, ich und Sigurd – versink, Riesenbrut!"

Da stieß die Riesin einen fürchterlichen Schrei aus, sie stürzte wie in einen Abgrund in den Fels hinein, und Brynhilds Wagen donnerte über sie hinweg.

Der Untergang der Gjukungen

Nach Sigurds Tode litt es Grimhild nicht mehr in dem Saale der Gjukungen. Sie entwich heimlich vom Hofe und wanderte allein durch Wälder und Gebirge – oft hörte sie die Wölfe um sich heulen –, bis sie zur Halle König Alfs kam, dessen Gattin Thora ihre Freundin war. Dort gebar sie eine Tochter, die sie Swanhild nannte; das Kind hatte die strahlenden Augen Sigurds. Bei Thora blieb Grimhild drei Jahre, sie saßen zusammen am Webstuhl und wirkten schöne Teppiche, auf denen Sigurds Taten abgebildet waren.

Gunnar und Högni nahmen den Andwari-Schatz in Besitz und fragten der Verlorenen nicht viel nach. Aber König Atli sandte zu ihnen und forderte Sühne für den Tod seiner Schwester Brynhild, an dem er den Gjukungen schuld gab. Atli war ein mächtiger König, sie wollten ihn nicht zum Feinde haben. Darum boten sie ihm ihre Schwester Grimhild als Gattin an, und Atli war's zufrieden. Zuerst aber galt es, die Schwester zu versöhnen. Darum brachen Gunnar und Högni mit ihrer Mutter und königlichem Gefolge auf und ritten an den Hof Alfs. Aber sie suchten vergebens, Grimhild mit schmeichelnden Reden zu begütigen, sie boten ihr vergeblich herrlichen Schmuck; sie wollte keine Gemeinschaft haben mit den Mördern Sigurds. Da mischte die alte Königin einen zauberkräftigen Vergessenstrank – heilkräftige Erde war darin, eiskalte Meerflut und sühnendes Blut – und bot ihn der Tochter in einem Horn, in das rote Runenstäbe geritzt waren. Als Grimhild getrunken hatte, vergaß sie, daß die Brüder Sigurd morden halfen, und versöhnte sich mit ihnen. Aber als die Mutter ihr von Atlis Werbung erzählte, wollte sie nichts davon wissen, daß Brynhilds Bruder ihr Mann werden solle; nichts Gutes könne aus solcher Heirat entstehen. Jedoch Brüder und Mutter drangen immer wieder in sie: mit reichem Hochzeitsgut sollte sie ausgestattet werden aus dem Erbe ihres Vaters Gjuki, herrlich werde sie über ein großes Reich als Königin herrschen, und wenn sie von Atli Söhne gewinne, würden ihr Sigurd und ihr Sohn Sigmund wiedergeschenkt sein. So lange redeten sie ihr zu, bis sie endlich nachgab und einwilligte. Die Gjukungen führten sie als Braut an Atlis Hof. Mit vielem Glanz ward die Hochzeit gefeiert, aber mit wenig Jubel. Denn Grimhilds Herz lachte nicht, wenn sie Atli sah; er glich Sigurd in keinem Stück, sondern war ein bejahrter Mann von düsterem und wildem Gemüt, und sie konnte nicht zärtlich zu ihm sein. Obschon sie ihm zwei Söhne gebar, lebten sie in freudloser Ehe nebeneinander.

Auch Atli hatte mit Grimhilds Hand nicht gewonnen, was er gehofft hatte. Er hatte geglaubt, sie werde ihm das reiche Erbe Sigurds zubringen. Den Hort aber hatten die Könige behalten und der Schwester nur mitgegeben, was ihr als Vatererbe zustand; das war wohl ein schöner und königlicher Brautschatz, aber es kam doch dem märchenhaften Reichtum nicht gleich, den Sigurd einst dem Drachen geraubt hatte. Je mehr Atli über den Verlust nachdachte, um so ärger fühlte er sich betrogen. Er nährte finstren Groll gegen seine Schwäger, Rachegedanken verfolgten ihn bis in seine Träume, und wenn er nachts auffuhr aus unruhigem Schlaf, erbebte Grimhild mit ihm und fühlte, wie das Schicksal gleich einer dunklen Wolke näher zog. Eines Tages teilte ihr Atli mit, daß er beschlossen habe, die Gjukungen an seinen Hof zu laden, um ihnen große Ehre anzutun; da wußte sie, daß Verrat gesponnen werde, und sann darauf, die Brüder zu warnen. Atli schickte ihnen mit der Einladung zugleich schöne Geschenke; ihnen fügte sie den Andwari-Ring bei, den sie von Sigurd hatte, und umwickelte ihn mit einem Wolfshaar.

Die Sendboten Atlis wurden von den Königen wohl aufgenommen, und Vigni, der sie führte, überreichte die Geschenke. Da gewahrte Högni das Wolfshaar um den Ring, den die Schwester ihnen sandte, und zeigte es Gunnar; beide wußten sofort, daß Grimhild sie vor der Fahrt warnte. Zum Empfang der Boten wurde ein Gelage gerüstet, und mit vielen schönen Worten trug Vigni seine Botschaft vor: „König Atli lädt euch zu sich und gedenkt euch hoch zu ehren; reich begaben will er euch mit Schätzen, Schilde und Eschenspeere sollt ihr empfangen, goldene Helme und scharfe Schwerter, silberne Sättel und rote Panzer, mutige Rosse und schnelle Kiele!" Gunnar sah Högni an, dann antwortete er: „Ehrenvoll ist Atlis Angebot, aber wir haben der Schätze genug. Sieben Kammern hab ich voll von Schwertern, jedes mit goldenem Griff, goldene Brünnen und Helme besitze ich, mein Schwert ist das schärfste, mein Hengst der schnellste, mein Schild überglänzt alle andern." Aber Vigni fuhr fort: „Atli ist alt, seine Söhne sind noch kleine Kinder, wer soll sein Land schützen? Euch hat er dazu erwählt, ihr sollt Gewalt haben über sein Reich, und dann werdet ihr die größten Könige der Welt sein." Diese Rede klang Gunnar lockend ins Ohr, und als sie Becher auf Becher leerten und der Wein ihm ins Haupt zu steigen begann, achtete er Grimhilds Warnung gering. Er befahl den Schenken, die Goldschalen neu zu füllen, und rief in den Saal: „Komme, was will, möge dies unser letztes Gelage sein, mögen Wölfe und Bären unsere Erben werden – ich wage die Fahrt zu Atli." Da sagte Högni zu ihm: „Nun mußt du dein Wort halten, Bruder, und ich werde dich begleiten – aber wir werden schwerlich zurückkommen."

Die Brüder brachen auf, nicht leichten Herzens, und versenkten vorher den Andwari-Schatz im Rhein, an einer Stelle, die nur sie kannten. Eine kleine, aber erprobte Kampfschar begleitete sie, Vigni ritt voran und wies den Weg. Sie ritten dreimal sieben Tage, die letzten sieben durch dunklen Wald und finstre Täler; endlich sahen sie die Königsburg Atlis vor sich. Von drinnen hörten sie großes Getöse und Waffenlärm, überall wimmelte es von Gerüsteten; da schlugen die Könige den verräterischen Vigni nieder und ritten in den Ringwall vor die Halle. Sie war mit blanken Schilden umgeben, ein Kriegsheer hütete sie, während Atli drinnen schmauste und zechte. Die Schwester hatte nach den Brüdern ausgespäht, sie eilte ihnen entgegen: „Warnte ich euch nicht? Ihr seid verraten! Fort, so schnell ihr könnt, hinaus aus dem Hofe!" „Es ist zu spät, Schwester", antwortete Gunnar heiteren Angesichts; und jetzt trat auch schon, von den Wächtern benachrichtigt, Atli aus der Halle und rief ihnen zu: „Willkommen in meinem Reich! Nun gebt den Hort heraus, den ihr raubtet – er gehörte Sigurd und gehört jetzt Rechtens Grimhild, meinem Weibe!" „Niemals wirst du den Hort bekommen!" antwortete Gunnar; „aber Kampf bieten wir dir gern an, wenn du ihn begehrst, und werden Aare und Wölfe mit Leichen satt machen!" Atli antwortete: „Kampf sollt ihr haben, denn ich verlange nach Rache für Sigurd und Brynhild, meine Schwester!" „Lange hast du gebraucht, bis dir das einfiel!" rief Högni lachend, und nun entbrannte der Kampf.

Mehr als einmal durchbrachen Gunnar und Högni Atlis Schlachtreihen, sie erschlugen so viel Helden, daß der Boden von Blut strömte, und töteten zwei Brüder Atlis. Einer weichenden Schar nach drangen sie hinein in die Halle und wüteten unter den Feinden. Aber für jeden Mann, den sie erschlugen, kamen von draußen zwei neue, rings um sie sanken ihre Genossen nieder, und endlich stürzte eine Übermacht auf Gunnar und riß ihn nieder; gebunden wurde er hinausgeführt. Nun wehrte sich Högni allein; sieben Feinde hieb er mit dem Schwert zu Boden, und den achten stieß er mit einem Fußtritt in das Feuer, das in der Halle brannte. Aber endlich erlag auch er und wurde gefesselt.

Atli saß in Grimm und Trauer um den Tod seiner Brüder und Mannen, als Gunnar vor ihn geführt wurde; sogleich fragte er ihn: „Willst du nun mit dem Hort dein Leben kaufen, dann sag mir, wo du ihn verborgen hältst!" „Nicht eher werde ich dir's sagen, ehe nicht Högnis Herz, aus seiner Brust geschnitten, in meinen Händen liegt!" antwortete der gefangene König. Als Atli das vernahm, sandte er zu dem Kerker Högnis und befahl, ihm das Herz aus der Brust zu schneiden. Aber die Männer, die ihn bewachten, wollten den Helden schonen, und Atlis Burgwart sagte: „Nehmen wir statt seiner den alten Tropf dort, den Koch, er ist ohnehin zu nichts mehr nütze!" Der Elende verkroch sich zwischen den Töpfen, er wimmerte um sein Leben, aber sie ergriffen ihn, hieben ihm das Herz heraus und trugen es auf einer Schüssel zu Gunnar. Doch der sprach: „Das ist nicht Högnis, sondern eines Feiglings Herz, es bebt auf der Schüssel, wie es in der Brust des Lebenden bebte." Da sandte Atli abermals hin, und nun schnitten sie Högni das Herz aus: er lachte hell auf, als das Schwert in seine Brust drang. Gunnar sah Högnis Herz und sprach: „Ja, jetzt halte ich des kühnen Högni Herz, ruhig liegt es auf der Schüssel wie einst in der Brust des Helden. Du aber, Atli, wirst dahinfahren, ohne den Hort zu sehen. Wo er liegt, weiß nur noch ich allein, da Högni tot ist; nicht mehr brauche ich zu fürchten, daß du es je erfährst. Dem Rhein soll der fluchbeladene Schatz verbleiben, tief auf seinem Grunde mögen die goldenen Ringe funkeln, statt in deinen Händen!“

Wütend sprang Atli auf, da er sich so getäuscht sah, und schrie seinen Mannen zu: „Werft ihn auf den Wagen und führt ihn zum Tode!“ Von Bewaffneten umringt, ritt er hinter dem Wagen her, der den gefangenen König über die Heide hinweg zur Schlangengrube führte. Grimhild rief dem Gatten wilde Verwünschungen nach, daß er ihr den letzten Bruder töten wollte; diesem aber sandte sie durch einen Diener eine Harfe. Als nun Gunnar, an den Armen gefesselt, im Grunde der Schlangengrube zwischen dem wimmelnden Gewürm lag, konnte er die Harfe mit den Händen nicht fassen; darum schlug er sie mit den Zehen, und die Weise war so zauberisch schön, daß die Schlangen wie gebannt horchten und sich nicht rührten. Nur über eine große Natter gewann sein Lied keine Macht; sie wühlte sich in seine Brust hinein und stach ihn ins Herz, daß er starb.

Erregt vom Mord, auf knirschendem Rosse, sprengte Atli zur Burg zurück, und seine Krieger rasselten um ihn. Als er vor dem Saal vom Pferde sprang, kam ihm Grimhild entgegen und reichte ihm einen goldenen Kelch zum Willkomm: „Das Mahl steht für dich gerüstet, König, schlachten ließ ich für dich und Wein einschenken!“ Rasch füllte sich die Halle mit den schnauzbärtigen Hunnenkriegern, lärmend fielen sie her über Speise und Trank, auf dem Hochsitz saß Atli, und Grimhild selbst bot ihm ein köstlich zubereitetes Gericht und die goldene Schale. Er aß, und es schmeckte ihm wohl; er trank und trank immer mehr von dem tiefdunklen Wein; selber trunken, saß er im Lärm und Gelächter der trunkenen Krieger. Da sprach Grimhild zu ihm: „Weißt du, was du aßest, König? Die Herzen deiner Söhne, mit Honig bereitet. Weißt du, was du trankst? Deiner Söhne Blut im dunklen Wein. Erp und Eitel, die ich dir gebar, werden nicht mehr auf deinen Knien spielen, du wirst sie nicht mehr sehen auf dem Rücken der Rosse oder beim Spiel der Waffen. Ich erschlug sie, wie du meine Brüder erschlugst!“ Irren Auges sah Atli sie an; seines Bewußtseins nicht mehr mächtig, stürzte er Becher auf Becher hinunter. Aber im Saal erhob sich Geschrei und Getümmel; Gerücht und Geflüster ging um von der wilden Tat der Königin. Doch sie hatte ihre Schatztruhe vor sich hingestellt, mit vollen Händen warf sie Geschmeide unter die Krieger, alle Gedanken gingen unter in der Gier des Raffens und in tobender Trunkenheit.

Als Atli, seiner Sinne beraubt, vom Sitze sank, ließ ihn Grimhild ins Schlafgemach tragen; er lag auf dem Bett, ohne sich zu rühren. Da nahm sie ein Schwert und stieß es ihm durch die Brust, daß der Blutstrom seinem Herzen entströmte und die Tücher purpurn färbte. Dann kettete sie die Hunde los und jagte sie vor die Tür, sie weckte ihre Mägde und hieß sie fliehen. Sie selbst aber führte Swanhild, ihre Tochter von Sigurd, hinaus, schloß die Türen von außen und warf den Brand in die Halle. Wenige der trunkenen Krieger fuhren aus dem Schlaf empor, als Flammen und Rauch in die Halle schlugen, sie hieben mit den Schwertern um sich und töteten sich gegenseitig; aber die meisten fraß das Feuer, ohne daß sie erwachten. Bis zum Dach hinauf loderte der ganze Saal, ein einziges Flammenmeer über dem erschlagenen König und seinen Kriegern.

Jörmunrek

Grimhild glaubte nicht länger leben zu können, nachdem sie die Brüder gerächt und den Gatten getötet hatte. Mit Swanhild an der Hand ging sie dahin, bis sie ans Ufer des Meeres kam, und stürzte sich mit ihr von einem Felsen ins Wasser. Aber die Flut tötete sie nicht, sie hob Mutter und Kind empor und trug sie weit weg bis zu dem Lande, wo König Jonak herrschte. Er nahm die beiden an seinen Hof und hielt sie fürstlich, und als er Grimhild zum Weibe begehrte, konnte sie es nicht weigern. Sie bekam von ihm zwei Söhne, Hamdir und Sörli, die zu starken Jünglingen aufwuchsen; die Mutter erzog die beiden zusammen mit Erp, dem Sohn Jonaks von einer Kebse, und sie liebte Erp, der klein und braun, aber klug und tapfer war, nicht weniger als die eigenen Söhne. Ihrem Herzen am nächsten aber stand Swanhild; die helle Schönheit des Mädchens strahlte wie die Sonne, und aus ihrem Antlitz blitzten die leuchtenden blauen Augen Sigurds so kühn und herrisch, daß kaum einer ihren Blick ertrug. Weit durch die Lande war Swanhilds Schönheit berühmt, und so erfuhr von ihr auch Jörmunrek, der Gotenkönig.

Er war einer der mächtigsten unter den Fürsten, göttlichem Stamme entsprossen, ein grimmiger Krieger, dem das einst pechschwarze Haar bereits ergraute. Seine erste Frau war ihm gestorben, und es verlangte ihn nach einem neuen, jungen und schönen Weibe. So beschloß er, um Swanhild zu freien; als Werber aber entsandte er seinen Sohn Randwer, einen stattlichen Jüngling, und gab ihm seinen Ratgeber Bicki mit, dessen Klugheit er vertraute. „Ist die Tochter des Drachentöters Sigurd so schön wie edel von Geschlecht, dann sprecht für mich bei Jonak und Grimhild und führt mir die Jungfrau zu!"

Auf reich geschmückten Schiffen fuhren die Werber zu König Jonak; sie sahen Swanhild und fanden sie noch schöner, als das Gerücht sagte. Randwer ging zu dem König und sprach mit ihm, und es schien Jonak, als könne sich kein mächtigerer und berühmterer Freier für Swanhild finden als Jörmunrek. Nicht mit gleicher Freude begrüßte Grimhild die Werbung; sie dünkte der Gotenkönig zu alt und zu hart gesinnt für die zarte Tochter. Aber der Gatte redete ihr zu und schilderte ihr die Vorzüge des Bundes als so günstig, daß sie schließlich einwilligte. So wurde Swanhild Jörmunrek anverlobt; sie ging mit würdiger Morgengabe und reichem Gefolg aufs Schiff, um ins Gotenreich zu fahren. Randwer, dem ihre Pflege befohlen war, saß mit ihr oft auf dem Hinterdeck, und Bicki sah mit argwöhnischem Auge auf das schöne Paar. Aus tückischem Gemüt sagte er zu dem Königssohn: „Eigentlich käme diese schöne junge Frau dir zu und nicht einem alten Mann!" – und Randwer hörte das gern; denn Swanhild gefiel ihm, wie er ihr. Täglich wuchs ihre Vertraulichkeit, von Bicki heimlich beobachtet, und sie sprachen immer freundlicher miteinander; doch war nichts Ungebührliches geschehen, als sie ankamen und vor Jörmunrek traten.

Bicki aber wollte ihr Verderben. Verleumderisch sagte er zu dem König: „Wahrheit ist nötig zu wissen, wenn auch gefährlich zu sagen; aber ich kann zum Verrat nicht schweigen. Swanhild und dein Sohn lieben einander – räche deine Ehre!" Allzusehr vertraute der König seinem Ratgeber, er glaubte ihm blindlings, und der Grimm machte ihn maßlos. Ohne zu prüfen, befahl er, seinen Sohn Randwer zu ergreifen und an den Galgen zu hängen. Als der Jüngling hinausgeführt wurde, nahm er seinen Habicht, riß ihm die Schwungfedern aus und bat, den geschändeten Vogel dem Vater zu bringen. Jörmunrek sah das Zeichen und sprach in schweren Gedanken: „Ein Habicht ohne Schwungfedern ist ohne Kraft, ein König ohne Sohn ist ohne Macht: wer soll, wenn ich alt bin, das Reich schützen?" Eilends schickte er Boten hinter Randwer her, um ihn vom Tode zu befreien; aber Bicki war noch schneller gewesen, er hatte das Urteil ohne Verzug vollstrecken lassen.

Als aber der böse Ratgeber die Trauer des Königs sah und Vorwurf fürchtete, suchte er den Grimm Jörmunreks von sich abzulenken und sagte zu ihm: „Schuldig war Randwer, aber schuldiger noch ist Swanhild, die ihn verführte. Sie ist die Ursache, daß Randwer sterben mußte – soll sie weiterleben, die einen viel schmachvolleren

Tod verdient?" „Du hast recht!" schrie der König; und er befahl, sie auf böse Art zum Tode zu bringen. Sie wurde gebunden und ins Burgtor gelegt, dann sollten die Rosse über sie hinweggetrieben werden und sie mit ihren Hufen zerstampfen. Als aber die Rosse gebraust kamen, scheuten sie vor Swanhilds Augen, denn sie hatte den stählernen Blick Sigurds: die Tiere stoben auseinander, und keines wagte sie zu treten. Da ließ Bicki ihr einen Sack über den Kopf ziehen. Wieder wurden die Rosse in den Torweg gejagt, und jetzt fand Swanhild unter ihren Hufen den Tod.

Als Grimhild die Botschaft von dem jammervollen Ende ihrer Tochter erhielt, flammte sie auf in wildem Rachedurst. Sie rief ihre Söhne Hamdir und Sörli – Erp war draußen auf einem Ritt – und sprach zu ihnen: „Könnt ihr noch leben und lachen, da Swanhild, eure Schwester, von Jörmunreks Rossen zerstampft im Staube liegt? Kennt ihr nicht eure Pflicht, ihr, die einzigen, die noch übrig sind aus meinem Blut? Alle meine Gesippen sind tot, ich stehe da wie ein Baum, dem man die Äste abhieb – anders war es, als Gunnar und Högni noch lebten!" Ihr entgegnete Hamdir: „Nicht immer rühmtest du deine Brüder so, als sie dir Sigurd erschlugen! Nicht immer war deine Rache gut. Als du, um Atli zu strafen, eure Söhne tötetest, trafst du tiefer als ihn dich selbst! Aber es geschehe, was du willst; bring uns die Waffen!" Und Sörli sprach: „Immer wünschest du, was dir selber Leid bringt! Um Brüder und Kinder mußtest du weinen, auch über uns wirst du klagen. Aber wir wollen nicht Worte wechseln; bring uns die Waffen!" Da holte ihnen Grimhild aus der Rüstkammer herrliche Brünnen und Helme, die kein Stahl schneiden konnte, und gürtete sie mit leuchtenden Schwertern.

„Nehmt euren Bruder Erp mit!" riet sie ihnen; „er ist klug und tapfer. Überfallt Jörmunrek alle zusammen, du sollst ihm die Hände abhauen und du die Füße – und Erp nehme sein Haupt!" Zum Abschied bot sie ihnen einen Becher mit Wein, die Brüder tranken, und Hamdir sagte: „Zum Gedächtnis unserer Schwester sei er geleert und zu gleicher Zeit auch auf das unsere!" Damit ritten sie davon.

Als sie eine Weile über Berg und Tal getrabt waren, holte Erp sie ein, der ihnen auf Grimhilds Bitte nachgaloppiert war. Sie sahen ihn nicht gern und fragten ihn unwirsch: „Was sollen wir mit dir braunem Knirps?" Da antwortete er: „Ich will euch beistehen wie die Hand dem Fuß!" Sie spotteten darüber und sagten: „Wie kann die Hand dem Fuß wohl helfen?" Er kehrte sich nicht daran, sondern ritt vorauf, denn er kannte die Wege. Aber sie hörten nicht auf, ihn durch Reden zu reizen; so verlor er endlich die Geduld und sprach, indem er sein Roß tanzen ließ: „Lange habt ihr euch von eurer Mutter bitten lassen, ehe ihr die Waffen nahmt – es ziemt mir schlecht, Feigen den Weg zu weisen!“ Sie schalten ihn dagegen einen Bankert; schon flogen die scharfen Klingen aus den Scheiden, und Hamdir und Sörli erschlugen ihren Halbbruder, töricht ihre Kraft um ein Drittel schwächend.

Auf steilem Pfade saßen sie ab und zogen ihre Rosse nach sich, da stolperte Sörli; er wäre hingeschlagen, hätte er sich nicht im Fall auf die Hand gestützt. „So kann also doch die Hand dem Fuß helfen!“ sagte er betroffen, und die Brüder blickten sich an. Sie setzten die Fahrt fort, bis sie endlich in Jörmunreks Reich kamen. Unheimlich wurde der Weg, als sie sich der Burg näherten: sie sahen Randwer, des Königs Sohn, am windigen Galgen hängen, und ihnen graute vor dem Ort. Rasch ritten sie weiter und kamen zur Burg, Jörmunrek zechte mit seinen Mannen in der Halle, vor dem Klang der Becher und dem Dröhnen der Stimmen hörte keiner den Hufschlag der herantrabenden Rosse; erst als der Wächter ins Horn stieß, horchten sie auf. Und schon erscholl der Ruf: „Wahrt euch, Swanhilds starke Brüder kommen, die Schwester zu rächen!“

Da lachte Jörmunrek, griff in seinen krausen Bart und seinen wilden Schopf, mit einem Blick auf seinen weißen Schild faßte er die Kanne, schenkte sich ein und schwang die goldene Schale in trunkenem Mut hoch: „Freuen soll es mich, Hamdir und Sörli hier in meiner Halle zu sehen, mit Bogensehnen will ich sie binden und hoch an den Galgen hängen!“ Aber schon stürmten die Brüder in den Saal, sie warfen die Tische um, daß die Humpen auf den Boden polterten, und niemand vermochte die beiden aufzuhalten, denn durch ihre Brünnen und Helme schnitt kein Schwert und keine Speerspitze.

Bis zum Hochsitz kämpften sie sich hin und stürzten über Jörmunrek her, Hamdir hieb ihm die Hände ab und Sörli die Füße – weithin sprangen die Glieder in das Feuer, das in der Halle brannte. Trunken vom Glück der Rache, rief Hamdir dem Verstümmelten zu: „Du wünschtest uns zu sehen, Jörmunrek – nun liegst du hier als blutiger Rumpf!“ Da riß der Todwunde noch einmal seine Kraft zusammen – er hatte wohl bemerkt, daß keine Waffe die Rüstungen der beiden durchdrang – und brüllte wie ein Bär in den Saal: „Werft Steine auf sie, wenn Eisen sie nicht beißt!“

Das ward der Brüder Verhängnis. Als die ersten Steine auf sie flogen, sprach Sörli zu Hamdir: „Du hättest ihm nicht durch deinen Hohn den Mund öffnen sollen, Bruder!“ und Hamdir antwortete:

„Sein Haupt wäre ab gewesen, hätte Erp noch gelebt. Wir haben gegen unseren Blutsfreund gewütet wie wilde Wölfe. Aber dennoch, Bruder: wir haben schön gekämpft, wie Adler auf den Zweigen stehen wir auf den Leichen erschlagener Feinde! Ruhmvoll gehen wir unter, wie uns das Schicksal bestimmt hat!"

Unter den Steinen der Goten fielen sie kämpfend im Saal, Hamdir am Giebel, Sörli an der Rückwand. Mit ihnen erlosch das Blut der Gjukungen, wie mit Swanhild das der Wölsungen erloschen war. Denn Grimhild, als sie die Söhne zur Rache ausgesandt hatte, hatte sich selbst den Tod gegeben.

HELGI UND SIGRUN

In der Nacht, da Borghild von Bralund dem König Sigmund den Helgi gebar, kamen die Nornen in die Burg; sie zogen im Mondlicht die goldenen Fäden nach allen Richtungen des Himmels, und inmitten lag Helgis Los: der kühnste aller Helden sollte er werden, der edelste aller Fürsten. Und von einem hohen Baum rief – die Mutter hörte es – ein hungriger Rabe dem andern zu: „Sigmunds Sohn wird die Brünne tragen, unser Tag bricht an! Die Augen des Knaben funkeln, Wölfe wird er füttern und uns Raben – drum laßt uns fröhlich sein!"

Das Volk wünschte sich Glück zum Königserben, der Vater freute sich seiner; er eilte vom Schlachtfeld zur Wiege und legte dem Sohn einen grünen Zweig aufs Kissen. Herrlich wie ein junger Baum wuchs Helgi auf. Aber als er noch ein Knabe war, wurde Sigmund im Kampf von König Hunding erschlagen, und als sein Vermächtnis fiel Helgi die Vaterrache zu. Vor dem Feinde verbarg ihn ein Getreuer Sigmunds, Hagal, in seinem Haus; aber es ließ Helgi dort nicht ruhen. Er begab sich auf Kundschaft an Hundings Hof und kehrte glücklich wieder heim. Doch Hunding hörte davon und ließ Helgi suchen. Seine Männer kamen zu Hagal; um ihnen zu entgehen, zog Helgi die Kleider einer Magd an und stellte sich an die Mühle. Vergebens durchsuchten die Männer das Haus; nur einer blieb erstaunt stehen, da er die scharfen Augen der Magd sah und die Kraft ihrer Arme, von der die Steine barsten und der Kasten zersprang: „Besser als die Mahlstange stünde so starker Hand wohl ein Schwertgriff!" Hagal antwortete rasch: „Eine Königstochter ist's, die sonst als Schildjungfrau ritt und Männer bezwang, ehe Helgi sie fing!"

So wurden Hundings Männer getäuscht. Aber Helgi ging auf und davon, mit Kriegsschiffen zog er in den Kampf. Er war noch ein Jüngling, da traf er König Hunding und erschlug den Mörder seines Vaters; davon erhielt er den Beinamen Hundingstöter. Nach der Schlacht ließ er die Schiffe Anker werfen und ging mit seinem Heer an Land; sie erjagten Wild und aßen in voller Rüstung das rohe Fleisch. Da zum ersten Male sah er Sigrun. Sie war König Högnis Tochter und eine Walküre, durch die Luft kam sie zu den Schiffen geritten und sprach ihn an: „Wer bist du, und wo ist deine Heimat?" Er verbarg ihr seinen Namen und nannte sich Hamal, sie aber fragte weiter: „Wo hast du gekämpft, daß deine Brünne mit Blut bespritzt ist und daß ihr gehelmten Hauptes rohes Fleisch eßt?" Und wieder sprach er, sie zu täuschen: „Wir haben Bären gejagt, und gekochte Kost ist selten am Meer." Da sprach sie zu ihm: „Helgi bist du, im Rachekampf hast du König Hunding getötet – ich war nicht fern, als er dahinsank. Aber klug bist du, Sigmunds Sohn, daß du im Krieg deinen Namen hehlst." „Wie willst du wissen, wer ich bin?" fragte Helgi dagegen; „viele tapfere Krieger gibt es, und einer ähnelt dem andern." Aber Sigrun antwortete: „Ich habe dich gesehen vorn auf deinem Langschiff, auf dem blutigen Steven standest du, von eiskalten Wellen umsprüht. Nun willst du dich verbergen vor mir: aber die Walküre kennt ihren Mann!" Damit ritt sie von dannen.

Der Kampf tobte weiter zwischen Sigmunds und Hundings Geschlecht. Hundings Söhne forderten Buße für den erschlagenen Vater, und Helgi weigerte sie. Da zogen sie mit Heeresmacht gegen ihn, auf dem Logafeld stießen die Heere zusammen, den ganzen Tag raste die Schlacht, und Helgi erschlug vier Söhne Hundings. Indessen war Sigrun aufgebrochen, ihn zu suchen. Ihr Vater Högni hatte sie Hödbrodd, dem Sohne des mächtigen Königs Granmar, zum Weibe versprochen und in einer Königsversammlung verlobt. Nun sollte der Bräutigam sie in wenig Tagen heimholen, obwohl sie ihn höhnisch zurückgewiesen hatte. Sie aber ritt Helgi nach.

Kampfmüde saß der Held abends unterm Aarstein. Da brach ein Licht auf über dem Logafeld, im Wetterleuchten ritten Walküren einher, helmgeschmückt, die Brünnen blutbespritzt, Blitze zuckten aus ihren Speerspitzen, und Helgi erkannte unter ihnen Sigrun. Stürmisch trat sie zu ihm hin, zog seine Hand ans Herz und küßte ihn unterm Helm auf den Mund; da wußte er, daß er sie liebte. Und sie sprach: „Dem Hödbrodd wurde ich vor dem Heere verlobt, aber ich will einen andern zur Ehe! Nun fürchte ich den Zorn meiner Sippe, wenn ich dem Vater den Lieblingswunsch vereitle. Aber ich kann nicht wider mein Herz: du bist's, den ich haben muß!" Da antwortete Helgi: „Fürchte den Zorn deines Vaters und deiner Sippe nicht! Mit mir sollst du leben, alle die Deinen ersetze ich dir!"

Helgi sammelte ein mächtiges Heer und segelte mit vielen Schiffen über die See. Ein Unwetter fuhr über sie hin, aber sie erreichten die schützende Bucht. Darüber auf dem Berge saßen die Söhne Granmars, sie sahen die Flotte ans Land rauschen; einer der Mannen sprang aufs Pferd und ritt hinab, eben als die Fremden die Segel fallen ließen. Er rief hinüber zum Schiff: „Wer ist der Fürst, der dieses gewaltige Heer an unsern Strand führt?" Da setzte Helgis Sundwart den goldgerandeten blutroten Kriegsschild auf die Rahe und schrie höhnend zurück: „Sag's deinem Herrn, wenn du abends die Schweine fütterst: Helgi kam, um Hödbrodd zu treffen! Oft hat er Adler mit Feindesfleisch gefüttert, während du im Stall die Mägde küßtest!" Zornig erwiderte der Beschimpfte: „Schäm dich, Edle zu schmähen, verrufener Wolfssohn!" Hinüber und herüber flogen die Scheltworte, alle bösen Namen gaben die beiden einander, und die Krieger auf den Schiffen lachten dazu. Aber Helgi gebot Schweigen: „Besser wird es euch beiden ziemen zu fechten, statt zu schimpfen! Ich kenne Granmars Söhne als starke Streiter; geh hin und bringe ihnen die Kriegsbotschaft: sie sollen uns am Wolfsstein treffen!"

Eilends ritt der Bote zurück, und die Granmarssöhne riefen ihr Heer zusammen; sie sandten Boten an die verbündeten Fürsten, und mit vielen andern stieß auch König Högni zu ihnen mit seinen Söhnen Bragi und Dag. Wie vom Sturmwind getrieben prallten die Heere zusammen, den Seinen voran kämpfte Helgi. Alle Söhne Granmars wurden erschlagen, alle Fürsten ihres Heers fielen, auch Högni und Bragi, Sigruns Vater und Bruder. Nur Dag, der jüngere Bruder, blieb am Leben; er mußte Helgi den Treueid schwören und erhielt Frieden.

Abends ging Sigrun über die Walstatt. Sie fand Hödbrodd auf den Tod verwundet und sprach zu ihm: „Sigrun wird nicht in deinen Armen ruhen, König Hödbrodd — über die Granmarssöhne kamen die Wölfe!" Dann schritt sie weiter und traf Helgi, sie lachte auf vor Glück, als sie ihn lebend sah. Aber Helgi sprach: „Nicht alles, Geliebte, ging nach Wunsch, die Nornen bestimmten es anders: in der Frühe fielen am Wolfsstein Högni und Bragi — ich war's, der sie tötete! Viele deiner Verwandten sanken dahin, sie waren stark und tapfer: einen sah ich, dessen Rumpf hieb noch um sich, als sein Haupt schon gefallen war. Es war dein Los und nicht deine Schuld, daß du Fehde unter den Fürsten stiftetest. Weine nicht, Sigrun! Mir brachtest du Schlachtenglück, und das Schicksal kann niemand wenden." Da sagte Sigrun: „Zum Leben wecken möchte ich, die hier tot liegen – wenn ich dich nur weiter halten dürfte in meinen Armen."

Sigrun wurde Helgis Weib und gebar ihm kraftvolle Söhne. Aber dem König war früher Tod bestimmt. Sigruns Bruder Dag, dem Helgi das Leben geschenkt hatte, vergaß seines Treueids und opferte Odin für Vaterrache. Der Gott lieh ihm seinen Speer, und mit der unwiderstehlichen Waffe durchbohrte Dag die Brust Helgis, als er ihm im Walde begegnete. Der Mörder selbst brachte die Kunde zu Sigrun. „Trauernd komme ich zu dir, Schwester, um dir Trauriges zu verkünden! Nicht mein Wille war's, sondern heiliger Zwang, daß ich Helgi, den hehrsten Fürsten, tötete." Da fluchte ihm Sigrun mit den fürchterlichsten Verwünschungen: „So sollen dich alle die Eide schneiden, die du Helgi auf Leben und Tod schwurst! Das Schiff unter dir fahre nicht, und blähte dir auch günstiger Wind das Segel! Das Roß unter dir renne nicht, und seien dir auch die Feinde dicht auf den Fersen! Dein Schwert schneide nicht, es sause denn um dein eigenes Haupt! Rache genug hätt ich für Helgi erst, wenn du wärst wie der Wolf im Walde, freudlos, friedlos, hungernd oder berstend von Aas!"

Entsetzt wehrte ihr Dag: „Schwester, bist du wahnsinnig, daß du den eigenen Bruder so verfluchst! Odins Satzung gebot mir, den Vater zu rächen. Ich biete dir goldene Ringe als Sühne, das halbe Reich dazu für dich und deine Söhne!" Aber Sigrun achtete seiner nicht, sie klagte um den Helden: „Nie mehr wird mich das Leben freuen, wenn mein Fürst nicht zurückkehrt, strahlend unter seiner Schar, auf goldgezäumtem Roß! So rannten die Feinde vor Helgi in Angst wie die Geißen vor dem Wolf, so ragte er über alle Helden wie die edle Esche über die Dornen, oder wie hoch über alles Wild der Hirsch im Morgentau das Geweih hebt, daß die Enden auf zum Himmel glänzen!"

Ein Grabhügel wurde für Helgi getürmt, und alle Nächte hindurch weinte Sigrun um ihn, der in Walhall eingezogen war als Odins Genosse. Aber eines Abends ging Sigruns Magd zu dem Male; siehe, da kam Helgi durch die Luft geritten mit großem Gefolge, dem Hügel zu. Zweifelnd fragte sie: „Ist's Trug der Sinne, was ich zu sehen glaube, oder brach das Weltende herein, daß Tote reiten? Oder ist den Helden Heimfahrt gegönnt?" Da redete Helgi zu ihr, während er in den Hügel hineinritt, der sich weit auftat, und die Magd rannte mit seiner Botschaft zu Sigrun: „Geh schnell, wenn du den Fürsten treffen willst! Der Hügel steht offen, Helgi ist gekommen, seine Speerwunde tropft: er bittet dich, ihm das rieselnde Blut zu stillen!"

Eilend lief Sigrun zum Hügel und umarmte Helgi stürmisch: „So froh bin ich, dich wiederzufinden, wie Odins Habichte, wenn sie warmes Blut wittern oder tautriefend den Tag dämmern sehen! Küssen will ich dich, mein toter König, noch ehe du die blutige Brünne abwirfst! Aber auf deinem Haar liegt Reif, Helgi, du triefst von kaltem Tau, deine Hände sind wie Eis: was soll ich tun, mein Held, um dir zu helfen?"

Helgi antwortete: „Du bist schuld, Sigrun, daß ich von kaltem Tau triefe: du Schöne, Helle, weinst wilde Tränen alle Abende, wenn du schlafen gehst. Jede eine fällt mir blutig auf die Brust, eiskalt und bleischwer." Da bot sie ihm einen Becher, er nahm ihn und sprach: „Ja, wir sollen den köstlichen Trank trinken, verlor ich auch Land und Leben! Niemand stimme ein Sterbelied an, sieht er auch meine Brust durchbohrt! Als meine Braut kommst du in den Hügel, Königstochter, zu mir, dem Toten!"

Sigrun bereitete das Bett im Hügel. „Sorglos sollst du schlafen, mein Fürst, dir im Arm will ich liegen, wie ich dem lebenden König lag." Und Helgi antwortete: „Nun kann uns nichts mehr unmöglich dünken, holde Frau, da du, warmes Leben, mir Entseeltem im Arme schläfst!"

Beim Morgendämmern erhob sich Helgi und sprach zu Sigrun: „Nun ist's Zeit, schon rötet sich der Himmel, ich muß den luftigen Weg hinaufreiten und westlich der Himmelsbrücke sein, ehe der Hahn im Saal die Helden weckt!" Er schwang sich aufs Roß und ritt mit seinem Gefolge davon; Sigrun aber kehrte ins Haus zurück.

Des andern Abends schickte sie die Magd zum Hügel, um Wache zu halten, und als die Sonne sank, ging sie selbst hinüber. Aber sie warteten vergebens, und endlich sprach Sigrun: „Jetzt wäre Helgi gekommen, wenn er kommen könnte! Keine Hoffnung ist mehr auf seine Rückkehr; denn schon schlafen die Adler auf den Eschenzweigen, und die Menschen treiben ins Traumland." Der Magd grauste es, sie trieb die Herrin, heimzugehen. Nie mehr kam Helgi zum Hügel geritten, und Sigrun starb bald darauf vor Trauer und Leid.

Aber die Menschen glauben, Helgi und Sigrun seien wiedergeboren worden, weil so große Liebe nicht sterben könne.

WÖLUND DER SCHMIED

Drei Brüder, aus Albengeschlecht stammend, hausten hoch im Norden: Slagfid, Egil und Wölund, den die Deutschen Wieland nennen. Auf Schneeschuhen folgten sie dem Wild und kamen ins Wolfstal; dort bauten sie sich Häuser. Im Frühling gingen sie eines frühen Morgens hinab zum Wolfssee: da fanden sie am Strand drei Frauen, die spannen Flachs, und neben ihnen lagen ihre Schwanenhemden. Sie waren Königstöchter aus südlichem Land und Walküren, in weißem Gefieder waren sie nach Norden geflogen, und ihre Namen hießen Älrun, Swanwit und Alwis. Die drei Brüder bemächtigten sich der Jungfrauen, und die blieben gern bei ihnen: Egil wählte Älrun, Slagfid Swanwit, und um Wölunds Nacken schlug Alwis ihre Arme. Sieben Winter lebten die drei Paare in Glück zusammen, aber im achten begannen die Frauen sich zu grämen; es verlangte sie nach dem Dunkelwald ihrer südlichen Heimat, sie begehrten nach Kampf. Als der neunte Winter kam, rafften sie ihre Fluggewänder an sich und brausten davon, während die Männer auf der Jagd waren.

Müde kamen die drei Schützen nach Hause und fanden die Säle leer; vergeblich spähten sie vor der Tür nach Spuren. Da zog Egil ostwärts, um Älrun zu suchen, und Slagfid südwärts, Swanwit nach. Aber Wölund blieb im Wolfstal und harrte gramvoll der Wiederkehr seiner holden Frau. Er schmiedete Gold und Edelsteine und reihte Ring um Ring an eine Schnur von Lindenbast.

Über das Land ringsum herrschte Nidud, der Fürst der Niaren. Als er hörte, daß Wölund reich an Gold einsam in Wolfstal saß, beschloß er ihn zu fangen. Bei Nacht kam er mit seinen Gepanzerten geritten, die Mondsichel spiegelte sich in ihren Schilden. Sie stiegen an der Giebelwand aus den Sätteln und schritten durch den Saal, aber sie fanden Wölund nicht. Am Ende des Saals schwebten an der Bastschnur die Ringe, die zogen sie ab und reihten sie wieder auf, siebenhundert an der Zahl; nur einen behielt Nidud zurück, der hatte Alwis gehört. Als sie das Haus verlassen und sich versteckt hatten, kam Wölund zurück, müde von Weidwerk und langer Wanderung. Er hatte eine Bärin erlegt, deren Fleisch briet er an dem Feuer aus winddürrem Reisig, das rasch aufflackerte. Dann ruhte er auf dem Bärenfell und zählte die Ringe. Einen vermißte er — war Alwis wiedergekehrt und hatte ihn genommen? Lange saß er in Gedanken, bis er endlich entschlief. Aber er erwachte mit Schrecken: harte Fesseln spannten sich um seine Hände und Füße. Voll Zorn rief er: „Wer wagt es, mich freien Mann in Fesseln zu schlagen?" Da trat Nidud vor ihn hin und fragte: „Wo im Wolfstal hast du, Wölund, unsere Schätze gefunden?“ Wölund antwortete: „Nie war hier im Wolfstal Gold zu finden; wir brachten Gold genug von Hause mit, und unsere Frauen waren Töchter reicher Könige.“

Aber Nidud hörte nicht darauf, sondern führte ihn davon. Er nahm Wölunds Schwert und gürtete es um; den Goldring der Alwis schenkte er seiner Tochter Bödwild. Sein Weib aber, die Königin, erschrak, als sie den Gefesselten anschaute: „Seht, er fletscht die Zähne wie ein Wolf, wenn er auf das Schwert blickt oder auf den Ring an Bödwilds Arm! Seine Augen glühen wild wie die eines gleißenden Wurms!“ Und sie riet dem König: „Laß ihm die Sehnen an den Füßen zerschneiden, damit er nicht ausbricht, und halte ihn gefangen in seiner Werkstatt!“

So geschah es, Wölund wurden die Sehnen in den Kniekehlen durchschnitten, und er ward auf einen Werder in die Schmiede gesetzt; dort mußte er Kleinode für den König schmieden. Keiner traute sich zu ihm hineinzugehen als allein der König. Wölund aber sprach bei sich selbst: „Das Schwert, das ich mit eigener Hand härtete und schärfte, meine lichte Waffe, ward mir von Nidud gestohlen; den Ring meines Weibes trägt Bödwild – mein bleibt die Rache!“ Brütend saß er die Nächte hindurch und hämmerte, und mit den finstern Plänen zugleich schuf er ein künstliches Werk, das ihn, den Gelähmten, entführen sollte aus Niduds Gewalt.

Zwei junge Söhne hatte König Nidud. Die Knaben liefen hin zur Schmiede; erst lauschten sie draußen und pochten an die Tür, dann kamen sie neugierig herein: „Sag, Wölund, was ist in der großen Kiste, die dort in der Ecke steht? Gib uns doch den Schlüssel!“ Der Schmied tat es, und in dem Augenblick, da der Deckel offenstand und die Knaben sich über die Kleinode bückten, sah er die Falle aufgestellt. Aber er bezähmte den Rachewunsch; denn vielleicht hatten sie erzählt, daß sie zu ihm gingen, oder es hatte einer sie gesehen. Darum sagte er zu ihnen: „Kommt morgen wieder, dann will ich euch rotes Gold und schöne Steine schenken – aber ihr müßt ganz heimlich und allein kommen und keinem Menschen etwas davon verraten.“

Am frühen Morgen weckte ein Bruder den andern: „Komm zu den Ringen!“ Sie schlichen sich aus dem Hause und rannten zu Wölund. Als sie diesmal den schweren Deckel zurückgeschlagen hatten und sich über den Rand der Kiste beugten, ließ der Schmied die Falle zuschnappen; er schlug den schweren Deckel mit Macht nieder, daß die Köpfe zwischen das Geschmeide rollten. Die blutigen Körper warf er in den Schlamm unterm Kühltrog; die nackten Schädel umkleidete er mit Silber und wandelte sie zu Bechern, die er dem König schickte; aus den Augen schuf er Edelsteine und sandte sie der Königin; aus den Zähnen fertigte er ein Brustgeschmeide für Bödwild.

Die Königstochter prangte mit dem neuen Schmuck, höher aber noch hielt und rühmte sie den Ring der Alwis. Da geschah es eines Tages, daß ihr der Ring zerbrach. Erschrocken lief sie mit ihm zu Wölund: „Keiner darf es wissen, ich sage es nur dir!" „Ich will den Bruch so ausbessern", sagte Wölund, „daß der Reif deinen Eltern schöner scheinen wird als vorher, und du selbst wirst nicht mehr erkennen, daß er zerbrochen war." Er reichte ihr einen Becher mit berauschendem Met, sie sank in den Sessel, willenlos, und ward ihm zu eigen. Da jauchzte sein Herz auf vor Freuden: „Gerächt hab' ich den Raub des Schwertes, gerächt den Raub des Rings; nur eines bleibt mir noch wettzumachen: daß Niduds Männer mir die Sehnen zerschnitten!" Er riß aus der Kiste die Flügel, die er sich heimlich geschmiedet hatte, und schwang sich durch die Luft. Bödwild aber ging zurück in des Vaters Halle, weinend über des Liebsten Hinfahrt und des Vaters Zorn.

Nacht war's, da ließ sich Wölund nieder auf den Wall des Hofes. Dort sah ihn die Königin, die noch einmal durch die Halle geschritten war, und rief ihren Mann: „Wachst du, Nidud?" „Immer wache ich", entgegnete der König, „freudlos liege ich und denke an den Tod meiner Söhne. Mich friert, wenn ich an deine falschen Ratschläge denke. Nun will ich selber mit Wölund reden!"

Er trat vors Tor und sah den Albensohn hoch auf den Pfählen sitzen. „Sag mir, Wölund, was ward aus meinen fröhlichen Söhnen?" Wölund antwortete: „Erst sollst du mir alle Eide schwören, bei Schwertes Spitze und Schiffes Bord, bei Schildes Rand und Rosses Bug, daß du mein Weib nicht tötest, auch wenn sie dir verwandt ist und ein Kind in deinem Hause trägt!" Das schwur Nidud, und Wölund sprach weiter: „Geh hin zur Schmiede, da wirst du im Schlamm unterm Kühltrog die blutigen Rümpfe deiner Söhne finden! Ihre nackten Schädel faßte ich in Silber und schenkte sie dir, König, als Becher – du trankst daraus! Aus den Augen machte ich Edelsteine und gab sie deinem falschen Weib. Aus den Zähnen bildete ich ein Brustgeschmeid für Bödwild – und sie, eurer beider Tochter, geht von mir mit einem Kind!" Da sprach Nidud: „Mitten ins Herz hast du mich getroffen, Wölund! Daß ich dich strafen könnte, so hart, wie ich wünschte! Aber keine Hand kann dich greifen, kein Pfeil dich erreichen, da du so hoch in die Lüfte fährst."

Lachend schwang sich Wölund empor, lachend fuhr er dahin und entschwand Niduds verdunkeltem Blick.

Der König rief seine Tochter. „Ist es wahr, was man mir sagte? Warst du zusammen mit Wölund in der Schmiede?“ Und Bödwild sprach: „Wahr ist, was man dir sagte, Vater; ich war mit ihm zusammen in der Schmiede – nie hätte es sein dürfen – eine bange Stunde lang. Ich vermochte ihm nicht zu widerstehen – ich wollte ihm nicht widerstehen!“

EGIL DER SCHÜTZE

Egil, Wölunds Bruder, suchte sein verschwundenes Weib Älrun lange durch viele Länder, bis er sie endlich fand. Sie blieben zusammen, und sie schenkte ihm einen Sohn. Aber nach einigen Jahren verlangte es ihn, seinen Bruder wiederzusehen; er zog davon und nahm den Knaben mit sich. So kam er an den Hof König Niduds und verweilte dort einige Zeit. Als bester Bogenschütze im ganzen Land genoß er hohes Ansehen. Aber er rühmte sich auch gern selbst seiner Kunst, und als einst die Mannen beim Gelage voreinander mit ihren Fertigkeiten prahlten, vermaß er sich, aus weiter Entfernung auf einen Schuß einen kleinen Apfel von einem Pfahl herunterzuschießen. Diese Rede lief um den Tisch und kam bis zum König, dessen böser Sinn den scherzhaften Wettstreit in finstren Ernst verkehrte. „Zeige deine Kunst!“ sprach er zu Egil; „und da du so sicher bist, den Apfel zu treffen, so sei er statt auf einen Pfahl auf das Haupt deines Kindes gelegt! Dann tu deinen Schuß und fehle nicht, denn sonst sollst du es mit deinem Kopfe büßen!“

Der Knabe ward gebracht, und der Vater mahnte ihn, ganz still zu stehn und ja nicht beim Schwirren des Pfeils den Kopf wegzubiegen. Dann machte er sich zum Schuß fertig und nahm drei Pfeile aus dem Köcher. Aber schon der erste, den er von der Sehne sandte, traf den Apfel und schnitt ihn mittendurch, daß die Hälften zu beiden Seiten herabfielen. Die Mannen riefen dem Meisterschützen Beifall; aber der König fragte ihn: „Warum nahmst du drei Pfeile aus dem Köcher, da dir doch nur ein einziger Schuß gestattet war?“ Da sprach Egil: „Hätte ich mit dem ersten Pfeil meinen Sohn getroffen, so waren die beiden andern dir zugedacht!“

Der König wurde bleich, doch er antwortete nichts; denn er dachte daran, wie er schon einmal gestraft worden war. Egil aber verließ mit seinem Sohn ungekränkt Hof und Land.

KÖNIG FRODIS MÜHLE

Von Odin stammte das Geschlecht der Schildungen, das den Dänen manchen großen Herrscher gab. Geheimnisvoll kam und ging der Ahnherr des Geschlechts, der Skjöld, das heißt Schild, genannt wurde. Einst, als der dänische Thron verwaist stand, trieb übers Meer ein Schiff ohne Ruder und Segel an Seelands Küste; darin lag schlafend, das Haupt auf einer Getreidegarbe, ein kleiner Knabe mitten zwischen kostbaren Waffen und Kleinoden. Die Dänen gaben dem Gottgesandten Namen und Königswürde, und er ward ein gewaltiger Herrscher, berühmt in allen Landen. Als er aber starb, ließ er sich von seinen Getreuen hinabtragen an den Strand: dort lag sein Schiff, wie es ihn einst gebracht hatte; darein ward er gebettet, umgeben von den Waffen und Kostbarkeiten, und ein goldenes Banner ward über seinem Haupt aufgepflanzt. Sie stießen das glitzernde Schiff in die Flut, und es ward von dannen getragen, keiner weiß wohin. Auf Skjöld folgte Fridleif und auf Fridleif Frodi; wie über dem Ahnherrn waltete die Gunst der Götter auch über Sohn und Enkel. Frodi ward der mächtigste aller Könige im Nordland; dazu half ihm das Geschick. Es lag im Lande eine Mühle mit zwei riesigen Mühlsteinen; sie gehörte einem Mann aus Riesengeschlecht, er schenkte sie dem König mit dem Bedeuten, daß diese Steine alles zu mahlen vermöchten, was sich einer wünsche. Aber es fand sich niemand, der imstande gewesen wäre, die Steine zu bewegen. Da sah Frodi bei einer Fahrt nach Schweden zwei Mägde von gewaltiger Größe und Kraft; sie nannten sich Fenja und Menja, und er kaufte sie, ohne zu wissen oder zu fragen, woher sie stammten. Sie waren aber Töchter von Bergriesen, unter der Erde aufgewachsen, bis sie die Hügel über sich mit den Schultern hochhoben, daß Felsblöcke ins Menschenland rollten. Danach hatten sie Kampf gesucht, im Schwedenland waren sie als Walküren geritten, hatten Brünnen zerklüftet und Schilde gebrochen, manchen Helden errettet und manchen getötet, bis sie gefangen und zu Mägden gemacht wurden. Mit Groll trugen sie die Knechtschaft, mit Groll gehorchten sie, als Frodi sie an die Mühle stellte; als sie aber die Stange mit starken Händen faßten, da rührten sich die Steine, und der König sprach: „Nun mahlt mir Glück und Wohlergehn!"

Sie drehten die Mühle und sangen dazu: „Macht und Heil und Gut für Frodi! Er lebe in Wohlstand, er ruhe auf Daunen, erwache jeden Morgen zur Freude!" Und so geschah's: nichts als Gutes ward Frodi zuteil. Aber niemals rief er die Mägde zur Rast, immer wollte er den Gang der Mühle hören, noch wenn längst alle andere Arbeit ruhte. „Stille stehe jetzt die Mühle!" sprachen die Mägde; doch er befahl ihnen, weiterzuschaffen: „Frieden sollt ihr mahlen für mein Land!"

Sie mahlten und sangen, daß Frieden sei und keiner des andern Blut vergieße. Da verlernten die Mannen die Schwerter zu schwingen, keiner kränkte den andern mehr, keiner gedachte alter Rache, und wäre ihm sein Bruder gemordet gewesen; kein Feind nahte der Grenze, Krieg ward unbekannt, im Frieden Frodis lag das ganze Nordland. Aber die Mägde vermochten kaum mehr die Arme zu heben, die Mühle knirschte und stand. Da sprach der König: „So mögt ihr schlafen, solange der Kuckuck schweigt, aber nicht länger! Dann mahlt weiter und mahlt mir Gold!"

Seufzend griffen die Mägde nach kurzer Ruhe wieder zur Stange, sie mahlten Gold und aber Gold. Nie war ein Land so reich, jeder hatte mehr als genug. Kein Mensch verriegelte mehr sein Haus, keiner schloß seine Habe in die Truhe; es gab keinen Dieb. Ein goldener Ring lag unbeachtet viele Tage auf der Straße, niemand hob ihn auf. Goldene Zeit hatte das Dänenvolk. Unaufhörlich mahlten die Mägde, während das Gesinde schlief und der König mit seinen Kämpen im Saale ruhte. Da ergrimmten die beiden Riesentöchter, und Menja sprach: „Du wußtest nicht, wen du kauftest, Frodi, dir fehlte die Vorsicht! Felsriesen waren unsere Väter, mit scharfen Schwertern schritten wir zum Kampf, nun stehen wir als Mägde in der Mühle, frierend und müde mit klammen Gliedern: nicht genug konnten wir dir mahlen — nun soll die Hand rasten, zu Ende sei unsere Fron!"

Aber Fenja sprach: „Nein, noch soll unsere Hand nicht ruhn! Sättigen wollen wir den Nimmersatten!" Und sie sang ins Drehen der Steine: „Mahle, Mühle, Speerspitzen und blutige Waffen! Feuer soll flammen! Feindesheer über dich, Frodi! Land und Leben sollst du verlieren!"

Schon stießen Schiffe an den Strand, Kampfruf hallte von fern, Feindesscharen zogen heran zur Burg. Aber fester packten die Jungfrauen das Mahlholz, immer wilder trieben sie die Steine um und sangen dazu den Tod vieler Helden. Die Mühle erzitterte, sie mahlten fort im Riesenzorn; die Stangen brachen, die Balken fielen, der Mühlstein zersprang in Stücke, und die Mägde riefen: „Wach auf, Frodi, wach auf! Jetzt mahlten wir zur Freude für uns, zum Tode für dich! Aus ist unsere Knechtschaft!" Da stürzte die Mühle krachend zusammen und begrub sie unter sich.

Aber die Feinde, die der Seekönig Mysing herangeführt hatte, hielten schon den Saal Frodis umstellt. Als die Mühle stürzte, flammte ringsum die Lohe, und Frodi verbrannte mit allen seinen Mannen.

KÖNIGIN OLÖF

Aus Schildungenstamm waren Rodgar und Helgi entsprossen, Halfdans Söhne. Sie herrschten gemeinsam über Dänemark. Aber während Rodgar im Königshof zu Leidra des Reichs waltete, schweifte Helgi unruhig auf Wikingsfahrten über die See und suchte fremde Küsten heim. So fuhr er einmal ins Sachsenland, wo die Königin Olöf gebot; um ihretwillen tat er die Fahrt, denn sie war weithin berühmt wegen ihrer Schönheit und ihres herrischen Sinns. Wie ein Mann ging sie einher mit Schild und Schwert, um die Brust die Brünne und auf dem Haupt den Helm, und sie wollte nichts von Heirat wissen; so viele Helden um sie freiten, sie schickte alle heim. Die stolze Schöne zu zähmen, dünkte Helgi der Mühe wert; er wollte sie zum Weibe haben, ob es ihr lieb sei oder leid. Darum nahm er ein Heer mit und kam überraschend, damit die Königin keine Zeit habe, sich gegen ihn zu rüsten.

Sobald er Anker geworfen hatte, ging er mit starker Mannschaft hinauf zum Hof und begehrte, daß sie ihn und die Seinen zum Gastmahl lade; sie konnte nicht wohl nein sagen, denn es blieb ihr weder Zeit noch Weg, ihre Gefolgsmannen zu entbieten. Darum beschloß sie, sich fürs erste in die Lage zu fügen. Sie begrüßte Helgi mit großer Freundlichkeit und führte ihn zum Hochsitz, wo sie neben ihm Platz nahm. Heiter trank und plauderte sie mit dem König, und er konnte nicht anders glauben, als daß sie ihn gern bei sich sähe. So sagte er ihr denn ohne Umschweife seinen Willen: „Laß uns jetzt gleich Verlöbnis trinken, Gäste genug sind ja zur Stelle – und dann teile schon diese Nacht das Lager mit mir!“ Sie antwortete: „Du wirbst ein wenig stürmisch, Helgi, gern hätte ich Zeit gehabt, auch die Meinen zum Fest zu laden. Aber es gehe nach deinem Wunsch; soll ich denn durchaus einen Mann nehmen, so dünkst du mich noch der beste.“ Darüber war Helgi froh, und Olöf teilte seine Fröhlichkeit, als habe sie nur auf diesen Bräutigam gewartet; immer wieder bot sie ihm zu trinken, und er nahm den Becher gern aus ihrer Hand. Als sie aber in die Brautkammer gingen, war er so trunken, daß er sofort aufs Bett sank und einschlief. Da schor ihm Olöf die Haare ab und salbte ihm das kahle Haupt mit Teer; den Geschändeten band sie in einen

Sack und ließ ihn heimlich auf sein Schiff tragen. Dann aber hieß sie seine Mannen aufwecken: „Schnell zu den Schiffen, guter Fahrwind ist aufgesprungen, der König ging schon vorauf und wartet euer!"

Noch im Rausch taumelten sie hinab und wunderten sich, Helgi nicht zu finden; sie sahen auch den Sack liegen, aber sie machten sich wenig Gedanken darüber. Erst nach langem Warten, als der Wind sie ernüchterte und Helgi immer noch nicht kam, banden sie den Sack auf: da fanden sie den König schimpflich entstellt, und nun erwachte auch er und bemerkte mit Beschämung und Wut, was ihm geschehen war. Jetzt aber hörte er auch schon von der Küste her die Hörner und Lure schallen, ein großes Heer begann sich aufzustellen; denn Olöf hatte sofort in höchster Eile ihre Gefolgsmannen besandt. Hier war keine Überraschung mehr möglich und keine Hoffnung auf Sieg. So entschloß sich Helgi, für diesmal sofort abzusegeln, zumal der Wind günstig wehte. Er kehrte zurück in sein Reich; aber die erlittene Schmach brannte in seinem Herzen, und Tag und Nacht brütete er über Plänen zur Rache.

Olöf dagegen triumphierte, sie lebte herrischer als je zuvor, und dabei war sie wohl auf der Hut; immer hielt sie eine starke Schar gewappneter Wächter bei sich. Das erfuhr auch Helgi, denn das ganze Begebnis wurde rasch im Nordlande bekannt; und obwohl es ihn doppelt schmerzte, daß man seiner überall spottete, geduldete er sich; denn er sah ein, daß er nicht mehr mit jäher Gewalt an Olöf kommen könnte. Ein ganzes Jahr ließ er verstreichen, dann fuhr er heimlich nur mit einem Schiff zur sächsischen Küste, wo er an verborgener Stelle vor Anker ging. Dort hieß er seine Leute warten und machte sich, als Bettler verkleidet, allein auf den Weg. Er nahm zwei Kisten voll Silber und Gold mit sich und versteckte sie im Walde unfern der Burg. Dann paßte er auf, bis ein Knecht der Königin in die Nähe kam; an den machte er sich heran und erzählte ihm, er habe im Walde einen großen Schatz gefunden. Der Neugierige begleitete ihn gern und staunte über die Menge der Kostbarkeiten. „Dieser Schatz", sagte Helgi, „kommt wohl der Königin zu, da er auf ihrem Gebiet gefunden ist, und ich werde mich hüten, mein Leben dadurch in Gefahr zu bringen, daß ich ihn behalte. Vielleicht bist du, mein Freund, geneigt, dir einen Botenlohn zu verdienen, indem du ihr die Nachricht von dem Fund bringst und sie bittest, hierherzukommen, damit sie ihn selbst ansieht. Dann soll sie mir geben, soviel ihr beliebt, und das übrige für sich nehmen. Aber sag es ihr heimlich, damit niemand sonst davon erfährt." „Das wird ihr gefallen", sagte der Knecht, „denn sie ist sehr habgierig."

Alles geschah nach Helgis Plan. Die Königin ging ungesehen in der Nacht zum Walde, von dem Knecht geführt. Dem versetzte Helgi einen Faustschlag, daß er betäubt zu Boden sank, dann ergriff er Olöf und sprach: „Sei mir willkommen! Vor einem Jahr hast du mich bewirtet, jetzt will ich's dir danken und dich bewirten!" Sie sah, daß sie überlistet und vor seiner Kraft ohnmächtig war, darum legte sie sich aufs Bitten. „Ich handelte schlecht an dir, laß es mich wieder gutmachen! Gern werde ich ja sagen, wenn du mich zu deinem rechten Weibe machen willst!" Aber er antwortete: „Nein, das ist jetzt mein Wille nicht mehr – gar zu übel hast du mir mitgespielt! Du wirst mir auf mein Schiff folgen und dort so lange bleiben, wie mir beliebt!" „Diesmal bist du der Stärkere", sprach sie mit verbissenem Zorn. Er führte sie hinweg zum Schiffe und ließ sie viele Nächte sein Lager teilen. Nachdem er sich aber ersättigt hatte, setzte er sie ans Land und segelte davon.

Als die Zeit gekommen war, gebar Olöf eine Tochter. Sie hatte sie mit Haß getragen und verhehlte ihr Kindbett vor jedermann. Das Neugeborene nannte sie Yrsa nach ihrer Hündin und brachte es zu armen Häuslern; als deren Kind wuchs Yrsa auf, ohne eine Ahnung von ihrer Herkunft zu haben. Sie mußte das Vieh hüten und niedere Dienste tun; aber sie wurde sehr schön. Helgi hatte inzwischen auf seinen Heerfahrten großen Ruhm erworben. Nach langen Jahren kam er an der sächsischen Küste vorbei, und es trieb ihn, wieder einmal hier an Land zu gehen. Da sah er unweit des Strandes eine Herde und dabei die junge Hirtin, die sie hütete; er staunte über die Schönheit in dem armseligen Kleide, und als er hörte, daß sie die Tochter armer Bauern sei, sprach er zu ihr: „Du hast Augen, als stammtest du nicht von Knechten, sondern von Königen!" So sehr gefiel ihm die Hirtin, daß er beschloß, sie mit sich zu nehmen, und obwohl sie sich sträubte, führte er sie davon in seine Heimat. Olöf erfuhr, wer Yrsa entführt hatte, und sie ließ dem Schicksal seinen Lauf; denn sie hoffte, daß aus dieser Verstrickung dem, der sie einst geschändet hatte, schweres Leid erwachsen werde. Helgi gewann Yrsa so lieb, daß er sich mit ihr vermählte; so hatte er unwissend die eigene Tochter zum Weibe. Ihre Zuneigung wuchs mit jedem Tage, und Yrsa gebar Helgi einen Sohn, der Rolf genannt wurde und einer der berühmtesten Helden werden sollte. Als Olöf aber hörte, daß der Bund der beiden über die Maßen glücklich war, hielt sie die Zeit zur Rache für gekommen. Sie segelte nach Dänemark und sandte heimlich Botschaft an die Königin Yrsa: sie möchte sie unten am Strand treffen. Yrsa kam und fragte, ob sie nicht mit ihr zur Halle gehen wolle, um Helgi zu begrüßen. „Nein", sprach Olöf, „wenig Ehre hat mir früher König Helgi angetan." „Wenig Ehre genoß auch ich früher bei dir", antwortete Yrsa; „nun kommst du, mich zu besuchen, heimlich läßt du mich zu dir bitten – was hast du mir zu sagen? Betrifft es meine Herkunft? Dann sprich, denn längst schon ahnt mir, daß ich nicht das Kind armer Höriger bin." Olöf betrachtete sie lange und sprach: „Darüber zu sprechen, kam ich her. Aber sag erst, Yrsa: liebst du deinen Mann, und bist du glücklich in deiner Ehe?" „Ja", rief Yrsa, „ich bin glücklich, denn Helgi ist der edelste und berühmteste aller Könige!" Da sagte Olöf: „Ob du noch so glücklich sein wirst, wenn du die Wahrheit erfährst? So höre sie: König Helgi ist dein Vater, und ich bin deine Mutter!" „Dann bist du das böseste Weib, das die Sonne bescheint", antwortete Yrsa, „und hast getan, was niemals verziehen werden kann." „Klage Helgi an, nicht mich!" sprach Olöf; „er tat mir Schande und reizte mich zur Rache, so mußtest du für ihn mit büßen. Aber an dir will ich es wieder gutmachen; komm mit mir, du sollst an meinem Hof in königlichen Ehren leben!" „Wie das alles ausgehen soll, weiß ich nicht", antwortete Yrsa; „aber mir scheint, ich werde hier nicht bleiben können."

Sie ging hinauf zu Helgi und erzählte ihm alles, was sie erfahren hatte. Da sprach Helgi: „Böse Dinge sind das, und böse ist deine Mutter. Aber dennoch möchte ich, daß zwischen uns alles bliebe, wie es ist." Aber sie schüttelte den Kopf: „Nein, nun wir es wissen, können wir nicht länger zusammen leben." So schieden sie voll Trauer voneinander, und Yrsa nahm für eine Zeit Zuflucht bei Olöf, bis sie auf ihr Betreiben eine zweite Ehe mit dem Schwedenkönig Adils schloß. Aber sie gewann ihn nie so lieb, wie sie Helgi gehabt hatte, denn er kam ihm an königlicher Gesinnung nicht gleich. Auch trug er heimlich wegen des Vergangenen gegen Helgi eifersüchtigen Haß.

Helgi ward, seit er Yrsa verloren hatte, niemals wieder froh. Vergeblich suchte er auf vielen Wikingfahrten sein Leid zu vergessen. Man hatte ihn, als Yrsa wieder heiratete, nicht gefragt, ja ihm nicht einmal Nachricht gegeben. Dennoch beschloß er, nachdem etliche Jahre verflossen waren, Adils zu besuchen, um Yrsa noch einmal zu sehen; ja, heimlich dachte er daran, sie zu entführen. Er wurde in Upsala mit Ehren empfangen, und Yrsa mühte sich, die beiden Könige in gutes Einvernehmen zu bringen. Sie begegnete Helgi freundlich, und er war so froh, sie zu sehen und mit ihr zu sprechen, daß er nichts anderes mehr wünschte und in Frieden zu scheiden gewillt war. Zum Abschied gab ihm Adils reiche Geschenke mit, und das Königspaar begleitete ihn noch ein Stück Weges. Aber als danach Helgi mit seinem Gefolge dem Schiff zuritt, ward er überfallen: treulos hatte Adils seine Berserker in den Hinterhalt gelegt. Da ward Helgi mit allen seinen Mannen erschlagen.

So erfüllte sich Helgis Schicksal in der Bahn, die Olöf ihm gewiesen hatte; denn sie war es, die Yrsa von Helgi trennte und Adils zuführte. Yrsa aber konnte ihrem Mann die Ermordung ihres Vaters nie vergeben, obwohl er sie ihr mit großer Buße sühnte.

BEOWULF

Der Grendelkampf

Über Dänemark herrschte in Glück und Ruhm König Rodgar, aus dem edlen Geschlecht der Schildungen entsprossen; viel Ehre im Kampf hatte er erworben und kühne Genossen um sich geschart. Als er zu Jahren kam, gedachte er sich einen herrlichen Sitz zu schaffen, größer und schöner, als ihn je Menschenaugen sahen, um dort seinen Reichtum mit den Getreuen zu teilen. Aus aller Welt ließ er Werkleute kommen, und rasch wuchs der Bau empor mit Türmen und Zinnen, die von mächtigen Geweihen gekrönt wurden; daher hieß die Halle Hirschburg. Jeden Tag war sie erfüllt von Festjubel, Becherklang und Harfenschlag, und jeden Tag teilte der König Geschenke aus.

Den frohen Lärm hörte ein Unhold, der unfern im wilden Moor hauste, ein greulicher Riese namens Grendel. Eines Nachts kam er geschlichen, als die Genossen nach fröhlichem Schmaus und Gelage sorglos und fest im Saale schliefen. Unbemerkt drang er ein, raubte auf einen Zug dreißig Helden von den Bänken und schleppte sie zum Fraß fort in seine grausige Behausung. Am Morgen, als die Untat entdeckt wurde, erscholl die Halle von Wehklagen; der König glaubte nie wieder froh werden zu können, nachdem er die blutige Spur des Unholds gesehen hatte. Aber sein Leid sollte sich noch mehren, denn in der nächsten Nacht kam Grendel wieder zum mörderischen Fang; so verübte er seine Untaten Nacht für Nacht, ohne daß jemand ihm wehren konnte; denn er hatte die Stärke vieler Männer und war fest gegen Stahl und Eisen. Darum setzten die Bewohner ihre Betten fortan in entfernte Räume; der herrlichste der Säle aber stand des Nachts zwölf Jahre hindurch öde. Wohl erkühnten sich manchmal noch verwegene Helden, vom Met befeuert, das Ungeheuer bewaffnet zu erwarten; aber dann waren am Morgen die Kämpfer verschwunden und die Dielen überströmt von geronnenem Blut. Ganz vergebens rief Rodgar die Götter an; weder Opfer noch Beschwörungen vertrieben den gespenstischen Schattengänger.

Von dieser Not hörte jenseits der See Beowulf, der beste Held des Gautenkönigs Hygelak, und er beschloß, den Kampf mit Grendel zu bestehen. Früh des Vaters beraubt, war Beowulf am Gautenhof aufgewachsen; man achtete ihn anfangs wenig und spottete seiner auf der Metbank, denn er schien träge und untüchtig. Aber als er vollwüchsig war, griff er zum Schwert und erschlug Riesen und Ungeheuer auf dem Land und im Meer. Einmal schwamm er mit einem Freund um die Wette, die Brünne um die Brust, in der Hand das nackte Schwert – mehr als sieben Nächte dauerte es, bis er fern von der Heimat den Strand erreichte, und er hatte in dieser Zeit neun Meerungetüme erschlagen. Seine Kraft war gewaltig, der von dreißig Männern gleich; aber er war milden Sinns und jedem edlen Helden ein Freund. Von allen guten Wünschen seines Königs begleitet, rüstete er ein schnelles Schiff und nahm vierzehn Gefährten mit, die besten, die er finden konnte. Der Lotse steuerte das Schiff durch die Riffe und Schären, mit der Flut glitt es hinaus in die offene See, windbeflügelt und schaumumsprüht flog es dahin wie ein Vogel, und schon am nächsten Morgen sahen die Helden die Steilküste, auf der hoch oben die Hirschburg lag. Sie stiegen ans Land und machten das Schiff fest.

Vom Walle ausschauend, sah Rodgars Wächter die Brünnen leuchten, die weißen Schilde blinken. Er ritt zum Strand hinab, den Speer schwingend, und rief die Gäste an: „Wer seid ihr? Nahet ihr als Feinde, so würdet ihr euch wohl nicht so offen gezeigt haben; kommt ihr aber als Freunde, dann bedürft ihr zum Landen der Erlaubnis meines Königs. Der Mächtige, der im Harnisch eurem Zuge vorausschreitet, ist wohl euer Herr, ich erkenne in ihm den Fürsten: so sagt, woher ihr stammt und was euch herführt!“ Es antwortete Beowulf, der an der Spitze seiner Mannen stand: „Wir sind Gauten, König Hygelaks Saalgenossen, und ich bin der Sohn Egthiofs, den auch ferne Völker kannten. In guter Absicht kommen wir her: Rodgar zu helfen gegen den düsteren Unhold, der in des Königs Saal die Helden mordet. Kann euch Rettung werden, so, denke ich, geschieht sie durch uns.“ Der Wächter antwortete: „Wenn ihr dem Fürsten so wohlgesinnt seid, so folgt mir zu ihm! Gern will ich eine Mannschaft zum Strande schicken, die euer gutes Schiff bewacht.“

Die Helden ließen das Schiff verankert in der Bucht und schritten dem Wächter nach, eine herrliche Schar unter reich verzierten Helmen. Als der Saalbau in goldenem Glanz vor ihren Augen lag, wies ihnen der Führer den steingepflasterten Zugang, während er selbst umkehrte, seines Wächteramtes weiter zu pflegen. In ihren strahlenden Brünnen und klirrenden Panzerringen gingen sie bis zur Burg, lehnten ihre Schilde an die Mauer, stellten die Eschenspeere mit den Eisenspitzen zusammen und setzten sich auf die Bank. Ein Saalgenosse des Königs kam, sie zu empfangen. „Woher naht ihr im herrlichen Waffenschmuck? Sagt mir's, damit ich es Rodgar melde! Ich meine, ihr kommt nicht als Vertriebene hierher, sondern aus heldischem Mut!" Beowulf antwortete: „Beowulf bin ich, Hygelaks Freund, und sagte gern meine Botschaft dem gütigen König selbst, wenn er uns erlaubt, ihn zu begrüßen!" Als Rodgar die Meldung empfing und den Namen des Helden hörte, sprach er: „Ich kannte ihn als Knaben und seinen Vater auch, seither erzählten mir Seefahrer manches von der Kraft seiner Faust. Vielleicht ist er der Held, dessen wir bedürfen. Laßt ihn herein zu mir!" Da rief der Bote durch die Saaltür den Gästen zu: „Mein König heißt euch willkommen! Tretet ein im Schmuck der Waffen, nur Schilde und Lanzen laßt draußen, wie der Brauch es gebietet!"

Sie schritten durch den Saal hin zum Hochsitz, und Rodgar, inmitten seiner Mannen, erhob sich zum Empfang. Unterm Helm, den ein goldener Eber krönte, sprach Beowulf zum König: „Heil dir, Rodgar! Ich bin Hygelaks Genosse, und er hieß meinen Entschluß, zu dir zu gehen, gut; denn er weiß, daß ich schon manchen Kampf mit Riesen und Ungeheuern bestand. Wir hörten, wie von Grendels Wüten die herrlichste Halle der Welt verödet. Drum laß es mich mit ihm wagen! Ich und meine Genossen wollen den Saal säubern! Da Waffen dem Ungeheuer nichts anhaben, will ich ohne Waffen kämpfen, allein dem Griffe meiner Faust vertrauend; ringen will ich mit ihm auf Leben und Tod! Sei nicht besorgt um mein Leben! Mag mich Grendel fressen im wilden Moor, wenn er mich besiegt! Nichts liegt mir daran, daß du meine Leiche birgst; nur meine Brünne sende dann an Hygelak: sein Vater schenkte sie mir, und sie ist von Wölund geschmiedet." Ihm erwiderte der König: „Mich freut es, Freund Beowulf, daß du es bist, der uns Erlösung verheißt. Auch dein Vater war ein gewaltiger Krieger; ich kannte ihn wohl und konnte ihm einmal gute Dienste leisten, da er aus seiner Heimat vertrieben war: damals schwuren wir uns Freundschaft. Nun kommst du als Erbe des Bundes, mich aus der Not zu befreien. Sie ist groß, viele meiner Getreuen verlor ich durch Grendels Tücke. Jetzt aber setz dich mit deinen Helden zum Mahl und stärkt euren sieghaften Mut!"

Den Gästen wurde eine Bank geräumt und Äl in schön geschnitztem Krug geschenkt; ein Sänger sang hell sein Lied zu aller Freude. Nur einer weilte im Saal, der Beowulfs Kommen ungern sah: Hunferd, der sich bisher der beste unter den Tischgenossen Rodgars gedünkt hatte. Streitsüchtig fragte er den Gast: „Bist du es nicht, der einst mit Breka um die Wette schwamm? Tüchtig hast du dich ja gehalten sieben Nächte lang; aber doch war er es, der den Streit gewann. Nun kamst du zu einem weit schlimmeren Kampf – sieh zu, daß du nicht bereust, auf Grendel gewartet zu haben." Beowulf antwortete ihm gelassen: „Das Bier redet aus dir, mein Freund, wenn du erzählst, ich sei im Wettschwimmen mit Breka unterlegen. Alle wissen, daß ich ihn besiegte – und zudem im Meer noch neun Ungeheuer tötete. Kannst du dich einer solchen Tat rühmen? Wärst du wirklich so kühn, dann verübte wohl Grendel längst nicht mehr seine Greuel in Rodgars Halle; er hat sich hier stets seinen Fraß geholt, ohne dich zu fürchten! Nun aber soll er unsere Stärke spüren! Kommt morgen früh in den Metsaal, wenn die Sonne fröhlich erwacht!"

Mit Freuden vernahm der greise König die kühne Rede, die Helden riefen Beifall, die Harfen erklangen, und es erschien die Königin im goldenen Hauptschmuck. Sie reichte als erstem dem König den Becher und ging dann durch den Saal, überall Gaben verteilend, bis sie vor Beowulf stand; da bot sie ihm den Trank und dankte ihm aus frohem Herzen. Er aber faßte den Becher und sprach: „Wie ich es verhieß, als ich aufs Schiff ging, so will ich es halten: entweder den Feind töten oder sterben." Wieder erhob sich Zuruf, aber nicht lange mehr dauerte der Lärm. Denn die Nacht brach herein, und nun erhoben sich die Dänen und nahmen Abschied, Beowulf den Sieg wünschend. Rodgar aber sprach: „Keinem vertraue ich die Wacht als dir, du stehst an meiner, des Alten, Statt. Zeig deine Kraft und halte den Saal! Jeden Wunsch erfülle ich dir, wenn du uns befreist!" Damit schritt er hinaus, und seine Mannen folgten ihm; Beowulf blieb mit den vierzehn Genossen zurück, den Saal zu hüten.

Er legte Brünne, Helm und Schwert ab, um sich ringend mit Grendel zu messen, gegen den ein Kampf mit ritterlichen Waffen nicht galt. Seine Genossen hieß er sich niederlegen und streckte sich selbst aufs Lager. Bald schliefen alle, obwohl keiner hoffte, die Heimat wiederzusehen, da sie allzuviel von Grendels unerbittlichem Wüten gehört hatten; nur Beowulf wachte und wartete auf den Feind. Bald kam der Schattengänger vom Moor her durch die unheimliche

Nacht geschritten, im Dunkel tappte er zur Tür, sie sprang auf, als er mit dem Finger gegen sie stieß. Leise trat er in den Saal und schlich über den Estrich, wüstes Feuer loderte aus seinen Augen, sein Herz schrie vor Gier, als er bei der zuckenden Flamme sah, wie reich ihm der Tisch zum Fraß gedeckt war. Sofort griff er nach dem nächsten Krieger, brach ihm die Knochen, zerschliß das Fleisch und schlürfte sein Blut, er stopfte die Fetzen in den Rachen und Hände und Füße hinterher – dann tastete er nach dem zweiten. Aber da fuhr seiner Faust eine andere entgegen, die sie mit eisernem Griff faßte und festhielt; gern hätte er sich losgerissen und wäre geflohen, aber der Held war aufgesprungen und quetschte ihm die Finger so gewaltig, daß sie brachen. Heulend zerrte der Unhold nach rückwärts, die Bänke fielen um, der Saal erdröhnte von dem Gestampf der Ringenden – da erwachten die Helden, zogen die Schwerter und hieben auf den Feind ein. Aber Grendel achtete sie für nichts, kein Schwert biß durch seine hornige Haut, nur gegen Beowulf rang er, der ihn wie mit einer Zange gepackt hielt; und er riß so gewaltig, daß ihm der Schulterknochen krachte und Bänder und Sehnen sprangen. Seine Achsel zerklaffte, da kam er endlich frei und entwich stöhnend hin zum Moor; Beowulf aber hielt in seiner Hand den ausgerissenen Arm des Ungeheuers. Zum Zeichen des Sieges hängte er ihn auf, hoch unterm Gebälk.

Am frühen Morgen schon eilten die Dänen zur Halle, sie fanden Grendels blutige Spur und folgten ihr. Tief im Moor endete die Fährte bei einem Pfuhl, dessen düsteres Wasser von dickem Blut durchwölkt war. Dann ritten sie zurück, sie ließen ihre blanken Rosse wacker laufen, als rennten sie um die Wette; und aus dem Stegreif begann einer der Recken, der der Liedkunst kundig war, ein Preislied auf Beowulf zu sprechen, wohlgefügt wie eins der alten Heldenlieder: in kühnen Strophen rühmte er die Tat, die ebenbürtig denen Sigmunds und Sigurds des Drachentöters sei. Als sie zurück waren, gingen sie in die Halle, deren zerstampfter Estrich von dem Blut Grendels getränkt, deren Decke von seinem Geifer bespritzt war; hoch unterm Balken sahen sie – und mit ihnen Rodgar, der eben hereintrat – den Arm des finstren Riesen aufgehängt, samt der herausgerissenen Achsel, und mit Grausen betrachteten sie die Hand: sie lief aus in unheimliche Krallen, wild gebogen und aus Stahl geschmiedet. Jetzt stand Hunferd stumm, er gedachte voll Scham seines Wortstreits mit dem Helden. Der König aber, den Blick auf die Klaue geheftet, dankte den Göttern und dem Retter, den sie ihm sandten: „Ich will dich lieben wie einen leiblichen Sohn; soweit ich es vermag, will ich dir jeden Wunsch erfüllen, dein schönster Lohn aber sei der Ruhm, den du dir selbst erkämpftest!" Geziemend dankte ihm Beowulf: „Nur eines bedaure ich", schloß er die Rede, „daß ich dir den Unhold nicht zeigen kann; gern hätte ich ihn auf das Todesbett gefesselt, aber er war zu stark auf den Füßen, und so entrann er."

Fleißige Hände säuberten den Saal, so daß er abends wieder im goldenden Glanz prangte. Nie wurde fröhlicher geschmaust und gezecht. Der König reichte dem Sieger kostbare Gaben: ein goldenes Banner, Brünne, Helm und ein herrliches Siegschwert; dann ließ er ihm in den Vorsaal acht Rosse führen, alle ohne Tadel und reich geziert, auf dem einen lag kunstvoll gearbeitet des Königs eigener Sattel, von dem aus er so manchen Sieg erkämpft hatte. Auch den Mannen Beowulfs wurden stattliche Geschenke zuteil, und die Leiche des Genossen, den Grendel getötet hatte, wog Rodgar mit Gold auf. Die Becher läuteten zusammen, und die Saiten erklangen vom Heldenlied, bis die Königin in den Saal trat. Sie grüßte den König im Hochsitz und wandte sich dann zu Beowulf, der zwischen ihren jungen Söhnen saß: „Nimm als Dank von mir dies Festgewand, die gewundenen Armspangen und den goldenen Halsreif! Aller Ehren bist du wert, dein Ruhm erschalle, so weit das Meer an die Küste brandet! Alle sind wir dir hold – trinkt, ihr treuen Helden, auf des kühnsten Helden Wohl!" Da strömte der Wein, und der Jubel rauschte, bis Rodgar die Halle verließ und die Helden müde ihr Lager aufsuchten. Man führte Beowulf und die Seinen in ein anderes Gemach, denn diese Nacht sollten sich die Dänen wieder des Saales freuen. Die hellen Schilde zu ihren Häupten, die Waffen neben sich, entschliefen sie, von Siegen träumend; und keiner ahnte, wie schnell sich Freude wieder in Leid kehren sollte.

Denn mit Grendel zusammen im Sumpf lebte seine Mutter, das entsetzliche Moorweib, dem Sohne an Bosheit gleich; von Grimm erfüllt über seine Todeswunde, machte sie sich auf zur Rache. Als sie wütend in die Halle brach, erwachten die Dänenhelden und schwangen die Schwerter und Gere gegen sie, und sie, an das Schicksal ihres Sohnes denkend, wich zurück. Aber im Fliehen packte sie noch einen der Helden und riß den Arm Grendels von der Wand; mit der doppelten Beute beladen enteilte sie zu ihrer Wohnung. Da war wieder Trauer am Königshof, Rodgar beklagte den Tod seines besten Recken, und eilends entbot er Beowulf. Bald dröhnte die Diele vom Anmarsch der starken Gauten, und der Held bot dem König den Gruß: „Friede und Freude!" „Friede und Freude sind von uns gewichen", antwortete der König, „ich verlor den Helden, der mein bester Ratgeber war und im Kampf an meiner Schulter stritt. Eben erschlugst du Grendel, und schon brach ein anderes Ungetüm in meinen Saal. So ist denn wahr, was Bauern einst erzählten: es hausten im Moor zwei Ungeheuer, das eine einem Manne gleich, das andere einem Weib. An wüstem Ort liegt ihre Wohnung, in einem Pfuhl, der nachts von höllischem Feuer glüht und dessen Wogen sich bei Gewitter bis zu den Wolken bäumen. Auf dir allein ruht unsere Hoffnung und unser Heil. Wenn du den Kampf wagst, will ich dir's wieder mit Ahnenschätzen lohnen!" Ihm antwortete Beowulf: „Auf, mein König, nicht zur Klage, sondern zur Rache! Tod ist nicht schrecklich nach kühner Tat. Folgen wir der Spur, der Unhold soll mir nicht entrinnen, nicht in des Waldes Dunkel, nicht in der Erde Abgrund, nicht auf des Meeres Boden. Heute nur sollst du noch trauern, aber morgen nicht mehr!" Da sprang der greise König auf, er ließ sein Roß satteln und begleitete mit seinen Dänen den Helden und seine Schar.

Sie folgten der Fährte über schmale Felswege, unter überhängenden Wänden entlang, vorbei an Wolfswinkeln und Windklippen und dem Ufer eines grauen Stroms, der durch Nebelklüfte stürzte. Dann kamen sie ans faulige Moor; am Rande klammerten sich die letzten Bäume des Grendelwaldes mit den Wurzeln ins Gestein und hingen mit verdorrten Wipfeln über die blutig-trübe, leise kochende Flut des Pfuhls. Ausgestorben war das Gelände ringsum, kein Wild wagte sich hierher, und mit Grausen erblickten die Mannen am Abhang das abgerissene Haupt des geraubten Genossen. Als sie sich über das böse Gewässer neigten, sahen sie darin wüstes Gewürm und scheußliche Seedrachen wimmeln; Beowulf schoß eines der Ungeheuer mit dem Pfeil, sie zogen es mit Spießen ans Land und bestaunten seine Häßlichkeit. Nun aber wappnete sich der Held ohne Zaudern; er legte die feste Brünne an, die von Wölund geschmiedet war, schnallte den Helm fest und nahm das Schwert in die Hand, ein erprobtes Erbkleinod, mit Gift getränkt und mit Blut gehärtet. Noch sagte er zu Rodgar: „Falle ich, so bitte ich dich, König, sei meinen Getreuen ein gütiger Helfer! Die Gaben aber, die du mir spendetest, sollen meinem edlen Herrn, dem König Hygelak, gehören. Doch ich gedenke nicht zu fallen, sondern zu siegen!" – Dann stürzte er sich in den Pfuhl.

Sinkend mußte er sich der Seedrachen erwehren, die ihn mit Krallen und Hauern zu reißen suchten, lange dauerte die Fahrt durch die Flut. Aber im Grunde lag lauernd die alte Riesin, mordbegierig fuhr sie ihm entgegen und griff mit ihren scharfen Klauen nach ihm; nur die Ringe seiner Rüstung bewahrten ihm das Leben. Sie zerrte ihn abwärts und schleppte ihn in ihre Behausung, ohne daß er die Waffen zu gebrauchen vermochte – da atmete er auf: er sah sich in einer Halle, die dem Wasser wehrte, und im Schein einer bleichen Flamme erblickte er das Moorweib. Gleich entwand er sich ihr und ließ das Schwert um ihr wildes Haupt singen – vergebens, es verletzte sie nicht, zum erstenmal versagte es. So warf er es weg und packte die Feindin mit mächtiger Faust an der Schulter, aber mit einem tückischen Griff brachte sie ihn zu Fall. Rittlings schwang sie sich auf seine Brust, sie zog ihr Messer, aber die Brünne fing den Stoß ab, und so kam er frei. Aufspringend, sah er am Boden ein Riesenschwert liegen, eine uralte Siegwaffe, nur mit zwei Händen zu schwingen, keuchend hob er es hoch und ließ es auf ihren Hals sausen: ihr brachen die Wirbel, und das Haupt sprang vom Rumpf. Da flackerte das Feuer höher auf, die Halle wurde licht, und er sah auf einem Lager an der Wand ausgestreckt den todwunden Grendel liegen. Noch einmal schwang er das Riesenschwert und hieb auch ihm das Haupt herunter. Das Blut der Ungeheuer strömte dick aus dem Saal und quoll als ein roter Strudel im Pfuhl hoch. Erschrocken sahen es die wartenden Gefährten, sie fürchteten, der Held sei erschlagen, und als er nicht wieder auftauchte, verzweifelten sie ganz an seinem Leben. Am Abend fuhren die Dänen mit dem König heim, sie gaben ihn verloren; aber seine eigene Schar harrte noch aus, wennschon ohne Hoffnung, und starrte in dumpfer Trauer auf die trübe Flut.

Lange hatte sich Beowulf verweilt. Als er die Unholde um die Häupter gekürzt hatte, sah er plötzlich von ihrem Blut die Klinge schmelzen wie Eis an der Sonne des Frühlings, so daß ihm nur der Griff noch in der Hand blieb. Ihn nahm er mit, dazu Grendels Haupt, dann begann er den Aufstieg aus dem grausigen Abgrund. Lange, lange mußte er sich mühen, bis sein Kopf endlich dem Wasser enttauchte; stolz schwamm er mit seiner Siegesbeute ans Ufer, wo die Genossen ihn empfingen, nach tiefem Leid jetzt vor Freude trunken. Sie zogen ihm die Rüstung ab und führten ihn im Triumph heim; aber Grendels Haupt zu tragen, hatte keiner die Kraft, sie hängten es über eine Lanzenstange, und die vier stärksten mußten anpacken.

So kamen sie zur Hirschburg und schleppten das gräßliche Beutestück in den Saal. „Sieh hier das Zeichen des Sieges!" sprach Beowulf zu dem Dänenfürsten, „und nimm als zweites den Griff des Riesenschwertes, dessen Klinge im heißen But der Ungeheuer schmolz! Nun magst du mit den Genossen sorglos schlafen in dem herrlichsten der Säle!" Damit reichte er dem König den Schwertgriff, ein Wunderwerk riesischer Schmiedekunst, reich mit Runen geritzt. Der König nahm es und sprach: „Sehr alt bin ich geworden, ein halbes Jahrhundert herrsche ich in diesem Reich, darum darf ich wohl sagen: Nie ward ein besserer Held geboren als du! Mögest du lange leben, andern zum Heil, wie du mir zum Heile warst! Dunkel und freudlos drohte meines Lebens Rest zu werden; dir danke ich, daß ich noch erschaute, was meinem Herzen Freude gibt: des Ungeheuers abgeschlagenes Haupt! Setze dich, herrlicher Sieger, erfreue dich mit uns Frohen und empfange morgen, was ich dir an Kleinoden zu bieten habe!"

Sie saßen im Saale und feierten hochgemut den Sieg, bis die Nacht sich wie ein dunkler Helm über die Welt wölbte. Aber mit dem blitzenden Frühlicht standen die Gauten auf, sich zur Heimfahrt zu rüsten. Zum Abschied gelobte Beowulf dem Dänenkönig Freundschaft und Hilfe, wenn er sie je brauche, in seinem Namen und in dem Hygelaks; und Rodgar bekräftigte den Freundesbund zwischen Dänen und Gauten. „Lang lebe dein König!" sprach er zum Schluß; „begäbe sich's aber durch des Schicksals Willen, daß er vor dir fiele durch Eisen oder Krankheit, so könnten die Gauten keinen besseren an seine Stelle setzen als dich!" Zwölf edle Kleinode reichte er ihm dar, dann umarmte und küßte er ihn, und die Tränen rannen ihm in den grauen Bart. Kurz darauf flog das Schiff Beowulfs von dannen, reich mit Schätzen beladen, der heimatlichen Küste zu, die den Heimkehrenden bald ihre Klippen aus der Flut entgegenhob.

Hygelak empfing den Freund und Genossen mit hohen Ehren, er führte ihn zum Hochsitz, und die Königin schenkte ihm Met ein, während er erzählte. Freigiebig teilte Beowulf von den Ehrengaben Rodgars aus: er schenkte dem König Helm, Brünne und Schwert, dazu vier der Rosse, glänzende Apfelschimmel, der Königin aber den goldenen Halsring und drei reich gesattelte Rappen. Hygelak aber schenkte ihm dagegen ein herrliches Erbschwert und begabte ihn reich mit Land und Leuten; ja, der throngeborene Fürst machte den Gefolgsmann sich gleich und teilte mit ihm fortan die Herrschaft über das Reich der Gauten.

Der Drachenkampf

Als Hygelak auf einer Heerfahrt nach Friesland den Tod fand, führte Beowulf die Herrschaft für des Königs jungen Sohn; aber auch der fiel bald danach durch das Schwert. So ward Beowulf König, und er waltete des Reichs fünfzig Jahre hindurch als weiser und starker Fürst. Jetzt, da er schon alt war, suchte eine schwere Plage das Land heim; ein riesiger Drache fuhr allnächtlich verheerend über das Land. Wohl schon dreihundert Jahre hatte er in einem wilden Felsberg gehaust, einen Schatz hütend, den einst der Letzte eines edlen Geschlechts in einer Höhle verborgen hatte. Kein Mensch wußte, daß in dem unwegsamen Gebirge ein so reicher Hort lag. Da kam eines Tages ein Knecht, der seinem Herrn aus Furcht vor Strafe entlaufen war, von ungefähr an den Ort, er suchte ein Versteck in der Höhle, und zu seinem Glück schlief der Drache. Das Gold stach dem armen Menschen in die Augen, und obwohl er vor Furcht zitterte, stahl er aus dem Schatz eine edelsteinbesetzte Schale, um sie seinem Herrn zu bringen und ihn zu versöhnen. Aber als der Wurm erwachte, merkte er den Diebstahl, er schnüffelte am Stein und roch, daß ein Mensch hier gewesen war. Wütend begann er den Dieb zu suchen und wühlte den halben Berg um; immer rasender wurde er, als er niemand fand. Da schoß er feuerspeiend hervor, um sich an allen Menschen zu rächen; allnächtlich bis zum Morgengrauen flog er über das Land und ließ auf seiner Spur brennende Höfe zurück, niemand und nichts schonte er, keine Burg hielt ihm stand, und zuletzt überfiel er selbst des Königs Halle, daß sie in Flammen aufloderte.

Gram und Grimm erfüllten Beowulfs Herz, und der alte Kämpe beschloß, das Unheil mit eigener Hand zu rächen. Kein Heer bot er auf, sondern im Gedenken daran, wie er als Jüngling im Einzelkampf viele Ungeheuer getötet hatte, beschloß er, dem Drachen allein entgegenzutreten. Er ließ sich einen gewaltigen Schild aus Eisen schmieden, da Lindenholz der Lohe nicht widerstehen konnte, dann zog er wohlgerüstet dem Wurm entgegen. Der Knecht, der die Schale aus dem Drachenhort gestohlen hatte, mußte ihm den Weg weisen, und elf Recken gaben ihm das Geleit. Als sie vor die Höhle kamen, die in der Felswand hoch über dem brandenden Meer lag, setzte sich der kampfharte Held auf einen Stein und nahm Abschied von seinen Herdgenossen. Düsterer Ahnung voll, zum Tode bereit, sprach er zu ihnen: „Manchen Strauß bestand ich als Jüngling, nun gehe ich als Greis in meinen letzten Kampf; Ehre will ich erstreiten, wenn der Drache aus der Felshöhle mir entgegenstürzt. Gewappnet harre ich seiner und werde keinen Fußbreit weichen: dann geschehe, was das Schicksal will! Ihr wartet meiner am Berge, ob ich wiederkehre. Mein ist der Streit, mir gehört die Tat; ich will den Hort gewinnen oder fallen!" Dann sprang er auf und stieg stolz im Schmuck der Waffen die Steinwand empor zum Eingang.

Unter der Wölbung hervor schoß ein kochender Strom, unmöglich zu durchwaten, da schrie der Held seinen Kampfruf ins Dunkel hinein, und der Drache vernahm ihn in der Höhle. Aus seinem Rachen fuhr Feueratem ihm vorauf, daß Beowulf den Schild vor sich schwingen mußte; dann stürzte der Wurm hervor, von dem Helden mit gezücktem Schwert erwartet. Er krümmte sich im Bogen und schnellte auf den Angreifer zu, flammenspeiend, da traf ihn ein Schwerthieb am Bein; aber das Eisen glitt ab von der Hornhaut, und der Wurm wurde nur noch wütender. Ganz aus der Nähe überschüttete er den Fürsten mit Feuer. Angsterfüllt flohen die Genossen, als sie die Not ihres Herrn sahen, und bargen sich im Gebüsch; nur einem, dem jungen Wiglaf, sank das Herz nicht. Er packte Schild und Schwert fester und rief den Entweichenden nach: „Haltet ihr dem Herrn, der euch in der Halle mit Ringen und Waffen beschenkte, so die Treue, die ihr ihm verspracht? Heut ist der Tag da, wo er unsres Arms bedarf. Lieber in der Lohe mit ihm verbrennen, als schändlich den Schild heimtragen ohne Kampf! Mir reichte er die Rüstung: neben ihm will ich stehen mit Brünne und Helm, Schild und Schwert!“ Durch den Rauch sprang er an des Königs Seite: „Mit dir lebe und sterbe ich!“

Schon fuhr der wilde Drache zum zweiten Male heran; von seinem Feueratem loderte der Lindenschild Wiglafs in Flammen auf, der Jüngling warf ihn weg und stellte sich mit hinter des Fürsten Eisenschild. Nun schlug Beowulf einen Schwertschlag auf des Drachen Haupt, er traf ihn gewaltig, daß das Untier zurückprallte, aber das Schwert zersprang in Stücke. Im dritten Ansturm erspähte der Drache eine Blöße des Helden, er stieß über den Schildrand hinweg auf ihn zu und schlug ihm die Zähne in den Hals, daß das Blut spritzte. Aber Wiglaf bewies sein festes Herz: ohne zu achten, daß ihm die Hand verbrannte, bohrte er sein Schwert dem Wurm in das Weiche am Bauch, so daß er den König losließ, und je tiefer das Schwert eindrang, um so mehr ließ auch das Feuer nach. Da gewann Beowulf die Kraft zurück, riß das scharfe kurze Hüftschwert vom Gürtel und hieb den Wurm mittendurch. So ward das Untier gefällt durch Tapferkeit und Treue.

Aber Beowulf wußte, daß das der letzte Sieg seines Lebens war. Die Wunde, die der Wurm ihm schlug, schwoll und schwärte, das Gift brannte in seiner Brust. Wankend ging er zur Schwelle der Höhle und ließ sich nieder, durch den Steinbogen sah er hinein in das ungeheure Gewölbe. Wiglaf bot dem blutüberströmten Helden Wasser aus der Hand zur Erquickung und löste ihm den Helm. Mühsam atmend bat ihn der König: „Laß meine Augen noch die

Schätze schauen, die wir erstritten! Leichter wird mir beim Anblick der alten Kleinode das Scheiden werden!" Eilends lief der Jüngling hinein in die Höhle und sah den Hort gehäuft. Goldene Urnen und Gefäße aus ferner Zeit, Becher und Schüsseln, Helme und Brünnen, Armringe auf Schnüre gereiht, und über alle Schätze weg ein Banner aus Gold gewirkt, so hell flammend, daß das ganze Gewölbe erleuchtet schien. Er raffte zusammen, soviel er konnte, auch das Banner nahm er mit und ein uraltes Riesenschwert; dann kehrte er rasch zurück, voller Sorge, seinen Herrn nicht mehr lebend zu finden.

Aber der Starke atmete noch, und als Wiglaf ihn nochmals mit Wasser netzte, gewann er auch die Sprache wieder; noch einmal glänzten seine Augen auf im Schein der Schätze, noch einmal sprach er, wiewohl ächzend: „Gern hätte ich meine Rüstung einem Sohn gelassen, aber mir ward keiner; so nimm du sie, der du mir wie ein Sohn warst, und nimm auch den Goldring von meinem Hals! Mir aber wölbt, wenn mein Scheiterhaufen erlosch, einen Hügel am Strand, weithin blickend über die Brandung der See, ein Zeichen den Schiffern auf der schwarzen, sturmdurchwühlten Flut! Und nun will ich, der Letzte meines Stammes, zu meinen Ahnen gehen." Das waren die letzten Worte des greisen Königs, und mit ihnen wehte sein Leben hinweg.

Voll tiefer Trauer sah der Jüngling auf die Leiche des Herrn, aber auch mit Stolz: denn neben ihm lag der Drache erschlagen, wohl fünfzig Fuß lang, an seiner eigenen Glut langsam verschwelend, und das Banner wehte strahlend über den gewonnenen Schätzen. Jetzt fühlte Wiglaf erst, wie ihn der furchtbare Kampf ermattet hatte, zusammengesunken harrte er neben dem toten König. Doch jetzt wagten sich auch die zehn Genossen herbei, die treulos ihren Herrn im Stich gelassen hatten, voll Scham kamen sie näher. Da richtete sich Wiglaf auf, blickte sie finster an und sprach: „Weggeworfen waren die Rüstungen und Kleinode, mit denen unser König euch beschenkte. In der Stunde der Not stand er allein, auf die eigene Wehr angewiesen, nur von mir unterstützt, dessen Kraft allzu schwach war. Nun werden euch keine Schätze und Schwerter mehr zuteil werden, ohne Erbe werdet ihr hinfahren und elend aus dem Lande weichen, wenn die Edlen daheim eure ehrlose Flucht erfahren! Der Tod wäre euch besser als ein so schmähliches Leben!"

Dann sandte er sie weg, die traurige Kunde den Mannen zu bringen, die unten am Meer bange auf das Ende des Kampfes und die Rückkehr des Helden warteten. Großer Jammer erhob sich, als der Bote ihnen meldete: „Tot liegt unser gütiger Herr neben dem toten Wurm, und über dem König hält Wiglaf Wache, ein Edler beim Edlen." Sorgenvoll sprachen sie untereinander: „Blutige Zeiten erwarten uns, wenn Friesen und Franken Beowulfs Fall erfahren! Auch den Schweden ist nicht zu trauen. Alter Zwist glimmt noch zwischen uns und vielen Völkern, jetzt wird er entbrennen!"

Sie kamen zur Kampfstätte und sahen neben dem toten König, an dessen Schulter Wiglaf saß, den Wurm liegen, in seiner ganzen Riesenlänge, jetzt zu Kohle gebrannt, und sahen die Kleinode glänzen; doppelt laut brach die Klage aus über den Helden, der solchen Sieg erstritt. Da erhob sich Wiglaf und sprach: „Alle müssen wir trauern um den Einen; nichts konnte ihn zurückhalten von dem schweren Streit, der ihm den Tod brachte. Mit seinem Leben erkaufte er den Hort; hier liegt, was ich in Eile heraustragen konnte, viel mehr aber noch im Gewölbe. Sterbend bat mich der König, euch zu grüßen und zu sagen, daß ihr ihm hoch am Meer den Hügel wölbt. Nun kommt, ich weise den Weg, rasch in die Höhle und schaut, was dort noch liegt!" Er rief sieben bewährte Kämpen herbei und schritt ihnen mit einer Fackel voran. Sie fanden Gold über Gold und trugen es hinaus. Als es hochgehäuft vor ihnen lag, sprach Wiglaf: „Diesen Schatz soll keiner haben als der, der ihn erstritt: Wenn Beowulf auf dem Holzstoß liegt, sollen die Kleinode schmelzen in der gleichen Flamme, die seinen Leib verzehrt! Aus diesem Hort soll kein Ring einen Recken, kein Geschmeide eine Jungfrau schmücken! Schwere Zeit erwartet uns, da der Lenker des Reiches starb; Kampf droht, wir brauchen nicht Schmuck, sondern Waffen! Zum Speer wird unsere Faust am frühen Morgen greifen, nicht Harfenklang wird uns wecken, sondern das Gekrächz des schlachtenfrohen Raben, der sich darauf freut, des Abends mit Adler und Wolf den Fraß zu teilen! Nun aber tragt den toten Gebieter heim und schichtet das Holz, daß lichte Lohe ihn verzehre!"

Sie warfen die Reste des Drachens vom Felsen ins Meer, die Schätze führten sie in Wagen hinweg, den König aber trugen sie auf ihren Schultern hinab zum Strande – schneeweiß rahmte Haar und Bart sein Haupt auf der Bahre. Sie schichteten die Scheite und behängten den Bau mit Schilden, Helmen und Brünnen. Den ganzen Hort warfen sie hinein und legten den toten Beowulf in die Mitte. Dann entfachten sie den Brand; ungeheuer rauschte die Flamme empor durch den Rauch, Wind und Wehklage peitschten sie hoch, und sie sank erst, als die Glut das Herz des Königs erreicht hatte. Über die Brandstelle häuften die Gauten den Hügel, hoch und breit, weithin den Schiffern sichtbar. Zehn Tage brauchten sie zu dem Werk. Von Erde hoch bedeckt lag, was geblieben war von Held und Hort.

Um den Hügel herum ritten zwölf Degen, aus den Edelsten erwählt, sie erhoben die Totenklage und sangen die Taten des toten Herrschers zu seinem ruhmvollen Gedächtnis. Laut erscholl sein Preis: „Er war von allen Königen der Welt der kühnste und der gütigste, Lob und Liebe folgen ihm über das Grab hinaus!“

ROLF KRAKI UND SEINE MANNEN

Hell durch alle Zeiten strahlt das Gedächtnis König Rolfs. Mögen andere ihn durch Tatenruhm übertreffen – keiner wurde von seinen Mannen so geliebt wie er. Er war ihnen ein milder Herr, freigebig streute seine Hand Gaben aus, und niemals hatte es einer nötig, ihn zweimal zu bitten. Seinem gütigen Herzen und seiner offenen Hand verdankte er Dänemarks Thron. Denn er galt, da er dem blutschänderischen Bund König Helgis mit seiner Tochter Yrsa entsprossen war, nicht als vollbürtig, und so ward nach dem Tode ihrer Väter der Sohn Rodgars, Rörik, König, während Rolf auf Wikingfahrt ging. Rörik war unkriegerisch und geizig, ungleich den Vätern des Schildungengeschlechts, deren Tugenden – Tapferkeit und Freigebigkeit – in dem hochherzigen Rolf verdoppelt glänzten. Aber was Rörik an Gold sparte, verlor er an Männern. Seine Gefolgsleute verließen ihn und gingen zu Rolf; an seiner Seite stritten sie gegen Rörik, der Krone und Leben verlor. Nun saß Rolf auf dem Königsstuhl in Leidra, und die tapfersten Helden strömten ihm zu. Zunächst dem Hochsitz saßen seine zwölf Berserker, und die obersten Plätze auf ihrer Bank hielten Bjarki und Hjalti, die Bärenstarken.

Bjarki war schon ein bewährter Held, als er sich zu König Rolf aufmachte; nur ihm, dem edelsten Könige, wollte er dienen. Als er in die Halle trat, weilten nur wenige Männer darin, denn die Berserker waren auf einer Kriegsfahrt abwesend. In der Ecke fand er einen zitternden Menschen, der sich hinter einem Berg abgenagten Gebeins verbarg und ihm klagte, daß die Mannen allabendlich mit Knochen nach ihm würfen. Bjarki zog ihn hervor, wusch ihn und setzte ihn neben sich. Da begannen die Mannen nach ihnen beiden zu werfen, und Bjarki duldete es eine Weile schweigend; als aber ein ganz großes Schenkelbein geflogen kam, fing er es in der Luft und schleuderte es auf den Werfer zurück, daß der mit gespaltetem

Haupt tot zu Boden sank. Jetzt trat Rolf in den Saal und forderte Rechenschaft; da er fand, daß der Getötete selbst schuld war, tadelte er seine Mannen hart wegen ihres Übermuts, Bjarki aber legte er als Buße auf, die Stelle des Getöteten einzunehmen. Das tat Bjarki gern, bat aber, Hött – so hieß sein Schützling – neben sich setzen zu dürfen. „Mit ihm werde ich nicht viel Ehre einlegen", antwortete Rolf, „aber das Essen will ich an ihm nicht sparen." So durfte Hött bleiben unter Bjarkis Schutz.

Um die Julzeit aber kam allnächtlich ein riesiger Gespensterbär ins Land und trieb sein Wesen um die Halle; er galt als unüberwindlich, und der König wollte seine Mannen nicht verlieren; darum hatte er ihnen verboten, zur Nachtzeit vor die Tür des Saales zu gehen. Bjarki achtete des Verbots nicht, er ging hinaus und zwang den zitternden Hött, mitzukommen. Nur mit dem Schwert bewaffnet trat er dem Ungeheuer entgegen und erschlug es; dann mußte Hött, obwohl er sich sträubte, von dem Blut des Tiers trinken und ein Stück von seinem Herzen essen: dadurch gewann er starke Kraft und und wilden Mut.

Am nächsten Tag kamen die Berserker zurück, eisengrau und furchtbar traten sie in den Saal und musterten die Mannen, die während ihrer Abwesenheit neu zum Hofe gekommen waren. Ihr Anführer stand still vor Bjarki, denn der schien ihm ein erlesener Kämpe, und fragte ihn nach Berserkerart herausfordernd: „Glaubst du, daß du so tapfer bist wie ich?" „Du sollst sofort spüren, ob ich vor dir bange bin!" rief Bjarki, packte ihn in seiner vollen Rüstung, hob ihn hoch und schmetterte ihn auf den Boden, daß er mit gebrochenem Bein liegenblieb. Dasselbe Spiel trieb sein Genosse mit dem zweiten Berserker. Da entstand ein wildes Getümmel in der Halle, und der König sprang herab vom Hochsitz, den Streit zu schlichten. „Nun saht ihr", sprach er zu den Berserkern, „daß dem Starken immer ein Stärkerer lebt! Verbot ich euch nicht, Streit anzufangen in der Halle? Seid wild gegen meine Feinde, aber nicht gegen meine Freunde!" Mit gerechtem Tadel und gütigem Zuspruch kühlte er die erhitzten Köpfe, und die Mannen im Saal riefen seinen Worten Beifall, so daß Versöhnung und Friede ward. Rolf aber führte Bjarki an den ersten Platz zu seiner Rechten, und neben ihn setzte er den Genossen, der ferner nicht mehr Hött hieß, sondern Hjalti der Hochgesinnte. Beide standen bei Rolf in höchsten Ehren, ja, dem Bjarki, der von fürstlichem Geschlecht war, gab er später seine Schwester Rut zur Frau. So gewann sich Rolf zwei starke Helden, die ihm treu waren bis in den Tod.

Und einen dritten band er durch seine Güte so fest an sich, daß die Treue dauerte noch über den Tod hinaus. Eines Tages kam ein kecker Bauernjunge in den Saal, der hieß Wögg. Vor den König tretend, schaute er ihn neugierig und aufmerksam an, und in seinem Gesicht stand Enttäuschung, denn er hatte wohl einen Riesen zu finden gedacht, während Rolf nur mittleren Wuchses und schmächtig von Gestalt war. „Nun, was hast du auf dem Herzen, Junge, daß du mich so anstarrst?" fragte der König, und Wögg antwortete: „Zu Hause hörte ich sagen, König Rolf sei der größte Mann in den Nordlanden – und nun sitzt hier im Hochsitz eine kleine Kracke und heißt König." Rolf lachte und sprach: „Du gabst mir einen schönen Namen, den will ich behalten! Fortan werde ich mich Rolf Kraki nennen. Aber wer den Namen gibt, muß auch ein Geschenk geben. Was schenkst du mir?" „Ich habe nichts", antwortete der Knabe. Da sprach der König: „So soll der schenken, der etwas hat!" – streifte einen Goldring vom Arm und reichte ihn dem Knaben. Der steckte den Ring an und hob den geschmückten rechten Arm hoch empor, den andern aber hielt er auf den Rücken. „Was willst du damit sagen, daß du den linken Arm verbirgst?" fragte der König, und Wögg antwortete: „Er schämt sich vor dem andern, weil er so nackt ist!" Rolf lachte zum zweitenmal und gab ihm noch einen zweiten Ring, damit sich auch der linke Arm sehen lassen könne. Da rief Wögg: „Heil dir vor allen Königen für deine Gabe!" Er stellte den Fuß auf die Bank, wie bei Gelübden ähnlich, und sprach feierlich: „Hier leiste ich dir den Eid: Den Mann, der dich einst tötet, werde ich mit meiner Hand erschlagen!" Zum dritten Male lachte der König und sprach: „Kleines Geschenk macht große Freundschaft." Und das ist seitdem zum Sprichwort geworden.

Durch die Treue seiner Mannen erlangte König Rolf großen Ruhm. Sie scheuten weder Eisen noch Feuer und machten ihren Herrn so gefürchtet, daß endlich niemand mehr ihn anzugreifen wagte. So folgten nach vielen Heerzügen und Kämpfen Jahre des Friedens, bis der Tag kam, an dem die Mannen ihrem König die letzte und größte Treue zeigen konnten. Rolf hatte eine Halbschwester, die zauberkundige Skuld; sein Vater Helgi hatte sie, nachdem er von Yrsa getrennt worden war, mit einer schönen Albenfrau gezeugt, und Rolf hatte sie vermählt mit König Herward von Schonen, der ihm zinspflichtig war. Skuld war wilden, hochfahrenden Sinns, sie ertrug es nicht, daß ihr Gatte einem andern untertan sein sollte, und reizte ihn unaufhörlich gegen ihren Bruder auf. Herward scheute die Macht Rolfs und sprach: „Wir sind nicht stark genug, gegen ihn den Schild zu erheben." Aber Skuld entgegnete: „Höre meinen Plan! Du sollst meinen Bruder bitten, daß er dir drei Jahre lang den Zins stundet, und ihm versprechen, dann alles auf einmal zu bezahlen. Bis dahin werden wir Zeit und Gold genug haben, ein Heer von starken Kämpfern zu werben." Das schien ihrem Manne gut. Da Rolf hochherzig die Bitte gewährte, rüsteten Herward und Skuld in aller Heimlichkeit eine gewaltige Macht.

Nach drei Jahren segelten sie mit einer großen Flotte nach Leidra, und Rolf freute sich, da er sie kommen sah, des reichen Tributs, den sie zu bringen schienen, denn die Schiffe lagen schwer beladen tief im Wasser; aber im Inneren waren zahllose eisengewaffnete Kämpfer verborgen. In Leidra herrschte Jubel und Trubel, denn es war Julfest; da ward tüchtig getrunken. König Rolf war nur darauf bedacht, seine Getreuen mit schönen Waffen und Ringen zu beschenken, und achtete auf nichts weiter. So konnten, als er und seine Mannen sich im Schlafsaal gebettet hatten, Herward und Skuld ihr Heer unbemerkt an Land setzen.

Im Morgengrauen kehrte Hjalti, der seine Geliebte besucht hatte, in die Burg zurück; da sah er ringsum alles in Bewegung; Krieger ordneten sich und steckten Fahnen auf: Kampf stand bevor. Er lief in die Halle und rief: „Der Hahn krähte, ein harter Tag beginnt uns zu dämmern – wach auf, König! Wach auf, Bjarki! Auf, ihr Freunde! Greift zu den Schwertern, nehmt den Schild zur Hand! Heute müssen wir sterben oder die Treulosen töten!" Der König und die Krieger sprangen, da Hjaltis Stimme durch den Saal dröhnte, von den Lagern und waffneten sich rasch. Auch Bjarka hörte den Ruf, aber ihn banden Schlafrunen, die Skuld gegen ihn geworfen hatte. Halb wach wälzte er sich und rief seinen Diener; er wähnte, Gäste seien gekommen, und gebot murmelnd, Feuer anzufachen – dann sank er in den zauberischen Schlaf zurück. Ohne ihn stürmten Rolf und seine Mannen vor die Burg gegen die heranschreitenden Feinde.

Nun klangen die Schwerter gegen Schilde und Brünnen, über allen Schlachtlärm hinweg hörte man Rolfs Schwert, das laut sang, wenn es einem Feind bis auf die Knochen schnitt. Aber die Übermacht der Feinde bedrängte sie hart, Brünnen zerkrachten, und Schwerter zerbrachen, dem König war der Schild von einem Kampfbeil zerklafft. Zum zweitenmal schrie Hjalti nach Bjarki, aber er hörte es nicht, so tief umfing ihn der Zauberschlaf. Da fiel König Rolf, ein Lächeln auf dem Munde, und Hjalti rief: „Keiner soll leben nach des Königs Tode!" Mit kühnen Worten feuerte er die Gefährten an, zwischen die Schwertschläge hinein sang er seines Königs Ruhm.

Aber die Feinde drückten immer härter gegen sie, um sie in die Burg zurückzuwerfen und darin zu verbrennen.

Da schrie Hjalti zum dritten Male nach Bjarki, und nun wich der Schlaf von dem Helden, er fuhr empor und hörte, wie Hjalti ihn schalt. „Schilt mich nicht“, rief er, „ich komme! Heut will ich Rolf lohnen, was er für mich tat!“ Ohne Panzer und Schild, das breite Schwert in der Faust schwingend, fuhr er unter die Feinde und wütete unter ihnen wie ein wilder Bär, einer nach dem andern sank vor ihm in den Tod, aber ringsum fielen auch die Mannen Rolfs. Bjarki sah sich allein stehen inmitten der Leichen, die er gehäuft hatte, und rief: „Hjalti, lebst du noch?“ „Noch stehe ich fest!“ rief der Freund zurück. So hörten sie einer vom andern, daß er noch lebte, denn sehen konnten sie sich nicht vor den Leichenhügeln. Langsam mähten sie sich den Weg zueinander, Hiebe fielen wie Hagel auf sie, sie bluteten aus vielen Wunden.

Endlich standen sie doch beieinander, dicht bei dem toten König, und rings um sie wichen die Feinde zurück. „Heut abend sind wir in Walhall!“ rief Hjalti dem Gefährten zu, „jetzt sühntest du endlich dein Säumen!“ „Nun schilt mich nicht mehr“, erwiderte Bjarki, „durch meine Brust schnitt ein Feindesschwert wie durch Wasser!“ Und er rief seine Gattin Rut, die kam aus der Burg gegangen zu den sterbenden Helden. „Sahst du Odin?“ fragte er sie; „ich gewahrte wohl, daß er gegen uns war.“ Rut kniete neben ihn und sprach: „Hebe deinen Blick, zeichne dein Auge mit der Siegrune und sieh mir durch den gebogenen Arm, dann wirst du Walvater sehen!“ Bjarki tat's und erblickte Odin auf bäumendem Roß mit glänzendem Schilde. Da rief er in wildem Grimme: „Könnte ich ihn packen, den bösen, treulosen Gott, Schande sollte er haben von dieser Schlacht, mit meinen Händen wollte ich den Heimtückischen erwürgen!“ Brechenden Auges sahen die Helden die Adler und Raben herbeifliegen, die Beute suchten auf dem Leichenfeld. Dann sanken sie nieder, Bjarki König Rolf zu Häupten und Hjalti ihm zu Füßen; so lohnten sie ihm seine Liebe.

Nach dem Fall der Helden feierte Herward ein großes Fest. Er aß und trank mit großem Behagen und rühmte sich seines Sieges. „Aber eins muß ich doch bewundern“, sprach er, „daß aus der ganzen Gefolgschaft Rolfs nicht ein einziger floh oder sich ergab, sondern daß alle fielen; sie haben ihrem Herrn wahrhaftig in Treue gedient. Wäre nur einer noch am Leben, ich sähe ihn gern unter meinen Mannen.“ „Einen haben wir“, sprachen da seine Leute, und sie führten Wögg herbei. Er war der einzige Überlebende, denn er war, verwundet, von vielen zugleich zu Boden gerissen und überwältigt worden. Herward freute sich des Mannes, der kühn und unerschrokken vor ihm stand, und fragte ihn: „Willst du in meine Dienste treten?“ Darauf antwortete Wögg: „Ja.“ „So schwöre mir Treue!“ sprach Herward und reichte ihm über den Tisch hin sein bloßes Schwert, daß er den Eid darauf leiste. Aber Wögg sagte: „Anders war Rolfs Brauch als der deine, König! Er bot uns nicht die Spitze des Schwerts zum Schwur, sondern den Griff!“ Da wollte es Herward Rolf gleichtun, faßte sein Schwert an der Spitze und hielt Wögg den Griff hin: den packte Wögg mit starker Faust und stieß das Schwert durch die Brust des Königs. So erfüllte er das Gelübde, das er als Knabe abgelegt hatte. Den heranstürzenden Mannen Herwards bot er lachend die Brust, und als er unter ihren Streichen sank, rief er frohlockend: „So wohl tat meinem Herzen Herwards Tod, daß ich den eigenen Tod nicht mehr spüre!“

OFFA

Warmund, der König der Angeln, herrschte viele Jahre in Frieden. Er war schon betagt, als spätes Glück ihm einen Sproß schenkte. Aber Offa, sein Sohn, wuchs zwar so kräftig heran, daß er bald alle seine Altersgenossen überragte, jedoch an Geist blieb er stumpf, daß er zu nichts nütze schien. Von Kind an nahm er an keinem Spiel teil, sprach kein Wort und lächelte niemals. Es schuf dem Vater tiefen Kummer, daß er einen trägen und blöden Herdhocker gezeugt haben sollte, der nie imstande sein würde, das Land zu lenken und zu schirmen; und seine Sorge wuchs, je schwerer ihn selbst die Bürde des Alters drückte.

Aber als er gar erblindete, brach die Not grimmig über ihn herein. Denn der König der Sachsen hielt die Zeit für gekommen, das Reich der Angeln an sich zu ziehen. Er schickte Botschaft an Warmund und ließ ihm sagen: „Länger als sich gebührt hältst du die Herrschaft fest, übergib sie mir, damit das Land wieder einen Herrn und Beschützer hat! Nennst du aber einen Sohn dein eigen, der Anspruch auf die Nachfolge erhebt, so mag er mit meinem Sohn um das Reich kämpfen. Schlägst du beides aus, dann werde ich mit meinem Heer kommen und dir das Land mit Gewalt nehmen.“ Warmund kränkte es tief, daß sein Alter und seine Blindheit dem Feind zum Vorwand dienen sollten, das Reich zu rauben, und tiefer noch, daß sein Sohn untüchtig schien, die Beleidigung zu rächen. „Aber ehe ich mein Land kampflos in Feindeshand gebe, eher" – so sprach er mit großer Würde – „will ich mich selbst noch zum Zweikampf stellen!" Darauf antworteten die Gesandten mit Hohn: „Unser König wäre ein Narr, wenn er sich mit einem Blinden schlüge, von solchem Possenspiel hätte er nur Schande. Nicht den Vätern kommt der Kampf zu, sondern den Söhnen!" Darauf konnte Warmund nichts entgegnen, und auch seine Mannen im Saal wußten keine Antwort.

Während alle verlegen schwiegen, begann Offa, der Stumme, plötzlich zu reden und rief seinem Vater zu: „Darf ich antworten an deiner Statt?" „Wer ist's, der mit mir spricht?" fragte Warmund, und seine Mannen sagten: „Offa, dein Sohn!" Da sprach er bekümmert: „Ist's nicht genug, daß der Feind mich verhöhnt? Müßt auch ihr des Blinden spotten?" Als sie aber immer wieder versicherten, es sei Offa, sagte er endlich: „Nun, wer es auch sei: er spreche!" Darauf trat Offa vor und sprach zu den Gesandten: „Unbillig ist eure Forderung; denn noch sitzt der König des Landes auf seinem Thron, und seine Mannen stehen treu zu ihm. Aber auch ein Nachfolger ist da: des Königs Sohn. Und er ist bereit, nicht nur gegen den Sohn eures Königs zu fechten, sondern noch gegen einen zweiten Kämpfer dazu, und sei es der Tapferste eures ganzen Volks!" Über diese Worte lachten die Gesandten, denn sie hielten sie für Prahlerei; aber sie vereinbarten Ort und Zeit des Kampfes.

Als sie geschieden waren, sprach Warmund: „Wer du auch seist, du bist ein kühner Mann, daß du gleich zwei zum Kampfe forderst, und lieber als dem übermütigen Feind werde ich dir mein Reich geben." Immer noch wollte er nicht glauben, daß Offa es sei, obwohl alle es beteuerten, und er hieß ihn zu sich treten, um mit den Händen zu prüfen, was ihm die Augen nicht zeigten. Forschend befühlte er seinen Körper und erkannte an der Größe und Bildung der Glieder endlich seinen Sohn: „Du bist's wirklich, du ähnelst mir, als ich jung war." Und er fragte ihn: „Warum hast du die ganzen Jahre hindurch nicht gesprochen, so daß wir alle dich für stumm hielten?" Offa antwortete: „Als die Klugen redeten, konnte ich schweigen; aber als ihnen die Sprache wegblieb, war das Reden an mir!"

Noch nie vorher hatte Offa Waffen getragen; jetzt befahl Warmund, den Sohn zu rüsten. Aber welche Brünne sie ihm auch anlegten, jede sprengte der Jüngling durch die Breite seiner Brust. Endlich hieß der Vater seinen eigenen alten Panzer hertragen, doch auch der war zu eng; darum ließ er ihn auf der linken Seite aufschneiden und mit Spangen heften, indem er sprach: „Links schützt dich der Schild!“ Dann wurden Schwerter gebracht; aber als Offa eins am Griff packte und es durch die Luft sausen ließ, sprang die Klinge von der Wucht des Schwungs in Stücke, und auch keins der andern hielt der Probe stand. „Nun weiß ich nur noch eins“, sagte der alte König, „das ist das Schwert Scharf, das ich selbst einst trug! Es spaltet auf einen Hieb alles, was es trifft. Ich gönnte es bisher keinem und habe es, seit ich es selbst nicht mehr führen konnte, tief in der Erde vergraben. Aber ich kenne den Ort, und nun sollst du es haben!“ Er ließ sich hinausführen auf das Feld und fand, fragend und die Merkmale bezeichnend, die rechte Stelle. Dort gruben sie und fanden es; aber es war von Rost angefressen, so daß Offa Zweifel in seine Stärke setzte. „Soll ich es proben?“ fragte er den Vater. „Tu es nicht!“ antwortete der; „denn wenn auch dieses Schwert beim Schwingen zerbräche, fänden wir nie ein anderes, das für dich paßt.“

Als Kampfplatz war eine Insel in der Eider bestimmt, zu der man nur mit dem Boot gelangen konnte. Dorthin ruderte Offa ganz allein, und von der andern Seite kam der Sohn des Sachsenkönigs, begleitet von einem erprobten Kämpen. Das südliche Ufer des Flusses säumten die Sachsen, das nördliche die Angeln, und dort war auch eine Landungsbrücke. Auf sie hatte sich der alte König tragen lassen; er saß auf einem Stuhl, nicht weit vom Rande, fest entschlossen, sich ins Wasser zu stürzen und sein Leben zu enden, wenn der Sohn unterliege. Offa aber, von zwei Feinden zugleich bedrängt, traute seinem Schwert nicht recht und fing ihre Hiebe mit dem Schild auf; er wollte erst erproben, welcher von den beiden der gefährlichere sei, um wenigstens ihn mit einem Streiche abzutun.

Da Warmund den Klang seines Schwertes nicht hörte, glaubte er, Offa sei den Gegnern nicht gewachsen und habe Not, sich nur zu verteidigen; darum rückte er, nach dem Tode verlangend, immer näher an den Rand der Brücke. Inzwischen reizte Offa die Gegner. „Härter dran und drauf!“ rief er dem Königssohn zu; „willst du, daß dein Mann dich beschämt?“ Und zu dem Kämpen sagte er: „Hervor hinter dem Rücken deines Herrn! Oder willst du sein Vertrauen täuschen?“ Der Kämpe, in seiner Ehre gekränkt, sprang zornig auf ihn zu, und mit einem sausenden Hieb schlug Offa ihn mittendurch. Da rief Warmund freudig: „Jetzt höre ich Scharf singen! Wohin traf mein Sohn den Feind?“ Als die Mannen ihm sagten, daß er den Kämpen in zwei Hälften geteilt habe, stand der König auf und trat vom Rande zurück mitten auf die Brücke. Nun reizte Offa den Königssohn immer höhnischer, mit der Rache für den gefallenen Mann nicht länger zu säumen, und spähte sorgsam, wo er ihn treffen könne; aus Sorge, die dünne Schneide könne brechen, drehte er das Schwert um und schlug mit dem Rücken einen so gewaltigen Schlag, daß er auch den zweiten Gegner mittendurch schnitt. „Nun sang Scharf zum zweitenmal!" rief der alte König, und als er hörte, daß jetzt beide Feinde tot lägen, stürzten ihm die Tränen aus den blinden Augen über die Wangen.

Geschlagen und beschämt bestatteten die Sachsen die beiden Gefallenen und zogen ab. Offa aber ward, als er ans Ufer sprang, von den Seinen jubelnd empfangen. Er übernahm die Herrschaft von seinem Vater und waltete des Landes mit großem Ruhm.

DER KÄMPE STARKAD

Starkads Ahn war ein ungeheurer achtarmiger Riese; ihn tötete Thor im Kampf, hieb ihm sechs seiner Arme ab und stürzte den Verstümmelten hinab in einen tosenden Wasserfall. Als Zeichen seiner Abkunft trug Starkad an seinem Leib sechs Mäler, dort, wo die abgehauenen Arme des Riesen gesessen hatten. Thor, immer unversöhnlicher Feind des Riesengeschlechts, verfolgte auch Starkad noch mit seinem Zorn; aber Odin nahm ihn in seinen Schutz. Als Starkad geboren wurde, hielten die Asen ein Thing, da begabten Odin und Thor den Knaben wechselweis mit Gutem und Bösem. „Gewaltige Kraft soll er haben und wilden Mut, daß er immer unbesiegt bleibt", sprach Odin; aber Thor sprach: „So soll sein Leib von furchtbaren Wunden zerrissen werden!" „Ein berühmter Kämpe soll er werden, dem Könige reich mit Ehren und Gaben lohnen", sprach Odin; aber Thor: „Nirgends soll er Heimat finden, und verhaßt soll er sein bei allem Volk!" „Zwei Menschenalter schenke ich ihm zu seinem Leben hinzu", sprach Odin; und Thor darauf: „So soll er jedes der beiden geschenkten Leben bezahlen mit einer Neidingstat!"

Als der Knabe früh heimatlos wurde, da sein Vater samt allem Gesinde in seiner Halle verbrannte, brachte Odin selbst ihn zu einem Bauern, dessen Hof auf einer Insel lag. Dort wuchs er auf und wurde stark an Gliedern; aber er saß stets träge und mürrisch am Herd und fragte nach nichts. Da trat eines Tages Wikar in das Haus, König Haralds Sohn. Er hielt auf der Insel Wache als kriegsgefangener Mann König Herthjofs, der ihm den Vater getötet und das Erbe genommen hatte. Wikar hieß den zwölfjährigen Knaben vor sich treten und maß seine Glieder mit der Spanne der Hand; er fand ihn gewaltig an Wuchs und staunte über sein grimmiges Gesicht, dessen Wangen schon den ersten Bartflaum trugen. „Du sollst mit mir gehen", sprach er zu ihm, und Starkad folgte ihm; so ward er einer der zwölf starken Gesellen, die Wikar um sich gesammelt hatte, um Vaterrache an Herthjof zu üben. Sie überfielen die Burg des Königs und erbrachen die Pforten, dreizehn Mann stürmten sie gegen siebzig, gierig nach dem Blut der Feinde. Ohne Brünne hieb Starkad um sich, das Schwert mit beiden Händen schwingend, der nächste an Wikar, der allen voran kämpfte und den König mit sausendem Streiche niederschlug. Nachdem Wikar so den Vater gerächt und sein Reich wiedergewonnen hatte, ging er auf Wikingfahrt, und Starkad begleitete ihn auf allen seinen Zügen. Sie bestanden manchen harten Strauß, den härtesten aber, als sie am Wenersee mit König Sisar kämpften. Von ihm empfing Starkad die erste seiner furchtbaren Wunden. Mit einem Hieb schlug ihm Sisar den Schildrand durch und den Helm vom Kopfe, tief in den Schädel hinein fuhr die Klinge, daß der Kieferknochen weit auseinanderklaffte; dann durchschlug er ihm mit einem zweiten Streich die eine Weiche, während er mit dem Speer gleichzeitig die andere bis aufs Eingeweide durchbohrte. Aber so schwer getroffen, hob Starkad sein Schwert mit beiden Händen und hieb Sisar mittendurch. Mit goldenen Ringen belohnte Wikar seinen stärksten Kämpen, und Starkad blieb fünfzehn Jahre hindurch des Königs Genosse. Das war seine beste Zeit.

Auf einem Zuge gegen Norwegen lagen sie mit der Flotte zwischen den Schären, und widrige Winde hielten sie dort so lange fest, daß sie den Zorn Odins zu erkennen glaubten. Um Siegvater zu versöhnen, beschlossen sie, ihm einen aus ihrer Mitte zu opfern, und sie warfen das Los darüber, wer da hängen solle am windigen Baum, vom Speer durchstochen, dem Odin geweiht, wie der Brauch es verlangte. Da fiel das Los auf König Wikar; aber keiner der tief erschrockenen Mannen wagte die Hand zu erheben gegen den König. Doch der Gott bestand auf dem Opfer; er erschien in der Nacht seinem Helden Starkad, um ihm Weisung zu geben, und lieh ihm beim Abschied einen Speer, der aussah wie ein Rohrstengel. Am Morgen sprach Starkad zu den Gefährten: „Laßt uns das Opfer wenigstens zum Schein vollziehen, damit das Gelübde an Odin erfüllt sei!" Damit waren alle zufrieden.

Es ragte an dem Ort eine hohe Kiefer, und daneben stand ein Baumstumpf. Starkad bog einen dünnen Ast herab und band daran eine Schlinge aus dem Darm eines geschlachteten Kalbs. „Das soll dein Galgen sein, König", sprach er zu Wikar, „er sieht nicht gefährlich aus. Nun laß dir die Schlinge um den Hals legen!" Wikar erwiderte: „Ist es nicht gefährlicher, als es aussieht, dann schadet es mir nichts; ist's aber anders, so geschehe, was das Schicksal will!" Er stieg auf den Baumstumpf und legte die Schlinge um. Starkad aber sprach: „So weihe ich dich dem Odin!" Im gleichen Augenblick stach er mit dem Rohrstengel gegen ihn und ließ den Kiefernast fahren. Da ward der Rohrstengel zum Speer und durchbohrte des Königs Herz, die dünne Schlinge schnürte sich eisenfest um seine Kehle, und der Kiefernast schnellte hoch empor, daß Wikar tot oben in der Krone hing.

So hatte der Gott sein Opfer erhalten, aber die Genossen wichen zurück vor Starkad, der die schlimme Tat begangen hatte, und das Volk haßte ihn, so daß er aus dem Lande weichen mußte. Grimmig und verdüstert fuhr er auf einem Drachenschiff davon und gesellte sich fremden Wikingern. Auf der See führte er ein hartes Leben, er rührte kein berauschendes Getränk an und nährte sich von Speck und trockenem Brot. Unzählige Kämpfe durchfocht er, er heerte in allen Ländern von Ost bis West, von Rußland bis zur Irischen See, aber nirgends fand er Ruhe. Zuweilen blieb er wohl ein Jahr in Upsala am Hofe des Schwedenkönigs, von den Mannen wegen seiner grimmigen Häßlichkeit angestaunt und gefürchtet; aber dann trieb es ihn wieder weiter. Immer blieb er siegreich, aber er empfing manche Wunde, und in einer Schlacht ward ihm der Schädel gespalten, daß die Knochen nie wieder ineinanderwuchsen, sondern nur durch die geheilte Haut zusammengehalten wurden. Er näherte sich schon dem Ende seines zweiten Lebens, als er, ein wilder greiser Kämpe, nach Leidra kam an den Hof des Dänenkönigs Frodi, des vierten seines Namens.

Frodi ehrte den Alten hoch; er setzte ihn über alle seine Mannen neben sich auf den Hochsitz, und Starkad lohnte ihm die Liebe mit Treue. Auf einem Heerzug gegen die Sachsen errang er den Dänen den Sieg, indem er im Zweikampf den riesigen Hama fällte, einen berühmten Helden, nach dem Hamburg benannt ist. Hama dachte sich den Sieg leicht, als er den alten, von Entbehrungen und Leiden ausgemergelten Kämpfer vor sich sah, er glaubte gar nicht der Waffen zu bedürfen und schlug, zuspringend, mit der Faust so heftig auf den Helm Starkads, daß dieser strauchelte und auf ein Knie fiel; aber im gleichen Augenblick war er wieder hoch und hieb Hama mit einem Schwertstreich mittendurch. Der Sachsenkönig Swerting mußte sich unterwerfen und Frodi harten Tribut zahlen. Starkads Ruhm am Hofe aber wuchs noch, er galt als des Landes stärkster Schutz. Und weil er Frodi der Treueste war, verstrickte ihn das Schicksal in seine zweite Neidingstat.

Frodi hatte einen Halbbruder Ali, der von einer geraubten Frau stammte; ihn hatte der Vater geheißen, sich selbst ein Reich zu suchen, während dem älteren, echtbürtigen Frodi Dänemark als Erbe zufiel. Ali war als Wiking hinweggezogen, und seine Taten machten ihn bald berühmt; im ganzen Nordland hieß er Ali der Kühne. Unter dem Heerschild gewann er Schonen und saß dort fast mächtiger als Frodi auf dem Königstuhl von Leidra. Das erregte bei Frodis Jarlen Furcht, er möchte nun die Hand auch nach Dänemark ausstrecken, und sie rieten dem König, den Bruder ermorden zu lassen. Nachdem sie darüber einig geworden waren, suchten sie den Mann, der den bösen Plan vollstrecken sollte, und fanden keinen andern geeignet als Starkad. Erst wollte er nicht dareinwilligen, aber noch mehr als der König selbst drangen die Jarle in ihn, und als sie ihm hundertzwanzig Mark Gold zuwogen, gab er endlich nach.

Er suchte Ali in seiner Burg auf und ward wohl empfangen; der König nahm ihn in seinen Dienst und traute ihm mehr als allen andern. Einmal ging Ali ins Bad und hieß ihn derweil die Wache halten; da dünkte Starkad der Augenblick zum Morde gekommen. Er trat bewaffnet in die Kammer, wo Ali im Bade saß; aber er prallte zurück vor den Augen des Königs, dessen Blick so scharf war, daß niemand ihn aushalten konnte. Als Ali das bemerkte, ließ er, der aus grenzenlosem Vertrauen zu Starkad nichts Arges fürchtete, die Lider sinken; da sprang Starkad auf ihn zu und durchstach ihm die Brust mit dem Schwert. Hinsinkend rief Ali: „Du tatest es, aber mein Bruder hat dich geschickt!" – und lachend hauchte er die Seele aus. Kaum jedoch hatte Starkad die Tat vollbracht, so ward sie ihm leid. Er nahm, nach Dänemark zurückgekehrt, finster den Lohn für das Neidingswerk hin. Aber seine Reue wurde so bitter und wild, daß er vier von den Jarlen, die zu dem Mord geraten hatten, erschlug. Dann verließ er das Land und blieb ihm viele Jahre fern. Meistens weilte er in Upsala bei den Schwedenkönigen. Das Gold aber, das er für Alis Ermordung erhalten hatte, rührte er niemals an.

Kurz nachdem Starkad von Leidra geschieden war, lehnten sich die Sachsen gegen die harte Herrschaft der Dänen auf. Zwar siegte Frodi in einer großen Schlacht bei Hannover, aber bald darauf endete sein Leben. König Swerting lud ihn zu einem Gastmahl ein und ließ die Halle anzünden; es gelang Frodi noch, als er den Verrat merkte, Swerting zu erschlagen, aber er selbst fiel gleichfalls von dem Schwert des Feindes. Auf dem Königsstuhl folgte ihm sein Sohn Ingeld, der, schlaff und unkriegerisch, nur seinen Lüsten lebte und nicht an Vaterrache dachte. Außer ihm hinterließ Frodi noch eine Tochter namens Helga. Sie wuchs neben dem schwachen Bruder so verwahrlost auf, daß sie ihrer Würde vergaß und sich die Werbung eines Niedriggeborenen gefallen ließ, eines Goldschmieds, der mit einem hübschen Gesicht, zierlichen Reden und goldenem Geschmeide Frauen wohl zu ködern verstand. Als Starkad einmal in Upsala war, hörte er von der schmählichen Liebschaft, und die Kunde schmerzte ihn um Frodis willen, dem er trotz allem seine Liebe über den Tod hinaus bewahrt hatte.

Eilends machte er sich auf und wanderte zu Fuß durch Schweden, kam nach Leidra und trat in das Haus des Goldschmieds. An der Schwelle des Zimmers setzte er sich hin, von einem schäbigen Mantel umhüllt und einen breiten Hut tief ins Gesicht gezogen. Der Goldschmied, der wie ein Geck gekleidet durchs Zimmer stolzierte, hieß den alten Bettler sich packen; aber Starkad blieb schweigend sitzen. Da glaubte jener, er brauche sich an den lästigen Gast, der keine Widerrede wagte, nicht groß zu kehren. Tänzelnd näherte er sich der Jungfrau, legte ihr den Kopf in den Schoß und bat sie, ihn zu kämmen, und als sie ihm willfahrt hatte, forderte er von ihr, sie solle ihm die Flöhe absuchen; seufzend tat sie auch das, und Starkad sah es mit wachsendem Grimm. Als der Goldschmied aber jetzt begann, sich mit plumpen Liebkosungen an Helga zu machen und sie sich, mit einem Blick auf den Fremden, seiner heftig wehrte, hielt es den Alten nicht länger; er sprang auf, warf Hut und Mantel ab und zog das Schwert. Entsetzt sah der Goldschmied seine flammenden Augen und suchte zu entfliehen, es blieb ihm aber kein Weg als an dem Alten vorbei. Als er in seiner Verzweiflung den Sprung auf die Schwelle wagte, hieb ihm Starkad einen mächtigen Schwertstreich mitten durchs Gesäß, daß er blutend und halbtot zu Boden fiel. Auf sein Geschrei liefen die Hausgenossen herbei und hörten die höhnischen Stachelreden, mit denen der grimmige Alte den Entehrten wie mit Lauge übergoß. Dann führte Starkad die Jungfrau aus dem Hause und nahm sie in scharfe Zucht, so daß sie sich wieder auf Würde und Ehre besann. Von dem schmählichen Treiben an Ingelds Hof aber wandte er sich mit Ekel hinweg und verließ Leidra, sobald er Frodis Tochter wieder auf der rechten Bahn wußte.

Bald stellten sich jetzt Bewerber um Helgas Hand ein, und einem schenkte sie Gegenliebe: dem Norweger Helgi, der auf einem Schiff mit goldgeschmückten Segeln, vergoldeten Masten und purpurfarbenen Tauen herrlich zur Brautschau gefahren kam. Kurz bevor sie sich ihm versprach, hatte sie einen Berserker von Seeland zurückgewiesen, der mit acht starken Brüdern auf die Freite gekommen war; der Verschmähte forderte den glücklichen Nebenbuhler zum Kampf heraus, und seine acht Brüder taten das gleiche. Helgi konnte die Herausforderung nicht ablehnen, und der Kampf ward auf den Tag nach seiner Hochzeit anberaumt. In dieser schweren Bedrängnis riet ihm Helga, Starkad um Hilfe zu bitten. Sogleich machte sich Helgi auf den Weg nach Upsala und traf dort den Alten. Er begann damit, ihn höflich zur Hochzeit Helgas einzuladen, doch da fuhr der greise Kämpe ihn an: „Glaubst du, ich laufe dem Geruch eines Hochzeitsbratens nach?" Aber als Helgi ihm von der Herausforderung der neun wilden Brüder erzählte, sagte er sofort seine Hilfe zu. „Reise nur wieder heim, ich werde rechtzeitig zur Stelle sein." Er ließ Helgi vorausziehen, dann eilte er ihm zu Fuß nach; er war so rüstig und rasch, daß er an einem Tage so viel Weges zurücklegte wie andere in zwölf, und holte Helgi genau am Ziele ein. Als die Berserker ihn kommen sahen, heulten sie vor Wut wie die Hunde, aber er spottete nur dieser zur Schau getragenen Kampfgier.

Am gleichen Tage ward Helgis Hochzeit gehalten. Starkad hütete nachts den Schlaf des jungen Paares, er verschloß die Kammer statt mit dem Riegel mit seinem Schwert. Beim ersten Morgengrauen trat er über die Schwelle und sah Helgi fest in den Armen seiner jungen Frau schlafen; er weckte ihn nicht, damit es nicht scheine, als bedürfe er seiner zum Kampf gegen die Berserker, sondern ging still hinweg und eilte zum Kampfplatz. An einem Abhang setzte er sich nieder, auf der ungeschützten Seite, so daß Wind und Schneeflocken ihn eisig umstürmten; aber er achtete weder der Kälte noch des Schnees, der auf ihn fiel, und seinen Mantel hatte er über einen Dornbusch geworfen. Als die Berserker kamen, sahen sie ihn zunächst nicht, denn sie wandten sich sofort nach der windgeschützten Seite des Hügels und machten dort ein Feuer an, sich zu wärmen. Aber als sie nach geraumer Zeit den Gegner suchten, fanden sie ihn auf seinem Platz sitzen, unbeweglich; der Schnee hatte sich auf seinen breiten Schultern und seinem wilden Haupte gehäuft, daß er einem uralten Eisriesen glich. Sie fragten ihn, ob er mit allen zugleich kämpfen wolle oder mit jedem allein, und er antwortete: „Wenn mich ein Rudel Hunde anfällt, jage ich sie nicht einzeln fort." Jetzt drangen sie wütend gegen ihn an, alle neun zugleich. Er tötete sechs von ihnen, ohne selbst wund zu werden, aber die drei letzten setzten ihm hart zu, und als sie erschlagen zu seinen Füßen lagen, hatte er siebzehn schwere Wunden, und sein Bauch war gespalten, daß ihm die Eingeweide herausfielen. Mühsam schleppte er sich auf den Knien zu einem Felsen und lehnte sich so schwer daran, daß sich sein Körper tief im Stein abdrückte; noch nach vielen Jahrhunderten zeigten sich die Menschen dieses Zeichen.

Hier wartete er darauf, daß jemand komme, ihn zu verbinden. Zweimal ward ihm Hilfe geboten, zweimal lehnte er sie ab; denn zum ersten Male war's ein Büttel, der vorbeikam, zum zweiten Male eine hörige Magd, und er wollte von beider Händen nicht berührt sein. Aber als dritter kam ein junger Bauer auf seinem Wagen gefahren, sprang ab und trat herbei, ihm zu helfen. Zu ihm sprach Starkad: „Du bist mir willkommen, du treibst den edelsten und schönsten Beruf und bist ein ehrlicher freier Mann." Er schenkte ihm zum Lohn für seine Freundlichkeit den Mantel, der noch auf dem Dornbusch lag, der junge Bauer aber schob ihm die Eingeweide in den Leib zurück und band die Wunde mit einer Schlinge aus Weidenruten zu. Dann half er ihm auf den Wagen und fuhr ihn hin nach Helgis Hause.

Dort wartete Helgi in schwerem Kummer, weil er den Kampf verschlafen hatte, und Helga fürchtete für ihn Starkads Zorn; denn der Alte war unerbittlich, wenn er Feigheit zu spüren glaubte. In der Tat waren ihm bei der Heimfahrt böse Gedanken gekommen, ob sich Helgi nicht vielleicht mit Absicht versäumt habe. Davon begann ihm das Blut zu kochen, und als er vor dem Tor anlangte, sprang er ungeachtet seiner Wunde vom Wagen, schlug mit der Faust die Tür auf und stürmte hinein. Da rief Helga ihrem Gatten zu: „Greif ihn selbst an, sonst bist du verloren!" Und Helgi ergriff das Schwert und sprang dem Wütenden entgegen. Er traf ihn mitten vor die Stirn und hob die Waffe zum zweiten Male; das hätte Starkad wohl das Leben gekostet, aber Helga sprang mit dem Schild zwischen sie und schirmte wie eine Walküre den Alten. So ward der Streich aufgefangen, er spaltete den Schild bis zur Mitte des Buckels. Als Starkad Helgis Mut und die Kraft seines Schlags sah, schwand sein Zorn, und er reichte dem Jüngling die Hand. Aber noch ehe seine Wunde ausgeheilt war, eilte er zurück nach Upsala, wo man seiner bedurfte.

Noch ein drittes Mal kehrte er nach Leidra zurück, diesmal um des jungen Königs willen. Mit Groll hatte Starkad gesehen, daß Ingeld säumig war zur Vaterrache; mit Grimm vernahm er jetzt, daß er die Söhne Swertings bei sich beherberge in Frodis Burg und ihre Schwester zum Weibe genommen habe. Da litt es ihn nicht länger in Upsala. In einem grauen zerschlissenen Mantel, mit einem Stecken in der Hand, trat er eines Abends ein in die dänische Königshalle, durchmaß sie schweren Schrittes und setzte sich im Hochsitz auf den Platz, der zu Frodis Zeiten der seine gewesen war. Noch waren Ingeld und die Swertingssöhne nicht zugegen, denn sie waren zur Jagd geritten; die Königin aber kannte den Helden nicht. Darum schalt sie auf die Dreistigkeit des zerzausten Bettlers, der mit seinen schmutzigen Lumpen die Polster des Ehrensitzes verunreinige, und wies ihn hinweg. Ohne ein Wort zu erwidern, erhob sich der Greis und ging durch den Saal zurück, dicht an der Tür ließ er sich auf eine Bank fallen, und von der Wucht seines Leibes erbebte der Saal bis unters Dach, so daß die Gaffer, die sich über den seltsamen Gast lustig machen wollten, verstummten. Als aber der König mit den Swertingssöhnen in die Halle trat und alle sich erhoben, blieb er finster brütend sitzen.

Ingeld erkannte ihn sofort an den wilden Augen, dem narbenzerrissenen Antlitz, den mächtigen Schultern und den gewaltigen Fäusten und tadelte seine Gattin, daß sie ihn an das untere Ende des Saales verwiesen hatte. „Diesen Mann mußt du ehren“, sagte er, „er schützte das Reich meines Vaters und wachte über meine erste Kindheit.“ Die Königin versprach's und suchte die Kränkung nach Kräften gutzumachen. In verschwenderischer Fülle wurden Speisen aufgetragen, es gab gebratenes und gesottenes Fleisch, mit Gewürz und Kräutern wohlschmeckend zubereitet, gab lecker gebräunte und gefüllte Hähne, Gemüse und Kuchen, und die Königin ließ Starkad die erlesensten Schüsseln reichen. Aber der Alte stieß sie zurück, er verschmähte die reichliche Kost, mit der die entarteten Schlemmer sich vollschlangen, und sättigte sich mit ein wenig altem Speck und hartem Brot, wie er es gewöhnt war. Die Königin sah, wie es in dem Alten grollte. Um ihn zu versöhnen, ging sie selbst zu ihm hin, nahm ihr kostbares Stirnband ab und legte es ihm als Gabe in den Schoß. Doch er schleuderte es von sich. „Bring es deinem Mann“, sprach er, „mein Haupt ist des Helms gewohnt, ihm steht kein weibischer Putz!“ Noch einen letzten Versuch, ihn zu besänftigen, wagte die Frau, die sein Grimm ängstigte. Sie hieß einen Pfeifer neben Starkad niedersitzen und ihm eine sanfte, schmeichelnde Weise spielen. Aber der Alte haßte nichts mehr als die Künste der fahrenden Possenreißer; er nahm einen dicken Röhrenknochen vom Tisch und warf ihn zum Lohn dem Dudler an den Kopf. Seine Augen lohten vor Zorn, er konnte den Sturm in seinem Herzen nicht länger bändigen und begann mit rauher Stimme in den Saal zu schelten:

„Vieles hat sich geändert in Frodis Halle! Einst saß ich auf dem Hochsitz an des Königs Seite, und um uns herum sah ich Helden.

Jetzt hock ich im Winkel, eingequetscht zwischen die Ungeachteten, und am liebsten drängten sie mich ganz hinaus, wäre die Wand nicht hinter mir. Auf dem Hochsitz aber thronst du, Ingeld, mit den Söhnen Swertings, der deinen Vater mordete! Müßig füllst du dir den Bauch samt deinen Mannen, aus dem Schlunde rülpst ihr euren Rausch! Weither aus Schweden kam ich gegangen, um Frodis Sohn zu finden und mich seiner zu freuen; einen Helden, des Vaters wert, suchte ich und sehe einen entarteten Schlemmer und Narren! Besser stünde es dir an, im Kampf das Schwert zu schwingen und mit wilden Zähnen grimmig den Bart zu beißen, als mit dem Finger im Steiß gebratener Vögel zu bohren und in den gierig schnappenden Mund den Wein zu schütten! Als ich jung war, lebten wir hart und streng; aber keiner von uns hätte sich Vaterrache abkaufen lassen, keiner von uns hätte an der Seite solcher Memme sitzen mögen! Wo immer man von Taten der Könige singt, werde ich voll Scham mein Gesicht verhüllen; denn keiner wird deines Namens gedenken, Ingeld! Vergebens schleuderst du zornige Blicke gegen mich, der du die Mörder deines Vaters ehrst! Vergebens suchst du dein Ohr vor meinen Worten zu verschließen, die Schande wird dich verfolgen, wohin du auch gehst! Überall wirst du ein Verworfener sein, dem Namen deines kühnen Vaters zur Schmach, ruhmlos wirst du erschlagen werden mit stumpfem Schwert, abgewürgt mit dem Messer wie ein Schaf – Unheil über dich, Ingeld! Swertings Söhne köderten dich mit ihrer Schwester, sie nahmen dir den Mut, bald werden sie dir das Reich nehmen! Ich schäme mich deiner, Ingeld, nie kann ich mehr froh sein – nur einmal wieder würde mein Herz aufjauchzen: wenn ich Frodis Mörder erschlagen sähe!“

Mit steigender Erregung hatte Ingeld des Alten aufrüttelnde Scheltrede gehört, bis das Feuer in ihm entfacht wurde und seine Augen Blitze schossen. Jetzt sprang er auf und riß das Schwert aus der Scheide, er stieß es den Swertingssöhnen in die Brust, und Starkad, an seine Seite springend, half ihm das Werk der Rache vollenden. Nebeneinander fielen die Sachsenfürsten mit allen ihren Mannen. Da rief Starkad: „Heil dir, Ingeld, mein König! Du bist erwacht und hast wie ein Mann gesühnt, was du vordem versäumtest! Nun laß die Leichen der Feinde vors Tor werfen, den Vögeln zum Fraß, und verstoße dein Weib, damit dir die Wölfin nicht böse Brut gebäre! Sieben Fürsten haben wir erschlagen dem einen zur Rache: jetzt erst verdienst du, König zu heißen!“

Nun das Werk der Rache vollbracht war, kehrte Starkad wieder zurück nach Upsala. Er war der erste Kämpe des Königs Sigurd Ring und stritt unter ihm mit in der Bravallaschlacht gegen König Harald Kampfzahn. Diese Schlacht war die größte, die je im Norden geschlagen ward; viele Völker nahmen an ihr teil, und zahlreiche Walküren kämpften mit. Der greise Starkad erntete in ihr zum letzten Male hohen Ruhm, denn er erschlug zahllose Feinde; aber er empfing auch hier die letzte fürchterliche Wunde: der Schädel ward ihm halb gespalten und die Brust ganz, so daß ihm die Lunge herausfiel. Darum mußte er vorzeitig aus der Schlacht scheiden, die mit Sigurds Sieg endete; der alte blinde König Harald fiel durch Odins eigene Hand und ward von ihm heimgeholt nach Walhall. Nach dieser Schlacht wird von keinem Kampf mehr gemeldet, an dem Starkad teilnahm. Sein drittes Leben neigte sich dem Ende zu; der Uralte taugte nicht mehr zu Kriegsfahrten und war des Daseins müde. Aber er wollte nicht den Strohtod sterben, sondern, wie es dem Odinshelden geziemt, fallen von eines edlen Mannes Hand.

Zum letzten Male machte er sich auf den Weg, den Tod zu suchen, halb blind schon und gebrechlich; er trug am Gürtel sein Schwert Skum – das heißt: Finster – und stützte sich auf zwei Stöcke. Am Halse aber verwahrte er einen Beutel mit dem Gold, das er einst für die Ermordung Alis erhalten hatte; er hatte es nie angerührt und bestimmte es jetzt dem, der ihn von der Last des Daseins erlösen würde. Als er sich über die Heide schleppte, auf der er einst die neun Berserker besiegt hatte, ersah ihn, von der Jagd heimreitend, ein edler junger Mann namens Hader. Er war der Sohn eines der Jarle, die einst von Starkads Hand fielen, weil sie ihn zur Ermordung Alis gereizt hatten; aber keiner von beiden wußte, wer der andere war. Hader glaubte einen alten fahrenden Skalden vor sich zu haben und sprach lächelnd zu Starkad: „Was mühst du dich so mit deinen Krücken, Alter? Du trägst ein schönes Schwert, verkaufe es mir und schaff dir für das Geld ein Pferd und Wägelchen an!" Voll Zorn entgegnete Starkad: „Du weißt nicht, mit wem du redest, junger Mensch, sonst würdest du nicht wagen, mir Geld zu bieten für dieses Schwert, mit dem ich manchen Helden schlug! Was willst du mit solcher Waffe? Für dich ist ein Stock gut, um Schafe zu hüten!" Der Jüngling erwiderte stolz: „Nicht weniger als dir gebührt mir ein edles Schwert, denn ich bin aus edlem Stamm: Hader heiße ich, Lennis Sohn!"

Da jubelte das grimmige Herz des Eisgrauen, und er rief Hader zu: „So bin ich Starkad, der deinen Vater tötete – und du bist's, den ich suche! Schlag mir das Haupt vom Rumpfe mit meinem Schwert, so soll es dir gehören und dazu hier an meinem Hals der Beutel mit

Gold, den mir dein Vater gab für Alis Tod!" Hader nahm das Schwert, das Starkad ihm reichte; der Uralte hielt tief gebeugt den Nacken hin und sprach: „Führe das Schwert wie ein Mann! Hast du aber den Streich getan, so spring schnell, ehe mein Körper umfällt, zwischen Rumpf und Haupt, dann wird dich keine Waffe mehr versehren! Und nun schlag zu!" Da schlug Hader zu, und Starkads Haupt flog vom Rumpf ins Gras – so wild war es noch im Tode, daß es mit den starken Zähnen tief in die Erde biß. Den Sprung aber unterließ Hader; denn er fürchtete, daß der stürzende Leib, Tod mit Tod vergeltend, ihn erdrücke.

Nicht geziemend schien es dem Jüngling, daß ein so großer Kämpe unbegraben am Wege liegen sollte; darum rief er seine Leute herbei und ließ über Starkad einen Hügel türmen, zwanzig Ellen lang. Darauf wurden fünf Steine gesetzt, zwei zu seinen Füßen, zwei zu seinen Schultern und einer ihm zu Häupten. Und das Grab ist heute noch zu sehen.

Hader nahm den Beutel mit Gold an sich und gürtete das Schwert um. Als er aber auf dem Heimweg über eine Brücke ritt, sprang Skum aus der Scheide und ins Wasser, wo es versank. Niemandem wollte es dienen als seinem Herrn, und niemand hat es wiedergefunden.

OTTAR UND SIGRID

König Sigwalds Tochter Sigrid war so keusch und schamhaft, daß sie keinen der Freier, die sie wegen ihrer Schönheit umwarben, auch nur ansah; immer hielt sie ihre Blicke gesenkt. Sie hatte ihren Vater gebeten: „Gib mich keinem Mann zum Weibe als dem, zu dem ich einmal selbst die Augen aufschlagen werde!" Das hatte ihr der Vater versprochen.

Am stärksten erglühte für sie Ottar, Ebbos Sohn, durch viele tapfere Taten ebenso ausgezeichnet wie durch Klugheit und Redekunst. Aber auch er vermochte ihr, sosehr er sich mühte, keinen Blick abzugewinnen, und mußte von ihr scheiden. Ein anderer Werber jedoch, ein Riese, der gleichfalls sein Glück vergeblich versucht hatte, ließ die Jungfrau unter einem schlauen Vorwande vom Hause weglocken, ergriff sie und führte sie weit hinweg ins Waldgebirge. Als Ottar das erfuhr, verfolgte er den Riesen und erschlug ihn. Aber die Jungfrau blieb spröde wie zuvor, und er verließ sie voll Zorn. Allein irrte nun Sigrid durch die Wälder, mühselig ihr Leben fristend. Eine

Zeitlang hütete sie einer Waldfrau das Vieh, aber dann zog sie wieder weiter, um ihre Heimat zu suchen. Da führte sie das Schicksal in das Haus Ebbos, und Ottars Mutter hatte Erbarmen mit ihr; denn sie sah wohl, daß das Mädchen unter dem zerrissenen Gewand den Adel und die Schönheit einer Königstochter verbarg. So behielt sie Sigrid als eine ihrer Dienerinnen bei sich.

Als Ottar in das Haus seiner Eltern zurückkehrte und sie dort fand, sagte er keinem, wer sie war; aber als er sie allein traf, wiederholte er seine Werbung. Sie hielt die Blicke gesenkt wie immer, aber Ottar konnte nicht glauben, daß dies aus ihres Herzens wahrer Meinung kam. So beschloß er eine Probe. Er gab vor, er wolle eine andere heiraten, und ließ alles zur Hochzeit zurüsten; eine freundliche Magd spielte die Braut.

Man feierte das Fest, und des Abends wurde das Paar zur Schlafkammer geleitet; Sigrid aber mußte mit der Kerze voranleuchten. Die beiden bestiegen das Lager; mit niedergeschlagenen Augen stand Sigrid unbeweglich da, und die Kerze brannte nieder in ihrer Hand. Schon sengte ihr die Flamme die Finger, aber sie fühlte es nicht vor dem Feuer ihres Herzens. Da rief Ottar ihr zu: „Gib acht auf deine Hand!" – und jetzt hob sie die Augen auf und blickte ihn groß und ruhig an. Sofort sprang Ottar von dem vorgetäuschten Hochzeitslager empor; mit beiden Armen umfing er sie, und sie feierten zusammen echte Hochzeit.

ALF UND ALFHILD

Alf, des Dänenkönigs Sigar Sohn, war ein Wiking, ausgezeichnet durch Mut, Klugheit und Schönheit; sein Haar war so licht, daß es wie Silber glänzte. Er freite mit andern um Alfhild, die Tochter des Gotenkönigs Sigward, die kein Mann ansehen konnte, ohne von ihrer Schönheit in Liebe zu entbrennen. Sie jedoch wollte keinen Mann, darum verhüllte sie beständig ihr Gesicht; und um vor den Freiern ganz sicher zu sein, hielt sie sich in ihrem Gemach verschlossen, das zwei große giftige Schlangen hüteten. Sie schreckten alle Bewerber, nur Alf nicht. Um die bösen Tiere zu sinnloser Wut zu reizen, warf er ein blutiges Fell um sich; und als er ins Haus trat, stürzten sie sich in rasender Blindheit auf ihn: da stieß er der einen Schlange einen glühenden Stahl, den er mit der Zange gepackt hielt, in den Rachen und tötete die andere mit dem Speer. Als er nun die

Hand der Tochter forderte, antwortete der Vater: „Ich schlage sie dir nicht ab, aber vor allen Dingen muß sie selbst ja sagen." Das aber wollte Alfhild nicht; denn obzwar sie Alf wegen der bewiesenen Tapferkeit lobte, konnte sie doch ihre Schamhaftigkeit nicht überwinden.

So zog Alf wieder davon. Aber Alfhild vertauschte das Frauengewand mit der Brünne und ging selbst auf Heerfahrt wie ein wilder Wiking, zusammen mit einigen andern gleichgesinnten Jungfrauen. Sie trafen zufällig eine Schar von Wikingern, denen der Führer erschlagen worden war, und den Männern gefiel die schlanke, wilde Jungfrau so, daß sie sie zu ihrem Haupte wählten. Manche kühne Tat vollbrachte sie auf dem Meere.

Alf heerte zu gleicher Zeit an vielen Küsten bis hinauf nach Finnland; dort sah er, als er in eine schmale Bucht einfuhr, Schiffe liegen; das war die Flotte Alfhilds. Die Jungfrau zögerte, als unbekannte Kriegsschiffe nahten, nicht mit dem Angriff, sondern stürzte mit schnellem Ruderschlag wie ein Raubvogel auf sie, und bald kamen die Flotten aneinander. Die Dänen wunderten sich über die schlanke Gestalt des feindlichen Führers, voller Kampfbegier drängte Alf seinem Schiffe zu, legte sich Bord an Bord mit ihm und sprang hinüber. Jeden niederschlagend, der sich ihm entgegenstellte, drang er aufs Hinterdeck. Da ward der Jungfrau der Helm vom Haupte geschlagen, und aus dem niederstürzenden Blondhaar blickte ihr glattes Mädchenantlitz. Betroffen stand Alf, das Schwert in der Luft; aber Brokar, sein Genosse, rief: „Halt! Hier muß man nicht mit Schwertern kämpfen, sondern mit Küssen!" Da lachte Alf vor Glück und umfaßte leidenschaftlich die Geliebte; sie aber sträubte sich nicht länger, warf die Rüstung von sich und wurde sein Weib.

HAGBARD UND SIGNE

Nachdem Alf Alfhild heimgeführt hatte, blieb er nicht lange zu Hause, sondern begab sich wieder auf Wikingfahrt, gemeinsam mit seinem Bruder Alger. Sie stießen mit den drei Söhnen des Seekönigs Hamund zusammen, und es entbrannte eine heftige Schlacht, die den ganzen Tag währte. Nur die eintretende Nacht zwang die Streitenden, sich zu trennen. Aber als sie die schweren Verluste überdachten, die beide Parteien erlitten hatten, erachteten sie es für besser, sich zu vergleichen, und schlossen Frieden und Freundschaft miteinander. Alf und Alger luden die Hamundsöhne ein, sie zu König Sigar, ihrem Vater, zu begleiten; und so geschah es auch.

König Sigar hatte eine überaus schöne Tochter namens Signe; um sie warb mit besonderem Eifer und vom Vater begünstigt ein vornehmer Sachse namens Hildegisel. Der Freier war stolz auf seine Schönheit und seinen Adel, aber es gebrach ihm an hohem Mut und dem Ruhm großer Taten. Darum konnte Signe ihm nicht hold werden, sondern sie lenkte ihren Blick auf Hagbard, den stärksten der Hamundsöhne. Auch er war in Liebe zu ihr entflammt, und es gelang ihm bald, sie einmal heimlich zu treffen: da gelobte sie, ihm ihre Gunst zu schenken. Aber sie vermochte ihr Gefühl nicht zu verbergen, sondern lobte Hagbards Kühnheit oft mit so starken Worten, daß Hildegisel merkte, wie ihr Herz gesonnen war. In seiner Eitelkeit tief verletzt, wandte er sich an einen Ratgeber des Königs, den alten blinden Bölwis, der stets bereit war, Streit zu stiften, und bat ihn, den Bund zwischen den Söhnen Sigars und Hamunds zu zerstören. Das tat Bölwis nur zu gern. Mit tückischen Reden hetzte er die Sigarsöhne gegen die Freunde auf, so daß sich ihre Freundschaft in Haß kehrte, und als Hagbard einmal fern weilte, überfielen Alf und Alger seine beiden Brüder und töteten sie. Bald zog Hagbard zur Rache heran. In schwerer Schlacht kämpfte er mit Alf und Alger und erschlug beide. Zu den Sigarsöhnen hatte sich Hildegisel als Bundesgenosse gesellt; er entkam, aber als er sich zur Flucht wandte, traf ihn ein Speerschuß durch beide Hinterbacken; zeitlebens gereichte ihm diese schmähliche Wunde zu Schmach und Hohn, und er verschwand mit Unehren von Sigars Hof.

Obwohl er ihr die Brüder erschlagen hatte, zweifelte Hagbard keinen Augenblick, daß Signe ihm Liebe und Treue bewahren und ihr Gelöbnis einlösen werde. In Weiberkleidung gehüllt ging er eines Abends zu Sigars Hof; dort gab er sich als die Kampfmaid eines fremden Königs aus, die Sigar eine Botschaft bringen solle. Er ward auf den Morgen beschieden und für die Nacht zu den Jungfrauen geführt. Als ihm die Dienerinnen ein Fußbad bereiteten, fragten sie voll Staunen: „Warum sind deine Sohlen so hart und deine Schenkel so rauh? Warum ist deine Brust so flach? Warum sind deine Hände so stark?“ Hagbard antwortete: „Meine Sohlen sind hart und meine Schenkel sind rauh, weil ich oft eilen und springen mußte über steinigen Boden und durch dorniges Gestrüpp. Meine Brust ist flach, weil die Brünne sie drückte, und meine Hände sind so stark, weil sie nicht Weberschiffchen und Nadel führen, sondern Speer und Schwert.“ Und Signe sprach: „Eine Kampfmaid kann nicht sein wie ihr und ich, denn sie dient ihrem König mit Manneswerk." So wurden die Mägde beschwichtigt, und Hagbard erhielt für die Nacht den Ehrenplatz angewiesen als Bettgenossin Signes.

Als sie beieinanderlagen und sich liebkosten, flüsterte Hagbard der Geliebten ins Ohr: „Wenn mich jetzt dein Vater fängt, wird er mich töten! Denn nie darf ich auf seine Gnade rechnen, da ich ihm beide Söhne erschlug und dich ohne sein Wort, gegen seinen Willen im Arme halte. Sag, Geliebte, wenn ich sterben muß: wirst du mich dann vergessen und dir einen andern Mann wählen?" Darauf erwiderte Signe: „Wenn du stirbst, Geliebter, so will auch ich sterben. Wird dein Leben geendet zur See oder auf dem Land, durch Gift oder Schwert oder Henkershand, dann ende ich selbst das meine. Nie wird ein anderer mich berühren als du, der die ersten Küsse von meinen Lippen nahm!" Diese Worte machten Hagbard so stark und kühn, daß er keiner Gefahr mehr gedachte.

Unter den Mägden Signes war eine ungetreue, die hatte das Paar belauscht und meldete alles dem König. Sigar sandte seine Häscher; sie überfielen Hagbard, als er aus der Tür der Kammer ging, und obwohl er viele niederstreckte, ward er endlich doch überwältigt und vor das Gericht des Königs geführt. Anfangs gingen die Stimmen auseinander; die einen meinten, er habe das Leben verwirkt, die andern aber sagten, man solle einen solchen starken Kämpfer lieber zum Freunde gewinnen. Aber endlich gab Bölwis den Ausschlag. Er rief: „Nie darf der König verzeihen, wo Rache heiligstes Gebot ist! Soll Sigar den schonen, der ihm beide Söhne erschlug und obendrein die Tochter entehrte?" Daraufhin ward Hagbard zum Tode verurteilt, und der König befahl, ihn ohne Verzug an den Galgen zu hängen.

Als er aus dem Saal geführt wurde, trat ihm die Königin entgegen. Sie bot ihm einen Becher aus Eschenholz, mit Wein gefüllt, und sprach voll Hohn: „Jetzt, Frevler, nimm von mir diesen Becher und trinke dir Mut zu deinem letzten Gang! Von hier führt dein Weg nur noch zum Tode, deine Seele fahre zur Hel, während dein Leib am Galgen hängt!" Der Jüngling faßte den Becher mit festem Griff und antwortete: „Sieh, ich ergreife den letzten Becher mit der gleichen Hand, die dir deine Söhne erschlug! Für meinen Tod nahm ich die Rache im voraus! Ruchloses Weib, das den Sterbenden verhöhnt: kinderlos wirst du sein, nie wird dir wiedergegeben werden, was ich dir nahm!" Damit schüttete er ihr den Wein ins Gesicht und warf den Becher zu Boden.

In Signes Gemach umringten die weinenden Mägde ihre Herrin.

Sie aber fragte sie: „Wollt ihr mein Schicksal mit mir teilen?“ Das gelobten sie ihr alle mit den höchsten Eiden. Da sprach sie: „Ich will dem in den Tod folgen, dem allein ich im Leben gehörte. Wenn der Wächter von der Zinne das Zeichen gibt, daß Hagbard starb, dann soll dieses Gemach in Feuer auflodern! Wir aber werden uns Schlingen aus unsern Kleidern drehen und die Bänke unter unsern Füßen wegstoßen!“

Und sie gebot, Wein zu bringen, auf daß alle den Tod mit Freude erwarteten.

Als Hagbard auf dem Berge stand, wo der Galgen errichtet war, bat er die Schergen wie im Scherz: „Zieht erst einmal meinen Mantel am Galgen hoch! Gar zu gern möchte ich wissen, wie es aussehen wird, wenn ich selbst da oben hänge!“ Das schien den Schergen ein lustiger Wunsch, und sie taten ihm den Gefallen. Als aber der Mantel am Galgen tanzte, mußte der Wächter auf der Zinne wohl glauben, daß es Hagbard sei, und er stieß ins Horn. Im gleichen Augenblick warfen Signe und die Jungfrauen Fackeln in den Saal und erdrosselten sich in den Schlingen.

Hagbard sah die Flammen aus den Fenstern schlagen; sein Herz jauchzte auf, und er sprach lachend zu den Schergen: „Nun greift mich und laßt mich hoch in den Lüften schweben! Süß ist mir das Sterben, da das Haus in Flammen steht und du, mein Weib, meine Genossin im Tode bist. Mag mir der harte Strick die Kehle zuschnüren: ich gehe nicht allein zur Hel, du, meine Geliebte, gehst mit mir und bleibst bei mir, noch im Totenreich werde ich liegen in deinem Arm!“

Als er das gesprochen hatte, packten ihn die Henker und zogen ihn am Galgen hoch, daß er starb.

AMLETH

Zwei Brüder, Örwendel und Fengo, walteten als Statthalter des Dänenkönigs Rörik über Jütland. Örwendel war ein gewaltiger Wiking; im Holmgang tötete er den mächtigen König von Norwegen und gewann dadurch so viel Beute und Ruhm, daß ihm der Dänenherrscher seine ganze Gunst zuwandte und seine Tochter Gertrud zur Frau gab. Sie gebar ihm einen Sohn, der ward Amleth genannt.

So reiches Glück erregte den Neid Fengos. Er schmiedete heimlich finstere Pläne gegen seinen Bruder, und als sich die Gelegenheit bot, ermordete er ihn. Dann nahm er, Frevel auf Frevel häufend, die Witwe des Ermordeten zum Weibe. Beim Hofe wußte er seine Schandtat zu beschönigen, indem er erzählte, Örwendel habe seine Frau schändlich mißhandelt; damit fand er – so wandelbar ist Fürstengunst – beim König Glauben.

Der junge Amleth wußte wohl, daß er sich vor dem Oheim hüten müsse, wenn er nicht, als der berufene Rächer seines Vaters, gleichfalls getötet werden wollte. Darum beschloß er, sich blödsinnig zu stellen, und gebärdete sich fortan wie ein törichter und unsauberer Narr. Seine Worte klangen so läppisch, daß alle darüber lachten; aber meist verbarg sich hinter ihnen Sinn und Wahrheit, ohne daß die andern es ahnten. Einmal saß er am Herde und schnitzte aus Holz Klammern, deren Spitzen er mit Widerhaken versah; darauf wühlte er mit den Händen die Glut aus der Asche und härtete die Spitzen im Feuer. „Was machst du da?" fragten ihn die Höflinge, und er antwortete: „Scharfe Spieße für Vaterrache!" Darüber lachten alle, denn sie wußten nicht, daß diese Klammern ihm einst wirklich zum Rachewerk dienen sollten. Aber Fengo trat hinzu und besah sich die Schnitzerei; sie schien ihm, obwohl er ihren Zweck nicht erriet, so sauber ausgeführt, daß er stutzig wurde. „Sollte einer, der so viel Verstand in den Händen hat, wirklich keinen im Kopf haben?" fragte er seine Vertrauten. „Ob er sich am Ende nur verstellt und hinter seiner Narrheit böse Absichten versteckt?"

Sie beschlossen, ihn auf die Probe zu stellen, und als sie hin und her berieten, was in der Welt einen Menschen wohl am ehesten dazu bewegen könne, seine wahre Natur zu verraten, wurden sie bald einig, daß das die Liebe sei: denn wer von ihr ergriffen wird, dem geht alle Überlegung verloren. Darum ward ein Anschlag gemacht: man wolle Amleth Gelegenheit mit einer hübschen Frau geben, dann werde man ja sehen, ob er sich ihr nähere wie ein vernünftiger Mensch. Wie geplant, so ward es ausgeführt. Ein paar der Höflinge luden ihn ein zu einem Ritt in den Wald, dort sollte ihm an entlegenem Ort ein Mädchen zugeführt werden. Unter ihnen befand sich aber der Milchbruder Amleths, der wollte ihm wohl und suchte ihn, da er's mit Worten nicht durfte, durch ein Zeichen zu warnen: er hängte einer Hummel einen Strohhalm an den Pelz und ließ sie auf den Freund zufliegen. Amleth sah sie kommen und sprach: „Hat man dir etwas angehängt? Mir soll das nicht geschehen!" Da wußte der Freund, daß der andere das Zeichen verstanden hatte.

Amleth war wohl auf der Hut und begann sofort mit einem närrischen Streich. Er setzte sich verkehrt aufs Roß und lenkte es am Schwanz, daß die Gesellen viel zu lachen hatten. Als sie ein Stück geritten waren, lief ihnen ein Wolf über den Weg; sie sagten zu ihm: „Sieh, was für ein schönes Füllen!" Darauf antwortete er: „Wahrhaftig! Davon wünschte ich meinem Onkel recht viele in seinem Gestüt!" – und das war wirklich seine ehrliche Meinung, aber sie hielten die Verwünschung für bloße Narretei. Dann kamen sie an den Strand, dort lag das Steuer eines gestrandeten Schiffs, und sie sagten zu ihm: „Sieh, was für ein großes Messer!" Er antwortete: „Ja, damit kann man gewiß einen mächtigen Schinken schneiden!" – und er sah dabei aufs Meer; aber sie merkten nicht, was er meinte, und hänselten ihn weiter. „Sieh nur, wieviel schönes weißes Mehl!" sprachen sie und wiesen auf den Sand der Dünen. „Jawohl", antwortete er, „um das alles herzukriegen, mußte der Müller wohl Tag und Nacht mahlen mit Wasser und Wind zugleich." Dabei dachte er an die windgepeitschten Meereswogen; und so steckte stets hinter der Einfalt der Rede ein geheimer Sinn. Sie lachten laut über ihn, er aber lachte still bei sich, daß er die, die ihn zum besten haben wollten, selbst zum besten hielt.

Endlich kamen sie in den Wald, und während die andern mit Absicht vorausritten, um ihn allein zu lassen, trat ihm auf engem Wege unversehens das Mädchen, das versteckt gewartet hatte, in den Weg. Sofort begriff er, daß das die Versuchung war, mit der man ihn prüfen wollte; aber zugleich spürte er auch, wie sein Blut sich erregte, denn das Mädchen war sehr schön und ihm als Gespielin seiner Kindheit lieb. Blitzschnell überlegte er, wie er sich ihrer erfreuen könne, ohne sich zu verraten, nahm sie in die Arme und trug sie tief in den Wald hinein, zu einer Wiese im Moor, wo niemand sie erspähen konnte. Dort gehörten sie sich; aber sie schwur ihm auf seine Bitte, keinem etwas zu verraten. Als er wieder zu seinen Gesellen stieß, fragten sie ihn, ob er seine Freude mit dem Mädchen gehabt habe; da sagte er, töricht lachend, sofort: „Jawohl!" Nun fragten sie weiter, wo das geschehen sei, und er antwortete: „Ich stieg mit ihr auf ein Strohdach, dabei trat ich einem Rind auf die Zunge und einem Hahn auf den Kamm." Und auch das traf zu: denn sie hatten auf Schilf gelegen, mit dem man die Häuser zu decken pflegt, und rings um sie blühten Wiesenblumen, Rinderzunge und Hahnenkamm. Aber den andern schien, was er sagte, völlig ungereimt; und da das Mädchen auf alle Fragen immer nur beteuerte, es sei zwischen ihnen nicht das geringste geschehen, spotteten sie über seine Reden wie über leeres Geschwätz, und keiner wollte mehr glauben, daß er den Narren nur spiele.

Dieser Meinung trat auch der Hof bei, als die Gesellen alles berichtet hatten. Nur Fengos ältester Ratgeber, der sich klüger als die andern dünkte, hielt an seinem Mißtrauen fest und riet seinem Herrn, doch noch eine stärkere Probe vorzunehmen; die erste sei zu leicht gewesen für ein solches Wunder der Verschlagenheit, wie der Jüngling zu sein scheine. „Wenn Amleth", so sprach er, „überhaupt vor jemandem die Maske fallen läßt, so vor seiner Mutter. Reitet weg vom Hofe und seht zu, daß er mit ihr ganz allein in ihrem Zimmer zur Zwiesprache kommt! Dort werde ich mich vorher verstecken und auf jedes Wort genau merken." Nach diesem Vorschlag wurde alles ins Werk gesetzt. Der Ratgeber hatte sich in dem Zimmer, in dem Mutter und Sohn allein zurückgelassen worden waren, unterm Bettstroh versteckt. Aber obwohl Amleth niemanden sah, war er wohl auf der Hut, denn er fürchtete überall das Ohr eines Lauschers. Darum trieb er seine alten Possen, krähte wie ein Hahn und hüpfte, mit den Armen wie mit Flügeln schlagend, im Zimmer herum, bis er endlich auch aufs Bett sprang: da fühlte er einen Körper unter seinen Füßen, zog sofort das Schwert und stieß es durch das Stroh und durch den Lauscher, daß er auf der Stelle tot war. Den Leichnam schleppte er hinaus, schnitt ihn in kleine Stücke und warf sie in den Abtritt.

Darauf kehrte er zurück ins Zimmer zu der Mutter, die laut über den wahnsinnigen Sohn weinte, und sprach zu ihr: „Was klagst du über mich, Verworfene? Klage lieber über deine Schande! Wie eine Dirne umarmst du den blutschänderischen Mörder deines Mannes – ich aber muß mich wie ein Narr gebärden, damit der Mörder meines Vaters nicht auch mich ermordet! Nur so gewinne ich Frist, meinen Vater zu rächen und den einzigen Wunsch zu erfüllen, der in meinem Herzen lebt. Vergaßest du die Pflicht gegen deinen Mann, so denke wenigstens an deinen Sohn und schweige!" Diese harte Rede erschütterte das Herz der Frau und führte sie zurück zu dem, was recht ist. Sie verriet nichts von dem Geschehenen, und als Fengo bei seiner Rückkehr fragte, wo sein Ratgeber geblieben sei, wußte niemand Bescheid zu geben. Sie rätselten hin und her, jeder sprach eine Vermutung aus, aber keine bestätigte sich. Im Scherz fragten sie auch Amleth, was er wohl über den Fall meine; da antwortete er: „Vielleicht ist der alte Mann in den Abtritt gefallen!" Dafür hatten sie nur Spott, wiewohl es die reine Wahrheit war.

Fengo aber wurde jetzt seinen Verdacht erst recht nicht mehr los, Amleth schien ihm von Tag zu Tag gefährlicher; doch wagte er es vor seiner Frau und vor dem König nicht, den Stiefsohn selbst zu beseitigen. Darum beschloß er, ihn fern von Jütland durch einen andern umbringen zu lassen, und erwählte dazu den König von Britannien, seinen Freund und Blutsbruder. Zu ihm sollte Amleth gesandt werden, und zwei Höflinge sollten ihn begleiten; ihnen gab Fengo Runenstäbe für den König mit, in die geheime Botschaft eingeritzt war. Amleth stellte sich sehr närrisch an, als er von der bevorstehenden Reise hörte. Er ahnte, daß es darauf abgesehen sei, ihn ums Leben zu bringen, und war entschlossen, sich wohl vorzusehen. Vor der Abfahrt ging er heimlich zu seiner Mutter und sagte zu ihr: „Es wird heißen, ich sei tot; dann rüste heut in einem Jahr für mich das Leichenmahl. Aber an diesem Tage werde ich wieder hier sein. Unterdessen behänge du alle Wände des Saals mit geknüpften Teppichen."

Auf hoher See durchsuchte er, während seine Begleiter schliefen, ihr Gepäck und fand die wohlverwahrten Runenstäbe. Ohne Mühe entzifferte er die Botschaft, durch die Fengo den König ersuchte, Amleth unverzüglich zu töten. Er schabte mit einem Messer die Runen ab und schnitt neue ein, die den sofortigen Tod für seine Begleiter forderten und für Amleth alle Huld des Königs erbaten. Dann legte er, ohne daß die beiden es merkten, die Stäbe zurück an ihren Ort. Nach ihrer Ankunft gingen die Gesandten sofort zum König und überreichten ihm die Stäbe. Er las, was darauf geschrieben stand, und ließ die zwei unverzüglich hängen. Tags darauf kam Amleth zu Hofe und ward aufs gnädigste empfangen. Als ihm aber gesagt wurde, daß seine zwei Begleiter gehängt worden seien, stellte er sich darüber sehr zornig und forderte Buße von dem König. Der wollte nicht verraten, daß er nur dem ausdrücklichen Wunsch seines Blutsbruders willfahrt hatte, und zahlte dem Scheltenden, um ihn zu begütigen, reichliches Wergeld. Dieses Gold schmolz Amleth und goß es in zwei ausgehöhlte Stöcke. Danach lebte er bei dem König, der sich der Klugheit und edlen Sitte des Gastes freute, in Frieden, bis der Tag seiner Heimreise gekommen war.

Als Amleth in Jütland anlangte, gebärdete er sich wieder als Narr wie zuvor. Blöde lachend und verschmutzt taumelte er in den Saal, in dem eben der Leichenschmaus zu seinen Ehren verzehrt wurde; denn der König von Britannien hatte Fengo gemeldet, daß sein Wille geschehen sei, und Fengo hatte das nicht anders deuten können als auf Amleths Tod. Alle erschraken, als sie den Totgeglaubten plötzlich lebend vor sich sahen. „Wo sind deine Begleiter?" fragte Fengo finster; da wies ihm Amleth lachend die beiden Stöcke und sprach: „Das ist der eine – und das ist der andere." Darüber erbrauste der Saal von Gelächter, und Fengo ließ die Sache vorerst auf sich beruhen.

Denn Amleth kehrte sich an nichts, er lief hin zu den Schenken und half ihnen eifrig die Becher füllen, damit alle auf sein Gedächtnis tränken. Weil ihn aber sein Kleid behinderte, schürzte er es hoch über den Schwertriemen und begann dabei mit seinem Schwert zu hantieren; er zog es aus und steckte es wieder ein, alles so ungeschickt, daß er sich die Hand verwundete. „Der Narr schneidet sich noch die Finger ab", riefen die Umstehenden, und sie schlugen ihm einen Nagel durch Scheide und Klinge des Schwerts, daß es festsaß. Er aber schenkte immer eifriger ein, und schließlich waren alle so voll, daß sie auf der Stelle, wo sie gesessen hatten, hinfielen und einschliefen. Fengo selbst hatte sich bereits in sein Gemach zurückgezogen, auch er vom Trunke schwer.

Als es soweit war, holte Amleth die Haken hervor, die er einst geschnitzt und für diesen Tag aufbewahrt hatte. Mit dem Messer schnitt er die Teppiche, mit denen die Mutter auf sein Geheiß die Wände bekleidet hatte, von den Schnüren und ließ sie über die Schnarchenden fallen, mit den Klammern heftete er sie fest, daß keiner sich rühren konnte. Darauf schleuderte er Feuer in den Saal, hoch auflodernd fraß es alle, die da schliefen oder sich, erwachend, vergebens bemühten, emporzukommen.

Er selbst ging in Fengos Schlafkammer. Das Schwert, das über dem Bett hing, nahm er weg und hängte an seiner Statt das eigene, das ihm die Höflinge vernagelt hatten. Nun schüttelte er den Stiefvater und schrie ihm ins Ohr: „Wach auf, Fengo, deine Edlen verbrennen! Amleth ist da, er hat die Haken mitgebracht, die er einst härtete für die Rache des Vatermords! Jetzt ist deine Stunde gekommen!"

Fengo sprang empor, er riß das Schwert von der Wand, das Amleth ihm statt des seinen hingehängt hatte, aber er brachte es nicht aus der Scheide. Da empfing er mit dem eigenen Schwerte von Amleth den Todesstreich.

DAS SCHWERT TYRFING

Der Kampf auf Samsö

König Swafrlami ritt nach Sonnenuntergang an einer Felswand vorbei, vor der zwei Zwerge standen; er schwang einen Runenstab über sie, daß sie an dem Platz festgebannt blieben. Flehentlich baten sie um ihr Leben, und er ließ sie schwören, daß sie ihm ein herrliches Siegschwert schmieden sollten, das durch Eisen schnitte wie durch Wasser. Zur festgesetzten Zeit kam der König, es zu holen. Als er es empfangen hatte und die strahlende Klinge betrachtete, rief einer der Zwerge, schon in der Steintür stehend: „Fluch über das Schwert! So oft es aus der Scheide gezogen wird, soll es einen Menschen töten! Drei Neidingstaten sollen mit ihm vollbracht werden! Und du selbst sollst sterben durch dieses Schwert!“ Voll Zorn über die Verwünschung schlug der König mit dem Schwert nach dem Zwerg; der war aber schon zurückgesprungen in den Fels, der sich hinter ihm schloß, und die Klinge fuhr in den Stein bis ans Heft. Hell und unversehrt blitzten die stählernen Schneiden, als der König das Schwert herauszog. Er nannte es Tyrfing — das will sagen: Glanz aus Nacht, und sooft er es schwang, brachte es ihm den Sieg. Aber einmal, im Kampf gegen den Berserker Arngrim, flog ihm durch die Wucht des eigenen Hiebs die Waffe aus der Hand; da riß sie der Gegner an sich und erschlug ihn.

Arngrim bemächtigte sich seines Reichs und seiner Tochter. Mit ihr zeugte er zwölf Söhne, die zu wilden Berserkern heranwuchsen; aber der älteste, namens Angantyr, überragte die Brüder um Haupteslänge und ward von ihnen der Gefürchtetste. An einem Julabend taten die Arngrimssöhne beim Becher, der Brage dargebracht wird, Gelübde, und Angantyr schwur, er wolle Ingibjörg, die Tochter des Königs Yngwi zu Upsala, als Weib gewinnen oder sterben. Im Frühling fuhren die Brüder nach Upsala und gingen in die Königshalle; dort tat Angantyr sein Gelübde kund und forderte Ingibjörgs Hand. Ehe noch der König antwortete, trat Hjalmar der Mutige, sein bester Held, vor und sprach: „Seit ich in dein Land kam, habe ich für dich mit Ruhm gekämpft, König Yngwi. Um meiner Dienste willen bitte ich dich, Ingibjörg mir zu geben und nicht diesem Berserker, der in deinem und anderer Könige Land nur Böses anrichtete.“ Der König, darauf bedacht, den Zorn der Berserker zu vermeiden, antwortete: „Meine Tochter möge selbst entscheiden, wen sie zum Mann will.“ Ingibjörg zauderte keinen Augenblick und sprach: „Wenn ich selbst wählen soll, dann wähle ich den Mann, den ich seit langem als edlen Helden kenne, aber nicht einen Fremden, von dem ich bisher nur reden hörte – und nichts als Übles.“ Darauf antwortete Angantyr: „Mit dir will ich mich nicht streiten, denn ich sehe, du liebst ihn. Aber dich, Hjalmar, fordere ich zum Holmgang nach Samsö, und wenn ich dich zum Mittsommer dort nicht treffe, sollst du ein Feigling heißen!“ „So soll es sein!“ sprach Hjalmar; die Berserker fuhren davon.

Arngrim hörte den Bericht der Söhne mit Sorge: „Niemals bisher war ich bange um euch“, sprach er, „aber Hjalmar ist der kühnste Kämpfer, den ich kenne, und ihm an Mut und Kraft der nächste sein Blutsbruder Odd, der ihn sicherlich begleiten wird.“

Als sie im Frühling aufbrachen, gab Arngrim dem Angantyr das Schwert Tyrfing mit. Sie fuhren dahin und machten halt beim Jarl Bjartmar, der sie wohl aufnahm. Er hatte eine schöne Tochter, die Angantyr so gut gefiel, daß er sie auf der Stelle zum Weibe begehrte. Das wagte ihm Bjartmar nicht zu weigern. So ward Hochzeit gefeiert an einem Tag und Abschied genommen am nächsten, und die Brüder kamen zur gesetzten Frist nach Samsö. Sie legten im Hafen an und stürmten auf die Insel; in der Nebenbucht sahen sie zwei Schiffe liegen, die gehörten Hjalmar und Odd, und jedes war mit hundert tapferen Männern besetzt. Die beiden Blutsbrüder aber befanden sich nicht an Bord, sie waren an Land gegangen in den Wald. Über die Arngrimssöhne kam die Berserkerwut, sie schwangen die Schwerter und bissen in die Schildränder; je sechs von ihnen sprangen in jedes der zwei Schiffe, an dem einen Bord schritten sie hinauf und am andern zurück und hieben die ganze Besatzung nieder, obwohl sie sich tapfer wehrte; dann gingen sie heulend ans Land. Einer von ihnen rief höhnisch: „Unser Vater wird altersschwach, daß er uns bange machen wollte vor Hjalmar und Odd – von allen Männern auf dem Schiff war keiner uns gleich!“ Aber Angantyr antwortete ihm: „Freuen wir uns, daß wir keinen Stärkeren fanden – aber vielleicht leben die beiden noch!“

Von ferne hörten die Blutsbrüder das Brüllen der Siegestrunkenen; sie blickten hinab zum Strande und sahen, daß von ihren eigenen Schiffen die Berserker kamen. Sofort wußten sie, was geschehen war, und Hjalmar den Mutigen beschlich Todesahnung; er sprach: „Zwölf sind sie gegen uns zwei: wir werden heut abend Odins Gäste sein!“ Doch Odd antwortete: „Wir weichen ihnen nicht, Blutsbruder — ihrer zwölf wird Odin heut empfangen, wir zwei aber werden leben!“ Inzwischen hatten die Berserker sie entdeckt und kamen auf sie zu, ihnen voran, alle überragend, Angantyr; er trug in der Hand den Tyrfing, der wie Feuer gleißte. Jeder der beiden Blutsbrüder begehrte mit dem Gewaltigen zu kämpfen, aber Hjalmar sprach: „Angantyr gehört mir, denn ich bin der Herr dieses Holmgangs. Nimm du die andern auf dich!“ Damit sprang er gegen den riesigen Kämpen an, und ihre Schwerter erklangen Schlag auf Schlag. Odd aber ging zur Seite und rief den andern elf Brüdern zu: „Heran zu mir, einer nach dem andern, wenn ihr den Mut von Männern habt!“ Mann gegen Mann schlug er in hartem Kampf nacheinander alle elf nieder, ihn selbst aber schützte sein seidenes Nothemd so gut, daß er heil blieb.

Von den Erschlagenen hinweg wandte er sich dem Blutsbruder zu; er sah ihn auf einem Erdhaufen sitzen, blaß wie eine Leiche, Angantyr aber lag tot zu seinen Füßen. Aus sechzehn Wunden, die Tyrfing ihm geschlagen hatte, blutete Hjalmar; bis ans Herz war ihm die todbringende Schwertspitze gedrungen. Die Augen von schwarzem Nebel verdunkelt, sprach er mühsam zu dem Freunde: „Nun wird wahr, was Ingibjörg mir beim Abschied sagte: nie mehr werde sie mich wiedersehen. Bring dem König zum Zeichen Helm und Brünne; er wird erkennen, daß mein Panzer vorn zerhauen ist. Zieh mir den Goldring von der Hand und gib ihn der jungen Königstochter; sie wird Trauer tragen um meinen Tod. Andere leeren jetzt im Königssaal das Horn mit den Helden, ich aber liege, vom Eisen durchbohrt, auf dem einsamen Eiland: schon fliegen die Raben und Adler heran, die nach meinem Blut verlangen." Dann starb Hjalmar.

Odd ließ die Inselbewohner zwei gewaltige Hügel wölben; in einen legte er die Arngrimssöhne mit allen ihren Waffen, in den andern die erschlagenen Mannen von beiden Schiffen. Hjalmars Leiche aber führte er nach Upsala. Als Ingibjörg die Kunde vom Tod des geliebten Mannes vernahm, zersprang ihr das Herz vor Leid; sie wurde mit Hjalmar zusammen in ein Grab gebettet.

Herwör holt das Schwert

Jarl Bjartmars Tochter Swafa, die Angantyr kurz vor seinem Falle in Eile gefreit hatte, gebar, als ihre Zeit gekommen war, ein Mädchen. Manche meinten, man solle das Kind aussetzen, denn allzu wild für ein Weib sei des Vaters Stamm gewesen. Aber Bjartmar betrachtete es genau, und da er es schön und kräftig fand, sprach er: „Angantyrs Blut soll nicht erlöschen, vielleicht entsprießt aus ihr ein starkes Geschlecht." So ward sie mit Wasser besprengt und Herwör genannt. Unter der Obhut des Jarls wuchs sie auf und ward kräftig wie ein Jüngling; ihr Sinn stand nicht nach Nadel und Weberschiffchen, sondern nach Pfeil und Bogen, Schild und Schwert. Wild und gewaltig wie ihr Vater schlug sie die Männer und plagte die Knechte, bis einmal ein alter Diener im Zorn zu ihr sprach: „Du bist wahrhaftig böse, Herwör, wie dein Vater war!" Da ging sie zu dem Jarl und verlangte von ihrem Vater zu hören; denn er hatte bis dahin vermieden, ihr zu erzählen, aus welch unbändigem Blut sie stammte. Als sie aber erfahren hatte, wie Angantyr erschlagen ward und daß er auf Samsö im Erdhügel ruhe, sprach sie: „Ich will meine Heldensippe besuchen und das Erbe antreten, das mein Vater für mich hütet!"

Sie legte Männerkleider und Waffen an, nannte sich Herward und stieß zu einer Schar von Wikingern. Mit ihnen fuhr und heerte sie wie ein Held, und als der Führer fiel, setzten die andern sie an seine Statt. Da lenkte sie den Kiel der Schiffe nach Samsö. „Hier liegen große Schätze vergraben", sprach sie zu ihren Mannen; aber keiner wollte sie auf das Eiland begleiten, denn es war verrufen, böse Geister sollten dort des Nachts umgehen. So ruderte sie allein hinüber und betrat die Insel, als die Sonne sank. Auf dem Feld traf sie einen Hirten und forschte ihn aus. „Bist du fremd hier, junger Held?" fragte er sie, „dann komm mit mir eilends zur Herberge, es ist nicht geheuer draußen des Nachts." Sie antwortete: „Ich bleibe, fliehe du allein! Aber vorher sag mir, wo der Hügel sich wölbt über Arngrims Söhnen!" Sie bot dem Hirten einen goldenen Ring, doch er rief: „Wahnsinn ist's, weiterzugehen zwischen die Nachtgespenster! Sieh, da hüpfen schon die Flammen, die Hügel öffnen sich, das Feld brennt, flieh eilig!" Der Hirte lief davon, aber Herwör sprach: „Mag auch die ganze Insel in schnaubenden Flammen brennen, ich fürchte die toten Helden nicht, sie sollen mir Rede stehen!"

Auf die Hügelfeuer zu ging Herwör ohne Furcht, sie schritt durch Nebel und Glut und stand vor dem Hügel der Berserker. Mit lauter Stimme rief sie: „Wach auf, Angantyr! Dich ruft Herwör, die einzige Tochter deiner Swafa! Gib mir aus dem Hügel das scharfe Schwert, das die Zwerge schmiedeten! Ihr Angrimssöhne alle, die ihr unter den Waldwurzeln schlaft in der Rüstung mit Schild und Schwert, erwacht! Seid ihr zu Staub geworden, daß keiner von euch mir Rede steht? Fühlt Herz und Eingeweide zermodern, als lägt ihr im Ameisenhügel, wenn ihr mir nicht das Schwert herausgebt, das Toten nicht taugt!" Da sprach Angantyr aus dem Grab: „Herwör, Tochter, was rufst du so ungestüm? Du stürzt dich ins Verderben, wenn du wahnwitzig und frevlerisch die Toten weckst! Mich hat weder Vater noch Freund begraben, man gab mir Tyrfing nicht mit, die Sieger nahmen ihn mir, und einer von ihnen führt ihn wohl noch." Aber Herwör beschwor ihn: „Sag mir die Wahrheit! Noch im Grabe zermalme dich Odin, wenn du Tyrfing hast und deiner Tochter ihr Erbe weigerst!"

Da öffnete sich der Hügel, lodernd in roter Glut, Angantyr stand im Tor und sprach: „Das Heltor sprang auf, die Hügel stehen offen, und das ganze Eiland flammt von Feuer, rette dich zu den Schiffen!" Aber Herwörs Herz blieb fest; weder die Flammen schreckten sie, noch der Anblick der Toten. Immer ungestümer forderte sie das Schwert, und der Tote sah staunend auf die wilde Tochter, die vor ihm stand, als sei sie kein sterbliches Geschöpf, sondern eine Kampfmaid Allvaters. Zum letzten Male warnte er sie: „Tief in der Feuersglut liegt Tyrfing, Lohe hüllt ihn ein; keine Jungfrau auf Erden kann das Schwert fassen!" Aber Herwör rief: „Mit meinen Händen will ich's ergreifen! Vor meinem Blick erlischt die Lohe!"

Festen Schritts ging sie zu auf das gähnende Tor des Totenhügels. Da rief Angantyr: „Halt, Tochter, tollkühnes Mädchen! Eh du dich offenen Auges ins Feuer wirfst, reich ich selbst dir das Schwert aus meinem Grabe – nicht länger darf ich dir's weigern!" Damit reichte er ihr das Schwert hinaus und sprach dazu: „Nimm es hin! Wie gerne gäbe ich dir dazu Zwölfmännerkraft, das stolze Erbe der Arngrimssöhne!" Herwör ergriff Tyrfing jubelnd: „Herrlich ist dein Geschenk, mein Vater, mehr freue ich mich des Schwerts, als hätte ich ganz Norwegen gewonnen!" Aber Angantyr sprach seufzend: „Allzuwenig weißt du von Künftigem, Verblendete; Tyrfing wird einst dein eigenes Geschlecht vertilgen!" und während sich der Hügel schloß, rief er der Tochter ein letztes Fahrwohl zu.

Herwör stand wie eine Entrückte, während ringsherum die Feuer einsanken. Dann sprach sie: „Sei euch im Hügel Odin gnädig! Jetzt will ich hinab zu den Schiffen – hinweg von hier! Als mich rings die Glut umflammte, war mir, als stünde ich am Rande der Welt."

König Heidrek

Nachdem Herwör das Schwert Tyrfing aus dem Grabe ihres Vaters Angantyr geholt hatte, ging sie wieder auf Wikingfahrt und errang allenthalben Sieg und Ruhm. Aber endlich ward sie der Kriegszüge müde und kehrte in das Haus ihres Pflegevaters Bjartmar zurück. Dort vertauschte sie die Rüstung mit Frauengewand und wandte sich weiblicher Beschäftigung zu. Da sie schön und reich war, stellten sich zahlreiche Bewerber ein; aus ihnen erwählte sie zum Gatten den König Höfund, der in allen Ländern den Ruf hoher Klugheit und unbestechlicher Gerechtigkeit hatte. Sie bekamen zwei Söhne, Angantyr und Heidrek. Beide wurden stark und schön, aber während Angantyr dem Vater nachschlug, hatte Heidrek den wilden und unbändigen Sinn seiner Mutter. Ihn liebte sie vor allem, aber Höfund mußte es sich mit ihm sauer werden lassen. Wenn er seinen Söhnen weise Mahnung gab und guten Rat erteilte, dann schien es, als wenn

Heidrek sich eine Freude daraus mache, ihm schnurstracks zuwiderzuhandeln. Darum fand der Vater oft genug Grund, ihn zu tadeln und zu strafen. So kam es auch, daß er einmal zu einem großen Festgelage, bei dem alle Vornehmen des Reiches erschienen, Heidrek nicht einlud.

Dafür beschloß Heidrek sich zu rächen. Er ging am späten Abend, als der König sich schon zur Ruhe begeben hatte, ungeladen zum Gelage und begann mit spitzigen Reden zwischen den Mannen Unfrieden zu stiften, bis einer einem andern die Faust ins Gesicht schlug und der Getroffene den Beleidiger mit dem Schwert niederhieb. Heidrek lachte dazu und sprach: „Jetzt ist das Gelage erst schön, da rotes Blut das Tischtuch färbt!" Als Höfund am nächsten Morgen den bösen Streich erfuhr, gedachte er nicht um des Sohnes willen das Recht zu beugen, und verbannte ihn aus seinem Reich. Herwör aber gab ihm beim Abschied den Tyrfing. Von seinem Bruder geleitet, ging Heidrek zum Tor. Dort sprach er: „Wahrlich, sehr verschieden ist meiner Mutter Liebe zu mir von der meines Vaters! Er jagt mich aus dem Lande, aber sie schenkt mir den Tyrfing, der mir mehr gilt als ein Königreich. Nun gedenke ich mit ihm eine Tat zu tun, die meinem Vater ewig leid sein soll!" Dabei riß er das Schwert aus der Scheide, es strahlte und sprühte Funken und schrie nach Blut, wilder Zorn übermannte Heidrek, und er erschlug seinen Bruder. Das war die erste Neidingstat, die mit dem Tyrfing vollbracht wurde.

Über die eigene Untat entsetzt, entfloh Heidrek und verbarg sich in den Wäldern; eine Zeitlang lebte er dort und schoß Wild und Vögel zu seiner Nahrung. Aber dieses Dasein schien ihm bald wenig rühmlich und seiner Vorfahren, die große Taten vollbracht hatten, unwürdig. Darum beschloß er, fremde Länder aufzusuchen, um Ruhm und Land zu gewinnen. So kam er zu dem Gotenkönig Harald und ward von ihm gastlich aufgenommen. Der alte Herrscher hatte einen unglücklichen Krieg mit zwei Jarlen geführt und mußte ihnen Tribut zahlen; Heidrek bot sich ihm als Recke an. In harter Schlacht erschlug er die Jarle und viele andere mit seinem Schwert, das durch Schilde und Panzer biß. Er befreite das Land und schuf in siegreichen Kriegszügen dauernden Frieden ringsumher, so daß sein Ruhm groß wurde. Der König gab ihm seine Tochter Helga zur Frau und dazu das halbe Reich; Heidrek aber blieb der Schirmer des ganzen.

Helga gebar ihm einen Sohn, Angantyr; aber auch König Harald zeugte in hohem Alter noch einen Sohn. Nun begab es sich eines Jahres, daß Mißwachs eintrat und Hungersnot das ganze Land zu veröden drohte. Da riefen die Goten Odin an und warfen den Opferspan, und ihnen ward die Antwort: „Nicht eher werden die Felder wieder Frucht tragen, als bis der edelste Knabe des Gotenreichs Odin geopfert ist.“ Darüber entstand ein Streit zwischen Harald und Heidrek, jeder wollte den eigenen Sohn retten und bezeichnete den des andern als den edelsten. Da sie sich nicht einigen konnten, beschlossen sie, einen Schiedsrichter anzurufen, und niemand schien ihnen dazu geeigneter als König Höfund, der weiseste unter allen Fürsten. Heidrek selbst reiste zu dem Vater, der Versöhnung annahm und ihn freundlich empfing, und legte ihm die Frage zur Entscheidung vor. Da sprach Höfund zu seinem Sohn: „In welchem Lande du auch seist, immer und überall wird dein Sohn der edelste sein!“ Unwillig fragte Heidrek: „So entscheidest du also gegen mich?“ Höfund schwieg eine Weile, sah den Sohn an und antwortete: „Fordere für deinen Sohn, ehe du ihn auslieferst, als Ersatz jeden zweiten Mann aus König Haralds Gefolge. Hast du das erreicht, so brauchst du, wie ich dich kenne, keinen weiteren Ratschlag mehr.“

Nach seiner Heimkehr berief Heidrek die Goten zum Thing und verkündete den Spruch seines Vaters: „Mein Sohn soll das Opfer sein, aber dafür soll mir jetzt gleich jeder zweite Mann aus König Haralds Gefolge gegeben werden und Treue schwören!“ Diese Entscheidung hießen alle gut, und alsbald trat jeder zweite Mann Haralds zu Heidrek über. Feierlich schwuren sie ihm, ihm unverbrüchlich treu zu sein inner und außer Landes, was immer er auch täte. Jetzt hatte Heidrek weit größere Macht als Harald, und da man ihn mahnte, nunmehr seinen Sohn zum Opfer auszuliefern, rief er: „Statt meines Sohnes wollen wir Odin König Harald, seinen Sohn und sein ganzes Heer opfern – mir scheint, damit ist der Gott gut bezahlt!“ Sofort ließ er die Kriegsfahne aufpflanzen und das Heerhorn blasen, mit großer Übermacht fiel er über Harald und die Seinen her. Er stieß auf tapfere Gegenwehr, und die Schlacht ward härter, als er geglaubt hatte. Aber Tyrfing entschied den Sieg, mit ihm schlug Heidrek selbst König Harald und dessen Sohn nieder: und das war Tyrfings zweite Neidingstat. Alle Erschlagenen weihte Heidrek dem Odin als Ersatz für den eigenen Sohn; dann nahm er das ganze Gotenreich in Besitz. Seine Gattin Helga aber, da sie den Tod ihres Vaters erfuhr, erhängte sich aus Gram.

Weithin gefürchtet, waltete Heidrek lange Jahre der Herrschaft. Als er älter wurde, ließ er ab von den Heerfahrten und wandte sich Werken des Friedens zu. Er ordnete das Reich und gab ihm feste Rechtssatzung. Alle Fehden wurden abgeschafft, über alle Streitigkeiten entschieden als höchstes Gericht die zwölf weisesten Männer des Landes. Der König opferte nicht mehr dem Kriegsherrn Odin, sondern dem lichten Frey. Ihm zu Ehren ließ er einen riesigen Eber aufziehen, dessen Borsten wie Gold glänzten. Am Julabend wurde das Tier geopfert, die Mannen legten die Hände auf seinen Rücken und taten Gelübde, der König aber legte ihm die Hand aufs Haupt und schwur, daß jeder in seinem Reich, und habe er sich aufs schwerste gegen ihn selbst vergangen, gerechten Urteils der zwölf Weisen gewiß sein solle. Wolle sich aber einer diesem Gericht nicht unterwerfen, so stehe ihm noch ein anderer Weg frei: sicheren Frieden solle er gewinnen, wenn er König Heidrek ein Rätsel aufgebe, das dieser nicht zu lösen vermöchte. Niemals bisher war es einem gelungen, dem König ein solches Rätsel vorzulegen.

Ein mächtiger Fürst im Gotenreich hieß Gest der Blinde; er war kein guter Mann, zahlte auch den Zins nicht pünktlich, und der König zürnte ihm. Darum ward er geladen, daß er entweder vor das oberste Gericht trete oder im Rätselstreit den König besiege. Beides war Gest dem Blinden gleich unwillkommen; denn seine Sache war schlecht, und an Rätselkunde gebrach es ihm ganz und gar. So saß er denn in bösen Nöten, und in seiner Bedrängnis opferte er Odin. Am selben Abend spät pochte es an seiner Tür, und als er den Gast empfing und nach dem Namen fragte, antwortete der: „Ich heiße auch Gest." Sie kamen ins Gespräch, und der Ankömmling fragte den Wirt, was ihn so bedrücke. Als er es erfahren hatte, sprach er: „Fürchte nichts; ich werde mit dir Gestalt und Kleider tauschen und an deiner Stelle zum König gehen."

Am nächsten Tage trat in die Königshalle ein Mann, den alle für Gest den Blinden hielten; Heidrek sah ihn zornig an und erwiderte seinen Gruß nicht. „Herr, ich komme, um Frieden von dir zu nehmen", sprach Gest. Der König fragte: „Du willst dich also dem Spruch meiner Weisen unterwerfen?" Gest antwortete: „Es gibt ja noch einen andern Weg, obwohl auch der nicht leicht für mich ist. Wenn es dir so gefällt, will ich dir ein paar Rätsel vorlegen." Damit war der König wohl zufrieden, obgleich er Gest nicht eben viel Scharfsinn zutraute. Die zwei setzten sich einander gegenüber auf zwei Stühle, und die Mannen nahmen ihre Plätze ringsherum. Sie lächelten und der König mit ihnen, als Gest mit leichten Rätseln begann, wie sie die Kinder einander aufzugeben pflegen. Aber bald setzte er sie in Erstaunen, sein Rätselwissen schien unerschöpflich, immer neue Fragen stellte er und immer schwerere. Dennoch blieb Heidrek ihm niemals die Antwort schuldig, woher auch Gest seine Beispiele und Bilder nahm – ob vom Hofe des Bauern oder aus der Halle des

Königs, von Mensch oder Tier, von Erde oder Meer oder selbst aus dem Reiche der Götter. Als Gest fragte: „Was leuchtet den Menschen, verbrennt nicht in Lohe, worum rennen die Wölfe?“ – so wußte der König sofort, daß das die Sonne sei; und als jener fragte: „Wer sind die zwei mit zehn Füßen, drei Augen und einem Schwanz?“ – so kam gleich die richtige Antwort: „Das ist der einäugige Odin auf dem achtbeinigen Sleipnir.“

Den ganzen Tag dauerte der Wettstreit; aber als der König alle Rätsel riet, fragte Gest endlich: „Nun löse mir als letztes, du klügster aller Könige: Was sagte Odin dem Balder ins Ohr, ehe man ihn auf den Holzstoß hob?“ Da erkannte Heidrek den Fragenden und rief zornig: „Alles Böse über dich! Das kann niemand wissen außer dir, heimtückischer Odin!“ Aufspringend zog er das Schwert und hieb nach dem Gott, der aber schwang sich als Falke davon durchs Fenster, und das Schwert schnitt dem Enteilenden nur einige Schwanzfedern ab.

Voll Grimm dachte Heidrek dessen, dem er einst gedient hatte und der ihm nun feind geworden war; nichts Gutes bedeutete Odins Besuch. Aber dem Gott zum Trotz beschloß er, gegen Gest den Blinden zu reiten, um ihn zu strafen. Unbedacht und verblendet handelte er, wie einst in seiner Jugend, da er immer das Gegenteil von dem zu tun pflegte, was sein Vater ihm riet. Und seltsam war es, daß er jetzt, ein alter und kluger Mann, drei Lehren zuwiderhandelte, die sein Vater ihm einst gegeben hatte. Er nahm auf seinen Zug eine Schar von Männern mit, die er im Krieg gefangen und zu seinen Knechten gemacht hatte; und doch hatte Höfund ihm einst gesagt: „Vertraue dich niemals gefangenen Knechten an!“ Er ließ sich das schnellste Pferd aus seinem Stall satteln und ritt eilends voraus, so daß ihm die meisten der Mannen nicht mehr folgen konnten und nur noch die gefangenen Knechte bei ihm waren, obwohl Höfund ihn gelehrt hatte: „Nimm nie das schnellste Pferd, wenn du es eilig hast, und renne nicht, wenn du früh am Ziele sein willst!“ Als er sich aber am Abend ermüdet im Zelt ausstreckte, während die Knechte draußen wachten, handelte er gegen einen dritten Rat Höfunds: „Leg dein Schwert nie zu deinen Füßen!“ – und legte Tyrfing zu seinen Füßen hin. Da überfielen ihn, als er eingeschlummert war, die gefangenen Knechte, die allein bei ihm geblieben waren, nahmen Tyrfing vom Fußende seines Lagers und erschlugen den König im Schlaf. Das war die dritte Neidingstat, die mit Tyrfing begangen wurde.

Nachdem König Heidrek so eines elenden Todes gestorben war, folgte ihm im Reich sein Sohn Angantyr. Ihm schien es erste Pflicht, den Vater zu rächen; darum entfernte er sich heimlich und allein vom Hofe, die entflohenen Meuchelmörder zu suchen. Eines Abends kam er an einen See und sah in einem Fischerboot Männer, deren einer einen gefangenen Fisch in der Hand hielt. „Gib mir dein Messer, daß ich ihm den Kopf abschneide!" rief er seinem Nebenmann zu; der aber sagte: „Ich brauch meins allein, lang doch das Schwert unterm Ruderbrett her!" Darauf holte der erste das Schwert hervor und schnitt damit dem Fisch den Kopf ab; dabei sprach er: „Es schneidet gleich gut, ob es einem Hecht gilt oder einem König." Da erkannte Angantyr Tyrfing und die Mörder seines Vaters. Er wartete, bis sie sich nachts ins Zelt gelegt hatten; dann zog er mit einem Griff das Schwert an sich, warf das Zelt über die Mörder, daß sie sich darein verstrickten, und erschlug alle neun. Jetzt erst bestieg er den königlichen Stuhl und hielt das Leichenmahl für seinen Vater.

Der Fluch der Neidingstaten war von Tyrfing genommen, seitdem die dritte geschehen war, aber gierig nach Blut blieb das Schwert auch fernerhin. Es wird erzählt von der großen Schlacht auf der Dunheide, die die Goten gegen die Hunnen schlugen. Die Feinde führte Löd ins Land, Heidreks Sohn von einer Kebsfrau, der kriegsgefangenen Tochter des Hunnenkönigs Humli. Löd forderte als Vatererbe die Hälfte des Gotenreichs von Angantyr, das ward ihm geweigert, weil es gegen gotisches Recht war; Angantyr bot ihm zur Versöhnung einen reichen Goldschatz und eine Schar von erlesenen Mannen, doch das schlug Löd aus. So kam es zum Krieg, und die Hunnen zogen in ungezählten Scharen heran. Viele Tage lang dauerte die Schlacht, sie erneuerte sich jeden Morgen mit größerer Wut; denn die Hunnen wußten, daß sie ihr Leben nur retten konnten durch den Sieg, die Goten aber stritten für ihre Freiheit und ihren Boden. Am neunten Tage endlich begannen die Hunnen zu weichen. Da brach Angantyr aus der Schildburg und mähte sich Bahn in ihre Reihen, mit dem Tyrfing erschlug er Humli und den eigenen Bruder Löd. In wilder Flucht strömten die Hunnen zurück; so viele wurden ihrer getötet, daß die Flüsse sich stauten vor der Zahl der Leichen und die Täler gefüllt waren mit erschlagenen Menschen und Pferden.

Nach der Schlacht schritt Angantyr über die Walstatt und stand still vor der Leiche seines Bruders Löd. Trauernd sprach er zu dem Toten: „Ich bot dir goldene Ringe und Kleinode, soviel du begehrtest, Bruder — aber du wolltest den Kampf. Nun fandest du nichts als den Tod. Wehe, daß ich dein Mörder wurde! Aber ohne Gnade ist das Geschick und unerbittlich das Schwert."

ALBOIN

Alboin gehörte dem edlen Volk der Langobarden an, dem Wodan selbst den Namen gab; denn ehedem hießen sie Winiler. Einst führte dieses Volk Krieg mit den Wandalen, die an Zahl weit überlegen waren. Am Tag vor der Schlacht flehten die Wandalen zu Wodan um den Sieg, und er antwortete ihnen: „Denen will ich den Sieg geben, die ich bei Sonnenaufgang zuerst sehe!" Die Winiler aber beteten zu Frigga, und sie sprach: „Eure Weiber sollen ihr aufgelöstes Haupthaar ums Gesicht legen, als trügen sie Bärte, und mit den Männern zusammen in der Frühe nach Osten hintreten, wo Wodan aus dem Fenster zu blicken pflegt!" Das taten sie, und als Allvater sie beim Aufstehen erschaute, fragte er: „Wer sind diese Langbärte?" Da sagte Frigga zu ihm: „Jetzt gabst du ihnen den Namen, nun verleihe ihnen auch den Sieg!" So erhielten die Winiler den Sieg, und seitdem nannten sie sich Langobarden.

Sie zogen durch viele Länder, und ihr König Audoin führte sie nach Pannonien, wo sie auf dem Asfeld feindlich mit dem Volk der Gepiden zusammenstießen. Beide Gegner stritten mit gleichem Mut, und keiner wich, bis Alboin, Audoins junger Sohn, auf Turismod, den Sohn des Gepidenkönigs Turisind, traf und ihn mit der Lanze vom Pferde stach, daß er starb. Als die Gepiden den Sohn ihres Königs erschlagen sahen, wandten sie sich zur Flucht, und viele von ihnen wurden von den nachsetzenden Langobarden niedergehauen. Mit großem Siegesjubel kehrten die Langobarden heim und baten ihren König, seinem Sohn, dem sie den Sieg dankten, künftig den Platz neben sich im Hochsitz anzuweisen; wie er seines Vaters Genosse in der Schlacht war, solle er es auch bei Tische sein. Aber Audoin antwortete: „Ich gedenke die alte Sitte, die bei uns gilt, nicht zu brechen: nie durfte bei uns der Sohn des Königs beim Mahl neben seinem Vater sitzen, ehe ihm nicht ein fremder König Waffen verlieh."

Als Alboin das hörte, zog er mit vierzig Jünglingen zu König Turisind, dessen Sohn er erschlagen hatte, und bat ihn, ihm Waffen zu verleihen. Turisind nahm ihn gütig auf, lud ihn zur Tafel und gab ihm den Platz an seiner Rechten, wo vordem sein Sohn Turismod gesessen hatte. Bald wurden die Mannen beim Trunk munter, da gedachte der Vater beim Anblick Alboins seines erschlagenen Sohnes; er seufzte tief auf und brach, da er sein Herz nicht länger bezwingen konnte, in die Worte aus: „Lieb ist mir der Platz zu meiner Rechten, aber leid ist mir's, den Mann zu sehen, der darauf sitzt!" Kunimund, der zweite Sohn des Königs, vernahm die Rede des Vaters, er entbrannte von Zorn und begann über den Tisch hinweg die Langobarden zu verhöhnen. „Warum umwickelt ihr eigentlich eure Waden mit weißen Bändern?" fragte er; „ihr seht ja aus wie geile Stuten mit weißen Fesseln!" Ihm antwortete ein Langobarde: „Geh hinaus aufs Asfeld, damit du siehst, wie kräftig die geilen Stuten ausschlagen können! Dort liegen die Gebeine deines Bruders zerstreut und zerstampft umher wie Rinderknochen auf dem Schindanger!" Von dieser Beschimpfung wie vom Hieb einer Geißel getroffen, fuhren die Gepiden hoch, um die Schmach mit Blut abzuwaschen, und auch die Langobarden griffen zu den Schwertern. Aber da sprang der greise König vom Hochsitz herab zwischen die Gegner und rief drohend: „Wer den ersten Streich führt, ist des Todes! Unrühmlich ist ein Sieg im eigenen Hause über den Feind, der in Frieden kam." So schlichtete er den Streit, und das Mahl ging weiter. Als es aber beendet war, nahm Turisind die Waffen seines erschlagenen Sohnes von der Wand und reichte sie Alboin; dann sandte er ihn ungekränkt und heil zu seinem Vater zurück. Audoin führte seinen Sohn zum Hochsitz und wies ihm den Platz neben sich an, und Alboin erzählte, was ihm bei den Gepiden begegnet war. Die waren alle des Staunens voll und wußten nicht, wen sie höher rühmen sollten: den jungen Alboin, weil er sich so kühn ins Haus seines Feindes wagte, oder den greisen Turisind, der sich so edelmütig erwies.

Nach Audoins Tode folgte ihm Alboin auf den Thron und herrschte ruhmreich. Als aber Turisind starb, brach sein Sohn Kunimund den Frieden mit den Langobarden, um endlich an ihnen Rache für den erschlagenen Bruder zu nehmen. Alboin schlug die Gepiden vernichtend, daß keiner von ihnen aus der Schlacht entrann, und tötete Kunimund mit eigener Hand; den Schädel des Erschlagenen ließ er mit Silber überziehen und eine Trinkschale daraus machen. Kunimunds Tochter Rosimund aber führte der siegreiche König davon und machte sie zu seinem Weibe. Drei Jahre lebte er mit ihr zusammen; in dieser Zeit zog er nach Italien und unterwarf das Land, das nach dem Namen der Eroberer forthin Lombardei hieß. In Verona beging er ein Siegesfest, und als er trunken war, ließ er die Schale aus Kunimunds Schädel mit Wein füllen und der Königin reichen. Ahnungslos hob Rosimund sie an die Lippen, da rief er ihr zu: „Sei fröhlich, Frau, jetzt trinkst du mit deinem Vater!" Rosimund ward bleich, als sie diese Frevelworte hörte, und tat in ihrem Herzen einen Schwur, den Tod ihres Vaters zu rächen.

Heimlich machte sie sich an Helmichis, Alboins Waffenträger, und suchte ihn zu überreden, daß er sich mit ihr zur Ermordung des Königs verbünde; aber Helmichis scheute vor der Tat zurück. Nun beschloß sie, ihn mit List zu zwingen. Ihre Kammerfrau war die Geliebte des Helmichis, und er besuchte sie oft des Nachts: da legte sich Rosimund in das Bett ihrer Dienerin und ließ sich von dem Manne umfangen. Danach aber sprach sie zu ihm: „Weißt du, bei wem du liegst?" – und als er betroffen den Namen seiner Geliebten stammelte, fuhr sie fort: „Du irrst, ich bin Rosimund, die Königin. Nun hast du etwas getan, was dir nur noch eine Wahl läßt: Alboin zu töten oder dich von ihm töten zu lassen!" Jetzt, da ihm nichts anderes übrigblieb, um dem Tode zu entgehen, willigte Helmichis in den Mord.

Als Alboin Mittagsruhe hielt, trug Rosimund leise alle Waffen aus der Kammer, das Schwert des Königs aber verschnürte sie am Bettpfosten so fest mit Stricken, daß es weder abgenommen noch aus der Scheide gezogen werden konnte. Dann ließ sie Helmichis eintreten. Alboin erwachte, durchschaute sofort den Verrat und griff aufspringend nach dem Schwert, aber es rührte sich weder Scheide noch Klinge. In seiner Bedrängnis faßte er den Fußschemel und wehrte sich tapfer seines Lebens, aber die Waffen waren zu ungleich, und nach kurzer Zeit traf ihn tödlich das Schwert des Treulosen. So starb der kühne Held durch den Verrat eines Weibes. Mit großer Trauer begrub ihn sein Volk unter den Stufen, die zu seinem Palast führten, und das Andenken seiner Taten lebte in vielen Liedern fort.

Seinen Mördern war es nicht bestimmt, ihrer Taten froh zu werden. Vergebens versuchte Helmichis, das Reich an sich zu reißen; die Langobarden trachteten ihm nach dem Leben, und er entwich zusammen mit Rosimund, die er bald danach zum Weibe nahm. Eine Weile lebten sie bei dem oströmischen Statthalter Longinus in Ravenna; ihm gefiel die Frau wohl, und er überredete sie, den Mann, dem sie mehr aus Haß gefolgt war als aus Liebe, umzubringen. Als Helmichis aus dem Bade kam, reichte sie ihm einen vergifteten Becher; aber da er ihn halb geleert hatte, ward er das Anschlags gewahr: er packte das Weib an den Haaren und zwang ihr den Rest des Tranks in die Kehle. So starben beide am gleichen Tage.

CHROTHILDS VERLOBUNG

König Gundobad tötete, um das Burgundenreich allein zu besitzen, seinen Bruder Chilperich mit dem Schwert, die Gattin Chilperichs ließ er mit einem Stein um den Hals ertränken und ihre Söhne enthaupten. Von den beiden Töchtern des ermordeten Paares steckte er die ältere ins Kloster, die jüngere aber, Chrothild mit Namen, zog er bei sich auf. Sie wurde eine sehr schöne Jungfrau, und als einmal Boten des Frankenkönigs Chlodowech an Gundobads Hof kamen, fanden sie sie so anmutig und klug, daß sie es ihrem Herrn meldeten. Da beschloß Chlodowech, um ihre Hand zu werben, und um ihrer sicher zu sein, sandte er seinen vertrauten Ratgeber, den Römer Aurelian, zu ihr nach Genf.

Aurelian zog allein seines Wegs, in Lumpen gekleidet und mit einem Sack auf dem Rücken; bei sich trug er einen Ring des Königs. Chrothild aber war Christin; darum wartete er, bis sie sonntags zur Messe ging, und setzte sich unter die Bettler vor der Kirchentür. Nach der Messe trat Chrothild heraus und verteilte Almosen, und als sie zu Aurelian kam, reichte sie ihm ein Goldstück. Er aber hielt ihre Hand fest und küßte sie, indem er ihr den Mantel ein wenig vom Arm zurückstreifte. Sie ging in ihr Gemach zurück und ließ den seltsamen Bettler zu sich holen. „Du bist kein Bettler", sprach sie zu ihm; „warum lüftetest du meinen Mantel und küßtest meine Hand?" „Darf ich offen zu dir reden?" fragte er, und sie antwortete: „Sprich!" Darauf sagte er: „Mein Herr, der Frankenkönig Chlodowech, schickt mich zu dir, er will dich zu seiner Königin machen. Bist du gewillt, ihm zu gehören, so empfange von ihm diesen Ring!" Sie nahm den Ring mit Freuden, gab ihm dagegen einen von sich und sprach: „Kehre eilends zurück zu König Chlodowech und bitte ihn, daß er sofort Gesandte schickt und das Verlöbnis festmachen läßt! Meines Oheims vertrautester Rat Aredius weilt gerade in Konstantinopel; kehrt er zurück, ehe der Bund geschlossen ist, so wird er ihm abraten, mich dem mächtigen Chlodowech zu geben."

Aurelian kehrte mit größter Schnelligkeit zu seinem Herrn zurück und erstattete ihm Bericht, und nicht weniger als das Ja der Jungfrau erfreute den König ihre Klugheit und Entschlossenheit. Sofort schickte er Aurelian mit stattlichem Gefolge als Gesandten an Gundobad und forderte von ihm Chrothild, seine Braut. „Hätte ich jetzt meinen weisen Aredius hier!" rief Gundobad, als er die Werbung mit seinen Räten besprach. „Ich fürchte, Chlodowech hat nichts Gutes gegen uns im Sinn. Was weiß er von meiner Nichte? Wie kann er sie seine

Braut nennen? Er hat sie niemals gesehen!" Aber die Räte sprachen: „Weißt du, was geschehen ist? Vielleicht empfing sie heimlich ein Unterpfand von ihm? Wenn dem so ist und wir ihm Chrothild weigern, hätte er eine gerechte Sache gegen uns und würde keine Stunde zögern, mit seinem Heer gegen uns zu ziehen." Sie ließen die Jungfrau kommen und fragten sie: „Empfingst du eine Gabe von Chlodowech?" Sie antwortete mit klugem Sinn: „Als vor Jahr und Tag eine Gesandtschaft Chlodowechs dem König Geschenke brachte, steckte mir unversehens einer diesen Ring an die Hand." Damit wies sie den Ring vor, und sie sahen auf ihm Chlodowechs Namen und Bildnis. „Einfältig warst du, daß du ihn nahmst!" sprach der König voll Zorn; aber es dünkte ihn nun nicht mehr ratsam, die Werbung abzuschlagen. So erteilte er seine Einwilligung; die Gesandten gaben nach Sitte der Franken einen Gulden und einen Pfennig als Brautkauf und verkündeten im Namen ihres Königs feierlich die Verlobung.

Als sie aber Chrothild in die Sänfte setzten, um sie samt ihrem reichen Brautgut ihrem Herrn zuzuführen, sprach die Jungfrau zu ihnen: „Eben wurde mir gemeldet, daß Aredius von Konstantinopel zurückkehrt und in Kürze hier anlangt! Wollt ihr mich zu Chlodowech bringen, so hebt mich schleunigst wieder aus der Sänfte und setzt mich auf ein Pferd! Wir müssen schnellstens dahinreiten, sonst komme ich niemals vor sein Angesicht!" Die Franken taten nach ihrem Rat und ritten in großer Eile hinweg. Sehr bald erwies sich, wie richtig ihr Rat gewesen war. Denn Aredius sprach, als er das Geschehene hörte, zu Gundobad: „Aus diesem Bund kommt unversöhnliche Feindschaft! Hast du ganz vergessen, daß du Chrothilds Vater erschlugst, ihre Mutter ertränken und ihren Brüdern das Haupt nehmen ließest? Hat sie erst die Macht, so wird sie sich rächen! Leichter würde es dir sein, dich mit Chlodowech zu versöhnen, wenn du Chrothild in deiner Hand hast, als wenn sie sein Weib ist. Sende sofort Mannschaft hinter ihr her und laß sie zurückholen!" Nach diesem Rat handelte Gundobad, er hetzte seiner Nichte sofort Bewaffnete nach; die erreichten auch die Schätze und die Sänfte und nahmen sie weg, aber Chrothild selbst mit den Gesandten entrann ihnen.

Gleich hinter der Grenze empfing sie Chlodowech, und ihre erste Bitte an ihn war: „Laß unverzüglich das Burgundenland vier Meilen nach jeder Seite hin mit Feuer und Schwert verwüsten!" Da wütete das Eisen, und der Brand lohte auf; und als sie das sah, sprach Chrothild: „Ich danke dir, allmächtiger Gott, daß ich endlich den Anfang der Rache für meine Eltern und Brüder sehe!"

IRMINFRIED UND IRING

Irminfried, der König der Thüringer, hatte zum Weib Amalberga, die Tochter des Frankenkönigs Chlodowech. Sie war böse und herrschsüchtig, unablässig reizte sie ihren Mann, durch Gewalt seine Macht zu mehren. Anfänglich teilte Irminfried das Reich mit zwei Brüdern, Baderich und Bertcher. Auf den Rat seines Weibes überfiel er zuerst den Bertcher und tötete ihn. Als er aber zögerte, gegen Baderich in gleicher Weise vorzugehen, deckte sie ihm, da er zum Mahle kam, den Tisch nur halb, und wie er fragte, was das bedeuten solle, antwortete sie: „Wem das halbe Reich genügt, dem genügt auch der halb gedeckte Tisch." Daraufhin zog Irminfried gegen seinen zweiten Bruder, erschlug ihn in der Schlacht und ward Herr über ganz Thüringen. Doch auch dieses große Reich genügte dem Ehrgeiz Amalbergas nicht.

Als ihr Vater Chlodowech starb, hinterließ er sie als sein einziges eheliches Kind. Aber er hatte noch von einem Kebsweib einen Sohn namens Theuderich; und da die Franken einen Herrscher aus Chlodowechs Blut zu haben begehrten, salbten sie Theuderich zu ihrem Könige. Dieser schickte, nachdem er die Herrschaft angetreten hatte, einen Gesandten zu Irminfried, ließ ihm Frieden und Freundschaft bieten, wie es ziemlich ist zwischen Verwandten, und bat ihn, seine Wahl anzuerkennen, da sie einhelliger Wille des Frankenvolks sei. Irminfried empfing den Boten mit Würde und Freundlichkeit und versprach, die Sache mit seinen Freunden zu beraten. Die Königin aber ging, als sie ihren Gatten zu Frieden und Freundschaft bereit fand, zu Iring, einem kühnen und beredten Degen, der durch seine Klugheit im Rat das Ohr und die Zuneigung des Königs besaß. Zu ihm sprach sie: „Hilf mir, meinen Gatten zu überzeugen, daß das Erbe Chlodowechs mir gebührt, die er in echter Ehe mit seiner Königin zeugte, und nicht Theuderich, der der Sohn eines Kebsweibes ist und von Rechts wegen mein Knecht!"

Iring ließ sich von ihr gewinnen, und als die Fürsten und Blutsfreunde dem König rieten, Theuderich und den mächtigen Franken zu Willen zu sein, trat Iring vor und sprach: „Gib den Franken nicht nach, König! Du hast eine gerechte Sache und bist an Land und Kriegern nicht weniger mächtig als die Franken!" Mit so viel Nachdruck wußte er zu reden, daß Irminfried ihm beipflichtete und dem Gesandten, als er ihn zu sich entbot, hochfahrenden Bescheid gab. „Ich bleibe Theuderich wohlgeneigt", sprach er, „aber eins nimmt mich wunder: warum verlangt er gleich das Reich und nicht lieber erst seine Freiheit? Er ist als Knecht geboren — wie kann er verlangen zu herrschen?“ Da erblaßte der Gesandte vor Schreck und sprach: „Lieber wollte ich, du hättest mir das Haupt abgeschlagen, als daß du mir diese Antwort gabst! Um sie zu sühnen, wird viel Blut von Franken und Thüringern fließen müssen!“

Er kehrte zu seinem Herrn zurück und brachte ihm den Bescheid Irminfrieds. Theuderich ergrimmte im tiefsten Herzen, aber er sprach lächelnd: „So will ich mich denn beeilen, Irminfried die Dienste zu erweisen, die ich ihm als sein Knecht schuldig bin! Vielleicht läßt er mir dann wenigstens das nackte Leben!“ Mit einem gewaltigen Heer brach er in Thüringen ein und traf Irminfried am Runenberg; dort stritten sie erbittert drei Tage lang, und am dritten ward Irminfried besiegt und warf sich mit dem Rest seiner Mannschaft in die Burg Scheidungen an der Unstrut. Auch die Franken hatten große Verluste erlitten, und Theuderich zögerte, dem Feind zu folgen. Da sprach einer seiner Edlen: „Nie liebten es unsere Ahnen, etwas halb zu tun. Jetzt haben wir das Land unserer Feinde: sollen wir ihnen Gelegenheit geben, es wiederzugewinnen? Niemals darf der Sieger dem Besiegten Raum zum Siege gönnen!“ Das hießen alle gut, und sie beschlossen, um ihre Macht zu verstärken, die Sachsen, seit alters erbitterte Feinde der Thüringer, zur Hilfe aufzufordern; nähmen sie die Burg, so sollte sie nebst dem umliegenden Land ihnen als Siegesbeute bleiben.

Das vernahmen die Sachsen gern, und sie entsandten neun Tausendschaften, bärenstarke Krieger mit langwallendem Haar, in Leinenröcke gekleidet, bewaffnet mit langen Lanzen, kleinen Schilden und kurzen Schwertern. Fast schienen den Franken diese Freunde allzu gewaltig, aber Theuderich nahm sie als Verbündete auf und befahl ihnen, die Burg zu stürmen. Ohne Säumen griffen sie die Vorburg an und steckten sie in Brand, vor dem Tor der Hauptburg aber entspann sich ein grimmiger Kampf; den ganzen Tag erscholl das Geschrei der Männer, das Rasseln der Waffen und das Stöhnen der Sterbenden. Schwere Verluste erlitten die Thüringer, doch blieb die Burg in ihrem Besitz.

Am nächsten Tag, während der Kampf ruhte, bot Irminfried durch Iring dem Frankenkönig Unterwerfung und alle seine Schätze an. Iring trat vor Theuderich und sprach: „Irminfried, einst dein Verwandter, jetzt dein Knecht, bittet dich durch meinen Mund, wenn du mit ihm selbst nicht Mitleid hast, wenigstens sein Weib und seine Söhne zu schonen!“ Die Franken gingen zu Rate, und viele der Edlen waren der Meinung, man solle sich lieber mit den Thüringern vertragen, als sich weiterhin auf die unbändigen Sachsen stützen; von diesen Bundesgenossen drohe dem Frankenreich viel größere Gefahr als von den besiegten Feinden. Darum beschloß Theuderich, Irminfried zu Gnaden anzunehmen und im Verein mit den Thüringern die allzu gefährlichen Sachsen wieder aus dem Lande zu jagen. Über diese Entscheidung war Iring sehr froh, er fiel Theuderich zu Füßen und dankte ihm, sandte auch sofort Botschaft an seinen Herrn; er selbst wollte die Nacht über im Lager bleiben, damit das gut Begonnene nicht doch noch eine schlechte Wendung nehme.

In der Burg herrschte große Freude, da man die Kunde vernahm; die Thüringer glaubten, nun nichts mehr fürchten zu müssen, und einer ging, als sei schon Friede geschlossen, vor das Tor und ließ seinen Falken steigen. Der Vogel schwang sich über den Fluß und ließ sich am jenseitigen Ufer auf der Hand eines Sachsen nieder, der ihn festhielt. „Gib mir meinen Falken wieder!" rief der Thüringer, aber der Sachse verweigerte es. Da sprach der Thüringer: „Gib ihn mir wieder, dann will ich dir ein Geheimnis verraten, das deinem ganzen Volke von Nutzen sein wird!" „Sprich, dann sollst du den Falken wiederhaben", erwiderte der Sachse, und der Thüringer sprach: „So wisse, daß die Könige sich vertragen haben, und ihr sollt die Zeche zahlen: morgen schon sollt ihr gefangen oder niedergehauen werden. Darum macht euch beizeiten davon!" Darauf ließ der Sachse den Falken zurückfliegen, eilte ins Lager der Seinen und brachte ihnen die böse Kunde.

Als sie hörten, was ihnen drohe, riefen viele, das beste sei eilige Flucht. Aber da erhob sich ein alter Krieger voll Kraft und Mut, den die Seinen wegen seiner Heldentaten mit dem Namen Vater aller Väter ehrten, ergriff das Banner mit dem Bilde des Adlers, der einen Drachen zerfleischt, und sprach hoch aufgerichtet: „Ich bin ein Greis und sah niemals meine Sachsen fliehen. Soll ich jetzt tun, was ich nie gelernt habe? Ich weiß zu kämpfen, zu fliehen verstehe und vermag ich nicht; soll ich nicht länger leben, so will ich mit meinen Freunden fallen. Aber noch scheint mir's nicht not zu sterben: die Thüringer dünken sich sicher in ihrer Burg, und wenn wir über die Ungerüsteten, Schlafenden herstürzen, werden wir wenig Mühe mit ihnen haben – dafür setze ich euch mein graues Haupt zum Pfande!" Nicht vergeblich waren diese Worte geredet. Noch in der Nacht überfielen die Sachsen die unbewachte Burg und erschlugen die überraschten Gegner; kein Erwachsener entrann ihrem Schwert, nur der König entkam mit Weib und Kindern und wenigen Mannen. Als die Morgenröte hervorschien, pflanzten die Sachsen ihre Banner auf das Tor der eroberten

Burg, errichteten eine Irminsäule zum Zeichen des Sieges und teilten die Beute. Theuderich mußte, was sie getan hatten, wohl gutheißen, lobte sie als seine Bundesgenossen und Freunde und gab ihnen, wie er versprochen, Burg und Landschaft zu eigen.

Am tiefsten verdroß es den Frankenkönig, daß Irminfried seinen Händen entronnen war. Voll Zorn sprach er zu Iring, der noch im Lager weilte: „Niemals werde ich sicher sein, solange dein Herr lebt, denn auf die Sachsen ist kein Verlaß! Du bist es, der ihm Gnade von mir erwirkte, deine Sache ist es, ihn nun in meine Hand zu liefern, da alles sich anders wendete!“ Das wollte Iring nicht hören, daß er zum Verräter an seinem Herrn werden sollte. Aber Theuderich begann, da er mit Drohungen nichts erreichte, ihm nun mit Versprechungen zuzusetzen. Höchste Ehren verhieß er ihm im Frankenreich, ja, er solle über Thüringen walten an Irminfrieds Stelle, zu beider Völker Heil. Jetzt ließ sich Iring endlich verführen und sandte Botschaft an Irminfried: ihm solle Gnade werden, wenn er zurückkehre und Theuderich zu Füßen falle.

Im Vertrauen auf den alten Freund kam Irminfried. Auf einem Sessel sitzend empfing ihn Theuderich, und an seiner Seite stand, als sein Waffenträger, Iring mit entblößtem Schwert: das erhob er, da Irminfried dem Frankenkönig zu Füßen fiel, und erschlug seinen König und Herrn. Da sprang Theuderich auf und rief: „Dieser Frevel macht dich zum Abscheu aller Menschen! Hinweg mit dir, Mörder deines Herrn, freier Abzug soll dir gewährt sein, aber an deiner Untat will ich nicht teilhaben!“ „Du sprichst die Wahrheit“, entgegnete Iring, „ich bin zum Abscheu aller Menschen geworden, weil ich deiner Tücke diente. Aber bevor ich gehe, will ich mein Verbrechen sühnen und meinen Herrn rächen!“ Damit erhob er das Schwert zum zweiten Male und schlug Theuderich nieder; über seine Leiche legte er seinen toten Herrn, damit der, der im Leben unterlag, im Tode Sieger sei. Dann bahnte er sich mit dem Schwert den Weg zur Tür und entschritt; keiner weiß, wohin. Doch scheint es, daß der Entsühnte den Weg hoher Helden ging: denn nach seinem Namen nannte man die Milchstraße am Himmel Iringsweg.

CHLOTAR BESIEGT DIE SACHSEN

König Chlotar hatte seinen Sohn Dagobert zum Herrscher über die austrasischen Franken eingesetzt. Als die benachbarten Sachsen sich empörten und ein großes Heer gegen die Franken aufstellten, überschritt Dagobert mit vielem Kriegsvolk den Rhein und griff sie an. Es kam zu hartem Kampf, Dagobert ward der Helm auf dem Haupte zertrümmert, und eine lange Locke fiel, vom Schwert abgeschnitten, auf den Boden; ein Waffenknecht nahm sie auf. Zu ihm sprach Dagobert: „Mein Heer hat großen Schaden gelitten. Eile, so rasch du kannst, mit dieser Locke zu meinem Vater Chlotar und bitte ihn, mir schnell zu Hilfe zu kommen, ehe es ganz vernichtet wird!"

König Chlotar brach, als ihm der Knecht Locke und Notruf brachte, noch in der Nacht beim Schmettern der Heerhörner auf und eilte seinem Sohn zu Hilfe; er ward mit Freudengeschrei und Händeklatschen empfangen. Am Weserfluß bezogen die vereinten Heere ein Lager, den Sachsen gegenüber. Als der Sachsenherzog Bertoald den Jubel der Franken herüberschallen hörte, fragte er, was das bedeute, und man sagte ihm: „König Chlotar ist gekommen, und sie feiern seine Ankunft." Aber Bertoald erwiderte: „Ihr habt aus Angst den Verstand verloren! Mir kam sichere Botschaft, daß Chlotar nicht mehr am Leben ist."

Am Morgen hielt Chlotar zu Roß am Ufer, er sprach kein Wort, sondern hob nur den Helm vom Kopf, und die silberweißen Locken fielen ihm bis auf die Schultern. Da erkannte Bertoald das königliche Haupt, und in der Wut seiner Enttäuschung schrie er Chlotar zu: „Bist du also doch da, greise Schindmähre!" Als der König diesen Schimpf vernahm, spornte er in Zorn und Rachgier sein Roß, sprang in den Strom und schwamm hinüber, und die fränkischen Reiter folgten ihm nach, schwer mit den Strudeln kämpfend. Brustharnisch und Schuhe waren dem König voll Wasser gelaufen, aber er jagte ohne Zögern hinter Bertoald her, der sich beim Ansprengen des Ergrimmten erschrocken zur Flucht gewendet hatte. Allen seinen Mannen weit voraus, kam er ihm immer dichter auf die Fersen, bis Bertoald, an seinem Leben verzagend, hinter sich rief: „Verschone mich, König! Es brächte dir wenig Ehre, deinen Knecht zu töten!"

Aber Chlotar hörte nicht auf seine Worte, er stürmte weiter, und aus der Ferne schrien ihm die zurückbleibenden Franken nach: „Töte deinen Feind, König!" Endlich ereilte er, auf schnellem Roß den Blicken der Seinen entschwindend, den Fliehenden und zwang ihn zum Stehen, er schwang das Schwert hoch in der starken Faust und schlug Bertoald zu Tode. Sein Haupt steckte er auf eine Lanze und trug es seinen Mannen entgegen, die ihm voll Freude zujubelten, da sie ihn heil und siegreich wiederkehren sahen.

Nun führte Chlotar sein Heer über das ganze Sachsenland und ließ alle männlichen Bewohner niederhauen, die höher waren als sein Schlachtschwert. Dieses Schwert aber stellte er, ehe er heimzog, im Lande als Siegeszeichen auf, allen Empörern zu Schreck und Warnung.

ADELGER VON BAYERN

Dem römischen Kaiser Severus beugte sich das ganze Reich; nur einer wollte sich vor ihm nicht demütigen: der tapfere Herzog Adelger von Bayern. Als dies dem Kaiser zu Ohren kam, sandte er Boten und forderte Adelger vor sich nach Rom. In großen Sorgen vertraute sich der Herzog seinem alten Ratgeber: „Ich bin nach Rom geladen, aber mein Herz steht nicht dahin; die Römer sind ein böses Volk und werden mir Böses antun. Gern wäre ich der Fahrt enthoben: du bist klug, nun rate mir!" Der Alte antwortete: „Willst du mir folgen, so besende deine Mannen, laß sie prächtig kleiden und fahre getrost nach Rom, dich rechtem Gericht zu stellen. Krieg gegen Rom zu führen, ist ein schweres Wagnis. Verlangt der Kaiser aber mehr, als Recht ist, so wird es sein Schade sein."

Adelger tat nach diesem Rat, aber er wurde in Rom schlecht empfangen. Der Kaiser sprach zornig zu ihm: „Du hast übel gegen mich gehandelt, das sollst du mit deinem Leben büßen!" „Zu Recht und Urteil ward ich herberufen", antwortete Adelger; „laß deine Richter sprechen, ihrer Entscheidung will ich mich unterwerfen und auf deine Gnade hoffen!" „Von Gnade weiß ich nichts mehr", sagte der Kaiser, „ich will dir das Haupt abschlagen lassen und dein Land einem andern geben!" Aber da legten sich die Räte ins Mittel und erwirkten dem Herzog, daß ihm Leben und Land verblieben; damit er aber an seiner Ehre gestraft werde, ließen sie ihm das Gewand kürzen, daß es nur noch bis zu seinen Knien reichte, und schoren ihm das Haar über der Stirn ab.

Voll Grimm kehrte Adelger in seine Herberge zurück, und seine Mannen trauerten mit ihm. Aber der alte Ratgeber sprach: „Tust du nach meinem Rat, so wird alles noch zu deinen Ehren ausgehen!" „Auf deinen Rat kam ich hierher", erwiderte Adelger; „vermagst du jetzt meine Sache zum Guten zu wenden, so will ich dich werter halten als je; gewinne ich aber meine Ehre nicht wieder, so kehre ich niemals mehr ins Bayernland zurück." Darauf sprach der Alte: „So laß mir tun, was dir geschah, und fordere von deinen Mannen, daß sie sich alle das gleiche tun lassen – dann wird deine Ehre gerettet sein!" Da war unter ihnen keiner, der seinem Herrn die Treue weigerte. Und am nächsten Tage erschienen sie bei Hofe alle mit vorn abgeschorenem Haar und gekürztem Gewande; da sie lang gewachsen und herrlich von Gliedern waren, sahen sie jetzt um so kühner und verwegener aus. Die Römer staunten über sie, und der Kaiser fühlte seinen Zorn schwinden. „Wer gab dir diesen Rat?" fragte er den Herzog. Der erwiderte: „Das tat mein treuer Ratgeber, der mir schon oft mit seiner Klugheit diente. Auch halten wir Bayern es von je so: was einem zuleide geschieht, das müssen wir alle tragen – danach haben wir auch jetzt gehandelt." Darauf sprach der Kaiser: „Gib mir deinen klugen Mann, ich will ihn an meinem Hofe behalten. Dafür will ich dir meine Gnade wiederschenken." Den Wunsch mußte der Herzog erfüllen, so ungern er's tat; er nahm seinen Getreuen bei der Hand und übergab ihn dem Kaiser. Dann kehrte er zurück in seine Heimat und befahl allen Untertanen, die Lehen begehrten oder Ritter heißen wollten, daß sie ihr Gewand kürzten und das Haar vorn wegschnitten; wer das aber weigerte, der solle die rechte Hand verlieren. Seitdem trugen sich alle Bayern auf diese Art, und ihr Brauch wurde üblich im ganzen deutschen Land.

Aber die Freundschaft zwischen dem Kaiser und dem Herzog dauerte nicht lange, und Adelger wurde abermals nach Rom vorgefordert. Dessen war er wenig froh, und er sandte einen Boten nach Welschland zu seinem alten Dienstmann, damit der ihm abermals rate. Der Alte sprach zu dem Boten. „Stets riet ich dem Herzog gern zu seinem Besten, aber jetzt gab er mich dem Kaiser: ich darf nicht treulos sein gegen meinen neuen Herrn und heimlich gegen ihn raten. Jedoch halte morgen bei Hofe die Ohren offen, und was du mich dort vor allen erzählen hörst, hinterbringe deinem Herrn." Am nächsten Morgen erzählte der Alte dem Kaiser, der kluge Gleichnisse gern hörte, vor dem ganzen Hof die folgende Fabel: „Es hatte einst ein Mann einen schönen Garten, den er fleißig bestellte. Aber des Nachts brach ein Hirsch ein, fraß die guten Kräuter und verwüstete alle Beete. Der Mann lauerte ihm auf, aber er konnte ihn nicht erwischen, denn der Hirsch war zu schnell; doch hieb er ihm ein halbes Ohr ab. Der Hirsch ließ sich dadurch nicht abschrecken, er kam wieder, und diesmal kostete es ihn den halben Schwanz. ‚Nimm das als Denkzettel!' rief der Mann dem Tiere nach, während es entsprang. Aber als dem Hirsch die Wunde geheilt war, kam er wieder auf seine alten Schliche. Jetzt ward es dem Manne zu arg, er umstellte den Garten mit Netzen, in denen fing sich der Hirsch, und der Gärtner stieß ihm seinen Spieß ins Herz mit den Worten: ‚Nun wird dir aus Süß Sauer, und du bezahlst meine Kräuter mit deinem Fell!' Dann begann er den Hirsch zu zerwirken, mußte aber für kurze Zeit von dieser Arbeit weggehen. Unterdessen schlich sich ein Fuchs heran, der aus einer Furche zugesehen hatte, und stahl das Herz des Hirsches. Als der Mann zurückkam, um die Arbeit zu vollenden, fand er in dem Hirsch kein Herz. Gleich lief er zu seiner Frau und erzählte ihr das Wunder. Aber die Frau sprach: ‚Das hätte ich dir vorher sagen können! Hätte der Hirsch ein Herz gehabt, er wäre nicht wiedergekommen, nachdem er Ohr und Schwanz verlor!'"

Adelgers Bote hörte gut zu, aber er war zu einfältig, den Sinn der Rede zu begreifen. Ärgerlich kam er zu Adelger zurück und schalt auf den Weisen: „Habe ich darum die lange, mühselige Reise gemacht, daß mir der alte Schwätzer Märchen auftischt? Gott gebe ihm ein übles Jahr!" Aber Adelger wußte das Gleichnis wohl zu deuten. Er berief seine Mannen und sprach zu ihnen: „Die Römer wollen mich nach Rom ins Netz locken, aber ich gehe ihnen nicht hinein! Wollen sie jedoch herkommen zu uns nach Bayern – nun, dann werden wir ihnen zeigen, daß wir Herz im Leibe haben!"

Als der Kaiser erfuhr, daß Adelger nicht nach Rom kommen wollte, sprach er: „So will ich mir das Land ansehen, in dem er wohnt!" Mit gewaltiger Heeresmacht brach er auf und zog durchs Tal von Trient, und zugleich bedrängten alle Völker, die ihm gehorchten, das Bayernland an den andern Grenzen. Adelger sammelte die Seinen am Inn, er trat auf einen Hügel und redete zu dem Heer: „Nun, ihr unverzagten Helden, steht zu den Eiden, die ihr mir geschworen habt! Großes Unrecht tut man mir an, ohne meine Schuld sucht mich der Kaiser heim. In der Schlacht zu fallen, ist das schlimmste nicht. Aber sie werden uns in den Kerker werfen und martern, unsere Weiber schänden, unsere Kinder töten, werden rauben und brennen. Nie mehr wird Bayern in Ehren stehen, wenn ihr das Land nicht mit euren Leibern schirmt!" Da reckten alle die Hände hoch und schwuren: „Wer heute flieht, soll auf bayrischer Erde nie mehr Eigen noch Lehen haben!" Einen seiner Grafen sandte Adelger gegen die Schwaben, einen andern gegen die Böhmen, einen dritten gegen die Hunnen; sie schlugen die Feinde und jagten sie aus den Grenzen. Er selbst führte sein Heer vor Brixen auf das Feld, dort zogen die Römer ihm mit fliegenden Fahnen entgegen. Da fielen viele Männer und brach mancher Eschenschaft. Volkwin trug den Bayern die Sturmfahne voran, er stach dem Fahnenträger des Kaisers den Spieß durch den Leib und rief: „Bring das deinem Herrn als Zins und Entgelt dafür, daß er meinen Herzog an Gewand und Haaren schändete!" Dann schwang er die Fahne wieder hoch, spornte sein Roß und brach durch die Reihen der Feinde. Den ganzen sommerlangen Tag ward gestritten, die grünen Banner der Römer färbten sich rot, breite Wunden wurden gehauen, Mann fiel auf Mann, und das Blut rann über eine Meile. Das Feld erdröhnte vom Geschrei der Kämpfenden und Wehklagen der Sterbenden. Aber die Helden standen fest, sie scheuten nicht Not und Tod, sie wollten ihren Herrn nicht verlassen, sondern ihm Ehre machen, ob sie selbst gleich stürben.

Als der Tag sich neigte, wankten die Römer. Volkwin gewahrte es und trug die Fahne gegen den Kaiser vor, ihm nach drängten die mutigen Bayern mit ihren scharfen Schwertern und sangen das Kriegslied. Schrecken packte die Welschen, daß sie nicht mehr fechten noch fliehen konnten. Severus sah die Seinen erschlagen oder verwundet, die Schlacht verloren; er warf das Schwert von sich und rief: „Rom, dich hat Bayern in Schmach gebracht, nun ist mir mein Leben nichts mehr wert!" Da erschlug Volkwin den Kaiser.

Herzog Adelger aber stieß seinen Speer in die Erde neben den Haselbrunnen und sprach: „Dies Land gewann ich den Bayern zur Ehre, für alle Zeiten gehöre ihnen diese Mark!"

PALNATOKI UND DIE WIKINGER AUF DER JOMSBURG

Palnatoki, der mächtigste Mann auf Fünen, fuhr alle Sommer als Wiking, und nahm beständig an Ruhm und Reichtum zu, so daß er als der Erste in ganz Dänemark nach König Harald galt. Vorzeiten hatte ihm der König einen Oheim getötet, und obwohl Palnatoki mit ihm Freundschaft hielt, trug er doch Groll gegen ihn im Herzen. Als Harald einmal auf Fünen zu Gast weilte, wurde er von einer Magd des Hausherrn bedient; sie war nicht sonderlich schön, doch sie gefiel ihm, und er schlief des Nachts mit ihr. Aus dieser Begegnung entsprang ein Knabe, den Palnatoki Svend nannte und bei sich als des Königs Sohn aufzog. Harald nahm das übel auf, denn er leugnete die Vaterschaft. Daraus entstand eine Verstimmung zwischen den beiden Männern, doch hatte sie fürs erste keine Folgen.

Als Svend fünfzehn Jahre alt geworden war, schickte ihn Palnatoki zu Harald und hieß ihn von seinem Vater drei bemannte Schiffe verlangen; dazu werde er selbst ihm noch drei andere geben. Der König war ungehalten über diese Zumutung, aber um Svend auf gute Art loszuwerden, gewährte er die Bitte. Mit seinen sechs Schiffen heerte Svend den Sommer über in des Königs eigenem Land, den Winter aber verbrachte er bei seinem Pflegevater. Im nächsten Frühjahr sandte Palnatoki ihn wieder zu seinem Vater und hieß ihn sechs Schiffe verlangen; auch die erhielt er und sechs andere von Palnatoki dazu. Jetzt trieb er sein Wesen dreister als zuvor, und die Bauern beschwerten sich beim König über den Schaden, den er ihnen tat; doch Harald ließ es abermals hingehen. Als im nächsten Jahr Svend wieder erschien und diesmal zwölf Schiffe verlangte, war der König erstaunt über so viel Verwegenheit. „Hängen sollte ich dich, du Räuber", sprach er zu ihm; „aber obwohl ich die Verwandschaft mit dir nicht anerkenne, scheinst du mir doch ein ganzer Kerl zu sein. So nimm diesmal noch die Schiffe, aber dann pack dich und laß dich niemals wieder sehen!"

Nun hatte Svend dreißig Schiffe, das war schon eine stattliche Flotte. Mit ihr heerte er weiter in Dänemark so wild und schonungslos, daß der König den Klagen seiner Bauern nicht länger das Ohr verschließen konnte. Er lief mit fünfzig Schiffen gegen seinen Sohn aus und traf ihn bei Bornholm. Dort kämpften sie einen ganzen Tag lang hart, aber ohne Entscheidung; jedoch am Abend schloß Harald Svends Flotte in einer Bucht ein. Da kam Palnatoki seinem Ziehsohn zur Hilfe. Er lief Bornholm an und ankerte unbemerkt an der andern Seite des Vorgebirges; nachts aber ging er heimlich und allein, nur mit Pfeil und Bogen bewaffnet, an Land. Auch Harald war, nur von wenig Getreuen begleitet, von Bord gegangen; er saß mit ihnen im Wald am Feuer. Dort erspähte ihn Palnatoki und schoß ihn mit einem Pfeil durch und durch. In der Finsternis entkam er unerkannt zu den Seinen, aber er erzählte keinem etwas von seiner Tat. Auch die Begleiter des Königs beschlossen, darüber zu schweigen, wie Harald zu Tode gekommen war, damit man sie nicht der Unachtsamkeit zeihe; sie verbreiteten die Nachricht, er sei einer Verwundung erlegen, die er in der Schlacht erhalten habe. Den Pfeil aber nahm einer von ihnen an sich; das war ein Oheim Palnatokis, infolge eines Sippenstreits mit ihm verfeindet, und er glaubte den Schützen zu kennen.

Am nächsten Tage gelang es Palnatoki, Svend aus der Umklammerung zu befreien. Und da Harald tot war, waren seine Mannen einem Vergleich geneigter als schwerem Kampf; also ward Frieden gestiftet und Svend als Haralds Sohn zum König von Dänemark erwählt. Er ließ seinem Vater das Leichenmahl rüsten und Palnatoki dazu laden; der zögerte zu kommen, aber als Svend um seiner Absage wegen das Mahl verschob und ihn nochmals aufs dringendste lud, fuhr er mit drei Schiffen und hundert Mann zu Hofe. Svend empfing ihn mit großen Ehren und ließ ihn neben sich auf dem Hochsitz Platz nehmen. Als das Gelage im Gange war, ging Palnatokis Oheim, der seinerzeit den Pfeil verwahrt hatte, zum König und sprach ihm lange ins Ohr, und Svends Antlitz ward rot wie Blut. Dann aber rief der Oheim einen Kerzenträger heran, gab ihm den Pfeil und hieß ihn rings im Saale fragen, ob einer ihn als den seinen erkenne. Der Kerzenträger ging rund um den ganzen Tisch von Sitz zu Sitz, und alle schüttelten den Kopf. Zuletzt trat er vor Palnatoki und fragte ihn; und der antwortete: „Wie soll ich ihn nicht erkennen? Es ist mein Pfeil!“ Mit unterdrücktem Zorn fragte der König: „Nun sag mir auch, wie kam er aus deiner Hand?“ Palnatoki erwiderte: „Darauf will ich dir die Antwort nicht schuldig bleiben, mein Pflegesohn: dieser Pfeil kam aus meiner Hand, als ich deinen Vater erschoß!“ Der König rief: „Jetzt ist unsere Freundschaft zerrissen! Auf, meine Mannen, schlagt ihn tot samt seinen Leuten!“ Alle sprangen auf, Palnatoki aber zog sein Schwert und hieb seinen Oheim nieder. Dann bahnte er sich mit den Seinen den Weg zur Tür, und da ihnen nicht allzu ernstlich gewehrt ward, kamen sie hinaus, ohne mehr zu verlieren als einen Mann; um seinetwillen kehrten sie noch einmal um und bargen ihn als Leiche. Dann eilten sie zu den Schiffen und segelten davon.

Das aber erkannte Palnatoki wohl, daß nun seines Bleibens nicht länger sei in Dänemark. Er verließ seinen Sitz um so leichter, als ihm seine Frau gestorben war, und fuhr mit vierzig Schiffen zum Wendenkönig Burislaf, der ihn mit offenen Armen aufnahm und ihm auf der Insel Wollin die Landschaft Jom zu eigen gab. Dort baute er eine große, starke Burg mit einem Hafen, der für dreihundert Langschiffe Raum bot und durch eiserne Tore geschlossen werden konnte.

In der Jomsburg hauste er mit seinen Mannen und gab ihnen Gesetze, wie sie harten Wikingern ziemten. Nur wehrhafte Männer zwischen achtzehn und fünfzig Jahren sollten hier wohnen; keiner sollte ein Weib bei sich haben und keiner länger als drei Nächte ausbleiben, es sei denn auf Heerfahrt. Keiner sollte fliehen vor gleichgerüstetem Gegner, jeder den andern rächen wie einen Bruder, keiner von Furcht sprechen oder verzagen, wie schwer auch die Not sei. Alle Beute sollte gemeinsam sein. Über alle streitigen Dinge aber sollte der Häuptling allein entscheiden.

Unter Palnatokis Gesetz und seiner starken Hand gewannen die Wikinger von der Jomsburg hohen Ruhm. Sie galten als die kühnsten aller Krieger; von allenthalben kamen starke und tapfere Männer, um sich zu ihnen zu gesellen, aber es war nicht leicht, angenommen zu werden. Unter denen, die zu den Jomswikingern stießen, waren die Vorzüglichsten der kluge Sigwaldi, der starke Bui und der junge Vagn, der aus Palnatokis Sippe stammte. Vagn war ein wilder Knabe von zwölf Jahren, als er von Hause mit zwei Schiffen, die ihm sein Vater und Großvater gegeben hatten, auslief. Er heerte weit umher, bis er zur Jomsburg kam; aber er war nach dem Gesetz noch zu jung, um zugelassen zu werden. Da forderte er mit trotzigen Worten Sigwaldi heraus, mit zwei Schiffen gegen ihn zu kämpfen, und griff ihn so stürmisch an, daß er ihn auf die Küste zurückwarf. Dann setzten sie den Kampf auf dem Lande fort, und Sigwaldi wurden dreißig Leute erschlagen, während Vagn nur wenige verlor. Nun trennte Palnatoki den Kampf; Vagn trat in den Bund ein und wurde ein gewaltiger Krieger.

Drei Jahre danach starb Palnatoki an einer Krankheit. Als er sein Ende nahen fühlte, bestellte er als seinen Nachfolger Sigwaldi, dessen Klugheit er am ehesten das Geschick der Jomsburg anvertrauen wollte. Sigwaldi hatte nicht Palnatokis starke Hand; bald war die Zucht in der Burg nicht mehr die alte, es kamen öfter Frauen zu Gast, und zuweilen gab es unter den Mannen auch Streit, ja selbst Totschlag. Aber Sigwaldi war ein Mann von großem Ehrgeiz; darum strebte er danach, eine der drei Töchter des Wendenkönigs Burislaf zur Frau zu bekommen. Seine Werbung war nicht sehr willkommen, der König hatte einen königlichen Ehebund für seine Tochter erstrebt. Da ihm aber daran lag, die Jomswikinger zu Freunden zu behalten, sagte er dem Freier die Hand seiner Tochter zu unter der Bedingung, daß er den König Svend von Dänemark in seine Gewalt brächte: denn Burislaf trug es schwer, daß er an die Dänen Zins zahlen mußte, und wollte sich davon befreien. Darauf fuhr Sigwaldi mit einer kleinen Flotte zu König Svend auf einen freundschaftlichen Besuch und lud ihn auf sein Schiff; als aber der König mit zehn Mann das Deck betreten hatte, ließ er die Brücke wegziehen und entführte den Überlisteten nach der Jomsburg.

Da mußte sich Svend wohl oder übel fügen: er willigte darein, den Wenden den Zins zu erlassen und Burislafs zweite Tochter zu freien. Sigwaldi bekam die erste und hatte so seinen Willen; aber Svend, obwohl er gute Miene machte, gedachte ihm den Streich heimzuzahlen.

Kurze Zeit danach starb auf Seeland Sigwaldis Vater, und jetzt fand Svend die Gelegenheit, ohne eigene Gefahr die Jomswikinger ins Verderben zu senden. Sie kamen zu Winters Anfang mit großer Macht nach Seeland, um das Leichenmahl zu halten. Der König selbst hatte es zugerüstet und sorgte dafür, daß sie viel und heftig tranken. Als ihre Köpfe heiß waren und ihr Blut in Erregung, sprach er zu ihnen: „Bei solchem Gelage ziemt es sich wohl, daß tapfere Männer Gelübde tun, ihren Ruhm zu mehren! Ich für mein Teil gelobe, in Zeit von drei Jahren den König von England aus seinem Reich zu jagen!“ Da wollten die Männer von der Jomsburg nicht zurückbleiben, und der kluge Sigwaldi ging als der erste in die Falle. „So gelobe ich“, rief er, „daß ich innerhalb der gleichen Zeit in Norwegen heeren und den Jarl Hakon vertreiben oder erschlagen will!“ Und die andern schwuren, ihm zu folgen. Vagn aber gelobte obendrein, daß er Thorkel Leira, einen Gefolgsmann Jarl Hakons, erschlagen und das Bett Ingeborgs, seiner schönen Tochter, besteigen wolle, ohne ihre Sippe zu fragen. Am nächsten Morgen war den Jomswikingern nicht wohl zumute, denn Norwegens Macht war weit größer als ihre eigene; und Sigwaldi stellte sich, als habe er das Gelübde vergessen. Aber Svend wußte seine Erinnerung so gut zu wecken, daß er es endlich nicht wohl ableugnen konnte. Darauf sprach Sigwaldi: „Haben wir es denn gelobt, so fahren wir auf der Stelle!“ Denn er hatte es sich inzwischen überlegt, daß sie nur dann auf einen Erfolg hoffen durften, wenn sie den Jarl ganz unvorbereitet überrumpelten.

Am gleichen Tage segelten sie mit hundert Langschiffen ab und erreichten bald Norwegens Küste. Sie verheerten das Land mit Feuer und Schwert, erschlugen viele Männer und machten reiche Beute. Dem Lehnsmann, der den Landstrich verwaltete, ward eine Hand abgehauen, aber er entrann. Sechs Tage und Nächte ging er durch die Wildnis bis er zu Jarl Hakon kam; er erstattete ihm Bericht und hob zum Wahrzeichen den blutigen Stumpf empor. „Diese Gäste hätte ich mir zu allerletzt gewünscht“, sprach der Jarl, als er hörte, daß die Jomswikinger gekommen seien. Sofort schickte er den Kriegspfeil im Lande herum und entbot seine ganze Macht. Nach kurzer Zeit lag eine Flotte von dreihundert Schiffen kampfbereit in der Hjörungabucht.

Die Jomswikinger waren inzwischen mordend und raubend die Küste entlang nordwärts gefahren; plötzlich sichteten sie die feindliche Flotte dicht vor sich. Ohne zu zögern stellten sie ihre Schiffe zum Kampf auf; Sigwaldi führte das Mitteltreffen, der starke Bui den linken und der kühne Vagn den rechten Flügel. Ihnen gegenüber ordnete Jarl Hakon seine Flotte; gegen Vagn stellte er seinen Sohn Jarl Erik, den festen Mann in seinem Heer. Es ward nicht lange gezögert mit dem Kampf, denn beide Gegner brannten vor Kampflust. Eine Weile stand die Waage gleich, dann gelang es Bui, auf seinem Flügel die Norweger zurückzudrängen, und ihre Schlachtreihe drohte zu zerbrechen, so daß Jarl Erik von seinem Flügel herbeieilen und die Front wieder ausrichten mußte. Aber jetzt drang Vagn vor, er riß den feindlichen Flügel von der Hauptmacht los, und Jarl Erik eilte zurück, ihm entgegen. In kühnem Angriff legte er sein Schiff Bord an Bord mit dem Vagns, aber schon sprang Vagn mit einem starken Genossen auf Eriks Schiff hinüber, und die zwei gingen an den Borden entlang, alles vor sich niederschlagend. Sie waren nahe daran, das ganze Schiff zu öden, da fiel Vagns Genosse unter einem geschleuderten Eisenklumpen, und Vagn traf ein Isländer mit einer Eichenkeule so schwer aufs Haupt, daß ihm der Helm zerbrach und er selbst taumelte. Eben konnte er noch aufs eigene Schiff zurückspringen, und nun machte Erik sein Schiff von dem der Wikinger los.

Der ganze Kampf stand jetzt schlecht für die Norweger, ihre Flotte war dicht an den Strand gedrängt; aber auch die Wikinger waren ermattet, und so ruhte der Streit eine Weile. Währenddessen ging Jarl Hakon vom Schiff auf eine waldbestandene Insel. Dort kniete er, um den Ausgang der Schlacht besorgt, nieder und rief die Wetterhexen Thorgerd und Irpa an, ihm beizustehen; aber sie wollten ihn nicht hören, obwohl er ihnen große Gaben versprach. Da bot er ihnen seinen siebenjährigen Sohn Erling als Opfer, den nahmen sie an. Er übergab den Knaben einem Knecht zur Tötung, dann ging er aufs Schiff zurück. „Jetzt ist der Sieg unser!" sprach er und setzte die Flotte zu neuem Angriff an.

Als sie auf den Feind prallten, stieg eine riesige schwarze Wolke von Norden auf, Blitz und Donner brach aus ihr, und Schneesturm peitschte den Wikingern ins Gesicht, daß sie vor Kälte erstarrten. Sie kämpften mannhaft weiter, aber der Sturm schwoll so rasend, daß er Steine und Speere und Pfeile, die sie entsandten, auf sie selbst zurückschleuderte. Und jetzt sahen die von ihnen, die die Gabe des Zweiten Gesichts hatten, auch die Hexen, riesig auf den feindlichen Schiffen: von den Fingern der Unholdinnen zuckten Pfeile gegen sie, und jeder traf seinen Mann.

Als Sigwaldi das hörte, sprach er: „Gegen Männer gedachte ich zu fechten, nicht gegen Hexen!" Und er befahl: „Wendet die Schiffe!" Selbst löste er seine Schiffe aus der Schlachtreihe und wendete sich, und mehrere seiner Führer folgten ihm. Als er aber Bui zurief, ihm zu folgen, antwortete der mit solchen Scheltworten, daß einige von Sigwaldis Mannen auf sein Schiff hinübersprangen und ihn angriffen. Lippe und Kinn wurden ihm abgehauen, daß ihm die Zähne herausflogen, und er sprach: „Nun wird mich kein Mädchen auf Bornholm mehr küssen mögen!" Mannhaft wehrte er sich weiter, bis ihm beide Hände abgehauen wurden; da steckte er die Stümpfe durch die Henkel der Goldkisten, die auf dem Deck seines Schiffes standen, sprang damit über Bord und seine Mannen ihm nach. So fanden sie den Tod. „Feigling!" rief Vagn, als er Sigwaldis Schiff an sich vorüberfahren sah; er schleuderte seinen Speer gegen den Mann am Steuer und nagelte ihn an die Planke. Aber der, den es traf, war nicht Sigwaldi; denn der hatte, weil ihn fror, das Steuer einem andern gegeben und sich selbst unter die Ruderer gesetzt. So entkam er und mit ihm alle, die seinem Befehl gefolgt waren.

Vagn aber setzte den Kampf fort. Er holte von allen seinen Schiffen die Überlebenden an Bord des eigenen Langschiffes; sie wehrten sich mit wildem Heldenmut, und so hielten sie die Vorderschanze bis in die sinkende Nacht. Als es so finster war, daß man nicht mehr kämpfen konnte, rissen Jarl Eriks Mannen Segel und Takelwerk vom Schiff, damit es nicht mehr fliehen könne, und ließen es fürs erste liegen, um den Sieg zu feiern. In der Nacht aber hieben Vagn und die Seinen Maste und Rahen ab und warfen sich mit ihnen ins Meer. Schwimmend erreichten sie eine Schäre, dort blieben sie, von Wunden und Kälte halb tot, liegen, und zehn von ihnen starben bis zum Morgen. Als die Sonne kam, entdeckte Jarl die Überlebenden, es waren ihrer noch siebzig; sie wurden gefangengenommen, denn sie konnten sich nicht mehr wehren.

Alle an einen Strick gebunden, wurden sie zum Tode geführt. Thorkel Leira war's, der sie enthaupten sollte vor den Jarlen und dem ganzen Volk. Er gedachte des Gesetzes, das Palnatoki den Jomswikingern gegeben hatte: daß keiner von Furcht auch nur reden solle – und beschloß zu prüfen, ob sie dies Gesetz noch im Tode hielten. Jeden, der vom Strick gelöst und vor ihn gebracht wurde, fragte er, bevor er das Schwert hob: „Wie schmeckt dir der Tod?" Aber da war keiner, der verzagte. „Gut", antwortete einer, „mir geht's wie meinem Vater!" Und als Thorkel weiter fragte: „Was geschah mit ihm?" erwiderte der Wikinger: „Schlag zu, er starb!" Da waren andere, die ihn schalten und verspotteten und unflätige Reden ausstießen: aber keiner sprach von Furcht. Ja, einer verlangte, daß Thorkel ihn von vorn mit dem Schwert treffe: „Sieh mir dabei in die Augen, ob ich zucke!" – und er zuckte nicht.

Als elfter herbeigeführt ward ein Jüngling mit dichtem, seidigem Goldhaar. Thorkel fragte ihn wie die andern, und er antwortete: „Schön war das Leben, und ohne Bitternis ist der Tod, da so viel tapfere Männer starben! Aber ich möchte nicht, daß mein Haar von Blut bespritzt wird. Helfe mir einer dazu – aber es darf kein Knecht sein, sondern nur einer meinesgleichen soll mich berühren!“ Da trat einer der Gefolgsmänner herbei und wickelte das Haar um seine Hand, um den Kopf sogleich hinwegzureißen, wenn das Schwert ihn vom Rumpf trennte. Aber als Thorkel zuschlug, zuckte der Jüngling das Haupt zurück, und das Schwert schnitt dem, der ihn hielt, beide Arme weg. Lachend sprang der Jüngling auf und rief: „Nicht ungestraft griffst du mir ins Haar!“ Hakon gebot voll Zorn, ihn schleunigst totzuschlagen und die andern dazu, damit sie nicht noch mehr Unheil stifteten. Jedoch Jarl Erik rief halt und fragte den Jüngling, wer er sei; der antwortete, er sei ein natürlicher Sohn Buis und achtzehn Winter alt – wenn er diesen überlebe.

„Du sollst ihn überleben!“ sprach Jarl Erik und stellte ihn hinter sich.

Der zwölfte in der Reihe war Vagn. Er antwortete auf Thorkels Frage: „Gut, aber besser schmeckte mir das Sterben noch, könnte ich vorher mein Gelübde erfüllen!“ Jarl Erik fragte: „Was für ein Gelübde tatest du?“ Vagn antwortete: „Ich gelobte, Thorkel Leira zu erschlagen und das Bett seiner Tochter Ingeborg zu besteigen, ohne ihre Sippe zu fragen!“ „Ich werde dafür sorgen, daß das nicht geschieht!“ rief Thorkel, sprang auf ihn zu und schwang das Schwert mit beiden Händen. In diesem Augenblick trat ein alter Wiking, der der nächste hinter Vagn war, diesem in die Kniekehle, daß er stürzte: da riß der Schwung des Hiebes Thorkel gleichfalls zu Boden, und das Schwert entfiel seinen Händen. Sofort ergriff Vagn die Waffe, sprang auf und schlug Thorkel zu Tode. „Jetzt habe ich mein Gelübde halb erfüllt!“ rief er, „nun ist mir schon wohler!“ „Schlagt den Mann sofort tot!“ gebot Jarl Hakon, aber Jarl Erik erwiderte: „Er soll ebensowenig getötet werden wie ich!“ Damit war Jarl Hakon wenig zufrieden, aber Vagn war Gefangener Jarl Eriks, und der sprach: „Einen besseren Mann tausche ich mit dir für Thorkel ein!“ Darauf entgegnete Vagn: „Nur unter einer Bedingung nehme ich das Leben an: daß auch allen meinen Gefährten Gnade wird – sonst gehen wir alle denselben Weg.“ Und als der Jarl sich an die andern Gefangenen wandte, riefen sie mit einer Stimme: „Zusammen wollen wir leben oder sterben!“ Da bat Erik seinen Vater um das Leben und die Freiheit aller, und Jarl Hakon mußte wohl einwilligen, da sein Sohn das Beste zum Sieg getan hatte.

Vagn fuhr mit Eriks Bewilligung zu Ingeborg und nahm sie zum Weibe, so die zweite Hälfte seines Gelübdes erfüllend. Mit ihr kehrte er zurück nach Fünen, und ein gewaltiges Geschlecht entsproß von ihm und seiner Frau.

Nach der Jomsburg kam keiner von den Wikingern zurück. An ihrer Stätte erhob sich später die reiche Stadt Jumme oder Jumneta, die wir Vineta zu nennen pflegen; sie versank, wie bekannt ist, im Meer, und noch hören die Schiffer zuweilen unter dem Wasser ihre Glocken läuten. Aber heller klingt durch alle Zeiten das Lied von den siebzig Jomswikingern, die das Wort Furcht nicht kannten und lachend dem Tod ins Auge sahen.

FRITHJOF

Am Sognefjord lagen nebeneinander zwei hochgewölbte Grabhügel: in einem ruhte König Beli, im andern Thorstein, sein liebster Genosse. Ein langes Leben hindurch waren sie Freunde gewesen, Belis Tochter Ingeborg und Thorsteins Sohn Frithjof waren miteinander erzogen worden, und als die Alten einander binnen kurzer Frist im Tode folgten, war ihr sehnlicher Wunsch gewesen, daß Helgi und Halfdan, die Königssöhne, und Frithjof, der Sohn des mächtigen Freibauern, in gleicher Freundschaft und Treue zusammenhalten sollten wie sie selbst.

Frithjof, ein starker und schöner Jüngling, hatte viele Freunde, aber am meisten liebte er Björn, seinen Milchbruder. Sie standen nebeneinander am Bug des schnellen Schiffes Ellidi, das Frithjof gehörte, und saßen nebeneinander auf dem Hochsitz seines stolzen Hofes Framnäs. Der Hof war reich an Äckern, Wald und Vieh, und köstliches Besitztum war in ihm gehäuft. Die besten Kleinode aus Thorsteins Erbe waren ein berühmtes Schwert und ein Armring von Gold, dem an Schönheit im Nordland keiner gleichkam. Die Königssöhne sahen es ungern, daß ihr Gefolgsmann mächtiger und reicher war als sie; aber Ingeborg blieb ihm in großer Herzlichkeit zugetan. Als nach altem Brauch die drei Kinder Belis zum jährlichen Gastmahl in Frithjofs Halle erschienen, blieben die Könige schweigsam, weil die Pracht des Festes sie verdroß. Ingeborg aber zeigte sich heiter und gesprächig und rühmte immer wieder den herrlichen Ring. „Hätte ich ihn selbst erworben, so freute ich mich seiner noch mehr“, sagte darauf Frithjof; „wenn du den Ring haben möchtest, so will ich ihn dir schenken! Aber du darfst ihn nicht weitergeben; willst du ihn selbst nicht mehr tragen, so gib ihn mir zurück." „Ich werde ihn dir nie zurückgeben", antwortete Ingeborg, „sondern ich schenke dir meinen dafür." Und sie tauschte ihren Ring gegen den seinen.

Nun ward es Frithjof gewiß, daß er um Ingeborg werben müsse, obgleich die Feindseligkeit der Könige ihm Sorge machte. Aber Björn riet ihm: „Versuch's!" Und so machten sich die zwei auf den Weg. Sie trafen die beiden Könige auf Belis Grabhügel sitzend; Frithjof grüßte sie und sprach ohne Umschweif: „Ich komme, um Ingeborg von euch zum Weibe zu erbitten." Langsam und frostig antwortete Helgi: „Deine Wünsche fliegen zu hoch, du bist nicht ihresgleichen. Es ist kein Makel an ihr; warum sollten wir sie unter ihrem Rang verheiraten?" Und Halfdan stimmte ihm zu. Da kündigte Frithjof den Brüdern an den Grabhügeln ihrer Väter Freundschaft und Gehorsam: „Fortan werde ich euch nicht mehr Gefolgschaft leisten!"

Über Schweden herrschte damals, alt und mächtig, König Ring. Er erfuhr davon, daß die Söhne Belis sich mit Frithjof entzweit hatten, und glaubte nun den Augenblick gekommen, sie ohne Mühe zu unterwerfen. Darum sandte er Boten an sie und stellte sie vor die Wahl, entweder Zins zu zahlen oder mit ihm zu kämpfen. Sie fürchteten die Schmach und wählten den Krieg. Aber als sie ihr Volk versammelten, fand sich die Zahl schwach; darum schickten sie zu Frithjof und baten ihn um seine Gefolgschaft. Der Held saß mit Björn beim Brettspiel, als die Boten eintraten und die Bitte der Könige überbrachten. Er gab ihnen keine Antwort, sondern sagte zu Björn: „Man kann so ziehen oder so." „Überleg dir's reiflich, und dann tu deinen Zug!" antwortete Björn. „Ich hab's überlegt", sprach Frithjof und wandte sich zu den Boten: „Meldet den Königen, daß ich ihnen kein Kriegsvolk stelle."

So mußten sich die Könige allein auf die Fahrt machen. Aber ehe sie aufbrachen, brachten sie ihre Schwester in den Hain Balders, wo der Gott seinen Tempel und seine Opferstätte hatte. Mehr noch als der hohe Zaun, der den Ort umhegte, schützte ihn die heilige Scheu; es war außer den Königen jedem Mann verboten, die Stätte zu betreten. So glaubten die Brüder Ingeborg sicher vor Frithjof geborgen. Aber als sie fort waren, kam Frithjof auf Ellidi mit Björn und zwölf Genossen nach dem Baldershain gefahren und wurde von Ingeborg und ihren Frauen freundlich empfangen. Wohl hatte sie Furcht wegen des Frevels, aber Frithjof sagte: „Was kümmert mich Balder? Bei dir will ich sitzen, gleichviel, wo es sei." Fröhlich waren sie zusammen, und Frithjof kam jeden Tag, solange die Brüder fern waren.

Sie blieben nicht lange aus. Denn als sie auf Ring gestoßen waren, erwies es sich, daß ihr Heer viel zu klein war, um den Kampf zu wagen; darum hatten sie sich mit dem alten König verglichen und versöhnt. Sie erkannten seine Hoheit an und versprachen ihm ihre Schwester zur Frau. Als sie heimkamen und von Frithjofs Besuchen im Hain Balders erfuhren, klagten sie voll Zorn Frithjof vor dem Thing an. Die Versammlung entschied, daß Frithjof den Königen Genugtuung schuldig sei, und im Andenken an die Freundschaft der Väter beugte sich Frithjof dem Spruch. Als Sühne wurde ihm auferlegt, nach den Orkaden zu dem Jarl Angantyr zu segeln und den Zins einzufordern, der seit langem nicht entrichtet worden war; dafür mußten ihm die Könige schwören, während seiner Abwesenheit seinen Besitz nicht anzutasten. Mit Björn und seinen zwölf Gesellen stach Frithjof in See. Die Könige hatten gewünscht, daß er fort sei, wenn Ring komme, um die Braut zu holen; denn sie fürchteten ihn. Aber größer noch als ihre Furcht war Helgis Haß.

Kaum war Ellidi davongerauscht, da sagte er zum Bruder: „So billig soll Frithjof nicht davonkommen! Wir wollen seinen Hof verbrennen und ihm einen Sturm auf den Hals schicken, daß er untergeht!“ Ihren Eiden untreu, verbrannten sie Frithjofs stolzes Gehöft bis auf die Grundmauern, und Helgi dingte zwei Wetterhexen, die dem Helden ein Unwetter zurichten sollten. Die Weiber saßen hoch im Dachgebälk, die Gesichter in der Richtung der Fahrt gekehrt, und krächzten ihre Sprüche. Da flog ein Sturm auf, fegte hinter dem Schiffe her und packte es. „Zu Ingeborg nach dem Baldershain fuhr sich's leichter“, sagte Frithjof zu seinen Mannen; „aber hier kann man besser sehen, ob ihr tüchtige Kerle seid!“ Björn antwortete: „Man muß zufrieden sein, wie's fällt, Helgis Geschenk kommt nicht unerwartet!“ Es waren gute Gesellen beieinander in dem Schiffe, sie packten zu, und keiner verzagte.

Wie Berge hoben sich die Wogen, der Wind schleuderte Ellidi mitten in sie hinein, die Flut schlug über Bord und füllte den Raum. „Das schmeckt nicht so gut wie der Wein bei Ingeborg“, sagte Björn, den Mund voll Wasser, und Frithjof antwortete: „Nimm's als Abwechslung!“ Aber während sie rangen, dachte er der Geliebten, und während sie das Wasser ausschöpften, erinnerte er sich der Stunde, da sie Ringe tauschten im Saal und Küsse in Balders Hain; es schien ihm ein bitteres Schicksal, daß sie nun im Arm eines andern ruhen sollte und er im kalten Bett der Ran. Eine Welle schlug über die Bordwand und riß vier Gefährten in die Tiefe, der Untergang schien Frithjof gewiß. Da zerhackte er mit dem Schwert den Goldring, den ihm Ingeborg geschenkt hatte, in Stücke und gab jedem der Gefährten eins, daß sie, wie es Helden geziemt, nicht ohne Gastgeschenk in die Halle Rans eintreten möchten. Aber noch hielten sie aus, es gelang ihnen, das Schiff so in den Wind zu drehen, daß es in schnellster Fahrt hinflog, und Frithjof kletterte auf den Mast, um nach Land auszuspähen. Als er wieder herabkam, sagte er zu Björn: „Seltsam war, was ich sah! Es liegt Land vor uns, aber zwischen ihm und dem Schiff schwimmt ein riesiger Wal – Helgi hat uns einen Zauber zugerichtet. Schau hin!“ Und nun sah auch Björn den Fisch; auf seinem Rücken saßen zwei Ungeheuer: ein Weib im Schneepelz, einem Eisbären vergleichbar, und ein anderes, das die Flut mit Adlerflügeln peitschte. „Helgi sandte die Zauberweiber – Ellidis Kiel soll ihnen das Rückgrat brechen!“ Frithjof packte das Steuer, das Schiff jagte auf den Wal los, es schnitt durch ihn hindurch wie ein Schwert, und die Hexen barsten auseinander. Im gleichen Augenblick aber, als dies geschah, fielen auf Helgis Hof die beiden Zauberweiber vom Gebälk und brachen die Hälse.

Nun legte sich der Sturm, die See glättete sich, ein leichter Wind trieb die Ermatteten ans Land. Von den Gefährten konnte nur Björn noch Arme und Beine regen, die andern acht mußte Frithjof ans Land tragen. Aber da er lebendig auf der Erde stand, wußte er und sagte zu Björn: „Jetzt ist es mir sicher, daß Ingeborg doch noch die Meine wird!“ Der Freund antwortete: „Ja, nun ist's Zeit, wieder an sie zu denken.“

Der Strand, an den sie getrieben waren, gehörte zur Insel, auf der Angantyr wohnte. Ganz nahe lag die Halle des Jarls, der mit seinen Mannen fröhlich im Saal becherte. Nur einer namens Hallward saß vor der Tür auf der Diele; er hatte gegen die Zechgesetze verstoßen und mußte zur Strafe draußen ein großes Methorn leeren. Als er absetzte, sah er, wie sich die abgekämpften Seefahrer mit letzter Kraft heranarbeiteten; nur einer legte sich noch mit voller Kraft ins Ruder. Der Späher erkannte das Schiff und erkannte Frithjof; er ging sofort hinein und meldete, wer da, ihrer Hilfe bedürftig, zum Strande komme. „Nehmt sie gut auf“, sagte Angantyr, „und empfangt Frithjof mit Ehren!“

Aber bei den Zechgenossen saßen zwölf Berserker, und Atli, ihr stärkster und wildester, suchte Streit. „Ich habe gehört“, sagte er, „daß Frithjof geschworen hat, er werde nie zuerst um Frieden bitten, wir wollen sehen, ob das stimmt!“ Hallward wollte die Ungestümen zurückhalten, aber sie stürmten davon, dem Strande zu, und traten vor Frithjof, der sich eben aus halber Betäubung ermannte. „Mach dein Wort wahr", rief ihm Atli zu, „wenn du Lust hast, auf Tod und Leben zu fechten! Oder willst du vielleicht lieber doch um Frieden bitten?" „Kommt heran", rief Frithjof, „das ganze Dutzend auf einmal, wenn ihr feig genug dazu seid!" Sie gingen aufeinander los, aber jetzt war auch Hallward zur Stelle und warf sich zwischen sie: „Der Jarl gebietet Frieden, ihr seid ihm alle gleich werte Gäste, kommt hinauf in die Halle!" „Mir ist's recht, so oder so", antwortete Frithjof. „Wir haben es nicht nur gehört, Frithjof, daß du tapfer bist, sondern auch gesehen", sagte Hallward; „nun laß es genug sein und denke daran, welche Not ihr bestanden habt!" Sie gingen hinauf zur Halle, und Angantyr nahm Frithjof und die Seinen mit hohen Ehren auf.

Als ihm der Held alles erzählt hatte, von seinem Streit mit den Königen und von Helgis Tücke, sagte Angantyr: „Diese Brüder taugen beide nichts, und Helgi ist böse obendrein. Solchen Königen will ich keinen Zins bezahlen. Aber dir, Frithjof, der als Bote kommt, mag ich nichts abschlagen. Darum gebe ich das Gold dir, mach damit, was dir gefällt, mich soll's nicht kümmern. Und du schenke mir deine Freundschaft!" Das nahm Frithjof mit Freuden an, und er blieb den ganzen Winter über als willkommener Gast bei dem Jarl. –

Längst war König Ring gekommen, um Ingeborg heimzuführen. Beim Brautmahl sah er das Kleinod an ihrem Arm und fragte sie: „Von wem hast du das?" „Es ist ein Erbstück", entgegnete Ingeborg. Aber der König sagte: „Nein, das ist ein Geschenk Frithjofs. Du sollst keinen Schmuck von ihm tragen, sondern nur, was ich dir schenke!" Da zog sie die Spange ab und reichte sie Helgis Gattin mit der Bitte, sie Frithjof zu geben, wenn er wiederkehre. Denn so hatte sie es ihm versprochen. Dann fuhr sie mit König Ring davon in sein Reich.

Im Frühling kehrte Frithjof auf Ellidi von den Orkaden heim. Auf seiner Hofstätte sah er die Gebäude verbrannt bis zum Grund und ließ sich erzählen, was geschehen war. Nun galt die Freundschaft der Väter ihm nichts mehr; bei der Asche seines Hofs schwor er den Königen Rache. Mit Björn und den Gefährten fuhr er nach Balders Hain, wo die beiden weilten. Er hieß die andern auf ihn warten und inzwischen die Schiffe, die am Strande lagen, zerstören, allein werde er hinaufgehen, um den Zins zu zahlen; sei er aber am Abend nicht zurück, so sollten sie Feuer werfen in den Hain und Balders Heiligtum verbrennen. „Gut gesprochen!" sagte Björn.

Die Könige saßen im Tempel und bei ihnen ihre Frauen. Die hatten die Götterbilder herabgenommen, hielten sie auf dem Schoß und wärmten sie am Feuer. Frithjof trat vor Helgi und rief: „Hier ist dein Zins!" Damit schlug er ihm den Beutel so hart ins Gesicht, daß dem König zwei Zähne ausbrachen und er ohnmächtig zu Boden fiel; Halfdan sprang dem Bruder zu Hilfe, aber er wagte Frithjof nicht anzugreifen. Ohne ein Wort ging der Held zum Feuer und sah seinen Ring am Arm der Gattin Helgis. Im Zorn packte er zu und riß ihr den Ring ab, aber dabei rollte Balders Bildnis von ihrem Schoß ins Feuer und verbrannte. Frithjof schritt, den Ring in der Hand, hinaus, kam zu Björn und ging an Bord.

Als Helgi aus seiner Ohnmacht erwachte, befahl er seinen Leuten, Frithjof nachzusetzen und ihn als Friedensbrecher und Tempelschänder zu ergreifen. Er selbst nahm seinen Bogen zur Hand, aber als er ihn spannen wollte, brach das Holz in Stücke – Frithjof sah es lachend von seinem Schiffe aus. Sie wollten ihn verfolgen, aber sie fanden die Böden ihrer Schiffe zerhauen.

Frithjof ging auf Wikingsfahrt, Helgi aber ließ ihn vom Thing richten, weil er den Frieden des Tempels gebrochen und Balders Bild verbrannt habe. Da wird die Acht über ihn gesprochen, friedlos und landflüchtig sollte er fortan sein. Aber das focht ihn nicht an. Er suchte auf Ellidi viele Küsten heim und brandschatzte sie; die sich ihm widersetzten, erschlug er, aber überall schonte er friedliche Bauern. So gewann er auf seinen Zügen großen Ruhm und viele Schätze.

Endlich kam die Zeit, da er der wilden Fahrten müde wurde und fühlte, daß alle seine Abenteuer die Sehnsucht nach Ingeborg nicht hatten töten können. Um sie wiederzusehen, wollte er von seinen Gefährten scheiden und allein zum Hofe König Rings gehen. Björn widerriet ihm, sich in die Gewalt eines so mächtigen Gegners zu begeben; er hätte es lieber gesehen, wenn sie die Belisöhne überfallen und erschlagen hätten zur Vollendung der Rache. Aber Frithjof antwortete: „Mußte ich Ingeborg im Baldershain verlassen, so will ich ihr wiederbegegnen in der Halle Rings."

Er ließ sich an Land setzen und verkleidete sich als Salzbrenner; wie ein armer, unbeholfener Mann in verschlissenem Gewande trat er in den Saal und setzte sich an die Tür. Der greise König faßte ihn scharf ins Auge, als einziger sah er sofort, daß der Mann mehr war, als er scheinen wollte, und schickte einen Knecht, um ihn nach Namen und Herkunft zu fragen. „Thjof heiße ich", sprach der Held, „bei den Wölfen lag ich zur Nacht, und Kummer ist meine Speise." „Ich glaube ihn zu verstehen", sagte der König, als er das hörte, und ließ ihn vor sich rufen. „Wie wollen wir diesen Mann behandeln?" fragte er die Königin. „Wie einen Bettler", antwortete sie. „Nein", sagte der König, „er soll zwischen uns Platz nehmen auf dem Hochsitz." Der Gast mußte den zerlumpten Mantel ablegen, da sah man, wie wohlgebaut er war; dann ließ ihm Ring einen kostbaren Mantel reichen, und nun glich er einem Fürsten. Der König blickte auf den Ring an dem Arme des Gastes und fragte: „Du hast wohl viele Jahre lang Salz brennen müssen, um dieses schöne Kleinod zu erwerben?" „Ich erbte es von meinem Vater", antwortete der Gast.

Der Königin schlug die Röte ins Gesicht, als Thjof neben ihr Platz nahm, und sie sprach kein Wort. Aber der König war heiter, er plauderte mit ihm und behielt ihn den ganzen Winter bei sich. Die Königin mied ihn.

Eines Tages fuhr das Königspaar im Schlitten über das Eis, und der Gast begleitete sie auf Schlittschuhen. Da barst die dünne Decke, der Schlitten brach durch, aber im Nu flog Thjof zur Stelle, riß ihn samt dem König mit einem Ruck heraus und danach auch Ingeborg, die ins eisige Wasser gefallen war. „Das war ein guter Ruck", sagte Ring, „dessen hätte sich Frithjof selbst nicht zu schämen brauchen. Ich lobe mir einen solchen Gefolgsmann!"

Ein anderes Mal mußte Thjof den König in den Wald begleiten. Da wurde der Alte müde, legte sich ins Moos und schlief fest ein. Thjof saß bei ihm, er zog sein Schwert aus der Scheide – und mit einem Schwung schleuderte er es weit hinweg ins Gebüsch. Davon erwachte der König, er wußte sogleich, was geschehen war, und sagte: „Ja, Frithjof, so geht es mit den Gedanken! Ich habe dich sofort am ersten Abend erkannt; nun bleibe bei mir, ich habe Großes mit dir vor." „Ihr habt mich edel aufgenommen", antwortete Frithjof, „aber bleiben kann ich nicht."

Am frühen Morgen klopfte es an des Königs Schlafzimmer; Frithjof stand vor der Tür und sprach: „Ich will dir danken, du warst mir ein getreuer Gastgeber. Aber ich liebe Ingeborg und werde nie aufhören, sie zu lieben. Gib ihr, da ich sie nicht küssen darf, von mir zum Abschied diesen goldenen Ring." Da lachte der König und sprach: „Hätte nicht vielmehr ich das Geschenk verdient? Ich war doch freundlicher zu dir als sie! Aber ein wenig verweile noch, laß uns noch einmal zusammen speisen und fröhlich sein!"

Er hieß Ingeborg aufstehen, sie sträubte sich ein wenig, denn sie war immer scheu und spröde geblieben gegen den Freund von einst; aber dann saßen sie doch zusammen beim Mahl. Und wieder bat Ring den Gast, zu bleiben. „Lange mögest du leben, edelster aller Könige", antwortete Frithjof; „aber mir ist Ingeborg nicht beschieden – darum muß ich fort." „Bleibe, Frithjof", sagte da der König; „Ingeborg wird dein werden und mein Reich dazu." „Niemals", rief Frithjof, „niemals, solange du lebst!" „Ich lebe nicht mehr lange", sprach Ring; „längst fühle ich tödliche Krankheit in mir. Ihr sollt euch gehören, ihr seid einander wert wie kein anderes Paar, und das Reich soll dein sein. Ich selbst will euch verloben." Da gab Frithjof nach und dankte ihm aus ganzem Herzen.

Bald darauf starb König Ring, und Frithjof machte Hochzeit mit Ingeborg. Er nahm das Reich an sich, aber nicht den Königsnamen, sondern nannte sich nur Jarl. Björn und seine Gefährten lebten in Herrlichkeit an seinem Hof. Die Brüder Ingeborgs aber mißgönnten ihm sein Glück, sie sammelten ein Heer und führten es gegen ihn. „Schweres Schicksal steht dir nun bevor", sagte Frithjof zu seinem Weibe; „wie der Kampf auch ausgehe — du wirst trauern müssen." Aber Ingeborg antwortete: „Nein, dich allein liebe ich; nichts anderes wünsche ich, als daß nur du mir lebst!"

In der Schlacht siegte Frithjof über die Könige und erschlug Helgi; Halfdan mußte den Eid der Treue schwören. Frithjof aber herrschte mit Macht und Ruhm in seinem Reich, er zeugte viele Kinder mit Ingeborg und lebte mit ihr in immer gleicher Liebe bis in sein hohes Alter.

DIE GEISTERSCHLACHT

Hild heißt Schlacht, und Hild hieß die Tochter des Königs Högni. Als der Vater einmal zu einer Königsversammlung gefahren war, raubte der Wiking Hedin die Jungfrau. Da Högni erfuhr, daß der Feind in sein Land eingefallen sei und ihm die Tochter entführt habe, setzte er mit seinen Schiffen Hedin nach und verfolgte ihn nordwärts längs der Küste. In Norwegen hörte er, Hedin sei westwärts übers Meer gefahren. Er segelte ihm nach bis zu den Orkaden; dort fand er den Wiking mit seinen Schiffen bei der Insel Ha.

Als die Flotten sich gegenüberlagen, sandte Hedin die Hild zu ihrem Vater, damit sie ihm in seinem Namen Versöhnung böte. Er hatte ihr als Sühnegeld ein kostbares Halsband mitgegeben, das reichte sie Högni; aber dann sagte sie weiter: „Schlägst du die Versöhnung aus, so ist Hedin zur Schlacht gerüstet und gedenkt dich nicht zu schonen!" Diese Rede kränkte den stolzen König, und er gab der Tochter eine schroffe Antwort. Sie fuhr zu Hedin zurück und sprach: „Mein Vater will keine Versöhnung, rüste dich zum Kampf!"

Beide Heere stellten sich auf der Insel zur Schlacht auf. Da rief Hedin seinem Schwiegervater Högni zu und bot ihm viel Gold als

Buße. Aber Högni sagte: „Zu spät bietest du mir die Sühne; denn jetzt habe ich mein Schwert Dainsleif gezogen, das die Zwerge schmiedeten: niemals versagt es beim Hieb, keine Wunde heilt, die es schlug, und es geht, einmal gezogen, nicht wieder in die Scheide, ehe es nicht eines Mannes Mörder ward!“ Darauf antwortete Hedin: „Des Schwerts magst du dich rühmen, aber nicht des Sieges! Ich lobe mir jede Waffe, die ihrem Herrn Heil bringt!“

Wild entbrannte die Schlacht, und sie stritten bis zum Abend: da hatten die Könige einander erschlagen, und alle ihre Mannen waren gefallen. Aber als es Nacht war, ging Hild auf die Walstatt und weckte durch ein Zauberlied die Toten auf: sie erhoben sich und kämpften von neuem, bis beim Morgengrauen wieder alle erschlagen waren. So aber ging es nun weiter Nacht für Nacht. Tagsüber lagen die Gefallenen samt ihren Waffen auf dem Eiland als große Steine; nachts aber weckte sie Hild zu immer neuer Schlacht. Und es hieß, daß dieser Kampf weitertoben solle bis zum Weltenbrand.

Aber nachmals erzählte man, daß der Geisterschlacht dennoch ein Ende gesetzt worden sei. Als König Olaf Trygvissohn, der Norwegen zu Christus zwang, einmal bei Ha anlegte und dort Wachen ausstellte, verschwanden sie über Nacht. Da ging in der nächsten Nacht Ivar der Glänzende allein auf die Insel, mit allen seinen Waffen angetan. Ein hochgewachsener Mann, blutbespritzt und traurig von Antlitz, kam auf ihn zu, und Ivar rief ihn an. „Hedin bin ich“, antwortete das Gespenst; „Högni und ich müssen hier kämpfen jede Nacht, Hild aber sitzt dabei und sieht dem Kampfe zu. So hat es uns Odin verhängt, und keiner von uns wird erlöst werden, es sei denn, daß ein guter Christ ihn tötet. Du bist ein guter Christ und ohne Furcht: komm mit mir zum Kampf, dann wirst du uns und deinem frommen König einen guten Dienst tun.“ Ivar willigte ein, mitzugehen; darüber war Hedin froh und sagte: „Högni muß der erste sein, der fällt; aber er hat einen Zauber im Auge, deshalb kannst du ihm nicht entgegentreten. Laß daher mich mit ihm fechten und gib ihm von hinten die Todeswunde.“

Sie kamen zur Walstatt, und Hedin griff Högni an. Als sie aber kämpften, trat Ivar hinter Högni und spaltete ihm mit einem Schwertstreich das Haupt bis auf die Schultern. Danach erschlug er ohne Mühe alle Männer, die da stritten, und als letzten Hedin. Es war schon taghell, als er zu den Schiffen zurückkam. Der König lobte ihn wegen seines Mutes und ging mit ihm an Land; dort fanden sie keine Spur des nächtlichen Kampfes mehr, aber Ivars Schwert war über und über voll Blut. Von diesem Tage an war der Kampf der Gefallenen beendet und die Insel vom Spuk befreit.

NORNAGEST

An dem Hof des Königs Olaf Trygvissohn in Drontheim erschien eines Tages ein Mann, der nannte sich Gest, das heißt Gast; und als Gast wurde er freundlich aufgenommen, denn er gefiel dem König, weil er trotz seiner einfachen Tracht fein von Sitten und trotz seines Alters kühn von Aussehen war. In der Nacht glaubte der König, der inmitten seines Gefolges in der Halle zu schlafen pflegte, aber diesmal über dem Gebetbuch wachgeblieben war, eine geisterhafte Erscheinung zu sehen, die zwischen den Betten durchging und vor dem des Gastes stehenblieb; und er vermutete aus diesem heidnischen Wesen, daß Gest noch nicht getauft sei. Als dieser ihn am andern Morgen bat, noch bleiben zu dürfen, fragte er ihn danach, und Gest antwortete: „Nein, getauft bin ich noch nicht, aber schon mit dem Kreuz gezeichnet." In der Tat hatte der König bereits am Abend gesehen, daß Gest sich wie seine anderen Mannen bekreuzigt hatte, und so bewilligte er ihm den Aufenthalt mit dem Beding, daß er sich später auch taufen lasse. Er hatte große Freude an dem Gast, der viele Geschichten zu erzählen wußte und aufs schönste die Harfe spielte.

Am Julfest überreichte ein Gefolgsmann, der vom Grenzschutz an den Hof zurückgekehrt war, dem König einen überaus schönen Ring. Das Kleinod ging um den Tisch herum von Hand zu Hand, und ein jeder pries seine Köstlichkeit; nur Gest gab es, nachdem er es betrachtet hatte, ohne ein Wort weiter. Das wunderte seine Nachbarn, und sie fragten ihn ein wenig spöttisch, ob er vielleicht schon gleiches oder feineres Gold gesehen habe. „Ja, das habe ich wirklich gesehen, und ich kann es euch auch zeigen", antwortete Gest. Die andern lachten ihn aus und meinten, das müsse er beweisen; sie schlugen ihm eine Wette vor: vier Mark Silber gegen sein Messer und seinen Gürtel, und der König selbst solle Schiedsrichter sein. Damit war Gest einverstanden. Als sie am nächsten Morgen dem König die Sache vortrugen, schüttelte er den Kopf und sagte: „Ich glaube, Gest, du weißt mehr als andere, und meine Leute haben sich die Sache nicht recht überlegt." Aber sie wollten bei ihrer Wette bleiben.

Nach Tisch hieß König Olaf den Gast vortreten und befahl ihm: „Wenn du wirklich feineres Gold vorzeigen kannst, so weise es uns jetzt!" Umständlich nestelte Gest aus einem Beutel, den er am Halse trug, einen Lappen hervor, wickelte aus ihm ein Stück von einer zerbrochenen Sattelspange und reichte es dem König. Der sah auf den ersten Blick, daß es ganz ausgezeichnetes Gold war, und ließ sofort den Ring zum Vergleich holen. Dann entschied er: „Gests Gold scheint mir das feinere, und wer von euch sich darauf versteht, wird das bestätigen.“ So geschah's auch, und der König sprach Gest die Wettsumme zu. Jetzt ward den Verlierern die Wette doch leid, aber Gest sagte: „Behaltet euer Geld, ich brauche es nicht! Nur merkt euch für die Zukunft, daß ein Fremder manchmal mehr weiß als ihr.“

Darauf forderte der König: „Jetzt mußt du erzählen, wie du zu dem Golde kamst.“ Zögernd antwortete Gest: „Ich tue es nicht gern, ihr werdet mir die Geschichte nicht glauben.“ Aber der König befahl, und Gest gehorchte. Er erzählte, wie er einst ins Frankenland gekommen sei und an den Hof Sigurds, des Wölsungs. Ja, ihn selbst habe er gekannt und ihn auf mancher Fahrt, in manche Schlacht begleitet. Auch Starkad habe er gekannt, den riesigen Kämpen, und sei dabeigewesen, als Sigurd ihm das Schwert in den Kiefer schlug, daß ihm zwei Backenzähne heraussprangen: „Einen davon könnt ihr noch sehen, ich habe ihn aufgehoben und an das Glockenseil der Kirche von Lund gebunden, er hängt noch dort, sieben Lot schwer.“ Die Hofleute hörten ihm zu, als erzähle er Märchen; denn es war schon Jahrhunderte her, daß Sigurd gelebt hatte. Aber Gest fuhr unbeirrt fort: „Einmal ritt ich mit Sigurd zu einer Versammlung, und wir gerieten unterwegs in einen Sumpf. Sein Hengst Grani mußte sich schwer mühen, um sich hochzuarbeiten; da sprang ihm der Gurt entzwei, und die Schnalle fiel ab. Ich fischte sie aus dem Schlamm auf, aber Sigurd schenkte sie mir – ihr saht sie ja schon. Nachher striegelte ich sein Roß, dabei zog ich ihm ein Haar aus dem Schweif – hier ist es!“ Er holte aus dem Beutel das zusammengerollte Haar; sie spannten es aus – und es maß sieben Ellen in die Länge.

Stumm vor Staunen saßen der König und die Seinen, sie konnten nicht satt werden, ihm zuzuhören. Gest erzählte noch manchen Abend und immer Neues; er wußte alles, was bei den Gjukungen geschehen war, aber er war auch bei den Söhnen Ragnar Lodbroks gewesen und bei dem Schwedenkönig Erik, bei König Harald Schönhaar von Norwegen und bei König Ludwig von Sachsen. „Wunderbares weißt du zu erzählen“, sprach der König; und Gest antwortete: „Das Wunderbarste aber ist, wie ich zu meinem Namen kam; denn mit vollem Namen heiß ich Nornagest.“ Und er erzählte:

„Als ich geboren wurde auf dem reichen Hof meines Vaters in Dänemark, zogen drei Wahrsagerinnen durch das Land und weissagten den Leuten, wie alt sie werden würden. Viele wollten das wissen, luden sie zu sich und beschenkten sie. Auch mein Vater lud sie ein, sie sollten über mein Schicksal entscheiden; sie kamen, und eine Menge Volks drängte sich mit ihnen ins Haus. Ich lag in der

Wiege, und über meinem Kopf brannte eine Kerze. Zwei von den Seherinnen traten heran, sie weissagten mir alles Gute; ich sollte mehr Glück haben als alle andern in unserer Sippe und in unserm Lande. Aber die dritte Seherin war nicht zu Worte gekommen, sie war böse darüber, daß man sie nicht gefragt hatte, und als gar im Gedränge ein paar Mutwillige sie zu Boden stießen, rief sie zornig den Schwestern zu: „Hört auf mit euren Glückssprüchen! Ich verhänge dem Kind, daß es nicht länger leben soll, als bis die Kerze hier zu seinen Häupten niedergebrannt ist!“ Da nahm die Älteste die Kerze vom Halter, blies sie aus und gab sie meiner Mutter zur Verwahrung. So wurde der Fluch wieder in Segen gekehrt: denn mein letzter Tag nach dem Spruch der Norne wird nicht kommen, ehe denn die Kerze verbrannt ist. Als ich von Hause fortzog, gab mir meine Mutter die Kerze mit; ich trage sie immer bei mir.“

Nachdenklich fragte der König: „Warum kamst du wohl zu mir?“ Nornagest antwortete: „Es war mir so, als hätte ich von dir ein Heil zu erwarten.“ Da fragte der König weiter: „Willst du jetzt die heilige Taufe empfangen?“ Und Nornagest sprach: „Ja, ich will, da du es willst.“ So wurde Nornagest getauft und lebte gottesfürchtig und geehrt am Hofe.

Nach einiger Zeit fragte ihn der König: „Wie lange möchtest du noch leben nach deinem Willen?“ Nornagest antwortete: „Kurze Zeit nur noch nach Gottes Willen.“ Da sprach der König: „Meinst du nicht, daß es Zeit ist, deine Kerze hervorzuholen?“ Der Greis nahm sie aus seinem Harfenkasten, und Olaf ließ sie anzünden; sie brannte rasch. „Wie alt bist du eigentlich?“ fragte er nun. „Dreihundert Winter alt bin ich jetzt“, antwortete Nornagest.

Er streckte sich hin und empfing die Letzte Ölung. Als die Kerze dem Ende zu flackerte, begann sein Atem zu stocken, und als der Docht erlosch, war er tot.

DRITTES BUCH

MÄR DES SPIELMANNS: DEUTSCHE RECKEN

Uns ist in alten maeren wunders vil geseit
von helden lobebaeren, von grôzer arebeit,
von vreude und hôchgezîten, von weinen und von klagen,
von kuener recken strîten muget ir nu wunder hoeren sagen.

Im christlichen Mittelalter wandten sich die streitbaren Ritter der höfischen Dichtung zu, sie entnahmen ihre epischen Stoffe zumeist dem keltischen Sagenkreis und achteten die Überlieferung des eigenen Volks gering. Ihr blieb der Spielmann treu; er pries nach wie vor die alten Helden der Väter. Aber er selbst lebte in weitem Abstand von ihnen. Nicht nur die Jahrhunderte schieden ihn von den Nibelungen, Amelungen und Hegelingen, nicht nur der Umstand, daß er Christ war und jene Heiden, sondern mehr noch seine Zugehörigkeit zu einem besonderen Stand, der berufsmäßig der Unterhaltung diente und die Fahrenden und Gaukler mit umschloß. Er war nicht mehr, wie der Sänger der heidnischen Germanen, der ebenbürtige Kampfgenosse vornehmer Männer; darum sah er in den Heldentaten, die er besang, nicht mehr erhöhte Wirklichkeit, sondern Wunderdinge aus ferner, weit entlegener Zeit. Die Helden, die unter einem Notzwang das Gewaltige tun, wandelten sich ihm in Recken, die das Abenteuer suchen. Mehr als die alte harte Sage selbst fesselte ihn das bunte Geschehen, das sich um sie rankte. Daher kommt es auch, daß manche Gestalt in der einen Mär ganz anders dargestellt ist als in der andern, und daß sich nicht immer eine Erzählung glatt an die andere fügt.

Wohl gab es Stoffe, die der blühenden Auflösung trotzten: immer noch ragen die Nibelungen in eine mildere Landschaft wie ein Urgebirge mit steilen Gipfeln und eisigen Gletschern, obwohl sie auch hier schon die Hänge reich begrünen; das Hildebrandslied, noch der Zeit der alten Sänger angehörend, liegt in der Dietrichsage hingeschleudert wie ein ungefüger Block. Aber bei der Gudrun ist die Angleichung schon weiter fortgeschritten, in den Sagen um Dietrich gibt es einzelne, die wie die von Laurin ganz aus üppiger Spielmannsphantasie entsprungen sind, und gar der Wolfdietrich wurde zu einem Märchenhelden, um den die Abenteuer hemmungslos weiterwucherten. Grimmige Helden des alten Schlags gibt es noch genug; aber der höchste und geliebteste Held der Spielleute, der edle Dietrich, nimmt immer mildere, ja bisweilen rührende Züge an und wächst im Gang der Erzählung immer mehr zu einem Bilde geklärten Menschentums. Und neben die heldischen Weiber treten zahlreicher als vordem die zarten anmutigen Jungfrauen.

Diese Entwicklung vollzieht sich ganz und gar nach einem Naturgesetz und läuft mit der Änderung der Lebensbedingungen gleich. Denn die Deutschen, die den Namen seit der Zeit der Karolinger und dem völligen Sieg des Christentums tragen, sind eben ein neues Volk, das sich aus der alten germanischen Wurzel heraus wie ein gesonderter Stamm hebt und ein Eigenleben führt. Sie sind weicher als ihre harten Ahnen; aber was sie an Strenge einbüßten, gewannen sie an Vielfältigkeit und Reichtum des Daseins. Über eine großartige und gnadenlose Welt schichtet sich eine sanfte, mannigfach gestufte, wohnlichere.

Das Christentum sitzt bei den Helden der Spielleute nicht sehr tief; zuweilen sind sie, wie die des Nibelungenlieds, ihrem Wesen nach blanke Heiden geblieben. Aber in manche Charaktere ist doch schon christliche Art eingesickert, und in der Umwelt und dem täglichen Brauch macht sich der neue Glaube überall deutlich bemerkbar. Fremde Einflüsse aus dem keltischen Westen und dem durch die Kreuzzüge erschlossenen Morgenlande färben und bereichern die alten Sagen. Durchgehends mildern sich Geschmack und Sitten. Immer breiteren Raum nehmen die Brautfahrterzählungen ein, und mit ihnen hält das „glückliche Ende“ seinen Einzug: die Gudrunmär schließt gleich mit vier Hochzeiten. Neben die alten Erzählungen mit ihren Rachekämpfen und wilden Untergängen treten neue, die von einer schönen Heiterkeit leuchten. Daran sollen wir uns freuen; nicht nur eine elementarische Urwelt, sondern auch eine prangende Wiese kann von unendlichem Zauber sein.

ORTNIT

Ortnit und Elberich

Im Lombardenreich herrschte gewaltig der junge König Ortnit; er machte sich ganz Italien untertan – selbst der beste seiner Helden, da er die Stärke von zwölf Männern besaß. Als es ihm und den Seinen geziemend schien, daß er sich eine Königin wähle, hielten sie auf seiner Burg zu Garten einen Rat ab; aber sie fanden im ganzen Lande keine Jungfrau, die ihm ebenbürtig gewesen wäre. Da nahm Ilias, der Reußenkönig, Ortnits Mutterbruder und ihm an Ehren der nächste, das Wort und sagte: „Ich weiß eine schöne hochgeborene Frau, aber noch hat bis jetzt keiner um sie geworben, ohne das Haupt zu verlieren." „Wer ist sie, lieber Oheim?" fragte Ortnit, und Ilias antwortete: „Sie ist die Tochter des heidnischen Königs Machorel, der zu Suders in Syrien sitzt und über Jerusalem herrscht. Ihre Schönheit strahlt wie Gold und Rosenglut, und ihr Herz ist lauter wie Kristall. Aber ihr Vater läßt jeden Freier töten: zweiundsiebzig Häupter sind auf den Zinnen seiner Burg Montabaur aufgesteckt. Doch schon reut es mich, daß ich dir von ihr erzählte – ich widerrate dir ehrlich die Fahrt!" „Ich werde mir die Jungfrau holen übers Meer", sprach Ortnit; „des Vaters Tun dünkt mich unsinnig: warum gibt er sie nicht einem Manne, da er dann doch zu der Tochter noch einen Sohn gewönne?" „Das will ich dir sagen", erwiderte Ilias; „er liebt sie mehr als sein Weib, er sähe gern die Königin sterben, um die Tochter zu nehmen." „Gott helfe mir, daß ich diesen Greuel verhüte!" sagte Ortnit; „sie soll die Meine werden!"

„Das wird vielen deiner Getreuen das Leben kosten", wandte Ilias ein. Aber Ortnit sagte: „Wer im Kampf gegen die Heiden fällt, dessen Seele ist erlöst. Und der Edle fürchtet nicht für sein Leben. Nun leiht mir eure Hilfe und stellt mir was ihr vermögt an wohlgerüsteter Mannschaft!" Da nannten ihm alle ihr Aufgebot; die drei mächtigsten Fürsten, unter ihnen Ilias, wollten jeder fünftausend Mann stellen, und der Fürst von Sizilien, der Ortnits Lehnsmann, wiewohl noch ein Heide war, verhieß ihm für Schiffe und Ausrüstung, Speise und Trank treulich zu sorgen. Als seinen Berater auf dem Zuge berief Ortnit den Oheim Ilias; die Fahrt sollte im nächsten Mai, nach den Stürmen des Winters, von Messina aus angetreten werden.

Ortnits Mutter hörte nicht gern von seinem Plan, sie warnte ihn noch dringender als Ilias, sich in so schwere Gefahr zu begeben. „In allem will ich dir gehorchen", erwiderte er, „nur darin nicht! Du sollst für mich beten, aber mich nicht zurückhalten, denn ich würde die Fahrt tun auch gegen deinen Willen." Endlich ergab sie sich: „Du bist mein Einziger und mein alles, bist mir Herr und Vater, Mann und Sohn zugleich, da alle meine Verwandten tot sind außer meinem Bruder Ilias; aber wenn du so sehr nach der Fahrt verlangst, muß ich mich fügen, sosehr ich für dich fürchte." „Es geht nach Gottes Willen", sprach er; „aber ehe ich aufbreche, werde ich noch ein Abenteuer bestehen. Ich träumte, ich hätte an einer Felswand eine herrliche Rüstung gefunden – heute noch ziehe ich aus, sie zu suchen." „Dabei will ich dir helfen", sagte die Mutter; „nimm von mir diesen Goldring, aber du mußt mir schwören, ihn keinem andern zu geben! Der Stein darin ist stark und wird dir nützen, trage ihn immer offen, wenn du von hier ausreitest! Kehr dich zur Linken, durch die Wälder und Berge immer der Felswand nach, bis du zu einem Anger kommst, wo eine grüne Linde steht und ein Quell aus dem Steine springt. Dort wirst du die Kraft des Ringleins erfahren."

Allein ritt Ortnit davon durch die Wildnis, wie ihn seine Mutter gewiesen hatte, Tag und Nacht hindurch, und als die Morgensonne im Steine seines Rings blitzte, sah er sich auf einer grünen Aue, durch deren Gras sich eine Spur zog, als hätten kleine Füße sie eingedrückt. Er folgte ihr und kam zur Stelle, wo er die Linde und den kühlen Brunnen fand. Um den Baum sang und duftete es, daß ihm fröhlich zumute ward und er lachend sprach: „Ich glaube, ich bin richtig geritten!" Er spähte im Kreise umher, da sah er unter der Baumkrone im Gras ein Kind liegen, wohl vier Jahre alt; es war köstlich gekleidet, sein seidenes Gewand schmückten Gold und Edelsteine. Der Held fühlte sich zärtlich hingezogen zu dem Kinde, das so allein und unbehütet lag; er betrachtete es nach Herzenslust, und es dünkte ihn so schön und lieblich, wie er noch keins gesehen hatte. Er wußte aber nicht, daß er es nur schauen konnte kraft des Steins an seiner Hand. Wie er nun bedachte, daß er auf seinem Ausritt nach Abenteuern an der verheißenen Stelle nichts anderes gefunden hatte als das Kind, wollte er es mitnehmen, band sein Roß an einen Lindenast und nahm den schlafenden Kleinen vorsichtig auf.

Aber da mußte er spüren, daß das Kind doch nicht so fest schlief: er erhielt plötzlich einen starken Stoß gegen die Brust, der Kleine schlug mit den Fäustchen so hart auf ihn los, daß er ihn auf den Boden stellen mußte, verwundert über diese unerhörte Kraft in dem

Kindeskörper. „Nun muß ich mich deiner wohl wehren!" sprach er und packte den Kleinen an, er begann mit ihm zu ringen und wurde immer zorniger, je stärker der andere sich gegen ihn stemmte. Aber der Kleine mußte über den Zorn Ortnits lachen, und das gereichte ihm zum Nachteil: er wankte, und der Held hob ihn hoch und warf ihn ins Gras. Als er ihn unter sich hatte, griff er nach seinem Schwert; da begann der Kleine zu bitten: „Es wird dir keine Ehre sein, mich zu erschlagen, nimm mich lieber gefangen!" Aber Ortnit entgegnete: „Es wäre mir viel größere Schande, brächte ich dich gefangen heim! Jeder würde lachen, käme ich als Sieger über einen solchen Knirps einhergezogen! Wer würde mir glauben, daß du mich in größere Not gebracht hast als je ein Mann!" Jetzt fiel ihm der Zwerg zu Füßen: „Laß mich leben, ich gebe dir zum Lohne ein Panzerhemd aus Ringen von lauterem Gold, von mir selbst im Kaukasus geschmiedet, dazu die kostbarste Brünne, weiter ein Schwert, das durch jede Rüstung und jeden Helm schneidet – es heißt Rose, und seine lichte Klinge wird nie schartig, sooft du auch damit fichtst; endlich einen Schild, so stark und fest, daß weder Geschoß noch Schwertschlag noch Feuers Hitze ihn durchdringt, und einen Helm, der eine halbe Meile weit wie Feuer leuchtet." „Was du mir auch verheißt", antwortete der König, „ich lasse dich nicht, ehe du mir nicht sagst, wer du bist und wie du dich nennst." „Ich bin ein Zwerg und mächtiger König unter meinesgleichen, mein Name ist Elberich." Da ließ Ortnit ihn schwören, ihm hilfreich und getreu zu sein bei seiner Fahrt nach der Königstochter, auch ihm die köstliche Rüstung, wie versprochen, zu bringen; und als das geschehen war, gab er ihn frei.

Freundlich und unterwürfig stand nun der Kleine vor ihm. Aber als Ortnit ihn hieß, nun die Rüstung zu holen, bat er ihn, ihm zuvor eine Bitte zu gewähren: „Gib mir den Ring, den du da am Finger trägst!" „Ich darf's nicht", erwiderte Ortnit, „meine Mutter, die ihn mir schenkte, gebot mir, ihn nie von meinem Finger zu lassen! Bitte mich, um was du willst, ich will dir's geben, aber niemals diesen Ring." Der Kleine antwortete spöttisch: „Bist du so geizig? Dann will ich mir sparen, um etwas anderes zu bitten, denn du würdest es mir ebensowenig gewähren! Es scheint, daß du dich, so groß und stark du bist, vor deiner Mutter fürchtest! Sie wird dich doch nicht gar schlagen?" „Und wenn sie's auch täte", sagte Ortnit, „ich liebe sie so, daß ich es ertrüge! Aber traurig will ich sie nicht sehen. Also sei böse oder lache mich aus: den Ring bekommst du nicht!" „Nun, so laß ihn mich wenigstens einmal beschauen!" Da reichte ihm Ortnit auf seine Treue die Hand hin, aber im gleichen Augenblick hatte ihm der Zwerg den Ring vom Finger gezogen und war vor seinen Augen verschwunden.

„Wo bist du?“ rief Ortnit, aber der Zwerg verhöhnte ihn: „Was kümmert es dich? Du hättest mich ohne den Ring nie erblickt; ich hätte, solange du ihn besaßest, dein Diener sein müssen. Fahr ab, du wirst ihn nie wiederkriegen!“ Und als Ortnit ihn an seine Treue und an sein Königswort mahnte, erwiderte er nur: „Hättest du nur, wie es sich gebührte, auf deine Mutter gehört!“ Nun fragte der Held: „Willst du mir nicht wenigstens, wie du versprochen hast, die Rüstung und das Schwert bringen?“ „Nichts von allem! Schilt oder drohe, soviel du willst! Ich werde sie einem andern schenken, der kein solcher Tor ist!“ Da gürtete Ortnit sein Roß und stieg auf, um schweigend und grimmig davonzureiten. „Bleib lieber hier!“ spottete der Zwerg; „was wird denn deine Mutter sagen? Du tust mir leid wegen der Schläge, die dich erwarten!“ „Ich hätte sie von ihr verdient“, gab Ortnit zurück. „Nun“, sprach Elberich nun mit Ernst, „ich will dir besseren Trost geben! Versprich mir, daß du mir nicht zürnst, was ich dir auch über deine Mutter sage – dann gebe ich dir den Ring zurück!“ „Behalte den Ring“, antwortete Ortnit, „ich will kein böses Wort über meine Mutter hören!“ Da sagte der Zwerg freundlich: „Wohl dir, du bist ein guter Sohn, deiner Treue kann man vertrauen! Nun höre: ich will dir nur die reine Wahrheit sagen, du wirst zuerst zürnen, aber zuletzt wird es dich nicht reuen. Gibst du mir dein Wort, daß du mir nichts tust?“ „Die reine Wahrheit zu sagen, ist jedermann erlaubt. Ich gebe dir mein Wort!“

„Ich verlasse mich auf dich“, sagte Elberich, „nimm den Ring!“ Als Ortnit die Hand des Zwerges fühlte, gedachte er, wie oft der Kleine ihn schon genarrt hatte; darum warf er ihn ins Gras und hielt ihn fest, zog ihm den Ring ab und steckte ihn an seinen Finger: da sah er den Zwerg auch wieder. Aber nun ließ er ihn, seinem Versprechen treu, los, und Elberich sprach ohne Furcht: Gedenke auch weiter an deine Treue! Deine Mutter ist das beste Weib im ganzen Lande, aber vorzeiten hat sie etwas getan, was du nicht weißt: sie hatte noch einen andern Mann. Greif nicht nach deinem Schwert! Du magst zornig sein, aber du gabst mir dein Wort, und ich weiß, du tust mir kein Leid. So höre: So klein ich bin und so groß du bist, sowenig wir beide uns an Wuchs ähneln – du bist dennoch mein Sohn!“ Aufbrausend rief Ortnit: „Das lügst du, und hätte ich dir nicht Sicherheit geschworen, du kämst nicht mit dem Leben davon! Oder“ – mit Mühe bezwang er sich – „redest du doch die Wahrheit?“ „Du bist wirklich und gewiß mein Sohn!“ „Dann soll meine Mutter als

Ehebrecherin auf dem Holzstoß brennen!" „Halt ein, du bist unsinnig!" entgegnete Elberich, nun auch heftig; dann fuhr er milder fort: „Es wird dir Ehre bringen, daß ich dein Vater bin, und deine Mutter ist ganz ohne Schuld. Sie konnte von ihrem Mann kein Kind gewinnen; ich hörte beide bitter klagen, daß es ihnen versagt blieb, sooft sie Gott darum baten. Trotzdem war sie ihrem Gatten treu. Aber mich faßte Erbarmen, daß sie kinderlos bleiben sollte und eine Verstoßene werden, wenn ihr Mann stürbe. Und als ich sie einmal in der Kemenate auf ihrem Bett sitzen und weinen sah, da überwältigte ich sie unsichtbar gegen ihren Willen." „Ich muß mich drein ergeben", sagte Ortnit; „wenn ich ihr etwas täte, würde es doch nicht ungeschehen gemacht." „Du wirst es nicht bereuen", sprach Elberich, „warte ein Weilchen, so will ich dir zeigen, daß auch ich dir Treue halte."

Er ging hinein in den Berg und trug den herrlichsten Kettenpanzer heraus – Ring an Ring von Gold gefügt –, dazu die Brünne, und als Ortnit die Rüstung anlegte, paßte sie ihm wie angegossen. Dann setzte er den Helm auf; vier Karfunkelsteine zierten ihn ringsum, und in der Mitte stand ein Diamant. Endlich reichte ihm Elberich das Schwert Rose, der Held beschaute es lange – von Gold war die Scheide, auf dem Knauf saß ein faustgroßer Karfunkel –, und als er die scharfe Klinge entblößte, sah er auf beiden Seiten seinen Namen eingegraben. „Das alles hatte ich dir bestimmt, ehe ich dich noch sah", sagte Elberich; „ich will dir fortan dienen und dir helfen – aber erzürne deine Mutter nicht, sonst sind wir für alle Zeiten geschieden!" „Lieber wollte ich Gott selbst erzürnen", entgegnete Ortnit; „ich vertraue mich dir an, dein Wille sei meiner!" Frohen Mutes sprang er zu seinem Rosse hin, und sein Vater wollte ihm den Steigbügel halten, aber Ortnit weigerte sich dessen: „Solchen Dienst sollst du mir nicht tun, lieber will ich den ganzen Tag stehen bleiben!" Darüber freute sich Elberich, er reichte dem Sohn den Schild aufs Roß hinauf und wünschte ihm Gottes Segen zum Abschied: „Wenn du meiner bedarfst, werde ich bei dir sein – du kannst mich nicht verlieren, solange du den Ring hast."

Hochgemut ritt Ortnit den Weg zurück, immer stärker von der Sehnsucht erfaßt, sein edles Schwert zu erproben. Ruhelos trieb es ihn drei Tage lang umher, er suchte vergebens einen Gegner. „Wenn es nirgends anders sein kann, so geschehe der Kampf vor meiner Burg!" Am vierten Morgen langte er dort an, als eben der Morgenstern durch die dunklen Wolken sah; heller noch erglänzten sein Helm und sein Schild. Der Wächter auf dem Turm erkannte den Gast nicht, der sein Roß an einen Baum gebunden hatte und gegen den Graben anlief, als wolle er die Burg erstürmen. Er rief die Bewohner aus dem Schlaf: „Vor der Mauer steht ein Recke, er lodert von goldnem Feuer!“ Die Königin erwachte und sah ihn durchs Fenster im Flammenglanz stehen: „Wahrlich, er brennt wie eine Fackel!“ Nun trat der Burggraf auf die Zinne und rief ihn an: „Wer bist du, Ritter?“ Ortnit rief zurück: „Ich bin ein wilder Heide und habe deinen Herrn erschlagen! Zweiundsiebzig Ritter sollen auf dieser Feste sein; wer von ihnen wagt es, ihn mit seiner Hand zu rächen?“ „Das tu ich!“ rief der Burggraf. Während die Königin voll Schmerz ihre Brust schlug, warf sich der Getreue in den Harnisch und stürmte Ortnit entgegen. Auf der Brücke begegneten sie sich und zückten ihre Klingen: des Burggrafen Schwert vermochte nichts gegen Schild und Helm des Angreifers, aber Rose schnitt dem Grafen durch die Panzerringe wie durch faulen Bast, und ein Schlag warf ihn verwundet vor Ortnits Füße. Schon rannten des Burggrafen Brüder zur Hilfe herbei, aber jetzt rief der Held: „Haltet ein, ich erprobte nur eure Treue, und vergebt mir, daß ich wie ein Feind kam: ich bin Ortnit selbst!“

Mit Freuden wurde er empfangen. Seine Mannen führten ihn zur Mutter, die vor Glück weinte, als sie sein Haupt vom Helm entblößt sah und den Sohn erkannte. Er ging zu dem Verwundeten, bat ihn um Verzeihung und tröstete ihn; dann kehrte er zur Mutter zurück, die ihn fragte, woher ihm die herrliche Rüstung gekommen sei. „Dort an der Felswand, zu der du mich reiten ließest, fand ich sie“, sagte er, „und ich danke dir darum.“ Und er erzählte ihr alles, was ihm begegnet war. „Ich kann und will's nicht leugnen“, sprach die Frau; „Ehre, Leib und Leben vertraue ich deiner Hand.“ Sie umhalste und küßte ihn, und er liebte sie mehr denn je zuvor.

Ortnits Brautfahrt

Bei Anbruch des Frühlings fuhr Ortnit, nachdem er Mutter und Land dem Schutze des Markgrafen Helmnot von Toskana befohlen hatte, mit seinem Heer nach Messina, wo sein heidnischer Lehnsmann die Flotte aufs trefflichste gerüstet bereit hielt. Sie stachen freudig in See, und am zwöften Tage schon rief der Mann am Ausguck herunter, daß Suders in Sicht sei. Vorsichtig näherten sie sich dem Hafen, auf der Hut vor den Klippen und vor den Kriegsgaleeren, die drüben vor Anker lagen. Schwer fiel es Ortnit aufs Herz, daß er Elberich nicht an Bord hatte; aber während er noch nach ihm seufzte, sah er ihn plötzlich vor sich stehen. Er begrüßte ihn als Vater und Herrn, hob ihn auf den Arm und küßte ihn auf den Mund, und Elberich sagte: „Du hast leicht von mir gelassen, aber ich ließ nicht von dir; du hast mich schnell vergessen, aber ich vergaß dich nicht. Im Mastkorb bin ich mitgefahren, und nun du mich rufst, bin ich zur Stelle."

Ilias, der neben Ortnit stand, entsetzte sich, als er zwei reden hörte und den andern doch nicht sah. „Wer ist bei dir?" fragte er; „mir graut vor dieser geheimen Zwiesprache." Aber ehe Ortnit noch antworten konnte, rief der Schiffer: „Habt acht, Feinde nahen, sie führen griechisches Feuer mit – verbrennen sie die Schiffe, so müssen wir ins Wasser!" „Fürchtet nichts, ich helfe euch!" sagte Elberich, und Ilias bekreuzigte sich: „Ist's Gott oder der Teufel, der hier spricht?" „Es ist ein Zwerg, vieler Künste kundig", erwiderte Ortnit und steckte dem Oheim den Ring an den Finger. Jetzt sah Ilias den Kleinen und mußte lachen: „Woher kommst du, Kind, so ganz allein?" Elberich antwortete: „So klein ich dir scheine, ich trage schon mehr denn fünfhundert Jahre auf dem Rücken! Aber nun folg meinem Rat, Ortnit! In der Not ist auch einem König zu lügen erlaubt: sag also den Heiden, du seist ein Handelsmann und fordertest freies Geleit!" „Wie soll ich's ihnen sagen? Ich verstehe doch ihre Sprache nicht!" „Ich werde dir einen Stein geben", sprach der Zwerg; „tust du den in den Mund, so bist du aller Sprachen mächtig." Ortnit lächelte: „Wie soll ich das glauben?" Aber Elberich sagte ernst: „Zweifle nicht zuviel! Gott gibt dem Stein Kraft, wie er will!" – und reichte ihm den Stein.

Eben konnte der König noch seinen Bewaffneten durch einen Wink gebieten, sich unter Deck zu verbergen, da schossen schon die vierzig Kriegsgaleeren der Heiden heran, und der Führer auf der vordersten rief herüber: „Wer seid ihr?" Zu seiner Verwunderung verstand Ortnit jedes Wort der fremden Sprache und rief in ihr zurück: „Wir sind Kaufleute mit reichen Schätzen und wollen zu euch!" „Ihr hättet nicht so nahe an die Feste heranfahren sollen", sagte da der Heide; „aber wenn ihr uns Kaufmannsgut zutragt, sollt ihr uns willkommen sein. Wartet, daß ich Meldung tue!" Der Führer kehrte mit den Schiffen um und brachte dem Befehlshaber der Stadt die Botschaft, und dieser gebot Frieden für die Gäste; in eigener Person fuhr er ihnen entgegen auf einer Prachtgaleere mit vierzig Posaunenbläsern an Bord, und an seinem Mast ließ er eine Fahne mit dem Kreuz flattern zum Zeichen der Freundschaft für die

Christen. So geleitete er sie in den Hafen und gab ihnen Erlaubnis, nach Gefallen in Booten an Land zu gehen.

„Nun sag mir, wie ich die Stadt gewinne", sprach Ortnit zu Elberich; „die Tore stehen offen; wenn die Feinde schlafen, können wir mit dem Heer hinein – es sind Heiden, wir dürfen sie töten mit Weib und Kind!" Tadelnd antwortete der Zwerg: „Wo hast du solches gelernt? Es wäre eine Schande für einen König, wolltest du angreifen, ohne dem Feinde Fehde angesagt zu haben!" „Wer könnte mir das verübeln?" fragte Ortnit; „es wagt sich wohl niemand als Bote zu dem wilden Heiden!" „Ich will es wagen", sprach Elberich, „damit du mit Ehren streiten kannst." Der Zwerg wußte die Wege wohl, er lief über Tal und Berg und kam noch vor Tag zu der Burg Montabaur; dort setzte er sich bei der Mauer auf einen Stein und wartete bis morgens.

Als die Sonne aufging, trat Machorel, der Heidenkönig, aus der heißen Schlafkammer heraus auf die Zinne, um sich im Wind zu kühlen. Elberich rief ihn an; der König entsetzte sich über die Stimme des Unsichtbaren: „Bist du der Teufel?" „Nein", antwortete der Zwerg, „mich sendet mein Gott als Bote zu dir!" „Es gibt keine Götter als die meinen, Apoll und Mahomet!" „Du sollst einen stärkeren kennenlernen! Er gebietet dir, deine Tochter meinem Herrn, einem reichen König, zum Weibe zu geben." „Hätte ich den hier, der so frech um meine Tochter wirbt, das Haupt ließe ich ihm vom Rumpfe schlagen!" „Weigerst du sie ihm, so wird er sie mit Heeresmacht holen! Und so sage ich dir in seinem Namen Fehde an!" Der Heide ergrimmte gegen den unsichtbaren Feind und stieß mit aller Kraft einen ungefügen Stein von der Mauer, nach der Stelle hin, von der her die Stimme erscholl. Schnell sprang der Kleine zur Seite und rief zornig hinauf: „Sieh dich vor, daß mein Herr dir nicht die Tochter mit Gewalt nimmt und dich selbst am Tor aufhängt!"

Der Heide begann über die Schmach so laut zu toben, daß mit der Königin und ihrer Tochter zugleich alle seine Mannen herbeistürzten. „Fangt ihn", rief er ihnen zu, „lauft um den Graben herum, daß er euch nicht entrinnt!" Sie sprangen hinab und schlugen, stachen und schossen nach Elberich, aber der war rasch auf die Mauer gesprungen, er versteckte sich hinter dem König und rief lachend: „Wer mich treffen will, trifft zuerst dich!" So blieb dem König nichts übrig, als den Seinen Einhalt zu gebieten. „Was soll ich also meinem Herrn melden?" fragte Elberich zum letzten Male. „Sag ihm, daß ich nichts als euer beider Köpfe will! Aber wenn du wirklich ein Bote bist, so weise mir deine Briefe!" „Die hab ich nicht eingesteckt", spottete der

Zwerg, „aber als Zeichen meiner Sendung nimm dies!“ – und er schlug ihm einen Backenstreich, so laut, daß alle es hörten. Der Heide geriet von Sinnen vor Wut, sie mußten ihn binden, und die Frauen fielen weinend zur Erde, um ihre Götter anzurufen. Elberich aber entsprang lachend und kam zurück zu Ortnit, ehe es noch Nacht war.

In der Dunkelheit löste der Zwerg heimlich die Boote, die im Hafen lagen, von den Ketten, und Ortnit setzte mit Ilias und dreißigtausend Mann über an den Strand. Die Tore der Stadt standen offen, mit Tagesanbruch ließ Ortnit das Heerhorn blasen und drang ein; Ilias trug die Sturmfahne voran, die den goldenen Löwen in schwarzem Felde zeigte. Schon hatten sich die Heiden, doppelt so stark wie die Christen, ums Stadthaus geschart und wehrten sich erbittert. Doch sie mußten dem Ansturm der Helden weichen, in hellen Haufen liefen sie aus den Toren, dem Strande zu, um sich auf Ortnits Schiffe zu stürzen. Der Zwerg sah es rechtzeitig, auf seinen Rat verlegte Ortnit den Fliehenden den Weg. Aber nun kam Ilias, der mit seiner Schar zurückgeblieben war, hart ins Gedränge, alle seine Mannen fielen, und er selbst wurde zu Boden geschlagen; aber noch hielt er in der einen Hand die Fahne, in der andern sein Schwert.

So fand ihn Ortnit, als er zurückkehrte, und hieb ihn aus dem Getümmel. Und nun fielen sie gemeinsam mit solchem Ungestüm über den Feind her, daß er nicht länger standhalten konnte. Der Reuße schäumte vor Wut, er tobte wie ein Teufel hinter den Fliehenden her und holte die, die sich verborgen hatten, aus dem Versteck; jeden, den er fand, erschlug er ohne Gnade und wollte auch die Frauen und Kinder nicht schonen. Nur mit Mühe konnte Ortnit den Ergrimmten zurückreißen, um die noch Lebenden zu erhalten und zu taufen. Aber Ilias rannte, immer noch rasend vor Zorn, in den Heidentempel, riß die Bilder heraus und zerschmetterte sie an den Wänden: da endlich legte sich seine Wut. Nun ließen Ortnit und Elberich die verwundeten Christen suchen, die noch zu retten sein mochten; ihrer fünfhundert schickten sie auf die Schiffe. Aber die mörderische Schlacht um die Stadt hatte den König elftausend Mann gekostet, und seine Klage um sie war groß.

Am nächsten Morgen zogen sie gegen Montabaur, und da Ilias, der Gegend unkundig, nicht führen konnte, ritt Elberich mit der Sturmfahne voran. Wie staunten da die Krieger, als sie über dem Roß die Fahne schweben sahen und keinen, der sie trug! Ortnit sagte zu ihnen: „Es ist ein Engel Gottes, der uns geleitet! Gedenkt, daß ein jeder, der in diesem Streite fällt, geradeswegs zum Himmel fährt!“ Da freuten sie sich des Wunders und konnten es kaum erwarten, bis sie an den Feind kämen. Auf einem weiten Felde vor der Burg hieß der Zwerg den König die Zelte aufschlagen; Ilias nahm die Fahne wieder mit starker Hand und stieß sie dicht am Burggraben in die Erde. Herrlich war das Lager zu schauen mit seinem prunkenden Gezelt, aber es schien Ortnit der Mauer zu nahe zu liegen, den Geschossen allzu leicht erreichbar. „Dafür weiß ich Rat!" sagte Elberich; er erklomm die Mauer und warf, was er an Geschossen fand, zerbrochen in den Graben. Da lachten die Christen, aber die Heiden fürchteten, der Teufel selbst sei über sie gekommen, und die Königin sprach zu ihrem Mann: „Gib die Tochter dem Freier, sonst wirst du es schwer entgelten!" Aber der Heide schlug sie auf den Mund und drohte ihr, sie zu töten, so daß sie zornigen Herzens insgeheim dem Feinde den Sieg wünschte.

Da die Mauer der Wehr entblößt war, beschlossen die Heiden, den Belagerern morgenden Tags im freien Felde zu begegnen. Elberich hörte der Beratung zu und begann den König zu verhöhnen, daß dieser voll Wut mit Steinen nach ihm warf. Der Zwerg aber machte sich davon und brachte Ortnit die Botschaft von dem Plan der Feinde. Bei Tagesanbruch stürmten die beiden Fürsten mit dem Heer dem Tore der Festung zu. Aber schon öffnete sich die Pforte, die Heiden stürzten heraus, und die Heere prallten zusammen. So wild war das Würgen, daß die Königstochter auf der Mauer, um das Leben ihres Vaters verzagend, sich vor Verzweiflung die Brüste schlug und das Haar zerraufte. Da nahm die Mutter sie bei der Hand und führte sie zum Tempel; vor den Götzen fiel das Mädchen nieder und flehte sie um Hilfe an. Elberich aber stand neben ihr und sah, wie schön sie noch in ihrer Angst und Trauer war: ihr Nacken glänzte schneeweiß zwischen den zerzausten Zöpfen, ihr Mund glühte wie ein Rubin, ihr Körper war schlank wie eine Kerze gedreht, und die flehenden Hände streckten sich ohne Fehl mit langen Fingern und schmalen schimmernden Nägeln.

Da fing Elberich ihre Hände und hielt sie fest, und die Jungfrau fragte voll Schreck, wer sie denn berühre und halte: „Bist du Apoll oder Mahomet? Dann hilf mir in meiner Not! Sonst aber weiche von hinnen, damit dich meine Götter nicht strafen!" „Ich bin stärker als sie", sprach Elberich, „mein Meister im Himmel hat mich gesandt: du sollst Königin sein in König Ortnits Reich!" „Hier bin ich geboren", erwiderte das Mädchen, „hier will ich bleiben bei meinen Eltern. Ich kenne deinen Herrn und Gott nicht." „Er heißt Christ und hat Gewalt über alles. Fügst du dich seinem Willen nicht, so wird er dich an deinem Leibe strafen! Gelähmt wirst du werden, häßlich und blind, wenn du ihm nicht gehorchst, der dir deine Schönheit gab!" Aber die Jungfrau ließ sich weder erschrecken noch erbitten.

Darum trat Elberich ans Fenster, um den Stand des Kampfes zu erspähen, und sah, wie Ortnit sich gewaltig eine Lücke mähte, vor Ilias mit dem Banner her, bis dicht an die Pforte, und er rief die Jungfrau herbei: „Sieh selbst hin! Wenn du meinem Gott weiter widerstrebst, so wird dein Vater bald erschlagen liegen!" Die Jungfrau und ihre Mutter traten gleichfalls ans Fenster, sie sahen die Heiden hier sinken, dort fliehen, und der Zwerg fragte das Mädchen: „Möchtest du nicht lieber einen guten Helden zum Mann nehmen, als den Vater tot sehen?" „Ich weiß noch von keinem Manne", antwortete die Jungfrau errötend. Die Mutter redete ihr zu: „Tu es lieber, als daß du deinen Vater sterben läßt!" – und der Zwerg sagte: „Wenn du bei Ortnit eine Nacht geruht hast, wirst du ihn lieben in alle Ewigkeit." Aber sie sträubte sich immer noch. „Ob mir Lieb oder Leid geschähe, ich gehorche dir nicht, ehe denn ich sehe, daß du stärker als meine Götter bist!" Da faßte der Kleine die Götterbilder und warf sie von der Mauer hinab in den Graben.

Die Helden draußen sahen mit Lachen die Götzen herabpoltern, sie jagten mit Macht die Nachhut der Heiden zurück durchs Tor. Nun verzagte die Jungfrau und bat den Zwerg, ihr den Vater zu retten. „Ich tu alles, was du willst", sagte er, „wenn du dem König Jawort und Ring schickst." „Wenn es so sein soll, dann laß ihn mich erst einmal sehen!" „Der dort ist's, der mit seinem Schwert die Heiden mäht! Sieh, seine Rüstung strahlt wie eine brennende Fackel, sein Schwert ist rot von Blut!" „Dieser Held", sprach da die Mutter, „wäre wohl eines schönen Weibes wert!" Und jetzt willigte die Jungfrau ein: „So bring ihm meinen Ring und sag ihm, ich wolle ihm hold sein – wenn er mit seinem Heer von der Festung läßt und meinem Vater kein Leid antut!"

Freudig eilte Elberich zu Ortnit, der nahm mit glücklichem Lachen Ring und Botschaft entgegen; gern verhieß er, was die Jungfrau von ihm forderte. Ilias schrie zornig: „Wozu Frieden? Du bekommst sie auf jeden Fall! Laß mich hinein durchs Tor!" Aber der Kleine sagte, nun gleichfalls erzürnt: „Wie sollte eine schöne Jungfrau den lieben, der ihr den Vater erschlug? Du wirst nie des Blutes satt! Ortnit kann wohl mit Ehren erfüllen, was die Jungfrau erbat!" Der König sprach: „So sei es." Und jetzt hatten die Heiden auch das Tor zugeschlagen vor Ortnit und den Seinen. Er ließ das kleine Heerhorn blasen und sammelte, die noch übrig waren; es waren ihrer nicht mehr als fünftausend, doch hatten die Heiden nicht gewagt, ihnen länger zu stehen. Ortnit führte sein Heer weg von der Festung, mit großer Trauer trug Ilias die Fahne von dannen. Elberich wies ihnen den Weg zu einer grünen Heide und hieß Ilias hier mit dem Heer lagern. „Wir beide aber müssen zurück", sagte er zu Ortnit. „Vielleicht hilft uns Gott und meine List, daß wir das Mädchen davonbringen! Wir können nicht in heller Schar kommen, dann würde man uns schon von weitem sehen, sondern müssen allein reiten. Aber wenn es zum Kampf kommt, dann sollen uns die Unsern helfen."

Unbemerkt gelangten sie zur Burg, und während Ortnit draußen wartete, nahm der Zwerg seinen Weg durch den Graben und über den Wall, bis er die Königinnen fand, die inmitten ihrer wehklagenden Frauen saßen. Leise, nur den beiden hörbar, fragte er das Mädchen: „Willst du nun dein Gelübde halten?" „Gern will ich's tun, aber wie kommen wir beide davon?" – und die alte Königin sagte: „Wenn ich ihr helfe, kostet es mich das Leben!" Da flüsterte der Zwerg ihnen eine List zu, und die Jungfrau sprach laut: „Wenn du es erlaubst, liebe Mutter, gehe ich, wie mir eine göttliche Stimme riet, hinaus zum Burggraben und bitte unsere Götter, wieder in die Festung zurückzukehren, damit wir uns mit ihrem Beistand an den Feinden rächen können." Die Königin antwortete: „Es sei dir erlaubt!" „Aber ich muß allein gehen, kein anderer als ich darf sie schauen." „Niemand soll dir folgen!"

So ging das Mädchen allein hinaus, und als sie draußen war, führte Elberich sie schnell an die Stelle, wo er Ortnit gelassen hatte. Sie fanden ihn auf dem Sattel eingeschlafen, so matt war er vom Kampf; der Zwerg mußte ihn mit der Faust schlagen, damit er erwachte. Aber als seine geöffneten Augen die schöne Jungfrau erblickten, rief er: „Wohl mir, daß ich diesen Tag erlebe! Wenn ich auf den Tod läge, du machtest mich genesen!" — und er küßte sie wohl tausendmal auf den Mund. „Umarme und küsse sie nach Herzenslust", sprach der Zwerg; „dein Weib aber soll sie nicht eher sein, als bis sie getauft ist. Und nun fort von hier!"

Ortnit sprang in den Sattel und ließ die Maid vor sich sitzen, zusammen ritten sie hinein in den Wald, wie der Zwerg sie hieß. Der aber wollte die Heiden noch mehr narren; darum holte er den Götzen Apollo aus dem Burggraben und trug ihn wieder zum Tempel, dabei sprach er so, daß die Heiden meinten, der Götze rede: „Fallt nieder und betet! Dankt der Jungfrau, daß ich zu euch heimkam, und folgt ihr nicht nach, damit sie auch Mahomet bitten kann, zurückzukehren!" Darüber freuten sich die Heiden sehr, und einer eilte zum König, ihm die gute Mär zu melden. Machorel hielt sich in einem

Zimmer verborgen und raufte sich vor Wut Haar und Bart. Er hörte an, was sich begeben hatte, und seine erste Frage war: „Wo ist meine Tochter?“ Als er vernahm, sie sei draußen vor dem Tor, wußte er sofort, daß sie ihm entführt worden sei. Sogleich hieß er sein ganzes noch übriges Heer zu Roß steigen und eilte hinter der Entflohenen her.

Inzwischen war der Zwerg wieder zu Ortnit gestoßen. Der Held kam nur noch langsam vorwärts, denn sein Roß lahmte. Bald hörten sie die Verfolger hinter sich, und voll Angst sprach das Mädchen zu dem Helden: „Setz mich nieder und entreite, so schnell du kannst! Wenn mein Vater dich fängt, mußt du einen grausamen Tod erleiden, und ich würde unglücklich sein bis an mein Ende!“ Aber Ortnit antwortete: „Ehe ich dich lasse, will ich sterben!“ Sie kamen an einen Bach; er ließ das Roß, das vor Schwäche zu stürzen drohte, laufen und trug die Jungfrau über das Wasser. Hier wollte er sich verteidigen, während der Zwerg Ilias und das Heer zu Hilfe rief. Die Stelle war gut gewählt, die Heiden mußten erst das Wasser durchwaten, ehe sie an ihn kamen, und er erschlug ihrer so viele, daß der Bach von Leichen gestaut wurde.

Aber allmählich erlahmte ihm der Arm, und er rief den Heidenkönig an, ob er ihm Frieden geben wolle. „Nichts soll dich vor dem Tode retten!“ schrie Machorel zurück. „Dann will ich mich wehren, solange ich kann!“ rief der Held, und mit der Verzweiflung wuchs wieder seine Kraft, so daß er standhielt, bis Ilias mit den Seinen heransprengte. Aber nun vermochte er sich nicht länger aufrecht zu erhalten. „Nimm du mein Schwert Rose, Freund“, sprach er zu dem Oheim und reichte es ihm hin; dann fiel er um, der Jungfrau in den Schoß. Sie band ihm den Helm ab und kühlte ihn mit ihrem Schleier und ihren weißen Händen. Aber als der Heide das sah, ergrimmte er so, daß er kein Wort mehr sprechen konnte. Stumm und wild tobte der Kampf, und die Hufe der Rosse versanken in Leichen. Endlich kam Ortnit wieder zu Kräften, er nahm sein Schwert von Ilias zurück, und als er die Haufen seiner Toten sah, fuhr so wilder Zorn in ihn, daß die Heiden dem Ansturm nicht mehr standhalten konnten und in wilder Flucht der Burg zustoben. Er jagte sie bis zum Tor von Montabaur, dem Heidenkönig dicht auf den Fersen, und er hätte ihn wohl erschlagen, wenn er ihn erreicht hätte. Aber Machorels Roß war schneller, er gelangte heil durchs Tor, das sich rasch hinter ihm und den letzten Versprengten schloß.

Voller Angst und Trauer war die Jungfrau bei Elberich zurückgeblieben, um ihren Vater bangend, obwohl sie wußte, daß er um

Ortnits willen den Tod verdient hätte. Als der Held zurückgeritten kam, rief er ihr zu: „Nun steh auf und küsse mich!" Sie antwortete: „Nicht, ehe du mir sagst, daß mein Vater noch lebt." „So freue dich – er lebt; es war sein Glück, daß ich ihn nicht erreichen konnte."

Die Sieger sammelten Panzer und Rosse vom Schlachtfeld und zogen hin zu den Schiffen, selber nur noch tausend Mann stark. Niemand verfolgte sie mehr, ungehindert stießen sie vom Strande ab. Schon auf der Seefahrt tauften Ilias und Elberich die Jungfrau; sie nannten sie Sidrat und gaben sie Ortnit zum Weibe. Aber die Hochzeit feierten sie erst daheim in Garten. Dort empfing sie Ortnits Mutter, alle Großen des Reichs strömten zum Fest herbei, und Elberich begabte das junge Paar reich mit Schätzen, ehe er von ihm schied. Herrlich und in allen Freuden hausten Ortnit und Sidrat miteinander und liebten sich mehr von Tag zu Tag.

Ortnits Tod

Der Heidenkönig Machorel hielt sich, als ihm die Tochter entführt worden war, finster und grimmig in seinem Palast verschlossen. Niemand durfte zu ihm herein, niemand ihn rufen. Kaum berührte er Speise und Trank, und ihn floh der Schlaf. Da kam eines Tages ein Jäger geritten, der verlangte den König zu sprechen, und da er nicht abließ, wies man ihn hin zu dem Gemach. Durch die verschlossene Tür rief er: „Herr, jetzt hör auf, um deine Tochter zu trauern – ich weiß ein Mittel, ihren Räuber zu töten!" Voll Freude ließ der Heide den Jäger eintreten und verhieß ihm reichen Lohn, wenn die Rache gelänge. „Aber wie sollen wir an ihn kommen?" „Herr, ich sah, als ich im wilden Gebirge jagte, einen gewaltigen Drachen aus einer Felswand kriechen, tausend Männer könnten ihn nicht bestehen. Als er weg zum Wald war, schlich ich in die Höhle und fand da zwei Eier, groß wie mein Haupt. Ich habe sie mitgenommen und in mein Haus gebracht, sie liegen an warmer Stelle, und es ist lebendig in ihnen. Sende sie Ortnit ins Land! Wenn die Würmer ausgekrochen und erwachsen sind, wird er es sein, der gegen sie kämpft – und er wird ihnen nicht entrinnen!" Sie verabredeten ihren Plan, und der Jäger fuhr übers Meer, um Ortnit zu verderben.

Mit zwei hochbeladenen Saumtieren ritt er vor die Burg in Garten und erhielt Einlaß, da er sagte, er bringe gute Mär. Er wies einen Brief des Heidenkönigs vor, darin stand geschrieben, daß der Vater seiner Tochter und dem tapferen Helden nicht mehr länger zürnen wolle. Mit seiner Verzeihung sende er ihnen köstliche Gaben, ja, er denke daran, sich gleichfalls taufen zu lassen und wohl selbst noch einmal übers Meer zu kommen, um seine Kinder zu besuchen. Keine liebere Botschaft hätten Sidrat und Ortnit erhalten können, und wie freuten sie sich erst, als sie die Geschenke gesehen hatten, die der Jäger aus drei großen Ballen auspackte, einen edlen Schatz von Gold und Juwelen, Spangen und Ringen! Der vierte Ballen aber lag noch verschnürt, und der Bote, der sich Rütze nannte, sagte: „Darin ist das Köstlichste, aber es muß erst noch wachsen. Zwei Eier sind es: aus dem einen kommt eine Abrahamskröte, die dir die herrlichsten Edelsteine bringen wird, und aus dem andern ein Elefant, ein kostbares Tier, wie es deine Augen noch nie sahen. Aber die Eier müssen heimlich im Gebirge ausgebrütet werden, dort muß ich auch die Brut aufziehen; weise mir eine Höhle an und bewillige mir die Speise, die für die Tiere nötig ist!"

Ortnit wies ihn in eine Felskluft nicht weit von Trient und befahl seinem Verwalter, ihm alles zu geben, wessen er bedürfte. Es brauchte wohl ein Jahr, bis die scheußliche Brut ausschlüpfte, und als die Würmer wuchsen, hatte Rütze mit ihnen seine liebe Not: er mußte ihnen unaufhörlich Speise bringen, damit sie ihn nicht selbst anfielen, und der Verwalter begann schon zu murren, als er Tag für Tag ein ganzes Rind und wohl noch mehr forderte. Endlich vermochte er nicht mehr sie zu bändigen, da ließ er sie hinaus ins Freie und entrann selbst nur mit Mühe ihrer Gier.

Die beiden jungen Drachen begannen durchs Land zu streifen und sich selbst von den Feldern und aus den Ställen das Vieh zu holen; bald war kein Mensch mehr vor ihnen sicher, es fielen ihnen Bauern und Jäger zum Opfer und endlich auch Ritter, die den Kampf mit ihnen wagten. Da sagte sich Ortnit, daß es nun seine Sache sei, die Untiere zu vertilgen. Denn er erkannte wohl, auf welche Art sie in sein Land gekommen waren: das waren die köstlichen Geschenke gewesen, die sein verräterischer Schwiegervater ihm geschickt hatte! Seinen Entschluß eröffnete er niemand als der Königin und ließ sie Schweigen geloben: allein wollte er das Abenteuer bestehen. Keine Bitten und keine Tränen der Frau vermochten ihn zurückzuhalten, so schwer ihm der Abschied das Herz machte; denn er kannte die Größe der Gefahr. „Wenn ich nicht zurückkehre", sprach er zur Königin, „so nimm keinen Mann als den, der die Drachen erschlug und dir den Ring wiederbringt, den ich als dein Geschenk an meiner Hand trage!" Dann ritt er hinweg von der jammernden Frau, und sein Bracke lief hinter ihm her.

Den ganzen Tag durchstreifte Ortnit die Gebirgswildnis, bis die Nacht hereinbrach. Da sprang er vom Pferde, häufte dürre Äste und zündete ein Feuer an, um durch den Schein die Würmer herbeizulocken; er nahm Speise und Trank von seinem Sattel und gab auch dem Bracken sein Teil. So wachte er, bis der Mond sein Licht warf; dann stieg er wieder auf und ritt bis an den hellen Tag. In einem Rosenhag unter einem grünen Baum machte er abermals Rast; aber sein Vorrat war aufgezehrt und sein Leib sehr ermattet, darum streckte er sich aufs Gras, um ein wenig zu ruhen, und wider seinen Willen entschlief er; der Bracke aber wachte bei ihm. Da kam ein Drache durch den Wald gefahren, Bäume brachen krachend unter der Last seines Leibes, aber Ortnit wachte nicht auf: zauberisch schwer war der Schlaf, der sich von dem Baum auf ihn gesenkt hatte, und vergebens suchte der Hund durch Bellen, Kratzen und Beißen seinen Herrn zu wecken.

Als der Drache den Geruch des Mannes in den Nüstern spürte, schoß er pfeilgerade auf ihn zu; er öffnete das Maul, das breit wie eine Tür war, und verschlang den Helden bis an die Sporen. So trug er ihn bis zur Felswand, wo er hauste; der Bracke, der ihm gefolgt war, bekam Angst vor der Finsternis der Höhle und lief zurück. Der Drache spie den Leib Ortnits, der immer noch in Betäubung lag, von sich zum Fraß für seine Jungen: die fielen über den Helden her und saugten ihm durch die Panzerringe hindurch das Blut aus.

Als der Bracke allein heimkehrte, abgehetzt und traurig, wußte Sidrat, daß ihr Gatte tot war, aber sie wagte es nicht laut zu sagen. Erst als die andern den König vermißten und in sie drängten, offenbarte sie ihnen, daß er gegen die Drachen ausgeritten war. Der Hund aber zog jeden, der aus dem Tor trat, beim Rockschoß; daran erkannten sie, daß er sie auf die Spur ihres Herrn führen wolle. Endlich faßte sich einer der Mannen ein Herz und folgte dem Hunde; der führte ihn, bis er die Fußspuren des Drachen sah, die mit Blut bespritzt waren: da packte ihn das Grauen, und er wendete sein Roß.

Große Trauer erhob sich im Lande um den König, seine Mutter starb vor Gram, und Sidrats Tränen rannen unaufhaltsam. Aber nach drei Jahren verlangte das Land einen neuen Herrn, und als Sidrat sagte, sie werde keinen nehmen als den, der die Drachen töte, wurden ihr die Leute gram. So zog sie sich von allen zurück und stellte sich unter den Schutz des Burggrafen, der ihrer treulich pflegte. Aber sie wußte, daß sie ihres Lebens nie wieder froh werden würde, bis der käme, der ihren Herrn und Gatten rächte und das Land von dem verderblichen Gewürm befreite.

HUGDIETRICH

In Konstantinopel hielt der junge König Hugdietrich fröhlichen Hof. Nach dem frühen Tode seines Vaters hatte Herzog Berchter von Meran des Reichs gewaltet und den Knaben erzogen, bis er zu einem schönen Jüngling heranwuchs, nicht groß von Gestalt, aber wohlgeschaffen und schlank, mit lockigem Blondhaar, das ihm lang über die Schultern wallte. Als er die Herrschaft übernommen hatte, gedachte er auch ein Weib heimzuführen und richtete nach Berchters Rat seinen Sinn auf die schöne Hildburg, die Tochter des Königs Walgund, der zu Salneck herrschte. Aber ihr Vater hatte es geschworen, sie keinem Mann zu geben, solange er lebe, und wenn ein Kaiser um sie werbe; darum hielt er sie in einem Turm eingeschlossen, und kein Mann durfte zu ihr außer dem Torwart und dem Wächter, der ihr das Essen brachte. So war nicht anders zu ihr zu gelangen als mit List; danach machte Hugdietrich seinen Plan.

Er ließ die beste Meisterin im Nähen und Sticken kommen und lernte bei ihr ein Jahr lang alle diese weiblichen Künste; in der gleichen Zeit gewöhnte er sich auch, mit hoher Stimme zu sprechen, und ließ sein Haar wachsen. Wenn er Frauenkleider anlegte, mußte man ihn wohl für eine schöne Jungfrau halten, und als er die Probe darauf machte und in weiblichem Gewand zur Kirche ging, erkannte ihn keiner der eigenen Leute. Jetzt trat er die Fahrt nach Salneck an. Mit einem stattlichen Gefolge von Rittern, Knappen und sechsunddreißig Jungfrauen kam er in Walgunds Land, schlug vor der Burg ein Lager auf und saß selbst in dem herrlichsten Zelt, dessen Seide von Stangen mit Knäufen aus Karfunkel gehalten wurde, als Königstochter. Dem Boten, der zum Empfang nahte, sagte der Verkleidete: „Ich bin Hildgund, die Schwester des Königs Hugdietrich von Konstantinopel; mein Bruder vertrieb mich aus der Heimat, weil ich die Hand eines Helden ausschlug, dem er mich zum Weibe geben wollte. Nun kam ich hierher und bitte um des Königs Schutz!"

Sofort lud Walgund die fremde Jungfrau an seinen Hof; sie neigte sich zu seinen Füßen und bat, bei ihm bleiben zu dürfen. Das gewährte ihr der König gern; er war sogleich bereit, nicht nur sie, sondern ihr ganzes Gefolge zu nähren und zu pflegen, als sei es sein eigenes. Aber sie sagte bescheiden, die reiche Begleitung habe ihr Berchter mitgegeben, und sie gedenke nicht, sie bei sich zu behalten; nur sie selbst möge der König aufnehmen. So wurde denn das Gefolge heimgesandt, Hildgund aber den Frauen der Königin Liebgard zugesellt. Im Frauengemach begann der schöne Gast sofort seine Künste zu zeigen und wirkte in eine Borte so zierliche Vögel aus Gold- und Silberfäden, daß die Königin ihn voll Entzücken bat, zwei ihrer Jungfrauen in so edler Arbeit zu unterweisen. Ein halbes Jahr lang schufen sie herrliche Tischlaken: ringsum liefen Kanten, darauf sah man Singvögel und Falken, Löwen und Lindwürmer, Hasen, Füchse, Eber und Hirsche, alle, als ob sie lebten. Der ganze Hof bewunderte so edle Kunst, und als Hildgund dem König eine herrliche Kappe aufsetzte, die sie aufs schönste gestickt hatte, war Walgund so hoch erfreut, daß er sagte: „Wünscht zum Entgelt von mir, was Ihr begehrt, es soll Euch gewährt sein!" Da bat die falsche Maid: „So laßt Eure Tochter aus dem Turm herab zu mir kommen, das wird mir die schönste Belohnung sein."

Willig sagte das der König zu und ließ ein Gastgebot zu dem festlichen Tag ergehen. Als die Jungfrau vom Turm herabkam, fiel ihr Hildgund zu Füßen; sie umfing die Fremde mit den Armen, hob sie auf und hieß sie freundlich willkommen. Man setzte die beiden bei Tisch nebeneinander, und Hildgund reichte der Jungfrau den Becher und schnitt ihr das Brot, sie wußte sie aufs zierlichste zu bedienen, und es dünkte Frau Liebgard, ihre Tochter könne von niemand besser höfische Zucht erlernen. Auch dem König gefiel das Mädchenpaar so gut, daß es ihm töricht scheinen wollte, die zwei wieder zu trennen. Als nun Hildburg die Eltern bat, ihr die neue Freundin in den Turm mitzugeben, und diese freudig beistimmte, glaubte Walgund noch, ihr danken zu müssen. Die zwei Gespielinnen zogen in ein gemeinsames Gemach, Speise und Trank wurden ihnen zu einem Fenster hineingereicht, und sie waren immer allein zusammen.

Aber Hugdietrich übte züchtige Zurückhaltung; er lehrte die Jungfrau Gold spinnen und kunstvoll sticken, und sie ward zwölf Wochen lang nicht inne, daß er ein Mann war. Doch als sie einmal ins Kosen kamen und er sie zu umhalsen und zu küssen begann, da entbrannte die Liebe so stark in ihm, daß er es nicht mehr hehlen konnte. Nun mußte er sich wohl der Jungfrau offenbaren und sprach zu ihr: „Vernimm und zürne mir nicht darum, edle Jungfrau: ich bin König Hugdietrich von Konstantinopel. Viel Mühe machte es mir, zu dir zu gelangen, aber ich trug sie um deinetwillen gern. Jetzt aber schwöre ich dir: ich lasse von dir nicht mehr, du sollst zu Konstantinopel mit mir unter die Krone treten!" Sie begann heftig zu weinen: „Wenn es mein Vater erfährt, ist's unser beider Tod!" Aber er wußte sie so anmutig zu trösten, daß ihre Tränen bald versiegten. Da ward ihnen wohl ums Herz, und es geschah ihrer beider Wille.

Über ein halbes Jahr lebten die zwei in Liebe zusammen, und niemand schöpfte Argwohn, obwohl die alte Königin oft in den Turm kam. Nach dieser Zeit aber ward Hildburg gewahr, daß sie ein Kind trug. Sie rang verzweifelt die Hände und klagte dem Geliebten: „Nun wird unsere Liebe ein grausames Ende finden! Niemals kommen wir aus diesem Turm hinaus!" Er sprach ihr freundlich zu und bat sie, guten Mutes zu sein; denn er hatte bereits einen Plan erdacht und wußte, daß in kurzem Berchter zu seiner Hilfe kommen werde, wie er mit ihm vordem schon verabredet hatte. Wenn jetzt Frau Liebgard im Turm erschien, baten die Gespielen sie, mit ihr hinaus auf die Zinne treten zu dürfen, und spähten gespannt ins Weite. Eines Tages sahen sie denn auch, wie eine Fahne übers Feld heranflog, hinter der stattlich wohl tausend Ritter einherritten.

„Ich erkenne, die dort kommen!" rief Hildgund; „sie führt Herzog Berchter von Meran, und ihn sandte mein Bruder: er hat seinen Groll gegen mich fahrenlassen!" Traurig sprach Hildburg: „Wenn ich dich verlieren sollte, liebe Gespielin, das könnte ich nimmermehr verwinden!" Aber Hildgund antwortete: „Wärest du so lange im fremden Lande gewesen wie ich, du freutest dich nicht weniger!" Endlich, am Abend, ging die alte Königin hinweg. Die Liebenden lagen in schweren Sorgen beieinander, und Hugdietrich sann, wie er ihnen beiden und dem Kind dazu das Leben und seiner Frau die Ehre retten solle. „Ich versprach dir", sagte er zu der Geliebten, „daß du zu Konstantinopel die Krone tragen sollst. Dann will ich die Not gutmachen, die du hier noch wirst ertragen müssen! Nun merke wohl auf: Wenn deine schwere Stunde kommt, so ruf den Wächter und den Torwart, sie werden dir eine Jungfrau bringen, die dir beisteht und das Kind pflegt. Laß es eines Morgens heimlich zur Taufe bringen und nimm die beiden Männer zu Gevattern; ist's ein Knabe, so soll es meinen Namen tragen, und ist's ein Mädchen, den deinen. Zieh es schön auf, und sobald du die Gelegenheit erspähst, fliehe mit den beiden Männern und dem Kind aus dem Turm, ziehe Konstantinopel zu und sende mir Botschaft, daß ich dir entgegenreite und dich heimhole, wie einer Königin geziemt."

Danach rief er den Wächter ans Fenster und sprach zu ihm: „Ein seltsames Geheimnis möchte ich dir vertrauen, wenn du mir treu sein willst und versprichst, es tief in deinem Herzen zu bewahren!" Als ihm der Wächter das zugelobt hatte, fuhr er fort: „Laß dir die junge Königin befohlen sein, und wenn sie ein Kind bekommt, hilf ihr und halte es geheim!" Da sprach der Wächter voll Schreck: „Schweigt, edle Jungfrau, was soll diese Rede? Bekäme die junge Königin ein

Kind, dann hätte ich sie schlecht gehütet, und der König Walgund ließe mich zur Stunde vor dem Turm aufhängen." Aber Hugdietrich sagte: „Du trägst keine Schuld und wirst auch keinen Schaden haben! Ich bin König Hugdietrich von Konstantinopel, und von mir trägt die edle Königin das Kind. Bist du hilfreich und verschwiegen, so ist dir, wenn du in mein Reich kommst, eine Grafschaft sicher! Bring mir meine Frau und mein Kind und führe die mit, die ihr halfen; es wird euch reich gelohnt werden, das schwöre ich dir bei meiner königlichen Treue!" Diese Versprechungen beruhigten den Wächter, und er verhieß alles zu tun, was in seinen Kräften stehe.

Am nächsten Morgen kam Berchter zu Hofe geritten und wurde vom König ehrenvoll empfangen. Er brachte die Botschaft, daß König Hugdietrich von seinem Zorn gelassen habe und seine Schwester wieder bei sich zu sehen begehre. Diese Bitte hörte Walgund ungern; er hatte gehofft, die schöne Hildgund werde zeit ihres Lebens bei seiner Tochter bleiben; aber er konnte die Bitte nicht wohl abschlagen. So wurde Hildgund aus dem Turm geholt. Bitter war die Stunde des Abschieds den Liebenden geworden, Hildburg glaubte vor Schmerz sterben zu müssen, und weinend gab sie ihrem Geliebten einen Ring von ihrem Finger. Hugdietrich aber, zum letztenmal im Frauenkleide, stieg die Stufen hinab und eilte auf Berchter zu; als er ihn umarmte, flüsterte er ihm ins Ohr: „Freue dich mit mir, ich habe die Königin gewonnen!" Vergeblich bat Walgund immer und immer wieder: „Bleibt bei uns, edle Jungfrau, größere Liebe werdet Ihr bei meiner Tochter finden als bei Eurem Bruder!" Als alle seine Bitten kein Gehör fanden, sprach er endlich: „Wider Euren Willen mag ich Euch nicht zurückhalten, edle Jungfrau! Aber die Freude meiner Tochter ist dahin!" Zum Abschied ließ er reiche Gaben herbeitragen, und dem Herzog Berchter verehrte er vier schöne Rosse. Eine weite Strecke gab er ihnen mit seinen Mannen das Geleit, dann ritt er betrübt zurück. Hugdietrich aber warf das Frauengewand von sich und ritt mit Berchter heim. Er wurde mit Jubel empfangen und saß geliebt und geehrt in seinem Reich; doch wenn er Hildburgs Ring ansah, stand ihm das Herz in Trauer um seine schöne Herrin. Sie aber dachte seiner Tag und Nacht in tiefem Leid; kein Lächeln trat mehr auf ihre Lippen, so freundlich sie der biedere Wächter auch zu trösten suchte.

Als unter vielen Schmerzen ihre schwere Stunde kam, gebar sie einen schönen Knaben. Der Wächter und der Torwart betreuten sie redlich und brachten ihr eine Jungfrau, die sie pflegte. Das Kind ward gebadet, und die Mutter sah es mit großer Liebe an: da entdeckte sie zwischen seinen Schultern ein Mal, wie ein rotes Kreuzchen gestaltet. Dann ward das Kind in schöne Windeln gewickelt und wohl gewartet. Große Sorge machte es der jungen Mutter, wo sie es lassen sollte, wenn die Königin sie besuchte. Aber der Wächter wußte Rat: „Sie soll es weder sehen noch weinen hören; wenn sie zum Turm kommt, lassen wir es in einem Körbchen an einem Seil aus dem Fenster hinunter in den Hag, da mag es in Frieden liegen.“ Und so taten sie auch.

Die alte Königin erschrak sehr, als sie bei ihrem nächsten Besuch die Tochter bleich und krank fand. „Ich hatte schlimmes Leibweh, ich weiß nicht woher“, sprach Hildburg; „fast glaubte ich sterben zu müssen. Aber jetzt ist mir schon besser.“ Den ganzen Tag pflegte die Mutter sie, und die Tochter hatte große Mühe, ihr den Grund ihres Leids und ihrer Schmerzen zu verhehlen. Aber endlich wurde es Abend, und die Mutter verließ sie. Da ward das Kind emporgezogen und bekam mit Baden, Wickeln und Nahrung sein Recht. So war es immer gesund und zufrieden, und wenn es im Garten lag, schlief es friedlich, ohne zu schreien, so daß niemand seiner gewahr wurde.

Eines Tages aber lief eine Wölfin durch den Hag, um nach Fasanen zu spüren; sie fand das Kind, nahm es mit dem Maule auf und trug es fort zu ihrer Höhle im wilden Wald, ihren vier Jungen zum Fraß. Die jungen Wölfe jedoch waren selbst noch wie Kinder, sie taten dem Kleinen nichts, sondern spielten mit ihm, und als die Alten das sahen, schonten sie es auch und ernährten es wie die eigene Brut.

Die junge Königin, die noch das Bett hüten mußte, rief, als die Mutter sie verlassen hatte, wie immer nach ihrem Kind. Der Wächter merkte sofort, daß der Korb leer war, er rannte hinab zum Hag: da war das Kind verschwunden. Im tiefsten Herzen erschrocken sprach er bei sich: „Was sage ich der jungen Königin? Sie ist noch so schwach – wenn sie die Wahrheit erfährt, stirbt sie. Ich muß sie vertrösten, bis sie vom Wochenbett aufgestanden ist.“

So ging er zu Hildburg und erzählte ihr, er habe in der Frühe das Kind zur Taufe getragen nach ihrer und Hugdietrichs Weisung. „Da fand ich ein junges, starkes Weib, das eben geboren hatte, und gab ihr das Kind, damit sie es nähre an Eurer Statt; denn Ihr bedürft selbst der Pflege. Wenn Ihr genesen seid, bring ich Euch Euer Kindlein wieder.“ Sie vertraute dem Gevatter ganz und war mit allem zufrieden, verhieß auch, der Amme ihren Dienst reich zu lohnen.

Kurz danach jagte der König im Walde. Er wurde von seinem

Gefolge getrennt und ritt allein dahin, als es schon dunkelte. Viele Tiere eilten um diese Zeit zur Tränke, er hielt oft an und lauschte. Plötzlich sah er, hinter einem Gebüsch versteckt, ein seltsames Schauspiel: vor einer Höhle saßen zwei große Wölfe, um sie herum spielten vier junge, und zwischen ihnen lag ein kleines Menschenkind. Die Tiere taten ihm nichts, es war fröhlich und zutraulich und griff mit den Händchen furchtlos nach ihren funkelnden Lichtern. Mit lautem Zuruf und geschwungenem Speer verscheuchte Walgund die Tiere, er hob das Kind auf, und es faßte lachend nach den Ringen seines Brustpanzers. Da regte sich in ihm das natürliche Gefühl des Blutes, er schwang seinen königlichen Mantel um das Kind und trug es nach Hause; es schien ihm so schön und war ihm so lieb, daß er es kaum aus den Armen lassen mochte, als er in der Burg anlangte. „Schau, was ich im Walde fand!" rief er seiner Frau entgegen und erzählte ihr, wie es ihm mit dem Kinde ergangen war. Es wurde gebadet und wohl gepflegt; und da zu fürchten war, es sei noch nicht getauft, trug man es am folgenden Morgen zur Kirche. Nicht mehr zwei arme Knechte wurden seine Paten, sondern zwei stolze Ritter und eine Markgräfin, und der König selbst schritt mit seiner Gemahlin hinter ihm her. Weil man es bei den Wölfen fand, empfing es den Namen Wolfdietrich.

Reiche Angebinde schenkten ihm seine Paten, es wurde einer guten Amme anvertraut, und immer wieder ließ es Walgund sich bringen, um zu sehen, wie wohl es gedieh. Von allen Burgen kamen die Edlen mit ihren Frauen, um es anzuschauen, und das ganze Land war des Wunderns voll. Die alte Königin ging in den Turm, um die Mär auch ihrer Tochter zu erzählen. Hildburg hörte zu und spürte einen tiefen Schreck. „Wessen mag das Kind sein?" dachte sie bei sich. Sofort, als die Mutter gegangen war, rief sie den Wächter und fragte ihn: „Sag mir die Wahrheit: wie steht es um mein Kind?" „Aufs beste", antwortete er, „ich habe es taufen lassen und in gute Hut gegeben." Sie aber beschwor ihn stärker: „Bei dem Gericht, das einst über dich ergehen wird: belüge mich nicht!" Da konnte er nicht mehr widerstehen, die Augen liefen ihm über, und er gestand, daß er das Kind nicht mehr an seinem Ort gefunden habe. „Wer es hinwegtrug, weiß ich nicht." Als sie aber zu jammern begann und sich die Brust mit Fäusten schlug, daß sie nun das Kind und ihre Ehre vor ihrem Herrn für immer verloren habe, sprach der Mann: „Weint nicht, edle Herrin, noch ist Hoffnung! Vielleicht ist es Euer Kind, das Euer Vater im Walde gefunden hat. Bittet Eure Mutter, es hierherzubringen, dann werdet Ihr die Wahrheit erfahren."

Hildburg befolgte den Rat und bat beim nächsten Wiedersehen die Mutter, ihr das Kind zu schicken. „Gern will ich's tun", antwortete sie, „nur dein Vater läßt es kaum von sich." Aber am nächsten Tage kam die Amme und brachte ihr das Kind. Hastig löste sie die Bänder und wickelte es aus: da sah sie zwischen seinen Schultern das Mal in Form eines Kreuzes, und das Herz drohte ihr stehenzubleiben. Dann zog sie einen schönen Ring vom Finger und reichte ihn der Amme: „Ziehe es gut auf, ich will es dir vergelten, wenn ich aus dem Turm und wieder unter Menschen bin."

Aber nun konnte sie nicht länger an sich halten. Als sie wieder einmal mit der Mutter zusammensaß und mit ihr über mancherlei seltsame Geschehnisse plauderte, fragte sie plötzlich: „Darf ich dir etwas ganz Seltsames gestehen, was mir kürzlich begegnet ist?" „Mir darfst du alles anvertrauen, ich weiß zu schweigen", antwortete die Mutter. Da sagte sie: „Das Kind, das der Vater bei den Wölfen fand, ist meines", und erzählte ihr alles, was geschehen war. Die Mutter atmete auf, als sie hörte, wer der Vater sei. „Gottlob", sprach sie, „daß du einen solchen Mann gewonnen hast; ich will dir helfen, zu ihm zu kommen."

Sie hielt ihr Wort getreulich. Als sie bei ihrem Herrn lag und freundlichen Gesprächs mit ihm pflog, fragte sie ihn: „Mein lieber Herr, was soll man zu Dingen tun, die nun einmal geschehen und nicht mehr zu ändern sind?" Er antwortete: „Darein soll man sich schicken." „Wenn dies deine wahre Meinung ist", sprach sie weiter, „dann darf ich offen mit dir reden." Nun erzählte sie ihm alles und bat ihn von Herzen, das Geschehene zum Besten zu wenden und nach Hugdietrich zu schicken, damit er Hildburg heimführe. Aber der König traute dem Bericht nicht völlig: „Frauen erzählen gern Märchen", sagte er, „wer weiß, ob der Mann wirklich Hugdietrich ist?"

Am Morgen ließ er den Wächter und den Torwart vor sich führen und verhörte sie genau. Sie bestätigten ihm alles Punkt für Punkt. „Sendet hin nach Konstantinopel, und stimmt nicht, was wir Euch erzählten, dann mögt Ihr uns aufhängen!" Der wackere Wächter aber fügte hinzu: „Warum schloßt Ihr Eure Tochter vor allen Männern ab, Herr König? Ihr dürft Euch gar nicht wundern, daß sie nun ein Kind hat!" Da mußte Walgund lachen und sagte: „Da sagtest du etwas Wahres, dir sei verziehen!" Dann aber wandte er sich zu seinen Ratgebern: „Ich hatte hohe Eide geschworen, meine Tochter keinem Mann zu geben. Jetzt hat sie sich selbst einen genommen. Sagt, bin ich nun meines Schwurs ledig?" Mit Freuden riefen alle: „Ja! Ihr mögt ruhig nach Hugdietrich senden, daß er Eure Tochter holen kommt, er ist König über ein großes Reich!"

Walgund sandte die zwei edlen Ritter, die dem Kind als Paten gedient hatten, mit großem Geleit nach Konstantinopel, und die Boten ritten herrlich bei Hofe ein. Sie beugten vor Hugdietrich das Knie und kündeten ihm die gute Mär: „Eure Frau Hildburg schenkte Euch einen schönen Sohn, und König Walgund bittet Euch, sie heimzuholen, er will sie Euch geben und großes Heiratsgut dazu!" Hugdietrich freute sich von ganzem Herzen; mit jedem Arm umschlang er einen der edlen Herren und führte sie in den Saal, wo man ihnen den Willkommenstrunk bot. Sie mußten alles erzählen, was geschehen war, und als der König vernahm, wie der wilde Wolf das Kind hinweggeschleppt hatte, erbleichte er vor Schreck; aber dann pries er um so freudiger die Gnade des Himmels, der es ihm wiederschenkte. Sofort rüstete er alles zum Aufbruch, fünftausend Ritter sollten ihn begleiten, und reiches Gut führte er mit, um freigebig den Mannen und Frauen am Hofe Walgunds auszuteilen. Dann ritt er dem prächtigen Zuge voran nach Salneck, und Berchter hütete indessen das Land.

Walgund erwartete ihn schon, er hatte vor dem Tor der Burg ein fürstliches Zeltlager aufschlagen lassen. „Willkommen, Herr und Jungfrau!" redete er den Gast an; „jetzt erkenne ich Euch wieder! Ihr habt mich schön betrogen!" Heiter ritten sie zum Schloß, da kam Hildburg zu ihnen und die Königin Liebgard, und die Amme trug das Kind herein. Hugdietrich nahm es auf die Arme und küßte es: „Wolfdietrich, mein lieber Sohn, du sollst einst König von Konstantinopel sein." Seinen kostbaren Mantel ließ er von der Schulter gleiten und schenkte ihn der Amme; sie trug ihn beglückt mitsamt dem Kinde hinaus.

Drei Wochen lang wurde Hochzeit gehalten; dann schied Hugdietrich mit seinem Weibe von Salneck, aber Walgund gab ihm das Geleit bis Konstantinopel. Dort hatte Berchter schon das Festgelage gerüstet, und Walgund weidete seine Augen an der Pracht des Hofes, an dem forthin seine liebe Tochter gebieten sollte. Dann ritt er wieder in sein Reich, und Hugdietrich lebte mit Hildburg in königlichem Reichtum und großer Liebe.

WOLFDIETRICH

Wolfdietrichs Vertreibung

Wolfdietrich, von seinem Vater Hugdietrich zum Erben Konstantinopels ausersehen, blieb nicht lange das einzige Kind. Kaum ein Jahr nach der Hochzeit gebar Hildburg ihrem Gemahl ein Zwillingspaar; man nannte die Knaben Wachsmuth und Boge. Noch waren die Kinder nicht erwachsen, als der König in der Blüte seiner Jahre starb. Vor seinem Tode teilte er sein Reich, jeder der Söhne sollte ein Stück erhalten, Wolfdietrich aber das größte mit der Hauptstadt. Bis zu ihrer Mannbarkeit wurden die Knaben Erziehern anvertraut; Wolfdietrich kam nach seines Vaters Willen unter die Hand des treuen Berchter von Meran. Dort blieb er fünf Jahre und lernte alle ritterlichen Übungen; dazu unterwies ihn der alte Held in der Kunst des Messerwerfens, die er als ein Meister beherrschte.

So kam die Zeit heran, da Berchter den Jüngling aus seiner Hut zu entlassen und in die Herrschaft einzuführen gedachte, zumal plötzlich die Königin starb, die bis dahin zu Konstantinopel des Reiches gewaltet hatte. Aber ehe sie noch aufgebrochen waren, kam zu ihnen die Nachricht, daß die Brüder Wachsmuth und Boge sich der Hauptstadt bemächtigt und Wolfdietrich aus dem Erbe gestoßen hatten, weil er, wie sie sagten, ein Kebskind sei. Eilends rüstete sich Berchter, um seinem Herrn Land und Leute wiederzugewinnen; er schlug ihn zum Ritter und gab ihm das Schwert in die Hand mit den Worten: „Ich habe sechzehn Söhne und viele kühne Degen, die will ich alle für dich darangeben!“ Er nahm seine Mannen in Eid und Pflicht für Wolfdietrich; dann fuhren sie gen Konstantinopel.

Vor der Stadt hieß Berchter sein Heer warten, bis sein Horn ertöne; erst wollte er mit Wolfdietrich allein zum Hofe gehen. Sie kamen in den Saal, und alle Mannen neigten sich vor Berchter; an Wolfdietrich aber sahen sie ohne Gruß vorbei. Die zwei traten vor die jungen Könige, und sogleich fragte Wachsmuth den Alten: „Sag uns, Herzog Berchter, mit wem willst du es halten?“ Er antwortete: „Mit Wolfdietrich, meinem Herrn, den mir sein Vater befahl; ihm will ich sein Erbe wahren.“ „Wolfdietrich ist ein Kebskind!“ rief Boge; „er kann nicht Erbe sein. Man las ihn im Walde bei den jungen Wölfen auf. Laß ihn laufen und sei unser Mann!“ „Alles, was ich besitze an Land und Leuten, setze ich dafür ein, daß er ein rechter Erbe ist!“ entgegnete Berchter; und unmutig fuhr er fort: „Schämt ihr euch nicht, das reine Andenken eurer Mutter zu schmähen?“ Noch wollte

Wolfdietrich die Brüder begütigen und bot ihnen die Hälfte seines Erbes, wenn sie ihn anerkennten und ihm die andere Hälfte samt der Hauptstadt ließen; aber Boge rief: „Du bist und bleibst ein Kebskind, pack dich von hinnen, sonst geht es heute noch mit dir zu Ende!" – und als Berchter zum letzten Male das Recht seines Herrn verlangte, schalt er ihn: „Schweig, alter Schwätzer, oder ich lasse dich an deinem Ziegenbart aus dem Saal schleifen!" Da faßte Wolfdietrich ans Schwert und sprach voll Zorn: „Und wärt ihr zehnmal meine Brüder: wer meinen Meister anrührt, den schlag ich zu Tode!"

Die Mannen gerieten in Bewegung, mancher schlich sich aus dem Saal, um den Panzer anzulegen; denn sie wollten gern den beiden in der Burg das Leben nehmen. Aber Berchter sprach: „Nun, lieber Herr, hütet die Tür, laßt niemand aus noch ein, und wer es versucht, den kürzt um sein Haupt!" Während Wolfdietrich sich an die Tür stellte, sprang Berchter vor die Schwelle und stieß ins Horn. Sofort stürmten seine Söhne und Mannen herbei und drangen in die Burg. Es erhob sich ein wildes Getümmel, doch waren die Feinde in starker Überzahl, und so geschah es, daß alles Volk Berchters erschlagen wurde; außer ihm selbst und Wolfdietrich lebten nur noch seine sechzehn Söhne. Um sie zu retten, wollte Wolfdietrich den Kampf abbrechen, aber Berchter weigerte sich: „Noch kann jeder meiner Söhne es mit hundert Mann aufnehmen, und ich selbst mit zweihundert!" Da raste der Kampf weiter, und im Gewühl wurden nacheinander sechs Söhne Berchters erschlagen; aber immer, wenn einer fiel, sah der Alte lachenden Angesichts nach seinem Herrn hin, damit er es nicht merke.

Endlich wurde Wolfdietrich von den andern abgedrängt, er entschwand ihren Augen fast hinter den blitzenden Schwertern. Mit harter Mühe brachen sie sich blutige Bahn bis zu ihm hin. In diesem Augenblick schlug ein Recke Wolfdietrich eine Wunde durch den Helm; Berchter fing den Wankenden auf, er sah zu seiner Freude, daß sein Herr nicht tödlich getroffen war; aber nun schien es ihm doch an der Zeit, den Saal zu räumen. Mit genauer Not brachten sie den Verwundeten hinaus und warfen sich auf die Rosse; die Feinde jagten ihnen nach, aber schon nahm sie schützend der Wald auf, und im Dunkel der Nacht entrannen sie.

Im tiefen Tann fachten sie ein Feuer an und ruhten die kampfmüden Glieder aus. Ihrer waren nur noch zwölf, und Wolfdietrich fragte nach den sechs fehlenden Söhnen Berchters. „Ich hoffe, sie sind davongekommen", antwortete der Alte; aber Wolfdietrich mahnte ihn bei seinem Leben, die Wahrheit zu sagen. Da sprach Berchter: „Sie sind erschlagen: immer, wenn ich dich anlachte, sah ich einen fallen.“ Darüber ergriff den Helden solche Verzweiflung, daß er das Schwert mit dem Heft in den Boden stieß, um sich in die Klinge zu stürzen; aber Berchter riß ihn weg und suchte ihn zu trösten, so großes Leid ihm selbst geschehen war. Auch zwang er seinen Herrn, sich mit den andern zur Ruhe zu legen, während er selbst die Wache hielt.

Aber um Mitternacht wachte Wolfdietrich auf, und nun bestand er darauf, die Wache zu übernehmen; der Meister aber entschlief neben seinen Söhnen. Als sie vom Morgen geweckt wurden, sahen sie ihren Herrn nicht mehr bei sich; sie erschraken heftig und suchten ihn durch den Wald den ganzen Tag lang, aber sie fanden ihn nirgends. Voll tiefen Leids saßen sie beieinander und wußten nicht, was sie beginnen sollten. Endlich sprach Berchter: „Solange wir nicht wissen, ob unser Herr noch lebt oder tot ist, dürfen wir von der Treue zu ihm nicht wanken. Und doch sind die zwei Könige zu mächtig, als daß wir, unseres Herrn beraubt, ihnen den Dienst weigern könnten. Daher wollen wir es auf die Art versuchen, die ich euch rate: geht ihr zehn hin zu den Königen und schwört ihnen Eide, daß ihr ihnen dienen wollt bis zu dem Augenblick, da ihr euren Herrn lebendig wiederseht – dann sollen sie euch aus eurer Pflicht entlassen. Vielleicht nehmen sie das an, dann bleibt dort, und ich werde auch dahin kommen, wenn ich Wolfdietrich nicht wiederfinde. Erst aber will ich ihn suchen durch alle Lande, wo ich hoffen kann, ihn zu treffen.“ Wie er geraten hatte, taten sie. Die Söhne kehrten zurück nach Konstantinopel und boten Wachsmuth und Boge ihren Dienst mit dem Eide, den ihnen ihr Vater vorgesprochen hatte. Damit waren die Könige im Herzen unzufrieden, aber sie verbargen es, weil sie fürchteten, sonst werde ihnen Berchter entgehen; und so durften die Brüder am Hofe bleiben. Berchter aber durchzog viele Länder und fragte unablässig nach seinem Herrn. Als er jedoch nach Jahr und Tag auch nicht die geringste Spur entdeckt hatte, kehrte er endlich gleichfalls zurück.

Falschen Sinns hießen ihn die Könige willkommen und fragten ihn: „Was geschah mit deinem Herrn?“ „Ich weiß es sowenig wie ihr“, antwortete er; „Gott strafte mich so hart, daß ich wünschte, ich wäre nie geboren!“ „Laß Wolfdietrich fahren“, sprach Boge, „und diene hinfort uns so treu, wie du ihm dientest, dann sollst du alle deine Ehren und Lehen behalten!“ „Ich will euch treulich dienen samt meinen Söhnen“, antwortete Berchter, „und schwöre euch den Eid, nie zu fragen, ob ihr mit Recht oder Unrecht zur Herrschaft kamt – es sei denn, daß mein Herr noch lebt. Kommt er wieder ins Land, so wollen wir unserer Eide ledig sein.“ „Einen andern Eid bietet ihr uns nicht als mit diesem Beding?“ fragte Wachsmuth; und als Berchter es verneinte, riefen beide Könige zugleich: „Nehmt sie gefangen!" Sofort stürzten sich die Mannen auf Berchter und seine Söhne und schlugen sie in Fesseln; die Söhne schmiedete man je zwei und zwei an Blöcke. In Ketten wurden alle elf auf die Stadtmauer gestellt, Schildwache zu halten bei Tag und Nacht. Der Unbill des Wetters ausgesetzt, mußten sie Hunger und furchtbare Not leiden; aber nie vergaßen sie ihren Herrn Wolfdietrich und hofften, er werde kommen, sie zu erretten.

Die rauhe Else

Nun aber sei erzählt, wie Wolfdietrich seinen Getreuen verlorenging. Als er in jener Nacht am Feuer bei den schlafenden Gefährten wachte, nahte ihm, auf allen vieren gehend und fast einem Bären gleichend, die rauhe Else, die verwunschen im wilden Walde hauste. Sie hatte den Helden erspäht und ihre Sinne auf ihn gerichtet; ungefüge tappte sie zu ihm heran, und als er sie anrief, ob sie ein teuflisches Wesen sei, begann sie zu reden: „Ich bin kein böser Geist, sondern komme zu dir, damit du mir deine Liebe schenkst; dafür will ich dir ein Königreich geben." „Fahr zur Hölle", antwortete Wolfdietrich, „ich will kein Ungeheuer lieben!" Voll Zorn warf sie einen Zauber über ihn, der ihm die Besinnung raubte; sie aber nahm sein Roß und sein Schwert und entlief damit in den tiefen Tann.

Als er wieder zu sich kam, griff er nach dem Schwert und fand es nicht mehr; er schaute nach seinem Roß, und auch das war weg. Um beides zurückzugewinnen, lief er ihr nach und fand sie, weitab, bei einem Brunnen. Wieder bat sie ihn um seine Minne, und er weigerte es mit bösen Worten. Aber sie bat weiter: „Leg dich schlafen, müder Mann, ich will dir deine Locken scheiteln." „Schlafe der Teufel bei dir!" entgegnete er zornig. Da warf sie wieder den Zauber auf ihn; er sank hin und entschlief. Während er bewußtlos dalag, schnitt sie ihm die Nägel ab und schor ihm zwei Locken vom Haupt; dadurch verlor er den Verstand. Als ein Irrer lief er ein halbes Jahr im Walde herum und ernährte sich von Wurzeln wie ein Tier. Seine Gesellen hatten ihn nicht gefunden; jetzt waren sie längst von dannen. Aber sie hätten ihn auch nicht wiedererkannt, denn er war ganz verwildert und schwarz wie Erde geworden.

Nach dieser Zeit erbarmte sich die rauhe Else seiner; sie suchte ihn im Walde und nahm den Zauber von ihm. „Willst du mich jetzt minnen?" fragte sie wieder, und er entgegnete zögernd: „Wenn du getauft wärst, so würde ich es mit dir wagen." „Ich bin getauft", sprach sie, „und du wirst an mir noch Freude finden: denn ich bin zur Zeit nur verzaubert." „Mir steht der Sinn jetzt nicht nach Liebe", sagte der Held betrübt, „sondern nach meinen Getreuen, die ich verlor."

Sie aber führte ihn hinweg, weit über Land und Meer, bis in ihr Reich. Dort sprang am Fuße eines Berges ein Jungbrunnen, der hatte Wasser, halb heiß, halb kalt. In ihn stieg sie hinein und enttauchte ihm verwandelt; sie hieß nicht mehr rauhe Else, sondern Siegeminne, ihre wüste Haut hatte sie im Brunnen gelassen und stand vor Wolfdietrich schön und schlank, mit leuchtenden Wangen, köstlich in seidene Gewänder gekleidet. „Aber jetzt willst du mich doch minnen?" fragte sie. „Du bist so schön und liebenswert geworden", antwortete er, „ich wollte dich wohl minnen, wenn ich nur selbst aussähe wie vor einem Jahr!" „So spring auch du in den Brunnen!" befahl sie. Er tat es, und sie führte den Verjüngten zum Brautbett. Gern blieb er bei seiner schönen Frau; denn da er die alte Haut verlor, waren ihm auch seine Freunde aus dem Gedächtnis geschwunden.

In großem Glück hausten die zwei zusammen. Er saß nicht immer daheim, sondern machte viele kühne Fahrten und bestand manches Abenteuer, das ihm Ruhm brachte. Nicht nur mit Helden kämpfte er, sondern auch mit Riesen im wilden Wald und mit Zwergen im hohlen Berg. Aber als er einst von einer weiten Fahrt heimkam, fand er sein Weib Siegeminne tot. Da ward alle seine Freude in Trauer verkehrt, und der Toten zu Ehren nahm er an ihrem Grabe das Kreuz.

Wolfdietrichs Messerkampf

Wolfdietrich zog zum Heiligen Grabe, wie er gelobt hatte, und brachte sein Opfer dar. Als er wieder heimritt, hörte er von einem wilden Heiden reden, der mit Messerwerfen den Preis über viele Christen gewonnen hatte; wen er überwand, dem ließ er das Haupt abschlagen und steckte es auf die Zinne. Mit kühnem Entschluß ritt Wolfdietrich auf die Burg des Heiden zu und sah ringsum fünfhundert Häupter aufgepflanzt. Vom Fenster aus erblickten ihn der Heide und seine Tochter, und der Held gefiel den Augen der Jungfrau wohl. Darum bat sie den Vater, den Gast wohl aufzunehmen, und er tat nach ihrem Willen. Wolfdietrich wurde aufs beste empfangen und beim Mahl neben die Jungfrau gesetzt; ihm schien, als habe er noch keine schönere gesehen.

Als aber nach dem Essen die Tische hinweggeräumt waren, sprach der Heide: „Herr Gast, ich muß Euch Kampf ansagen, wie es bei mir Sitte ist; Ihr müßt mit mir Messer werfen, und wenn Ihr verliert, geht es Euch ans Leben!" „Nein", sagte die Jungfrau zu ihrem Vater, „das soll nicht geschehen! Ehe dem Helden ein Leid widerfährt, lieber wollte ich die Taufe nehmen!" „Dann soll dein Gast Frieden haben", erwiderte der Heide und wandte sich an Wolfdietrich: „Hört Ihr's, Christ: wenn Ihr Glück empfangen wollt von meiner schönen Tochter, so soll Euch die Burg mit allem, was darin ist, und das ganze Land ringsum untertan sein." Aber Wolfdietrich antwortete darauf nicht, weil er seines Christentums gedachte, sondern bat, ihm seine Kammer zu weisen. Daraus sah der Heide, daß er nicht willens war, einer der Ihren zu werden, und er reichte ihm in böser Absicht einen Schlaftrunk; wenn Wolfdietrich den getrunken hätte, hätte er die Kraft verloren und den Heiden im Messerwerfen nicht bestehen können. Aber die Tochter nahm dem Vater den Becher aus der Hand und warf ihn auf den Boden, denn sie dachte den Helden noch zu gewinnen. Damit gab sich der alte Heide fürs erste zufrieden.

Als Wolfdietrich sich zur Ruhe begeben hatte, kam die Jungfrau in seine Kammer und zeigte ihm ihre Schönheit. „Sieh mich genau an, edler Ritter", sprach sie, „ob ein Mangel an mir ist! Tugend und Ehre habe ich noch, und dein will ich sein, wenn du es begehrst!" „Gern nähme ich dich zum Weibe", antwortete der Held, „mit Leib und Seele wollte ich dir gehören, wenn du an meinen Gott glaubtest!" Sie hingegen verlangte, er möge seinen Gott verleugnen und Mahomet anrufen; mit heftigen Worten schmähte sie Jesus und Maria; und so wollte keines von seinem Glauben weichen. Da er aber sah, wie schön sie war und wie lieblich sie ihn anblickte, ließ er sie gewähren, als sie sich neben ihn streckte; doch legte er zwischen sie und sich sein bloßes Schwert. Da wurde sie ungebärdig, packte das Schwert am Griff und schleuderte es aus dem Bett. Im selben Augenblick erhob er sich und sprach: „Ehe ich Euch als Heidin minne, schöne Jungfrau, wollte ich bis an mein Ende allen Frauen abschwören!" So mußte sie von hinnen gehen, und am nächsten Morgen klagte sie es ihrem Vater, daß der Held sie verschmäht habe.

Ergrimmt forderte der alte Heide ihn zum Messerkampf, und Wolfdietrich stellte sich ihm willig, denn er verstand sich wohl auf diese Kunst. Sie traten in einen Kreis, und man trug sechs Messer und zwei Schemel herbei, dazu zwei kleine Schilde, kaum spannenbreit. Wolfdietrich wählte drei der Messer, dann legten sie Waffen und Gewand ab und traten im Hemde jeder auf einen Stuhl. „Zuerst wirft hierzulande der Wirt!" rief der Heide und hob das erste Messer. „Hüte deinen Scheitel!" Das Messer flog, aber es schor dem Helden nur zwei Locken ab, denn den Kopf hatte er schnell eingezogen. „Nun hüte dein Herz!" rief der Heide und warf das zweite; Wolfdietrich faßte seinen Flug scharf ins Auge und hob Arm und Achsel, da flog es an ihm vorbei. „Hast du mich verlassen, mein Gott Mahomet?" klagte der Heide; „nie im Leben fehlte ich noch zweimal hintereinander!" Dann nahm er das dritte Messer: „Jetzt hüte deinen Gürtel!" In diesem Augenblick knackte ein Bein des Schemels unter dem Helden, er begann zu wanken, und der Heide rief: „Siehst du, wie dein Gott dich betrügt?" Aber als das Messer flog, sprang Wolfdietrich trotz des wackelnden Stuhls mit beiden Beinen hoch empor, und das Messer fuhr zwischen seinen Füßen hindurch. Da sprach der Heide voll Unmut: „Wer lehrte dich den Sprung? Den weiß auf Erden niemand sonst als Herzog Berchter, den ich einst wohl kannte!"

Als Wolfdietrich diesen Namen hörte, kam die Erinnerung an seinen Meister und die treuen Söhne wieder; er stand eine Zeit betroffen, dann aber entbrannte sein Zorn gegen den Heiden um so wilder. Der begann an seinem Leben zu zweifeln, und während der Held zögerte, machte er seiner Tochter Vorwürfe: „Du bist es, die mich tötet! Hättest du mir den Schlummertrank nicht aus der Hand geschlagen!" Als Wolfdietrich das Messer hob, bat er ihn, seiner zu schonen: er wolle ihm seine Tochter geben und das Reich, dazu noch die Taufe annehmen. Jedoch der Held sprach: „Nun sollst auch du deine drei Würfe aushalten! Sieh dich vor, es gilt dein rechtes Auge – oder deinen linken Fuß!" Der Heide wußte nicht, wo er sich schirmen sollte, ob oben oder unten; da aber der Gegner ihm fest ins Auge sah, hob er den Schild vors Gesicht: da fuhr ihm das Messer bis ans Heft in den Fuß. „Nun schütze deinen Scheitel!" rief der Held, und der Heide schützte sich; aber das Messer durchbrach den Schildrand und schnitt ihm eine klaffende Wunde ins Haupt. In großer Not rief der Heide Mahomet an, und die Jungfrau flehte mit ihm zu dem Abgott. Aber Wolfdietrich rief: „Euer Mahomet schläft! Jetzt gilt's dein Herz!" Damit schleuderte er das Messer so gewaltig, daß es durch den Schild mitten hindurch fuhr, dem Heiden in die Brust, und ihn tot vom Stuhle warf. Die Mannen im Saal gedachten ihren Herrn zu rächen und griffen zu den Waffen. Schnell sprang der Held vom Stuhle und riß sein Schwert und seinen guten Schild an sich. „Nun stehe mir Gott bei um meines Meisters Berchter und der zehn getreuen Brüder willen!" sprach er bei sich und schlug so gewaltig drein, daß ihrer fünfzig auf dem Plan blieben. Als die Heiden diese

Riesenkraft spürten, riefen sie: „Er hat fürwahr einen starken Gott!" Sie senkten die Waffen und boten ihm Frieden; allesamt nahmen sie den Christenglauben an und empfingen die Taufe.

Die Jungfrau war in die Kammer gegangen, und mit Hilfe ihrer Abgötter zauberte sie rings um die Feste ein wildes Wasser. Als der Held den rasenden Strudel kreisen sah, dachte er: „Soll ich hier sterben, so soll es mir nicht allein geschehen!" – und er sprach zu der Jungfrau: „Wollt Ihr mit mir von hinnen, schöne Königin?" „Von Herzen gern!" antwortete sie und küßte ihn. Er nahm sie vor sich aufs Roß und sah eine gläserne Brücke sich übers Wasser wölben, die ritt er kühn hinan. Aber als er auf der Mitte war, begann die Brücke zu sinken; mit beiden Enden tauchte sie immer tiefer in die Flut, daß er weder vorwärts noch rückwärts konnte. Zugleich entwand sich die Jungfrau seinen Armen, sie ward zur Elster und schwang sich durch die Luft hinüber nach der Feste. Von einer Zinne rief sie ihm zu: „Verruchter Christ, jetzt sollst du sterben dafür, daß du meinen Vater tötetest – es sei denn, daß du Mahomet anbetest: dann magst du Herr sein über mich und das Reich!"

Wolfdietrich aber empfahl sich Gott und setzte die Sporen ein: mit einem gewaltigen Satz trug ihn das Roß zum andern Ufer. Begierig, Berchter und die getreuen Brüder wiederzufinden, ritt er der Heimat zu.

Der Drachenkampf

Als Wolfdietrich ins Lombardenland kam, vernahm er, daß das Reich schon seit Jahren verwaist stehe, weil König Ortnit, der gewaltige Held, von einem Drachen getötet worden sei. Er ritt des Abends an der Burg von Garten vorbei und hörte die verwitwete Königin Sidrat hinter der Mauer laut klagen; immer noch trug sie Trauer um ihren Gemahl und wollte, sosehr ihre Edlen sie drängten, nicht wieder heiraten, es sei denn den Helden, der Ortnit rächte und den Wurm erschlüge. Von ihrem Jammer ward Wolfdietrichs Herz bewegt, und sosehr es ihn nach der Heimat zog, beschloß er doch, der Frau und dem Lande aus der Not zu helfen.

Er machte sich auf in den Wald und suchte die Spur des Drachen; sie führte ihn hin zu der hohen Steinwand, in der das Untier hauste. Dort hielt er an und rief mit lauter Stimme, damit der Drache herauskomme; aber der war nicht in der Höhle, sondern in den Wald gefahren, um Speise für seine Jungen zu holen. Als Wolfdietrich das

Roß gewendet hatte, ihn zu suchen, und ein Stück zurückgeritten war, hörte er ein Brausen: schon kam der Wurm auf vierundzwanzig Beinen durch das Holz gebrochen, und sofort rannte ihn der Held an. Mit einem gewaltigen Schlage seines Schweifs zertrümmerte der Wurm ihm den Schild und erschlug ihm das Roß, aus dem Rachen spie er feurige Glut gegen ihn, daß ihm der Schweiß über die Ringe rann, während er mit dem Schwert Streich auf Streich gegen das Ungeheuer führte, ohne doch die harte Hornhaut verletzen zu können.

Endlich schlug er es, das Schwert mit beiden Händen schwingend, zwischen die Hörner: da zersprang die Klinge in drei Stücke. Nun packte der Wurm seinen Gegner mit dem Maul und trug ihn fort in die Höhle, warf ihn seinen Jungen vor und versetzte ihm mit dem Schweif noch einen so gewaltigen Schlag auf das Helmdach, daß ihm das Blut aus den Ohren spritzte. Danach entschlüpfte der Drache wieder der Höhle und streckte sich draußen zum Schlaf aus. Die Jungen fielen sogleich über den betäubten Wolfdietrich her und wollten ihm, wie sie Ortnit getan hatten, durch den Harnisch das Blut aussaugen; aber es gelang ihnen nicht, weil er über dem Körper ein seidenes Nothemd trug, das ihn schützte. Jetzt warfen sie ihn einander zu wie ein Spielzeug, aber schließlich ließen sie von ihm ab.

Als er lange gelegen hatte, erwachte er aus der Betäubung und tastete sich nach dem Hintergrund der Höhle; dort fand er einen Quell, an dem er sich labte. Dann suchte er weiter und griff mit der Hand ein Schwert: das war Rose, Ortnits herrliche Waffe; er schlug es, um es zu versuchen, gegen den Fels, daß das Feuer sprühte, danach prüfte er die Schneide mit der Hand: er fand sie glatt und ohne Scharte. Ungesäumt fiel er über die jungen Lindwürmer her und erschlug einen nach dem andern. Aus der Höhle tretend, sah er den alten im Schlaf ausgestreckt. Fauchend fuhr das Untier empor, als Rose ihm die erste Wunde durch die harten Schuppen schlug, es bäumte sich hoch auf gegen den Helden: aber er schwang sein Schwert abermals und durchhieb ihm die Weiche, daß es sterbend zu Boden sank.

Als die Würmer alle tot waren, öffnete ihnen Wolfdietrich die Mäuler und schnitt ihnen die Zungen aus. Die Höhle, in der er das Schwert Rose gefunden hatte, abermals durchsuchend, fand er Ortnits ganzes Gewaffen und dabei auch einen goldenen Ring: denselben, den Frau Sidrat ihrem Gemahl mitgegeben hatte, als er zum letzten Male von ihr ritt. Der Held nahm ihn an sich, dazu auch Ortnits Schild und das Schwert Rose. Dann ging er davon, Garten zu, aber er kam nicht bis dahin, denn er war auf den Tod müde von dem bestandenen Kampf. Am Rande des Waldes machte er sich ein Lager von Laub und Gras, darauf warf er sich und lag drei Tage und drei Nächte lang in schwerem Schlaf.

Inzwischen fand den erschlagenen Drachen ein Graf namens Wildung. Er hatte sich schon lange um die Königin beworben, aber sie hatte ihn stets zurückgewiesen, da sie nur dem die Hand reichen wollte, der den Drachen erschlüge; auch war er ihr nicht edel genug. Nie hatte Wildung den Kampf gewagt, doch hatte er schon mehr als einmal den Wald durchspürt und wußte die Höhle. Am Tage nach Wolfdietrichs Sieg ging er wieder, um nach dem Drachen zu spähen; schon aus der Ferne sah er an der blutüberströmten Felswand die Leiche des Untiers liegen. Langsam pirschte er sich heran und fand auch die erschlagenen Jungen. Aber es war keine Spur von dem zu erblicken, der die Tat vollbracht hatte. Da beschloß er, die Früchte des Sieges, den ein Unbekannter erfochten hatte, selbst zu ernten. Er schnitt den Würmern die Köpfe ab und ließ sie von den rasch herbeigerufenen Mannen im Triumph zur Burg führen; dann trat er vor Sidrat und forderte den verheißenen Lohn. Sie konnte ihm, da er als Wahrzeichen die Köpfe vorwies, ihre Hand nicht mehr verweigern, und so wurde die Hochzeit auf den dritten Tag festgesetzt. Die Königin brachte die Zeit in großer Trauer zu; denn es wollte ihr nicht in den Sinn, daß der Graf, der Ortnit weder an Mut noch an Abkunft ebenbürtig war, die Drachen erschlagen haben sollte.

Am Vorabend der Hochzeit kam Wolfdietrich wieder zur Burgmauer, um selbst der Königin die Kunde zu bringen, daß der Drache erschlagen sei. Um sie herbeizurufen, nahm er einen gewaltigen Felsbrocken und warf ihn über die Mauer gegen die Tür: durch das Gepolter erschreckt, kam die Königin heraus, und als sie den Stein liegen sah, sprach sie: „Kein anderer konnte je solchen Stein werfen als Ortnit selbst!" Draußen sah sie einen Mann stehen, der trug Ortnits Schild, und sie rief von der Zinne: „Bist du es, mein Gemahl, der mir verlorenging im wilden Walde, so laß mich nicht länger auf dich warten!" Wolfdietrich rief zurück: „Ich bin Ortnit nicht, edle Königin, aber Ihr sollt wissen: ich habe Euren Gemahl mit dem Schwerte gerächt!" Damit ging er von dannen, denn er wollte eilends weiter zur Berchter und seinen Söhnen.

Aber als er in die Stadt kam, in der er für diese Nacht noch zu herbergen gedachte, hörte er erzählen, daß Graf Wildung die Drachen erschlagen habe und am nächsten Tage der Gemahl Sidrats werden solle, die ihre Hand dem Sieger gelobt habe. Die Lüge gedachte er nicht zu dulden. Sidrat aber wußte jetzt auch, daß nicht Wildung der Drachentöter war, sondern ein anderer, und rang verzweifelt die Hände, weil es ihr nicht vergönnt sein sollte, den Helden zu kennen und dem Verhaßten entgegenzustellen.

Am nächsten Abend war im Saal der Burg das Fest bereitet; Wildung saß neben Sidrat oben an der Tafel, aber die Königin war nicht froh. In den Mantel gehüllt, kam Wolfdietrich zum Tor, stieß den Wächter, der ihn nach dem Namen fragte, beiseite und trat in den Saal. Ganz untenan setzte er sich, neben einen fremden Bettler, und teilte mit ihm die Speise. Als aber die Königin den hochgewachsenen, stolzen Mann so ungeehrt sitzen sah, schickte sie ihm ihren Becher mit Wein; er leerte ihn und warf, ehe er ihn zurücksandte, Ortnits Ring hinein. Die Königin sah den Ring und erkannte ihn sofort, sie rief den Fremdling heran und fragte ihn: „Wer gab Euch diesen Ring?“ Er antwortete: „Ich empfing ihn im Walde von einem Mann, der nannte sich Wolfdietrich.“ „Den Namen hörte ich schon“, sagte sie, „und ich hörte auch von Berchter und seinen Söhnen. Bei ihrer Treue: Seid Ihr selbst Wolfdietrich?“ Da antwortete er: „Ja, ich bin's, ich rächte mit dem Schwert Euren Gatten und kam gestern abend, es Euch anzusagen!“

Als sie das hörten, sprangen die Mannen von den Sitzen, und Wildung rief: „Wenn Ihr kein Betrüger seid, so zeigt Eure Wahrzeichen!“ „Zeigt Eure zuerst!“ entgegnete Wolfdietrich. Sofort ließ der Graf die Drachenhäupter hereintragen und wies sie stolz dem ganzen Saal. Wolfdietrich aber hieß alle näher treten, öffnete die Mäuler der Drachen und fragte: „Sah jemals einer von euch Häupter ohne Zungen?“ Und als der Graf stumm dastand, zog der Held die Zungen hervor, fügte sie in die Mäuler, und alle paßten. Im Nu entstand ein Getümmel, Wildung schrie: „Vielleicht ist der Mann der Mörder Ortnits!“ Und die Mannen des Grafen drangen auf den Helden ein; aber er sprang zur Saalwand, daß sie ihm den Rücken decke, und zog das Schwert Rose. Da traten ihm die andern zur Seite, Wildung ward überwältigt, gefangen hinausgeführt und um sein Haupt gekürzt, und alle riefen: „Euch, dem Sieger, gebührt auch die Königin!“ Das nahm der Held mit Freuden an, da er Sidrat so schön und edel sah.

Als sie aber Hochzeit feierten, dachte er daran, daß sie Berchter und seine Söhne genannt hatte, und forschte, was sie von ihnen wisse. Da erfuhr er, welche Schmach ihnen seine Brüder angetan hatten und welche Not sie leiden mußten, und es war vorbei mit aller seiner Freude. Man geleitete ihn mit seiner Frau ins Brautgemach, aber er seufzte nur und rührte sie nicht an. Betrübt und beschämt fragte sie ihn: „Findest du einen Tadel an mir?" „Untadelig bist du, edle Königin", antwortete er; „aber ich kann keine Freude fühlen und keines Weibes froh sein, ehe ich nicht meine Getreuen wiederhabe." „Denke nicht mehr an sie", sprach Sidrat; „für jeden der elf will ich dir tausend Recken geben, wenn du die Fahrt nach Konstantinopel unterläßt." Aber er entgegnete: „Und gehörten dir alle Reiche der Welt, ich nähme sie nicht für einen von ihnen! Ich muß hin zu ihnen und sie befreien – gib mir Urlaub, edle Königin!" So mußte sie wohl darein willigen, obwohl sie es mit großen Schmerzen tat.

Wolfdietrichs Heimkehr

Mit dreitausend Mann fuhr Wolfdietrich übers Meer. Er ließ die Flotte in einer verborgenen Bucht ankern und versteckte seine Mannen in einem Wald, damit sie seines Rufs warteten. Ein Pilgergewand über den Harnisch gezogen, ging er allein der Stadt zu. Spätabends kam er zum Burggraben und hörte, in den Schatten der Mauer gedrückt, oben seine Getreuen klagen um ihren verlorenen Herrn und die eigene Not. Da rief er ihnen hinauf: „Ihr Wächter droben, die ihr so bitter klagt, was gäbet ihr mir, wenn ich euch Kunde brächte von eurem Herrn Wolfdietrich?" „Alles was wir haben!" riefen sie hinab; „aber wir haben nichts als täglich ein halbes Brot für zwei von uns und einen Trunk Wasser." „Hört, ihr Wächter", sprach der Held weiter, „ein armer Pilger bittet euch um ein halbes Brot, dann soll euch die Kunde werden!" Da warfen sie ihm auch schon alle ihr Brot hinab, aber er konnte es nicht auffangen, denn vor Schmerz fiel er zu Boden wie ein Toter.

Nun jammerten die Gefangenen erst recht; aber er erwachte wieder und rief: „Freut euch, in wenig Stunden werdet ihr euren Herrn sehen!" Sie wollten es nicht glauben. „Ach, er ist tot, sonst wäre er längst gekommen!" sprachen sie. Da trat er ins Licht des Mondes und sagte mit starker Stimme: „Seht her, hier steht Wolfdietrich!" Als sie ihn sahen und erkannten, streckten sie die gefesselten Hände empor und riefen zu Gott, und die Kraft wuchs ihnen so stark, daß sie ihre Bande sprengten. Frei und ledig standen sie da, die Herzen voll hoher Freude, einer nach dem anderen sprangen sie herab von der Mauer, und jeden umfing und küßte Wolfdietrich, nacheinander alle zehn Söhne Berchters –: nur der alte Meister selbst fehlte.

„Wo ist mein Meister?" fragte Wolfdietrich bestürzt, und ihm ward die Antwort: „Er ist schon lange tot, denn er verzweifelte an der Heimkehr seines Herrn. ‚Er wäre gekommen, wenn er noch lebte' – das waren seine letzten Worte." „Wo liegt er begraben?" fragte der Held weiter, seiner Stimme vor Tränen kaum mächtig. Sie führten ihn hin zu der Stelle, sie lag nicht fern bei einer Kapelle vor der Mauer. Als er an dem Grabe des Getreusten stand, flehte Wolfdietrich aus allen Kräften zu Gott: „Laß mich noch einmal die Stimme Berchters hören, heiß den Toten reden, das bitte ich dich bei den Wunden Christi und bei dem Heiligen Grab!" Da sprach der Tote tief aus der Erde: „Willkommen, mein König, meines Herzens Trost!" Ohnmächtig sank der Held über das Grab; die Getreuen trugen ihn davon, und die Besinnung kehrte ihm erst wieder, als der lichte Tag zu scheinen begann.

Jetzt aber hatten die Feinde bemerkt, daß die gefangenen Wächter von der Mauer verschwunden waren. Sie rafften rasch eine Mannschaft zusammen und zogen aus dem Tor, ihnen die Wege zu verlegen. Ein starker Zug entdeckte Wolfdietrich und die Berchtungen, er kam rasch auf sie zu, um sie zu fangen. Mit Kraft stieß Wolfdietrich ins Horn, sein Heer herbeizurufen; die Seinen hörten es im Walde wohl, aber sie waren zu fern, um sogleich zur Stelle zu sein. Da hieß Wolfdietrich die Getreuen, die keine Waffen hatten, hinter sich treten; mit dem Schwert Rose hieb er einen nach dem andern der Angreifer nieder, und immer, wenn einer stürzte, riß einer der Berchtungen seine Waffen an sich und wappnete sich. So wuchs ihre Kraft, und sie wehrten sich tapfer manche Stunde, ob auch immer mehr Feinde herzuströmten und die beiden Könige selbst gegen sie ritten. Endlich waren die Mannen zur Stelle: nun drangen Wolfdietrich und die Seinen vor mit aller Gewalt, sie mähten die Feinde nieder und stürmten durchs Tor, Wachsmuth und Boge wurden erschlagen und die Stadt genommen.

Wolfdietrich hatte sein ererbtes Reich wiedergewonnen und das der verräterischen Brüder dazu; aber er behielt es nicht für sich, sondern gab es seinen Getreuen zu Lehen. Er selbst kehrte zurück in das Lombardenreich; dort lebte er als König herrlich mit Sidrat, seinem Weibe, und ward der Ahnherr eines Geschlechts, aus dem später Dietrich von Bern, der berühmteste aller Helden, entsproß. Aus der Sippe Berchters aber wurde Hildebrand geboren, der mit gleicher Treue Meister und Gefolgsmann Dietrichs war wie Berchter einst Wolfdietrichs.

Als Sidrat starb, entsagte Wolfdietrich der Herrschaft zugunsten seines Sohns und ging in ein Kloster, das Sankt Georg, dem streitbaren Heiligen, geweiht war. Die Mönche wollten große Ehren auf ihn häufen, und das verdroß ihn; denn er meinte, daß vor Gott kein Unterschied sein dürfe zwischen Reichen und Armen, Hohen und Geringen. Darum strafte er die Brüder hart und zauste ihnen bös die Bärte; er selbst aber lebte streng nach der Regel.

Da er aber immer noch nicht glaubte, Gnade erworben zu haben, suchte er härtere Buße. Nach dem Rat der Brüder ließ er eine Bahre ins Gotteshaus vor den Altar stellen, darauf streckte er sich am Abend aus. In der Nacht kamen zu ihm die Geister aller derer, die er erschlagen hatte; in breiter Schar strömten sie herbei, und er mußte mit allen noch einmal fechten. Eine ganze winterlange Nacht dauerte der harte Kampf mit den Toten, und als die Mönche früh zur Messe gingen, fanden sie den alten Helden bewußtlos auf der Bahre liegen; Haar und Bart waren ihm in dieser Nacht weiß wie Schnee geworden.

Aber er war noch warm, und da sie ihn pflegten, kam er wieder zu sich. Noch sechzehn Jahre lebte er still im Kloster, dann ging er selig zum Himmel ein.

WALTHER UND HILDEGUND

Etzel, der Hunnenkönig, ließ das Heerhorn blasen; seine Reiter brachen aus der pannonischen Steppe, zahllos wie der Sand am Meer, ein Wald von Speeren blitzte in der Sonne, und die Erde donnerte unter den Hufen der Rosse. Über die Donau hinweg nahmen sie ihren Lauf nach dem Rhein und näherten sich dem Frankenreich, in dem König Gibich herrschte. Er erbangte vor dem heranziehenden Sturm und berief seine Mannen zum Rat. Alle waren einer Meinung: es sei besser, Friedenseide zu schwören, Zins zu zahlen und Geiseln zu stellen, als in ungleichem Kampf Land und Leben zu verlieren. Gern gewährte Etzel den Frieden, ihm war stets Bündnis lieber als Krieg, und er schlug mit der Schärfe des Schwerts nur den, der sich ihm trotzig widersetzte. So kaufte sich Gibich los mit vielen Schätzen und gab als Geisel, da sein kleiner Sohn Gunther noch nicht der Mutter entraten konnte, seinen jungen Neffen, den edlen Hagen von Tronje.

Jetzt wandte sich Etzel nach dem Reich von Burgund. Seine Horden durchschwammen die Saone und Rhone, sie brausten geradeswegs auf Chalons zu, wo König Herrich seinen Sitz hatte. Als der Wächter vom Turm rief: „Staub steigt in grauer Wolke auf, der Feind brach ins Land, schließt die Tore!“ – da gedachte Herrich, daß die Franken, tapfere Krieger und stärker an Zahl als sein Volk, den Frieden von Etzel genommen hatten, und schloß gleichfalls Vertrag. Der Hunnenkönig empfing den Zins und als Geisel Herrichs Tochter, die schöne Hildegund.

Weiter nach Westen stürmte der Hunnenkönig Aquitanien zu. Dort herrschte der Westgotenkönig Alpher. Da er sich von seinen Nachbarn verlassen sah, schien ihm Widerstand aussichtslos. Sein Sohn Walther stand in erster Jugendblüte; nach dem Willen ihrer Väter sollten er und die schöne Hildegund einst ein Paar werden. Jetzt gab ihn Alpher dem Hunnenkönig als Geisel und zahlte den Zins. Mit Gold beladen kehrten die Hunnen heim und führten die drei Kinder aus königlichem Stamm mit sich.

Etzel erzog sie in seiner Hofburg mit großer Liebe, als seien sie sein eigen Fleisch und Blut. Die Knaben wuchsen unter seinem Auge auf und übten sich in allen Künsten, vornehmlich aber im Waffenspiel. Als Jünglinge übertrafen sie an Klugheit und Stärke alle Hunnen, und Etzel setzte sie über sein Heer; in jedem Krieg bewährten sie ihr Heldentum. Hildegund aber war der Königin Helche anvertraut und gewann durch Tugend und Fleiß ihre Liebe so sehr, daß sie zur Verwalterin der Königsschätze bestellt wurde und fast die gleichen Ehren wie die Herrin genoß.

Inzwischen starb König Gibich; ihm folgte im Reiche Gunther, der den Bund mit Etzel zerbrach und den Zins weigerte. Als Hagen das hörte, entfloh er des Nachts und kehrte zu seinem Herrn zurück. So verlor Etzel die eine starke Säule seines Reichs und trug Sorge, daß er einmal auch die andere verliere. Darum riet ihm Helche: „Soll dir Walther erhalten bleiben, so gib ihm ein Weib aus dem besten Adel unseres Volks und ein so reiches Lehen, daß er bei uns neue Heimat gewinnt und der alten vergißt.“ Der Rat gefiel Etzel, und er bot Walther die Vermählung mit einer Hunnenfürstin an und großen Besitz an Land und Leuten. Aber der Held, der Fessel abhold, entgegnete mit klugen Worten: „Ihr meint es gnädig mit mir, Herr! Aber wenn ich nach Eurem Willen ein Weib nehme, wird die Liebe zu ihr und die Sorge um mein Gut mich mehr beschäftigen, als für meinen Eifer in Eurem Dienste gut ist. Der Ehemann scheut Mühe für seinen Herrn. Unvermählt aber bin ich stets zur Stelle, wenn Ihr mich ruft, bei Tage und bei Nacht, keine Sehnsucht nach Weib und Kind lähmt meinen Mut im Kampfe, ganz gehöre ich Euch. Immer wird das Hunnenvolk unbesiegt bleiben, wenn Ihr mich der Ehe ledig laßt.“ Als Etzel dies hörte, glaubte er, daß es keiner Vorsicht mehr bedürfe: Walther werde ihn nie verlassen.

Und der Held bewies seinen Wert und seine Treue in einem

neuen Krieg, der kurz darauf ausbrach. In ebenem Felde stellte er sein Heer gegen den Feind. Die Pfeile stoben wie Schneeflocken im Sturm, und als der letzte verschossen war, prallten die Rosse zusammen, Schwerter blitzten, und Männer sanken unter ihren Schilden. Walther mähte sich breite Bahn durchs Getümmel, und der Feind verzagte, als er ihn wüten sah; die Reiter warfen die Schilde auf den Rücken und flohen mit verhängtem Zügel davon. Da ward Sieg geblasen, und mit grünem Laub geschmückt kehrten Feldherr und Heer zurück.

Vom Sattel weg ging der Held in Etzels Saal. Dort traf er Hildegund ganz allein; er küßte sie und bat sie um einen kühlen Trunk.

Sie reichte ihm Wein in einem goldenen Becher; während er trank, hielt er ihre Hand, und sie sah ihm stumm ins Gesicht. Sie wußten, daß sie von alters her Verlobte waren. Da sagte er: „So lange schon tragen wir das harte Los der Fremde, ohne uns je gesagt zu haben, daß wir füreinander bestimmt sind – jetzt mag ich's nicht mehr hehlen!" Ein Weilchen schwieg die Jungfrau, dann antwortete sie: „Warum treibst du Spott mit mir und redest, was dein Herz nicht meint? Wäre ich denn deiner wert?" Er erwiderte: „Was ich sage, das meine ich aus tiefstem Herzen. Kein Lauscher ist im Saal, drum höre: Ich denke immer an die Heimat, dahin will ich zurück, und längst wäre ich geflohen, aber ich konnte dich nicht zurücklassen. Nun sage mir, ob du in Treue zu mir stehen willst, was auch komme!" Da sank sie an ihm nieder und sprach: „Führe mich, wohin du willst, ich folge dir! Dein Wille sei der meine, Wohl und Weh will ich mit dir teilen." Er zog sie enger an sich und flüsterte ihr ins Ohr: „Du hütest den Königsschatz; nun hab acht! Nimm Etzels Helm, Waffenhemd und Panzer heraus und fülle zwei mäßig große Kisten mit Spangen und Gold, so schwer du sie heben kannst. Dann beschaffe für mich vier Paar starke Schuhe und ebenso für dich, und besorge auch zwei Angelhaken, denn wir werden uns mit Fischfang und Vogelstellen nähren müssen. In sieben Tagen sei bereit! Dann will ich dem König und seinem Hof ein Gelage geben, und wenn alle in schwerem Rausch liegen, eilen wir nach Westen der Heimat zu."

Der Tag des Gelages kam. Mit Teppichen war die Halle geschmückt, der Hochsitz mit Purpur ausgeschlagen, auf ihm nahm Etzel Platz, an jeder Seite zwei seiner Edlen; die andern füllten die Bänke. Verschwenderisch wurden Speisen und Getränke aufgetragen, die Gäste schlangen und schluckten um die Wette, und nach dem Mahl trat Walther mit gefülltem Krug zum König, der ihn auf einen Zug leerte: „Nun tut mir's alle nach!" Da kreiste der Krug, jeder leere Becher wurde durch einen vollen ersetzt, bald dampfte heißer Rausch durch die Halle, die Zecher begannen zu lallen und zu taumeln. Aber keiner durfte weichen, bis alle sich am Boden wälzten und entschliefen; hätte Walther jetzt die Burg in Brand gesteckt, nicht einer hätte es gemerkt.

Da rief er die Geliebte, zog sein stolzes Streitroß Löwe aus dem Stall und hängte ihm die Goldschreine auf beide Seiten. Dann gab er der Jungfrau die Zügel; sie führte es und trug in der andern Hand die Haselrute, die zum Angeln dienen sollte. Er aber schritt schwer gewappnet neben ihr, an der linken Seite sein Doppelschwert, an der rechten einen krummen Hunnensäbel, in den Händen Speer und Schild. Ohne Rast gingen sie die ganze Nacht, beim Morgenschein verschlüpften sie sich in dunkle Schluchten, und oft schreckte die Jungfrau zusammen, wenn ein Vogel aufrauschte oder ein Ast knackte. Sie mieden Dörfer und offenes Land und suchten ungebahnte Wege durch Wald und Gebirge.

Erst am Mittag erwachten die Hunnen aus Betäubung und Schlaf. Der König wankte aus der Kammer, den Kopf in beiden Händen, und rief kläglich nach Walther; aber keiner hatte ihn mehr gesehen. Etzel getröstete sich, er werde wohl noch irgendwo im Schlaf liegen, aber da stürzte die Königin herein; sie hatte, als sie Hildegund vermißte, sofort erraten, daß das Paar entflohen war, und fluchte der Trunkenheit der Hunnen, die Walther und der Jungfrau die Flucht ermöglicht hatten. Der König geriet vor Zorn fast von Sinnen, er riß sich das Kleid von der Brust, aber er vermochte nicht zu sprechen. Den ganzen Tag wies er Speise und Trank von sich, nachts warf er sich im Bett von einer Seite auf die andere, ohne Schlaf zu finden, am nächsten Morgen aber rief er den Rat zusammen und sprach: „Wer mir Walther gebunden wiederbringt, um den herum will ich so viel und so hoch Gold häufen, daß er nicht ausschreiten kann.“ Die hunnischen Herren hörten es, jedoch es war keiner unter ihnen, der sich den Preis verdienen wollte; denn zu sehr gefürchtet war Walthers Kraft.

Bei Tage wandernd, nachts im Versteck ruhend, zog das flüchtige Paar weiter; er lockte Vögel und warf die Angel nach Fischen, davon nährten sie sich recht kümmerlich. Vierzigmal war die Sonne gesunken, bis sie an den Rhein kamen. Ein wenig oberhalb von Worms setzten sie über, und Walther gab dem Fährmann als Lohn Fische, die er noch von früherem Fang bei sich führte. Am Morgen trug der Fährmann die Fische an den Hof zum Küchenmeister, der setzte sie wohlgewürzt dem König vor. Als Gunther das Gericht sah und kostete, rief er: „Diese Fische sind doch nicht aus dem Rhein! Ich sah sie noch niemals auf meiner Tafel, woher kommen sie dir?“ Der Fährmann wurde gerufen und berichtete: „Gestern abend spät, als ich am Fluß saß, kam ein Fremder, wie zur Schlacht gerüstet, aber trotz der schweren Last der Waffen schritt er rüstig aus. Ihm folgte eine wunderschöne Jungfrau, sie führte ein starkes Roß am Zügel, zwei Schreine hingen über dem Rücken des Tiers, und wenn es den Nacken schüttelte und die Beine warf, hörte ich's klingeln wie von Gold und Geschmeide. Ich führte den Mann über, und er gab mir die Fische als Lohn.

Da rief Hagen, der am Tisch des Königs saß, fröhlich: „Freut euch mit mir! Mein alter Freund Walther ist aus dem Hunnenland zurückgekehrt!“ Aber kaum hatte er ausgesprochen, da schrie Gunther: „Nein, mit mir freut euch! Gott schickt mir den Schatz zurück, den mein Vater einst an Etzel zahlen mußte!“

Der König sprang auf, er stieß den Tisch mit dem Fuße um und befahl die Rosse zu satteln; dann erlas er sich zwölf gute Degen zur Begleitung, unter ihnen als ersten Hagen. Der bat, der alten Freundschaft mit Walther gedenkend, den König, von seinem Vorhaben zu lassen; aber Gunther hörte nicht hin, sondern trieb zur Eile: „Der Schatz soll uns nicht aus dem Lande hinauskommen!“ So zogen sie aus, Hagen wider seinen Willen mit ihnen; vergebens versuchte er immer wieder den Sinn des Fürsten zu wenden.

Unterdessen hatte Walther mit Hildegund den Wasgenwald erreicht, den wildreichen uralten Forst. Zwischen zwei steilen Felsen fand er eine Höhle, die wohl einmal Räubern Zuflucht geboten hatte. Es war ein fester Platz und doch lieblich, denn den Boden deckte dichtes Gras. Seit der Flucht aus Hunnenland hatte der Held keine Ruhe genossen als Halbschlaf im Sitzen, über den Schild gelehnt. Jetzt warf er die Waffen ab und streckte sich lang hin, den Kopf im Schoße der Jungfrau, und sprach zu ihr: „Halte gut Ausschau, Hildegund, und siehst du Staub aufwirbeln im Tal von antrabenden Reitern, dann wecke mich – aber vorsichtig und nicht allzu schnell, sondern erst, wenn es wirklich not tut. Ich verlasse mich auf deine scharfen Augen.“ Er schloß die Lider und war im Nu eingeschlafen.

Gunther hatte im Sand die Spur der Flüchtigen entdeckt, er spornte sein Roß und rief: „Vorwärts, Gesellen, heut müssen wir ihn samt dem geraubten Schatz fangen!“ Aber Hagen warnte: „Sei nicht so eilig! Du hast Walther nicht wie ich streiten sehen! Im entfesselten Grimm überwand er noch jeden, er ist ein gewaltiger Kämpfer mit Schwert und Lanze!“ Der König eilte stumm weiter, die zwölf hinter ihm; von fern sah Hildegund den Staub aufwirbeln und hörte den

Hufschlag der Pferde. Mit leiser Hand weckte sie den Freund: „Auf, Walther, Feinde nahen!“

Er rieb sich den Schlaf aus den Augen und legte die Waffen an, im Sprung und Lanzenschwung probte er die Kraft und Geschmeidigkeit der Glieder. Schon blitzten die Speere der Feinde auf, und Hildegund sprach bangen Herzens: „Die Hunnen sind da! Herr, schlag mir das Haupt mit dem Schwerte ab! Wenn ich nicht dein werde, soll kein Mann mich haben!“ „Nie soll unschuldiges Blut mein Schwert beflecken!“ antwortete er; „aber hab keine Furcht, ich werde der Feinde Herr werden!“ Und scharf hinüberspähend, rief er: „Es sind gar keine Hunnen, es sind Franken, hier ist ja ihr Land; und dort erkenne ich an seiner Helmzier meinen alten Freund Hagen! Ihn allein von allen haben wir zu fürchten, falls sie Böses im Sinn tragen; denn er versteht zu kämpfen und kennt alle Listen. Aber“ – er trat an den Eingang der Höhle – „aus dieser Pforte soll, das schwöre ich, kein Franke meinen Schatz herausholen!“

Als Hagen den Helden so stehen sah, links und rechts von der Felswand gedeckt, mahnte er Gunther nochmals: „Reize diesen Helden nicht ohne Not zum Kampf! Schick erst einen Boten hin, vielleicht überläßt Walther dir den Schatz freiwillig oder bietet dir ehrenvollen Vergleich.“ Darauf entsandte der König Herrn Kamelot von Metz, der fegte wie der Wind übers Feld hinüber zur Schlucht und rief Walther an: „Gib Bescheid, Mann, über deinen Namen, dein Woher und Wohin!“ „Sag erst du“, antwortete Walther, „wer dich schickt!“ Stolz sprach Kamelot: „Mich sandte, dich zu fragen, Gunther, der König in Frankenland.“ Darauf erwiderte Walther: „Seltsam dünkt es mich, daß ihr einen Fremdling so ausfragt. Aber melde immerhin deinem König: Ich bin Walther von Aquitanien, komme aus dem Hunnenland, wohin ich als Knabe vergeiselt war, und will jetzt zurück in mein Land und zu meinen Eltern.“ Darauf sprach der Bote: „Mein Fürst befiehlt dir: Liefere sofort den Schatz, die Maid und das Roß in seine Hand, so will er dir Freiheit und Leben schenken!“ Mit scharfem Hohn erwiderte Walther: „Nie hörte ich bisher so törichte Reden! Dein Fürst will mir schenken, was er gar nicht hat! Noch bin ich nicht gefangen und gefesselt! Aber trotzdem“ – und er milderte die Stimme – „biete ich billigen Vergleich. Spart er mir den Kampf, so will ich ihm, um die Königswürde zu ehren, hundert Spangen von rotem Golde geben.“

Kamelot ritt mit diesem Bescheid zurück, und Hagen riet dem König: „Nimm, was er dir bietet! Laß dich warnen vor Walthers Kraft; der Kampf mit ihm wird nicht gut enden. Ich träumte letzte

Nacht, wir beide jagten miteinander einen Bären; das wurde ein hartes Ringen: er riß dir den Schenkel bis zum Knie ab, und mir, als ich dir mit dem Speer zu Hilfe sprang, schlug er ein Auge aus!" Spöttisch antwortete der König: „Ich sehe wohl, du gleichst deinem Vater; der liebte Geschwätz auch mehr als Gefecht." Da sprach Hagen voll Zorn: „Nun, so kämpft ihr ohne mich! Dort steht der Mann, ihr habt es eilig, ihn kennenzulernen! Ich will mir den Ausgang von weitem ansehen und keinen Anteil an der Beute haben." Damit ritt er zum nahen Hügel, stieg ab, warf seinen Schild ins Gras und setzte sich darauf.

Gunther aber sandte Kamelot zum zweitenmal zu Walther: „Fordere von ihm seine ganze Habe, und sollte er sich weigern, so wirst du wohl Manns genug sein, ihm den Schatz mit Gewalt zu nehmen!" Schon im Anreiten schrie Kamelot dem wartenden Helden zu: „Gib den ganzen Goldschatz heraus, wenn dir dein Leben lieb ist!" – und, als der Held ihn stumm näher kommen ließ, nochmals: „Den ganzen Goldschatz!" Da sprach Walther: „Was schreist du? Habe ich das Gold etwa Gunther gestohlen? Oder hat er mir Geld geliehen, für das er Wucherzins fordern darf? Oder hab ich auf meinem Weg durch sein Land Schaden angerichtet, so daß ich Buße schuldig bin? Wenn es aber schlechte Sitte bei euch ist, einem friedlichen Wanderer den Durchweg zu mißgönnen, so will ich mir das Wegrecht kaufen und dem König zweihundert Spangen geben. Melde ihm das!" „Hier wird nicht gehandelt", entgegnete Kamelot heftig, „gib alles her oder stirb!" Den Schild vor die Brust hebend, schüttelte er mit der Rechten den Speer, zielte und warf; aber Walther sprang zur Seite, und das sausende Geschoß bohrte sich in die Erde. „So habe deinen Willen!" rief er und ließ seinen Speer fliegen, der durchschlug den Schildrand und fuhr dem Gegner durch Schwerthand und Hüfte hindurch tief hinein in den Rücken seines Rosses, ihn so auf dem Tier festnagelnd. Er bäumte sich wild, und Kamelot ließ den Schild sinken, um mit der linken Hand den Speer herauszuziehen: da sprang Walther auf ihn zu und stieß ihm das Schwert durch den Leib. Lanze und Schwert aus den Wunden des Stürzenden reißend, sprang er in die Deckung zurück.

Den Fall Kamelots sah mit Trauer sein Neffe Skaramund; voll Begier, den Blutsfreund zu rächen, stieß er die andern zur Seite und sprengte durch den schmalen Hohlweg, der immer nur für einen Angreifer Raum ließ, gegen Walther heran, daß sein Helmbusch stob. Zähneknirschend schwang er zwei schwere Lanzen und schrie ihm zu: „Ich will nicht dein Gold, ich will dein Blut für das meines Oheims!"

Unerschüttert antwortete der Held: „Du solltest es haben, wenn ich den Kampf begonnen hätte!“ Schnell nacheinander warf Skaramund die Speere; dem einen bog Walther aus, den andern fing er mit dem Schild. Aber schon war Skaramund heran, sein Schwerthieb, gegen die Stirn gezielt, ließ Feuer aus Walthers Helm springen; aber ehe er noch das Roß zurückreißen konnte, fuhr ihm der Speer durch den Hals.

Klirrend fiel er aus dem Sattel, und obwohl er um sein Leben flehte, schlug Walther ihm das Haupt ab.

„Auf ihn, ehe er Atem schöpft!“ spornte Gunther seine Mannen; und sofort ritt als dritter Werinhard zum Kampf. Er führte keinen Speer, sondern den Bogen, einen ganzen Köcher voll Pfeile verschoß er auf Walther; aber der fing sie spielend mit dem Schild. Nun stürmte Werinhard mit dem blanken Schwert gegen ihn: „Spottest du meiner Pfeile, so spüre jetzt die Klinge!“ „Darauf warte ich längst!“ rief Walther; aus der Nähe schleuderte er den Speer dem Roß des Gegners in die Brust, es stieg hoch in die Luft und stürzte, den Reiter unter sich begrabend. Walther riß ihm das Schwert aus der Hand und löste ihm den Helm, dann griff er ihm ins Haar und nahm ihm das Haupt.

Als vierten entsandte Gunther den Sachsen Eckefried, der, wegen eines Totschlags aus der Heimat vertrieben, am Hofe von Worms lebte. Er trabte auf einem rotbraunen Schecken heran und rief: „Bist du ein Mensch – oder ein Waldteufel, daß keiner dich verletzen kann?“ Lachend erwiderte Walther: „Komm nur heran, damit du daheim erzählen kannst, was für einen Schrat du im Wasgenwald getroffen hast!“ „Bald werde ich wissen, was du bist!“ rief Eckefried und schleuderte mit Wucht den Speer, der aber am harten Schild zersplitterte. „Nimm diese Gegengabe vom Waldschrat und sieh zu, wie sie dir bekommt!“ rief Walther zurück und erwiderte den Wurf mit seinem Speer; er fuhr durch des Schildes Stierhaut und den Panzer tief in die Lunge des Sachsen, blutüberströmt sank er auf den Boden, und Walther führte das ledige Roß als Beute in die Höhle.

Ein hochmütiger Held war Hadaward, der sich als fünfter zum Kampfe stellte. Er bat König Gunther: „Wenn ich siege, laß mir den Schild Walthers als Beute!“ — Dann gab er seine Lanze den Freunden. „Vom Schwert allein hoffe ich mein Heil“, sagte er und ritt auf den Engpaß zu. Weil die Leichen ihm den Weg versperrten, stieg er ab und ging zu Fuß weiter; da lobte ihn Walther, daß er als erster gleichen Kampf mit ihm wagte. Aber Hadaward schalt ihn: „Wie eine tückische Schlange zusammengeballt liegst du in enger Höhle, wo Pfeil und Speer dich nicht erreichen – nun sollst du mein Schwert kosten! Leg deinen bunten Schild ab, der König versprach ihn mir als Kampfpreis, und ich wünsche, daß er heil bleibt! Sollte ich aber unterliegen, so sind noch genug Genossen da; du wirst ihnen nicht entrinnen, und flögest du auf Vogelschwingen davon!" Unerschrocken erwiderte Walther: „Meinen Schild werde ich niemals lassen: er ist mein bester Freund und hat mich oft geschützt, für mich ließ er sich manche Wunde schlagen, das danke ich ihm heut und immer!" „So sollst du ihn wider Willen lassen, und Gold und Maid und Roß dazu!" rief Hadaward und stürmte an. Hart war der Streit, Hadaward schwang das Schwert und Walther die Lanze, die Hiebe und Stöße krachten, als würden Eichen gefällt im Wasgenwald. Mit einem riesigen Schwertschwung dachte Hadaward den Kampf zu entscheiden, da schlug Walther mit der Lanze so gewaltig gegen die Schwertspitze, daß die Waffe dem Franken aus der Hand sprang, weit hinweg ins Gebüsch. Waffenlos wandte sich Hadaward zur Flucht, aber in langen Sätzen sprang Walther ihm nach: „Du vergißt ja ganz den Schild!" Dröhnend traf der Schildrand das Haupt des Fliehenden, er stürzte zu Boden, Walther setzte ihm den Fuß auf den Hals und durchbohrte ihn mit dem Speer.

Als sechster schritt Patafried heran, Hagens junger Schwestersohn. Der Oheim warnte ihn durch Zuruf: „Dich erwartet der Tod, lieber Neffe! Steh ab vom Kampf, deine Jugend ist Walthers Kraft nicht gewachsen!" Aber der Jüngling, von wildem Ehrgeiz getrieben, hörte nicht auf ihn; seufzend sah Hagen ihn ins Verderben gehn und dachte in Trauer daran, wie er die schlimme Kunde der Mutter werde bringen müssen und dem jungen Weibe, dem noch kein Kind zum Trost geschenkt war. Aus der Ferne hatte Walther Hagens Ruf gehört, ihn rührte der Kummer des Freundes, und er mahnte den Jüngling zur Güte: „Steh ab vom Kampf, junger Held, spare deine Kraft für bessere Gelegenheit! Sieh, wieviel starke Recken hier erschlagen liegen — es wäre mir leid, dich ihnen zuzugesellen!" Aber Patafried schrie: „Was schert dich mein Sterben, du Teufel? Kämpfen will ich mit dir, nicht schwatzen!" Im selben Augenblick entsandte er schon den knorrigen Speer; aber ihn schlug Walther mit dem eigenen Speer zur Seite, daß er weit hinwegflog, in die Felsenhöhle hinein vor Hildegunds Füße. Die Jungfrau schrie vor Schreck auf, sie lief zum Eingang und spähte vorsichtig hinaus, ob ihr Freund noch lebe. Noch einmal warnte Walther den anstürmenden Feind, aber als Patafried, vor Kampfgier toll, mit gezücktem Schwert auf ihn einsprang, deckte er sich mit dem Schild und erwartete ihn stumm, mit den Zähnen knirschend wie der gehetzte Keiler. Der Feind holte zu mächtigem Schlage aus, aber als er mit dem Gewicht des ganzen Körpers das

Schwert nach vorn schwang, duckte sich Walther rasch hinterm Schild ins Knie: da riß die Wucht des Schlages den Jüngling hin auf den Boden. Zwar sprang er rasch auf, aber noch rascher war Walther hochgeschnellt; er traf mit dem Schwert den Jüngling in den Leib, daß er sterbend zu Boden stürzte.

Ihn zu rächen, sprengte Gerwig heran, Patafrieds Freund, er trieb sein Roß über die Leichen hinweg, und da Walther sich über den Gefallenen beugte, um ihm das Haupt vom Rumpf zu trennen, hieb er nach ihm mit der doppelschneidigen Streitaxt, der heimischen Waffe der Franken. Aber Walther gewahrte es noch zur rechten Zeit, sprang zurück, warf das blutige Schwert ins Gras und riß Schild und Lanze an sich. Grimmig und wortlos kämpften die zwei gegeneinander; der Franke vermochte mit der kurzen Axt nicht an den Gegner heranzukommen, der ihn sich mit dem Speer vom Leibe hielt, doch tummelte er sein Pferd rasch und geschickt, um Walther zu ermüden, bis er sich eine Blöße gäbe. Das brachte Walther in wilden Zorn, er zuckte den Speer unter Gerwigs Schildrand, lüftete ihn in die Höhe und bohrte das Eisen durch des Feindes Weiche. Rückwärts über das Roß hinweg stürzte der zum Tod Getroffene ins Gras, und Walther nahm ihm das Haupt.

Nun sieben Tote den Grund deckten, schwand den Franken die Kampfbegier; sie baten den König, abzulassen von dem unüberwindlichen Helden. Aber Gunther rief, schäumend vor Wut: „Seid ihr Männer oder Memmen? Schafft euch unser Unglück Furcht statt Zorn? Soll ich als Geschlagener nach Worms kommen? Besser hier sterben als mit Schmach heimkehren, während jener lachend mit dem Schatz entreitet! Ihr waret durstig nach seinem Gold – jetzt dürstet nach seinem Blut! Mord wird nur durch Mord gesühnt!“ Da ward ihnen Mut und Grimm neu entfacht, sie vergaßen des Todes und drängten sich um die Wette zum Kampf wie zu einem Spiel. Jeder wollte der erste sein, aber der schmale Pfad zwang sie, hintereinander zu reiten. Während sie zauderten, hatte Walther den Helm abgenommen und an einen Baum gehängt, um sich zu kühlen; jetzt rannte ihn unversehens Randolf an und traf ihn mit schwerer Eisenstange auf die Brust: das wäre sein Tod gewesen, hätte nicht die Brünne, ein Meisterstück Wielands, dem Stoße standgehalten. Rasch riß der Held den Schild an sich, den Helm aber konnte er nicht mehr aufsetzen; Randolfs Schwert kreiste über sein Haupt hinweg und schor dem Barhäuptigen zwei Locken ab. Dem zweiten Streich des Schwertes hob Walther den Schild hoch entgegen, es fuhr tief in den Rand und blieb fest darin stecken: da sprang Walther zurück und vor und riß mit starkem Schwunge den Franken herab auf den Boden. Er setzte ihm den Fuß schwer auf die Brust und sprach: „Für die Locke nehm ich den ganzen Kopf, du wirst vor deiner jungen Frau nicht damit prahlen, daß du mich schorst!“ Damit hieb er ihm das Haupt ab.

An den Platz des Gefallenen sprang als neunter Helmnot. Als Waffe führte er einen Dreizack an einem langen Seil, das hinter ihm die andern hielten: sie sollten, wenn die Widerhaken fest im Schilde hafteten, mit allen Kräften ziehen, um den Helden zu Fall zu bringen oder ihm doch wenigstens den deckenden Schild zu entreißen. „Jetzt kommt dein Tod gesaust, Glatzkopf!“ rief Helmnot, als die Waffe, in mächtigem Schwung entsandt, gegen Walther flog. Der Dreizack traf in die Mitte des Schilds, er spaltete den Nagel und biß sich fest, und die Franken zerrten am Seil, daß ihnen der Schweiß vom Leibe floß, vier Mann gegen einen: denn mit Helmnot zugleich zogen Drogo von Straßburg und Tannast von Speyer, und das Ende hatte Gunther selbst gepackt. Walther stand unerschütterlich wie eine Eiche, aber ihn verdroß das tückische Spiel immer mehr, je länger es dauerte. Endlich war's ihm zuviel, er ließ den Schild fahren; ohne Helm, nur der Brünne und dem Schwert vertrauend, stürzte er auf Helmnot zu und spaltete ihm mit einem Streich durch den Helm das Haupt bis zum Nacken.

Dann stürmte er gegen Drogo, der hatte sich im Seil verwickelt und versuchte vergeblich, zu seinen Waffen hin zu flüchten, die er, wie die andern, während des Ziehens ins Gras gelegt hatte. Walther durchschlug ihm die Waden und riß Drogos Schild an sich, aber im selben Augenblick raffte Drogo einen großen Feldstein auf und schleuderte ihn gegen seinen eigenen Schild, daß er in Stücke zerschellte. Der Verwundete war ein tapferer Held, der von Kampfgier brannte; obwohl er sich nicht mehr erheben konnte, riß er das Schwert aus der Scheide und rief: „Meinen Schild stahlst du mir, nun hol dir auch mein Schwert!“ „Ich komme schon!“ rief Walther; er sprang auf ihn zu und schlug mit dem Schwert dem wild um sich Hauenden die Rechte ab. Schon wollte er zum Todesstreich ausholen, da warf sich Tannast zwischen sie und deckte den Freund mit dem Schild. Sofort kehrte sich Walther gegen ihn, er durchschlug ihm Achsel und Brust, und Tannast sank hin neben den Freund, mit einem letzten „Lebewohl!“ sein Leben verhauchend. Drogo aber bat nicht um Gnade, sondern stieß wilde Drohungen und Flüche gegen den Sieger aus. „So stirb!“ rief Walther; „du magst in der Hölle melden, wie du deine Freunde rächtest!“ Und er erdrosselte den hilflos Tobenden mit der eigenen Halskette, so seine Schmähungen erstickend.

Als König Gunther die letzten Genossen erschlagen sah, schwang er sich aufs Roß und floh hin zu Hagen. Schluchzend flehte er den Grollenden an, mit ihm zusammen den Kampf aufzunehmen; doch Hagen wies ihn finster ab: „Wie käme ich dazu, zu kämpfen? Ich gleiche ja meinem Vater, der auch schon Geschwätz mehr liebte als Gefecht! Sagtest du das nicht vor deinen Mannen? Hast du nicht meine Hilfe verachtet?“ Aber der König fuhr fort, zu flehen: „Laß deinen Zorn fahren! Ich gestehe meine Schuld ein und will sie dir mit reichen Gaben büßen. Aber kannst du es, ohne dich zu schämen, ansehen, daß so viele unserer Freunde fielen – und du rührst nicht die Hand zur Rache? Kränkt dich ein unbedachtes Wort von mir schlimmer als der Schade, den Walther uns allen antat? Wie werden unsere Feinde über unsere Schmach spotten, daß ein einziger Mann unsere ganze Macht ungestraft zu Boden schlug!“ Noch kämpfte Hagen mit sich; er gedachte der Treue, die er und Walther sich geschworen hatten. Aber als Gunther ihn kniefällig bat, errötete er über die Demütigung seines Herrn und fürchtete, an der eigenen Ehre Schaden zu leiden, wenn er ihm seine Dienste noch länger verweigerte.

Danach faßte er seinen Entschluß und sprach: „Die Treue zu dir, mein König, heißt mich dir folgen, so schwer es mir wird. Aber wir dürfen nicht so töricht sein, offenen Auges in den Abgrund zu springen. Solange Walther sich in seiner Felsenburg birgt, trotzt er einem ganzen Heere. Wir müssen ihn mit List herauslocken – nie bräche ich ihm die Treue, selbst nicht um meinen Neffen zu rächen, den er erschlug, nur für dich, mein Fürst, tu ich das! Laß uns jetzt hinwegreiten und uns verbergen; wenn er glaubt, wir seien auf und davon, wird er die Burg verlassen – dann greifen wir ihn im freien Felde an. Auch dort wird der Kampf noch hart genug werden, härter vielleicht, als dir lieb ist; denn Walther floh noch nie. Aber ich werde ihm standhalten!“ Als Gunther das hörte, umarmte und küßte er Hagen. Zusammen ritten sie davon und legten sich in den Hinterhalt, während sie die Rosse grasen ließen. Indessen brach die Nacht herein, und Walther erwog, ob er in der sicheren Feste bleiben oder durch die Wildnis entreiten solle. Er hatte gesehen, wie Gunther Hagen küßte, sie führten ohne Zweifel Böses im Schilde: wollten sie nach Worms reiten und frische Mannschaft holen, um ihn früh von neuem anzugreifen, oder lauerten sie schon im Hinterhalt? Er überlegte es reiflich hin und her, dann beschloß er, die Nacht über zu bleiben. „Gunther soll nicht sagen können, ich sei wie ein Dieb bei Nacht und Nebel aus seinem Reich entflohen!“ Er hieb Dorngesträuch ab und sperrte damit den Hohlweg. Seufzend wandte er sich zu den Leichen und fügte an jeden Rumpf das Haupt; mit entblößtem Schwert hinkniend, sprach er ein Sühngebet. Die Rosse der Toten trieb er zusammen und band sie fest; sechs waren ihm geblieben, zwei waren getötet, und drei hatte Gunther mit auf die Flucht genommen.

Dann endlich löste er die Riemen und warf den heißen Panzer ab. Mit freundlichem Zuspruch tröstete er die Jungfrau, die in Angst und Trauer dasaß, stärkte sich mit Speise und Trank und streckte sich zum Schlaf auf den Schild. Die erste Wacht sollte Hildegund halten; sie saß ihm zu Häupten und sang leise, um ihn einzuschläfern und die eigene Müdigkeit zu verscheuchen. Nach kurzem Schlummer erwachte er, hieß die Jungfrau ruhen und wandelte mit dem Speer auf und ab, eifrig spähend und lauschend, bis der Morgen anbrach. Im ersten Licht sammelte er Schmuck und Waffen der toten Feinde, vier Rosse belud er damit; aufs fünfte hob er Hildegund, das sechste bestieg er selbst. Noch einmal sicherte er von der Felswarte ins Weite, ob nichts sich rege; aber alles lag still.

Da trieb er die vier beladenen Rosse voran und ließ Hildegund mit ihm reiten, er selbst folgte und führte am Zügel das Roß mit dem Hunnenschatz. Kaum eine Meile hatten sie hinter sich gebracht, als Hildegunde, sich umschauend, gewahrte, daß zwei Gewappnete eilig einen Hügel herab und auf sie zu ritten. Sie erblaßte vor Schreck, da das Ende zu nahen schien, und rief: „Flieh, Herr!" Aber er faßte die Feinde ins Auge, erkannte sie und sprach: „Zu oft stand ich im Kampf meinen Mann, als daß ich jetzt fliehen möchte! Besser ist's, mit Wunden bedeckt einen schönen Tod zu sterben, als mit Verlust von Habe und Ehre das nackte Leben zu retten! Reite schnell voran, Hildegund, und verbirg dich mit dem Goldroß im Walde; ich werde hier am Fuß des Hügels die Feinde erwarten und ritterlich begrüßen!"

Die Jungfrau tat sofort nach dem Geheiß; er aber faßte Schild und Spieß fester und kehrte sich gegen die Anstürmenden. Schon von ferne schrie ihm Gunther zu: „Haben wir dich endlich aus deiner Höhle gelockt, aus der du uns anfletschtest und anbelltest wie ein Hund! Jetzt sollst du uns im freien Felde stehn – sieh zu, ob dir das Glück hier treu bleibt!" Walther würdigte den Schimpfenden keiner Antwort, sondern wandte sich an Hagen: „Sprich, Hagen, wie kann es kommen, daß du, vor kurzem noch mein treuester Freund, mich als Feind anfällst? Als du Abschied nahmst, um von Etzels Hof zu fliehen, konntest du kaum deine Arme von mir lösen; und ich glaubte, wenn ich einst heimwärst führe, würde keiner mich liebreicher empfangen als du. Denkst du nicht mehr an die Eintracht unserer Knabenspiele, an unsere stete Freundschaft in Frieden und Krieg, da wir Schulter an Schulter fochten, vergaßest du ganz die geschworene Treue oder willst sie frevlerisch brechen? Nein, wahre unsern Bund und lege die Waffen nieder! Ich will dir zum Dank den Schild mit rotem Golde füllen!"

Aber Hagen blickte ihn finster an und sprach grollend: „Du übtest als erster Gewalt, du warst es, Walther, der die Treue brach, nicht ich! Vor meinen eigenen Augen tötetest du meinen Neffen, und du wußtest wohl, wie ich ihn liebte. Mit dem Schwertstreich, der ihn fällte, zerschlugst du unsern Bund – nun soll auch kein Gold, sondern das Schwert die Sühne bringen!" Damit sprang er vom Roß, und die beiden andern taten das gleiche; zum Fußkampf standen sie bereit, zwei gegen einen. Als erster griff Hagen an, mit Wucht warf er den gewaltigen Speer, der zischend die Luft durchschnitt; Walther hielt ihm den Schild schräg entgegen, daß das Geschoß wie von glattem Marmor abglitt und seitlich tief in die Erde fuhr. Nach ihm warf Gunther, er holte weit aus, doch seine Kraft war schwach; nur den Schildrand traf er, und Walther schüttelte den Speer leicht heraus: das dünkte die Angreifer kein gutes Zeichen. Aber sie stürmten nur um so wilder heran, gedeckt vom Schild, die Schwerter schwingend.

Walther wehrte sich ingrimmig mit der Lanze, die Schwerter der Angreifer waren zu kurz, ihn zu erreichen. Da sann Gunther auf einen feigen Plan: er gedachte seinen verschossenen Speer, der zu Walthers Füßen lag, heimlich an sich zu ziehen, und gab Hagen einen Wink, daß er Walther stärker bedränge. Aber der Held behielt ihn wohl im Auge, er sah, wie Gunther das Schwert einsteckte, um die Hand frei zu haben für den Diebsgriff; aber als der König den Schaft eben packte, drang Walther mächtig auf Hagen ein, scheuchte ihn zurück und trat auf den Speer, den Ertappten so gewaltig anschreiend, daß der blaß und schlotternd zurückfuhr. Das wäre wohl Gunthers Tod geworden, hätte Hagen nicht rasch seinen Schild vor ihn gehalten. So aber kam er wieder fest auf die Füße, und der Kampf entbrannte erbitterter als zuvor. Immer mußte sich Walther gegen zwei Seiten wehren, er stand wie der Bär, den die Meute umstellt hat, und kämpfte verzweifelt; denn er sah wohl, daß dieses stundenlange Ringen ohne entscheidenden Schlag ihn zermürben mußte. Darum forderte er Hagen heraus: „Du scharfer Hagedorn, warum kitzelst du mich nur, statt zu stechen? Laß uns endlich näher aneinander kommen!" Damit warf er in wildem Anlauf den Speer gegen ihn, splitternd fuhr die Waffe in den Schild und zerschnitt die Brünne Hagens, aber sie streifte nur leicht sein Fleisch.

Aber nun stürmte Walther mit bloßem Schwert gegen den König, der sich dessen nicht versah, schlug ihm den Schild beiseite und durchschnitt ihm mit mächtigem Hieb Hüfte und Schenkel. Ächzend stürzte Gunther über den Schild vor die Füße Walthers, der schon das Schwert zum Todesstreiche hob — jedoch Hagen warf sich zwischen sie und fing den Hieb mit dem behelmten Haupte auf. Feuer stob aus dem steinharten Helmdach, es hielt stand, aber Walthers Klinge zerbrach; nach zwei Seiten sprangen die Teile, und er behielt nur den Griff in der Hand. Außer sich vor Wut schleuderte Walther das unnütze Stück von sich, blind in seiner Erregung streckte er die Hand zu weit vor —: das ersah Hagen und schlug sie ihm mit einem schnellen Schwertstreich ab. Doch Walther bezwang den Schmerz, ohne einen Augenblick zu wanken. Er schob den blutigen Armstumpf in den Schildgriff und riß mit der heilen Linken das krumme Hunnenschwert heraus, das ihm an der rechten Hüfte hing; mit einem wilden Hieb zerschlitzte er Hagens Gesicht, daß ihm das rechte Auge herausgerissen wurde und sechs Backenzähne aus dem Kiefer sprangen.

Damit war der Kampf zu Ende. Genug hatten die beiden Helden gestritten, jetzt senkten sie die Waffen, von Wunden und Durst ermattet. Mit einem Bein, einer Hand und einem Auge hatten Gunther, Walther und Hagen sich in den Kampfpreis geteilt. Gunther lag auf dem Boden, die beiden andern knieten neben ihm und suchten ihm mit Kräutern das Blut zu stillen. Walther rief nach Hildegund; sie kam aus dem Versteck und verband den Helden die Wunden.

„Und nun", sprach Walther, „schenke uns Wein ein, Hildegund! Wir haben einen Trunk wohl verdient! Den ersten Becher reiche Hagen, unserm Gast: er ist ein guter Recke, wenn er Treue hält. Den zweiten gib mir, denn ich hatte das Schwerste zu ertragen. Den dritten soll Gunther haben, er stritt unter uns Wilden allzu mattherzig." Als aber Hildegund Hagen den Becher bot, sprach er, sosehr ihn dürstete: „Nein, Walther soll als erster trinken, er ist tapferer als ich und jeder andere Held!"

Mit müdem Leib und starkem Herzen saßen die Versöhnten beieinander, Hagen der Dornige und Walther der Kühne, und würzten den Trank mit manchem guten Scherz. Hagen neckte Walther: „Nun jag dir einen Hirsch und mach dir aus dem Fell einen Handschuh: wenn du ihn gut mit Wolle ausstopfst, wird man ihn für eine echte Hand halten! Freilich, etwas seltsam wird es aussehen, wenn du das Schwert rechts hängen hast! Und gar: wenn du deine Hildegund ans Herz drücken willst, dann mußt du sie mit der Linken umarmen! Recht linkisch wird alles sein, was du tust!" Aber Walther antwortete ihm lachend: „Brüste dich nicht, scheeler Ohnzahn! Wenn du künftig deine Diener schiltst und deine Freunde grüßt, wird keiner wissen, wen du ansiehst! Eberbraten wirst du nicht mehr kauen können: laß dir einen Kinderbrei kochen von Mehl und Milch, der nährt und heilt zugleich!"

So erneuerten die zwei mit rauhem Scherz den alten Freundschaftsbund. Dann hoben sie den stöhnenden Gunther aufs Pferd, und Hagen führte ihn nach Worms. Walther aber zog mit Hildegund und seinen Schätzen in die Heimat, wo er fröhlich Hochzeit machte und nach dem Tode seines Vaters Alpher König wurde.

DIETRICH VON BERN

Dietrichs Riesenkämpfe

Über das gewaltige Reich der Ostgoten herrschten als Könige drei Brüder aus dem Amelungengeschlecht, das sich von Wolfdietrich herleitete. Jeder besaß seinen Teil für sich: Ermanrich hielt Hof in Romaburg, Dietmar in Verona, das die Goten Bern nannten, Dieter in Breisach.

Dietmars ältester Sohn war der Held Dietrich von Bern, der nachmals unter allen Königen und Helden am höchsten gepriesen wurde. Sein Vater setzte dem Knaben als Pfleger und Erzieher den starken und treuen Hildebrand, der sein ganzes Leben lang Dietrichs Waffenmeister und Berater blieb. Unter seiner Hand wuchs Dietrich zu einem herrlichen Jüngling heran, der aus scharfen blauen Augen wie ein Adler in die Welt sah.

Einst ritten die zwei in den Wald, um mit ihren Habichten und Hunden zu jagen; aber sie waren wohlgerüstet, denn sie ließen die Waffen nie von sich. Als Dietrich einen Hirsch verfolgte, sah er einen Zwerg vorbeilaufen. Sogleich warf er sein Roß herum, packte den Kleinen am Genick und hob ihn zu sich in den Sattel. Der Zwerg bat, ihn freizulassen: „Ich will mich damit lösen, daß ich dir einen großen Schatz zeige. Wohl wacht ein Riesenpaar darüber; Grim heißt der Mann, er hat Zwölfmännerstärke, und sein Weib Hilde ist noch stärker und wilder als er. Aber du kannst beider Herr werden, wenn du zuvor des Riesen Schwert Nagelring gewinnst, die gewaltige Waffe, die ich mit eigener Hand schmiedete. Größeren Ruhm wird es dir bringen, Riesen zu erschlagen und den Hort zu erbeuten, als wenn du mich Knirps umbringst." Dietrich antwortete: „So schwöre mir, heut noch Nagelring in meine Hand zu liefern und mich zu dem Schatz zu führen!" Als der Zwerg den Eid geleistet hatte, ließ Dietrich ihn frei und jagte mit seinem Meister weiter bis zum Abend. Da brachte ihm der Zwerg das Schwert und wies ihn zu einer Felskluft: „Dort wohnen die zwei, und dort liegt der Schatz! Nun nehmt allen euren Mut zusammen! Mich sollt ihr nicht wieder erwischen, und würde ich wer weiß wie alt!" Damit verschwand er vor ihren Augen. Dietrich und Hildebrand aber stiegen von den Rossen und banden sie an.

Jetzt zog Dietrich Nagelring aus der Scheide, und beide mußten gestehen, daß sie nie ein schöneres Schwert gesehen hatten. Dann banden sie die Helme fest, schnallten die Brünnen enger und drangen mit erhobenen Schilden in die Kluft, Dietrich als erster, Hildebrand dicht hinter ihm. Grim schrak empor und faßte in seine Waffenkiste, da merkte er, daß sein Schwert gestohlen war. Sofort riß er einen großen Feuerbrand vom Herde und sprang gegen Dietrich an zu wildem Kampf. Im gleichen Augenblick warf sich die Riesin auf Hildebrand, sie umklammerte ihn, daß er die Waffe nicht brauchen konnte, und warf ihn im Ringen zu Boden. So fest preßte sie seine Gelenke, daß ihm das Blut von den Nägeln sprang; so hart kniete sie auf seiner Brust, daß ihm der Atem zu vergehen drohte und er in höchster Not nach Dietrich rief. Der schlug eben dem Riesen das Haupt vom Rumpfe und sprang dem Meister zu Hilfe. Mit einem Streiche Nagelrings hieb er Hilde in zwei Stücke, aber die beiden Hälften fuhren flugs wieder zusammen; und so geschah es auch beim zweiten Male. Da rief Hildebrand ihm zu: „Tritt rasch zwischen die Hälften!" Das tat Dietrich beim dritten Streich, und endlich blieben sie geschieden. Aber der Kopf der Sterbenden rief ihm, ehe er erstarrte, noch zu: „Hätte Grim so fest auf dir gekniet wie ich auf dem Alten, ihr wäret nicht mit dem Leben davongekommen!" Die beiden fanden einen reichen Schatz von herrlichen Kleinoden, aber das schönste Stück daraus war ein Helm, der nach dem Riesenpaar Hildegrim genannt war; ihn erprobte Dietrich noch in manchem harten Kampf.

Kurze Zeit hatte der Held daheim gesessen, als er hörte, daß in dem Walde noch ein Riese aus Grims Sippe lebe, Sigenot mit Namen; sogleich beschloß er, auch ihn zu erschlagen. Hildebrand warnte seinen Herrn vor dem Abenteuer – denn Sigenot war Grim an Stärke und Wildheit weit überlegen und überdies mit einer Hornhaut gepanzert, die kein Schwert durchdrang –; und als Dietrich seine Warnung nicht achtete, wollte er ihn wenigstens auf der Fahrt begleiten.

Aber Dietrich sprach: „Allein will ich ihn bestehen, Mann gegen Mann! Warte meiner acht Tage in Bern; kehre ich dann nicht zurück, so suche und räche mich!“ Damit ritt er allein von dannen.

Er fand den Riesen im Dickicht schlafend, eine große Stahlstange neben sich; mit seinen ungefügen Gliedern lag er da wie ein Fels, und von seinem Atem bogen sich die Äste der Bäume. Aber auch diesen Unhold wollte der edle Dietrich nicht im Schlaf erschlagen, und er versetzte ihm, um ihn zu wecken, mit dem Fuß einen Stoß gegen die Brust. Im Nu sprang der Riese auf die Beine, starrte ihn wild aus feuerfarbenen Augen an und schrie, die Stange packend: „Dein Stoß wird dir nicht geschenkt!“ Als er gar den Hildegrim auf Dietrichs Haupt und den Nagelring in seiner Hand erblickte, erkannte er den Mörder seines Oheims und hieb sofort auf den Helden ein, der die Schläge der Stahlstange mit dem Schwert erwiderte. Doch bald mußte Dietrich merken, daß Nagelring nicht durch die Haut des Gegners schnitt; da sprang er, als der Riese zu einem ungeheuren Schlage ausholte, schnell zur Seite, daß jenem vom leeren Schwung die Stange aus der Hand und weit wegflog, und mit einem zweiten Sprunge brachte er sich zwischen den Riesen und seine Waffe, so daß der sie nicht wieder ergreifen konnte. Aber nun riß Sigenot Bäume aus der Erde, mit den Kronen peitschte er auf den Helden los, daß ihm fast die Sinne vergingen. Halbblind taumelte Dietrich zurück und rief dem Riesen zu: „Nimm lieber deine Stange wieder!“ Aber Sigenot lachte: „Die mag bleiben, wo sie ist!“ Im Übermut riß er immer größere Bäume aus, wenn Dietrich mit seinem Schwert einem die Äste abgeschlagen hatte; aber als er einmal hinlief, um einen neuen auszurupfen, ersah Dietrich die Gelegenheit und versprang ihm den Weg. Ungeheurer Zorn brannte im Blut des Helden, aus seinem Mund fuhr feuriger Atem, daß die Hornhaut des Riesen schmolz. Nun schlug Nagelring ihm schwere Wunden; blutüberronnen floh Sigenot. Er eilte tief in den Wald, wo er seinen Schild und andere Waffen bewahrte, und kehrte wohlgerüstet zurück.

Neuer Kampf erhob sich, daß von dem Getöse das Wild sich im Dickicht barg und die Vögel verstummten. Als aber Dietrich dem Riesen den Schild vom Arm gehauen hatte, unterlief ihn der Feind, sie rangen miteinander, und es gelang Sigenot, dem Helden das Schwert aus der Hand zu schlagen. Jetzt warf er sich mit seiner ganzen Schwere auf ihn, und obwohl Dietrich ihm in die Wunden griff und sie auseinanderriß, drückte er ihn endlich zu Boden und band ihm Hände und Füße mit festen Riemen. Triumphierend schleppte er den Gefangenen in seine Felsbehausung, er zog ihm die Rüstung ab und legte sie nebst Nagelring und Hildegrim in seine Kammer; dann warf er ihn in eine tiefe Höhle, aus der kein Entrinnen war, um ihn einem langsamen Tode auszuliefern. Höhnisch rief er in die Finsternis hinab: „Nun, wie gefällt es dir dort unten?“

Vergeblich wartete Hildebrand auf die Heimkehr seines Herrn. Am achten Tage machte er sich auf den Weg, ihn zu suchen. Im Wald sah er sein Roß einsam grasen, voll schwerer Sorge rief er laut Dietrichs Namen; das hörte der Riese, er stürzte herbei und schrie: „Du gehörst auch zu den Mördern, an denen ich Rache nehmen muß!“ Hildebrand entgegnete: „Froh bin ich, daß ich dich so rasch fand! Aber sag mir erst: lebt mein Herr noch?“ „Wenn er noch lebt“, sprach der Riese, „dann wird es nicht mehr lange sein! Und dir wird deine Freude auch bald vergehen!“ Damit fiel er ihn an, er schwang die Stange und Hildebrand das Schwert, schweißtriefend und blutgerötet kämpften sie stundenlang, aber Hildebrand konnte den Riesen nur verletzen, wenn er in eine seiner alten Wunden traf. Bald wurde ihm der Feind übermächtig, und er entging dem Todesstreich nur dadurch, daß er stets, wenn jener ausholte, hinter einen dicken Stamm sprang, um alsdann wieder hervorzubrechen.

Diese List verdroß den Riesen, er begann Bäume auszureißen und sie rings um seinen Gegner aufzuhäufen, daß dieser endlich von einem engen und hohen Wall umgeben war, den er nicht mehr verlassen, ja dessen Rand er nicht mehr mit dem Schwert erreichen konnte; der Riese aber schlug von oben auf ihn ein. Endlich entfiel Hildebrand das Schwert, und er sank zu Boden. Da griff der Riese über den Wall hinweg, packte ihn bei seinem langen Bart, hob ihn heraus und band ihn mit Riemen. Dann nahm er ihn wieder am Bart, schwang ihn über die Schulter und trug ihn nach Hause, und der Meister verwünschte seine Schmach. In der Kammer legte der Riese ihn nieder und ging, ein paar Eisenringe zu holen, um den Gefangenen noch härter zu fesseln.

Rings um sich sah Hildebrand die Waffen seines Herrn liegen; er begann vor Wut und Verzweiflung die Hände so stark zu winden, daß sie den Riemen entschlüpften. Rasch machte er sich ganz frei, legte Dietrichs Rüstung an und ergriff den Nagelring. Als der Riese die Kammer betrat, sprang er ihn mit dem Schwert an; seine Hiebe dröhnten so laut durchs Haus, daß Dietrich den Schall in seinem Verlies hörte und laut Hildebrands Namen schrie. Da ersah der Alte die rechte Stelle, wo die Hornhaut geöffnet lag, und stieß Sigenot den Stahl ins Herz. Dann ging er seinen Herrn suchen und fand ihn bald in der Höhle liegen. Aus Gewändern drehte er einen Strick und zog ihn mit Mühe empor. So vergalt er ihm den Dienst, den ihm Dietrich gegen Hilde geleistet hatte.

Voll Freude umarmten sich die zwei, und des Sieges froh ritten sie heim. Nur darüber war der Meister verdrossen, daß ihn der Riese am Bart gepackt und davongetragen hatte. „An meinem Bart hat er mich gezogen, als wäre ich ein Lump!“ brummte er. „Nun, vor ihm sind in Zukunft alle Bärte sicher! Aber hätte ich das geahnt, dann hätte ich mir in Bern den Bart scheren lassen! Ihr seid besser daran, Herr!“ Und damit blinzelte er Dietrich zu: denn der Meister hatte einen stolzen Bart, der war lang und kraus wie Hobelspäne; der Held von Bern aber war glatt ums Kinn, und es sproßte ihm auch im Alter nie ein Bart.

Die Riesenkämpfe machten Dietrich weithin bekannt; auch drei königliche Jungfrauen, die in einer Burg auf Jochgrim saßen, hörten von ihnen und rühmten seinen Mut und seine Stärke, als sie mit ihren Freiern zusammensaßen. Das waren drei Brüder aus Riesengeschlecht: Ecke, Fasonlt und Ebenrot; Ecke war der jüngste unter ihnen, aber auch der gewaltigste und kühnste, kein ungefüger Troll wie Grim oder Sigenot, sondern trotz seines Riesenwuchses ein wohlgebildeter ritterlicher Mann. Als er den Berner so hoch preisen hörte, rief er voll Unmut: „Sind wir denn gar nichts gegen Dietrich? Ich getraue mich wohl, ihn zu bestehen und gefangen hierher vor meine Königin zu bringen!“ Jungfrau Seeburg hörte das gern, mit eigenen Händen rüstete sie den riesigen Helden zur Ausfahrt, und als er im Glanze seiner Waffen vor ihr stand, sprach sie: „Nun fehlt dir nur noch ein Roß, das sollst du auch von mir empfangen!“ Aber Ecke antwortete: „Mich trägt kein Roß in der Welt; meine Füße sind schnell genug, mich über viele Meilen dahin zu führen, wo ich den Berner finde!“ Damit nahm er Abschied und eilte davon. Wie ein Leopard sprang er durch die Wälder; wenn die Baumkronen ihn streiften, klang sein Helm wie eine Glocke, der Schild an seinem Arm dröhnte, daß die Vögel erschreckt aufflatterten, und die wilden Tiere flohen vor ihm hinweg. Tag und Nacht lief Ecke, ohne zu ruhen, bis er nach Bern kam. Dort erfuhr er, daß Dietrich im Tiroler Gebirge sei; schnurstracks wandte er sich um und durchmaß weite Strecken, um des Gegners endlich habhaft zu werden. In einem Walde, da es schon gegen Abend ging, fand er einen verwundeten Ritter, der mit dem Tode kämpfte, und um ihn herum lagen drei andere erschlagen; breit und tief waren ihre Wunden, wie Ecke noch keine gesehen hatte, staunend maß er sie mit den Händen. „Wer schlug Euch so?“ fragte er den Sterbenden. „Das tat Dietrich von Bern, den wir angriffen“, antwortete der Ritter.

Heftiger als zuvor entbrannte Eckes Kampfgier, er stürmte weiter und traf auf Dietrich. Sogleich forderte er ihn zum Kampfe. „Ich schwur, dich meiner Braut nach Jochgrim zu bringen! Folgst du mir nicht freiwillig, dann zwinge ich dich mit Gewalt! Wenn du aber mich überwindest, so wird dir reiche Beute zuteil; denn ich trage das herrlichste Schwert der Welt, Eckesachs genannt: sieh, aus purem Gold ist der Knauf und Griff, sieh die zweischneidige Klinge aus Stahl: scheint nicht eine glitzernde Schlange vom Griff bis zur Spitze zu laufen? Keine Rüstung kann diesem Schwert widerstehen.“ „Warte bis morgen, dann sei der Streit ausgefochten“, antwortete Dietrich; „mit vier Rittern kämpfte ich heut bereits, und schon brach die Nacht herein — viel zu dunkel ist's zum Kampf.“ Aber Ecke wollte von Aufschub nichts wissen und drängte immer heftiger in den Helden; derweil ward es ganz finster. Endlich sagte Ecke: „Größer dachte ich mir den Mut des kühnen Berners; nun muß ich fürchten, daß du mir in der Nacht entläufst!“ Da rief Dietrich: „So mögen uns unsere Schwerter beim Kampf leuchten!“

Er sprang vom Roß und hieb mit Nagelring an einen Felsen, daß lichte Funken sprangen; bei ihrem Schein sah er einen Baum, an den er sein Pferd band; und Ecke schlug mit Eckesachs gleichfalls Funken, daß sie sich einander stellen konnten. Wie aber ihre Schwerter gegeneinander dröhnten, fuhren die Flammen aus Schild, Helm und Panzer, daß der ganze Wald erleuchtet war wie von Blitzen. Ein Stück nach dem andern hieben sie sich von den Rüstungen, bis es Dietrich endlich gelang, den Gegner mit einem Schlag niederzuwerfen. Sofort stürzte er sich auf ihn und drückte ihn fest auf den Boden. „Überliefere mir Rüstung und Schwert und gib dich in meine Hand“, sprach er zu ihm, „so sollst du dein Leben behalten und mein Mann werden!“ Aber Ecke wehrte sich verzweifelt, er griff in Dietrichs Wunden und zerrte sie auseinander, daß der Held vor Schmerz zu vergehen meinte. Alle Kräfte zusammenraffend, brach er dem unter ihm Liegenden den Helm herab und schlug ihn mit dem Schwertknauf auf den Kopf, daß Eckes Widerstand erlahmte. Zum letztenmal bot ihm Dietrich Frieden. „Ich dürste nicht nach deinem Blut, aber wenn du dich jetzt nicht ergibst, mußt du sterben!“ Statt aller Antwort zeigte der halb betäubte Ecke mit dem Finger auf die Fuge in seinem Panzer, trotzig den Todesstreich herausfordernd; da zögerte Dietrich nicht länger und stieß ihm durch die Fuge den Stahl ins Herz.

Im Frühlicht bedeckte Dietrich die Leiche mit Zweigen voll grünen Laubes; es war ihm leid um den kühnen jungen Riesen, der wie ein Held gestritten hatte. Dann ritt er davon, erst nach Jochgrim, wo er der Königin Seeburg die Kunde von Eckes Tod über die Mauer rief, und von dort nach Bern. Den Eckesachs aber trug er mit sich und führte ihn später statt Nagelrings.

Dietrichs Schwertgenossen

Viele edle Helden dienten am Hofe zu Bern, landsässig und dem Amelungengeschlecht durch lange Treue verbunden; unter ihnen waren die vorzüglichsten die Wölflinge, zu denen Hildebrand gehörte und Helferich, Siegstab und der ungestüme Wolfhart. Aber Dietrichs Ruhm, durch viele Kämpfe mit Riesen und Rittern früh bewährt, lockte bald auch fremde Recken aus der Ferne herbei. Als erster kam Heime, des Studas Sohn. Sein Vater war ein mächtiger Bauer und Rossezüchter im Schwabenland. Er ließ seine Pferde frei im Walde grasen, und ein Rudel war das beste: darin gingen nur einfarbige graue, falbe oder schwarze Tiere, groß und schön gebaut, schnell wie Vögel im Flug, feurig und doch leicht zu zähmen; und Studas war ein Meister darin, sie zuzureiten.

Da der Vater schon alterte, hätte Heime hier ein gutes und sicheres Erbe zu erwarten gehabt; aber es trieb ihn hinaus vom väterlichen Hof. Er sah nicht eben adelig aus mit seinem untersetzten, vierschrötigen Wuchs, dem breiten Gesicht, dem dicken Hals und dem zottigen dunklen Bart; doch er war stark und wohlerfahren im Rossetummeln und Waffenspiel. Immer wollte er der erste sein, darum hatte er oft Händel, und bald fürchtete man ihn, denn er war leicht zornig und im Zorn böse. Studas hatte ihn mit dem vortrefflichen grauen Roß Rispe aus seinem Gestüt und mit einem guten Schwert ausgestattet; jetzt beschloß er, aus dem heimatlichen Wald fortzureiten nach Bern und Dietrich selbst zum Zweikampf herauszufordern. Studas warnte ihn: „Mit Dietrich kannst du dich nicht vergleichen, such dir einen andern aus! Man muß maßhalten können, Übermut tut selten gut!“ Aber Heime antwortete dem Vater: „Ich will nicht hier versauern, sondern es in der Welt weiterbringen als du!“ und ritt wütend hinweg.

Als er in Bern anlangte, stieg er vom Pferde und ging in die Königshalle, geradeswegs vor den Hochsitz. Keck redete er Dietrich an: „Ich hörte viel von dir erzählen und ritt her, dich kennenzulernen. Nun magst du deine Stärke an mir erproben! Komm hinaus aufs Kampffeld, da wollen wir sehen, wer die Waffen des andern erbeutet!“ Über diese dreiste Rede war Dietrich sehr ungehalten, so hatte in seiner Burg noch keiner mit ihm zu sprechen gewagt. Sofort sprang er auf und rief nach seinen Waffen, um den Herausforderer zu strafen. Heime hielt sich im Kampf zu Pferde sehr gut, zweimal ritten die Gegner widereinander, ohne sich Schaden zu tun, und als beiden beim dritten Ritt die Speere brachen, hatte Heime nur eine leichte Verwundung davongetragen. Auch im Schwertkampf stand er seinen Mann, doch bei einem gewaltigen Schlag auf Hildegrim sprang ihm sein Schwert in Stücke. So ward er waffenlos und gab sich in Dietrichs Hand; der aber schonte ihn und nahm ihn als Gefolgsmann auf. Zum Dank ließ ihm Heime aus seines Vaters Gestüt einen edlen falben Hengst namens Falke holen; Dietrich aber schenkte ihm dafür, da er jetzt den Eckesachs trug, sein Schwert Nagelring.

Als zweiter Held kam nach Bern Wittich, der Sohn des berühmten Schmieds Wieland, dessen Ahnfrau eine Meerminne gewesen war. Wittich war ein kühner Jüngling von gewaltigem Wuchs und ritterlichem Sinn, seine Faust verlangte nicht nach Hammer und Zange, sondern nach Spieß und Schwert. Der Vater selbst schmiedete ihm Rüstung und Gewaffen; Brünne und Schild schimmerten silberweiß, den Helm von härtestem Stahl krönte eine goldene Schlange, aber das köstlichste Kleinod war das Schwert Mimung, das beste, das je aus Wielands Hand kam. Nicht gern ließ Wieland den Sohn ziehen, der mit Dietrich Mann gegen Mann zu fechten begehrte; aber als er seinen Willen unbeugsam fand, schenkte er ihm zu der Fahrt den Hengst Schimming, einen Bruder von Rispe und Falke, und als er sah, wie Wittich in voller Rüstung mit allen Waffen in den Sattel sprang, den Steigbügel verschmähend, lachte er vor Vaterstolz und wünschte ihm gute Reise.

Unterwegs begegnete Wittich Hildebrand und Heime, die einen Gast zu Dietrich geleiteten, und ritt mit den dreien weiter. Er erzählte sein Vorhaben, und als Hildebrand den gewaltigen Wuchs des Rekken und seine herrlichen Waffen, vor allem aber den Mimung sah, dünkte es ihn, sein Herr werde keinen leichten Stand haben. Nach einer Weile kamen sie an eine Wegscheide, und Hildebrand sprach: „Von hier führen zwei Wege nach Bern, ein weiter und ein kürzerer. Aber auf dem kürzeren müssen wir über eine Brücke, und sie wird gesperrt durch ein Kastell, in dem zwölf wilde Räuber wohnen. Sie fordern von jedem, der hinüber will, unerbittlich harten Zoll, und es ist nicht sicher, daß sie ihm das Leben lassen. Vergebens versuchten wir ihnen das Handwerk zu legen und das Kastell zu zerstören. Darum ist es besser, wir wählen den weiteren Weg.“ Aber Wittich entgegnete: „Nein, wir wollen es mit dem kürzeren versuchen, wir werden es schon schaffen!“ Und als sie auf dem kürzeren Wege von fern das Kastell liegen sahen, sprach er: „Nun laßt mich voraufreiten! Ich will mit ihnen wegen des Brückenzolls reden!“ Damit sprengte er voran, und die drei andern ritten ihm langsam nach.

Von der Mauer aus sahen die zwölf Räuber Wittich heranreiten, und er schien ihnen höchst verwegen. „Der Mann hat einen guten Schild“, sprach der erste, „der soll mein sein!“ Da sprach der zweite: „So nehme ich sein Schwert!“ Der dritte: „Ich die Brünne!“ Der vierte: „Ich den Helm!“ Der fünfte: „Ich sein Roß!“ Der sechste: „Ich sein Gewand!“ Der siebente: „Ich seine Beinschienen!“ Der achte: „Ich alles Geld, das er in seinen Taschen trägt“! Nun war die Habe verteilt; da sprach der neunte: „So nehme ich seine rechte Hand!“ Der zehnte: „Ich den rechten Fuß!“ Der elfte: „Und ich seinen Kopf!“ Der zwölfte aber, der als einziger leer ausgehen sollte, sprach: „Lassen wir ihm den Kopf! Mag er zusehen, wie er nackt und verstümmelt fortkriecht!“ Damit waren alle einverstanden, und drei von ihnen ritten aus dem Tor, die Helden zu empfangen.

Wittich bot ihnen ein Willkommen, aber sie riefen ihm zu: „Spar den Gruß und gib uns deine Waffen, deine Kleider, dein Roß, dein Geld, dazu die rechte Hand und den rechten Fuß!“ „Geschenkt bekommt ihr's nicht“, entgegnete Wittich, „denn ihr verlangt etwas zuviel. Ruft mir euren Hauptmann!“ Nun kam auch der Hauptmann mit den andern heraus. Sie wechselten Reden hin und her, aber als auch der Hauptmann die gleiche Forderung stellte, sagte Wittich kurz: „Nicht einen Pfennig sollt ihr haben!“ Da schrie der Hauptmann: „Sind wir alte Weiber, daß wir so lange schwatzen und sind doch zwölf gegen einen? Auf ihn, Gesellen!“ Damit sprengte er Wittich an, doch es bekam ihm übel, denn im Augenblick riß der Held Mimung aus der Scheide und schnitt den Hauptmann mittendurch. Nun fielen alle über ihn her, aber er hielt stand und tötete von den elfen noch sechs hintereinander.

Inzwischen waren seine drei Begleiter herangekommen, und Hildebrand sprach: „Er ist schon mitten im Kampf, wir müssen hin, ihm zu helfen!“ „Lassen wir uns Zeit“, sagte Heime, „wenn sie ihn totschlagen, werden wir in Bern keinen Ärger mit ihm haben!“ „Pfui“, sprach da Hildebrand, „wir sind Männer und keine Schurken!“ Er spornte sein Roß und der Gast gleichfalls, so mußte auch Heime mit. Als Wittich die Helfer erblickte, sprang er vor das Tor, den Räubern den Rückweg verlegend; da gab es für sie keine Rettung mehr als hinunter in den Fluß: so entkamen die fünf noch übrigen Mordgesellen. Die Recken aber gingen ins Kastell und blieben da die Nacht.

Hildebrand erkannte wohl, daß Dietrich an Wittich seinen Meister finden würde, und sann darauf, wie er beiden zugleich dienen könne, seinem Herrn und dem fremden Helden, dessen Kühnheit und Kraft er bewunderte. Darum bot er zunächst Wittich Blutsbrüderschaft an und schloß mit ihm den Freundschaftsbund. Als Wittich aber schlief, nahm er ihm den Mimung von der Seite, schraubte Griff und Knauf ab und setzte sie auf eine andere Klinge; dieses Schwert legte er an Mimungs Stelle neben den Schlafenden, ohne daß dieser es gewahr ward. Am nächsten Morgen, ehe sie weiterritten, brannten sie das Räubernest nieder, damit niemand mehr an dieser Stelle schändlichen Zoll erheben könne, und als sie unterwegs auf die fünf entronnenen Räuber stießen, schlugen sie sie tot.

Tags darauf ritten sie in die Burg von Bern ein, und Dietrich kam vor die Tür, den geladenen Gast und seine zwei Genossen zu begrüßen; den Fremden aber, den er nicht kannte, übersah er. Da zog Wittich seinen Handschuh aus Silberplatten ab und reichte ihn Dietrich. Der fragte verwundert: „Was soll mir das?" Wittich antwortete: „Damit fordere ich dich zum Zweikampf! Ich will erproben, ob du wirklich ein so gewaltiger Kämpe bist, wie man überall sagen hört." Voll Zorn antwortete Dietrich: „Frieden will ich haben in meinem und meines Vaters Land! Was soll das heißen, daß jeder hergelaufene Strolch mich zum Zweikampf herausfordert!" „So sollst du nicht sprechen", mahnte ihn Hildebrand, „du kennst den Helden noch nicht!" Dem Warner schnitt ein Höfling das Wort ab, der zum König sprach: „Ganz recht hast du, Herr! Da könnte schließlich jeder Knecht dich fordern!" Aber Hildebrand rief: „Meinen Blutsbruder sollst du nicht zum zweitenmal schmähen!" und schlug dem Höfling ins Gesicht, daß er ohnmächtig zu Boden fiel. Dietrich blickte Hildebrand finster an und sprach: „Stehst du meinem Feinde bei? Nun, er wird deine Hilfe bald nötig haben, denn heute noch soll er hängen!" „Besiege ihn erst", entgegnete Hildebrand, „dann magst du mit ihm verfahren, wie du willst!"

Eilig waffnete sich Dietrich und ritt auf Falke hinaus vor die Stadt; dort erwartete ihn Wittich bereits, in seiner silberweißen Rüstung auf Schimming anzusehen wie ein Fürst. Mit einer Schale voll Wein trat Heime an Dietrich heran: „Trinke, Herr, Heil dir und Sieg, heut wie immer!" – und Dietrich trank. Nun reichte Hildebrand Wittich auch eine Schale; der sagte: „Gib sie erst Dietrich und bitte ihn, mir zuzutrinken!" Zornig wies Dietrich die Schale von sich, da wandte sich Hildebrand um und bot sie Wittich mit den Worten: „Kämpfe wie ein Held, und Heil sei mit dir!" Wittich trank und gab ihm die Schale zurück, zugleich mit einem Goldring: „Dank dir, mein Bruder!" Dann rief er Dietrich zu: „Bist du bereit?" „Ich komme schon!" rief Dietrich zurück, und sie brausten aufeinander zu wie Raubvögel. Dietrichs Lanze glitt ab von Wittichs Schild und blieb heil in seiner Hand, während sein Roß vorbeischoß; Wittichs Lanze aber fuhr tief in den Schildbuckel Dietrichs und zersplitterte. „Wende dein Roß und reite noch einmal gegen mich, ich werde dir stillhalten", rief Wittich; „du sollst deine Lanze auch verlieren!" Dietrich rannte zum zweitenmal gegen ihn und zielte gerade auf seine Brust, aber Wittich hatte blitzschnell sein Schwert gezogen und schlug auf den Speerschaft so heftig, daß er zerbrach.

Nun verließen sie die Sättel und gingen mit den Schwertern aufeinander los; viele starke Hiebe wechselten sie, bis Wittich den Kampf mit einem Streich zu beenden dachte: mit ungeheurer Wucht ließ er sein Schwert auf Hildegrim niedersausen, da zersprang es in zwei Stücke. Wittich aber rief: „Die Hölle verschlinge dich, Vater Wieland, für deine Pfuscharbeit! Hättest du mir ein besseres Schwert gegeben, dann käme ich nicht in Schande!" Mit beiden Händen hob Dietrich seine gute Klinge, um dem Feinde den Todesstreich zu versetzen: aber jetzt sprang Hildebrand zwischen die beiden und rief: „Gib Wittich Frieden und mach ihn zu deinem Genossen – davon wirst du Ehre haben!" „Heut noch soll er hängen!" erwiderte Dietrich voll Zorn; „ich will nicht länger dulden, daß mich jeder hergelaufene Kerl herausfordert! Aus dem Weg, sonst schlage ich dich zuerst nieder, ehe ich ihm den Garaus mache!"

„Dir ist nicht zu helfen", antwortete Hildebrand, „so mag denn das Kind seinen Willen haben!" Damit zog er Mimung aus der Scheide und reichte ihn Wittich: „Nun sei ehrliches Spiel, Blutsbruder! Nimm hier dein Schwert Mimung! Ich kann dir nicht mehr helfen, nun hilf dir selbst!" Vor Freude laut auflachend, küßte Wittich die blanke Klinge und rief: „Verzeih mir, mein Vater, daß ich dich schalt! Nun, Dietrich, heran, ich lechze nach Kampf mit dir wie ein Verdurstender nach einem Tropfen Wasser!" Und schon traf er Dietrich Streich um Streich, mit jedem schälte er ihm ein Stück von der Rüstung; nur noch sich zu decken war Dietrichs Bemühen, und doch blutete er bereits aus fünf Wunden. Unentrinnbar stand ihm die Niederlage vor Augen, da rief er Hildebrand an, den Kampf zu scheiden. Aber Hildebrand sprach: „Vorher wollte ich's tun, aber du nahmst keinen Rat an, obwohl du Ehre davon gehabt hättest! Jetzt beende den Kampf allein, so gut du kannst! Ich trete nur dazwischen, wenn du dich in Wittichs Hand gibst, wie er vorher in deiner war."

König Dietmar sah mit steigender Besorgnis die Not seines Sohnes, mit seinem roten Schild sprang er zwischen die Kämpfer. „Willst du mir Gewalt antun, König, und mir mit Übermacht den Sieg nehmen?“ fragte Wittich finster; „das wäre eine Schande, und die Rache würde nicht ausbleiben!“ „Nur in Güte will ich's versuchen“, antwortete Dietmar, „und biete dir reiche Gabe an Land und Leuten, wenn du von meinem Sohn abläßt!“ Aber Wittich schüttelte den Kopf, und Dietmar trat seufzend zurück. Von neuem begann der Kampf, und zuletzt schlug Wittich einen Streich durch den Helm Hildegrim, daß mit der Helmzier zugleich die Haare von Dietrichs Scheitel wegflogen.

Nun, als er den köstlichen Helm zerbrochen sah, sprang Hildebrand zwischen die Kämpfer und bat Wittich: „Jetzt, Blutsbruder, gib Dietrich Frieden und sei sein Genosse! In der ganzen Welt gibt's keine zwei Helden, die sich mit euch vergleichen könnten!“ Wittich erwiderte: „Er hat es nicht um mich verdient; aber um unserer Brüderschaft willen tu ich nach deinem Wunsch.“ Sie legten die Waffen ab und reichten sich die Hände; seit dieser Stunde waren sie Schwertgenossen. Eine harte Lehre war dieser Kampf für den jungen Dietrich gewesen, aber Hildebrand hatte wohl gewußt, warum er sie ihm nicht ersparte: denn nachmals wurde Dietrich der großmütigste aller kühnen Helden.

Freundlicher als Heime und Wittich nahte sich Dietrich ein dritter Recke, Dietleib der Däne. Er hatte seine Jugend am Herd seines Vaters Biterolf verlegen als ein unnützer Aschenpuster, bis er mit einem Male seine gewaltigen Glieder streckte, ritterliches Gewand und Waffen nahm und sich schnell als ein kampffreudiger und starker Held erwies. Er hörte Dietrich preisen, als dieser gerade zu einem Hofgelage bei seinem Oheim Ermanrich geladen war, und traf ihn auf dem Wege nach Romaburg. Unter einem falschen Namen bot er ihm seine Dienste an, und Dietrich nahm ihn mit sich als Hüter der Rosse, Waffen und Kleider.

Als sie am Hofe eintrafen, erhielt Dietrich mit seinen Genossen Wohnung in der königlichen Burg; Dietleib aber mußte um seines Amtes willen mit geringerer Herberge bei den Marställen vorliebnehmen, wo auch die Knechte hausten. Das verdroß ihn, und so beschloß er, auch zum Speisen nicht in die Halle zu gehen, sondern sich's in seiner Herberge wohlsein zu lassen. Er hatte genug des Geldes bei sich; dreißig Mark Gold hatte seine Mutter ihm mitgegeben, davon kaufte er auf dem Markt nach Herzenslust ein und hielt für Knappen und Knechte drei Tage lang offene Tafel, die köstlicher gedeckt war als die des Königs. Als sein Geld aber verzehrt war, versetzte er Heimes Hengst Rispe, sein Schwert Nagelring und alle seine übrigen Waffen für zehn Mark Gold; das reichte wieder für einen Tag. Dann nahm er Wittichs Schimming, den Mimung und seine übrigen Waffen und lieh darauf zwanzig Mark. Als auch die nach zwei Tagen verzehrt waren, kam Dietrichs Roß Falke samt Eckesachs, Hildegrim und der gesamten Rüstung an die Reihe; dafür löste er dreißig Mark, die nochmals für drei Tage reichten. Nichts war ihm zu teuer, den Wein ließ er stromweis in tausend Gurgeln fließen, Gaukler und Spielleute hatten gute Tage, und Isung, dem besten Spielmann, gab er nicht nur den eigenen Ring, den er von seiner Mutter hatte, sondern auch Dietrichs bestes Gewand, ein Staatskleid aus Purpur mit breitem Goldsaum.

Nachdem die neun Tages des Hoffestes verrauscht waren, wollte Dietrich heimreiten und befahl Dietleib, alles zum Aufbruch zu rüsten. „Zu deinen Diensten, Herr", sagte Dietleib; „aber zuerst wirst du wohl die Zeche bezahlen wollen, die ich mit meinen Gesellen gemacht habe; denn wir mußten ja auch leben, während ihr an des Königs Tafel speistet." „Gewiß will ich das bezahlen", antwortete Dietrich; „sag nur, wieviel es ausmacht." Dietleib erwiderte: „Zuerst hab ich mein eignes Geld verbraucht, das waren dreißig Mark Gold; die brauchst du nicht zu bezahlen, wenn du nicht willst. Aber dann hab ich noch sechzig Mark ausgegeben, und die wirst du wohl bezahlen müssen: denn dafür hab ich Heimes und Wittichs und deinen eignen Hengst verpfändet und eure ganzen Waffen dazu." Darauf sprach Heime: „Da haben wir uns ja einen nützlichen Dienstmann ausgesucht; der Kerl hat wohl den Teufel im Leibe!" Aber Dietrich sagte zu Dietleib nur: „Komm mit zum König!"

Sie gingen an den Hof, und Dietrich sprach: „Oheim, möchtest du wohl die Zeche bezahlen, die meine Dienstleute während des Festes gemacht haben?" „Gern", sagte Ermanrich, „rufe nur meinen Schatzmeister! Wieviel macht es denn?" „Danach mußt du den jungen Mann hier fragen!" antwortete Dietrich, und Ermanrich wandte sich an Dietleib: „Also kurz, wieviel habt ihr verzehrt?" „Nicht so sehr viel", entgegnete Dietleib; „erst meine eignen dreißig Mark, die magst du mir wiedergeben oder nicht; aber für die übrigen sechzig Mark, die ich verbrauchte, hab ich Waffen und Rosse meines Herrn und seiner Genossen versetzt, und so müssen sie wohl bezahlt werden!" Aufgebracht rief der König: „Wie kommst du dazu, das Geld so hinauszuwerfen? Bist du ein großer Herr oder ein vollständiger Narr?" Aber Dietleib erwiderte, ohne sich aus der Ruhe bringen zu lassen: „Wenn ich sonst zu vornehmen Leuten kam, ließ man mich nicht so lange nüchtern reden, sondern lud mich vorher zu Speise und Trank!“ „Setz dich hin!“ sagte Ermanrich und hieß ihm auftischen. Dietleib aß für drei, und eine Weinschale, so groß, daß sie der Diener nur mit Mühe schleppen konnte, leerte er auf einen Zug.

Die andern schauten mit Verwunderung zu, wie er einhieb; aber Walther vom Wasgenstein, Ermanrichs Neffe, sprach: „Kannst du eigentlich noch etwas anderes als Fressen, Saufen und Geld vertun? Verstehst du dich aufs Speerschießen und Steinwerfen?“ „O ja“, antwortete Dietleib, „ich getrau mich wohl, es darin mit einem von euch aufzunehmen.“ Da sprach Walther: „Dann sollst du's gleich mit mir versuchen und dein Haupt gegen meins setzen! Ich will dir ein für allemal die Unverschämtheit austreiben, du wirst nicht wieder Feste feiern, die doppelt so teuer sind wie die des Königs selbst!“ „Machen wir das Spiel!“ antwortete Dietleib, „mehr als den Kopf kann es ja nicht kosten.“

Sie zogen vors Tor, dort lag ein Stein, der war wohl sechs Zentner schwer. Walther nahm ihn zuerst und warf ihn zehn Fuß weit, darauf warf ihn Dietleib elf; und als Walther, alle Kraft aufbietend, ihn dreizehn Fuß weit schleuderte, erreichte Dietleib achtzehn. Da mußte Walther dieses Spiel verlorengeben. Nun nahmen sie eine schwere Bannerstange, die schoß Walther über die ganze Halle hinweg, und das schien allen ein wunderstarker Schuß. Aber Dietleib warf die Stange zurück, lief, während sie übers Dach flog, durch die ganze Halle und fing den Speer auf der andern Seite mit der Hand auf: so hatte er auch das zweite Spiel gewonnen und damit Walthers Haupt. König Ermanrich aber sprach zu ihm: „Guter Degen, laß mich das Haupt meines Neffen auslösen und bestimme selbst den Preis!“ Dietleib antwortete: „Was soll ich mit seinem Kopf? Den schenke ich dir! Aber die Zeche, die ich gemacht habe, die mußt du bezahlen, damit mein Herr und seine Genossen ihre Pferde und Waffen wiederkriegen.“ „Das tu ich gern!“ sprach Ermanrich, „hab Dank und laß mich's dir lohnen!“ Darauf bezahlte der König die sechzig Mark für die Pfänder und gab Dietleib die eignen dreißig obendrein zurück; überdies schenkte er ihm eine kostbare Rüstung.

Jetzt nannte Dietleib seinen Namen, und mit Freuden nahm ihn Dietrich unter seine Schwertbrüder auf.

Zwergkönig Laurin

Als einst Wittich vor Hildebrand den Helden Dietrich wegen der Vielfältigkeit seiner kühnen Abenteuer pries, sagte der Meister: „Ja, viele Kämpfe hat mein Herr durchfochten, er hat Helden und Riesen besiegt, aber noch nie wagte er sich in das Reich der starken Zwerge!" Das hörte Dietrich, der gerade zu ihnen trat; er bat um nähere Kunde, und der Alte erzählte ihm: „In den Tiroler Bergen herrscht der Zwergkönig Laurin. Er besitzt in der Wildnis einen Rosengarten, den nur ein seidener Faden umhegt. Aber noch jedem, der diesen Faden zerriß und den Garten betrat, hat er als Buße den rechten Fuß und die linke Hand genommen; denn er ist so stark, daß ihm bisher kein Held widerstehen konnte." Als Dietrich das vernahm, beschloß er, auf der Stelle die Kraft des Zwerges zu erproben.

Von Wittich begleitet, ritt er durch Wald und Berge, bis sie mitten zwischen wilden Felszacken den Garten fanden; hinter der zarten Wehr des seidenen Fadens prangten die schönsten Rosen, herrlich wie Juwelen. Dietrich freute sich der Blüten und des Duftes, aber Wittich zerriß den Faden, schlug voll Übermut die schönsten Blumen ab und stampfte manchen Strauch in den Boden.

Da sahen sie einen winzigen Mann zornig herbeireiten: er führte in der Faust einen goldumwundenen Speer mit einem seidenen Banner, auf dem ein jagendes Rüdenpaar abgebildet war; sein geflecktes Roß, nicht größer als ein Reh, trug goldene Decke, goldenen Zaum und einen Sattel von Elfenbein, mit funkelnden Rubinen besetzt. Um die goldene Brünne, in Drachenblut gehärtet, hatte er einen seidenen Gürtel geschlungen, der ihm Zwölfmännerkraft verlieh; an der Seite hing sein Schwert, winzig, aber haarscharf, mit einem Diamanten geschmückt; sein goldener Schild zeigte als Wappen einen Leoparden, und sein Haupt zierte ein juwelenbesetzter Helm mit einer goldenen Krone, darüber sangen künstlich geschmiedete Vögel, als seien sie lebendig. Zauberhaft lieblich dünkte sein Anblick die Helden, aber sein Gruß klang rauh.

„Was habt ihr bösen Narren hier zu suchen?" rief er ihnen zu; „warum zertratet ihr meine Rosen? Das soll mir jeder von euch büßen mit dem rechten Fuß und der linken Hand!" Mit Ruhe antwortete ihm Dietrich: „Sprich nicht so zornig, kleiner Mann! Edle Fürsten, die Gold besitzen, pfändet man nicht an Füßen und Händen!" Aber der Zwerg erwiderte mit Stolz: „Gold habe ich mehr als drei von euch! Fürsten wollt ihr sein und handelt so unedel, daß ihr in meinen Garten einbrecht! Nie tat ich euch etwas zuleide; hättet ihr aber eine

Klage gegen mich gehabt, so mußtet ihr mir Fehde ansagen – das wäre Fürstenart gewesen." Hitzig fuhr Wittich darein: „Das laßt Ihr Euch von dem kleinen Kerl sagen, Herr? Ich nähme ihn für seine Frechheit am liebsten bei den Beinen und schlüge ihn an die Felswand!" Dietrich wies ihn mit Ernst zurecht: „Ein gutes Wort heißt: Sei kühn, aber nicht allzu kühn! Wegen eines raschen Worts soll man sich nicht hinreißen lassen, sondern erst, wenn es not ist, seine Kraft zeigen." Aber Wittich schalt weiter: „Man rühmt Euch wegen Eurer Tapferkeit. Aber vor Euch braucht wahrlich keine Maus mehr Angst zu haben, wenn Ihr Euch vor diesem kleinen Ding da fürchtet, das auf einem Pferd wie auf einer Geiß reitet!"

Da sprach Laurin: „Ihr seid ja ein wahrer Teufel, Herr! Gürtet Euer Roß und kommt nur als erster heran, wir wollen eine Lanze brechen, daß ein Kaiser seine Freude daran hätte!" Wittich zog Schimming Gurt und Riemen zurecht, dann stoben die Kämpfer aufeinander los wie ein mächtiger Habicht und ein schmächtiger Falke; aber im ersten Lauf stach Laurin den Gegner, dessen Lanze ihn verfehlte, vom Roß und sprang sogleich zu Boden, um dem Hingestreckten den rechten Fuß und die linke Hand zu nehmen. Blitzschnell sprang Dietrich hinzu und schwang sein Schwert über den Freund: „Halt, Laurin! Meinen Gesellen wirst du nicht antasten – das soll niemand dem Berner nachsagen, daß er den Freund im Stiche ließ!" „Bist du der Berner?" gab der Zwerg spöttisch zurück; „von dir hörte ich schon viel, und es freut mich, daß du herkamst! Nun sollst auch du mir das Pfand geben für den erbrochenen Garten und die zerstörten Rosen!"

Ohne ein Wort zu erwidern, sprang der Held in den Sattel und faßte den Speer fest. Da kamen im Galopp Hildebrand, Wolfhart und Dietleib angesprengt; die Sorge um den Herrn hatte dem treuen Meister keine Ruhe gelassen, und er hatte sich die zwei kühnen Helden erlesen, um mit ihnen Dietrich nachzureiten. Schon von weitem begann er zu rufen: „Dietrich, lieber Herr, halt ein, so bezwingst du den Zwerg nie – seine Waffen sind zu gut!" Und atemlos fuhr er fort, als er bei dem Herrn hielt: „Hier hilft nur eins: schlag ihm den Knauf deines Schwerts um die Ohren und betäube ihn!" Dietrich tat nach dem Rat; er sprang vom Pferde, und der Zwerg folgte ritterlich seinem Beispiel, er lief Dietrich sofort an und schlug ihm mit einem Streich seines zierlichen Schwerts den Schild beiseite. Darüber geriet Dietrich in Wut, er packte sein Schwert bei der Klinge und hämmerte dem Zwerg mit dem schweren Knauf so grimmig wieder und wieder auf den Goldhelm, daß er taumelte und nicht mehr wußte, wo er war.

In seiner Not griff Laurin in die Tasche und zog eine Tarnkappe heraus, so daß er unsichtbar wurde. Nun schlug er Hieb auf Hieb gegen Dietrich; der schwang sein Schwert so wild, daß es den Fels spaltete, aber Laurin traf er nicht. „Such ihn zu packen und reiß ihm die Tarnkappe ab!" rief Hildebrand ihm zu, und Dietrich warf das Schwert weg. Sein Glück wollte, daß er Laurin packte und ihm die Kappe vom Kopf schlug, aber Laurin umfaßte seine Knie so kräftig, daß sie beide zugleich ins Gras fielen. „Nun zerreiß ihm den Gürtel, der ihm die Kraft gibt!" rief Hildebrand abermals. Da faßte Dietrich mit aller Kraft zu, hob den Zwerg am Gürtel hoch und stieß ihn so hart auf die Erde, daß das Band zerbrach. Schleunigst nahm der Meister den Gürtel auf; Laurin aber stöhnte unter den Fäusten Dietrichs, der ihn am Boden hielt, und bat flehentlich um sein Leben. Als er jedoch bei dem Berner keine Gnade fand, rief er Dietleib an: „Hilf mir, edler Dietleib, deine Schwester ist in meiner Gewalt!"

Auf geheimnisvolle Weise war Dietleibs Schwester Künhild vor drei Tagen verschwunden, keiner wußte, wohin. Als nun Dietleib hörte, daß Laurin sie entführt habe, bat er Dietrich, ihm den Zwerg zu lassen. „Nein", rief Dietrich, „allzuviel Not hat er mir gemacht, jetzt geht's ihm ans Leben!" Das aber wollte Dietleib nicht dulden. Er sprang auf sein Roß und sprengte auf Dietrich zu, unter den Händen riß er ihm den Zwerg weg, hob ihn auf seinen Sattel und führte ihn im Galopp über die Heide davon. Rasend vor Zorn jagte ihm Dietrich auf Falke nach, und Hildebrand, Wittich und Wolfhart setzten hinterdrein.

Dietleib verbarg den Zwerg in einem Gebüsch, dann wendete er das Roß und ritt Dietrich entgegen, ihn nochmals ehrerbietig um den Gefangenen bittend. Statt aller Antwort legte Dietrich die Lanze ein; so blieb Dietleib nichts übrig, als ihm Trotz zu bieten. Sie rannten gegeneinander, daß ihnen beiden die Speere brachen. Dann sprangen sie hinab auf den Anger und stritten wild mit den Schwertern, sie stampften den Boden so heftig, daß ihnen die Füße bis zu den Sporen einsanken, und der Schall ihrer starken Schläge hallte wohl eine halbe Meile weit.

Als es Dietleib gelang, Dietrich den Schild vom Arm zu hauen, rief Hildebrand: „Jetzt, Wittich und Wolfhart, müssen wir den Kampf scheiden – lauft Dietleib an, ich halte inzwischen meinen Herrn!" Obwohl er sich grimmig wehrte, warfen die zwei Dietleib zur Erde und stießen ihm das Schwert in die Scheide; Hildebrand aber umklammerte seinen Herrn von hinten und zwang ihn, gleichfalls das Schwert einzustecken. So wurde Friede geschlossen; dessen sollte auch der Zwerg teilhaftig sein; Dietleib holte ihn herbei. Noch sahen Dietrich und Wittich den Kleinen zornig an; aber Dietleib hieß ihn Bericht geben, und Laurin erzählte, wie er die schöne Künhild auf der Wiese mit ihren Gespielinnen tanzen sah. „Ich trug die Tarnkappe, und ihre Hüter sahen mich nicht; unter der Linde nahm ich sie an ihrer weißen Hand, deckte sie mit der Kappe und führte sie davon. Jetzt wohnt sie im Berg, meine kleinen Genossen dienen ihr als ihrer Königin, all mein Gold soll ihr gehören, und ich habe mehr als viele Könige zusammen. Hoch ehrte ich sie, und sie blieb noch eine reine Magd." „Zeig mir meine Schwester", sprach darauf Dietleib; „finde ich wahr, was du sagtest, und will sie dich zum Mann, so werde ich nicht gegen dich sein." „Kommt alle zu mir in den Berg!" rief Laurin. „Große Wunder sollt ihr dort sehen, so viele Herrlichkeiten, daß euch beim Schauen ein Jahr verginge wie ein Tag!"

Die Helden gingen zu Rate, denn das Abenteuer schien ihnen nicht ohne Gefahr. „Wir können die Einladung nicht ablehnen", sagte Hildebrand, „es brächte uns Schande, wollten wir uns fürchten." „So wollen wir es denn wagen!" sprach Dietrich. Nur Wittich widersprach: „Der Teufel hole den Zwerg, er führt Betrug im Sinn!" Aber Wolfhart rief: „Auf, ohne Zögern, wir wollen uns die Wunder beschauen!" So wurde die Fahrt beschlossen. Dietrich und Dietleib erneuerten ihren Bruderbund, alle Helden schworen sich, einander nicht zu verlassen, und auch Laurin band sich mit hohen Eiden, ihnen treu und hold zu sein. Dann ritten sie den ganzen Tag über, bis sie zu dem Berge kamen, und pflöckten ihre Rosse an auf einem grünen Plan, der sich um eine Linde breitete. Rings blühten Blumen zart und üppig in allen Farben und hauchten ihre Düfte, aus der Krone der Linde sangen Vögel aller Art zauberhaft schön, und im Grase spielten Tiere friedlich miteinander, so daß Dietrich und Wolfhart glaubten, im Paradies zu sein. Hildebrand freilich warnte: „Lobt den Tag nicht vor dem Abend!" – und Wittich murrte: „Nichts als Hinterlist steckt hinter diesem Gaukelspiel." Aber Laurin sprach: „Seid unbesorgt und freut euch des lieblichen Platzes! Freilich: diese Freuden sind nichts gegen das, was ihr im Berge finden werdet!"

Danach führte er sie in den Berg hinein; hinter ihnen schloß sich eine eiserne Tür, und Wittich sprach: „Wäre ich wieder draußen, mich sollte der Zwerg nicht noch einmal betrügen!" Zwölf schöne Zwergenjungfrauen standen zum Empfang der Helden bereit, und viele zierliche Ritter in prächtiger Rüstung nahten sich zur Begrüßung. Zahllos schien das Gesinde Laurins, von nie gesehener Pracht waren die Gemächer. Man hieß die Gäste niedersitzen auf goldene Bänke, die von Edelsteinen funkelten, und schenkte ihnen Met und Wein. Wunderbare Spiele wurden ihnen gezeigt: sie sahen die Zwerge ritterlich turnieren, Lanzen brechen und Speere werfen; kleine Spielleute kamen mit vielerlei Instrumenten, zwei Fiedler spielten süße Weisen, und zwei Sänger sangen Lieder von bunten Abenteuern. Lächelnd sprach Dietrich: „Wahrlich, dieser Berg ist aller Freuden voll!"

Nun nahte auch Künhild, königlich geschmückt, mit reichem Gefolge hinter sich, und bot Herrn Dietrich und den Helden einen anmutigen Willkomm; als sie aber Dietleib begrüßte, umfing sie ihn so fest, als wolle sie ihn nie wieder loslassen, und er merkte wohl, wie sehr sie sich nach der Heimat zurücksehnte. „Liebe Schwester", flüsterte er ihr ins Ohr, „willst du weg von hier?" „Liebster Bruder", antwortete sie, „bei deiner Seligkeit: hilf mir von hinnen! So schön es in diesem Berge ist, ich will nicht bei diesem fremden Geschlecht bleiben!" „So will ich mein Leben daransetzen, dich dem Zwerg zu nehmen!" sagte Dietleib; und sie ging wieder aus dem Zimmer.

Laurin aber ließ jetzt den Tisch reich mit Speisen bestellen und den Helden schöne Seidengewänder bringen, die mußten sie anlegen, nachdem sie sich der Eisenkleider entledigt hatten. Während sie sich ergötzten, ging er zu Künhild und sagte: „Nun ist die Stunde da, den Übermut zu rächen, mit dem die Berner meinen Garten verwüsteten! Stünde Dietleib nicht zu ihnen, so sollte es um alle geschehen sein!" „Denk an deine Ehre", antwortete Künhild; „strafe sie, wenn du nicht anders kannst, aber schwöre mir, daß du keinem ans Leben gehst!" Das gelobte ihr der Zwerg; dann steckte er an seine rechte Hand einen Ring, der ihm die gleiche Kraft gab wie vordem der Gürtel, und ließ Dietleib herausrufen. Er führte ihn in ein Felsgemach und sprach zu ihm: „Lieber Schwager, gelobe mir, dich deiner Gesellen nicht anzunehmen! Dann will ich alles, was ich habe, mit dir teilen!" Aber Dietleib antwortete: „Eher soll man mich tot sehen! Mit meinen Gesellen teile ich alles, was ihnen geschieht, und deiner Schätze begehre ich nicht!" Da rief Laurin: „So mußt du hier drinbleiben, bis du dich anders besonnen hast!" sprang aus dem Gemach und schlug die Tür zu, so daß Dietleib gefangen war. Zu den vier Helden zurückkehrend, ließ Laurin ihnen tapfer einschenken; in den Wein aber hatte er einen Schlaftrunk gemischt, so daß sie bald betäubt von den Bänken sanken. Nun ließ er ihnen Hände und Füße binden und sie in ein Felsverlies werfen.

Als sie erwachten und sich gefangen sahen, geriet Dietrich in solchen Zorn, daß ihm Feuer aus dem Munde lohte: davon verbrannten ihm die Fesseln an den Händen. Er machte sich ganz der Bande ledig und danach auch die Genossen; aber noch blieben sie ohnmächtig, der Rüstungen beraubt und im Fels verschlossen. Inzwischen ging Künhild zu ihrem Bruder; als sie seinen Kerker aufschloß, sprang er ungestüm heraus und fragte nach seinen Gefährten. „Sie liegen gefangen im Verlies", antwortete sie, und er rief: „Hätte ich Rüstung und Schwert, bald würde ich sie befreien!" „Dein Tod würde es sein", antwortete die Schwester, „wolltest du dich so in den Kampf stürzen! Die Zwerge streiten unsichtbar unter ihren Kappen. Aber nimm diesen Ring, dann wirst du sie sehen!" Damit steckte sie ihm einen Ring an den Finger und führte ihn zu der Kammer, in der Laurin die Waffen verborgen hatte; half ihm, sich zu rüsten, band ihm selbst den Helm auf und gab ihm das Schwert in die Hand.

Er aber nahm die Rüstungen und Waffen der Genossen, trug sie zum Gewölbe, wo sie harrten, und warf sie ihnen durch die erschlossene Tür hinein: das gab einen Klang, der im ganzen Berge widerhallte, so daß Laurin aufschrak und ins Heerhorn stieß. In hellen Scharen strömten die Zwerge auf den Ruf ihres Königs herbei, und er gebot ihnen: „Laßt mir keinen am Leben!" Vor dem Gewölbe stand Dietleib, er sprang mitten unter die Andrängenden und ließ sein Schwert kreisen, es war ihm ein Spiel, Hunderte zu erschlagen, da er sie sah. Erst als Laurin selbst ihn anging, geriet der Held in Not, sein Blut rann aus mancher Wunde, und er ward immer dichter ans Tor des Gewölbes gedrängt.

Inzwischen aber hatten sich die Freunde gewappnet, sie sahen Dietleib um sich hauen wie einen Rasenden, aber die Feinde blieben ihren Augen verborgen. „Nimm den Gürtel, den du heut Laurin entrissest", sprach Hildebrand zu Dietrich, „er bricht den Zauber!" Dietrich tat den Gürtel um, und da er sehend ward, sprang er an Dietleibs Seite. Nun wandte sich Laurin gegen ihn, aber der Held hieb ihm den Finger ab, an dem er den Zauberring trug: rasch ergriff Hildebrand den Ring, da ward auch er sehend. Durch das Getümmel drängte sich Künhild heran und warf Wittich und Wolfhart ebenfalls Ringe zu. Jetzt wandte sich das Glück gegen Laurin; es half ihm nichts mehr, daß er einen Zwerg vor dem Berg ins Horn stoßen ließ, um zur Hilfe die Riesen herbeizurufen, die ihm dienstbar waren. Sie kamen mit langen Eisenstangen angelaufen und drangen auf die Helden ein, fünf gegen fünf; aber bald lagen sie in ihrem Blut, das Dietrich und seinen Gefährten bis über die Sporen ging.

Als Laurin sah, daß keiner seiner Untertanen übrigbleiben würde, wenn die Helden weiter wüteten, warf er sich endlich dem Berner zu Füßen und flehte um Gnade. Trotz seiner Demut und Reue hätte ihn der Held erschlagen, hätte nicht Künhild für ihn gebeten: „Schenkt ihm sein Leben, das bitte ich bei aller Frauen Ehre! Er tat mir nichts, da ich in seiner Gewalt war!“ Mit ihr baten Hildebrand und Dietleib; da ließ der Held sich erweichen und gebot auch Wittich und Wolfhart, die Schwerter einzustecken.

Die Zwerge nahm er in Eid und Pflicht, Laurin selbst aber führte er mit sich nach Bern; dort mußte der Zwergkönig bleiben, und er war forthin dem Helden treu. Seine Schwester brachte Dietleib zurück in die Heimat und verlobte sie einem guten Recken.

Ermanrichs Tücke und Dietrichs Flucht

Von den drei Brüdern Ermanrich, Dietmar und Dieter starb der letzte und jüngste zuerst; er hinterließ zwei unmündige Söhne, Frittel und Emmerich, die er samt ihrem Lande der Pflege des ältesten Bruders Ermanrich anvertraute. Als zweiter der Brüder starb Dietmar, ihm folgte als König in Bern Dietrich, der seinen jungen Buder Dieter bei sich erzog. Dietrich war bei seinem Oheim Ermanrich wohl angesehen, denn er hatte ihm bei mancher Heerfahrt seinen Arm geliehen; darum konnte er wohl eine Gunst von ihm erbitten. So warb er bei ihm für seinen Gesellen Wittich um die Hand Bolfrianas, der Witwe König Dietmars, die reichen eigenen Besitz in Ermanrichs Lande hatte, und Ermanrich gewährte die Bitte gern, da er auf diese Weise den starken Helden Wittich gewann; er verlieh ihm Bolfrianas Erbe als Lehen, und Wittich trat aus Dietrichs Dienst in den seinen. Zugleich mit Wittich aber wurde auch Heime Ermanrichs Mann. Nicht gern trennte sich Dietrich von so guten Recken; aber er glaubte sie keinem besseren König geben zu können als seinem Oheim, den er bisher immer als einen gerechten Herrscher und aufrichtigen Freund empfunden hatte.

Bei allen Entschlüssen befragte Ermanrich stets zuerst seinen Ratgeber Sibich, der den Willen des Königs so trefflich lenkte, daß alles wohlgeriet; darum nannten ihn alle den treuen Sibich. Aber Sibich hatte eine schöne Frau, die gefiel dem König allzu gut. Da er bei ihr kein Gehör fand, schickte er seinen Ratgeber auf eine weite Reise und ging, als er sie allein wußte, zu ihr ins Haus. Sie wollte nichts von Ehebruch wissen und sträubte sich sehr gegen ihn, bis er sie endlich doch überwältigte. Sibich fand bei der Rückkehr seine Frau weinend und drang in sie, bis sie ihm alles erzählte. Da sprach er zu ihr: „Trockne deine Tränen und mach ein fröhliches Gesicht! Niemand soll erfahren, was geschehen ist; aber ich werde dem König heimzahlen, was er mir antat! Nannte man mich vordem den treuen Sibich, so will ich fortan der ungetreue Sibich sein. Ermanrich nahm mir mein Weib, dafür will ich seine ganze Sippe ausrotten!"

Zwei Söhne besaß König Ermanrich, Friedrich und Reginbald, und gegen sie richtete Sibich vor allem seine Anschläge; aber es glückte ihm zunächst nur mit dem jüngeren. Ihn sandte Ermanrich auf den Rat des Erbitterten zum König der Angeln, den Tribut einzufordern, und Sibich gab ihm ein schlechtes Schiff: damit ging Reginbald samt seiner ganzen Mannschaft unter. Danach reizte Sibich seinen Herrn durch falsche Anschuldigungen auf gegen seine Neffen Frittel und Emmerich, die Söhne Dietmars, die auch die Harlungen benannt wurden. Sie waren unter der Hut ihres Meisters, des getreuen Eckehart, zu blühenden Jünglingen herangewachsen, und Sibich brachte sie in den Verdacht, daß sie ihre Augen begehrlich auf die Gemahlin des alternden Königs richteten, ja auch nach seinem Reiche trachten. Da schwor Ermanrich, dessen Gemüt sich seit dem Tod seines Sohnes zu verdüstern begann, in wildem Zorn, er werde die beiden Knaben fangen und hängen.

Eckehart weilte gerade bei Hofe und hörte den Eid; er sprach: „Nie soll mit meinem Willen dieser Frevel geschehen!" Eilends warf er sich aufs Roß und ritt Tag und Nacht, bis er an den Rhein vor Breisach kam. Stromauf und stromab sah er keine Fähre; um keine Zeit zu versäumen, stieg er ab, sprang in den Strom und strebte schwimmend der Burg zu. Von der Zinne aus sahen die Brüder in den Wellen des Getreuen Haupt, und einer sprach zum andern: „Gefahr muß nahe sein, daß unser Meister schwimmend zu uns eilt!" Sie gingen ihm ans Ufer entgegen, atemlos rief er ihnen, ans Land steigend, zu: „Große Not steht euch bevor: König Ermanrich kommt mit seinem Heer, euch zu fangen und zu hängen! Flieht und rettet euer Leben!" „Wie sollten wir unsern Oheim fürchten?" antworteten sie; „wir taten ihm nie etwas zuleide!" Bald erfuhren sie von Eckehart, wessen sie beschuldigt wurden, und daß der König unversöhnlich sei. Aber fliehen wollten sie nicht, sondern sie zogen die Brücke auf und beschlossen, ihre Burg wie Helden zu verteidigen.

Es dauerte nicht lange, bis König Ermanrich mit seinem Heer erschien. Er sprengte hart an den Graben und warf mit aller Macht seine Bannerstange hinüber in die Burg, zum Zeichen, daß er nicht weichen werde, bis er sein Banner wiederfinde in der eroberten Stadt. Emmerich rief ihm zu: „Warum, Oheim, bekriegst du uns und willst unsere Feste einnehmen?“ „Gleichviel warum“, antwortete Ermanrich, „ihr sollt am höchsten Baum hängen, den ich finde!“ „Dann wollen wie unser Leben teuer verkaufen“, sagte Frittel, „und du sollst es mit dem Blute vieler Männer bezahlen!“ Gegen die Mauer und zurück flogen die Speere; dann aber ließ der König Wurfmaschinen aufbauen und schleuderte Feuer in die Feste. Da sagte Frittel: „Wir wollen nicht jämmerlich hier verbrennen, sondern vor dem Tor mit Ehren sterben!“ Sechzig Mann stark stürmten sie hinaus und erschlugen dem König vierhundert; aber zuletzt wurden sie überwältigt und gebunden, und Ermanrich ließ die Brüder an einen hohen Baum hängen, wie er geschworen hatte. Eckehart gelang es im letzten Augenblick, sich loszureißen und zu entkommen. Er eilte nach Bern zu Dietrich, ihm das Geschick der Harlungen zu klagen, und dem edlen Helden ward das Herz schwer, als er hörte, wie Ermanrich gegen die eigene Sippe wütete.

Jetzt schien Sibich die Zeit gekommen, seinen Herrn gegen Dietrich selbst zu hetzen, den edelsten Sproß des Amelungenhauses. „Siehst du, König“, sprach er zu ihm, „daß er deine Feinde bei sich aufnimmt? Er ist dir schon lange aufsässig; allzu stolz haben ihn seine Taten gemacht, als daß er sich vor dir, dem Haupt der Sippe, in Ehrfurcht beugen möchte.“ Viele Zeichen, wahr oder unwahr, wußte er dafür vorzubringen, daß Dietrich seinem Oheim nach dem Reich stelle, und endlich bot Ermanrich seine ganze gewaltige Macht auf, um gegen seinen Neffen zu ziehen. Er überschwemmte unversehens Dietrichs Gebiet mit seinem Heer, daß dieser in Bern nur mit einer kleinen Schar zum Widerstand rüsten konnte, und legte sich vor die Stadt.

Dietrichs alte Schwertgenossen, Wittich und Heime, leisteten Ermanrich nur ungern Heerfolge, und Wittich zürnte ihm obendrein wegen der Ermordung der Harlungen, die ja die Söhne seines Weibes waren; aber beide Recken konnten sich ihm nicht weigern, da sie ihm den Treueid geschworen hatten. Als sie jedoch vor Bern lagen, geriet Heime mit Sibich in Streit; vor König Ermanrichs Angesicht begann er den falschen Ratgeber zu schelten, und Sibich antwortete hochfahrend: „Ich sagte dem König schon längst, daß er dich viel zu sehr ehrt! Du taugst nicht an den Königshof, sondern gehörst auf den Bauernhof, von dem du stammst, und solltest dort bei deinem Vater Rosse hüten wie einst!“ In heller Wut rief Heime: „Hätte ich Nagelring zur Hand, ich schlüge dich tot wie einen Hund!“ Und er versetzte ihm mit der Faust einen Schlag ins Gesicht, daß Sibich fünf Zähne aus dem Mund sprangen und er betäubt zur Erde fiel. Erzürnt sprang Ermanrich auf und rief: „Ergreift ihn, dafür soll er hängen!" Aber Heime sprang zur Tür, riß im Vorsaal seine Waffen an sich, schwang sich aufs Roß und sprengte davon. Eine schwerbewaffnete Schar von Rittern eilte ihm nach; aber Wittich stellte sich, den bloßen Mimung in der Faust, ins Burgtor, und keiner wagte sich heran. So entkam Heime; er zog, da er nicht zu Dietrich gelangen konnte, kreuz und quer durch Ermanrichs Land, und wo er auf einen Hof traf, der dem König oder Sibich gehörte, steckte er ihn in Brand und schlug die Leute tot. Danach barg er sich in den Wäldern und lebte dort lange Zeit wie ein Räuber. Wittich aber hielt sich zurück und lagerte mit den Seinen untätig abseits des Heeres.

Das kam Dietrich wohl zugute, als er zur Nachtzeit unversehens einen Angriff auf Ermanrichs Lager wagte. Die Berner überraschten die Feinde im Schlaf, erschlugen ihrer eine große Zahl, ehe sich das Heer noch ermunterte und zum Widerstand stellte, und machten viele Gefangene, unter denen sich auch Ermanrichs Sohn Friedrich befand. Froh dieses Erfolgs kehrten sie bei Tagesanbruch nach Bern zurück. Dennoch konnte sich Dietrich nicht verhehlen, daß er mit seinem kleinen Heer der Übermacht Ermanrichs würde erliegen müssen. Darum ging er mit seinen Genossen zu Rat, woher er die nötigen Mittel erlangen könnte, um größere Mannschaft zu werben. Die Schatzkammer war leer, denn allzu freigebig hatte der milde König Gaben ausgestreut. Aber einer seiner Getreuen, der Markgraf von Pola, sprach: „Macht Euch keine Sorge, Herr! Daheim habe ich Silber und Gold genug, Ihr müßt es nur holen lassen. Gebt mir eine kleine Schar Eurer besten Helden mit, daß sie den Zug beschützen, dann sende ich Euch, soviel Ihr braucht!" Das war Dietrich ein großer Trost. Er erwählte sofort sieben seiner besten Genossen, darunter Hildebrand, Wolfhart und Dietleib, und entsandte sie mit dem Markgrafen nach Pola. Dort beluden sie viele Saumtiere mit Gold und Silber und geleiteten den Zug zurück.

Aber ihre Reise war Ermanrich verraten worden. Er hatte den grollenden Wittich versöhnt, indem er ihm reiche Ehren und vor allem die Markgrafschaft Raben verhieß, und Wittich war es, der mit überlegener Mannschaft die heimkehrenden Helden überfiel, als sie allzu sorglos Rast und Mahlzeit hielten. So rasch und heftig geschah der Ansturm, daß sechs der Helden überwältigt und gefangen waren, ehe sie noch zu ihren Waffen greifen konnten; nur Dietleib gelang es, sich herauszuhauen, und er brachte Dietrich die böse Botschaft. Der König getröstete sich damit, daß er Ermanrichs Sohn und mehr als tausend seiner Mannen als Gefangene hatte, gegen die er seine Genossen wohl zurücktauschen könne. Aber Ermanrich wies auf Sibichs Rat das Angebot schroff zurück: „Hänge meinen Sohn, wenn du willst, und töte meine tausend Mannen! Ich jedenfalls gebe dir deine Genossen nicht wieder, sondern lasse sie hängen, wenn du nicht, arm und mit kleiner Schar, das Reich räumst und meinen Händen überläßt!" Um keinen Preis, auch um den der Krone nicht, hätte Dietrich den Genossen die Treue brechen mögen. Und so geschah es denn, daß er in die harte Bedingung willigte und den Vertrag mit heiligem Eid beschwor.

Traurig zog Dietrich aus seinem ererbten Reich, nur von fünfzig Helden begleitet, unter ihnen Dietleib und Wolfhart, Siegstab und Siegeband, Helferich, Eckehart und Hildebrand, der das Banner trug. Alles mußten die Getreuen hinter sich lassen, was sie besaßen, nicht nur ihre Güter, sondern auch Frauen und Kinder. Zum letztenmal küßte Hildebrand seine Frau Ute und auf ihrem Arm seinen kleinen Sohn Hadubrand. Die Vertriebenen ritten nach Norden über das Gebirge, bis sie nach Bechelaren kamen, wo der edle Rüdiger die Mark des Hunnenreiches hütete. Als er von ihrem Nahen hörte, ritt er ihnen mit seiner Frau Gotelind und stattlichem Gefolge entgegen und beugte vor dem Berner Helden das Knie. „Nicht so, edler Markgraf!" sprach Dietrich zu ihm; „du siehst keinen mächtigen König vor dir, sondern einen Heimatlosen, der aus seinem Reich vertrieben ist und nichts mehr sein eigen nennt als diese kleine Schar von Getreuen." „Du wirst dein Reich wiedergewinnen", antwortete Rüdiger; „bis dahin sollst du mir und meinem Herrn willkommen sein." Er bewirtete die Amelungen königlich und beschenkte sie mit reichen Gaben; dann geleitete er sie selbst an König Etzels Hof. Bei ihm und seiner Gemahlin Helche fanden die Verbannten die liebreichste Aufnahme und eine dauernde Stätte. Etzel ehrte Dietrich über alle Helden und teilte mit ihm den Hochsitz, und Dietrich lieh ihm zum Dank dafür seinen starken Arm in manchem Krieg gegen die Wilzen und Russen, deren Land er ihm, mit seinen Genossen an der Spitze des hunnischen Heeres streitend, gänzlich unterwarf. Aber er vergaß niemals seines eigenen Reichs, das Ermanrich ihm geraubt hatte, und wurde trotz aller Siege und Ehren, die er in langen Jahren gewann, im fremden Lande seines Lebens nicht mehr froh. Und selbst daß Frau Helche ihm ihre Nichte, die schöne und sanfte Herrat, zur Gattin gab und ihn damit in die eigene Sippe aufnahm, vermochte ihn über die verlorene Heimat nicht zu trösten.

Der Gram des Helden ging der edlen Königin Helche tief zu Herzen, und sie bat ihren Herrn, Dietrich mit aller seiner Macht beizustehen, damit er sein Reich wiedergewinne. Gern sagte Etzel seine Hilfe zu; das ganze Hunnenheer sollte dem Berner folgen und dazu der edle Rüdiger mit seinem kühnen Sohn Nudung und allen seinen Mannen. Einen Winter lang wurde die Heerfahrt gerüstet, bei der Etzelburg sammelten sich die reisigen Scharen, zwei Rasten Landes bedeckte ihr Lager, das von dem freudigen Lärm der Krieger wie ein Meer erbrauste. Bald war alles zum Aufbruch bereit, und Dietrich hielt Heerschau in der Mitte seiner Recken, neben sich seinen Bruder Dieter, der ihn als Knabe ins Hunnenland begleitet hatte und inzwischen zu einem kräftigen Jüngling erwachsen war. Als die Brüder Scharf und Ort, Etzels und Helches Söhne, die mit Dieter zusammen als seine jüngeren Genossen erzogen worden waren, den Gespielen gerüstet im Heere Dietrichs sahen, gingen sie zu ihrer Mutter und baten sie, daß sie ihnen beim Vater die Erlaubnis erwirke, gleichfalls mitzuziehen. Als sie es ihnen abschlug, drängten sie immer ungestümer, das Herz Helches mit Schreck und Sorge erfüllend.

Während so die Knaben stürmisch flehten und die Mutter ihnen wehrte, trat mit Etzel zusammen Dietrich ins Zimmer zu einem letzten Abschied, und nun wandten sich Scharf und Ort bittend an den Vater und seinen starken Freund. „Niemals soll das mit meinem Willen geschehen", sprach der König; „was ihr bittet, ist töricht und brächte Leid über uns alle." Aber den Berner rührte der junge Heldensinn, und er sagte: „Laßt mit Euch reden, Herr, da die Knaben doch auf die Fahrt so versessen sind! Ich will sie gern in gute Hut nehmen." „Versprecht Ihr nicht zuviel?" fragte Etzel; „kämen die Kinder zu Schaden, so müßte es uns unser ganzes Leben lang gereuen." Aber die Knaben ließen nicht ab zu bitten. „Wir sind sicher in Dietrichs Schutz", sprach Ort, und Scharf: „Wir werden nie wieder froh sein, wenn ihr unsern Wunsch nicht erfüllt." Da wurde zuerst das Herz der Königin überwunden, so daß sie nun selbst Fürbitte für die Knaben tat, und endlich willigte auch Etzel ein, wiewohl mit Sorgen. „Laß uns hoffen", sagte er zur Königin, „daß du nicht weinen wirst über deinen Wunsch und meine Nachgiebigkeit." Die Königin aber sprach zu Dietrich: „So übergebe ich dir meine Söhne: schwöre mir, daß du ihr junges Leben behüten willst, mehr als dein eigenes!" „Das schwöre ich Euch!" antwortete Dietrich. Weinend schloß Helche ihre Knaben in die Arme, dann ließ sie sie aufs schönste rüsten und führte ihnen mit eigener Hand ein Paar herrliche Rappen zu; auf die schwangen sie sich und ritten nach einem letzten Kuß davon. Etzel aber gab ihnen und Dietrich samt dem Heere noch drei Tagereisen weit das Geleit.

Als Dietrich die Grenzen seines Reichs überschritt, wurde er mit Jubel empfangen; überall erhoben sich die Getreuen, die er hatte verlassen müssen, gegen das harte Regiment Ermanrichs, um zu ihrem alten Herrn zu stoßen. Unter denen, die kamen, war auch ein Bruder Wolfharts und Neffe Hildebrands, Alphart; der alte Meister schloß den jungen Helden, den er einst als Knaben zurückgelassen hatte, mit Freuden in die Arme. Von Mailand her kam Reinher geritten und brachte Botschaft, daß seine Stadt, dazu Padua und Bern, die Mannen Ermanrichs verjagt hätten und ihre Tore Dietrich offenhielten. „Ich danke euch für eure Treue!" sprach Dietrich; „aber wie steht's mit meiner Stadt Raben?" „Stadt und Mark gab Ermanrich dem starken Wittich", antwortete Reinher, „und er hütet sie mit gewaltiger Hand. Vor Rabens Mauern hat Ermanrich sein mächtiges Heer aufgestellt, mancher kühne Held ist bei ihm, und täglich strömen ihm neue Scharen aus seinem ganzen Reiche zu." In Eilmärschen zog Dietrich nach Bern, das ihm mit Freuden huldigte. Dort erfuhr er noch mehr: Heime habe sich mit Ermanrich ausgesöhnt und sei bei ihm; Sibich berate immer noch den König, der nun vor längerer Zeit auch seinen letzten Sohn Friedrich verloren habe – wie viele meinten, durch Sibichs Tücke. Ermanrich wisse bereits, daß sich Etzels Söhne beim Heer Dietrichs befänden. „Wir werden sie vor ihm zu hüten wissen", sprach der Berner; „dieses edle Wild soll er nicht erjagen!"

Ehe Dietrich Bern verließ, um Ermanrich vor Raben zu treffen, drängten sich seine Helden darum, auf Erkundungen auszuziehen, und allen voran brannte Alphart danach, seinen Mut zu erweisen. Heftig setzte sich sein Bruder Wolfhart dagegen: nicht einem unerprobten Jüngling komme diese Aufgabe zu; aber Alphart begehrte gegen den Bruder auf und wollte auch den Warnungen Dietrichs und Hildebrands nicht nachgeben. So ließen sie ihn reiten, und als Dietrich von der Zinne aus sah, wie der junge Held sein Roß ins Feld spornte, daß es einen Sprung acht Klafter weit tat, lachte ihm das Herz im Leibe, und er sprach: „Jung ist er, doch ich glaube, er steht seinen Mann!" Aber Hildebrand schüttelte den grauen Kopf: „Dennoch ist's nicht recht, ihn reiten zu lassen! Ewig leid wäre es mir, ihn zu verlieren. Ich will ihm nachreiten und versuchen, ihn zurückzuholen; vielleicht, daß ich ihn des Streitens satt mache, ehe er in sein Verderben rennt."

Eilig waffnete sich der Meister mit einem fremden Streitgewand, so daß er nicht zu erkennen war, und ritt dem Neffen nach; als er ihn, der gelassen dahintrabte, erspähte, umritt er ihn im Bogen und kam ihm nun entgegen, so daß Alphart meinte, schon auf einen Mann Ermanrichs getroffen zu sein. Ohne Zögern legte er die Lanze ein und rannte auf ihn zu, so daß dem Alten nichts anderes übrigblieb, als ihm auf gleiche Weise zu begegnen. Im harten Zusammenprall zersplitterte Hildebrand der Speer; beide sprangen zu Boden und schlugen mit den Schwertern gegeneinander, aber Alphart gelang ein Schlag, der den Meister halb betäubt zu Boden streckte. „Halt ein“, rief er dem Neffen zu, „ich bin dein Oheim!“ „Den sah ich eben noch in Bern“, entgegnete der Junge; „du bist einer von den Verrätern, die meinen Herrn Dietrich ohne Grund verfolgen; darum sollst du auf der Stelle sterben!“ „Binde mir doch den Helm los, du Narr“, sagte Hildebrand, „dann wirst du schon sehen, wer ich bin.“ Alphart tat's und mußte lachen. „Was machst du auf deine alten Tage für Streiche, Oheim?“ „Nun sei nur still“, antwortete Hildebrand, „und komm mit mir zurück nach Bern! Ich wollte dich doch nur holen!“ „Das kann leider nicht geschehen“, sprach Alphart, „ich lasse die Wacht nicht im Stich!“ Wie ein Vater sah der Alte den Jungen an: „Nun, so behüte dich Gott! Kraft hast du ja, das habe ich gefühlt – mein Herr wird mich schön auslachen!“ Aber er mußte doch seufzen, als er nach Bern zurückritt. Von weitem schon rief ihm Dietrich entgegen: „Wo hast du deinen Gefangenen, Meister?“ Laut lachte er auf, als Hildebrand erzählte, wie es ihm ergangen war. „Für einen Jungen war das Stück nicht schlecht!“

Alphart gürtete sein Roß neu und ritt weiter. Bald sah er eine starke Schar sich entgegenreiten, über der ein prächtiges Banner flatterte, grün mit Gold gestickt: das führte Herzog Wölfing, der von Dietrich zu Ermanrich abgefallen war. Sie riefen einander an, und schnell folgte Rede und Gegenrede, als Alphart den Ungetreuen schalt. „Von Ermanrich trage ich mein Land zum Lehen“, sprach der Herzog, „von ihm empfing ich rotes Gold, und wenn er mir's befiehlt, reite ich für ihn in den Tod!“ „So mach dich dazu bereit“, rief Alphart, „heran zu mir!“ In wildem Lauf sprengten die zwei gegeneinander, mit voller Wucht traf und durchbohrte Alpharts Speer des Herzogs Brust, daß er wie vom Blitz getroffen vom Pferde fiel. Da flogen die Schwerter der andern aus den Scheiden, schon sprang der erste vom Rosse und lief Alphart an, der gleichfalls den Sattel verlassen hatte. Mann gegen Mann erschlug der junge Held ihrer zehn, so daß die übrigen ergrimmten und sich am liebsten alle auf einmal über ihn gestürzt hätten, um ihn in Stücke zu zerhauen. Aber ein alter Ritter, edler Sitte treu, wehrte ihnen: „Bei eurer Ehre – zurück! Es brächte uns ewige Schande, viele zugleich gegen einen zu fechten!“ Sie gehorchten der Mahnung und schlossen einen Ring um ihn, einer nach dem andern sprang zu ihm hinein, und einen nach dem andern erschlug er, endlich auch den edlen alten Helden, der ihn vor der Übermacht geschützt hatte. Da waren nur noch acht übrig, und sie packte ein Grauen vor der Stärke des kühnen Jünglings. Auf die Rosse springend, jagten sie davon; mit dem eroberten Banner in der Faust setzte Alphart ihnen nach. Auf einem Hügel endlich hielt er an und pflanzte das Banner auf, daß es über seinem Haupte rauschte; im Schatten einer Linde hielt er Rast, ließ sein Roß weiden und nahm den Helm ab, daß der Wind seine heiße Stirn kühlte.

Lange hielt er so die Wacht, bis er endlich zwei Recken gegen sich herbeireiten sah: das waren Wittich, den Ermanrich auf die Kunde von dem Wüten des jungen Helden gegen ihn entsandt hatte, und Heime, sein Geselle wie einst, der ihn begleitete. „Bist du's, der den Herzog Wölfing und so viele seiner Mannen erschlug?“ rief Wittich von weitem. „Ich bin's“, antwortete Alphart, „und du sollst ihnen folgen! Ich kenne dich wohl: du bist Wittich, der Verräter meines Herrn, eidbrüchig und ehrlos jetzt und immer!“ „Ich kam nicht hierher, um Beichte und Buße zu tun“, entgegnete Wittich finster; „aber wer mir die Ehre abspricht, dem lohne ich's mit der Waffe!“ Krachend traf sein Speer die Brust Alpharts und sprang in Stücke: wie aus Erz saß der junge Held im Sattel; dann erwiderte er den Stoß und stach Wittich über sein Roß hinweg zu Boden. Mit einem Fluch griff Wittich zu Mimung, während Alphart absprang; nun dröhnten die Schwerter auf die Panzerringe, bis Wittich von den fürchterlichen Schlägen des Jünglings zu Boden fiel. Wohl hätte ihn Alphart jetzt töten können, aber er schonte den Wehrlosen.

Nun ritt Heime herbei und sprach: „Guter Held, laß uns Frieden machen! Du hast wohl gekämpft, nun räume den Kampfplatz! Reite heim nach Bern, wie wir zu Ermanrich, und laß uns schweigen darüber, daß wir uns hier begegneten!“ Aber Alphart schüttelte den Kopf: „Ritterlich habe ich die Wacht gehalten und nehme dessen zum Zeugnis Wittich als Gefangenen mit – es sei denn, daß du mich hier besiegst!“ „Willst du Frieden schließen mit unserm Feind?“ rief da Wittich, der wieder zur Besinnung gekommen und auf die Beine gesprungen war, Heime zu; „hilf mir, wie ich dir oft geholfen habe!“ „Sollen wir zu zweit gegen einen kämpfen?“ fragte Heime, und Wittich fragte dagegen: „Willst du lieber, daß er mich erschlägt?“ Beide zugleich drangen sie auf Alphart ein; der rief: „Laßt mir, bei Ritterehre, wenigstens den Rücken frei!“ und warf sich mit Ungestüm beiden entgegen. Als ihm aber ein furchtbarer Schlag gegen Heime gelang, sprang Wittich hinter ihn und schlug ihn tief in den Schenkel. „Pfui über euch Ehrlose!“ rief Alphart; da traf ihn ein Hieb Heimes durch den Helm, daß ihm das Blut über die Augen schoß, und als er in die Knie sank, stieß ihm Wittich den Mimung ins Herz. Da sie ihn tot zu ihren Füßen sahen, begannen sich die Mörder vor der eigenen Tat zu entsetzen; sie schwangen sich auf ihre Rosse, eilig und wortlos ritten sie hinweg und ließen den Toten in seinem Blut auf der Heide liegen.

So fand ihn am nächsten Tage Hildebrand, als er den Neffen, der nicht heimgekehrt war, suchte. „Hier geschah ein Mord!“ sprach er, als er die Wunden vorn und hinten sah; sein scharfes Auge erkannte an ihrer Art wohl, wer die Mörder waren, und er schwor ihnen grimmige Rache. Dietrich aber bangte, als er die Untat erfuhr, stärker als je vorher um das Leben der Etzelsöhne, die seiner Hut anvertraut waren, und um das des eigenen jungen Bruders. „Ratet mir“, sprach er zu seinen Helden, „wie ich die Knaben schützen soll!“ „Laßt sie in Bern“, antwortete ihm Dietleib; „in der Feste sind sie wohl geborgen.“ „Wen setze ich ihnen als Hüter?“ fragte Dietrich. „Nehmt Elsan, der ist treu wie Gold!“ riet Rüdiger. Die Wahl dünkte den König gut; er rief Elsan zu sich und sagte: „Diese drei Jungherren sollst du mit rechter Treue hüten, nie sollst du sie aus den Augen und nie vor die Tore Berns hinauslassen! Werde ich selbst aber in der Schlacht besiegt oder gar erschlagen, so sollst du die Feste keinem andern übergeben als allein König Etzel. Schwörst du mir das zu?“ Da schwur ihm Elsan bei Leben und Ehre, alles nach seinem Geheiß zu tun. Auch seinen jungen Bruder bat Dietrich, ein Auge auf die beiden Etzelsöhne zu haben: „Du bist älter als sie, widersprich ihnen, wenn sie aus der Stadt reiten wollen! Ihr Heil ist das unsere.“ Dann zog er mit seinem Heer von dannen, Ermanrich entgegen, und der Abschied wurde ihm ebenso schwer wie den Jungherren, die bitterlich darüber klagten, daß sie zurückbleiben und sich von ihrem edlen Beschützer trennen mußten.

Vor Raben schlug Dietrich sein Lager auf, und Hildebrand, zum Scharmeister bestellt, ordnete das Heer gemäß der Kundschaft, die ihm zugetragen worden war. Ermanrich gegenüber, der mit Sibich zusammen die feindliche Mitte hielt, stellte er seinen Herrn, dem er selbst zur Seite bleiben wollte; zur Rechten des Berners lagerte er Rüdiger, dessen Banner Nudung trug: sie sollten gegen Heime streiten; der linke Flügel aber war den drei edlen Helden Helferich, Wolfhart und Dietleib anvertraut, ihnen gegenüber lag Wittich mit seinem Neffen Reinhold, doch in weiterer Entfernung: denn er gedachte erst hervorzubrechen, wenn Dietrichs Mannen schon vom Kampf matt seien, und so den Sieg zu vollenden. Langsam stieg die Nacht herauf, überall standen die Wachen spähend auf dem Posten, und in Dietrichs Zelt sammelten sich die Degen, um Kriegsrat zu halten. Einen klugen Plan hatte Helferich ersonnen: er wollte noch bei Nacht mit einem starken Aufgebot den feindlichen Flügel umreiten, um so Ermanrichs Heer im Rücken zu packen. Dies Vorhaben hieß Dietrich gut, und Helferich ritt mit den Seinen sofort hinweg, die Flanke des Feindes in weitem Bogen umkreisend.

Kaum blitzte das Morgenlicht auf Helme, Brünnen und Speere, da erklangen laut die Heerhörner, und als erster stürmte Nudung mit entfaltetem Banner der Heerschar Rüdigers voraus gegen Heime. Als Dietrich auf der Rechten den Kampf entbrannt sah, gab er mit der Hand das Zeichen: mit fliegenden Fahnen drang die von ihm geführte Mitte auf den Feind, der Boden dröhnte von den Hufen der Rosse, schwarzer Staub wölkte auf, und die Heere stürzten auf- und ineinander mit wilder Wut, wie wenn Feuersglut und Wasserflut sich mengten. Ineinander verwühlt rangen sie in hartem Kampf, und jetzt hielt Wittich seine Stunde für gekommen. „Auf", rief er, „meine Helden, jetzt fassen wir sie von vorn und von der Seite zugleich!" Aber nun kam Reinhold gesprengt und brachte die Kunde, daß der Feind in ihrem eigenen Rücken stehe: so mußte Wittich sich wenden. „Hie Rom!" „Hie Bern!" erscholl das Schlachtgeschrei, und mit wildem Grimm stürzten sich Dietleib und Wolfhart auf Wittichs Scharen.

Den ganzen Tag lang tobte die Schlacht. Mit Eckesachs mähte Dietrich breite Gassen in den Feind. Aus Furcht vor seinem Zorn vertauschte Sibich Helmzier und Schild, denn schon begann sein Heer zu weichen. Bald flutete es unaufhaltsam rückwärts, mit Not nur ward Ermanrichs Leben gerettet, aber sein Lager mußte preisgegeben werden. Auf dem Flügel drangen Rüdigers Hunnen vor, und Nudung brach sich in jugendlichem Feuer Bahn bis zu Heime: aber der war ihm an Stärke und Wildheit überlegen, mit einem Schlage Nagelrings hieb er ihm die Bannerstange entzwei, mit einem zweiten streckte er ihn selbst nieder. Als Rüdiger des Sohnes Fall sah, drang er um so stürmischer vor, ihm nach die Seinen, und ihr Anprall war so gewaltig, daß Heime nicht mehr standhalten konnte. Er mußte die Walstatt räumen und brachte, auf Rispe davonsprengend, die böse Botschaft zu Ermanrich. Erbleichend vernahm sie der

König und rief in großer Not: „Wo blieb Wittich?" Aber niemand wußte ihm Antwort zu geben.

Schlimm stand es um Ermanrich, seinem ganzen Heer schien die Vernichtung zu drohen: da rettete ihn ein Nebel, der sich dick und schwer über das Schlachtfeld legte und Dietrichs Mannen zwang, den Kampf einzustellen. Sie ruhten die Nacht über in Ermanrichs Lager; wohl zufrieden konnte Dietrich sein, nur hätte er gern gewußt, wie Helferichs Anschlag gelungen war; aber von ihm hatte er ebensowenig Nachricht wie Ermanrich von Wittich. Das aber kam daher, daß sich die Scharen, auf dem Flügel kämpfend, von der Hauptmacht entfernt hatten. So kühn die Amelungenhelden stritten, sie mußten Wittich weichen und wurden immer weiter abgedrängt. Ihnen ward der Nebel zum Heil, denn er brachte ihnen Ruhe. Wittich rief seine Mannen vom Kampf zurück, damit sie nicht die eigenen Freunde erschlügen, und hieß sie die Nacht über auf der Heide lagern. „Wüßte ich nur, wie es um Ermanrich steht!" sprach er bekümmert zu seinem Neffen Reinhold; „vielleicht hätte er unserer Hilfe bedurft!" „Es müßte ein kühner Mann auf Kundschaft reiten", antwortete der Neffe; „wenn er Glück hat, erspäht er wohl trotz des Nebels Leute Ermanrichs!" „Dann will ich selbst dieser Mann sein", sagte Wittich, „ich kenne jeden Weg und Steg um Raben. Nimm du indes unsere Schar in Obhut!" Durch Nacht und Nebel ritt er hinweg, Kunde von Ermanrich einzuholen.

Während vor Raben die Schlacht tobte, war den drei jungen Königssöhnen in Bern die Zeit lang geworden. Sie traten Hand in Hand vor ihren Meister Elsan und baten ihn: „Lieber Herr, laß uns nur einmal vor die Stadt reiten, daß wir sehen, wie stolz mit ihren Mauern sie im Lande liegt! Wir versprechen, rechtzeitig zurückzukehren." Elsan schlug es ihnen ab: „Es darf nicht sein, ich schwur Herrn Dietrich zu, euch nicht allein aus dem Tor zu lassen." „Ich will die Schuld auf mich nehmen", sagte Ort; „aber er erfährt es ja gar nicht." „Wir suchen keinen Streit", fügte Scharf hinzu, „und bleiben ganz dicht bei der Stadt." Und sie bestürmten ihn unablässig. „Da ihr es gar so sehr wünscht", sprach Elsan endlich, „so mag es sein, aber ich reite mit euch." Sie hörten nur das Ja, und während der alte Meister sich noch waffnete, stürmten die drei, ohne seiner zu warten, zum Tor hinaus; als er nachkam, waren sie ihm entschwunden, und niemand wußte ihm zu sagen, wohin. „Sie werden auf Raben zu geritten sein, dem Heere nach", sprach er bei sich und schlug selbst den Weg dahin ein; und zum Heer nach Raben hatten die Jünglinge auch gewollt.

Aber in dem dichten Nebel waren sie vom rechten Wege abgekommen, und als die Nacht hereinbrach, mußten sie mitten in der Heide die Pferde anpflöcken und sich auf die Erde zum Schlafen legen; nun war ihnen ihr Leichtsinn schon leid. Doch als früh vor der Sonne der Nebel zerging und sie in Morgenlicht und Morgenwind über die blühende Aue blickten, wurden sie wieder fröhlich. Da sahen sie einen starken Recken einsam daherreiten, und als er sie erblickte, hielt er an und spähte über den Schildrand scharf zu ihnen hin. Dieter stockte der Atem, denn er erkannte Wittich, und im gleichen Augenblick traten ihm die Tränen ins Auge, da er des bösen Verrats gedachte, den jener an Dietrich geübt hatte. „Was bekümmert dich so tief?" fragten ihn die Genossen. Er antwortete, und sein Blick verdunkelte sich vor Zorn: „Dieser Mann tat uns so viel Leid an, daß mein Herz nach Rache schreit! Wittich ist es – daß er sein Leben ließe unter meinen Händen!" „Wozu tragen wir Streitgewand?" sagte Ort; „laß uns hin und ihm den Schild zerhauen!"

Wittich aber rief herüber zu den Jünglingen: „Gehört ihr zu dem Berner?" „Das sollst du bald gewahr werden!" rief Dieter zurück; „mit dem Haupte sollst du es büßen, daß du treulos unser Land verkauftest!" Spöttisch entgegnete Wittich: „Was kümmert euch Jungen dieses Land? Reitet ins Hunnenland zurück! Und haltet die Schnäbel, sonst werdet ihr bald euer letztes Lied gesungen haben!" „Ehrloser Lästerer, eher werden wir dir deinen Mund schließen!" rief Dieter zornig, und die drei Jünglinge sprengten die Straße hinab gegen Wittich, der an den Schilden erkannte, wen er vor sich hatte. „Nun hilft es nichts", sprach er zu sich und spornte Schimming, da fiel ihn Scharf, den andern weit voraus, schon mit dem Schwerte an. Noch hielt Wittich an sich, er wehrte nur mit dem Schild ab, aber als der Jüngling voll Ungestüm ihm eine Wunde schlug, zückte er Mimung und spaltete ihm das Haupt.

Mit wildem Mut rannte als zweiter Ort herbei, den Bruder zu rächen. „Ihr handelt töricht", warnte ihn Wittich, „nehmt Rat an, kehrt um, das ist keine Schande für euch! Ich tat Dietrich schon Leides genug, ungern würde ich auch euch noch erschlagen!" „Wehre dich, Mörder!" schrie Ort, „du sollst mir den Tod meines Bruders büßen!" „Es ist besser, ein Leid ungerächt zu lassen, als es durch ein neues zu vermehren", redete ihm Wittich weiter zu; „du machst deinem Vater nur größeren Schmerz, wenn auch du fällst!" „So denkt kein Held!" rief Ort mit Stolz und begann den Kampf. Wuchtig fielen seine Schläge, hätten sie Wittich getroffen, es hätte ihn wohl das Leben gekostet; aber der Kampferfahrene wehrte sie mit Kunst ab und warnte Ort zum letzten Male: „Noch kannst du im guten davonkommen, reize mich nicht so lange, bis mein Zorn erwacht!“ Doch der Knabe hörte nicht, und inzwischen war auch Dieter zur Stelle und drang mit ihm zugleich auf Wittich ein.

Der Recke ließ sich eine Weile von ihnen treiben, doch als sie ihn von vorn und hinten zugleich angriffen und von ihren Schwertschlägen das Feuer aus seinem Helm zu sprühen begann, schlug er Ort mit einem Streich Mimungs durch den Schädel, daß der Knabe vom Roß zu Boden schoß und tot liegenblieb. Dann sprangen Wittich und Dieter ab; mächtige Schläge teilte der junge Held aus und schlug dem Gegner zwei starke Wunden. Da warf Wittich den Schild auf den Boden, hob Mimung mit beiden Händen und schlug Dieter durch die Achsel tief in die Brust, die Panzerringe wie Stroh durchschneidend. „Dietrich, mein Bruder!“ rief der Knabe in Todesnot und griff hinstürzend in die schwarze Erde; er führte sie zum Munde an Stelle des Sakraments. Voll dumpfer Verzweiflung starrte Wittich auf den Toten. „Jetzt läge ich gern an deiner Stelle, könnte ich dich wieder lebend machen!“ murmelte er. „Gar zu schwer habe ich an Dietrich gefrevelt, nie darf ich ihm mehr begegnen.“ Er ging hinüber zu Schimming, aber als er ihn besteigen wollte, verließ ihn die Kraft, und er mußte sich vor großer Not auf die Heide niederlegen.

Inzwischen war die Schlacht vor Raben neu entbrannt, wilder noch als des Tages vorher. Da ward Gnade weder erbeten noch gewährt, Schildtrümmer, Harnischringe, abgehauene Glieder flogen durch die Luft, zerspaltete Leiber schütteten die Eingeweide aus, und aus Todeswunden rann das Blut, daß das zerstampfte Gras der Heide sich rot färbte. Auf die Scharen Wittichs, die an seiner Statt Reinhold führte, waren Helferich, Dietleib und Wolfhart gestoßen und wüteten unter ihnen, so daß sie in wilder Flucht nach Raben zurückfluteten. Mit gleichem Grimm jagte Dietrich die Hauptmacht Ermanrichs. Mitten hinein in die Feinde trieb Eckehart sein Roß, er suchte den Verräter Sibich, der sich mit seinem König zugleich zur Flucht gewandt hatte, und bekam ihn zu packen. Rüstung und Kleider riß er ihm vom Leibe und band ihn nackt quer vor sich übers Roß; so führte er ihn durch das ganze Heer und hängte ihn an den hohen Galgen: „Endlich rächte ich meine Herren Emmerich und Frittel!“

Ermanrich rettete sich, von Heimes Schild gedeckt, in das Tor von Raben; aber schon rüsteten sich Dietrichs Mannen, die Burg zu stürmen. Da langte Elsan bei seinem Herrn an, und als Dietrich den Alten vom Roß springen sah, war seine erste Frage: „Sag, Freund, bringst du gute Nachricht von den jungen Herren?“ Seufzend antwortete Elsan: „Sind sie nicht bei euch? Kaum wage ich es auszusprechen: ich habe sie verloren.“ „Auf, sie zu suchen!“ rief Dietrich; „niemand bleibe zurück! Meine Ehre hängt daran!“ Wie erstarrt stand er in seiner Qual; da kam Helferich in wilder Fahrt geritten und fiel fast vom Pferde, vor Leid die Hände ringend trat er zu seinem Herrn und konnte kein Wort sprechen, bis Dietrich ihn fragte, welches Unheil ihm zugestoßen sei. „Daß ich's nicht zu sagen brauchte!“ antwortete Helferich, und dann fuhr er fort: „Edler Dietrich, Etzels Söhne und dein Bruder liegen erschlagen auf der Heide.“

Wortlos sprang Dietrich aufs Roß und ließ sich dahin führen, wo man die Knaben gefunden hatte. Er sank aus dem Sattel auf die Toten nieder und küßte ihre Wunden, vor Schmerz biß er sich ein Glied von seinem Finger, seinem Schicksal fluchend. „Daß mich Gott auf der Stelle sterben ließe! Nun folgt mir Schande bis an meinen Tod, Verräter an meinem Herrn und Freunde werde ich heißen, so schuldlos ich bin; niemals wieder werde ich vor Helches Augen treten dürfen! Und du, mein Bruder, Freude meines Herzens – läge ich an deiner Stelle getötet!“ Aber dann wandte er die Leichen sorgsam um und prüfte die Wunden; ohne zu schwanken, entschied er: „Diese Wunden schlug Mimung!“ Und nun erhob er sich und sprach: „Gott, jetzt erbarme dich meiner Not; Schenke mir Kraft, halte mir Siechtum und Tod fern, bis ich Rache genommen habe an dem Mörder!“

In diesem Augenblick kam Wittich über die Heide geritten; als er Dietrich von weitem erblickte, wandte er Schimming um und sprengte davon. Aber Rüdiger hatte ihn gesehen und rief: „Aufs Roß, Herr Dietrich, dort reitet Euer Feind!“ Schnell wie der Blitz sprang Dietrich auf Falke, beide Sporen drückte er ihm in die Weichen und jagte Wittich nach. Seine Augen loderten, aus seinem Mund ging feuriger Atem, Schrecken flog ihm voraus. „Halt, Wittich!“ rief er dem Fliehenden nach, „sei nicht feige, herab vom Roß und stelle dich mir!“ Ohne ein Wort zu erwidern, jagte Wittich weiter. „Denke an deine Ritterschaft!“ rief Dietrich, „denke an deine Ehre! Ich will von dir wissen, warum du die Knaben erschlugst und wie sie starben! Gib Antwort und kämpfe mit mir – vielleicht besiegst du mich und gewinnst gar mein Reich!“ Aber wie er auch rief und bat und drohte, Wittich wandte sich nicht, stumm trieb er Schimming zu immer schnellerem Lauf; und Dietrich spornte Falke, daß von den Weichen des Rosses das Blut sprang und es wie der Sturmwind hinterdreinbrauste.

Schreiend fuhr der Verfolger hinter dem stummen Feinde her, immer dichter kam er ihm auf die Fersen: da prallte Wittichs Roß hoch empor vor dem brandenden Meere. Aber sein Reiter trieb es vorwärts, ins Wasser hinein. Dietrich schleuderte den Speer nach ihm, aber er traf ihn nicht mehr: denn vor Wittich war seine Ahnfrau aufgetaucht, die Meerminne, und hatte ihn samt seinem Rosse hinab in ihr Reich gezogen. Dietrichs Speer fuhr tief in den Sand, so stand er festgespießt noch viele Jahre. Bis an den Sattelbogen war der König dem Feinde ins Wasser nachgesprengt, jetzt mußte er umkehren; auf dem Strand sprang er vom Roß und spähte lange verzweifelt über die grauen Wogen. Endlich saß er wieder auf und ritt gesenkten Hauptes zur Walstatt zurück. Die ganze Nacht hindurch saß er über den Toten, dann wurden sie feierlich von den Helden bestattet. „Nun sei nicht länger geklagt", sprach Helferich! „was uns auch geschah: wir müssen weiterkämpfen!"

Vor Raben hielten die Helden Rat. Über Elsan ward von Dietrich das Urteil gesprochen: er mußte weichen aus Würde und Land und fand seine Zuflucht im Kloster. Die Recken aber riefen zum Sturm gegen Raben; denn Ermanrich hielt sich dort wohlverwahrt und ließ neue Heerscharen aufbieten. Da sprach Dietrich: „Wir werden die Mauern Rabens nicht mehr stürmen! Seit Etzels Söhne, meinen Händen anvertraut, starben, darf ich nicht mehr Etzels Krieger in meinen Kampf führen! Rüdiger und Helferich mögen sie heimgeleiten zu ihrem Herrn." „Wehe, armer König!" rief Rüdiger; „so verlierst du dein Reich zum zweiten Male!" Aber wie sehr sie ihn auch baten, er beharrte auf seinem Willen. Sieger und doch besiegt, kehrte er zurück nach Bern, um von dort Etzels Helden und Heer in ihre Heimat zu entsenden. Er selbst wollte nicht vor den König und Helche treten. „Sag der Königin", bat er Rüdiger, „daß ich keine Schuld am Tode ihrer Kinder trage, erzähle ihr alles, wie es geschah, und erinnere sie daran, wie ich ihr stets mit aller Liebe diente! Du wirst hören, ob sie mir ihre Huld wiederschenken will oder nicht – das laß mich wissen!" „Sie wird dir verzeihen", sprach Rüdiger; und er bewog den Helden mit vieler Mühe, ihm ins Hunnenland zu folgen. In die Burg Etzels aber wollte Dietrich nicht einreiten; er wartete draußen, welchen Bescheid ihm Rüdiger bringen werde.

Rüdiger und Helferich ritten in die Etzelburg ein, und sie führten die Rosse Scharfs und Orts mit sich; als die Helden aber abstiegen, rissen die beiden Tiere sich los und galoppierten vor die Halle: dort blieben sie stehen, und Helche sah sie aus dem Fenster. „Wehe", sprach sie zu ihren Frauen, „da stehen die Rosse meiner Söhne, ihrer Reiter ledig: mir ahnt Furchtbares.“ Gleich danach traten Rüdiger und Helferich ein, und sie rief ihnen zu: „Wo sind meine Söhne?“ Lange vermochte Rüdiger nicht zu antworten, da drängte sie: „Sag es in einem Wort, edler Markgraf: leben Scharf und Ort, oder sind sie tot?“ „So muß ich es denn sagen“, sprach Rüdiger, „– sie liegen tot auf der Heide zu Raben.“ Helche fiel zu Boden, sie rang die Hände und erhob schmerzliche Klage um die Verlorenen: „Nie werde ich euch wieder in die lichten Augen sehen, meine Kinder, nie wieder eure lieben Hände fühlen!“ Dann aber sprang sie auf und rief: „So sei der Berner verflucht, dem ich sie anvertraute! Er hat sie verraten und verkauft!“ Gerade da kam Herrat in den Saal und nahte sich der Königin, aber die wies sie von sich: „Geh mir aus den Augen! Du bist mir verhaßt wie der Mann, dem ich dich gab!“

„Haltet ein“, sprach jetzt Rüdiger, „Ihr tut Dietrich schweres Unrecht! Gott strafe mich selbst, wenn der Held schuld an dem Tode Eurer Kinder hat! Ich weiß, er würde sein Leben hingeben, wenn er sie wiedererwecken könnte. Mit eigenen Augen sah ich, wie er die Wunden der Toten küßte und sich vor Gram ein Glied vom Finger biß. Und wißt, daß mit Euren Söhnen zugleich sein eigener junger Bruder erschlagen wurde; Dietrich geschah Leid wie Euch, wie dürftet Ihr ihm zürnen!“ „So reut es mich, daß ich ihm fluchte!“ antwortete Helche; und als sie gehört hatte, wie alles sich begeben, sprach sie mit Tränen: „Melde Dietrich, daß ich ihn liebe wie je.“ „Darf er vor Euch erscheinen ohne Gefahr?“ fragte Rüdiger. „Sorge dich nicht“, erwiderte sie, „ich bin ihm hold und werde ihm auch Etzels Gnade wiedergewinnen.“ Damit ging sie zu Etzel, ihm die schwere Botschaft zu bringen; Rüdiger aber holte Dietrich und führte ihn in den Königssaal.

Dort saßen Etzel und Helche auf dem Hochsitz, und der König erwiderte kaum den Gruß des Helden. Dietrich aber trat heran und beugte sein Haupt nieder auf Etzels Fuß. Als die Königin den Helden in so tiefer Demut sah, begann sie vor Jammer laut zu weinen. „Edler König“, sprach Dietrich, „ich gebe mich in deine Hand: willst du das Unglück deiner Söhne an mir rächen, so nimm mein Leben!“ Da beugte sich Etzel nieder, hob den Knienden auf und schloß ihn in die Arme: „Welches Leid mir auch durch dich kam, du trägst keine Schuld daran. Sei mein Freund, wie du es immer warst!“

Manches Jahr lebte Dietrich noch am Hofe des Hunnenkönigs. Nicht lange freilich mehr durfte er sich der Gnade der Königin freuen; denn das Leid um ihre Kinder fraß ihr am Herzen, und sie starb ihnen in kurzer Frist nach. Aber die Huld Etzels blieb Dietrich erhalten, und er vergalt sie als starker und getreuer Helfer. Die erlesene Heldenschar, die ihm in der Rabenschlacht zur Seite gestritten hatte, war ihm auch diesmal in die Fremde gefolgt und tröstete den Heimatlosen. Nur einen aus ihr mußte er bald verlieren: Dietleib, der in einer Schlacht gegen die Wilzen fiel.

DIE NIBELUNGEN

Der hörnene Siegfried

In Xanten am Niederrhein herrschte König Siegmund; ihm gebar seine Frau Sieglinde einen Sohn, der Siegfried genannt wurde. Er war ein schöner und starker, aber wilder Knabe, der keinem Menschen untertänig sein wollte; und als er zum Jüngling heranwuchs, behagte es ihm nicht mehr, daheim zu sitzen. So entlief er eines Tags aus der väterlichen Burg, und die Eltern samt den Räten des Königs getrösteten sich der Hoffnung, daß es ihn am besten bändigen werde, wenn er sich draußen allein versuchte; gewiß werde er einmal als ein kühner Recke wiederkehren.

Auf seiner Wanderung kam Siegfried an eine Schmiede, die dicht an einem großen Walde lag, und verdingte sich bei dem Schmied Mime als zweiter Knecht. Er erwies sich auch hier als so herrisch und unbezähmt, daß der Meister und der erste Knecht viele Plage mit ihm hatten; doch dachte Mime seine Kraft zu nutzen. Darum gab er ihm eines Tags seinen schwersten Hammer in die Hand, legte selbst eine glühende Eisenstange auf den Amboß und hieß ihn zuschlagen. Da ließ Siegfried den Hammer mit solcher Wucht niedersausen, daß das Eisen in Stücke sprang und der Amboß tief in die Erde fuhr. Als Mime das sah, ward es ihm leid, daß er Siegfried bei sich behalten hatte; er sann darauf, wie er ihn wieder loswerden könne, und wußte sich keinen andern Rat, als ihn umzubringen. Weil er sich's aber selbst nicht traute, beschloß er ihn in den Wald zu senden, wo ein gewaltiger Drache hauste. „Zum Schmiede taugst du nicht", sprach er zu dem Jüngling, „du verdirbst mir Eisen und Werkzeug zugleich. So magst du in den Wald gehen und mir Kohle brennen." Und er gab ihm eine Axt, die nahm Siegfried und ging in den Wald.

Er fällte Bäume, schichtete sie zum Meiler und zündete ihn an; dann setzte er sich zum Essen und vertilgte auf einmal alle Vorräte, die ihm Mime für neun Tage mitgegeben hatte, mitsamt dem Wein. Als er fertig war, spürte er solche Kraft in sich, daß er sprach: „Jetzt möchte ich einen hier haben, auf den ich losschlagen könnte!" Aber kaum hatte er das gesagt, da kam aus der Tiefe des Waldes der Lindwurm gefahren, gerade auf ihn zu. Das war Siegfried eben recht; er riß den stärksten Stamm aus dem Feuer und schlug den Drachen, ehe er noch Gift gegen ihn blasen konnte, so aufs Haupt, daß er zur Erde sank; und er schlug immer weiter, bis das Untier tot lag. Dann hieb er ihm mit der Axt den Kopf ab. Als aus dem Rumpf das rauchende Blut strömte, faßte er mit der Hand hinein und fühlte, daß seine Haut hart wurde wie Horn. Da warf er die Kleider ab und badete in dem Blut; davon wurde die Haut an seinem ganzen Körper hörnen, daß kein Eisen sie mehr durchdringen konnte. Nur zwischen seinen Schultern blieb eine Stelle verwundbar: darauf war ihm ein Lindenblatt gefallen, während er badete.

Das Drachenhaupt mit sich schleppend, machte er sich auf den Heimweg. Unterwegs aber überlegte er sich alles, was geschehen war, und erkannte, daß Mime ihn aus Tücke in den Wald geschickt hatte, damit der Drache ihn töte. Als der Schmied ihn willkommen hieß und ihm mit falscher Freundlichkeit die Hand entgegenstreckte, wies er sie zurück und sprach: „Nichts von Willkommen! Daß du mir den Tod sannst, sollst du mir mit deinem Haupte büßen!" Mime bot ihm eine ganze Rüstung samt Schild und Schwert, dazu ein gutes Roß, wenn er ihn leben ließe. Aber Siegfried hatte kein Erbarmen mit ihm, er schlug ihn mit einem Streiche zu Boden und nahm das, was jener ihm geboten hatte, ohne Dank. Der Knecht aber war schon entsprungen. Wohlgewappnet ritt der Held weiter durch die Welt und bestand manchen Kampf. So gelangte er auch in das Land, über das bis vor kurzem König Nibelung geherrscht hatte. Jetzt sollten seine beiden Söhne gemeinsam des Landes walten und den gewaltigen Hort erben, den der Vater ihnen hinterlassen hatte; er hatte ihn in einem hohlen Berge aufbewahrt und den starken Zwerg Alberich mit zwölf Riesen als Wächter darübergesetzt. Gerade waren die Könige dabei, den Schatz aus dem Berge tragen zu lassen, um ihn zu teilen, als Siegfried des Weges geritten kam. Er staunte über die Fülle des Goldes, das sich hier funkelnd häufte, genug, um viele Könige reich zu machen. Aber die Söhne Niebelungs waren allzu gierig und stritten sich bei der Teilung, so daß sie nicht einig werden konnten. Als sie den Helden sahen und seinen Namen hörten, grüßten sie ihn mit Freude; er kam ihnen sehr gelegen, um als Schiedsrichter den Streit zu schlichten. Sie boten ihm als Gabe das herrlichste der Schwerter, den Balmung, und baten ihn, den Schatz zu teilen. Aber wie er es auch anfing, er konnte es ihnen nicht recht machen, und schließlich wandten sie sich beide gegen ihn. Zürnend und scheltend fielen sie ihn an, aber der Balmung in seiner Hand brachte ihm den Sieg: er erschlug alle beide, dazu viele der Mannen, die sie bei sich hatten, und alle zwölf Riesen, die mit ihren Stangen herbeigeeilt waren, um ihren Herren zu helfen. Da unterwarfen sich ihm die andern, und so wurde er Herr über Nibelungs Erbe. Das Land nahm er in Besitz, das Gold aber ließ er zurückbringen in den Berg und ging selbst hinein, den ganzen Schatz zu besehen.

Plötzlich sprang ihm aus einer Kluft heraus ein Feind entgegen: Alberich, der starke Zwerg, der seine Herren zu rächen begehrte. Er trug über Helm und Panzer eine Tarnkappe, die ihn unsichtbar machte, und brachte den Helden in große Not. Mit starkem Arm schwang er seine Waffe, eine goldene Geißel mit sieben schweren Knoten, gegen den Schild, mit dem Siegfried sich zu decken suchte, und zertrümmerte ihn in Stücke. Da stieß Siegfried den Balmung in die Scheide und warf den Rest des Schildes weg, mit einem Satz sprang er dahin, wo er den Zwerg vermutete: mit der Linken packte er ihn am Bart, so heftig, daß Alberich laut aufschrie, mit der Rechten riß er ihm die Tarnkappe vom Kopf. Nun er ihn sah, wurde er seiner rasch mächtig. Er warf ihn auf den Boden und schnürte ihm mit Riemen Arme und Füße zusammen, daß er sich nicht mehr zu rühren vermochte. Jetzt begann Alberich um sein Leben zu bitten und sprach: „An deiner Heldenstärke spüre ich, daß du wohl verdienst, dieses Schatzes und Landes Herr zu sein. Laß mich am Leben, so will ich dir dienen aus allen Kräften, wie vormals dem König Nibelung!“ Das nahm der Held gern an, denn er bedurfte für den Schatz eines sicheren und starken Hüters. Er ließ den Zwerg Treue schwören, löste seine Bande und setzte ihn wieder an seinen Platz. Die Tarnkappe aber nahm er mit; sie und der Balmung waren die köstlichsten Kleinode Siegfrieds von Niederland, der fortan auch der König der Nibelungen hieß. Er ordnete das Land, das er erworben hatte, verweilte aber nicht mehr lange dort, sondern ritt mit großer Pracht heim nach Xanten, wo Vater und Mutter den edlen Recken, der einst als trotziger Knabe in die Welt gelaufen war, mit tausend Freuden empfingen. Siegmund bot ihm die Krone von Niederland an, aber Siegfried wollte sie nicht nehmen, solange der Vater lebte. In großem Glück lebten sie miteinander, nur eines fehlte Siegfried noch: das Weib, das seiner wert war.

Kriemhild

In Worms, am Hof der Burgunden, wuchs eine Jungfrau auf, Kriemhild geheißen, über die Maßen schön und aller Tugenden voll. Drei edle Könige waren ihre Brüder, Gunther, Gernot und der junge Giselher; sie führten gemeinsam die Herrschaft nach dem Tode ihres Vaters, und viele kühne Recken dienten ihnen: der starke Hagen von Tronje, unter allen der gewaltigste, und sein Bruder, der schnelle Dankwart, ihr Marschall; die Markgrafen Gere und Eckeward, Ortwin von Metz der Truchseß, Sindolt der Schenke, Hunolt der Kämmerer, Rumolt der Küchenmeister und Volker von Alzey der Spielmann. In hohen Ehren stand der Hof, über dessen Zucht Frau Ute wachte, die Mutter der Könige.

Eines Nachts träumte Kriemhild, sie zöge sich einen wilden Falken auf, den würgten ihr zwei Adler: davon geschah ihr tiefstes Herzeleid. Die Mutter wußte ihr den Traum zu deuten: „Der Falke ist ein edler Mann; Gott möge ihn behüten, sonst wirst du ihn verlieren." Nein, sagte da die Jungfrau, dann wolle sie keinen Mann; aber die Mutter sprach: „Verrede es nicht so ganz, nie wird ein schönes Weib von Herzen froh werden ohne Mannesminne." Doch Kriemhild wehrte ab: „Liebe pflegt mit Leid zu enden; ich will mich vor beiden hüten." Danach tat sie auch; sie hielt ihr Herz frei, bis endlich doch der Held kam, der sie gewann. Und an ihm sollte ihr Traum wahr werden.

Der Ruf der schönen spröden Jungfrau, die jeden Freier ausschlug, lief durch alle Lande; auch Siegfried, der junge Held von Niederland, vernahm von ihr, und er beschloß, um sie zu werben. Seine Eltern vernahmen das nicht gern; sie fürchteten, wenn ihr Sohn die Jungfrau nicht im guten erbitten könnte, werde Streit entbrennen mit den stolzen Burgundenkönigen und ihren trotzigen Recken. Da er jedoch auf seinem Willen beharrte, wollte Siegmund seinen Heerbann aufbieten, damit der Sohn mit großer Macht nach Worms gefahren komme. Aber Siegfried sprach: „Ich will keine Heerfahrt tun, mit meiner Hand allein will ich die schöne Jungfrau gewinnen, und nicht mehr als zwölf Recken sollen mich begleiten." Darein mußten sich die Eltern fügen. Die Begleiter wurden erwählt und aufs prächtigste ausgerüstet; mit ihnen zog Siegfried davon und gelangte am siebenten Morgen nach Worms.

In glänzendem Zuge kamen sie geritten, auf edlen Rossen, die mit goldenen Zäumen und seidenen Brustriemen geziert waren, in blanken Rüstungen, mit neuen lichten Schilden und strahlenden

Helmen, die Schwerter gingen ihnen bis auf die Sporen, und in der Hand führten sie scharfe Speere; dicht gedrängt standen die Leute, um sie anzustaunen, und Gunthers Mannen liefen herbei, sie zu empfangen. Ehe er noch die Rosse in den Stall ziehen ließ, verlangte Siegfried mit Gunther zu sprechen; da wiesen die Mannen ihn zum Saal. Dort hatte der König schon von der Ankunft der Gäste gehört, die so reich und stattlich daherritten und doch niemandem bekannt waren, darum rief er Hagen, der vieler Länder kundig war, und fragte ihn, wer sie wohl sein möchten. Hagen blickte durchs Fenster und sprach: „Fürstlich ist ihr Aufzug; woher sie auch kommen, es sind hochgemute Helden. Ich habe ihn nie gesehen – aber der Degen, der da so herrlich vor den andern geht, kann, scheint mir, nur Siegfried sein, der Held aus Niederland, der den Drachen erschlug und den Nibelungenhort erwarb. Er ist der stärkste und kühnste aller Helden und unverwundbar, seit er sich im Blut des Drachen badete. Wir sollten ihn gut empfangen!" „Er soll uns willkommen sein", sagte Gunther.

Der König ging dem Gast entgegen und empfing ihn mit Ehren; höflich tauschten sie den Gruß. Dann fragte Gunther. „Warum kommt Ihr in unser Land, edler Siegfried, und was sucht Ihr in Worms?" Stolz aufgerichtet erwiderte Siegfried: „Ich hörte daheim erzählen, an Eurem Hofe seien die kühnsten Recken, und kein König übertreffe Euch. Das will ich erproben! Ich bin auch ein Recke und zur Krone geboren: Haupt und Ehre verpfände ich dafür, daß ich Euch im Kampf Euer Reich abzwinge!" Mit Befremden hörte Gunther diese Absage, mit Zorn vernahmen sie seine Helden. Aber er sprach begütigend: „Warum sollte ich, was ich von meinem Vater in Ehren empfing, einem andern überlassen? Das würde uns nicht zu Ruhme gereichen." Doch Siegfried fuhr fort: „So ist es mein fester Wille: mein Erbe setze ich gegen deins; wer siegt, soll über beide Reiche gebieten." „So sind wir nicht gesonnen", sprach da Gernot, „daß wir fremden Landes begehren und dagegen unser eigenes aufs Spiel setzen, das wir mit Recht besitzen." Aber Herr Ortwin von Metz rief zornigen Muts: „Unverdient trifft uns Siegfrieds Absage, und wenn ihr Könige nicht mit ihm streiten wollt, so wollen wir Recken uns wehren gegen seinen Übermut!" „Nur mit einem König zu streiten, kam ich her", antwortete Siegfried, „nicht mit einem Lehnsmann!" Da rief Ortwin nach seinem Schwert, aber Gernot und Hagen strebten den Streit zu schlichten, besser schien es ihnen, Siegfried zum Freunde zu gewinnen; und Gernot verbot seinen Mannen, die Herausforderung des starken Gastes zu erwidern.

So wurde Ruhe geschaffen, und nun sprach Giselher, der jüngste der königlichen Brüder, mit freundlicher Anmut zu Siegfried: „Seid unser Freund, wir werden Euch gern dienen!“ Siegfried blickte schon halb versöhnt auf den Jüngling, der ihm den Willkommbecher bot, und als Gunther hinzufügte: „Wenn Ihr es in Güte von uns begehrt, werden wir gern unser Reich mit Euch teilen!“ – da schlug er ein und machte Frieden mit den Burgunden.

Sie boten ihm und den Seinen die beste Herberge, alle Ehre ward ihm erwiesen, von Tag zu Tag wurde die Freundschaft fester, und er war wohl solcher Liebe wert. Fleißig trieben die Könige und die Recken ritterliche Kurzweil, und immer gewann Siegfried den Preis, ob es im Werfen des Steins war oder im Schießen des Speers. Oft schauten die Frauen zu, und stets stand heimlich am Fenster Kriemhild, die er im Herzen trug; hätte er das gewußt, es wäre ihm die höchste aller Freuden gewesen. Wenn er sich so ritterlich auf dem Hof bewegte, mußten ihm alle Frauen hold sein, und Kriemhild ward seines Anblicks täglich froher. Er aber bekam sie nie zu sehen, obwohl er nun schon ein volles Jahr an Gunthers Hof weilte.

Da kamen Boten zum König und brachten den Burgunden die Kriegserklärung der zwei Könige Lüdeger von Sachsen und Lüdegast von Dänemark; binnen zwölf Wochen wollten sie ihre Heere zum Kampf heranführen. Gunther rief seine Helden zum Rat. „Mit Schwertern wollen wir ihnen begegnen!“ rief Gernot; aber Hagen sagte: „Die Frist ist zu kurz, unsern ganzen Heerbann aufzubieten; wir wollen Siegfried bitten, uns beizustehen.“ Nichts hörte der Held aus Niederland lieber; freudig sagte er seine Hilfe zu, er selbst wollte die Heerfahrt führen, während Gunther in Worms des Reiches walten sollte. An der Spitze der Recken ritt Siegfried dem Heere voran, Volker trug die Sturmfahne, Gernot und Hagen führten die Hauptmacht, Dankwart und Ortwin die Nachhut. Als erster traf Siegfried auf König Lüdegast, einen alten, gewaltigen Kämpen. Im Kampf Mann gegen Mann hieb er ihm drei schwere Wunden, daß Lüdegast um sein Leben bitten mußte, und nahm ihn gefangen; und als dreißig Dänenrecken herbeieilten, ihren König zu befreien, erschlug er sie alle bis auf einen, der die Nachricht rückwärts zum Heer trug.

Nun rückten die Feinde in hellen Scharen an, es entbrannte der Kampf Heer gegen Heer, und obwohl die Burgunden nur tausend Mann zählten gegen vierzigtausend der Feinde, kämpften ihnen die Recken so herrlich voran, daß sich der Sieg auf ihre Seite neigte. Dreimal durchstieß Siegfried die feindlichen Reihen, beim dritten Male begegnete er Lüdeger; die Helden wechselten starke Schwertstreiche, der Schild des Sachsenfürsten flog in Stücke vor Siegfrieds Klinge: da erkannte Lüdeger am Wappen den Gegner und rief den Seinen zu: „Hört auf zu streiten – der starke Siegfried ficht gegen uns, den hat uns der Teufel auf den Hals geschickt!“ Er ließ die Fahnen senken und gab sich in Siegfrieds Hand. So war der Krieg schnell beendet. Das Feindesheer zog ab und ließ viele Gefangene in den Händen der Burgunden. Die ritten zurück nach Worms, und Siegfried führte die beiden Könige als Geiseln mit.

Boten flogen dem siegreichen Heere voraus, und einen von ihnen winkte Kriemhild zu sich in die Kammer. „Wie geht's meinem Bruder Gernot und meinen Freunden?“ fragte sie hastig; „und wer tat das Beste im Streit?“ „Alle Recken leben“, antwortete der Bote, „und alle stritten tapfer, Gernot und Hagen und Ortwin; aber mehr als alle tat Siegfried: beide Könige fing er mit eigener Hand.“ Kriemhilds Antlitz erstrahlte vor Freude rosenrot, sie lohnte den Boten mit reicher Gabe. Bald trafen auch die Helden mit ihren Gefangenen ein, von Gunther mit Freuden begrüßt. Den Feinden versprach er Freiheit, wenn sie Friedensbürgschaft gäben; die siegreichen Freunde aber entbot er zu einem großen Fest über sechs Wochen, damit sie erst nach Hause kehrten, ausruhten und sich rüsteten. Auch Siegfried ritt nach Xanten zu seinem Vater, mit Verheißung, rechtzeitig wieder zur Stelle zu sein. Inzwischen aber wurde in Worms alles aufs köstlichste zum Fest bereitet und am Ufer des Rheins eine große Kampfbahn erbaut.

Zweiunddreißig Fürsten und viele Ritter kamen zu dem Hoftage, prächtig geschmückt prangten sie am Pfingstmorgen einher. Längst hatte Gunther erkannt, daß Siegfried seine Schwester liebte, obwohl er sie noch nie sah; und so befolgte er gern den Rat Ortwins, Kriemhild zum Feste zu führen, damit ihr Anblick die Helden erfreue. Die Kämmerer voran, mit einem reichen Gefolge schöner Frauen und edler Ritter, trat die königliche Jungfrau, von ihrer Mutter Ute geleitet, aus der Kemenate wie das Morgenrot aus den Wolken; geschmückt mit Edelsteinen, herrlicher geschmückt von ihrer eigenen Schönheit, glänzte sie vor den andern wie der lichte Vollmond vor den Sternen, und die Degen drängten sich, sie zu sehen. Siegfried aber entsank der Mut bei ihrem Anblick. „Wie konnte ich mich vermessen, dich zu lieben?“ sprach er bei sich; „aber wenn ich dich meiden sollte, wäre es mir besser, zu sterben.“ Da sprach Gernot zu Gunther: „Nun, lieber Bruder, gib dem Helden, dem wir so viel verdanken, den Lohn: Kriemhild soll ihn grüßen, die noch nie einen Recken grüßte!“

Siegfried ward vor die Jungfrau geführt, sein Antlitz flammte vor Freude; sie grüßte ihn mit Züchten, und als er sich tief vor ihr verneigte, faßte sie seine Hand. Sie sahen sich verstohlen an, fühlten den Druck ihrer Hände, und er merkte, daß auch sie ihn liebte. Inmitten des Saals, während alle auf sie blickten, ward der Jungfrau erlaubt, ihn zu küssen; König Lüdegast sagte, als er das sah: „Um dieses Kusses willen also geschah es, daß so viele unserer Helden von Siegfrieds Hand sinken mußten!" Für eine Weile ward das Paar geschieden, denn Kriemhild mußte ins Münster zur Messe gehen; aber als sie wiederkehrte – mit großer Ungeduld hatte der Held auf das Ende des Meßganges gewartet –, durfte er ihr wieder nahen. Nun erst dankte sie ihm, daß er ihren Brüdern mit solcher Treue gedient habe; und er erwiderte: „Mein ganzes Leben lang will ich ihnen dienen um Eurer Liebe willen."

Zwölf Tage lang konnte er der Schönen aufwarten, denn so lange dauerte das Fest mit Waffenspiel und Gelage. Dann baten die gefangenen Könige, entlassen zu werden, und boten reichen Schatz an Gold als Lösegeld; aber Siegfried riet Gunther, sie ohne Loskauf freizugeben, und so schenkte der König ihnen die Freiheit, nachdem sie ihm mit Handschlag Frieden und Treue gelobt hatten. Dann befahl er, viele Schilde voll Kleinode herbeizutragen, und teilte freigebig unter die Gäste aus. Alle nahmen Urlaub, die Herbergen leerten sich, einer nach dem andern ritt davon, und nun wollte auch Siegfried Abschied nehmen. Aber der junge Giselher bat ihn in ihrer aller Namen, daß er bleibe – alle seien ihm hold, auch die schönen Frauen. „So laßt die Rosse im Stall!" sprach Siegfried und blieb in Worms. Nirgends wäre er lieber gewesen, denn er durfte täglich die schöne Kriemhild sehen.

Brunhild

Jenseits des Meeres saß eine Königin, Brunhild von Isenland, der keine zu vergleichen war an Schönheit und Kraft. Nur dem Manne wollte sie sich ergeben, der sie in drei Wettspielen überwinde: im Speerschießen, im Steinwerfen und im Springen; wenn der Freier aber unterlag, so war sein Haupt verloren. Gunther hörte von ihr und beschloß, um sie zu werben, wie es auch ergehe; Leib und Leben wollte er wagen um ihre Minne. Siegfried warnte vor der Fahrt, zu viele Helden habe die wilde Jungfrau schon besiegt und getötet. Da aber Gunther von seinem Vorhaben nicht abstand, riet ihm Hagen,

Siegfried um seinen Beistand zu bitten, da er von Brunhild am meisten Kunde habe. Das tat Gunther, und Siegfried sprach: „Ich will dich begleiten, wenn du mir deine Schwester Kriemhild zum Weibe gibst." Gern versprach das Gunther, wenn durch Siegfrieds Hilfe Brunhild nach Worms komme, und sie bekräftigten den Bund mit feierlichen Eiden.

Für die Fahrt gedachte Gunther ein Heer zu sammeln, aber Siegfried sagte: „Nein, wir wollen zur Werbung fahren nach Reckenart, vier Gesellen nur, du und ich, dazu Hagen und Dankwart. Wir vier sind tausend wert." Schöne Gewänder ließen sie sich bereiten, Kriemhild schuf sie mit ihren Frauen aus Seide und Pelzwerk und zierte sie mit Gold und edlen Steinen. Goldrote Schilde und Rüstungen wurden hinabgetragen zum Strand und in das kleine, starke Schiff gebracht, das auf dem Rhein bereitlag; auch die Rosse wurden an Bord geführt. Siegfried aber nahm die Tarnkappe mit, die ihm die Stärke vervielfachte und ihn unsichtbar machte. Dann verabschiedeten sie sich von den Frauen; die hätten dem König eine weniger gefährliche Brautfahrt gewünscht.

Siegfried, des Weges kundig, ward zum Schiffsmeister bestellt; er schob mit der Stange das Schiff ins Wasser, dann griffen alle zu den Rudern und fuhren rheinab, während die Frauen ihnen nachwinkten. Speise und Wein hatten sie genug, der Wind war günstig, sie ruderten mit Macht; so kamen sie rasch den Strom hinab in die See, und nach zwölf Tagen erreichten sie Isenstein, das sich, von der Burg gekrönt, mächtig aus dem Meer erhob.

„Da liegt Brunhilds Feste", sprach Siegfried, als sie dem Strand nahten; „und nun merkt wohl auf! Vor Brunhild werde ich sagen, daß Gunther mein König sei und ich sein Lehnsmann: dem soll keiner von euch widersprechen."

An den Fenstern der Burg standen viele schöne Frauen, die zu ihnen herabschauten, und Gunther hätte gern von Siegfried gewußt, welche Brunhild sei. „Spähe selbst hin", sagte Siegfried, „und suche dir aus, welche du am liebsten nähmst!" „Die dort im schneeweißen Kleid!" antwortete Gunther. Da sprach Siegfried: „Du hast richtig gewählt, es ist Brunhild"; und sie schien Gunther über die Maßen schön. Die Frauen sahen, wie das Schiff an Land stieß, nur mit vier Helden bemannt; als erster sprang Siegfried heraus und zog ein Roß nach sich auf den Strand; bis Gunther im Sattel saß, hielt er es am Zaume, als sei er des Königs Dienstmann. Dann erst holte er sein eigenes Roß, und ihm folgten die beiden andern Gefährten. Sie ritten zur Burg, Gunther und Siegfried voran auf Schimmeln, in weißem Gewand; danach Hagen und Dankwart auf Rappen, in pechschwarzem Kleid. Alle vier aber waren gerüstet mit herrlichen Brünnen, Schilden, Schwertern und Speeren.

Sechsundachtzig Türme überragten die Burg; ihre Tore waren weit aufgetan, die Mannen Brunhilds empfingen die Gäste und nahmen ihnen Rosse und Schilde ab. Auch Schwert und Brünne sollten sie draußen lassen; das wollte Hagen nicht tun, aber Siegfried sagte: „So ist die Sitte hier, kein Gast darf Waffen tragen in der Burg." Da gab Hagen sie her, wennschon ungern. Nun schenkte man ihnen den Willkomm ein und schuf ihnen Herberge; inzwischen meldete sie ein Diener der Königin. „Wer sind die unbekannten Recken?" fragte sie. Der Diener antwortete: „Ich sah vordem keinen von ihnen, aber einen möchte ich für Siegfried halten; dere zweite gleicht einem mächtigen König; der dritte scheint grimmig und blickt aus finsteren Augen; der vierte aber ist jung und anmutig zu sehen." „Ist Siegfried als Freier gekommen, so geht es ihm an den Leib!" rief die Königin und befahl, die Gäste hereinzuführen.

Ganz von grünem Marmor war der Saal, fünfhundert Recken, die Schwerter in der Hand, standen um die Königin. Als die vier Helden vor sie traten, sah sie als ersten Siegfried und redete ihn an: „Seid willkommen, Siegfried, was führt Euch hierher?" „Ich danke Euch, Frau Brunhild, aber Euer erster Gruß gebührt König Gunther, meinem Lehnsherrn, der vom Rhein hierherkam, um Euch zum Weibe zu gewinnen." Sie sprach: „Wenn dein Herr im Wettstreit Meister bleibt, werde ich sein Weib; verliert er, kostet es euch allen den Kopf! Den Speer soll er schießen, den Stein werfen und dann den Sprung tun. Überlegt's euch wohl!" „Gib Antwort ohne Furcht", flüsterte Siegfried dem König ins Ohr, „ich helfe dir!" – und Gunther sprach: „Gegen Eure Schönheit setze ich mein Haupt ein!" Da rief Brunhild nach Panzer und Schild; Hagen und Dankwart aber waren in Sorge um ihren Herrn.

Inzwischen eilte Siegfried hinab zum Schiff und holte die Tarnkappe, er schlüpfte hinein und kam unsichtbar zurück. Schon war im Hof der Kreis abgegrenzt, und Brunhild stand in Brünne und seidenem Waffenhemd bereit. Vier Kämmerer schleppten ihren Schild herbei, er war von Stahl und Gold, unterm Buckel drei Spannen dick, und Hagen sprach zum König: „Es geht ums Leben, König, dieses Weib ist des Teufels!" Nun brachte man ihr den scharf geschliffenen Speer, drei Männer trugen ihn, denn es waren wohl hundert Pfund Eisen hineingeschmiedet, und Gunther wünschte im Herzen, er wäre nicht vom Rhein hierhergekommen. Dankwart und

Hagen aber beklagten, daß sie ihre Waffen hatten draußen lassen müssen, sonst wollten sie sich wohl ihres Lebens wehren! Das hörte Brunhild, sah sie lächelnd über die Achsel weg an und befahl: „Bringt den Helden ihre Waffen wieder!“ Als die Helden sie hatten, lachten sie vor Freude: „Komme, was wolle, wir haben unser Schwert!“ Aber jetzt ward der Stein hereingetragen, mit dem Brunhild zu werfen pflegte, ihn konnten zwölf Degen kaum von der Stelle bringen. Hagen fluchte laut: „Um dieses Weib werbe der Teufel und nicht der König!“ Brunhild aber streifte die Ärmel an ihren weißen Armen hoch und faßte den Speer.

Gunther wollte das Herz sinken: aber plötzlich fühlte er eine Berührung an seiner Hand. Er sah niemanden, aber hörte, wie Siegfried ihm ins Ohr raunte: „Sei unverzagt, König, gib mir den Schild – mach du die Gebärde, ich tu das Werk! Und schweig zu allem!“ Da schwang die Jungfrau auch schon den Speer, sie schoß mit aller Kraft auf Gunthers neuen Schild, die Spitze durchschlug ihn, daß die feurige Lohe wie windgejagt aus den Panzerringen sprang. So stark war der Anprall, daß das Blut Siegfried aus dem Munde brach und beide Helden strauchelten; ohne die Tarnkappe wären sie verloren gewesen. Doch sofort stand Siegfried wieder fest, er griff den Speer, um ihn zurückzuwerfen; aber er wollte die Jungfrau nicht verwunden, darum kehrte er ihn um, die Spitze nach hinten: mit der Speerstange traf er Brunhild so gewaltig, daß sie zu Boden stürzte. Schnell sprang sie wieder auf die Füße und rief: „Edler Gunther, viel Dank für diesen Schuß!“ Dann ging sie in vollem Zorn zu dem Stein; sie hob ihn hoch und warf ihn und sprang gleich dem Wurfe nach, daß ihre Brünne laut erklang: zwölf Klafter weit war der Stein geflogen, und weiter noch trug sie der Sprung. Ohne Zögern gingen die Helden zum Stein, Siegfried hob ihn auf, und Gunther schien ihn in der Hand zu wägen; dann schleuderte ihn Siegfried, weiter als Brunhild getan hatte, und sprang auch weiter – dabei trug er den König im Sprunge noch mit sich. Aber Gunther war's, den man als Sieger dastehn sah.

Brunhild wurde rot vor Zorn, aber sie dachte ihres Eids und rief ihre Mannen heran, Gunther zu huldigen; sie legten die Waffen ab und grüßten ihn kniend. Die Königin aber nahm ihn an der Rechten und führte ihn zurück in den Saal, wo man ihm alle königlichen Ehren erwies. Siegfried hatte rasch die Tarnkappe wieder im Schiff geborgen; jetzt trat er ein und fragte mit gespielter Unbefangenheit: „Wann beginnt Ihr endlich mit dem Wettkampf, Herr König?“ Es dünkte die Königin seltsam, daß er nichts gesehen haben sollte; aber

Hagen erklärte ihr, Siegfried habe inzwischen bei dem Schiff zu tun gehabt. Und nun rief Siegfried dem König Heil zu, daß er die Stolze gezähmt habe: „Nun sollt Ihr, edle Jungfrau, uns an den Rhein folgen!“

Vor dem Aufbruch besandte Brunhild ihre Verwandten und Lehnsleute; sie kamen von allen Seiten geströmt, und die Königin beschenkte sie zum Abschied mit reichen Gaben. Zwanzig Reiseschreine füllte sie mit Gold und seidenen Gewändern, um sie mit nach Worms zu führen. Ein großes Schiff wurde gerüstet und beladen, sie ging mit den vier Helden und königlichem Geleit von Frauen und Rittern an Bord und fuhr hinweg, um nie mehr heimzukehren. Gesang und mancherlei Kurzweil machten die Fahrt fröhlich; aber Brunhild schlug es Gunther ab, ihn zu minnen – erst in Worms wollte sie die Seine werden. An der Küste des Festlands legten sie an, und der König bat Siegfried, als Bote vorauszureiten, damit am Hofe alles wohl vorbereitet werde für Brunhilds Empfang und die große Hochzeitsfeier. Als Siegfried ohne die drei Fahrtgenossen in Worms einritt, erschraken die Burgunden und fürchteten, es möchte dem König Böses zugestoßen sein. Um so größer war der Jubel der Mutter und der Geschwister, als sie vernahmen, daß Gunther als Sieger heimkehre und die stolze Braut mit sich führe. Nach allen Richtungen sprengten die Boten ins Land, die Gäste zu laden; die Frauen rüsteten Kleider und Schmuck, und tausend Hände regten sich, um Stadt und Burg festlich zu zieren.

Als das Brautschiff sich dem Gestade näherte, ritten die Königinnen mit allen Helden dem Paar zum Empfang entgegen. Gunther führte Brunhild an der Hand von Bord, Kriemhild umarmte als erste die Braut, und die beiden Frauen küßten sich. Voll Bewunderung sahen die Burgunden Brundhilds wilde Schönheit und priesen sie laut; aber die Bedächtigen, die zu prüfen wußten, gaben Kriemhild den Preis. Dicht von der Menge umdrängt schritten die beiden schönen Frauen in den kühlen Schatten und sahen den Kampfspielen zu, die sich auf dem weiten Plan entfalteten. Am Abend fanden sich Helden und Frauen im Saal zu rauschendem Fest. Ehe sie zu Tisch gingen, trat Siegfried zu Gunther und erinnerte ihn an sein Gelöbnis, ihm die Schwester zu geben, sobald sie Brunhild ins Land gebracht hätten. Fröhlich sprach der König: „Recht, daß du mich mahnst! Den Eid halte ich gerne!“ Er rief Kriemhild herbei und bat sie: „Schwester, hilf mir meinen Eid halten; ich schwur einem guten Recken, dich ihm zum Weibe zu geben!“ Sie antwortete: „Wie Ihr mir gebietet, so will ich tun!“ Sogleich hieß Gunther sie und Siegfried in den Kreis treten und fragte die Errötende: „Willst du Siegfried zum Mann?" Scheu und glücklich sagte sie ja, und Siegfried verlobte sich ihr mit Umarmung und Kuß vor dem ganzen Hof.

An der Tafel saß Gunther neben Brunhild und ihnen gegenüber Siegfried mit Kriemhild. Da sah Gunther, wie seinem Weibe helle Tränen über die Wangen rannen, und fragte sie, warum sie weine an diesem Freudentag. „Wie soll ich nicht weinen", antwortete die Stolze, „wenn ich sehe, daß deine Schwester neben deinem Eigenholden sitzt? Wahrlich, das ist Schmach für eine Königin!" „Schweig für diesmal still davon", bat der König, „ich will dir bei gelegener Zeit erklären, warum ich meine Schwester mit Siegfried vermählte." Aber Brunhild gab nicht nach: „Es ist mir leid um sie, am liebsten ginge ich auf und davon! Ich will nicht bei dir liegen, ehe ich nicht erfahre, warum Kriemhild Siegfrieds Braut ist!" Gunther erwiderte: „Siegfried hat weites Land und Burgen wie ich, er ist ein reicher König und meiner Schwester wert." Aber Brunhild blieb traurig, so liebreich sie der König auch ansah.

Als es Zeit war, zu Bett zu gehen, geleitete ein Teil der Helden Gunther und Brunhild, ein anderer Siegfried und Kriemhild zur Kammer; die Diener schritten mit Lichtern voran. Schön und herrlich ward die Nacht für Siegfried, das Paar freute sich der edlen Minne, und er gewann Kriemhild lieber als sein Leben. Schlimm aber erging es Gunther. Als er sich neben Brunhild legte und sie freundlich umfassen wollte, wehrte sie ihm zornig; statt Liebe fand er Haß, mit Heftigkeit sprach die Frau zu ihm: „Das sollst du unterlassen! Ich will Jungfrau bleiben, bis ich das Geheimnis erfahre!" Da geriet Gunther gleichfalls in Zorn, er faßte sie hart an und rang mit ihr. Aber sie bezwang ihn; mit ihrem Gürtel band sie ihm Hände und Füße zusammen und hängte ihn an einen Nagel in der Wand, und sosehr er flehte, ließ sie ihn die ganze Nacht hängen. Erst als der Morgen kam, löste sie ihn, nachdem er versprochen hatte, sie nicht mehr gegen ihren Willen zu berühren.

Früh gingen die beiden Paare zur Messe und empfingen die Weihe: königlich standen die vier unter der Krone vor allem Volk. Sechshundert Knappen erhielten den Ritterschlag, und dann splitterten die Lanzen bei den Kampfspielen, denen die schönen Frauen aus den Fenstern zusahen. Der einzige, der sich kummervoll abseits vom Getümmel hielt, war Gunther. Siegfried nahm es wahr und befragte ihn; und Gunther vertraute ihm an, welche Schmach er von Brunhild erlitten hatte. „Ungleich war unser Glück in der vorigen Nacht", sprach Siegfried darauf; „aber es soll auch dir noch gut werden. Heut nacht werde ich in der Tarnkappe zu deiner Kammer kommen; zum Zeichen, daß ich da bin, will ich die Lichter in der Hand der Diener auslöschen. Dann zwinge ich dir dein Weib, und du wirst sie heut noch besitzen!" Der König erwiderte: „Wofern du sie nicht zu eigen nimmst, so will ich dir danken für alles, was du tust – und brächtest du sie ums Leben!" „Das sei dir zugeschworen, daß ich sie nicht berühre", antwortete Siegfried; „deine liebe Schwester geht mir über alle Frauen."

Als abends Gunther und Brunhild ins Gemach geleitet waren, erloschen plötzlich die Lichter in den Händen der Kämmerer; daran erkannte der König, daß Siegfried heimlich gekommen war. Er hieß alle hinausgehen, verriegelte die Tür und löschte die eigene Kerze. Unerkannt legte sich Siegfried zu der Königin, und als sie schalt, schlang er, ohne ein Wort zu sprechen, die Arme um sie. Nun begann ein harter Kampf, sie stieß ihn aus dem Bett und rang mit ihm; so hart preßte sie seine Gelenke, daß ihm das Blut unter den Nägeln wegsprang. Alle seine Kraft mußte er gegen sie setzen, bis er sie so gewaltig aufs Bett zwang, daß sie um Schonung bat: „Ich will gutmachen, was ich dir zuleide tat! Nicht länger will ich mich wehren, da du meiner Meister wurdest!" Rasch räumte Siegfried dem Freunde den Platz. Er hatte Brunhild beim Ringen den Fingerreif abgestreift; ihn nahm er mit und auch ihren Gürtel, als er heimlich entwich. Kriemhild hatte lange auf Siegfried gewartet; er wich ihren Fragen aus und verriet ihr nichts. Gunther aber lag die Nacht über in Freude bei seinem Weib, und als sie sein eigen geworden war, schwand ihr die wilde Kraft: sie war fortan nicht mehr stärker als andere Frauen.

Vierzehn Tage währte das Fest noch, und jetzt war Gunther fröhlich unter Fröhlichen. Dann schieden die Gäste, und auch Siegfried zog mit Kriemhild davon in sein Königreich. Die Burgundenkönige hatten ihm als Mitgift der Schwester einen Teil ihres Landes geboten; aber er hatte es abgelehnt, groß genug dünkte ihn das eigene Reich. Nur eine Schar edler Degen, geführt vom Markgrafen Eckewart, nahm er an, damit sie Kriemhild dienten. Siegmund und Sieglinde, seine Eltern, empfingen das junge Paar mit hohen Freuden, und Siegmund übergab dem Sohn die Krone. Wie Gunther bei den Burgunden, so herrschte Siegfried in Niederland mit großer Herrlichkeit, und durch den Nibelungenhort war er der reichste aller Könige. Zehn Jahre lang lebte er mit Kriemhild in großem Glück. In einer vertrauten Stunde schenkte er seiner Frau Brunhilds Ring und Gürtel und erzählte ihr, daß er Gunther die Braut gewann und zwang. Das geschah ohne Arg, ward aber die Ursache zu schwerem Leid.

Siegfrieds Tod

All diese Jahre hindurch quälte sich Brunhild um das Geheimnis, das Siegfried umgab. Mit eigenen Augen hatte sie in Isenland gesehen, daß er Gunther die Dienste des Eigenholden erwies, vor ihren eigenen Ohren hatte er sich den Mann des Königs genannt; dennoch brüstete sich Kriemhild, als sei ihr Mann ein freier König, und nie war er seit seiner Hochzeit nach Worms gekommen, um Gunther Huldigung zu tun. Endlich sagte sie zu ihrem Gemahl: „Gern würde ich Kriemhild einmal wiedersehen; befiehl Siegfried, zu Hofe zu kommen!" Gunther suchte Ausflucht: „Sie wohnen zu fern von uns." Aber Brunhild drängte weiter: „Muß nicht ein Dienstmann, und sei er noch so mächtig, tun, was ihm sein Herr gebietet?" Lächelnd wehrte Gunther ab, aber sie gab keine Ruhe. Immer wieder lag sie ihm an, Siegfried und Kriemhild nach Worms einzuladen, daß er ihr endlich willfahrte und eine stattliche Gesandtschaft nach Xanten schickte, um das junge Königspaar und auch den alten König Siegmund zu einem großen Fest nach Worms zu bitten. Die Boten wurden aufs beste aufgenommen; mit reichem Lohn beschenkt konnten sie bald zurückkehren und Gunther melden, daß die Geladenen freudig zugesagt hatten. Sie wußten viel zu berichten, wie herrlich Siegfried und Kriemhild zu Xanten Hof hielten, und wiesen die Gaben vor, die sie empfangen hatten – nie war ein Fürst freigebiger. „Ja, er kann getrost mit beiden Händen verschenken", sagte Hagen; „und lebte er ewig – unerschöpflich ist der Nibelungenhort, den er sein nennt. Ich wünschte, wir hätten solchen Schatz!"

Wahrlich des Staunens wert war Siegfrieds Macht und Reichtum, das sahen alle, als das Königspaar und der greise Siegmund in Worms einzogen. Nicht weniger als tausend Recken ritten hinter Siegfried her, alle in prunkender Rüstung, und Kriemhild war von einer Schar reich geschmückter Frauen umgeben. Die Gäste wurden mit hohen Ehren aufgenommen, und Brunhild umarmte Kriemhild mit schwesterlicher Zärtlichkeit. Aber auf Siegfried blickte sie mit Befremden: weniger als je konnte sie verstehen, daß einer so reich und mächtig sein sollte, der kein freier Fürst war.

Tag auf Tag verging mit rauschenden Festen. Am elften saßen die Königinnen zusammen und sahen den ritterlichen Spielen zu, und Kriemhild begann aus dem Glück ihres Herzens heraus ihren Mann zu preisen: „Ja, er ist so herrlich, daß ihm alle Reiche untertan sein müßten!" Das dünkte Brunhild zuviel gesagt, und sie entgegnete: „Wenn ihr allein auf der Welt wärt, so könnte das wohl sein, aber nicht, solange Gunther lebt!" Aber Kriemhild fuhr schwärmend fort: „Sieh, wie herrlich er vor allen Helden steht, wie der lichte Vollmond vor den Sternen — dessen darf ich mich wohl freuen!" „Nun, wie stark und schön dein Mann auch sei", gab Brunhild zurück, „Gunther geht ihm doch voran; ihm gebührt der erste Platz vor allen Königen!" Und als Kriemhild in aller Unschuld erwiderte, ganz gewiß stehe Siegfried hinter Gunther in keinem Stücke zurück, sagte Brunhild: „Du darfst es mir nicht übelnehmen, wenn ich sage, was die Wahrheit ist. Mit eigenen Ohren hörte ich damals, als ich sie zuerst sah, beide sagen, Siegfried sei Gunthers Mann. Ich muß ihn für einen Eigenholden halten, weil er es selbst gestand." Da loderte Kriemhild auf: „Glaubst du, meine Brüder hätten mich je einem andern zum Weibe gegeben als einem freien Fürsten? Ich bitte dich, sage so etwas nie wieder!" Aber Brunhild beharrte darauf: „Warum soll ich es nicht? Sollen Gunther und ich vielleicht auf Ritter verzichten, die uns dienstbar und untertan sind?" Vergebens wies Kriemhild darauf hin, daß Siegfried doch niemals Zins an Gunther gezahlt habe; die andere sprach, nun auch mit Heftigkeit: „Du überhebst dich, weder er noch du sollen in gleichen Ehren stehen wie ich und mein Gemahl!" Da rief Kriemhild: „So sollst du sehen, wie edel und frei wir sind: ich, die du eigenhold nennst, will vor dir eintreten ins Münster, wie es mir gebührt, der Königstochter und Frau des edelsten Königs!"

In hellem Zorn schieden die Königinnen voneinander. Nicht wie sonst gemeinsam gingen sie zur Messe, sondern jede einzeln, mit ihren Frauen hinter sich. An der Tür des Münsters wartete Brunhild schon auf die Gegnerin und gebot ihr hochmütig Halt: „Die Eigenholde soll nicht vor des Königs Weibe gehen!" Kriemhild aber erhob die Stimme und erwiderte mit Hohn: „Besser wäre dir, wenn du geschwiegen hättest! Nun sollst du deine Schande hören: Du, die sich als Königin brüstet, warst die Kebse eines andern!" „Wer soll eine Kebse sein?" stammelte Brunhild ihren Ohren nicht trauend. „Du!" antwortete Kriemhild; „Siegfried besaß dich vor Gunther, er nahm dir das Magdtum, er, den du deinen Dienstmann schiltst!" „Das soll Gunther erfahren!" rief Brunhild und brach in Tränen aus; aber Kriemhild schritt an der Fassungslosen vorbei und trat als erste ins Münster.

Brunhild hörte nicht, was vor dem Altar gesungen wurde, so trübe und zornig war ihr zumut. „Ich muß noch mehr erfahren", sprach sie bei sich, „damit ich rechte Rache nehmen kann für die Verleumdung!" Nach der Messe trat sie vor der Tür Kriemhild entgegen: „Ehe du gehst, gib Beweise für das, was du sprachst!" „Da du es verlangst", erwiderte Kriemhild, „so sieh hier als Beweis den Ring an meiner Hand – ihn nahm dir Siegfried, da er bei dir lag!" „Dieser Ring wurde mir gestohlen!" rief Brunhild; „nach vielen Jahren sehe ich nun, wer der Dieb war!" Da aber sprach Kriemhild: „Ich will nicht Dieb von dir genannt sein! Sieh denn den Gürtel um meinen Leib! Er bezeuge, daß ich nicht log: Siegfried war dein Mann!" Brunhild erkannte den Gürtel, und wieder stürzten ihr die Tränen. „Ruft mir Gunther", sprach sie schluchzend zu ihren Frauen, „er soll hören, wie seine Schwester mich beschimpft!"

Gunther kam und hörte die bittere Klage seiner Frau, die ihn beschwor, ihre Ehre zu schützen. „Übel tat meine Schwester", sagte er, „aber Siegfried soll selbst Zeugnis geben, ob er sich solcher Tat gerühmt hat oder nicht!" Siegfried wurde gerufen; er war bestürzt, daß er den König in Unmut, die Frauen in Tränen fand, und voll Zorn, als er erfuhr, was geschehen war. „Niemals habe ich mich gerühmt, Brunhild besessen zu haben", sprach er; „hat Kriemhild das gesagt, so soll sie es bereuen! Dir aber, Gunther, will ich vor allen deinen Mannen feierlich beschwören, daß ich solches nie ausgesprochen habe!" Das nahm der König an; Siegfried trat in den Ring und leistete den Eid, und Gunther reichte ihm die Hand: „Ich glaube dir, du bist unschuldig." Siegfried aber sagte: „Sehr leid tut es mir, daß dein Weib gekränkt wurde. Wir wollen unsere Frauen besser ziehen, daß sie keine übermütigen Reden führen! Verbiete es deinem Weibe, ich will das gleiche bei meinem tun. Wahrlich, ich schäme mich dieses Streites!"

So schien der Zank verglichen. Aber Brunhild konnte die erlittene Schmach nicht verwinden, sie saß in dumpfer Trauer, so daß es die burgundischen Helden jammerte. Hagen von Tronje ging hin zur Königin, um ihr zuzusprechen, und als sie ihm all ihr Leid klagte, gelobte er ihr, daß Siegfried die Beleidigung büßen solle, sonst möge er selbst nie wieder froh werden. Darauf ging er mit den Königen und den Besten der Recken zu Rate und verlangte, man solle Rache nehmen an Siegfried; aber sie wurden nicht einig: der junge Giselher redete zum Guten, und Gunther konnte sich nicht entschließen, in den Tod des Helden zu willigen, der ihm so viel Treue erwiesen hatte. Aber Hagen hatte sich verschworen, die Königin zu rächen an dem Mann, der mit ihrer Gunst geprahlt habe; denn er glaubte dem Eide Siegfrieds nicht. Immer wieder raunte er Gunther seinen bösen Rat zu und machte ihn in seinem Vertrauen wankend. Er stellte ihm auch vor, daß seine eigene Macht wachsen werde, wenn Siegfried nicht mehr lebe. Denn ist der Held nicht wirklich der reichste und der stärkste?" „Ja, das ist er", sagte Gunther; „aber eben weil er so stark ist und unverwundbar dazu — wie sollte man sich an ihn wagen?" Da merkte Hagen, daß er das Spiel gewonnen habe, und sprach: „Dazu will ich den Weg wohl finden! Wollt Ihr, daß Brunhilds Tränen endlich gestillt werden, so braucht Ihr nichts weiter zu tun, als was ich Euch sage! Laßt falsche Boten nach Worms kommen, die hier niemand kennt; sie sollen melden, Lüdeger, der Sachsenfürst, sende sie und erkläre Euch den Krieg! Siegfried wird nicht zaudern, Euch seine Hilfe anzubieten — und dann soll's ihm an den Leib gehen, dafür werde ich sorgen!" So geschah es, daß Gunther einwilligte und Hagen Macht gab, nach seinem Ermessen zu handeln.

Wenige Tage danach ritt eine Schar Bewaffneter in Worms ein; sie gaben vor, sie seien gesandt von Lüdeger und Lüdegast — Gunthers alten Feinden, die Siegfried einst zu Gefangenen gemacht hatte — und hätten in ihrem Namen von neuem Fehde anzusagen. Als Siegfried das vernahm und vermeinte, Gunther sei in großer Sorge und Not, erbot er sich sofort, samt seinen tausend Recken mit gegen die Feinde zu ziehen; schwerer geschlagen und tiefer gedemütigt sollten sie werden als das vorige Mal. Nicht genug konnte der untreue König dem Helden danken, er neigte sich aus falschem Herzen tief vor ihm. Eilig wurden die Zurüstungen betrieben, Siegfried bat seinen Vater, seines Weibes zu warten, und schon band man die Fähnlein an die Stange und lud die Panzer auf die Rosse; da ging Hagen zu Kriemhild, um Urlaub von ihr zu nehmen, weil er mit Siegfried gegen die Sachsen und Dänen reiten wolle.

Kriemhild empfing ihn mit großer Huld, sie freute sich, daß Brunhilds kühnster Recke ihr keinen Groll nachtrug. „Längst ist es mir leid, daß ich die Königin kränkte", sagte sie, „und Siegfried hat mich dafür gestraft. Laßt ihn unsern Streit nicht entgelten, sondern schützt ihn, so gut Ihr nur könnt!" „Gern will ich das tun nach bester Kraft", antwortete Hagen und fuhr mit List fort: „Aber warum fürchtet Ihr für ihn? Er ist doch unverwundbar, seit er im Blute des Drachen badete." Sie seufzte und sprach: „Keiner weiß das Geheimnis außer mir, und keinem andern als Euch vertraue ich's an: Bei jenem Bad im Drachenblut fiel Siegfried ein Lindenblatt zwischen die Schultern, dort blieb die Haut weich. Und darum bin ich bange; denn viele Speere fliegen im Sturm der Schlacht." „Dem Mangel ist abzuhelfen", erwiderte Hagen; „näht dort, wo die Stelle ist, ein kleines Zeichen auf sein Gewand: dann will ich ihn schirmen mit meinem Schild!" „Das will ich tun", sagte sie eifrig, des klugen Rates froh; „ich sticke dahin heimlich ein seidenes Kreuzchen!" So meinte sie ihrem Mann zu dienen und brachte ihm den Tod. Hagen aber ging, nachdem ihm die Königin noch von Herzen gedankt hatte, voll grimmiger Freude hinweg.

Am nächsten Morgen ward zum Aufbruch geblasen; Hagen spähte scharf nach Siegfrieds Rücken und sah dort das kleine Zeichen. Sofort schickte er zwei von seinen Leuten aus, die eilends wie aus weiter Ferne geritten kamen und die Botschaft brachten: Die beiden feindlichen Könige hätten sich eines Besseren besonnen, sie böten Gunther Frieden und Unterwerfung. Ungern hörte das Siegfried, er wollte den Ritt dennoch tun, um den ersten Übermut der Feinde zu strafen, und ließ sich kaum zurückhalten. Aber Gunther sagte, wiederum nach Hagens Rat: „Ich danke Euch, Freund Siegfried, ebenso für den guten Willen wie für die Tat! Aber es bedarf der Heerfahrt wirklich nicht mehr. Laßt uns, da wir nicht kämpfen müssen, in den Odenwald reiten, um Bären und Schweine zu jagen; alle meine Gäste sind dazu eingeladen, jeder soll willkommen sein!“ Da lachte Siegfried und sprach: „Auf die Jagd gehe ich gern mit, Ihr müßt mir nur einen Jäger und einen guten Bracken leihen!“ „Vier statt des einen, wenn Ihr's verlangt“, antwortete Gunther.

Rasch suchte Siegfried noch Kriemhild auf. Er fand sie in tiefe Traurigkeit versunken, und ihr Auge hellte sich auch nicht auf, als er ihr mitteilte, es gehe nur auf kurze Jagd und nicht in den Krieg. Einen schweren Traum hatte sie gehabt und erzählte ihn ihrem Mann: „Ich sah, wie dich zwei wilde Schweine über die Heide jagten und dein Blut die Blumen rot färbte; und dann träumte ich gar, zwei Berge stürzten über dich und begruben dich so tief, daß mein Auge nichts mehr von dir erblickte.“ Lange hatte sie den Träumen nachgedacht und sich gefragt, was Siegfried wohl bedrohen könne – und ob es nicht unklug gewesen sei, daß sie das Geheimnis des Gatten verraten hätte; aber das wagte sie ihm nicht zu gestehen. Er schloß sie, über ihre Ahnungen lächelnd, in die Arme und küßte sie von Herzen; dann schied er kurz von ihr, und die Gesellschaft ritt in den Wald. Gernot und Giselher aber blieben daheim, sie wollten nicht teilhaben an dem bösen Anschlag.

Es wurde ein Lagerplatz gewählt, an dem die Jäger sich wieder treffen wollten, wenn die Saumrosse die Vorräte an Speise und Trank hingebracht hätten. Bis dahin sollte gejagt werden, und Hagen riet, jeder möge auf eigene Faust seine Beute suchen. Nur mit einem alten kundigen Jäger und einem Bracken ritt Siegfried auf die Pirsch, und das Wild, das der Hund aufspürte, das fällte der Held mit Lanze, Pfeil oder Schwert: einen Büffel und einen Wisent, einen Elch und vier starke Ure, viele Hirsche und einen großen Eber. Reiche Beute wurde von allen Jägern gemacht, Knechte durchstreiften den Wald und brachten die erlegten Tiere zum Rastplatz. Endlich ließ Gunther die Jagd abblasen, und von allen Seiten eilten die Jagdgenossen herbei. Von dem Schalle des Horns sprang vor Siegfried ein gewaltiger Bär auf, der Held schwang sich vom Rosse und eilte ihm zu Fuß nach, fing ihn und band ihn auf den Sattel; als er zur Feuerstelle kam, löste er ihn und hetzte ihn zwischen die Rastenden, daß die Köche voll Angst vom Feuer liefen und die Helden aufsprangen, um dem Tier mit Pfeilen und Speeren zu Leibe zu gehen. Aber das Getümmel war zu groß, als daß einer hätte schießen können ohne Gefahr, den andern zu treffen. So wäre der Bär fast entkommen, aber Siegfried ereilte ihn noch und schlug ihn mit dem Schwert zu Tode. Als er ihn ans Feuer trug, lobten alle den gelungenen Jägerscherz.

Reichlich wurde Speise aufgetragen; aber als sie zu schmausen begannen, kam kein Schenke, um Wein zu bringen. „Wollt Ihr uns verdursten lassen?" fragte Siegfried; „Ihr sorgt schlecht für uns Jagdgesellen!" „Wir wollen's ein andermal nachholen", antwortete Gunther; „Hagen ist schuld, daß wir keinen Wein haben." „Ja", bestätigte Hagen, „ich war erst der Meinung, die Pirsch sollte im Spessart sein, nun ist der Wein dahin geschickt worden — das nächste Mal will ich besser aufpassen." „Aber schade ist es doch", sagte Siegfried, „sieben Lasten Wein und Met wären heute nicht zuviel gewesen! Wären wir wenigstens näher am Rhein, damit wir Wasser hätten!" „Nun, Wasser ist schnell zu haben", erwiderte Hagen; „ganz nahe von hier springt unter einer Linde ein kühler Quell, da laßt uns hingehen! Und wenn es Siegfried mit dem Trunk so eilt, dann mag er rennen: es heißt ja, er sei schneller als jeder andere — schön, wenn er uns das einmal zeigte!" Da rief Siegfried: „So laßt uns um die Wette laufen! Und ich will euch dabei noch den Vorteil geben, daß ich alles Gewand und alle Waffen mit mir trage und ihr nicht!"

Gunther und Hagen legten rasch die Kleider ab bis auf die Hemden, wie zwei wilde Panther liefen sie durch den Klee; dennoch war Siegfried, obwohl er die ganze Last seiner Waffen trug, eher am Ziel. Er hatte bereits Bogen, Schwert und Schild von sich gelegt und den Spieß an die Linde gelehnt, als die beiden andern anlangten; aber er wartete höflich mit Trinken und ließ Gunther den Vortritt. Erst als der König seinen Durst gelöscht hatte, beugte er sich selbst über den Quell. Während er trank, verbarg Hagen Siegfrieds Bogen und Schwert rasch im Gebüsch, ergriff den Wurfspieß, spähte genau nach dem Zeichen und schoß dem Helden den Speer in den Rücken, daß er ihm bis ans Herz drang und das Blut weit zurück auf des Mörders Hand spritzte. Im selben Augenblick wandte er sich und lief davon, so schnell, wie er noch nie im Leben gelaufen war. Den Speerschaft im Rücken, sprang Siegfried auf, tobend vor Zorn; er griff nach dem Schwert und fand es nicht mehr, da packte er den Schild, der neben der Quelle lag, und stürzte Hagen nach. Mit großen Sprüngen ereilte er den Mörder und schlug ihn mit dem Schildrand zu Boden; aber schon wichen auch Farbe und Kraft von ihm, und er fiel in die Blumen, über die sein Blut hinrann, wie Kriemhild es im Traum gesehen hatte.

„Wehe, ihr Feiglinge!" sprach der Todwunde; „ihr habt übel an eurem Freunde getan, der euch stets treu war! Schmach über euch und eure Kinder jetzt und immerdar!" Die Ritter des Gefolges kamen gelaufen, und es war ihnen leid um den Helden; selbst Gunther, von Reue gefaßt, begann zu klagen. Aber Siegfried sagte: „Es nützt nichts, über das Böse zu weinen, nachdem man es getan hat; niemals wird die Schande von dir genommen!" Jedoch der grimme Hagen rief seinem König zu: „Ich weiß nicht, was Euch reut! Es fiel der einzige, der stärker war als wir – wohl mir, daß ich seiner Übermacht ein Ende setzte!" „Du magst dich leicht rühmen", sprach Siegfried; „hätte ich deinen mörderischen Sinn erkannt, dann hätte ich mich wohl vor dir gewahrt! Nun aber dauert mich auf der Welt nichts mehr als mein Weib und mein Sohn, auf dem der Vorwurf bleibt, daß er mit Mördern versippt ist!" Mit brechender Stimme bat er Gunther noch: „Willst du auf dieser Welt noch einmal Treue halten, so nimm dich Kriemhilds an – sie ist ja deine Schwester!" Nicht lange mehr rang er mit dem Tode, denn allzu tief hatte ihm das Eisen ins Herz geschnitten.

Die Herren legten den toten Helden auf seinen goldenen Schild. Dann gingen sie zu Rate, wie man wohl verhehlen könne, daß Hagen sein Mörder war. „Wir wollen sagen, es hätten ihn, als er allein im Tann jagte, Räuber erschlagen!" Aber Hagen sprach: „Ich bringe Siegfried heim zu Kriemhild! Sie hat meine Königin auf den Tod gekränkt; nun soll mich nicht kümmern, ob sie erfährt, wer Siegfried erschlug! Mag sie weinen, ich frage nicht danach!" Abends führten sie den Toten hinweg nach Worms, und im wilden Übermut ließ Hagen die Leiche heimlich vor die Tür Kriemhilds legen.

Als die Glocken früh zur Messe läuteten, erhob sie sich und rief ihre Mägde und Diener; ein Kämmerer kam über den Gang mit Licht, er sah vor der Schwelle einen Toten in seinem Blut liegen, aber er erkannte den Herrn nicht. „Wartet noch, Frau, draußen vor dem Gemach liegt ein Ritter erschlagen", sagte er zu Kriemhild. Ehe sie den Toten noch sah, wußte sie, daß es Siegfried sei, und fiel ohnmächtig zu Boden; als sie wieder erwachte, begann sie laut zu schreien. Vergeblich suchten die Mägde zu trösten: „Es kann ein Fremder sein!" „Nein", sprach sie, „es ist Siegfried, mein geliebter Mann – Brunhild riet es, und Hagen tat es!" Sie ließ sich hinführen zu dem Toten und hob sein blutiges Haupt mit der weißen Hand empor: er war es. „Wehe", rief sie, „dein Schild ist nicht zerhauen, Meuchelmörder haben dich erschlagen! Bei deinem Haupt schwöre ich ihnen Rache!" Nun begannen die Mägde zu jammern; sie aber gebot, König Siegmund zu rufen. Er kam, durch die Trauerkunde tief erschreckt, eilends zu ihr, und seine erste Frage war: „Wer war es, der meinen Sohn erschlug?" „Ich ahne, wer es war", antwortete die Frau; „doch noch weiß ich's nicht gewiß. Wird es ihm bewiesen, dann mag er meine Rache fürchten!"

Siegfrieds schöner Leib ward gewaschen und aufgebahrt; nun kamen die Recken, die er und Siegmund mitgeführt hatten, um ihn zu sehen. Alle tausend kamen sie in Wehr und Waffen und verlangten mit erhobenen Schilden, ihren Herrn zu rächen. Aber Kriemhild sprach zu Siegmund. „Gegen jeden der Euren stehen dreißig Mann von den Burgunden – die Rache wird sich später besser fügen! Jetzt laßt den Streit und helft mir meinen Mann begraben!" Unterm Geläut der Glocken wurde der tote König zum Münster getragen, und die Priester sangen Totenmessen über ihn.

Mit ihren Mannen kamen Gunther und Hagen geschritten, und der König sprach zu der trauernden Schwester: „Wir fühlen dein Leid mit dir, immer werden wir über Siegfrieds Tod klagen." „Das steht euch schlecht an!" erwiderte sie; „wenn es euch leid wäre, so wäre es nicht geschehen!" Sie leugneten die Schuld; da rief Kriemhild: „Wer seine Unschuld beweisen will, trete her zur Bahre, dann wird sich vor allem Volk die Wahrheit zeigen!" Ohne zu zögern, trat Hagen neben den Toten: sogleich brach die Wunde Siegfrieds wieder auf und strömte von Blut. Vergebens versicherte Gunther noch einmal, Schächer hätten Siegfried erschlagen, nicht Hagen habe es getan – Kriemhild rief: „Die Schächer sind mir wohlbekannt! Gebe Gott, daß die böse Tat von Siegfrieds Freunden gerächt wird! Gunther und Hagen – ihr habt es getan!" Da griffen Siegfrieds Mannen wieder nach dem Schwert; aber Kriemhild verbot ihnen den Kampf.

In langer Reihe zogen die Männer und Frauen von Worms weinend an der Bahre vorüber, Gernot und Giselher kamen, mit der

Königin zu klagen; aber niemand vermochte ihr Trost zu bringen. Am Nachmittag war der Sarg fertig, aus Silber und Gold mit eisernen Beschlägen; in kostbare Stoffe gehüllt, wurde der Tote hineingelegt. Doch Kriemhild konnte sich noch nicht trennen von ihm; drei Tage und drei Nächte saß sie ohne Schlaf, ohne Speise und Trank in düsterer Trauer über den Toten gebeugt. Als er zum Grabe getragen wurde, ließ sie, bevor er in die Erde versenkt ward, den Sarg noch einmal öffnen, hob sein Haupt mit der Hand hoch und küßte ihn; blutige Tränen entströmten ihren Augen.

Gern hätte Siegmund die trostlose Kiemhild mitgeführt nach Niederland, wo ihr und Siegfrieds Sohn aufgezogen wurde. Aber Gernot und Giselher baten sie im Verein mit ihrer Mutter Ute so lange, zu bleiben, daß sie Siegmund doch allein fortziehen ließ. Wohl war ihr der Anblick Gunthers und Hagens verhaßt, wohl kümmerte sich Brunhild nicht um ihr Leid, sondern genoß übermütig ihren Sieg; aber in Worms lebten ihr auch Blutsfreunde, die an Siegfrieds Tod unschuldig waren und die sie liebte. Auch blieb der Markgraf Eckewart mit seinen Mannen als ihr Hüter bei ihr. Sie hauste unweit des Münsters in einer geräumigen und reichen Wohnung und ging täglich, das Grab zu besuchen und für den toten Gatten zu beten. Freudenlos verrann ihr die Zeit, dreieinhalbes Jahr lebte sie ganz zurückgezogen, nur von der Mutter und den beiden schuldlosen Brüdern besucht. Mit Gunther hatte sie in der ganzen Zeit kein Wort gesprochen. Aber Hagen erwog, daß keine Hoffnung sei, den Nibelungenschatz je ins Land zu bekommen, solange Kriemhild dem König grollte; darum betrieb er die Versöhnung der beiden, und auf das Zureden der Mutter und der Brüder kam sie endlich auch zustande. Der König schwur Kriemhild zu, ihr nie wieder ein Leid anzutun, sondern ihr immer getreu zu sein, und sie vergab ihm und allen, die etwa Mitschuld an Siegfrieds Tod trügen: einzig und allein Hagen nahm sie aus, dem sollte nie und nimmer verziehen sein.

Hagen aber spann seine Pläne weiter. Auf seinen Rat sprach Gunther der Schwester immer wieder vom Nibelungenhort, und die andern Verwandten stimmten ein: der Schatz sei ja ihr Eigentum, Siegfried habe ihn ihr als Morgengabe geschenkt, und er gehöre billig in ihre Hand. So willigte sie darein, daß der Hort nach Worms gebracht werde. Gernot und Giselher wurden entsandt, ihn zu holen. Sie kamen zu Alberich, und als er Kriemhilds Begehren hörte, mußte er ihr wohl willfahren, da sie den Hort zu Recht besaß. Es war unermeßlich reiches Gut, das über das Meer und den Rhein hinaufschwamm, außer Gold und köstlichen Kleinoden auch manches Stück, dessen Kraft keiner außer Alberich kannte; viele Kammern und Türme wurden mit dem Gold gefüllt. Mit Freuden hätte Kriemhild den ganzen Hort hingegeben, hätte sie Siegfried dafür eintauschen können.

Da sie den großen Reichtum nun aber besaß, war ihre einzige Lust, davon auszuteilen. Sie beschenkte Arme und Reiche, und mancher edle Degen trat für so kostbare Gaben in ihren Dienst. Da sprach Hagen: „Wir dürfen sie so nicht weiter schalten lassen! Wenn sie sich mit dem Gold immer neue Recken erkauft, wird es uns zuletzt übel gehen." Gunther erwiderte: „Der Schatz gehört ihr; wie kann ich ihr verbieten, damit zu tun, was sie will?" Aber Hagen gab nicht nach: „Kein kluger Mann vertraut einer Frau solche Schätze an; wir werden es zu bereuen haben, wenn wir sie ihr lassen." „Sie ist meine Schwester", sprach Gunther zögernd, „ich schwur ihr Treue für alle Zukunft." „So komme die Schuld auf mich allein!" rief Hagen. Als die drei Könige auf einer Heerfahrt waren, bemächtigte sich Hagen der Schlüssel und nahm den ganzen Schatz; um ihn sicher zu bergen, versenkte er ihn an der Stelle, die man das Loch nennt, in den Rhein. Die Könige zürnten, als sie zurückkehrten, sehr über die Tat; Gernot und Giselher wären ihm an den Leib gegangen, wäre er nicht ihr Blutsfreund gewesen. Aber als sie das Geschehene beredeten, mußten sie wohl einsehen, daß es für ihr Reich das beste war, wenn der Schatz jedem andern für alle Zeit unerreichbar läge. So gaben sie sich darein und schwuren sich gegenseitig zu, daß ihrer keiner die Stelle verraten wolle, wo er versenkt sei.

Die Brüder verschlossen ihr Ohr auch den Klagen Kriemhilds und ihrer Anklage gegen Hagen; wohl sprachen sie: „Hagen hat nicht wohl gehandelt an dir!" – aber sie taten nichts gegen das Unrecht, das ihre Macht sicherte. Seit die Burgunden den Schatz besaßen, nannte man sie nach seinem Namen selbst die Nibelungen.

Neues Leid war über Kriemhild gekommen zu dem alten, und sie lebte lange Jahre in schwerer Trauer. Aber kein Tag verging, ohne daß sie Siegfrieds gedachte und der Rache an seinen Mördern.

Die Fahrt nach dem Hunnenland

Als dem Hunnenkönig Etzel seine Frau Helche gestorben war, beschloß er auf den Rat seiner Freunde, um Kriemhild, die Witwe des starken Siegfried, zu freien. Als Brautwerber entsandte er den edlen Markgrafen Rüdiger von Bechelaren, der von Jugend auf die

Burgundenkönige und ihre Schwester kannte. Mit reichem Gefolge ritt der Gesandte in Worms ein. Er entbot den Königen Etzels Gruß, meldete Helches Tod und sprach: „Wenn es euch und ihr beliebt, so soll eure Schwester Kriemhild im Hunnenland die Krone tragen.“ Gunther versprach, Kriemhild den Antrag zu melden und in drei Tagen dem Werber Antwort zu geben.

Eifrig ging der König mit seinen Getreuen zu Rate, und alle hießen es gut, wenn Kriemhild den Hunnenkönig zum Manne nähme. Nur Hagen sprach gegen den Plan: „Selbst wenn sie wollte, solltet ihr es nicht wollen. Ich kenne Etzel und seine Macht besser als ihr, nur Böses kann uns davon kommen, wenn Kriemhild sein Weib wird.“ Aber sie wollten nicht auf ihn hören. Giselher sagte: „Ihr habt meiner Schwester so viel Leid angetan, daß Ihr ihr wohl einen Trost gönnen solltet“ — und Gernot rief: „Mag Etzel ein noch so mächtiger König sein, wir wohnen weit weg von ihm, was soll er uns schaden?“ Als aber Hagen nicht abließ zu warnen, sprach Giselher im Zorn: „Wir wollen doch nicht alle an Kriemhild meineidig werden! Wenn ihr Ehre geschieht, sollten wir dessen froh sein; das gebietet uns die Treue!“ Da schwieg Hagen gekränkt, und die drei Könige beschlossen einstimmig: Wenn Kriemhild Etzels Werbung annähme, wollten sie nicht dawider sein.

In ihrem Auftrag ging Markgraf Gere und sprach zu ihr: „Freut Euch und gebt mir Botenbrot, Frau Kriemhild! Euer Unglück hat ein Ende: Etzel, der mächtigste der Könige, bittet Euch, sein Weib zu werden.“ „Treibt keinen Spott mit mir“, antwortete die Leidbeschwerte; „nie wieder wird ein Mann auf Erden meine Liebe gewinnen.“ Und auch als Gernot und Giselher zu ihr kamen, wies sie das Ansinnen, Etzels Werbung anzunehmen, heftig zurück; mit Mühe nur erreichten die Brüder, daß sie wenigstens Rüdiger sehen wollte, den sie um seines edlen Sinnes willen achtete. Der Markgraf kam mit elf Rittern im Gefolge, reich gekleidet und geschmückt, wie es der Brauch gebot; sie aber empfing ihn im Alltagskleid, die Augen von Tränen gerötet. „Bringt Eure Botschaft vor“, sprach sie, „um Euretwillen will ich sie anhören.“ Da trug Rüdiger ihr die Werbung Etzels vor: Zwölf Kronen und dreißig Lande sollten ihr untertan sein, über alle Recken des Hunnenlandes sollte sie gebieten, die gewaltigste Macht werde sie haben in dem gewaltigsten Reich; herrlich werde ihr Leben sein, wie es ihrer Schönheit gebühre. Alles war vergebens geredet; sie sprach: „Ich verlor den besten aller Helden; könnte ich nach ihm je einen andern lieben?“

Als aber Rüdiger nicht abließ, in sie zu dringen, und Ute, Gernot und Giselher ihre Bitten mit den seinen vereinten, begann sie den Dingen nachzudenken; Rüdiger, wie er vor ihr stand, schien ihr ein edler und starker Held, wohl angetan dazu, ihr in jeder Not beizustehen. Sie forderte ihn abseits zu einer Unterredung unter vier Augen und fragte ihn: „Herr Markgraf, seid Ihr bereit, mir Eide zu schwören: was jemand mir auch tue, mein Leid als erster zu rächen?“ Das schwur er ihr zu, für sich und alle seine Mannen. Darauf führte sie ihn zurück in den Saal und sprach: „Nun denn: wäre Etzel nicht ein Heide, so wäre ich wohl geneigt, ihn zum Manne zu nehmen.“ „Fragt nicht danach“, erwiderte Rüdiger; „viele christliche Recken dienen ihm, es wird Euch nie ein Leid widerfahren, und vielleicht vermögt Ihr selbst ihn dazu, daß er sich taufen läßt. Sagt ja und werdet sein Weib!“ „Sage ja!“ riefen auch die Brüder. Da willigte Kriemhild ein und legte ihre Hand in die Rechte Rüdigers.

Nun es beschlossen war, sollte die Hinfahrt zu Etzel nicht länger aufgeschoben werden; Rüdiger selbst wollte die Königin geleiten, und von den burgundischen Recken folgte ihr Markgraf Eckewart mit einer starken Schar. Auch reiches Gut gedachte sie mitzuführen; obwohl der Nibelungenhort ihr geraubt war, lag doch noch viel von goldenen Schätzen in ihren Kammern verschlossen. Aber auch das weigerte ihr Hagen: „Nichts soll sie mitnehmen, womit sie Feinde gegen uns werben kann!“ Die Brüder widersprachen, und Gernot schloß mit Gunthers Schlüssel das Schatzgemach auf, damit Kriemhild ihr Gut an sich nähme. Aber Rüdiger befürchtete, daraus werde Streit entstehen und Gefahr für die Königin; darum sprach er: „Und lägen hier alle Schätze, die Kriemhild einst gehörten, wir wollten sie nicht berühren! Bewahrt ihr Gut auf, wir brauchen es unterwegs nicht, ich habe genug für die Fahrt bei mir!“ So nahm Kriemhild nur mit, wessen sie für sich und für ihre Frauen bedurfte. Rüdiger und Eckewart führten sie hin nach Hunnenland, und ihre Brüder Gernot und Giselher gaben ihr noch das Geleit bis zur Donau. Schnelle Boten eilten voran, Etzel ihre Ankunft zu melden.

In Passau empfing Bischof Pilgerin, ihr Oheim, die Königin und schloß sich dem Geleit an; aus Bechelaren ritt Frau Gotelind, Rüdigers Gemahlin, Kriemhild entgegen und umarmte sie. Als sich der Zug durchs österreichische Land bewegte, kam Etzel selbst mit großer Macht einhergeritten, daß der Staub in dichten Wolken über der Straße lag; vierundzwanzig Fürsten umgaben ihn, und an seiner Seite ritt Dietrich von Bern. Kriemhild wurde vom Rosse gehoben, Etzel sprang aus dem Sattel, schloß sie in die Arme und küßte sie. Sie erwiderte den Kuß, und als sie den Schleier hob, sah der König mit

Freuden, wie schön sie war. Danach begrüßte sie auch Dietrich und die zwölf besten Recken Etzels mit einem Kuß und winkte allen andern grüßend zu. Zu Wien an einem Pfingsttag ward die Hochzeit gefeiert und das Beilager gehalten, siebzehn Tage dauerte das Fest, und die Pracht war groß: nicht minder reich an Schätzen als Siegfried schien Etzel, doch hatte er der Recken noch viel mehr. Am achtzehnten Tage brachen sie auf und reisten weiter, bis sie zur Etzelburg kamen; dort empfingen die neue Herrin Helches Nichte Herrat, Dietrichs Gemahlin, und sieben Königstöchter, die zu ihrem Dienst bestimmt waren.

Als große und gewaltige Königin saß Kriemhild auf dem Throne; Etzel liebte sie, und sie schenkte ihm einen Sohn, der getauft und Ortlieb genannt wurde. Dreizehn Jahre lebte sie so in Herrlichkeit und Ehre, aber nie vergaß sie Siegfried und nie das Leid, das Hagen ihr angetan hatte. „Wenn ich ihn hierher in meine Hand bringen könnte!“ dachte sie immer wieder; und ihr Haß wuchs so gewaltig, daß sie auch die Versöhnung mit Gunther nicht mehr gelten ließ. Ihres jüngsten Bruders Giselher gedachte sie immer in Liebe und küßte ihn oft im Traum, auch Gernot wußte sie schuldlos; aber an denen, die Siegfried ermordet hatte, begehrte sie Rache zu nehmen, und dieses Verlangen brannte in ihrer Seele bei Tag und Nacht. Immer öfter saß sie darum in Trauer, und der König und seine Mannen fragten sich vergeblich, warum sie, die doch alles besaß, was das Herz nur begehren kann, nicht froh sei.

Als sie einst bei dem König lag und fühlte, daß er ihr keinen Wunsch werde abschlagen können, bat sie ihn, ihre Freunde aus Burgund, die sie mit vielen Schmerzen so lange entbehrt habe, einzuladen ins Hunnenland, und er versprach es ihr gern. Gleich am Morgen berief er seine Spielleute Werbel und Schwemmel und befahl ihnen, sich nach Worms aufzumachen und die burgundischen Könige auf den Mittsommer zu Gast zu bitten. Ehe sie hinwegritten, rief Kriemhild die Boten zu sich und trug ihnen auf, ihre Mutter und die beiden Brüder Giselher und Gernot besonders herzlich zu grüßen; dann aber sagte sie: „Erzählt niemanden, daß ihr mich je in Trauer saht, und sorgt dafür, daß ja Hagen von Tronje die Könige begleitet – er ist der einzige, der die Wege hierher kennt.“

In Worms wurden die Boten aufs beste aufgenommen und gleich vor Gunther geführt. Sie berichteten ihm, daß Kriemhild mit Etzel in lauter Freuden lebe und nur den einen Wunsch habe, nach so langer Zeit ihre Blutsfreunde einmal wiederzusehen; so lade sie denn der König ein, zur Sonnenwende als Gäste an seinen Hof zu kommen.

Gunther verhieß, ihnen bald Bescheid zu geben. Als er mit den Brüdern und seinen Recken zu Rate ging, hatten sie alle große Lust, der Einladung zu folgen. Nur Hagen sagte: „Wenn ihr es tut, seid ihr eure eigenen Feinde! Habt ihr denn vergessen, was wir Kriemhild angetan haben?“ Darauf erwiderte Gunther: „Meine Schwester nahm Sühne von mir und küßte mich zum Abschied, sie hat mir verziehen, höchstens daß sie Euch, Herr Hagen, noch zürnt.“ „Laßt euch nicht betrügen“, warnte Hagen weiter, „es gilt schwerlich nur mir allein: ihr alle werdet Leib und Leben verlieren, denn sie hat ein unversöhnliches Herz.“ Da sagte Gernot: „Ihr mögt wohl Grund haben, Euch zu fürchten; aber wir nicht.“ Und Giselher stimmte dem Bruder bei: „Da Ihr Euch schuldig fühlt, bleibt zu Hause! Wir andern dürfen uns schon zu ihr trauen.“ Zornig entgegnete Hagen: „Ich wünsche euch, daß ihr keinen furchtsameren Fahrtgenossen habt als mich! Aber hört wenigstens so weit auf meinen Rat, daß ihr wohlgerüstet ins Hunnenland zieht! Bietet eure Mannen auf; ich selbst werde die tausend besten auswählen.“ „Das mag geschehen“, entschied Gunther, und die Reise wurde beschlossen. Doch hielt Hagen die Boten noch zurück; er wollte nicht, daß Kriemhild zuviel Zeit gewönne, gegen die Gäste zu rüsten. Erst als alles bereit war, gab der König ihnen Urlaub. Sie eilten auf den schnellsten Wegen zurück und meldeten der Königin, daß die drei Brüder zu ihr kommen würden und auch Hagen sie begleiten werde. Da jauchzte ihr Herz seit langer Zeit zum erstenmal wieder auf, und Etzel freute sich, daß er sie so fröhlich sah.

Selten fuhr ein stolzerer Zug zum Hofgelage als der der Nibelungen: die Könige mit Hagen, Volker und Dankwart führten sechzig erwählte Degen, tausend Ritter und neuntausend Knechte ins Hunnenland. Als sie von Worms aufbrachen, nahm Ute mit Sorgen Abschied von den Söhnen; sie hatte einen schweren Traum gehabt, es seien alle Vögel im Lande tot zu Boden gefallen. Aber Hagen sagte: „Man darf nicht nach Träumen fragen, wenn es um die Ehre geht! Wir wollen gern zu Etzel reiten, um uns das Fest anzusehen, das Kriemhild uns zugedacht hat!“ Den ganzen Tag brauchte das Heer, um über den Rhein zu setzen; die Nacht lang ward am andern Ufer gezeltet, und da lag auch Brunhild zum letzten Male in Gunthers Armen. Des Morgens aber wurde rasch aufgebrochen. Mit Hagen als Führer und Dankwart als Marschall zogen sie den Mainstrom entlang durch Ostfranken, dann bogen sie südwärts zur Donau.

Breit und wild floß der Strom dahin, er war weit über die Ufer getreten, und nirgends war ein Schiff zu sehen. Hagen hieß die andern warten und ging allein, wohlgewaffnet und mit aufgebundenem Helm, den Strom entlang, um einen Fährmann zu suchen. Hin und her forschend hörte er ein Plätschern im Wasser, und als er näher trat, erblickte er drei schöne Frauen, die in einer stillen Bucht badeten. Sie schrien auf, da sie ihn sahen, und flohen hinweg vom Ufer; hier aber blieben ihre Federhemden liegen, die nahm Hagen an sich. Nun begannen sie ihn zu bitten, er möge ihnen die zauberischen Gewänder wiedergeben, sie wollten ihm auch weissagen, was die Nibelungen auf ihrer Fahrt erleben würden. „Gern hörte ich das", sprach er, „aber sagt euren Spruch im voraus!" Da sagte die eine: „So große Ehren werdet ihr bei Etzel finden wie noch nie Helden in einem Reich!" „Das hör ich gern", antwortete er und gab den Jungfrauen ihre Kleider zurück.

Als sie sie aber übergeworfen hatten, entflohen sie aus seiner Nähe, wie weiße Schwäne schaukelten sie auf der Flut, und die zweite rief dem Helden zu: „Sei gewarnt, Hagen, meine Muhme belog dich um der Gewänder willen: wenn ihr zu Etzel reitet, werdet ihr alle sterben! Kehrt um, noch ist es Zeit!" Da er es nicht glauben wollte, fuhr sie fort: „In Wahrheit, keiner von euch wird die Heimat wiedersehen, außer einem einzigen: dem Kaplan des Königs!" Unmutig antwortete Hagen: „Lieber wäre es mir gewesen, ihr hättet mir gesagt, wo ich einen Fährmann finde!" Da sprach die dritte: „Willst du durchaus hinüber, so geh ein Stück weiter den Strom hinab; jenseits wirst du ein Haus stehen sehen, darin wohnt ein Ferge; er ist der einzige weit und breit." Er wandte sich zum Gehen, da rief sie ihm noch nach: „Warte noch einen Augenblick, Herr Hagen, du hast es gar so eilig! Der Ferge ist ein grimmiger Mann, er läßt so leicht keinen in das Land seiner Herren. Wenn er zaudert, so ruf ihm hinüber, du hießest Amelrich – dann wird er gleich kommen!"

Ein Stück flußab sah Hagen jenseits das Fährhaus liegen und rief hinüber: „Hol mich über, Ferge! Ich gebe dir eine goldene Spange als Lohn!" – und er steckte sie an die Schwertspitze, daß sie über das Wasser blitzte. Als aber der Fährmann nicht kam, rief er laut, daß es gewaltig über den Strom erscholl: „Hol mich über, ich bin's, Amelrich!" Sofort stieg der Ferge ins Boot, mit mächtigem Ruderschlag durchschnitt er die Strömung und zwang das Schiff ans Land. Ohne zu zögern, sprang Hagen hinein; aber nun faßte ihn der Fährmann ins Auge und sprach zornig: „Ihr habt mich betrogen, Ihr seid nicht mein Bruder Amelrich, macht Euch sofort wieder aus dem Boot! Ich fahre keinen Fremden über, meine Herren haben Feinde genug!" Vergeblich bat ihn Hagen, gegen guten Lohn die Burgunden überzusetzen; der Fährmann hob, ohne weiter zu erwidern, die Ruderstange und hieb auf ihn ein, daß er strauchelte und aufs Knie fiel; aber sofort sprang der Held wieder auf, riß das Schwert heraus und schlug dem Fergen einen Streich, daß ihm das Haupt vom Rumpf ins Wasser sprang. Den ungefügen Körper warf er dem Haupte nach.

Unterdessen war das Boot abgetrieben, und als Hagen es mit Gewalt wenden wollte, brach ihm das Ruder in zwei Stücke; er flickte es mit dem Schildriemen zusammen und kam mit gewaltiger Kraftanstrengung endlich wieder dahin, wo die Burgunden ihn erwarteten. „Woher kommt das Blut im Boot?" fragte ihn Gunther; „und wo ist der Fährmann?" Mürrisch antwortete Hagen: „Ich bringe das Boot so, wie ich es an einer Weide angebunden fand, einen Fergen sah ich nicht." „Aber wer soll uns nun übersetzen?" fragte Gernot. Da rief Hagen: „Das tu ich selbst! Ich hieß nicht umsonst der beste Ferge am Rhein!"

Unaufhörlich den ganzen Tag lang hin und zurück fahrend, setzte Hagen das gesamte Heer mit allem Gut und Gerät über; die Pferde mußten neben dem Boot schwimmen. Als die letzten stiegen die Könige ein und mit ihnen der Kaplan. Mitten im Strom, als Hagen den Pfaffen hinten im Schifflein sitzen sah, über das Heiligtum gebeugt, gedachte er der Zauberjungfrauen, und ihn erfaßte das Verlangen, ihre Weissagung zunichte zu machen: da ergriff er den Kaplan und warf ihn über Bord. Die Könige riefen vergeblich „Halt, halt!" und schalten ihn; er kehrte sich nicht daran. Und als der Kaplan auftauchte und den Schiffsrand zu fassen trachtete, stieß er ihn mit der Ruderstange wieder unter Wasser. Trotzdem arbeitete sich der Pfaffe abermals hoch, er wandte sich jetzt und schwamm dem jenseitigen Ufer zu; dort klomm er hoch und schüttelte das Wasser aus der Kutte, dann aber entlief er in Eile. Er mußte den Weg zurück nach Worms zu Fuß machen, aber endlich kam er hin – von allen der einzige, der zurückkehrte.

Als die letzten glücklich am Ufer waren, schlug Hagen das Boot in Stücke und warf die Trümmer in die Flut. „Was tust du, Bruder?" sprach Dankwart; „wie sollen wir zurückkehren?" „Wir werden kein Boot mehr brauchen", antwortete Hagen; „haben wir aber einen Feigling bei uns, der dem Kampftod entrinnen will, dann mag er im Strom ersaufen!" Und jetzt erzählte er den Königen und den Recken die Weissagung der Zauberfrauen: daß ihrer keiner zurückkehren werde außer dem Kaplan. Da ward mancher Degen bleich, und auch die tapfersten fühlten die Schwere dessen, was ihnen bevorstand; nur Volker der Spielmann lachte, er schwang die Sturmfahne hoch und setzte sich an die Spitze des Zugs.

Hagen aber übernahm es mit Dankwart zusammen, den letzten Haufen zu führen. Er wußte, daß die Könige des Landes den Tod ihres Fährmanns nicht ungerächt lassen würden. Darum drängte er zur Eile, sie ritten die ganze Nacht, aber dennoch ereilten die Feinde die Nachhut. Hagen und Dankwart hielten, ohne die andern zu Hilfe zu rufen, mit ihrer Schar allein den Angriff auf; sie erschlugen den König Gelfrat und verwundeten seinen Bruder schwer, so daß die Feinde endlich mit großen Verlusten wichen. Sie selbst aber ritten schweigend den Ihren nach, bis sie sie wieder einholten. Als Gunther am Morgen ihre zerhauenen Schilde und blutgeröteten Panzerringe sah, zürnte er, daß sie seine Hilfe verschmäht hatten. „Wir wurden allein mit ihnen fertig“, antwortete Hagen; „wohl an die hundert verloren sie und wir nur vier.“

Unangefochten kamen sie weiter nach Passau und von da nach Bechelaren, wo Markgraf Rüdiger sie freudig aufnahm. Die Knechte hieß er vor der Stadt zelten, die Herren und Ritter aber führte er selbst zur Burg. Am Tor schon trat die Markgräfin Gotelind mit ihrer schönen Tochter den Gästen entgegen. Die Frauen küßten die Könige und ihre drei edelsten Recken Hagen, Volker und Dankwart; aber als die Jungfrau Hagens grimmiges Antlitz sah, zögerte sie eine kleine Weile und wechselte die Farbe, ehe sie zagend ihre Lippen auf seinen Mund drückte. Einträchtig gingen alle zum Saale, die Markgräfin neben Gunther, der Markgraf neben Gernot und die Jungfrau mit Giselher; allen gefiel der Anblick des Paares, und das Mädchen schien den burgundischen Recken so schön und edel, daß sie wohl einer Krone wert sei. Selbst Hagen sah sie lächelnd an, und er war es, der als erster sagte: „Mein Herr Giselher sollte sie zum Weibe nehmen, mit Freude würden wir alle ihr dienen!“

Der Plan wurde wohl besprochen und von allen gutgeheißen. Giselher und die Jungfrau traten in den Kreis; gern sprach sie ihr Jawort, obwohl sie schamhaft zögerte – um so schneller umschloß der junge König sie mit seinen Armen. So wurden sie verlobt; wenn die Burgunden zurückkehrten, sollte die Jungfrau mit ihnen reiten. Alle bösen Ahnungen waren da vergessen, vier Tage lang lebten die Gäste zu Bechelaren in Herrlichkeit und Glück. Dann aber hieß es aufbrechen, und Rüdiger ließ es sich nicht nehmen, selbst die Helden an Etzels Hof zu geleiten. Ehe sie von seiner Burg ritten, bot er ihnen kostbare Gaben; Gernot reichte er ein edles Schwert und Gunther eine erlesene Brünne. Hagen aber erbat von Gotelind, als sie ihn beschenken wollte, einen Schild, der an der Wand hing, lang, breit und fest und mit edlem Gestein besetzt. Der hatte einst ihrem Sohne

Nudung gehört, den Heime in der Rabenschlacht erschlug, und sie mußte weinen, als sie ihn von der Wand nahm. Aber keinem schenkte sie ihn lieber als dem starken Hagen.

Der Empfang der Nibelungen

Boten eilten voraus, dem Hunnenkönig das Nahen der Gäste anzusagen, und er freute sich ehrlichen Herzens. Kriemhild sah aus dem Fenster die Burgunden heranziehen und vor der Burg Zelte schlagen; da lachte auch sie und sprach leise vor sich hin: „Jetzt werden meine Recken Arbeit finden!“ Mit Trauer aber erfuhren die Ankunft der Helden der edle Dietrich und sein Waffenmeister Hildebrand. Sie hatten gemeint, Rüdiger wisse um Kriemhilds Rachewunsch und werde die Helden warnen; aber der Arglose hatte, das sahen sie jetzt, der Königin niemals Falschheit zugetraut. Da beschlossen sie, die Gäste selbst zur Vorsicht zu mahnen, und stiegen schnell zu Pferde. Als Hagen sie mit ihrem Gefolge heranreiten sah, hieß er die Recken aufstehen, um den edlen Helden würdig zu empfangen. Der grüßte die Könige und die Burgunden mit großer Freundlichkeit, fragte aber gleich: „Ist euch nicht bekannt, daß Kriemhild immer noch um Siegfried weint?“ „Mag sie weinen“, sprach Hagen, „Siegfried ist tot und kommt nicht wieder.“ „Aber Kriemhild lebt noch“, entgegnete Dietrich, „von ihr droht Gefahr: davor hüte dich, König Gunther!“ „Warum soll ich mich hüten? Luden sie und König Etzel uns nicht freundlich in ihr Land?“ fragte Gunther. „Ihr Sinn steht anders als ihre Worte“, antwortete der Berner; „ich höre sie alle Morgen zu Gott um Rache rufen für den toten Siegfried.“ „Dann ist es nicht zu wenden“, sagte da der kühne Volker; „reiten wir zu Hofe, dort werden wir erfahren, was uns bevorsteht!“

Stolz ritten die Nibelungen dahin, und als sie abstiegen, drängten sich die Hunnen, sie zu sehen. Am meisten begehrten sie den zu schauen, der Siegfried erschlug, und sie zeigten Hagen einander: er war hochgewachsen und breit von Schultern, auf langen Beinen ging er herrisch einher, unter dem grauen Haar blickten seine Augen schrecklich aus dem düstern Antlitz.

Eilends schaffte man den Gästen Herberge. Den Knechten gab man auf Befehl Kriemhilds gesondertes Quartier, ihrer waltete Dankwart als Marschall. Die Könige und ihre Degen aber lud man in die Burg. Kriemhild kam ihnen mit ihren Frauen entgegen, sie schritt auf Giselher zu und grüßte ihn als ersten mit Kuß und Umarmung. Als Hagen das sah, band er seinen Helm fester und sprach: „Ich merke, man grüßt die Fürsten und ihre Recken ungleich, wir kamen zu keinem guten Fest!“ „Mag Euch willkommen heißen, der Euch gern sieht!“ antwortete ihm Kriemhild zornig; „wozu, Herr Hagen, kamt Ihr hierher? Bringt Ihr mir etwas mit?“ „Ich wußte nicht, daß Ihr von Euren Gästen Gaben erwartet“, erwiderte Hagen; „sonst wäre ich schon reich genug gewesen, Euch zu beschenken.“ „Ich spreche vom Nibelungenhort, der mir gehört – wo ließet Ihr den?“ „Der liegt im Rhein“, sagte Hagen, „und soll dort liegen bis zum Jüngsten Tag!“ „Ihr bringt also nichts mit von dem, was mein eigen ist?“ „Den Teufel bring ich mit! Ich hatte genug zu tragen an meinem Schild und Harnisch, Helm und Schwert!“

Da sagte Kriemhild: „Hier im Saal werden keine Waffen getragen, gebt sie mir in Verwahr!“ Aber Hagen antwortete: „Zuviel der Ehre, Königin, daß Ihr Euch damit bemühen wollt! Aber mein Vater lehrte mich, meine Waffen selbst zu hüten.“ Da erkannte sie, daß die Gäste gewarnt waren, und rief voll Zorn: „Wüßte ich, wer Euch gewarnt hat, der sollte des Todes sein!“ Nicht weniger zornig antwortete ihr Dietrich: „Ich tat es – wage denn in Teufels Namen, mich zu strafen!“ Beschämung und Furcht schlossen der Königin den Mund, sie ging ohne ein weiteres Wort weg, ihre Feinde nur noch mit einem schiefen Blick streifend.

Dietrich und Hagen reichten sich die Hände. „Es ist mir leid um eure Reise“, sprach Dietrich; aber Hagen antwortete: „Zu allem wird Rat.“ Etzel sah die beiden im Hofe stehen und fragte, wer der fremde Recke sei, den Dietrich so freundlich empfing. Als er hörte, es sei Hagen, freute er sich: denn ihn hatte er selbst zum Ritter gemacht in der fernen Zeit, da der Jüngling an seinem Hof als Geisel lebte, zusammen mit Walther vom Wasgenstein. Hagen aber schied von Dietrich und ging, sich einen Schwertgenossen zu suchen; dazu wählte er den kühnen Volker. Sie setzten sich gegenüber Kriemhilds Saal auf eine Bank, und die Hunnen staunten die beiden trotzigen Helden an wie wilde Tiere. Als aber Kriemhild sie erblickte, brach sie in Tränen aus.

Ihre Degen fragten, wer ihr solchen Kummer schaffe. „Hagen tut es“, sprach sie; „wer mich an ihm rächt, der soll von mir alles haben, was er nur begehrt!“ Darauf rüsteten sich sechzig ihrer Mannen, aber das dünkte ihr zuwenig gegen jene zwei, und so traten vierhundert Gewappnete vor sie, bereit, ihr nach ihrem Wunsch zu dienen. Sie setzte die Krone aufs Haupt und sprach: „So will ich mit euch zu meinen Feinden gehen – hört zu, wie ich Hagen frage, was er mir antat, und hört zu, was er antwortet! Er ist so verwegen, daß er nichts leugnen wird: dann geschehe ihm von euch, was ihm gebührt!" Volker sah die Königin die Treppe herabkommen, hinter sich die gewappneten Recken mit blanken Schwertern. „Sie sehen aus, als wollten sie streiten", sagte er zu Hagen, und der antwortete: „Mir gilt es, Freund Volker! Wollt Ihr mir jetzt beistehen? Ich will Euch Treue mit Treue lohnen." „Nicht um eines Fußes Breite will ich von Euß weichen!" gelobte ihm Volker; und Hagen sagte: „Nun mögen sie kommen!"

Als die Königin heranschritt, fragte Volker: „Sollen wir nicht aufstehen, sie zu grüßen?" „Nein!" antwortete Hagen; „die Hunnen könnten sonst wähnen, wir hätten Furcht. Soll ich dem Ehre erweisen, der mir Feind ist? Das tue ich mein Lebtag nicht! Der vermessene Hagen legte sein Schwert über die Schenkel, eine lichte Waffe mit goldenem Knauf, auf dem ein grüner Jaspis saß, und Kriemhild erkannte sie auf den ersten Blick: es war Balmung, den einst Siegfried trug. Tränen entstürzten ihren Augen angesichts der höhnischen Herausforderung; das hatte Hagen gewollt. Volker saß neben ihm, er hielt sein scharfes Schwert in der Hand, als wär's ein Fiedelbogen. Keiner von beiden erhob sich, als die Königin dicht vor sie trat.

Sie sprach: „Nun sagt, Herr Hagen, wer sandte nach Euch, daß Ihr hierher zu reiten wagtet?"

Er antwortete: „Niemand sandte nach mir. Aber meine Könige lud man ein, und wohin sie gehen, folge ich ihnen."

Sie sprach: „So sagt weiter: verdient Ihr meinen Haß? Erschlugt Ihr nicht Siegfried, meinen geliebten Mann?"

Er antwortete: „Wozu länger reden? Ja, ich bin's, Hagen, der den Siegfried erschlug, und ich tat es, weil Kriemhild die schöne Brunhild beschimpfte. Ich leugne nicht, Königin, daß ich an allem schuld bin, was Euch an Leid geschah. Räche es, wer's vermag!"

Den Hunnenkriegern grauste es vor so hochmütiger Vermessenheit; sie sahen einander an, und keiner fand den Mut zum Angriff. Was ihnen die Königin verheißen hatte, dünkte ihnen geringe Gabe angesichts der beiden Recken; Türme von Gold hätten sie nicht mehr verlockt. Manche erinnerten sich auch, wie kühn Hagen schon als Jüngling gewesen war: nun war er ein grimmiger Kämpe und trug den Balmung. Langsam wichen sie zurück und schlichen davon, zum tiefen Kummer der Königin.

Die beiden Recken aber gingen zurück zu ihren Herren, sie zu

Hof zu begleiten. Immer zwei und zwei schritten die Helden zum Saal, Dietrich von Bern führte Gunther und Rüdiger Giselher – immer ein Mann Etzels einen Burgunden; nur Hagen und Volker blieben zusammen, nie mehr bis an ihren Tod wollten sie sich scheiden. Etzel sprang von seinem Sitz, als Gunther ihm nahte, kein König wurde noch ehrenvoller begrüßt, und freudigen Willkomm bot der Hunnenkönig auch Gernot und Giselher, Hagen und Volker. An seinem Tisch mußten sie sitzen, Wein und Met wurden ihnen geschenkt, und Etzel pries sein Glück, daß sie gekommen waren, ihm zur Freude und der Königin zum Trost – denn er wußte nichts von Kriemhilds Rachewunsch. Bis in die Nacht feierten sie bei Mahl und Gelage, und Etzel erwies den Gästen jede Gunst.

Aber so gewogen er ihnen war, sie merkten wohl die Feindseligkeit der hunnischen Mannen, die Kriemhild sich geworben hatte. Als Etzel die Nibelungen verabschiedet hatte, fühlten sie sich beim Hinausgehen aus dem Saal plötzlich umdrängt; Volker und Hagen mußten ernstlich drohen, bis die Hunnen Raum gaben und die Gäste unbehelligt ihren Schlafsaal erreichen konnten. Der Raum war aufs köstlichste mit Decken und Polstern zubereitet; aber sie glaubten nicht, daß sie darin viel Ruhe finden würden. Da sprach Hagen: „Geht unbesorgt zu Bett, ich will für euch die Schildwache halten!" Gerüstet trat er vor die Tür, und Volker setzte sich neben ihn auf die Stufen. Der Spielmann hatte seine Fiedel mitgenommen, er strich die Saiten, daß der Ton gewaltig durchs Haus erscholl. Dann aber wurde die Weise immer süßer und sanfter, so daß die Gäste aller Sorgen vergaßen und friedevoll entschliefen. Da griff Volker wieder zu Schild und Schwert und stellte sich neben den Freund.

Um Mitternacht sah er fern im Dunkel einen Helm aufglänzen; Bewaffnete schlichen leise im Schutz der Finsternis heran. „Laß sie näher kommen!" sprach Hagen. Aber die Hunnen gewahrten nun, daß die Tür behütet war, sie erkannten die zwei Recken, und lautlos begannen sie wieder zu entweichen. „Sollen wir sie nicht verfolgen?" flüsterte Volker. „Nein, wir dürfen nicht weg von der Tür", antwortete Hagen. „Dann sollen sie wenigstens wissen, daß wir sie gesehen haben, und sollen ihre Schande hören!" sagte Volker, und rief ihnen laut ins Dunkel nach: „Pfui, ihr feigen Schufte, wolltet ihr uns im Schlaf ermorden?" Aber es kam keine Antwort zurück.

Des Morgens weckten die Hüter die schlafenden Freunde, und schon läuteten auch die Glocken zur Messe. Die Burgunden holten ihre Festgewänder hervor, um wohlgeschmückt zum Münster zu gehen; aber Hagen sprach: „Nehmt statt der Rosenkränze Schwerter, statt schöner Hüte lichte Helme, statt seidener Hemden Halsbergen und statt reicher Mäntel Schilde! Dann geht – und betet zu Gott mit Andacht: denn das wird die letzte Messe sein, die ihr hört!" Gewappnet standen sie vor dem Münster, bis Etzel kam und sein Weib, hinter ihnen das Gefolge, alle in prunkvollen Gewändern. Der König wunderte sich, als er die Gäste in Eisen gehüllt sah, und sprach: „Warum geht ihr unterm Helm zur Kirche? Trat euch jemand zu nahe? Das wäre mir wahrlich leid, und gern böte ich euch jede Genugtuung dafür!" „Nein", antwortete Hagen, „niemand tat uns etwas, sonst würden wir es dir klagen. Aber wir haben die Sitte, bei allen Festen die ersten drei Tage lang in Waffen zu gehen."

Kriemhild sah ihm feindlich unter die Augen, aber sie widersprach ihm nicht. Hätte einer der Helden Etzel die Wahrheit gesagt: daß Kriemhild gegen sie Haß trug und Rache sann, dann hätte der König wohl eingegriffen und ihr Los gewendet. Aber die Nibelungen waren zu stolz und zu hochmütig, ihn um seinen Beistand zu bitten. Mit wildem Trotz drängten sie ihrem Schicksal zu, Hagen zumal und mit ihm Volker taten alles, um Kriemhild zu reizen. Auch jetzt, als die Königin nach Etzel durch die Tür des Münsters schritt, forderten sie sie heraus: sie stellten sich so dicht an den Weg, daß die Frau kaum vorbei konnte und mit den Kleidern ihre Harnische streifte; voll Ingrimm sahen das die Hunnenrecken, die ihr folgten.

Übermut war es, der Volker bewog, nach der Kirche Waffenspiele vorzuschlagen; er tat es, um Streit zu suchen. Dietrich von Bern wollte davon nichts wissen, er verbot seinen Mannen teilzunehmen, und Rüdiger folgte seinem Beispiel. So ritten gegen die Burgunden zuerst thüringische und dänische Recken, mit denen sie viele gute Lanzen stachen; dann folgten Hunnen, geführt von Blödel, Etzels Halbbruder, aber sie hatten nicht viel Lust zu scharfem Streit und hielten mit dem Angriff zurück. „Warum gehen sie uns nicht an den Leib, da sie uns doch abhold sind?" fragte Volker spöttisch; „so günstige Gelegenheit kommt so leicht nicht wieder!" Er sah einen stattlichen Hunnenrecken daherreiten, der wie ein Geck geziert war und hinauf zu den Frauen am Fenster liebäugelte. „Dem will ich einen Stoß versetzen, der ihm durch und durch geht!" sagte Volker, sprengte gegen den Hunnen und rannte ihm den Speer durch den Leib; sofort war Hagen mit seinen Mannen zur Stelle, denn jetzt stürzten die Freunde des Getöteten herbei, ihn zu rächen. Aber da kam Etzel selbst herab in die Bahn, den Streit zu schlichten, er wand einem Vetter des Gefallenen das Schwert aus der Hand und jagte die Hunnen zurück: „Laßt ab von dem Spielmann – ich sah, daß er den

Recken ohne Absicht erstach, weil sein Pferd strauchelte!" So stiftete er noch einmal Frieden und führte seine Gäste in den Saal.

Jetzt glaubte Kriemhild den Übermut der Nibelungen nicht länger ertragen zu können. Um sich einen starken Helfer zu werben, ging sie Dietrich von Bern um seinen Beistand gegen ihre Brüder an; aber er und der alte Hildebrand wiesen es zurück, gegen Helden zu kämpfen, die auf guten Glauben ins Land gekommen waren. Da wandte sie sich an Blödel; er fürchtete Etzels Ungnade, wenn er die Gäste angriffe, aber sie sagte: „Fürchte nichts, denn ich werde dir immer hold sein!" Und sie versprach ihm viele Schätze, eine reiche Markgrafschaft und dazu noch ein schönes Weib. So großer Verheißung konnte Blödel nicht widerstehen, und er vermaß sich, Hagen gebunden vor die Königin zu bringen. Eröffnen wollte er den Kampf aber nicht im Saal, sondern in der Herberge, wo die burgundischen Knechte unter Dankwart hausten.

Der Kampf um den Saal

Inzwischen begab sich Kriemhild in den Saal zur Tafel, an der mit Etzel zusammen die Fürsten und auch Hagen saßen, und sie ließ Ortlieb, ihren kleinen Sohn, herbeibringen. Etzel freute sich seiner; er hoffte, sein und Kriemhilds Sohn sollte einst ein Held werden, seines Stammes würdig, zwölf reiche Königtümer werde er ihm dann schenken. „Wenn es euch so gefällt", sagte er zu Gunther und seinen Brüdern, „gebe ich ihn euch mit nach Worms, damit ihr ihn zu einem rechten Manne erzieht!" Hagen betrachtete den kleinen Ortlieb genau und sprach: „Er sollte schon gut werden, wenn er nur zum Manne erwüchse; aber der junge König ist schwächlich anzusehen – wer weiß, ob er lange lebt." Betroffen blickte Etzel auf Hagen, ihn betrübte und kränkte die Rede, und seine Recken murrten. Alle Freude war jählings von Etzels Fest gewichen.

Da ward die Tür aufgerissen, und Dankwart trat herein, von Blut überronnen, in der Hand das nackte Schwert. Laut rief er in den Saal: „Ihr sitzt zu lange hier in Ruhe, Bruder Hagen! Alle unsere Knechte und Ritter in der Herberge liegen tot, ich entrann dem Überfall als einziger!" Hagen rief zurück: „Wer hat das getan?" Und Dankwart antwortete: „Blödel war's mit seinen Hunnen. Aber ich hab's ihm vergolten: mit diesen Händen schlug ich ihm das Haupt ab!" „Wohl ihm", sprach Hagen, „das war eine Ehre für ihn, von deiner Hand zu fallen! Aber wer schlug dir die Wunden, daß du so von Blut triefst?" „Das ist Feindes Blut", sprach Dankwart, „ich erschlug ihrer viele, aber ich blieb heil." „Dann, Bruder Dankwart, hüte die Tür!" rief Hagen; „laß keinen Mann hinaus! Ich habe mit den Recken hier zu reden!" „So will ich Kämmerer sein", antwortete Dankwart, „bei so reichen Königen ist das ein hohes Amt!" Und er stellte sich in die Tür.

Hagen aber sprach laut, daß es durch den ganzen Saal hallte: „Was flüstern die Hunnenrecken miteinander? Sie wissen es wie wir, daß Kriemhild uns Rache geschworen hat und uns nur darum zum Feste lud. So wollen wir den Abschiedsbecher trinken und Etzels Wein bezahlen! Der junge Hunnenfürst soll der erste sein!" Damit schlug er dem Knaben Ortlieb das Haupt ab, daß es Kriemhild in den Schoß sprang. Auf dieses Zeichen fielen die Helden im Saal übereinander her, Hagen und Volker sprangen herab vom Hochsitz und mischten sich ins Getümmel, Gunther und seine Brüder suchten zu schlichten, aber umsonst, sie mußten selbst die Schwerter ziehn. Von draußen wollten neue Hunnen herein, während die drinnen nach außen drängten; da stellte Hagen den Spielmann neben seinen Bruder, Rücken an Rücken kämpften die zwei nach beiden Seiten, so den Saal verriegelnd, in dem die Schwerter wüteten.

Ratlos starrte Etzel in das wilde Gewühl, von den Begebnissen völlig überrascht. Aber Kriemhild, um ihr Leben bangend, flehte Dietrich um Schutz an. Ihn dünkte es schwierig, ihr in dem Toben Frieden zu verschaffen, doch wollte er's versuchen. Er begann laut zu rufen, seine Stimme erscholl wie ein Wisenthorn durch den Saal, bis Gunther endlich aufhorchte und sah, wie der Berner mit der Hand winkte. Er fürchtete, es sei einem von Dietrichs Mannen Schade geschehen, und mit aller Gewalt schuf er Ruhe, um Dietrich Buße zu bieten. „Nein", sagte Dietrich, „mir und den Meinen ist nichts geschehen. Aber ich bitte Euch, uns in Frieden aus diesem Saale gehen zu lassen!" „Was bittet Ihr?" rief der ungestüme Wolfhart dazwischen; „wir wollen uns die Tür schon mit Gewalt aufschließen!" Aber Dietrich gebot ihm Schweigen, und nun versprach Gunther, er solle unbehelligt alle, die er wolle, aus dem Saale führen, ausgenommen die Feinde der Burgunden. Da umschloß Dietrich mit dem einen Arm die Königin, den andern bot er Etzel; so führte er die beiden hinaus, und seine sechshundert Degen folgten ihm.

Jetzt sprach auch der edle Rüdiger: „Wollt Ihr noch jemand hinauslassen, der stets Euer Freund war, so sagt es mir!" Da gab Giselher dem Getreuen Frieden, und der Markgraf räumte den Saal mit seinen fünfhundert Recken; wollte aber ein Hunne mit hinausschlüpfen, so erschlug ihn Volker ohne Erbarmen. Und nun, da Dietrich und Rüdiger den Saal verlassen hatten, begann das Morden von neuem. Bis weit draußen vor das Tor hallten die Schwertschläge, und Etzel rief: „Wehe über dieses Fest! Ich höre Volker wüten, er spielt mit dem Schwerte auf, und jeder Bogenstrich zieht eine rote Spur! Böse Gäste habe ich mir geladen!“

Erst als alle Hunnen im Saal niedergemäht waren, legten die Burgunden die Schwerter zur Seite. Dann räumten sie den Saal von den Leichen, sie warfen sie, siebentausend an Zahl, die Stiege hinab und achteten es nicht groß, ob noch ein Atmender darunter war. Im Anfang versuchte noch mancher der hunnischen Mannen, die vor dem Hause standen, einen seiner Verwandten hinwegzutragen; aber Volker scheuchte sie mit Speeren. Davor wichen die Hunnen zurück, außerhalb der Speerwurfsweite harrten sie dichtgedrängt, und Etzel stand mit Kriemhild zwischen ihnen.

Hagen und Volker aber traten vor die Tür; sie lehnten sich über ihre Schilde und begannen den König zu verhöhnen. Hagen rief hinab: „Es ziemt einem Fürsten wohl, den Seinen voran zu fechten, wie es meine Herren tun! Etzel und Siegfried stammen nicht aus gleicher Sippe, Kriemhild machte einen schlechten Tausch, als sie den feigen Hunnenkönig nahm!“ Darüber ergrimmte Etzel, er faßte seinen Schild, um vorwärts zu stürmen, doch die Seinen rissen ihn am Schildriemen zurück, denn sie fürchteten allzusehr, daß Hagen ihn erschlüge.

Aber Kriemhild, empört über den Schimpf, reizte die Mannen zum Kampf: „Wer mir Hagens Haupt bringt, dem fülle ich des Königs Schild mit rotem Gold, dazu soll er viele Lande und Burgen haben!“ „Warum zaudert ihr?“ rief Volker von oben; „noch nie sah ich, daß Helden so bange waren, wenn man ihnen so großen Lohn bot! Ihr eßt Etzels Brot und laßt ihn schmählich im Stich – vorher konntet ihr Feiglinge nicht mutig genug tun!“ Noch rührte sich von den Hunnen keiner; aber der Markgraf Iring von Dänemark, Etzels Gefolgsmann, rief nach seinen Waffen, und ihm folgten die Dänen und Thüringer. Aber Iring wollte Hagen allein bestehen, allen voran sprang er in den Saal und kämpfte sich zu ihm durch, und als sie getrennt wurden, ruhte er nicht, bis er ihn wiederfand; mit einem ungestümen Schwertschlag traf er ihn durch den Helm ins Haupt, daß das Blut herunterrann. Aber als Hagen die Wunde fühlte, stürmte er so wild vorwärts, daß Iring nicht standhalten konnte; er jagte ihn durch den Saal und die Stiege hinab, und nur mit Not entkam der Däne. Kriemhild empfing ihn mit hohem Dank für seine Kühnheit, aber Hagen rief ihm nach und forderte ihn aufs neue heraus: da wollte er es noch einmal versuchen. Doch jetzt sprang ihm Hagen schon auf der Stiege entgegen, schlug ihm durch Schild und Brünne eine tiefe Wunde und stieß ihm einen Speer durchs Haupt, daß er die Stufen hinuntertaumelte und tot auf die Erde schlug.

Nun brachen die Dänen und Thüringer, an tausend Mann stark, insgesamt zum Kampfe vor. Die ersten fielen unter Hagens und Volkers Schwertschlägen, und die in den Saal eindrangen, kamen nicht mehr lebend hinaus. Wieder wurde Stille nach dem Schlachtlärm, das Blut floß durch die Mauerlücken und Riegelsteine aus dem Saal, und die Burgunden ruhten eine Weile von der Arbeit aus. Aber sie mußten die Helme bald wieder aufbinden, denn jetzt trieb Etzel die Hunnen in hellen Haufen gegen den Saal; wohl zwanzigtausend versuchten den Sturm, doch immer wieder schlugen die Helden sie zurück. Darüber wurde es Abend.

Die Qual des Tages war so hart gewesen, daß die Burgunden nicht wünschten, noch lange Tage gleiches ertragen zu müssen: willkommener sei ein schneller Tod, wenn nicht Frieden mehr möglich sei. Von Blut gerötet und von Harnischruß geschwärzt, traten die drei Könige vor den Saal und begehrten Etzel zu sprechen. Er kam mit Kriemhild und fragte: „Was begehrt ihr von mir? Wollt ihr Frieden? Ihr bittet zu spät: zuviel des Bösen habt ihr mir getan! Ihr erschlugt mein Kind und tötetet meine Freunde; dafür muß ich euch den Frieden weigern, solange ich lebe." Gunther antwortete: „Wir wurden zum Kampf gezwungen, da deine Mannen unsere Knechte in der Herberge erschlugen. Ich kam auf Treue zu dir und hielt dich für unsern Freund. Wir tragen nicht die Schuld an dem Morden, und würde es eingestellt, so käme das uns beiden zugute." Aber Etzel erwiderte: „Mein Leid und mein Schade ist größer, und Schande gewann ich obendrein: dafür soll keiner von euch lebend von hinnen kommen!" Da rief Gernot: „So erschlagt uns! Aber laßt uns zuvor wenigstens hinaus aus dem Saal ins freie Feld, daß der Kampf kürzer sei und der Tod schneller komme!"

Das hätten die Hunnen wohl zugestanden, aber Kriemhild wehrte es ihnen: „Laßt sie nicht heraus! Könnten auch nur meine drei Brüder sich wieder erfrischen in freier Luft, so wäret ihr alle verloren!" Da sprach Giselher zu ihr: „Liebe Schwester, nie hätte ich geglaubt, daß du mich hierher zum Tode ludest! Habe ich das um dich verdient? Hielt ich dir nicht stets Treue? Nun schenk du uns deine Gnade!" Aber Kriemhild rief: „Gnade kann ich euch nicht geben, denn mir ward selber keine! Nie kann gesühnt werden, was Hagen mir antat! Jedoch", fuhr sie fort, „wenn ihr mir Hagen herausgebt, so will ich euch das Leben schenken, weil ihr meine Brüder seid, von einer Mutter geboren, und will mit Etzel um Sühne für euch reden." Darauf sprach Gernot: „Das wolle Gott im Himmel nicht! Eher wollen wir alle hier tot liegen, ehe wir dir den einen Mann herausgeben!" Und Giselher sagte: „Da wir doch sterben müssen, wollen wir tapfer sein, wie Rittern ziemt. Wer mit uns streiten will: wir stehen hier. Nie werden wir einen Freund verraten!"

Kriemhild wandte sich ab und den Hunnen zu: „Nun, ihr Helden, geht näher zur Stiege heran und laßt keinen aus dem Saal! Dann aber zündet ihn an an allen vier Ecken!" Und so geschah es. Der Wind blies in die Flammen, sie loderten hoch um den Saal, Rauch und Feuer schlugen hinein. Vor Hitze und Durst drohten die Helden zu erliegen. Da rief ihnen Hagen zu: „Trinkt das Blut der Gefallenen aus euren Helmen, es wird euch erquicken wie Wein!" Sie tranken und kamen wieder zu Kräften. Als von der Decke die brennenden Balken auf sie niederfielen, hielten sie die Schilde über sich; sie stellten sich an die Wand und traten die glühenden Trümmer in das Blut auf dem Estrich, daß sie erloschen. Nur Hagen und Volker blieben in der Tür und hielten Wache.

Bitter war die Nacht, und dennoch ging sie dahin. Als der Morgenwind ein wenig Kühlung in den rauchenden Saal wehte, griffen die Helden wieder zu den Waffen. Sechshundert waren es noch, die lebten, und da sie Gnade nicht mehr finden konnten, dachten sie nicht ungerächt zu sterben.

Etzel und Kriemhild hatten nicht geglaubt, daß auch nur einer diese Feuersnot überstehen werde. Jetzt, da sie es anders fanden, trieben sie ihre Mannen aufs neue in den Kampf; auf Schilden ließ die Königin das Gold hertragen und bot es jedem, der stürmen wollte. Die Burgunden aber riefen die Feinde selbst herbei und schalten die Feigen, die anzugreifen zögerten: da sie doch fallen mußten, wollten sie keine Zeit verlieren. So tobte die Schlacht, aber die Burgunden hielten das Haus und erschlugen wiederum wohl zwölfhundert Hunnen. Trauernd saß Etzel in seinem Saal, da er sein Volk so hinschmelzen sah vor dem Grimm der Gäste.

Am Morgen kam Rüdiger zu Hofe; immer noch hatte er gehofft, Frieden stiften zu können; aber Dietrich, an den er gesandt hatte, hatte ihm sagen lassen: „Keine Sühne nimmt Etzel mehr an!" Mit feuchten Augen stand Rüdiger da, der Not seiner Freunde gedenkend. So sah ihn ein Hunnenrecke, und er sprach zur Königin: „Vor allen andern habt Ihr den Markgrafen erhöht, Ihr konntet ihm nicht genug Leute und Land geben: und noch hat er nicht einen einzigen Schlag für Euch getan! Kümmert es ihn nicht, was hier mit uns geschieht? Oder ist er vielleicht doch nicht so kühn, wie man immer erzählte?“ Zu laut hatte der Hunne seine Hohnworte gesprochen, Rüdiger ballte die Faust und schlug auf ihn mit solcher Kraft, daß er tot hinstürzte. „Was wagtest du mich zu schmähen“, rief er, „da ich schon Leid genug trage? Gern würde ich für Etzel kämpfen, hätte ich nicht selbst die Burgunden hergeleitet. Wie dürfte ich jetzt die Hand gegen sie erheben?“

Aber Etzel sagte in düstrem Unmut zu dem Markgrafen: „Ist das Eure ganze Hilfe, edler Rüdiger? Haben wir noch nicht Tote genug, daß Ihr mir meinen Mann erschlagt?“ Und Kriemhild sprach: „Haben wir es um Euch verdient, daß Ihr unser Leid noch mehrt? Ihr habt uns oft versprochen, Leben und Ehre für uns zu wagen; mir habt Ihr, da Ihr als Werber kamt, mit Hand und Mund geschworen, mir zu dienen bis in den Tod! Meinen Schaden wolltet Ihr rächen und mein Leid wenden! Nun: niemals bedurfte ich Euer mehr als jetzt!“ „Ich leugne es nicht“, antwortete Rüdiger, „Ehre und Leben schwur ich für Euch dahinzugeben; aber die Seele zu verlieren, habe ich nicht geschworen. Ich war es, der die Gäste hierherbrachte.“ Sie ließen nicht ab, ihn zu bitten; ja, sie fielen ihm zu Füßen, beide, der König und sein Gemahl. Unschlüssig stand er und sprach in tiefer Qual: „Was ich auch tue oder lasse, immer ist es arg und übel, und die Welt wird mich darum schelten. Helfe mir Gott in meiner Not!“ Und er bat den König: „Herr Etzel, nehmt alles wieder, was Ihr mir gabt, Land und Burgen! Arm und zu Fuß will ich in die Fremde gehen – aber entbindet mich meines Eids!“ „Was hülfe mir das?“ gab Etzel zurück; „mein eigenes Land dazu will ich dir geben, du sollst neben mir König sein – aber räche mich an meinen Feinden!“ „Wie kann ich das?“ sprach Rüdiger; „ich lud sie in mein Haus, bot ihnen Speise und Trank und Gaben, ich verlobte mein Kind mit Giselher! Und nun soll ich nach ihrem Tode trachten?“

Aber als sie gar nicht mit Flehen nachließen und Kriemhild ihn immer von neuem an seine Treue mahnte, da gab er endlich nach. „So muß es also sein, daß ich mit meinem Leibe zahle für das Liebe, das ihr mir erwiest. Ich befehle mein Weib, meine Kinder und meine Leute in eure Gnade.“ „Lohne es dir Gott“, sprach Etzel; „alles verspreche ich dir; aber ich hoffe, du kehrst uns heil zurück.“ Leidvoll ging Rüdiger hinweg, entschlossen, Leib und Seele hinzugeben, und selbst Kriemhild mußte weinen, als sie den Edlen scheiden sah.

An der Spitze seiner fünfhundert Mannen schritt er zum Saale, und Giselher rief, da er ihn nahen sah, voller Freude: „Da kommt uns die Hilfe – wohl dem, der solche Freunde hat!“ Aber Volker entgegnete: „Habt Ihr je gesehen, daß so viel Helden mit aufgebundenen Helmen und blanken Schwertern kamen, um Frieden zu bieten? Rüdiger will an uns heute sein Land und seine Burgen verdienen!“ Er hatte noch nicht ausgeredet, da stand der Markgraf schon vor dem Haus, setzte den Schild vor den Fuß und rief, ohne Freundesgruß zu bieten, in den Saal: „Nun wehrt euch, ihr kühnen Nibelungen! Ich bringe euch nicht Frieden, sondern Kampf. Wir waren Freunde, jetzt muß ich euch die Treue aufsagen!“ Schwer erschraken die Notbedrängten, daß er gegen sie zu streiten kam, den jeder liebte. „Das verhüte Gott“, sprach Gunther, „ich kann's nicht glauben, daß Ihr so gegen Freundschaft und Treue handelt.“ „Ich muß es“, antwortete Rüdiger, „denn ich schwur es Kriemhild und habe keine Wahl.“

„Warum erwieset Ihr uns erst so viel Liebe und Treue, wenn Ihr sie nicht bis ans Ende halten wollt?“ fragte Gunther; „wir würden Euch stets für alles dankbar bleiben, wenn Ihr uns schütztet, wie Ihr gelobt habt, als Ihr uns hergeleitet.“ Und Gernot sprach: „Ihr wart uns der gütigste Wirt; laßt ab vom Kampf, damit wir es Euch danken können!“ „Wollte Gott“, sprach Rüdiger, „Ihr wäret am Rhein, und ich wäre tot mit Ehren! Das schlimmste Los ist es, gegen Freunde zu kämpfen.“ „Leid wäre mir Euer Tod“, antwortete Gernot; „Ihr gabt mir dieses Schwert, es ist eine herrliche Waffe und ließ mich nie im Stich; aber ich schwöre Euch: Erschlagt Ihr einen meiner Freunde, so nehme ich Euch mit Eurem Schwert Leib und Leben!“ Nun sprach auch Giselher zu ihm: „Wollt Ihr Eure Tochter so früh zur Witwe machen? Wenn Ihr gegen uns kämpft, das wäre nicht als Freund gehandelt; ich vertraute Euch mehr als jedem andern, da ich Eure Tochter zum Weibe nahm.“ „Gedenkt auch Eurer Treue“, antwortete Rüdiger, „und laßt es meine Tochter nicht entgelten, wenn Gott Euch von hier hinweghilft!“ Aber Giselher rief: „Nein! Wenn einer meiner Freunde durch deine Hand fällt, so ist alle Freundschaft aus mit dir und deiner Tochter!“

„Dann gnade Gott uns allen“, sprach da Rüdiger und rückte den Schild hoch; aber ehe er noch die Treppe hinanstieg, rief Hagen von oben: „Eine kleine Weile warte noch, edler Rüdiger, ich habe noch ein Wort mit dir zu sprechen! Den Schild, den mir Frau Gotelind gab, haben mir die Hunnen vor der Hand zerhauen: wenn ich einen so guten Schild hätte, wie du ihn trägst, so bedürfte ich im Sturme keiner Halsberge mehr!“ „So nimm ihn, Hagen“, entgegnete Rüdiger, „trag ihn an deinem Arm, und möchtest du ihn heimbringen in das Land der Burgunden!“ Als er den Schild so willig darreichte, wurden vielen Helden die Augen naß, und selbst den grimmigen Hagen erschütterte dieser Edelsinn. „Lohn es dir Gott, edler Rüdiger“, sprach er, „und laß auch mich die Gabe lohnen: in diesem Kampf soll meine Hand dich nicht berühren, und wenn du alle Recken hier im Saale erschlügst!“ Und als Rüdiger sich dankend neigte, rief Volker: „Da mein Geselle Hagen Euch Frieden bietet, tu ich's auch! Diese Ringe hier gab mir Frau Gotelind, damit ich sie auf dem Feste trüge: seht her, ich trage sie, seid mir dessen Zeuge, wenn Ihr zu ihr zurückkommt!“ „Das will ich tun, wenn es mir vergönnt ist“, sprach Rüdiger.

Dann hob er den Schild, den er von der Hand eines seiner Mannen genommen hatte, und lief die Stiege empor, und Hagen und Volker gaben ihm den Weg frei. Wie ein Held focht Rüdiger, er kämpfte sich stürmisch hin und her durch den Saal, und seine Mannen folgten ihm. Viele Helden erschlug er; da rief ihn Gernot an: „Wollt Ihr mir keinen meiner Mannen leben lassen, edler Rüdiger? Dann komme dieses Schwert über Euch! Wendet Euch zu mir, damit ich Eure Gabe an Euch selbst verdiene!“ Sie liefen einander an, und Rüdiger schlug Gernot durch den steinharten Helm, daß das Blut niederfloß; aber Gernot schwang todwund das Schwert und hieb ihn durch Schild und Helmband, daß auch er sterbend stürzte.

Da sprach Hagen: „An diesen zweien verloren wir viel! Nun müssen Rüdigers Mannen für sie bezahlen!“ Kein einziger derer von Bechelaren entrann dem Tode.

Das Ende der Nibelungen

Todmatt vom Streit saßen die Helden oder lehnten an der Mauer, wo der Wind die Panzer kühlte. Das Tosen war verhallt, lange Zeit blieb es still. Das Königspaar lauschte vergeblich hinüber nach dem Klang der Waffen, und sie kamen in große Sorge. „Sollte Rüdiger den Burgunden Frieden gegeben haben?“ fragte Kriemhild; „dann wären wir betrogen um unsere Gaben und um unsere Rache.“ Und sie rief hinüber nach dem Saal: „Verrate uns nicht, Rüdiger, gib keinen Frieden!“ Da rief Volker zurück: „Nur zu treu war er Euch, Frau Kriemhild! Er ist gefallen mit allen seinen Mannen! Und wollt Ihr es nicht glauben, so seht's mit eigenen Augen!“ Sie hoben Rüdigers Leiche auf und brachten sie zur Tür, daß Etzel und Kriemhild sie sehen konnten. Etzel schrie auf vor Jammer, und es erhob sich laute Klage, von der die ganze Burg erscholl.

Der Weheruf drang bis zu Dietrichs Herberge, und er klang so jammervoll, daß die Helden fürchteten, Etzel selbst oder Kriemhild möchten zu Tode gekommen sein. Der kühne Wolfhart erbot sich, hinzugehen und zu fragen; aber Dietrich entsandte den besonnenen Helferich. Bald kam er mit weinenden Augen zurück und brachte die Nachricht, daß Rüdiger erschlagen sei. „Das kann nicht sein", sprach Dietrich, „es hätte denn der Teufel sein Spiel getrieben! Ich weiß doch, daß er den Burgunden immer hold war." Wolfhart rief: „Wenn es geschehen ist, dann muß es ihnen allen ans Leben gehen! Schande wär's, das zu ertragen, da Rüdiger uns stets so treu zu Diensten war!" Dietrich aber wollte erst noch genaue Kunde haben; daher schickte er Hildebrand zu den Burgunden, um sie zu befragen. Er selbst setzte sich ins Fenster, und ihm war das Herz schwer.

Ohne Waffen machte sich der Meister auf, aber sein Neffe Wolfhart hielt ihn an: „Wollt Ihr, daß sie Euer spotten und Euch mit Schande heimschicken? Legt die Waffen an, dann werden sie es überlegen!" Zu seinem Schaden folgte der erfahrene Alte dem ungestümen Jungen. Als er nun gerüstet zum Saal der Burgunden ging, sah er, daß ihm die Berner Recken mit dem Schwert in der Hand folgten; das war ihm unlieb, aber sie sagten: „Wenn wir mitkommen, wird Hagen sich wohl hüten, Euch zu verhöhnen!" Da widersprach er nicht mehr.

Als Volker sie gewaffnet nahen sah, sprach er: „Dietrichs Mannen kommen als Feinde; jetzt wird es hart hergehen!" Hildebrand setzte den Schild vor die Füße und nahm das Wort: „Mein Herr Dietrich schickt mich, euch zu fragen, ob wirklich Markgraf Rüdiger von eurer Hand erschlagen liegt; schwer zu tragen wäre ihm solches Herzeleid." Hagen antwortete: „Ja, es ist wahr, obwohl ich euch und dem edlen Rüdiger wünschte, er lebte noch." Da begannen die Recken zu klagen, die Tränen liefen ihnen in den Bart, einer nach dem andern sprachen sie ein Wort zu des Toten Preise.

Hildebrand mochte vor Leid nicht weiterfragen, sondern sagte nur: „So gebt uns denn nach dem Willen unseres Herrn den toten Rüdiger heraus, damit wir ihm seine Treue vergelten können! Laßt uns nicht warten: wir wollen dem Toten alle Ehren erweisen, die wir lieber noch dem Lebenden erwiesen hätten." Gunther antwortete: „Kein Dienst ist so zu loben wie der, den der Freund dem toten Freunde tut. Rüdiger hat es um euch verdient, daß ihr ihm Treue haltet." Aber schon rief Wolfhart ungeduldig: „Wie lange sollen wir bitten? Da ihr uns unsern besten Freund erschlugt, so gebt ihn sofort heraus, damit wir ihn begraben!“ Da entgegnete ihm Volker: „Wir bringen ihn euch nicht hin! Holt ihn selbst aus dem Saale, damit euer Dienst sich lohnt!“

„Reizt uns nicht, Herr Fiedler!“ entgegnete Wolfhart drohend; „ihr tatet uns Böses genug! Es sollte euch übel ergehen, hätte uns unser Herr nicht den Streit verboten.“ Aber spottend antwortete Volker: „Gern unterläßt ein Furchtsamer, was man ihm verbietet; das scheint mir nicht der richtige Heldenmut!“ – und Hagen lachte dazu. Voll Zorn rief Wolfhart: „Schweigt, Fiedler, oder ich will Euch die Saiten verstimmen, daß Ihr noch am Rhein daran denkt – wenn Ihr je wieder hinkommt!“ Aber Volker lachte: „Versucht's, ich werde Euch dafür das Licht Eures Helms ausputzen, so wahr ich an den Rhein zurückzureiten gedenke!“ Jetzt wollte Wolfhart gegen ihn anspringen, doch Hildebrand hielt ihn noch einmal zurück: „Willst du in deinem dummen Zorn unseres Herren Huld verlieren?“ Aber als Volker höhnisch rief: „Laßt doch den Löwen los, Meister, da er gar so grimmig ist! Kommt er mir nahe, dann will ich ihn schon zahm machen!“ – da riß sich Wolfhart los und sprang wie ein Löwe gegen den Saal an. Schon war er an der Stiege, da kam ihm Hildebrand zuvor; denn sollte gekämpft werden, so wollte er selbst der erste sein.

Gegen Hagen stürmte Hildebrand und gegen Volker Wolfhart, Feuer sprühte von ihren Schlägen aus den Schwertern, und die Helme lohten, doch wurden die Paare von den Nachdrängenden geschieden. Nun wütete der Kampf durch den ganzen Saal, links und rechts sanken die Helden nieder. Als Herzog Siegstab einen Burgunden nach dem andern zu Boden hieb, sprang Volker ihm entgegen und traf ihn mit dem Schwerte auf den Tod; aber da kam Hildebrand über den Spielmann, er schlug ihn durch Helm und Schild, daß die Splitter bis zu der Saalwand stoben und Volker tot niederstürzte. Vergebens tobte Hagen, als er den Freund erschlagen sah, er konnte nicht an Hildebrand herankommen, obwohl er sich immer von neuem eine Gasse durch die Feinde mähte. Inzwischen fiel Dankwart von Helferichs Hand, und nun rannte Wolfhart gegen Giselher; mit solchem Ungestüm drang er zu ihm hin, daß unter seinen Füßen das Blut der Gefallenen aufspritzte bis über seinen Kopf hinweg. Mit Heldenmut kämpfte Giselher, er schlug Wolfhart durch den Harnisch eine tiefe Wunde, die ihm ans Leben ging; da warf Wolfhart den Schild weg, hob mit beiden Händen das Schwert hoch und traf Giselher aufs Haupt, daß der eine sterbend zum andern sank.

Ringsum lagen Dietrichs und Gunthers Mannen erschlagen. Wolfhart atmete noch, als Hildebrand ihn fand; der Alte wollte den Neffen aus dem Hause tragen, aber er war ihm zu schwer. Da blickte ihn der Todwunde aus seinem blutüberronnenen Gesicht an und sprach: „Deine Hilfe tut mir nicht mehr not, lieber Oheim, hüte du dich selbst vor Hagens Zorn! Meinen Freunden sag, sie sollen nicht um mich weinen: ich fand hier von eines Königs Händen herrlichen Tod, und ich hab' ihn vorausbezahlt mit dem Leben von hundert Recken!" Nun aber hatte Hagen Hildebrand erspäht, er drang auf ihn ein und rief: „Jetzt sollt Ihr mein Leid büßen!" Er schlug auf ihn ein, daß das Schwert Balmung dröhnte, und der Alte wehrte sich mit großer Kraft; aber Hagen hieb ihm durch den Panzer hindurch eine schwere Wunde. Da warf Hildebrand den Schild auf den Rücken und entrann vor Hagen, der einzige, der von Dietrichs Mannen noch übrig war, um seinem Herrn die böse Kunde zu bringen. Von den Burgunden aber lebten nur noch Gunther und Hagen.

Den Panzer von Blut überströmt, trat Hildebrand vor Dietrich, der ihn voll Sorge fragte: „Du hast wohl mit den Burgunden gestritten? Befahl ich dir nicht ernstlich, den Streit zu meiden?" „Hagen schlug mir die Wunde", antwortete der Meister, „nur mit Mühe rettete ich mein Leben vor diesem Teufel." „Dir ist recht geschehen", sprach der König; „du hast den Frieden gebrochen, den ich meinen Freunden gewährte, und hättest billig den Tod verdient!" „Zürnt mir nicht zu sehr, Herr Dietrich", bat der Alte; „die Burgunden wollten uns Rüdigers Leiche nicht herausgeben." Da seufzte der Held tief auf, und Tränen fielen aus seinen Augen. „So ist Rüdiger doch tot? Wie leid ist es mir um meine Base Gotelind und die armen Waisen! Doch wer war's, der ihn erschlug?" „Das tat Gernot", antwortete Hildebrand, „und er selbst fiel von Rüdigers Hand."

Dietrich erhob sich und sprach: „Heiß meine Mannen sich waffnen, und laß mir mein Streitgewand bringen! Nun will ich selbst mit ihnen zu den Burgunden gehen!" Da entgegnete Hildebrand: „Wer soll mit Euch gehen? Was Euch von Mannen blieb, seht Ihr vor Euch: ich allein entkam, alle andern liegen tot!" Das war der größte Schmerz, den Dietrich je erfuhr. „Nun hat Gott meiner vergessen", sprach er; „ich war ein mächtiger König: jetzt bin ich ganz arm. Wolfhart verlor ich und Siegstab und Helferich und alle meine Recken – wer soll mir nun helfen, das Amelungenreich wiederzugewinnen? Unglück ist mir bestimmt, sonst hätte es nicht geschehen können, daß alle diese Helden hinsinken mußten vor den kampfmüden Burgunden. Aber sagt: wer blieb von denen übrig?" „Keiner mehr als allein Gunther und Hagen", antwortete Hildebrand.

Laut klagte Dietrich, daß es durchs ganze Haus hallte, als er sich in die Rüstung warf; aber da er sie auf dem Leibe fühlte und den Schild faßte, verstummte er und ging dahin als ein grimmiger Held. Hagen sah ihn kommen und sprach zu Gunther: „Dort naht Dietrich, um zu rächen, was wir ihm antaten! Heut soll sich's erweisen, wer der beste ist! So stark er sich dünkt, ich traue mich wohl, ihn Mann gegen Mann zu bestehen!" Das hörte Dietrich, als er vor die beiden hintrat, die vor dem Saal an die Wand gelehnt ihn erwarteten. Auf den Schild gestützt, sprach er voll Gram zu ihnen: „Warum, ihr Herren, habt ihr so böse an mir gehandelt, der ich hier selbst ein Heimatloser bin? Was tat ich euch, daß ihr mich aller meiner Mannen beraubtet? War es nicht schon schlimm genug, daß ihr Rüdiger erschlugt?" „Wir sind nicht so schuldig, wie es scheint", entgegnete Hagen; „Eure Degen kamen hierher gewaffnet, in breiter Schar wie Feinde." „Aber sie baten euch nur, ihnen Rüdiger herauszugeben", sagte Dietrich; „das habt ihr ihnen mit Hohn verweigert." Darauf antwortete Gunther: „Wir verweigerten es nur Etzel zum Trotz, nicht den Deinen zuleide; aber Wolfhart begann darum uns zu schelten."

Da sprach Dietrich: „So sollte es denn so sein. Aber nun, edler König, sühne mir das Herzeleid, das du mir tatest, und ergib dich samt Hagen als Geisel in meine Hand! Ich will nach allen meinen Kräften verhüten, daß euch von den Hunnen ein Leid geschieht, und ihr sollt meine Treue kennenlernen." „Verhüte Gott", antwortete Hagen, „daß sich Euch zwei Degen ergeben, die frei in voller Wehr vor Euch stehen!" „Verweigert es nicht!" sprach Dietrich weiter; „ihr habt mich so bitter gekränkt, daß ihr das gutmachen müßt. Ich schwör's euch in die Hand: Ich will euch selbst in Ehren heimgeleiten oder des Todes sein." „Drängt nicht länger in uns", antwortete Hagen; „es würde sich schlecht ziemen, wenn sich zwei Degen in die Hand eines einzigen ergäben." Da sprach Dietrich: „Sagt, Hagen, hörte ich vorhin recht: Ihr wolltet mich Mann gegen Mann im Streite bestehen?" „Das leugne ich nicht", antwortete Hagen, „und mich gelüstet danach; denn es kränkt mich, daß Ihr uns zwei als Geiseln fordertet."

Da hob Dietrich geschwind den Schild gegen ihn, und Hagen sprang ihm von der Stiege entgegen; voll Grimm schwang er das Nibelungenschwert, aber Dietrich wußte sich zu schirmen, er setzte gegen den wilden Angriff kunstvolle Hiebe, so daß er Hagen endlich eine tiefe Wunde schlug. Aber es dünkte ihn wenig ehrenvoll, einen Helden zu töten, der durch Not und Mühsal vieler Tage geschwächt war, er wollte ihn lieber lebend als Geisel haben. Darum ließ er den

Schild fallen und umschloß Hagen mit den Armen, vor den Augen des trauernden Gunther rang er ihn nieder und band ihn. Den Gefesselten brachte er zu Kriemhild und gab ihn in ihre Hand. Sie vergaß alles Leides und dankte Dietrich mit Freuden: „Bis in den Tod will ich dir nicht vergessen, welchen Dienst du mir tatest!" Dietrich mahnte sie mit Ernst: „Laßt ihn leben, edle Königin, damit er Euch das Leid sühnt, das er Euch antat! Vergreift Euch nicht an einem Gefesselten!"

Damit ging er zurück zum Saal; Kriemhild aber ließ den Gefangenen in einen Kerker schließen.

Gunther wartete Dietrichs schon, um sein Leid an ihm zu rächen. Hart klangen die Schwerter gegeneinander, denn Gunther tobte vor Zorn, und sein Mut war herrlich. Aber endlich zwang Dietrich auch ihn, wie er Hagen gezwungen hatte, und führte den Blutüberströmten gebunden vor die Königin. „Willkommen, Gunther von Burgundenland!" rief sie dem Bruder zu. „Ich würde Euch danken, edle Schwester", antwortete er, „wenn Euer Gruß aus Gnade geschähe und nicht aus Hohn." Aber Dietrich sprach: „Hohe Königin, ich brachte Euch die edelsten Geiseln, die man jemals sah; nun laßt meine Freundschaft den Heimatlosen zugute kommen!" Das verhieß sie. Dietrich ging voll tiefen Leids von dannen, Kriemhild aber ließ Gunther in eine gesonderte Zelle bringen.

Dann trat sie vor Hagen und sprach voll Haß zu ihm: „Gebt mir wieder, was Ihr mir nahmt, dann mögt Ihr vielleicht noch lebend heimkommen." „Du redest vergebens, Königin", erwiderte Hagen; „ich schwur einen Eid, keinem Menschen den Hort zu verraten, solange einer meiner Herren noch am Leben ist." Da sprach sie: „Dann bring ich es zu Ende!" Sie ließ dem Bruder das Haupt abschlagen und trug es an den Haaren zu Hagen. Mit Leid und Grauen sah er das Haupt seines Herrn: „Nun hast du es nach deinem Willen zu Ende gebracht, und so habe ich's erwartet! Jetzt sind meine drei Herren tot, jetzt weiß niemand mehr den Schatz als ich und Gott allein: niemals sollst du Teufelin erfahren, wo er liegt!"

Da sprach sie: „Üble Sühne bietest du mir! Aber eines soll doch mein werden: Siegfrieds Schwert. Das trug mein Geliebter, als ich ihn zum letzten Male sah, ehe du ihn mir erschlugst!" Sie zog es ihm aus der Scheide, ohne daß er es wehren konnte, schwang es mit beiden Händen hoch und schlug Hagen das Haupt ab.

König Etzel sah mit Trauer und Entsetzen, wie der beste Held von eines Weibes Hand erschlagen lag; es war ihm leid um Hagen, sosehr er ihn gehaßt hatte. Aber der alte Hildebrand sprach: „Dieser

Tat soll die Frau sich nicht freuen! Was mir auch widerfahre, und ob es auch mich selbst in schwere Not brächte: ich will den Tod des kühnen Hagen rächen!" Im Zorn sprang er gegen Kriemhild los, und es half ihr nichts, daß sie gräßlich aufschrie: mit einem Schwung des Schwerts schlug er sie zu Tode.

Über all die Toten erhoben Dietrich und Etzel große Klage. Ruhmreiche Helden waren gesunken, mit Leid geendet war das Fest, wie immer Leid der Liebe und des Lebens Ende ist.

DIETRICHS AUSGANG

Dietrichs und Hildebrands Heimkehr

Schwerer Trauer voll waren die Tage, an denen die Toten aus dem Saal gebracht wurden, damit man sie bestatte. Von Leiche zu Leiche schreitend, erkannten Dietrich und Hildebrand die Helden, gesenkten Hauptes standen sie vor dem toten Rüdiger, dem starken Gernot und dem jungen Giselher, mit Schmerz sahen sie die eigenen Getreuen erschlagen liegen, und Tränen stürzten dem alten Hildebrand aus den Augen, da er seinen Neffen Wolfhart fand, der das Schwert noch so fest mit der starren Faust umklammerte, daß es sich nicht herausbrechen ließ.

„Was sollen wir noch länger in diesem Land?" sprach Dietrich zu dem alten Meister, da das riesige Leichenbegängnis vorüber war. „Jetzt ist keiner mehr hier, der zu uns gehört. Laß uns heimziehen, gleichviel, was uns geschehe: lieber will ich in meinem Reiche kämpfend sterben als in der Fremde vor Alter." Hildebrand antwortete: „Ja, laß uns heimziehn! Diesmal wird uns Etzel kein Heer mitgeben, denn zu viele der Hunnen sind gefallen. So wollen wir die Fahrt allein wagen, ob es Etzel lieb sei oder leid, daß wir aus dem Lande reiten." Als sie ihren Entschluß Frau Herrat mitteilten, wollte sie nicht allein zurückbleiben. „Wohin du gehst, will ich dir folgen, bei dir will ich sein in Leben und Tod!" sprach sie zu ihrem Mann.

Sie rüsteten drei Rosse für sich und nahmen noch ein viertes mit, das beluden sie mit Gold und Vorräten. Eines Abends brachen sie in aller Stille auf; Dietrich ließ die beiden andern vor das Tor der Burg reiten; er selbst ging noch einmal zu Etzel, um Abschied zu nehmen. Er schritt in des Königs Schlafgemach und weckte ihn. „Willkommen, Freund", sprach Etzel; und da er ihn gerüstet vor sich stehen sah, fügte er hinzu: „Aber warum kommst du in Waffen?“ „Ich will in mein Land zurückreiten, um es wiederzugewinnen oder zu sterben.“ „Bleib bei mir“, bat Etzel, „die Zeit wird kommen, wo ich dir wieder ein Heer geben kann.“ „Allzu viele der Deinen sind schon gefallen“, antwortete Dietrich, „es sollen nicht noch mehr um mich sterben. Allein will ich ziehen mit Hildebrand und meiner Frau.“ Etzel erkannte bald, daß alles Bitten vergeblich war, sosehr ihn Dietrichs Scheiden grämte; sie nahmen den letzten Abschied, und der Held ging von dannen. Unter mancherlei Gefahren zog er mit Weib und Meister seinem Lande zu.

Unterwegs ward ihnen Kunde, daß Ermanrich auf den Tod erkrankt sei. Sie ritten schneller, und als sie an die Grenze kamen, empfingen sie die Nachricht von seinem Tode; elend war er an schwerem Siechtum zugrunde gegangen. Da fanden sie bald Getreue, die zu ihnen stießen; denn das Land hatte unter des alten Königs harter Faust schwer geseufzt, und Dietrich war allen willkommen, die Ermanrich gehaßt hatten. So mehrte sich seine Macht, je weiter er vordrang, Bern und Raben öffneten ihm freudig ihre Tore, und die ihm widerstanden, überwältigte er rasch.

Als so der größte Teil des Reichs zurückgewonnen war, gedachte Hildebrand seiner Frau Ute, die er vor dreißig Jahren mit dem kleinen Sohn zurückgelassen und nicht wiedergesehen hatte; denn auf ihrem ersten Zuge waren sie nicht bis in die entfernte Mark gekommen, in der sie Zuflucht genommen hatte. Auch jetzt war die Kunde von Dietrichs und Hildebrands Rückkehr noch nicht bis dahin gedrungen. Mit einer kleinen Schar machte sich Hildebrand auf den Weg zu seiner Frau. Als er an die Grenze der Mark kam, sah er Bewaffnete, die sie hüteten, und an ihrer Spitze hielt auf weißem Roß ein hochgewachsener Held, dessen Rüstung hell in der Sonne blinkte. Dem Alten sagte sein Herz, wer der Ritter sei, er hieß die Seinen zurückbleiben und sprengte voran, da löste sich auch jener von der Schar und ritt ihm entgegen.

Zwischen den Heeren trafen sie sich, und der Alte rief den Jungen an: „Wer bist du und aus wessen Geschlecht? Vielleicht, daß ich deine Sippe kenne, denn mir sind alle Heldengeschlechter kund!“ Der Junge antwortete: „Ich heiße Hadubrand, und man sagt mir, Hildebrand sei mein Vater. Aber ich sah ihn nie; er floh, da ich eben geboren war, mit Dietrich vor Ermanrichs Zorn aus dem Land. Er war Dietrich der liebste Genosse und focht allen Helden voran, überall war sein Name berühmt; aber jetzt ist er lange schon tot. Doch nun weiche aus der Mark oder kämpfe mit mir!“ „So höre“, rief

Hildebrand, „ehe du mich zum Kampfe forderst: ich selbst bin Hildebrand, dein Vater!“ Er wand sich einen goldenen Reif vom Arm, ein Geschenk Etzels, eines Kaisers würdig, und reichte ihn dem Sohne dar: „Das nimm von mir zum Willkommen!“ Aber Hadubrand antwortete: „Mit dem Ger soll man Feindesgabe empfangen, Spitze gegen Spitze! Du bist nicht mein Vater – sichere Kunde brachten uns Seefahrer aus fremdem Lande, daß Hildebrand längst im Kriege fiel. Dein Harnisch verrät, daß du einen reichen Herren hast; nie und nimmer bist du Genosse eines armen Landflüchtigen! Ein alter Hunne bist du, trotz deiner Jahre immer noch durchtrieben und voll Tücke, mit glatten Worten willst du mich locken, um heimlich die Lanze auf mich zu werfen!“ Voll zornigen Schmerzes rief der Vater zum Himmel auf: „Weh, waltender Gott, schweres Geschick verhängst du mir! Dreißig Jahre war ich der Heimat fern, alle Stürme habe ich überlebt: jetzt soll ich von meines eigenen Sohnes Hand sterben oder ihn selbst erschlagen! Brennst du so darauf, mir altem Mann die Rüstung zu rauben?“ Aber Hadubrand begann seiner zu spotten: „Wenig Mut scheinst du behalten zu haben aus deiner Jugend, alter Graubart! So gib freiwillig Brünne und Schwert her!“ Da rief Hildebrand: „Wahrlich, jetzt müßte ich Feigling heißen, wollte ich dir den Kampf länger weigern! Eprobe denn, wer von uns zweien dem andern die Rüstung lassen muß!“

Mit den Eschenlanzen rannten sie zusammen, ihre Schilde durchbohrend, daß die Stangen brachen; dann sprangen sie vom Roß und stampften gegeneinander, von ihren Schwerthieben splitterten die Schilde und zerbarsten in Stücke. Endlich hieb Hildebrand den Sohn mit einem mächtigen Streich durch den Panzer in den Schenkel, daß der Getroffene ins Knie sank. Nun sah er des Alten überlegene Kraft und sprach zu ihm: „Ich vermag dir nicht mehr zu widerstehen! Nimm hier mein Schwert!“ Aber als Hildebrand die Hand ausstreckte, um es zu ergreifen, schlug der Junge verräterisch nach ihm, um ihm die Hand abzuhauen. Blitzschnell sprang Hildebrand beiseite, in wildem Zorn rief er: „Den Schlag lerntest du von einem Weibe, nicht von mir!“ – und mit einem gewaltigen Hiebe streckte er den Sohn zu Boden. Als er ihn tot zu seinen Füßen sah, starrte er gramvoll auf ihn nieder und klagte: „Nun ist meines Alters einziger Trost dahin! Ich wollte ihn nicht töten und mußte es doch!“

Mit schwerem Herzen ritt er zu seiner Frau Ute, und die Freude des Wiedersehens wandelte sich in tiefe Trauer. Noch kehrte Hildebrand zu seinem Herrn zurück, half ihm sein Land befrieden und das Reich Ermanrichs dazugewinnen, so daß Dietrich als Kaiser in Romaburg einzog; aber bald danach starb der Greis. Und auch Frau Herrat sollte sich nicht lange des neuen Glücks erfreuen; Dietrich mußte sie verlieren, und so war er jetzt, da er als Herrscher über das mächtigste Reich gebot, einsam, ohne Weib, ohne Kind, ohne Genossen aus seiner früheren Zeit. Aber er herrschte gewaltig und war so gefürchtet, daß niemand in der ganzen Welt ihn mehr anzugreifen wagte.

Dietrichs Alter und Tod

Von allen Schwertgenossen seiner Jugend wußte Dietrich, daß sie tot seien, nur von einem nicht: von Heime. Der schien spurlos verschwunden, seit Jahren hatte niemand ihn mehr gesehen noch von ihm gehört. Still und heimlich hatte er sich, da er sein Leben überschaute und fand, daß er sehr viel Böses getan hatte, davongemacht und war in ein Kloster gegangen. Dem Abt verschwieg er, um ihn nicht zu erschrecken, seinen wahren Namen und nannte sich Ludwig. Waffen, Roß und alle seine Habe bot er dar, damit man ihn aufnehme, und da die Mönche die reichen Kleinodien sahen, war ihnen der neue Bruder hoch willkommen; hätten sie freilich gewußt, daß es Heime sei, dann hätten sie ihn um alle Schätze der Welt nicht bei sich haben mögen. Aber der alte Kämpe und Räuber, der nun die schwarze Kutte trug, hielt brav die Regel und tat allen Dienst, wie sich's gebührte.

Nach einiger Zeit geriet das Kloster in Streit mit einem Riesen namens Aspilian, der sich ringsum im Lande Höfe, Güter und Schätze zusammenraubte und auch den Mönchen einen Hof wegnahm. Als sie ihn darum zur Rede stellten, lachte er sie aus und sprach: „Wenn ihr euch beschwert fühlt, so laßt Gottesurteil entscheiden! Stellt mir einen Kämpfer zum Holmgang; wer siegt, soll recht haben — so ist's bei uns guter alter Brauch." Dawider konnten sie zu ihrem Kummer nichts sagen. Als aber der Abt im Kapitel sein Leid klagte und dem, der sich des Streits mit dem Riesen vermesse, Vergebung aller seiner Sünden verhieß, meldete sich Bruder Ludwig und sprach: „Ich gab Waffen, Roß, Gold und mich selbst dem Kloster um meiner Sünden willen; nun will ich auch noch mit dem Riesen kämpfen, damit die Vergebung vollkommen sei. Wo ist mein Schwert und meine Rüstung?"

Dem Abt kam plötzlich der Verdacht, daß sie einen sehr wilden Vogel bei sich eingefangen hätten, und er sprach: „Aus deinem Schwert haben wir Beschläge für die Kirchentür machen lassen, und deine Rüstung haben wir zugunsten des Klosters verkauft." „Ihr versteht nichts vom Waffenhandwerk", rief der alte Kämpe, „und ahnt nicht, was diese Waffen wert waren!" Wütend sprang er auf und nahm den Abt mit beiden Händen beim Kopf: „Narr, hattest du kein anderes Eisen, die Kirchentür zu beschlagen, als mein gutes Schwert Nagelring?" Dabei schüttelte er ihn so kräftig, daß dem Entsetzten vier Zähne aus dem Mund kollerten.

Als die Mönche von Nagelring hörten, wußten sie, daß ihr Bruder Ludwig der grimmige Heime sei; schlotternd holten sie die Waffen herbei, die wohlverwahrt in einer Truhe gelegen hatten. Als Heime Nagelring in seiner Hand funkeln sah, schlug sein Herz Sturm, er ward abwechselnd rot und blaß. Nach einer Weile fragte er: „Und wo blieb mein Hengst Rispe?" Kläglich antwortete der Abt: „Wir brauchten ihn zum Steineschleppen für die Kirche, er ist lange tot. Aber wir wollen dir das beste Roß geben, das wir im Kloster oder draußen finden können." Die Mönche führten ihm manches schöne Pferd vor, aber wenn er eins nur in die Seite stieß, fiel es um, und stemmte er ihm die Hand in den Rücken, so brach das Rückgrat. „Habt ihr nur solche Schindmähren?" fragte er; da brachten sie ihm endlich ein Roß, das war sehr groß, aber alt und klapperdürr. Sofort erkannte Heime das Tier, er griff ihm in die Mähne und in den Schwanz und zog daran mit aller Macht, aber es stand wie ein Baum. Lachend sprach Heime: „Ja, du bist's, mein guter Rispe, so alt und mager du aussiehst! Auf dir will ich zum Kampfe reiten! Führt das Roß in den Stall", wandte er sich zu den Mönchen, „gebt ihm schieren Hafer und pflegt es gut!"

Nach sechs Wochen war Rispe prall und glänzend wie in seiner Jugend, und nun wurde der Holmgang anberaumt. Die Mönche selbst ruderten Heime mit seinem Hengst zum Eiland hinüber, und als sie sahen, wie der Held gerüstet und gewappnet ohne Steigbügel auf den Pferderücken sprang, fuhren sie sehr getröstet zurück, indem sie ihn Gottes Schutz befahlen. Bald begegnete dem Kämpen der Riese, auf einem Elefanten reitend, und das war wohl ein Anblick zum Erschrecken; aber Heime ritt ihm furchtlos entgegen. „Knirps, was suchst du hier?" rief ihm Aspilian zu; „dich totzuschlagen, ist keine Ehre für mich! Pack dich fort und rette dein Leben!" Zornig antwortete Heime: „Warte nur, du Hund, bald werde ich dir groß genug scheinen!", sprengte an und stach den Riesen unter den Arm, doch hielt der Panzer stand, und der Speer zerbrach. Der Riese schleuderte seine Hellebarde gegen Heime, der duckte sich auf den Sattelknopf, und die Waffe flog über ihn hinweg in den Boden, so tief, daß nichts von ihr mehr zu sehen war. Nun sprang Heime vom Roß und Aspilian vom Elefanten; sie gingen mit Schwertern aufeinander los, und als Heime einem ungeheuren Schlage mit behendem Sprung auswich, schlug der Riese in die Erde, daß die Waffe steckenblieb; da hieb ihm Heime die Hand ab und schälte ihm mit einem zweiten Streich das ganze Fleisch vom Schenkel. Handlos und blutend wollte sich der Riese auf den Feind fallen lassen, um ihn unter der Zentnerlast seines Körpers zu begraben; aber Heime sprang ihm unter den gespreizten Beinen durch, so daß er selbst aufrecht blieb, während der Riese stürzte. Nun hackte er mit schnellen Schlägen den ungetümen Leib in Stücke. Die Mönche hörten den dröhnenden Sturz, von dem Erde und Wasser bebten, und als sie heranrudernd den Feind gefällt sahen, stimmten sie ein Kyrie eleison an. Unverwundet stieg Heime zu ihnen ins Boot, sie führten ihn im Triumph zurück und hielten eine feierliche Prozession mit Fahnen und Reliquien. Abt und Prior führten den Sieger zwischen sich in die Kirche. Dann lebte er bei ihnen wieder nach der Regel wie zuvor.

Überall sprach man davon, daß ein Mönch den Riesen Aspilian erschlagen hatte, und so erfuhr es auch Dietrich. Er dachte der Riesenkämpfe seiner Jünglingsjahre und meinte, solche Tat könne nur ein Held vom alten Schlage vollbracht haben; da fiel ihm Heime ein – ja, wenn der noch lebte, müßte er es wohl gewesen sein. Neugierig machte sich der König nach dem Kloster auf und fragte den Abt, ob hier ein Mönch namens Heime lebe. „Nein", sprach der Abt, „so nennt sich keiner von den Brüdern." Da sah Dietrich einen Mönch aus der Tür treten mit Kutte und breitem Hut, kurz gewachsen und mit mächtigen Schultern, einen dicht wuchernden grauen Bart ums Kinn. Der Mönch stand betroffen still, als er den König sah, aber Dietrich sprach: „Bruder, seit wir uns zum letztenmal sahen, fiel mancher Schnee! Aber ich erkenne dich: du bist Heime." „Nie im Leben habe ich von Heime gehört", entgegnete der Bruder, „und dich habe ich nie gesehen!" „Erinnere dich doch daran, als du zu mir kamst und mich zum Zweikampf fordertest – und wie du mein Schwertbruder wurdest! Manchen Strauß fochten wir gemeinsam! Und weißt du nicht mehr, wie wir aufs Fest zu König Ermanrich zogen und Dietleib unsere Waffen und Rosse versetzte?" „Ermanrich? Dietleib? Die beiden Namen kenn ich gar nicht." „Ja, mancher Schnee fiel seitdem, und manches Böse geschah! Aber einmal waren wir jung und Freunde! Damals trug ich blondes Haar und du braunes, alle schönen Frauen sahen sich nach uns um – und jetzt sind wir beide grau wie alte Esel!" Da lachte Heime und sprach: „Dietrich, lieber Herr und König, jetzt erinnere ich mich wieder, und wenn du willst, ziehe ich mit dir!"

Er warf die Kutte von sich, rief nach seinen Waffen, schwang sich auf den Rispe und ritt ohne Urlaub mit Dietrich davon. Der König gab ihm große Lehen und setzte ihn über alle seine Ritter. Was Heime auch einmal Böses getan haben mochte: er war der einzige der alten Genossen, der Dietrich noch geblieben war. So lebten sie zusammen, redeten oft miteinander von vergangenen Zeiten, und in allen Dingen besaß Heime Dietrichs Vertrauen. Denn er nahm immer den Vorteil seines Herrn wahr und sah vor allem scharf darauf, daß jeder ihm den schuldigen Zins entrichtete.

Einmal im Gespräch fiel ihm ein, daß das Kloster, in dem er seine Sünden gebüßt hatte, niemals Schatzung entrichtete, obwohl es sehr reich an Gold und Gütern war. „Warum sollen sie nicht bezahlen, was sie schuldig sind?" fragte er den König, und der antwortete: „Treib du es ein, du bist gerade der richtige Mann dazu." Das ließ sich Heime nicht zweimal sagen; schnurstracks ritt er zum Kloster, um es gebührend zu brandschatzen. Die Mönche empfingen ihn übel, weil er aus dem Orden gelaufen war, ohne den Abt um Erlaubnis zu fragen – wennschon sie sich auch gefreut hatten, ihn glimpflich losgeworden zu sein. Als er aber nun gar im Kapitel haarklein aufzählte, was sie alles an Steuern leisten sollten, da packte sie gewaltiger Zorn, und der Abt schnob ihn an: „Heime, was bist du für ein Lumpenkerl! Rennst erst aus dem Kloster weg und kommst dann zurück, um uns auszuplündern! Scher dich zu deinem König, ein Satan zum andern, und fahrt beide in die Hölle!" Statt weiterer Antwort gab Heime dem Abt einen Schlag an den Hals, daß er umfiel, belehrte die Widerspenstigen mit dem Schwert, lud den ganzen Klosterschatz auf die Pferde, die er aus den Ställen holte, und ritt davon, nachdem er den Mönchen noch das Haus über dem Kopf angesteckt hatte.

Danach spürte er einen alten Riesen auf, der ungeheuer stark war, aber vor Alter schon so träge, daß er meistens auf demselben Fleck lag. Er nannte einen großen Schatz sein, und Heime fand es angemessen, daß auch er sein Teil an den König zahle. Tief ins wilde Gebirge mußte Heime reiten, bis er den Riesen vor seiner Höhle schlafend fand; die eisgrauen Haarzotteln hingen ihm übers ganze Gesicht. Heime weckte ihn mit einem Rippenstoß: „Steh auf und zahle – oder wehre dich gegen einen, der mit dir kämpfen will!" „Dreiste Fliege", brummte der Riese, „ich habe keine Lust aufzustehen, um dich totzuschlagen!" Darauf Heime: „Bist du zu faul aufzustehen, so schlag ich dich im Liegen tot!" Da sprang der Riese empor und schüttelte das Haupt, schrecklich sträubte sich sein Haar zu Berge. Er faßte eine ungeheure Eisenstange und schlug ohne Umstände zu, daß Heime in hohem Bogen durch die Luft flog wie der Bolz von der Sehne; eh er noch zur Erde herabkam, war er schon tot.

Als Dietrich das Ende des alten Genossen erfuhr, brach er voll Zorn und Betrübnis sofort auf, ihn zu rächen. „Riese, komm heraus, König Dietrich von Bern erwartet dich!" rief er in die Höhle, in der der Feind lag. „Was willst du von mir?" knurrte der Riese aus der Tiefe zurück, ohne sich zu rühren. „Du hast meinen lieben Freund Heime erschlagen, gestehst du das?" „Ob Heime dein Freund war, kümmert mich nicht", kam die Antwort aus der Höhle; „aber erschlagen habe ich ihn, das stimmt, denn sonst hätte er ja mich erschlagen." „So sage ich dir Rache an!" rief Dietrich; „komm heraus zum Kampf!" „Was du wünschst, sollst du haben!" rief der Riese und fuhr aus der Höhle, seine Stange schwingend. Aber Dietrich hatte schon den Eckesachs gezogen und war auf der Hut. Er achtete genau darauf, wohin der Riese zielte, und unterlief ihn, während die Stange niedersauste; sie fuhr tief in die Erde, und Dietrich hieb mit einem Streich seines Schwertes dem Riesen beide Hände weg. Hand- und sieglos stürzte der Riese auf die Erde, und Dietrich schlug ihn tot. Dann schwang er sich auf Falke und ritt davon. Er hatte seinen letzten Zweikampf bestanden.

Denn nun war kein Riese und kein Held mehr in der Welt, der sich mit ihm hätte messen können. Statt in den Kampf zog Dietrich nur noch auf die Jagd. Tagelang ritt er allein oder mit wenigen Knappen hinter sich durch die Wälder und freute sich, wenn ein mächtiger Ur oder ein riesiger Bär sich ihm entgegenstellte. Einst — er war schon sehr alt, aber rüstig wie je — badete er am Walde, da lief ein Hirsch vorbei, so stark und schön, wie er noch nie einen gesehen hatte. Der König schlug den Mantel um sich und rief nach seinem Roß und den Hunden. Aber ehe Falke nach gebracht wurde, sah er dicht bei sich ein gewaltiges rabenschwarzes Roß stehen, fertig gezäumt und gesattelt; sofort schwang er sich auf und rannte dem Wild nach. In diesem Augenblick wurde die Meute losgelassen, aber sie sträubte sich winselnd, dem Rappen zu folgen. Inzwischen aber war Falke zur Stelle gebracht, und Dietrichs bester Knappe eilte auf ihm dem Herrn nach, die Hunde hinter sich; doch er konnte ihn nicht erreiten. „Was reitest du so schnell, Herr, und wann kommst du wieder?" rief er ihm nach. Dietrich wandte sich im Sattel — er merkte wohl, daß es kein Roß war, was er ritt, denn er konnte nicht mehr von dem Rücken herab — und rief zurück: „Dahin, dahin! Ich kehre zurück, wenn es Gottes Wille ist!"

In wilder Fahrt entschwanden Roß und Reiter den Augen des Knappen, und man hat nie erfahren, was aus König Dietrich ward. Manche erzählen, er reite mit in Wotans Heer, und andere, er sei entrückt und werde wiederkehren in sein Reich zu seiner Zeit.

DER ROSENGARTEN

Einmal soll es – so erzählen die Spielleute – geschehen sein, daß die beiden gewaltigsten Helden, Siegfried und Dietrich, sich miteinander maßen. Dietrich saß damals als König zu Bern, Siegfried aber warb erst um Kriemhild, und das Lied sagt, daß auch ihr Vater Gibich noch lebte; ihr jüngster Bruder Giselher aber war noch ein Kind.

Die Jungfrau Kriemhild besaß zu Worms am Rhein einen Rosengarten, eine Meile lang und eine halbe breit. Statt einer Mauer ging um ihn ein seidener Faden; aber er war wohl sicher, denn ihn hüteten zwölf Helden: König Gibich selbst mit seinen Söhnen Gunther und Gernot, Hagen von Tronje und Volker von Alzey, Walther vom Wasgenstein und Stutfuchs von Holland, die vier Riesen Pusolt, Ortwein, Struthan und Asprian und als stärkster von allen Siegfried, der um die Königstochter freite. Sie war maßlos stolz auf die erlesene Heldenschar und rühmte sie hoch: wohl keine zweite auf der Welt könne sich ihr vergleichen. „Doch, eine gibt es", entgegnete ihr ein hochgesinnter Graf; „wenn die von Bern ins Land kämen, würde vielleicht mancher Eurer Degen unterliegen. Und wenn König Dietrich auf Herrn Siegfried stieße, so gäbe es einen harten Streit, bei dem der Anger sich rot färben würde." „Das sähe ich gerne", antwortete die Jungfrau; „was könnte schöner sein als ein heißer Kampf zwischen so hohen Helden!" Und so sandte sie Botschaft an König Dietrich nach Bern: er möge selbzwölft nach Worms gefahren kommen, wenn es ihn gelüste, in ihrem Garten Rosen zu pflücken. Mann für Mann solle immer ein Berner fechten gegen einen der ihren, und jedem Sieger wolle sie mit Kuß und Umarmung ein Rosenkränzlein aufs Haupt setzen.

König Dietrich schüttelte den Kopf, ihm stand der Sinn nicht nach solchen Abenteuern, und der kühne Wolfhart rief: „Für einen Kuß nach Worms reiten? Wir haben in Bern genug schöne Mädchen mit rotem Munde!" Aber der alte Hildebrand mahnte: „Lest den Brief erst zu Ende!" Und da lasen sie an des Briefes Schluß: „Wenn Ihr nicht kommt, so sei Euch widersagt, und Ihr sollt nie mehr fürstlicher Ehre genießen." „Das ist ein böser Brief!" rief Dietrich jetzt voll Zorn, und seine Helden stimmten ein: „Wir wollen hin nach Worms!"

Sorgsam wählten Dietrich und Hildebrand die Helden aus, die mit auf die Fahrt gehen sollten. Gegen Siegfried wollte Dietrich selbst streiten und gegen König Gibich Hildebrand; Wolfhart, Siegstab, Heime und Wittich sollten die vier Riesen auf sich nehmen; gegen Gunther wurde Alphart, gegen Gernot Helmschrot, gegen Hagen Eckehart, gegen Stutfuchs Hartung von Rußland aufgestellt. Noch fehlten ebenbürtige Gegner für Walther vom Wasgenstein und den Spielmann Volker. „Gegen Walther, der ein vortrefflicher Held ist, weiß ich nur einen, der ihm gewachsen wäre", sagte der alte Waffenmeister; „das ist Dietleib. Er weilt fern vom Hofe in Steier, aber wir können ihn besenden." „Und wer streitet gegen Volker?" „Nun, so nehmen wir dazu unsern alten Freund, meinen Bruder Ilsan." „Er ist seit zwanzig Jahren im Kloster", wandte Dietrich ein; „es wäre Sünde, ihn herauszuholen." Hildebrand lachte: „Er wird nur zu gerne kommen; er hat dir's ja auch geschworen für den Fall, daß du ihn brauchst."

Nach Dietleib wurde Siegstab ausgesandt, aber er traf ihn nicht mehr in Steier; denn der Held war weit weggezogen, um gegen einen Meerdrachen zu kämpfen. Als Siegstab ihm nachritt nach Wien zu, da kam Dietleib ihm entgegen, und man trug ihm auf einer Lanze das abgehauene Haupt des Ungeheuers voran. Er war noch wund vom harten Kampf, aber seine kühnen Augen sahen schon nach neuem Streit aus. „Gern fahre ich mit zum Rhein – aber wer ist mir zum Gegner bestimmt?" Als er hörte, es sei Walther vom Wasgenstein, rief er: „Nun komme ich doppelt gern, das ist ein edler Gegner, und selbst von seiner Hand zu fallen, wäre Ruhm!"

Inzwischen hatten sich Dietrich und Hildebrand aufgemacht, um den Mönch Ilsan aus dem Kloster zu holen. Sie kamen vor die Pforte, als die Mönche gerade zur Messe gehen wollten; und der Meister klopfte gewaltig an. Ilsan sprang ans Fenster und sah die Gewappneten, er rief nach Harnisch und Wehr, über das Stahlgewand warf er die graue Kutte und stürzte hinaus, bereit, als einzelner das ganze Heer zu bestehen. Fast hätte er den alten Hildebrand niedergerannt, der sprang noch im letzten Augenblick zur Seite, riß sich den Helm vom Kopf und rief: „Sprich den Segen, Bruder!" Ilsan blieb stehen, sah ihn verwundert an und sprach: „Dich hat wohl der Teufel hergeführt, alter Tollkopf? Wenn ihr unser Klosterland verwüsten wollt, kriegt ihr's mit mir zu tun!" „Nein, Bruder", begütigte ihn der Waffenmeister, „wir wollen nicht mit dir kämpfen, sondern du sollst mit uns kommen nach Worms, um dir aus dem Garten der Königstochter ein Rosenkränzlein und einen Kuß zu holen." „Alter Narr", schrie der Mönch, „bleib zu Hause bei deiner Frau, da bist du besser aufgehoben!" „Wir müssen hin", fuhr Hildebrand fort, „und wir brauchen dich. Denk an den Eid, den du unserm Herrn Dietrich geschworen hast!" „Ich denk schon dran", brummte Ilsan; „wenn ihr mich noch in Bern brauchtet – aber was soll ich denn in Worms? Wegen eines Rosenkranzes! Was hab ich mit solchen Dummheiten zu schaffen!" „Willst du mich und deinen Bruder im Stich lassen?" fragte jetzt Dietrich, der hinzugetreten war; „das wäre doch eine Schande!" „Nun, wenn's denn durchaus sein muß –!" gab Ilsan nach; „aber ob es der Abt erlaubt?" Doch da packte ihn die alte Rauflust. „Ach was!" schrie er, „ich möchte schon wieder einmal Speere krachen hören!" Er schmiß die Kutte von sich und stand in der Rüstung da, und Dietrich sah lachend auf das Schwert, das er in der Faust hielt: „Einen kräftigen Hirtenstab hast du da, lieber Bruder, mit dem sollst du die burgundischen Schäflein weiden!" „Das will ich tun", sprach Ilsan; „aber nun kommt, wir wollen erst einen Schluck Wein trinken und einen guten Wildbraten zusammen essen; mögen die Mönche zu ihrem mageren Gerstenbrei Wasser saufen! Und dann will ich in Gottes Namen probieren, wie ein Kuß von Kriemhilds Munde schmeckt; sie soll Küsse genug kriegen, dafür werden wir sorgen!"

Der Abt war nicht sehr erbaut über die Bitte der Helden, den Bruder ziehen zu lassen. „Wir sind Gottesknechte", sagte er; „der Mönch hat beim weltlichen Streit nichts zu suchen!" Aber da sah er, wie Ilsan ihm heimlich mit der Faust drohte, und hörte ihn murmeln: „Wenn ich bleiben muß, sollen die Brüder nichts zu lachen haben!" – und er lenkte erschrocken ein: „So zieh denn hin, lieber Bruder, und bring mir auch ein Kränzlein mit!" „Das will ich tun", versprach ihm Ilsan, „und jeder der zweiundfünfzig Brüder soll einen haben, wenn Kämpfer genug zur Stelle sind! Betet nur fleißig für mich inzwischen, liebe Brüder!" Das versprachen sie denn. Aber als die Helden gebechert und getafelt hatten und davonzogen, mit ihnen Ilsan, der, die Kutte über der Brünne, auf seinem guten alten Streitroß saß, schlugen sie hinter ihm ein Kreuz: „Gut, daß wir den wilden Satan los sind! Möchten sie ihn totstechen! Er hat uns oft genug geplagt, gepufft und an den Bärten gezogen!"

Die Berner Helden wunderten sich sehr, als der König und Hildebrand mit einem Mönch einritten. „Was soll uns der?" „Er soll euch Beichte abhören!" Aber der kecke Wolfhart rief: „Heb dich weg, geschorener Landstreicher!“ Ilsan fragte: „Wer ist der naseweise Junge? Wenn er den Mund nicht halten kann, werde ich ihm eins draufgeben!“ Hildebrand sagte: „Das ist dein Neffe Wolfhart!“ Da lachte Ilsan und sprach: „Das letzte Mal, als ich dich sah, lagst du in der Wiege! Du bist ja schön herangewachsen! Und der dort ist wohl dein Bruder Siegstab?“ Nun erkannten und grüßten sich alle und waren froh zusammen bis zum Tage des Aufbruchs.

Dann erklang das Heerhorn, Dietrich und seine Helden ritten mit königlichem Gefolge von dannen, und der alte Hildebrand trug die Sturmfahne voran. Die Bauern sahen mit Schrecken den eisernen Heerzug und fürchteten böse Gäste; aber Dietrich war milden Herzens gegen die Armen und zehrte nur vom seinem eigenen Gut. Nach zwanzig Tagen kamen sie an den Rhein und schlugen in der Ebene ihre Zelte auf. „Nun steht uns die Überfahrt bevor“, sprach Hildebrand; „der Fährmann ist mir bekannt, er ist ein wilder Recke und hat zwölf starke Söhne. Wenn einer als Feind naht, nimmt er von ihm als Fährlohn einen Fuß und eine Hand.“ „Ich will als Bote gehen“, sagte darauf Ilsan; „ich bin ein frommer Bruder, mir wird er nichts tun.“

Er ging ans Ufer und rief übers Wasser dem Fergen zu: „Willst du mich und elf Brüder überfahren gegen guten Lohn?“ „Gott zuliebe will ich's tun, Bruder“, antwortete der Ferge und ruderte herüber zum Strand. Als er aber sah, daß aus der Kutte des Mönchs die Halsberge hervorschaute, begann er zu schimpfen: „Alter Stromer, wenn ihr Brüder seid, dann gewiß Brüder des Teufels! Tut ihr Gottesdienst mit Waffen? Warum hast du mich belogen, du grauer Ziegenbart?“ Aber schon hatte Ilsan das Boot gepackt und aufs Land gezogen, und als der Ferge die Ruderstange hob, um ihn niederzuschlagen, unterlief er ihn. Sie hielten sich Leib an Leib gepackt und hämmerten einander mit den Fäusten ins Gesicht, bis Ilsan dem Fergen einen Streich gab, daß er, so lang er war, ins Boot fiel. Da wurde er zahm und höflich. Und als Ilsan sagte: „Wenn du nach meiner Faust nicht noch mein Schwert kosten willst, führ uns hinüber – wir sind die von Bern unter König Dietrich, und Frau Kriemhild hat uns hierher entboten!“ –, da entgegnete er: „Wenn sie euer Kommen begehrt hat, will ich euch gern zu Diensten sein.“

Er führte sie alle hinüber, und sie ritten vor die Stadt Worms. „Das wird Kriemhild manchen Ritter kosten!“ sagten die Frauen, die von der Zinne aus den glänzenden Heerzug nahen sahen. Aber die Königstochter war hochgemut, sie ging zu ihrem Vater und bat ihn, die fremden Helden prächtig zu empfangen. Mit Scharlach und

Hermelin angetan, fünfhundert Gewappnete hinter sich, ritt Gibich ihnen entgegen und umarmte den König Dietrich. Der Berner war ernst; es kränkte ihn, daß er um eines hoffärtigen Mädchens willen seinen Schild hatte hertragen müssen und daß ihrer Überheblichkeit edle Ritter zum Opfer fallen sollten. Gibich nahm es leicht: „Wir haben Ritter genug, und Fechten ist ihnen nur Spiel!"

Als sie ihr Lager reich und herrlich aufgeschlagen hatten, nahte Kriemhild selbst in Prunk und Hochmut, eine goldene Krone auf dem Haupt, edles Geschmeide um Hals und Arme, und ihr folgten viele schöne Frauen. Wolfhart sah sie an und flüsterte seinem Oheim Hildebrand zu: „Denkt sie, wir haben noch nie Gold und Edelsteine gesehen? Wenn ich an diese hochmütige Frau herankönnte, gäbe ich ihr am liebsten einen Schlag auf die Backe!" „Spar Wut und Schläge auf für ihre Recken!" entgegnete ihm Hildebrand, und Dietrich, der die Erregung seiner Helden wohl sah, bat alle, die schuldige Zucht und Höflichkeit vor den Frauen zu wahren. Kriemhild entbot dem König stolzen Gruß: „Allerkühnster der Fürsten, von dem wir so viel Rühmens hörten, es freut mich, dich hier zu sehen." Aber Dietrich erwiderte: „Ich bin vielleicht nicht der kühnste, edle Königin, aber gewiß auch nicht der schlechteste: das werden wir Euch beweisen. Ungern fuhr ich auf dieses Abenteuer, ich kann es nicht loben, daß Eure Hoffart einen blutigen Kampf als Schauspiel begehrt. Aber er soll Euch gewährt sein; denn selbst um den Preis des Todes wollen wir diesen Hochmut nicht dulden!"

Darauf wußte Kriemhild wenig zu erwidern, sondern sagte nur: „Eine Woche soll euch noch Frieden gegeben sein, damit ihr euch von der Fahrt ausruht. Wer dann fechten will, wird seinen Gegner finden!" Acht Tage gingen hin, in denen die Gäste durch Kriemhild aufs beste mit Speise und Trank versorgt wurden. Aber Ruhe und Kurzweil dauerten ihnen schon zu lange, ungestüm forderten die drei Jüngsten, Siegstab, Wolfhart und Alphart, den Beginn des Streits, und so entsandte Dietrich den alten Waffenmeister zu Gibich, damit sie zusammen den Kampf der Paare, Mann gegen Mann, festsetzten. Das geschah, und es wurde bestimmt, daß der Kampf ohne Schonung und Gnade geführt werden sollte, es sei denn, daß Kriemhild die Gegner trennte und den Unterliegenden rettete. Jedem Sieger aber sollte sie mit Kuß und Umarmung ein Rosenkränzlein reichen.

Am zehnten Morgen wurde der Frieden aufgesagt, und Dietrich ritt mit den Seinen vor den Rosengarten. Gibich und Hildebrand schickten die Kämpen in die Bahn, und der Burgundenkönig wählte zur Eröffnung des Kampfes die vier Riesen, die in seinem Dienst standen. Als erster trat Pusolt auf den Plan, ihm entgegen sprang Wolfhart in den Rosengarten. Dem Riesen glückte ein Schlag mit der Stange, daß der Anstürmende in die Blumen fiel, aber ein Zuruf Hildebrands riß ihn wieder empor; voll Zorn drang er auf den Riesen ein und schlug ihm, der sich zur Flucht wandte, tiefe Wunden, daß ihm das Blut in Bächen aus dem Leibe schoß. Da reckte der Riese um Gnade die Finger hoch, aber Wolfhart rief: „Du hast sicherlich auch niemals einen Christen geschont!" und schlug ihm das Haupt ab, ehe Kriemhild den Besiegten retten konnte. Nicht anders erging es den Riesen Ortwein und Struthan, Siegstab und Heime erschlugen die beiden, und immer kam Kriemhild zu spät. Alle drei Sieger empfingen von der Jungfrau ihre Kränze und den Kuß von ihren Lippen.

Nun schickte Gibich den Asprian vor, den letzten und stärksten seiner Riesen; er war furchtbar anzusehen und führte zwei scharfe Schwerter, eines in jeder Hand. „Das ist ja kein Recke, das ist ein Teufel!" sagte Wittich, als Hildebrand ihn aufrief; „mit dem streite ich nicht für tausend Mark!" Vergeblich redeten Dietrich und Hildebrand ihm zu, Wittich wollte nicht – er sei doch kein Narr. Da flüsterte Hildebrand dem König ins Ohr: „Versprecht ihm, daß Ihr ihm sein Roß Schimming wiedergebt, das er kürzlich an Euch verlor!" „Lieber gäbe ich ihm ein ganzes Land", erwiderte Dietrich; „aber wenn er darauf besteht, soll er das Roß haben!" „Hast du dich nun besonnen?" fragte der Meister jetzt Wittich; „der König will dir ein Herzogtum zum Lehen geben!" „Nicht um sein ganzes Reich will ich mit dem Riesen kämpfen!" Da sprach Dietrich: „Wenn du den Riesen erschlägst, sollst du Schimming wiederhaben!" „Um diesen Preis will ich's wagen – aber Hildebrand muß Bürge sein!" „Ich bürge dir dafür!" rief Hildebrand.

Ohne zu zögern sprang Wittich jetzt in den Garten. Asprian verstand wohl mit den zwei Schwertern zu fechten, er brachte Wittich, der den Mimung schwang, in schwere Not. Der Kampf toste, als schlügen zwanzig Schmiede mit starken Hämmern, und Asprian hieb Wittich durch die Panzerringe, daß sein Blut spritzte; so hart bedrängte er ihn, daß der Held zurückzuweichen begann. Da rief ihm Hildebrand zu: „Du verlierst Schimming!" Im Nu packte Wittich sein Schwert mit beiden Händen, voll wilder Wut schlug er dem Riesen eine Hand ab und mit dem zweiten Streich die Achsel. Nun wandte sich Asprian zur Flucht, und diesmal hatte die Königstochter wohl aufgepaßt – mit heller Stimme rief sie Wittich zu: „Held, gib mir den Besiegten!" Doch Wittich stellte sich taub, mit einem sausenden Schlage tötete er den Riesen, dann erst wandte er sich an Kriemhild: „Ihr wollt ihn haben? So nehmt ihn Euch!" Gekränkten Herzens mußte sie den Sieger umhalsen und küssen und ihm den Kranz aufsetzen. Aber Wittich eilte rasch von ihr weg, hin zu Schimming, der vor dem Garten stand und ihm entgegenwieherte; trotz Müdigkeit und Wunden sprang er ihm auf den Rücken: „Nun bin ich reich wie ein Kaiser – niemals wirst du, Schimming, mich in der Not verlassen!"

Mit Kummer und Leid sah Gibich alle seine Riesen erschlagen. Nun schickte er vier seiner Recken ins Treffen, ob sie das Glück zu wenden vermöchten. Aber es zeigte sich ihm gleich beim ersten Male abhold. Stutfuchs von Holland, der zu Roß durch die Rosen hin dem Russenkönig Hartung entgegensprengte, verstach ritterlich mit dem Gegner zwei Speere; aber als sie zur Erde sprangen und mit den Schwertern aufeinanderhieben, traf ihn ein Schlag Hartungs so gewaltig durch die Halsberge, daß ihm das Haupt samt dem Helm vom Rumpfe sprang. So erhielt Hartung den Preis.

Als nächstes Paar traten der berühmte Walther vom Wasgenstein und Dietleib an. Der schien dem bewährten Helden noch ein wenig zu jung, so daß er ihn gern des Kampfes entbunden hätte; aber Dietleib ließ sich nicht abraten. Sie gingen sogleich mit Schwertern aufeinander los, und es entspann sich ein wilder, aber gleicher Kampf. Mit harten Schlägen hackten sie sich die Schilde entzwei, daß die Stücke über die Erde stoben, sie zerklüfteten sich die Helme, über beider Harnische rann das Blut, schon fochten beide ungeschirmt; da sprach Hildebrand zu Kriemhild: „Hier wird keiner des andern Meister, sie fallen beide, wenn sie weiterkämpfen!" „Wie soll ich sie scheiden, wenn keiner besiegt ist?" fragte die Stolze, jetzt zum ersten Male verzagten Herzens. „Gebt beiden den Siegespreis, Königin!" Und ohne sich lange zu besinnen, trat sie mit zwei Rosenkränzen zu den Helden, dankte ihnen und bat, den Streit zu enden. Sie banden die Helme ab und empfingen beide den Preis mit Kuß und Umarmung der Jungfrau; dann reichten sie sich die Hände und wurden Schwurbrüder für ihr Leben.

Aber schon rief Hildebrand: „Wo steckt Ilsan so lange?" Da kam er schon angestampft, mit der Kutte über dem Stahlgewand und das Schwert in der Hand; wie ein Wildschwein brach er in den Garten ein, zertrampelte die Rosen und wälzte sich in den Sträuchern, seines Unfugs froh, so daß die Königstochter blaß vor Ärger wurde und zu schelten begann: „Gott schände den Kuttenträger!"

Ilsan drohte ihr mit dem Finger und sagte: „Fluchen ist Sünde, edle Königin; ich muß das wissen, denn ich bin ein frommer Mönch.“ Sie erwiderte: „Ein schöner Gottesdienst, den du da in deinem Übermut treibst!“ „Ich halte die Regel wohl: sieh, hier ist mein Hirtenstab, mit dem werde ich euch die Beichte abhören!“ Voll Zorn rief sie: „Fahr zur Hölle, du Sündenknecht!“ „Oh“, antwortete er, „das Höllenfeuer ist fern, näher sind mir hier im Garten die hübschen Frauen, von deren roten Lippen man Küsse pflücken kann.“ „Der Teufel küsse dich mit deinem struppigen Bart, Schwertschläge sollst du empfangen statt der Küsse!“ „Auf die Schwertschläge freue ich mich schon längst“, lachte er, „die Küsse werden schon noch kommen!“

Inzwischen hatte König Gibich nach Volker gerufen, damit er den ungeschliffenen Mönch züchtige. Der Spielmann, der auf dem Schild eine goldene Fiedel führte, sprang in die Rosen: „Dietrich scheint uns einen Narren hergeschickt zu haben.“ „Den Narren will ich dir zeigen“, erwiderte Ilsan, und die beiden gingen wie zwei wilde Teufel aufeinander los. Aber Ilsan schielte immer wieder nach den hübschen Frauen hin, so daß Hildebrand ihn zurechtweisen mußte: „Soll ein Mönch nach Frauen schielen? Hau lieber drauf, struppiger Graubart!“ Die Kämpfer schlugen aufeinander, daß das Blut von ihnen spritzte, und begleiteten ihre Schwertstreiche mit Hohnreden. „Schmeckt dir mein Fiedelbogen?“ rief der Spielmann, indem er Ilsan traf, daß dem fast das Schwert aus der Hand flog. „Dafür hau ich dir alle Saiten entzwei!“ schrie Ilsan und schlug ihm einen so ungefügen Streich, daß Volker auf die Erde fiel. Er raffte sich wieder auf, aber er blieb taumelig; der Mönch begann ihn hin und her zu treiben und traf ihn abermals so schwer, daß ihm das Blut übers Gesicht stürzte: da sprang die Jungfrau schnell zwischen sie und schied sie voneinander. Ilsan empfing mit Schmunzeln Kranz und Kuß Kriemhilds: „Solche Rosen will ich mir noch mehr holen!“

Voll Gram über die Schmach so vieler Niederlagen rief König Gibich Hagen zur Rache auf, und der sprengte in den Garten, eine silberweiße Fahne an der Lanze, ein goldenes Wisentgehörn auf dem Helm, und ihm entgegen stob der treue Eckehart. Nach schwerem Kampf unterlag Hagen, er hätte das Leben verloren, hätte nicht die Königstochter ihn rechtzeitig gelöst. So erhielt Eckehart den Rosenkranz, aber als Kriemhild ihn küssen wollte, weigerte er sich: „Ich will keinen Kuß von einer Frau, die keine Treue kennt!“ Er schritt aus dem Garten hinaus zu Dietrich, der umfing seinen Getreuen und küßte ihn auf den Mund.

Nun waren als die letzten von Kriemhilds Kämpfern nur noch

die vier Könige geblieben. Als erster von ihnen ritt Gernot gegen Helmschrot und kam nach grimmigem Kampf in solche Bedrängnis, daß er nach Kriemhild rief, die ihn eben noch retten konnte. Dem König Gunther stellte sich der kühne Alphart entgegen, der wegen seiner Jugend den König kein gefährlicher Gegner dünkte. Aber er ward eines andern belehrt: sie durchhieben einander die Panzerringe und hackten die Schilde zu Splittern, und nun schlug Alphart den König durch den Kronhelm, daß er vor dem stürzenden Blut nichts mehr sah und Kriemhild eilen mußte, um die Gegner zu trennen. Alphart ging, als er Kränzlein und Kuß empfangen hatte, lachend aus dem Garten und sagte: „Jetzt habe ich den König gesalbt!"

Als dritter der Könige stieg Gibich selbst in die Rosen, und Hildebrand rief nach seinem Schild, um ihn zu bestehen. Mit den Schwertern traten sich die beiden Alten entgegen, sie schlugen sich auf die Helme, daß das Feuer daraus stob. Vor Gibichs Wut, der die Niederlage der Seinen zu rächen trachtete, mußte Hildebrand zurückweichen; da rief Dietrich ihm zu: „Meister, wenn dich der König erschlägt, werde ich deiner Frau einen jüngeren Mann geben, wie sie ihn verdient!" Hildebrand rief zurück: „Keinen andern hat meine Frau je geküßt, und keinen andern würde sie mehr nehmen; drum fechte ich jetzt für mein Leben!" Und nun begann er ein Fechten nach der feinsten alten Kunst, er führte Schläge, die zugleich schirmten und trafen, und mit einem solchen Hieb streckte er den König zu Boden. „Treuer Hildebrand, erschlagt mir meinen Vater nicht", rief Kriemhild. „Wo ist mein Kränzlein?" fragte der Meister dagegen, und sie reichte es ihm. Aber als sie ihn küssen wollte, sagte er: „Den Kuß spar ich für meine Frau auf! Laßt Euren Vater hinwegtragen!" Nur ein Kampf stand jetzt noch aus, der gewaltigste von allen. Siegfried verlangte schon ungeduldig nach ihm, aber Dietrich zögerte; finster und verschlossen stand er da, von schweren Sorgen bedrängt. „Herr, eilt Euch", sprach Hildebrand zu ihm, „jetzt sollt Ihr uns Ehre machen und Euch Ehre erwerben!" Aber Dietrich antwortete: „Wärst du wirklich treu, du rietest mir nicht zu diesem Kampfe! Alle die Unsern gingen gekrönt aus dem Streit — soll ich der einzige sein, der unterliegt? Gib mir vier der andern, ich will sie bestehen! Aber der König von Niederland hat ja eine hörnene Haut, durch die keine Waffe dringt!" „Zagheit allein bringt den Tod", erwiderte Hildebrand; „du wirst ihn besiegen, wenn du Dietrich bist!" „Nein", beharrte Dietrich, „ich will nicht! Bring mir einen Gegner, der Fleisch und Blut hat wie ich!"

Dem alten Meister rannen die Tränen aus den Augen vor Trauer und Zorn; aber als Dietrich sich nochmals weigerte, bat er ihn, für einen Augenblick mit ihm zur Seite zu gehen, wo keiner sie sähe; dabei gab er Wolfhart einen Wink, ihnen heimlich zu folgen. Hinter einem Gebüsch stand er seinem Herrn gegenüber und fragte ihn: „Sagt mir auf Treue und Ehre: seid Ihr Herr Dietrich, Dietmars Sohn und Erbe?" „Ich bin's", antwortete der König, „was fragst du so wunderlich?" „Ihr lügt", sprach Hildebrand, „Ihr seid nicht mein Herr, der tapfere Dietrich, den nie jemand verzagen sah! Ich will Ehrlosen nicht dienen, einen Feigling schlage ich nieder!" Damit hob er die geballte Faust und schlug den König mitten ins Gesicht, daß er hinfiel. Da wurde Dietrich wild vor Zorn, er sprang auf beide Füße und ließ mit der flachen Klinge seines Schwerts Schläge auf Hildebrand regnen, daß der Alte sich auf den Boden werfen mußte.

Scham erfaßte den König, daß er seinen treuesten Mann geschlagen hatte statt des Gegners; er stürmte zu seinem Roß und brauste Siegfried entgegen. Die Helden grüßten sich ritterlich mit ihren Schwertern, dann trieben sie die Rosse zusammen, daß die Lanzen splitterten und die Schilde sich bogen. Danach sprangen sie zu Fuß gegeneinander, sie umkreisten sich mit Schwertschlägen, daß die Scherben von ihren Schilden flogen und Feuer aus ihren Helmen lohte. Alle sahen es mit Beklemmung und Bangen, nur Kriemhild leuchtete vor Freude: denn jetzt begann Siegfried, dessen Herz sich an ihren Augen entflammte, den Berner zurückzudrängen; er schlug ihm durch den Helm eine Wunde, daß das Blut sprang, und jagte ihn im Kreise vor sich her. – „Mein Herr ist noch nicht zornig genug", sagte Hildebrand, der aus dem Versteck zusah, zu Wolfhart; „geh und ruf in den Garten, daß ich tot sei!" Da ging Wolfhart hin und schrie Dietrich zu: „Wehe, Meister Hildebrand liegt erschlagen!" Als das Dietrich hörte, rief er: „Ist Hildebrand tot, so mußt du sterben, Siegfried, denn um deinetwillen habe ich den Treuesten verloren!"

So gewaltig war sein Zorn, daß der Atem als eine feurige Flamme aus seinem Munde ging, er brannte wie ein Drache, und von der Glut schmolz Siegfrieds hörnene Haut. Schlag auf Schlag führte der Berner gegen ihn, durch Harnisch und Horn, er schnitt ihm die Rüstung vom Leibe wie faules Stroh, daß rote Bäche von ihm sprangen, und sein Ansturm war so wild, daß Siegfried zum ersten Male im Leben floh. Jetzt trieb Dietrich ihn im Kreise, er jagte ihn wie ein Wild. Entsetzt sprang Kriemhild auf, sie raffte ihr Kleid hoch und rannte durch die Rosen, Dietrich anrufend: „Laßt ab, Euch gehört der Sieg!" Aber Dietrich hörte nicht, er schlug weiter wie ein Besessener. Die Frauen schrien, die Männer schleuderten Stühle zwischen die Gegner, aber Dietrich ließ nicht nach; vergeblich riß sich Kriemhild den Schleier ab und warf ihn über Siegfried. „Er muß sterben, denn Hildebrand ist tot!" Ja, Dietrich hätte gewiß ihn und alle im Garten erschlagen; aber da sprang Hildebrand selbst herein und rief seinen Herrn an. Da er ihn lebend vor sich stehen sah, erlosch seine Wut mit einem Schlage; er warf das Schwert zu Boden und küßte seinen alten Meister: „Gott sei gelobt, du lebst – nun mag auch Siegfried leben!"

Kriemhild erbleichte; um sich zu strafen, schlug sie sich auf den Mund, der so viel freventliche Worte gesprochen hatte. Dann sagte sie zu Dietrich: „Ihr seid der Sieger, Euresgleichen hat die ganze Welt nicht mehr!" Damit reichte sie ihm den Kranz und umhalste und küßte ihn in Demut. Siegfried aber mußte hinweggetragen werden; man zog ihm den Harnisch aus und kühlte seine Wunden.

Alle Helden waren des Kämpfens müde, nur einer nicht: der Mönch Ilsan. Hatte er seinen Brüdern nicht zweiundfünfzig Kränze versprochen? So sprang er nochmals in den Garten und forderte sein Recht. Zweiundfünfzig Recken nacheinander mußten auf den Plan, er schlug sie alle, und zwölf von ihnen zu Tode. Für jeden Besiegten mußte die Königstochter ihm einen Kranz geben und den schuldigen Kuß, er erließ ihr keinen einzigen und rieb seinen struppigen Bart so hart an ihrem Antlitz, daß ihre zarte Haut sich striemte und zu bluten begann. So hatte die Königin zum Schaden den Spott. Im tiefsten Herzen trauerte sie über die Niederlage, die ihren Freunden noch Schwereres brachte als Wunden. Denn Dietrich hatte durch seinen Sieg die Oberhoheit über die Könige gewonnen, und sie mußten nun ihre Länder, Städte und Burgen als Lehen aus seiner Hand empfangen. Als das geschehen war, erklärte sich Dietrich zufriedengestellt und nahm Urlaub von der Königin. „Fahrt mit Gott", sprach sie zum Abschied; „ich habe kein Recht zu klagen." Die Berner ritten hinweg aus Worms, wo Kriemhild fernerhin keines Rosengartens mehr zu hüten brauchte, und gelangten zurück in ihre Heimat.

Gern hätte Dietrich den Mönch Ilsan an seinem Hofe behalten. Aber der Alte sagte: „Nein, ich habe meinen Brüdern versprochen, ihnen die Rosenkränze zu bringen, das halte ich ihnen; zum Dank sollen sie fleißig für mich singen und beten." So ritt er hin zu seinem Kloster und klopfte an das Tor; die Brüder erschraken sehr bei seinem Anblick, denn sie hatten gehofft, er sei erschlagen. Sogleich rief er sie zusammen: „Hier sind die zweiundfünfzig Rosenkränze, damit will ich eure Glatzen krönen!" Einem jeden setzte er den seinen auf, und ein jeder schrie laut ach und weh, denn er drückte ihnen die Dornen so stark in die Platten, daß ihnen das Blut über die Ohren rann. Aber er redete ihnen gut zu: „Ich mußte auch viel ausstehen, da ich sie erstritt; als meine Brüder müßt ihr die Schmerzen brüderlich mit mir teilen. Täte es nicht ein bißchen weh, dann wäre es eitel weltliche Lust und große Sünde von euch, so mit Kränzen einherzuprangen. Wenn ihr mir nicht glaubt, geht selbst an den Rhein, euch welche zu holen; dann werdet ihr fühlen, wie es tut!"

Sie wagten ihm nicht zu widersprechen, obwohl sie es gern getan hätten. Aber Ilsan war noch nicht zufrieden, sondern sprach weiter: „Nun sollt ihr mir zum Dank meine Sünden büßen helfen!" Das gelobten sie auch, nur ihrer vier sträubten sich. Da packte er die Widerspenstigen und band ihnen paarweis die grauen Bärte zusammen, hängte sie über eine Stange und ließ sie zappeln: „Da hängt, bis ihr singt!" So mußten sie denn schließlich alle seine Sünden abbüßen, mußten für ihn zu Vesper und Mette gehen, für ihn beten und singen und lesen, und nicht eher gab er Ruhe, als bis sie sagten: „Lieber Bruder Ilsan, es freut uns von ganzem Herzen, daß du uns erlaubtest, deine Sünden auf uns zu nehmen!"

DIE HEGELINGEN

Hettel und Hilde

In Irland herrschte mit starker Hand König Hagen, wegen seiner Wildheit und Kraft so gefürchtet, daß man ihn den Teufel unter den Königen nannte. Schon in früher Jugend konnte er seine Kühnheit erproben. Den Knaben hatte ein Greif weit übers Meer entführt und in sein Nest getragen, seinen Jungen zum Fraß. Aber es war Hagen gelungen, den gierigen Schnäbeln zu entkommen. In einer Höhle fand er drei Königstöchter, die der Greif gleichfalls verschleppt hatte, und er lebte mit ihnen zusammen, bis er groß und stark wurde; da erschlug er die Greifen allesamt. Dann kehrte er nach mühsamer Wanderung und langer Seefahrt in die Heimat zurück, empfing bald von seinem Vater die Krone und nahm eine der befreiten Königstöchter zum Weibe. Sein Eheglück machte ihn nicht träge. Er wurde in seinem Lande ein schneller und harter Richter jeglichen Unrechts und machte manche Heerfahrt in die Länder der Feinde; überall brach er die Burgen und rächte trotzigen Widerstand mit dem Schwert.

Im dritten Jahr ihrer Ehe gebar ihm seine Frau eine Tochter, die nannte er Hilde. Er liebte sie zärtlich und ließ sie in sorgsamer Hut aufziehen, bis sie zu einer überaus schönen Jungfrau erwuchs. Viele Fürsten hätten gern die Tochter des wilden Hagen zum Weibe genommen, aber er wollte von keinem der Freier etwas wissen und ließ die Boten, die sie um die Jungfrau schickten, kurzerhand aufhängen. Dadurch wurden viele Bewerber abgeschreckt; aber eine alte Wahrheit sagt, daß Gefahr den Kühnen reizt, und so galt Hildes Land in vielen Königreichen als begehrtester Gewinn.

Auch König Hettel von Hegelingen hörte von der schönen Königstochter. Er herrschte fern von Irland über ein großes Reich, das von der Elbe bis nach Dänemark reichte und sich an der Küste zweier Meere von Friesland bis Ostland erstreckte; aber er wußte in seinen Landen und in den benachbarten Reichen kein Mädchen, das ihm würdig schien, die Krone mit ihm zu teilen. Darum beriet er mit zwei vertrauten Freunden, den dänischen Helden Horand und Frute, ob er wohl um Hilde von Irland werben solle; sie stimmten ihm darin zu, daß keine andere Fürstin ihr gleiche. Aber ihr Vater Hagen sei so grimmig, daß nur der stärkste und kühnste Recke als Bote in sein Land fahren dürfe; darum müsse der alte Wate entsandt werden, der von Hettel das Land Stürmen zu Lehen trug.

Sofort ließ der König ihn berufen, und Wate kam an den Hof geritten, bereit, seinem Herrn zu dienen. Als er aber hörte, daß er als Brautwerber zu Hagen fahren sollte, sprach er zornig: „Wer das geraten hat, dem gilt mein Leben keinen Strohhalm! Ich vermute, daß ich den Auftrag meinen Freunden Frute und Horand verdanke. Nun, wenn sie mir so viel Ehre gönnen, dann sollen sie auch selbst daran teilhaben und mich auf der Fahrt begleiten!“ Da sagte der kühne Horand: „Wo schöne Frauen zu sehen sind, dahin werde ich immer gern mitfahren!“ – und der kluge Frute wußte sofort einen guten Plan: sie sollten nach Irland als Kaufleute reisen mit reichem Schatz an Ringen und Kleinoden, Gewand und Gewaffen, damit kein Verdacht gegen sie wach werde. Aber Wate sprach: „Ich verstehe mich nicht auf den Kaufhandel; mögen Horand und Frute ihren Kram auslegen, um Frauen anzulocken! Ich wünsche, daß man im Schiffsraum hundert gewappnete Recken verberge, damit wir streiten können, wenn der wilde Hagen es nicht anders will; und drei Lastschiffe sollen uns begleiten mit unsern Rossen, reicher Dienerschaft und Kost für ein Jahr. Wir wollen Hagen erzählen, wir kämen als Verbannte, König Hettel habe uns aus seinem Lande vertrieben; und wenn wir dann schöne Geschenke an den Hof mitbringen, werden wir willkommene Gäste sein.“ So wurde denn die Fahrt beschlossen; im Mai sollten die Helden zur Stelle sein, um zu Schiff zu gehen.

Den ganzen Winter über waren die Schiffsbauer fleißig an der Arbeit. Aus Zypressenholz wurde der Rumpf des Prunkschiffes gefügt, die Masten mit Silber und die Ruder mit Gold beschlagen, die Segel aus Seide gewoben, die Anker aus Silber gegossen. Zur rechten Zeit war alles fertig. Wate wählte die Recken aus, Frute nahm den Schatz von Gold und Kleinoden in seine Obhut, Horand aber war überall zugegen und machte der Besatzung und dem zurückbleibenden König frohen Mut. Endlich stachen sie in See, das Prunkschiff an der Spitze, die schwer belasteten Frachtschiffe dahinter, und durchfurchten mit gutem Wind in schneller Fahrt die Wogen. Nach sechsunddreißig Tagen warfen sie Anker vor Hagens Burg und ließen die Segel fallen. Die Städter liefen zusammen, um die Fremdlinge anzuschauen, die so stattlich gekleidet an Land stiegen und so herrliche Waren zum Kauf boten. Frute, in prächtigem Gewande, stand den Amtleuten Rede und Antwort, Wate aber ging zum Könige, um Geleit von ihm zu erbitten. Gern gewährte ihnen Hagen Frieden und Sicherheit, und die Gäste dankten ihm mit reichen Gaben: sie brachten Spangen, Ringe und Borten, herrliche Gold-, Purpur- und Seidenstoffe und köstliche Leinwand, ferner zwölf kastilische Rosse mit Sattel- und Zaumzeug, dazu die Rüstungen mit Helmen und goldenen Schilden. Da konnte Hagen freigebig austeilen an Frauen und Ritter.

Über die Maßen freute er sich der fürstlichen Geschenke und vergalt sie den Gästen mit fürstlichen Ehren. Er hieß sie bei sich sitzen und befragte sie, woher sie kämen und wer sie seien. Ihm antwortete Horand: „Aus Land und Burgen hat uns der Zorn eines mächtigen Königs vertrieben.“ „Wie heißt der Fürst, der so töricht war, Männer wie euch von sich zu stoßen?“ fragte Hagen, und Horand antwortete: „König Hettel von Hegelingen fügte uns dieses Leid zu.“ „Euer Unglück soll euch zum Guten ausschlagen“, sprach Hagen, „ich will euch ersetzen, was ihr verlort; Land genug sollt ihr in meinem Reich zu Lehen haben. Und wenn Hettel euch verfolgt, will ich euch schirmen mit aller meiner Macht.“ Die schönsten Häuser der Stadt wurden für die Gäste als Quartiere frei gemacht, das nahmen sie gern an; aber als der König sie auch auf seine Kosten verpflegen wollte, lehnten sie mit Dank ab: sie seien reichlich mit allem versehen.

Nun ließ Frute seinen Laden aufschlagen; die Leute hatten nie so viel kostbare Waren auf einmal beisammen gesehen, aber sich auch nie träumen lassen, daß man sie so billig kaufen könne. Ja, wenn die Fremden sahen, daß ein Armer ein Kleinod von Herzen begehrte, so schenkten sie es ihm wohl gar. Auf allen Straßen sang man das Lob ihrer Freigebigkeit, und auch bei Hofe wußte man sie hoch zu rühmen. So kam es, daß Hilde die Gäste zu sehen begehrte; besonders auf den alten Wate war sie neugierig, der so grimmig dreinsehen sollte. Gern lud Hagen die Hegelingen zu Hofe, und gern kamen sie. In langen Mänteln schritten sie einher, blitzend von schönem Schmuck; Hagen ging ihnen entgegen, und die Königin erhob sich, als Wate vor sie trat, von ihrem Sitz.

Nach dem Willkommenstrunk lud sie die edelsten der Recken in das Frauengemach; da grüßte Hilde den alten Wate als ersten. Er hatte sich schön gemacht, sein graues Haar war mit goldenem Band umwunden; aber die Königstochter war doch froh, daß sie ihn nicht küssen mußte, denn sie fürchtete sich vor seinem gewaltigen Bart. Aber der Alte war heiter, und bald begannen Mutter und Tochter mit ihm zu scherzen. Sie fragten ihn, ob es ihm recht behage, hier bei ihnen zu sitzen; da sagte er: „Ja, es behagt mir wohl! Bei schönen Frauen zu sitzen, gefällt mir beinahe so gut, wie im harten Gefecht dreinzuhauen!“ Als Hilde das hörte, mußte sie hellauf lachen, und der ganze Saal lachte fröhlich mit. Die Königin aber fragte den Alten, da sie ihn so freundlich und wohlgelaunt sah, ob er nicht Lust habe, bei Hagen zu bleiben und reiches Lehen von ihm zu nehmen. Da wurde Wate ernst und sprach: „Ich hatte einst selbst Land und teilte Gaben aus; ich diene nicht um Lehen, sondern denke mein Erbe bald wiederzugewinnen!“

Täglich kamen die Hegelingen an den Hof und trieben mit den Iren mancherlei Kurzweil im Brettspiel und auf der Kampfbahn. Horand unterhielt die Frauen mit anmutigem Gespräch, und der König setzte sich gern zu Wate und Frute. Einmal unterhielten sie sich von der irischen Fechtkunst, die Hagen meisterlich beherrschte, und Wate stellte sich, als sei er in ihr wenig erfahren; da ergab sich's, daß sie im Scherz miteinander einen Gang machen wollten. Schnell zeigte es sich, daß Wate dem König ebenbürtig war, und fast wäre Hagen ärgerlich darüber geworden, daß der Gast ihn geneckt hatte. Aber sie fochten ritterlich weiter, es wurde ein herrliches Wechselspiel starker und schneller Schläge, und schließlich hieben sie beide so darein, daß ihnen die Klingen sprangen und nur noch die Knäufe der Schwerter in ihrer Hand blieben. Da schüttelten sie sich die Hände und setzten sich fröhlich zum Becher.

Eines Abends aber begann Horand im Burghof zu singen. Er sang so schön, daß die Vögel auf den Bäumen verstummten; so weit seine Stimme schallte, mußte alles der süßen Weise lauschen, selbst das Wild im Walde und die Fische im Wasser. Die Königin saß am Fenster und hörte zu; Hagen trat aus seinem Gemach heraus, und in ihrer Kammer vernahm die junge Hilde das Lied. Sie wurde von Sehnsucht erfaßt, noch mehr zu hören; darum ließ sie Horand heimlich zu sich rufen und bat ihn, ihr ein Lied zu singen. Er sang ihr eine Weise, die nie zuvor Menschenohren gehört hatten, auf dem wilden Meer war sie ihm zugeflogen. Als er zu Ende gesungen hatte, reichte sie ihm einen Ring und gelobte ihm: wenn sie jemals Königin werde, so solle er immer bei ihr eine Stätte finden. Er aber sprach zu ihr: „Ich begehre nichts anderes zum Lohn als einen Gürtel von dir, den will ich meinem Herrn bringen." „Wer ist dein Herr?" fragte sie; „um deinetwillen muß ich ihm hold sein." Er antwortete: „Mein Herr ist der reichste aller Könige, die ich je sah. Um deinetwillen hat er uns in dieses Land geschickt, zu dir trägt er Liebe, und keine andere will er zum Weibe gewinnen als dich!" Sie fragte: „Sag, wenn ich ihm meine Liebe schenke, wirst du mir dann immer deine Lieder singen?" „Wohl zwölf Sänger hat mein Herr an seinem Hofe", antwortete Horand, „und sie singen alle besser als ich; aber am schönsten singt der König selbst." Bald wurden sie miteinander einig, daß Hilde den Hegelingenrecken zu König Hettel folgen solle, und sie beredeten einen Plan, wie die Jungfrau aufs Schiff käme, ohne daß Hagen Argwohn schöpfte; denn das wäre der Boten Tod gewesen. Als sie einig waren, verließ Horand heimlich die Kemenate und gelangte zu den Seinen. Wate und Frute hörten die gute Botschaft mit Freuden und trafen gleich alle Vorkehrungen zur Entführung.

Am vierten Tage ritten die Recken zum Hof und baten Hagen um Urlaub: Hettel habe zu ihnen gesandt und ihnen Sühne geboten; um ihrer Angehörigen willen, die sie daheim zurückgelassen hätten, dürften sie nicht säumen. „Ungern lasse ich euch scheiden", sprach Hagen; „ja, ich würde euch zürnen, daß ihr mich so schnell verlaßt, hättet ihr nicht so guten Grund zur Eile." Zum Abschied bot er ihnen reiche Gaben; aber Wate sprach: „Wir haben selbst genug Güter, und Hettel würde es uns verübeln, nähmen wir Gaben von einem fremden König. Aber eine Gnade erbitten wir von Euch: Kommt, ehe wir scheiden, hinab zum Gestade und gestattet uns, Eurer Frau und Tochter unsere Schiffe zu zeigen und unsere ganze Habe! Wenn Ihr uns diese Huld erweist, werden wir Euch immer Dank schulden!" Das sagte ihnen der König gern zu, und er versprach den Besuch für den nächsten Morgen.

Gleich nach der Messe kam Hagen mit den Frauen und großem

Gefolge an den Strand. Dort lagen noch mancherlei kostbare Stücke zum Besehen, und Wate hielt bei ihnen das Königspaar auf, während Horand die Jungfrau eiligst auf das Prunkschiff führte; da wurden aufs schnellste die Anker hochgezogen, und im gleichen Augenblick wimmelte das Deck von bewaffneten Recken. Im letzten Augenblick sprang Wate noch an Bord, daß sein Panzer rasselte; dann stießen die Hegelingen vom Lande. Wild vor Zorn schrie Hagen nach seinem Speer; aber die Schiffe entschwebten wie Vögel, die Speere, die ihnen nachflogen, erreichten sie nicht mehr. Sofort wollte der König den Fliehenden nachsetzen, er eilte mit seinen Mannen zu den eigenen Schiffen; aber er fand alle Böden durchschlagen, so daß keins in See gehen konnte. Während der Tage, die es dauerte, bis sie die lecken Schiffe ausgebessert hatten, gewannen die Entführer einen weiten Vorsprung.

Glücklich erreichten sie den heimatlichen Strand und legten sofort an; erst sollten die Frauen von der Seefahrt ausruhen. Boten eilten zu Hettel, damit er der Braut entgegenreite, sie einzuholen. Inzwischen wurden Zelte aufgeschlagen, man beging die Ankunft mit festlichem Mahl, fröhliches Treiben entspann sich, und die Ritter tummelten ihre Rosse in glänzenden Reiterspielen. Schon von weitem sah Hettel, der auf die frohe Kunde hin eiligst losgeritten war, das fröhliche Getümmel; sein Herz lachte der Braut entgegen, und er ließ sein Roß springen. Wate und Frute traten ihm als die ersten entgegen, er umarmte die beiden Getreuen, und sie wünschten ihm Glück, daß er die schönste Braut gewonnen habe. In ihrer Mitte führten sie ihn zum Zelt der Jungfrau, und sie trat heraus, von zwei Recken geleitet, gefolgt von ihren Dienerinnen; anmutig grüßte sie den König, und er schloß sie mit hoher Freude in die Arme. Schön ging der Tag zu Ende, und lange scherzten die Helden noch mit den Jungfrauen unter den seidenen Zelten, bis sich endlich alle zur Ruhe legten.

Aber kaum graute der Morgen, da sah Horand Schiffe nahen, die trugen im Segel das Wappen Hagens. Der Held weckte die Gefährten durch lauten Zuruf. Wate und Frute brachten dem König die Botschaft. Über Erwarten schnell hatte der Irenkönig sie ereilt; keiner wollte es glauben, ehe er es mit eigenen Augen sah. Rasch warfen alle die Panzer um sich und griffen zur Wehr. Der erschrokkenen Königstochter wies Wate ein Lastschiff als Zuflucht an; er ließ den Bord mit Schilden umstellen und gab ihr hundert Ritter zum Schutz. Hagens Flotte rauschte heran, hin und wider flogen die Speere zwischen Schiffen und Strand. Der wilde König sprang mit

Ungestüm als erster von Bord, mit gezücktem Schwert watete er, während die Pfeile ihn wie Schneeflocken umstoben, durchs Wasser auf den Sand und stürzte sich auf Hettel. In hartem Schwertkampf schlug er dem Hegelingenkönig eine Wunde, aber Wate nahte seinem Herrn zu Hilfe; er warf sich zwischen die Fechtenden und drängte sie voneinander, wurde aber selbst sofort wieder von Hagen geschieden, da die Völker der beiden Könige sich jetzt in wildem Getümmel durcheinandermengten. Rasend brach sich der wilde Hagen Bahn, um Hettel wiederzufinden; es war ihm nicht genug, mit dem Schwerte um sich zu hauen, er schlug die Ritter auch mit der Speerstange nieder. Da warf sich ihm Wate zum zweiten Male entgegen; so furchtbar prallten die beiden aufeinander, daß von ihren Helmen das Feuer stob und alle von ihnen zurückwichen. Dem König zerbrach der Speer an Wates Schild, aber gleich griff er zum Schwert und schlug den Alten durch den Helm ins Haupt, daß das Blut herausschoß; doch Wate erwiderte den Streich mit gleicher Kraft, er traf den wilden Hagen so schwer, daß ihm der Helm in Stücke sprang und die Sinne zu schwinden drohen. Um das Leben ihres Vaters bangend, rief Hilde nach Hettel; gerade kehrte der König, der sich seine Wunde hatte verbinden lassen, in den Kampf zurück. Im Sturme drang er zu den beiden zornigen Recken vor und rief Hagen zu: „Bei Eurer Ehre, endet jetzt Haß und Streit!“ Grimmig rief Hagen zurück: „Wer ist's, der mir Stillstand gebietet?“ Da sprach der Held: „Ich bin es, König Hettel, und bitte Euch um Eurer Tochter willen.“ Hagen hielt ein, immer noch unschlüssig; aber nun gelang es Hettel, zwischen ihn und Wate zu springen und den Kampf zu scheiden. Er band seinen Helm ab und rief Frieden; da stießen auch die beiden Alten das Schwert in die Scheide.

Aufrichtigen Herzens suchte Hettel die Versöhnung mit Hagen. Er bat Wate, des Irenkönigs Wunden zu heilen; denn der Alte hatte von einer Waldfrau die Heilkunst gelernt und besaß Wurzeln und Pflaster von wunderbarer Kraft. Sich selbst hatte er bereits verbunden, aber Hagen wollte er erst helfen, wenn er sich mit Hettel versöhnt habe; er weigerte sich auch noch, als Hilde ihn bat. „Wie gern ginge ich selbst zu meinem Vater, um ihn zu verbinden“, seufzte sie, „wüßte ich nur, ob er mich sehen mag!“ Hagen wurde darum gefragt, da sagte er freundlich: „Gern will ich sie sehen, was sie auch getan haben mag! Gern grüße ich in diesem fremden Lande meine Tochter – mir und ihr wird König Hettel Genugtuung geben!“ Horand und Frute führten Hilde dem Vater zu, trotz seiner Schmerzen sprang er, als er sie kommen sah, vom Sitze auf und rief: „Willkommen, meine

Tochter – sei es, wie es wolle: du bist allezeit mein liebes Kind!" Aber er wollte seine Tochter nicht die Wunden sehen lassen; da rief man Wate, und der zögerte nun nicht mehr. Mit seinen guten Heilmitteln machte er Hagen und alle anderen Verwundeten gesund.

Nun wollten sie endlich das Schlachtfeld verlassen, auf dem noch immer die Toten lagen. Hagen folgte Hettel als Gast in seine Burg; dort sah er, wie stolz und herrlich die Hofhaltung des Hegelingenkönigs war, und erfuhr, wie mächtig er über sieben reiche Lande herrschte. Darum weigerte er ihm seine Tochter nicht länger, ja, er freute sich, daß Hilde die Krone mit einem solchen König teilen sollte. Mit großer Pracht wurde die Hochzeit begangen, strahlend saß die junge Königin im Brautstuhl, und Hettel verteilte an die Gäste von Irland fürstliche Gaben. Nach zwölf Tagen nahm Hagen Abschied, ihm war das Herz nicht leicht, als er sich von der geliebten Tochter trennte; er wußte wohl, daß er sie nicht wiedersehen werde, da sein Land zu fern von dem Hettels lag.

Aber als er daheim bei der alten Königin saß, pries er Hildes Geschick und sprach: „Besser konnte es ihr nicht werden! Hätte ich noch mehr Töchter, ich wünschte ihnen alle solche Männer wie den König von Hegelingenland!"

Gudruns Entführung

Hettel und Hilde lebten in hohem Glück miteinander, und sie schenkte ihm zwei Kinder, Ortwin und Gudrun. Den Knaben gab der König zur Erziehung in die Hand Wates, Gudrun aber wuchs in Dänemark auf unter Horands Zucht. Sie wurde so schön, daß sie auch ihre Mutter überstrahlte, und als sie in ihrer Jugendblüte an den Hof des Vaters zurückkehrte, begehrten sie viele edle Helden zum Weibe. Aber wie einst Hagen, so versagte nun auch Hettel seine Tochter allen Bewerbern. Einer von ihnen, König Siegfried von Morland, war selbst zu den Hegelingen gekommen; er zeigte in vielen Kampfspielen, daß er ein vortrefflicher Ritter war, und mißfiel auch Gudruns Augen nicht. Aber Hettel wollte nichts von einer Heirat wissen und schickte ihn heim. Tief gekränkt fuhr der Freier davon und schwur, Hettels Reich mit Kampf und Brand zu verheeren.

Ein zweiter Fürst sandte Boten, König Hartmut von der Normandie. Seine Mutter Gerlind, eine hochmütige Frau, hatte ihm geraten, um die schöne Königstochter zu werben, die allein ihr des Sohnes würdig schien. Der alte König Ludwig war nicht erfreut über den Vorschlag des Sohnes. „Hettel hält es mit der Tochter ebenso wie einst Hagen", sprach er, „das wird harte Arbeit geben! Die Hegelingen sind ein übermütiges Volk, und Gudruns Gesippen werden uns Schande antun!" Aber da Hartmut auf seinem Willen bestand, schickte sich der Vater darein und rüstete eine stolze Schar aus, die Briefe von Hartmut und Frau Gerlind an Gudruns Eltern überbringen sollte. Horand empfing sie an der Grenze und geleitete sie zu Hofe, sie traten sehr stattlich auf und wurden wohl beherbergt. Aber als sie mit ihrer Botschaft vor Hettel kamen, beschied er sie sehr ungnädig: „Hätte euch Horand nicht hierhergeleitet, so solltet ihr die Anmaßung Hartmuts büßen!" Und Frau Hilde fügte hinzu: „Einst empfing König Ludwig Lehen von meinem Vater; wie dürfte sein Sohn jetzt seine Augen zu meiner Tochter erheben! Er soll sich nach einer andern Braut umschauen!" Unmutig und beschämt kehrten die Boten zurück zur Normandie, sie machten ihren Herren wenig Freude mit ihren Nachrichten. Gerlind weinte vor gekränktem Stolz, Hartmut aber fragte den Führer der Gesandtschaft: „Ist Gudrun wirklich so schön, wie man erzählt?" Er antwortete: „Sie ist die schönste Jungfrau, die ich je sah!" Da sprach Hartmut: „Dann soll Gott Hettels Hochmut beugen! Sie muß mein Weib werden!" Von Stund an begann er für einen Heerzug zu rüsten, der Vater half ihm, und die Mutter trieb sie beide an.

Als dritter warb um Gudruns Hand der junge König Herwig von Seeland. Sein Reich kam dem Hettels an Umfang und Macht bei weitem nicht gleich, und so wurde er von dem Königspaar mit Hoffart zurückgewiesen. Darauf ließ er Hettel sagen, er werde nochmals zur Freite kommen, aber mit dem Heerschild. Hettel lächelte darüber und beeilte sich nicht, seine starken Helden zu entbieten; aber Herwig raffte in aller Eile ein Heer zusammen. Ehe sich's die Hegelingen versahen, stand er im Land und vor der Burg.

Es war in der ersten Morgenfrühe, noch lagen Hettels Mannen im tiefen Schlaf, da scheuchte sie plötzlich der Ruf des Wächters vom Lager. Als sie sich rasch gerüstet hatten, stürmten die Feinde schon gegen das Tor der Burg, und Hettel warf sich ihnen mit den Seinen entgegen. Er traf auf Herwig, sie stritten mit kühner Kraft; die Frauen sahen es vom Fenster der Burg. Aber allmählich wurde Hettel zurückgedrängt und mit ihm seine Mannen, sie mußten hinein ins Tor und hätten es gern hinter sich geschlossen, aber es war nicht mehr möglich: mit ihnen zugleich drang der Feind ein. Auf dem Hof unter den Fenstern kämpften die Könige heftig weiter, daß das Feuer von den Helmen sprang, und Hettel lernte jetzt Herwig kennen, denn er kam vor seinen Schlägen in große Not; wer das Schwert so führte, dachte er bei sich, wäre wohl der Freundschaft wert gewesen. Als Gudrun sah, daß schon das Blut aus der Halsberge des Vaters floß, rief sie vom Saale hinab: „Hettel, mein Vater, und König Herwig, laßt um meinetwillen eine Weile die Waffen ruhen, daß ich euren Streit schlichte!" Des waren die beiden zufrieden. Sie endeten den Kampf, und als sie die Panzer abgelegt hatten, kamen sie alle im Saal zusammen.

Gudrun lud die Gäste zum Sitzen ein und bat Herwig, als erster das Wort zu nehmen. „Mir ward gesagt", sprach er, „daß Euch meine Würde zu gering erscheine. Vielleicht verachtet Ihr mich jetzt nicht mehr!" Gudrun antwortete: „Welche Jungfrau verschmähte einen Helden? Ich bin Euch hold, und wenn es meine Eltern mir vergönnen, will ich gern die Eure sein." Er blickte sie an, und sie erwiderte seinen Blick; vor allen Leuten gestanden sie sich so ihre Liebe. Da gaben auch Hettel und Hilde ihren Segen. Herwig und Gudrun traten in den Kreis und verlobten sich miteinander. Gern hätte Herwig sie gleich mit sich fortgeführt, aber so schnell wollte sich Hilde nicht von der Tochter trennen. Darum willigte er, wiewohl ungern, darein, daß die Hochzeit auf das nächste Jahr festgesetzt wurde. Inzwischen kehrte er zurück in sein Land.

Aber die Kunde, daß Herwig die schöne Gudrun gewonnen habe, flog rasch durch alle Lande. Auch König Siegfried von Morland hörte sie und entbrannte vor Zorn gegen den glücklichen Nebenbuhler. Er kam mit einer großen Flotte gesegelt und fiel in Seeland ein. Mannhaft wehrte sich Herwig, aber der Feinde waren zuviel; so mußte er beständig zurückweichen bis in seine Mark, während Siegfried die Burgen brach, die Dörfer anzündete und die Felder mit Leichen düngte. In seiner Bedrängnis sandte Herwig zu König Hettel und bat um Hilfe; sie ward ihm um Gudruns willen gern gewährt. Hettel bot seinen ganzen Heerbann auf, Wate und Frute, Horand und der junge Ortwin begleiteten ihn mit großer Macht nach Seeland, und jetzt wurde Siegfried in drei großen Schlachten geschlagen. Mit dem Rest seines Heers warf er sich in eine Feste; Hettel und Herwig schlossen sie ein und schwuren, nicht zu weichen, ehe sie denn in ihren Händen sei. So kam's, daß die Frauen im Hegelingenland lange auf die Heimkehr der Helden warten mußten.

Von allem, was geschah, hatten die Könige Ludwig und Hartmut genaue Kenntnis; denn sie hielten, seit sie Rache an Hettel planten, Späher und Kundschafter in seinem Land. Als sie vernahmen, daß der König mit seinem ganzen Heerbann fern sei und wohl noch lange fernbleiben werde, beschlossen sie, die Gelegenheit zu nutzen; die alte Königin Gerlind lachte vor Freude, daß die Schmach, die Hettel ihrem Sohn angetan hatte, endlich gerächt werden sollte. Mit einem großen Heer fuhren Ludwig und Hartmut über See und landeten an der Küste der Hegelingen, so nahe der Burg, daß sie die Türme schon aufragen sahen. Ohne Verzug machten sie sich zum Angriff bereit; aber vorher schickte Hartmut noch einmal Boten an Gudrun, ob sie sich nicht doch seinem Wunsch fügen wolle, ehe er zur Gewalt griffe. Die Abgesandten wurden vor die Königinnen geführt, und man bot ihnen zu trinken; aber sie wiesen den Willkomm zurück und verlangten ihre Botschaft auszurichten. „Wenn Ihr König Hartmut im guten folgt", sprachen sie zu Gudrun, „so will er Euch in allem gern zu Diensten sein und es Euch danken, solange er lebt. Aber er wird eher zwanzigtausend Mann auf der Walstatt opfern, ja sich selbst in Stücke hauen lassen, als daß er ohne Euch heimkehrt!" Mit Stolz antwortete Gudrun: „Niemals werde ich mit Hartmut die Krone teilen, denn ich bin Herwigs Braut. Ihn erkor ich zum Manne, wie er mich zum Weibe, und solange ich lebe, werde ich keinem andern gehören!" „Dann werdet Ihr unsern König bald als Feind hier in Eurer Burg sehen!" sprachen die Boten und erhoben sich, aber Gudrun lachte verächtlich auf. Sie wiesen die gebotenen Gaben zurück, wie sie den Trunk verweigert hatten, und schritten von dannen; die Mannen Hildes aber riefen ihnen nach: „Wenn ihr unsern Wein verschmäht, so wird man euch Blut einschenken!"

Als die Könige die Abweisung vernahmen, ließen sie die Banner fliegen und zogen gegen die Burg. Hildes Mannschaft erwartete den Angriff unverzagt vor dem Tore, aber sie wurde überrannt, denn die Feinde waren viel stärker an Zahl. Im Nu war die Stadt in den Händen der Normannen, und ehe die Tore geschlossen werden konnten, stürmten sie auch in die Burg. Sie pflanzten ihre Fahnen auf die Zinne und hängten ihre Wappen vor König Hettels Saal. Hartmut trat vor Gudrun und sprach voll Zorn: „Ihr habt mich verachtet, edle Jungfrau! Wohl verdienten es die Hegelingen um uns, daß wir keinen Gefangenen am Leben ließen, sondern alle henkten!" Sie vermochte nicht zu antworten, sondern seufzte leise: „Wehe, mein Vater, wenn du wüßtest, daß man mich Arme mit Gewalt hinwegführen will, du kämst in Windeseile, mich zu schützen!"

Die Normannen nahmen, was sie an Gold und Gewand fanden, brachen die Burg und verbrannten die Stadt. Mit Gudrun zusammen führten sie ihre Gespielin Hildburg und sechzig edle Jungfrauen gefangen hinweg. Verzweifelt sah die Königin Hilde den Feinden nach, die ihr die Tochter entrissen hatten. Dann aber sandte sie sofort Botschaft an Hettel: „Deine Tochter ist geraubt, deine Ritter liegen erschlagen vor der zerstörten Burg, Hartmut und Ludwig fuhren stolz mit ihrer Beute davon und ließen mich allein in tiefem Leide zurück."

Als Hettel und Herwig die böse Kunde vernahmen, wurden ihnen die Augen naß. Aber sie ließen sich keine Zeit zur Trauer. Auf Wates Rat bot Hettel dem Könige von Morland einen ehrenvollen Frieden; gern schlug Siegfried ein und wurde aus einem Feind zum Freund, bereit, mit den Hegelingen gegen die Normannen zu fechten. „Wir ereilen die Räuber noch, wenn wir sofort aufbrechen", sprach Wate, „ich kenne das Fahrwasser genau." Aber Hettel entgegnete tief niedergeschlagen: „Wir haben keine Schiffe segelfertig – lange wird es dauern, bis wir uns zur Seefahrt gerüstet haben." Doch Wate wußte Rat. Er hatte erfahren, daß eine große Pilgerflotte, mit Vorräten wohl ausgerüstet und zur Abfahrt bereit, unfern vor Anker lag. Dahin machte er sich mit einer Schar von Recken auf, setzte die frommen Pilger trotz ihres Wehklagens an den Strand und vertröstete sie: man werde ihnen die Schiffe schon wiederbringen, sie müßten sich nur ein wenig gedulden. Sofort gingen Hettel, Herwig und Siegfried mit allen ihren Recken an Bord, und Wate führte die Flotte in Eile über das Meer.

Ludwig und Hartmut hatten schlechte Fahrt gehabt; um von der Mühsal auszuruhen, hatten sie an einem öden Eiland, dem Wülpensand, Anker geworfen, um dort ein Lager aufzuschlagen. Überall auf dem Werder brannten die Feuer, und die gefangenen Jungfrauen saßen traurig beieinander. Aber die Normannen ließen sich's wohl sein; sie gedachten sieben Tage dazubleiben, denn sie waren schon so weit vom Hegelingenland weg, daß sie keine Verfolgung mehr fürchteten. Der Anblick einer nahenden Flotte schreckte sie für kurze Zeit aus ihrer Sicherheit, aber sie beruhigten sich schnell, als sie sahen, daß die Schiffe ein Kreuz im Segel führten. „Es sind nur Pilger auf der Fahrt", sprachen sie zueinander. Erst als die Schiffe dicht an der Küste waren und das Licht auf den Helmen der Verfolger blitzte, erkannten sie den Irrtum. Schnell griffen Ludwig und Hartmut zu den Waffen, und ihre Mannen sprangen kampfbereit herbei. Mit einem Unwetter von Pfeilen und Speeren empfingen sie die Hegelingen, aber sie konnten sie nicht hindern, das Land zu gewinnen. Als erster sprang Wate an den Strand und gleich auf König Ludwig los; der empfing ihn mit dem Speer, aber Wate durchschlug ihm mit dem Schwert den Helm, und Ludwig hätte wohl sein Leben lassen müssen, hätte nicht seine seidene Nothaube ihn geschützt. Mit Mühe entrann er, und nun ballte sich der Kampf, da die Angreifer sich immer dichter scharten. Große Mühe hatte Herwig, ans Land zu kommen; er sprang in die Flut, wo sie ihm bis über die Achseln ging, und mußte einen Speerhagel aushalten, ehe er den Strand gewann. Der Streit tobte wild, das Blut färbte das Wasser wohl auf Speerwurfsweite rot. Bis zum späten Abend wurden Helme zerschrotet und tiefe Wunden gehauen, und immer stand der Kampf noch gleich.

Endlich gelang es Hettel, zu Ludwig vorzudringen, sie kämpften Mann gegen Mann, jeder dem andern ebenbürtig, bis Ludwig mit einem gewaltigen Schlage den Hegelingenkönig tot zur Erde warf. Gudrun, die von weitem den Vater fallen sah, erhob laute Klage; aber Wate brüllte dröhnend auf und stürzte sich in die Feinde, von seinen Schwertschlägen loderte Feuer aus den Helmen, daß es in der sinkenden Nacht wie Abendrot glühte. Ihm nach stürmten die Helden, begierig, des Königs Fall zu rächen. Horand erschlug einen Recken, der gegen ihn ansprang; da erkannte er an der Stimme des Sinkenden, daß es sein eigener Neffe war: so finster war es geworden, daß Freund und Feind sich nicht mehr unterscheiden konnten. Da gebot Herwig Einhalt, damit nicht weiter blindes Morden wütete, und die Helden mußten für dieses Mal vom Kampfe lassen.

Nahe beieinander lagerten die Gegner in der mondlosen Nacht; nur wo die Feuer brannten, sah man Waffen aufschimmern. Jetzt gingen Ludwig und Hartmut zu Rate; sie fürchteten die Erneuerung des Kampfes wegen Wates Wut und sannen darauf, wie sie entrinnen könnten. Der listige Ludwig gab den Mannen Befehl, die Feuer hochzuschüren und mit Rufen und Blasen Lärm zu machen, damit die Hegelingen glaubten, sie rüsteten schon die neue Schlacht; indessen begann er heimlich und leise den Strand zu räumen. Die Jungfrauen wollten schreien, als er sie zu Schiff bringen ließ; aber er drohte, sie zu ertränken, wenn sie nicht schwiegen. Als die Geraubten und der größte Teil des Heeres an Bord waren, senkte sich endlich Ruhe auf das Eiland, und verstohlen folgten die letzten der Normannen. Einen Teil der Schiffe ließ Ludwig zurück, er bedurfte ihrer nicht mehr, da so viele seiner Mannen erschlagen lagen; mit den andern segelten er und Hartmut unbemerkt davon.

Noch vor Tag erwachte Wate und ließ das Heerhorn ergellen; aber es rührte sich nichts mehr im feindlichen Lager. Da merkten die Hegelingen bald, daß sie betrogen waren; sie fanden nur noch leere Schiffe, herrenlose Waffen und Leichen über Leichen. Ungestüm verlangten Wate und Ortwin, dem flüchtigen Feinde nachzujagen; aber der erfahrene Frute witterte in die Luft und sprach: „Mit diesem

Fahrwind sind sie schon dreißig Meilen voraus! In ihr Land aber können wir ihnen nicht folgen, dazu reicht unsere Mannschaft nicht mehr hin. Laßt uns die Verwundeten bergen und die Toten begraben, mehr zu tun bleibt uns jetzt nicht übrig." Es wurde den Helden schwer, ohne Rache heimzukehren und den Tod des Königs Frau Hilde zu melden; aber es blieb ihnen keine Wahl. Sie sammelten die Toten und bestatteten sie, nach den Freunden auch die Feinde, und sie hatten sechs Tage damit zu tun. Kleider und Waffen der Erschlagenen sollten verkauft werden zugunsten der Armen; auf der blutigen Walstatt aber sollte sich später ein Kloster erheben.

Keiner von den Recken wagte es, mit der Trauerkunde vor Frau Hilde zu treten, auch Ortwin, ihr Sohn, nicht; so blieb das schwere Amt bei Wate. Die Königin sah seine Schar langsam herannahen, mühsam gingen die Rosse, und die Mannen trugen zerhauene Schilde. Da wußte sie, was geschehen war, noch ehe der Alte ein Wort sprach, und sie klagte laut ihr Leid, daß sie zu der Tochter nun auch noch ihren Herrn verloren habe. Aber Wate sagte: „Klagt nicht, Herrin; es kehrt keiner vom Tode wieder! Der Tag der Rache wird kommen, sobald unsere Jugend, die jetzt verwaiste, wehrhaft geworden ist." „Gott gebe, daß ich's erlebe!" antwortete Frau Hilde.

Nun nahten auch die andern Helden der Königin; sie waren alle eines Sinns: daß man warten und inzwischen unablässig für den großen Rachezug rüsten müsse. So wurde es beschlossen; und die Königin tat auch, was sie Gott schuldig war: sie entschädigte die Pilger für die geraubten Schiffe und stiftete das Kloster auf dem Wülpensand. Die Helden aber kehrten jeder in sein Land zurück, als letzter Siegfried, der Hilde bat, ihn zu rufen, wenn es Krieg gegen Ludwig und Hartmut gelte.

Gudruns Gefangenschaft und Befreiung

Die Normannen vermochten sich auf der Heimfahrt ihrer Beute nicht so zu freuen, wie sie gewünscht hätten, denn sie schämten sich im Herzen ihrer Flucht. Erst als sie die Heimat aus dem Meer auftauchen sahen, wurde ihnen wieder fröhlicher zu Sinn. Der alte König trat neben Gudrun und wies ihr mit dem Finger die Burgen: „Dort sollt Ihr mit Hartmut in Freude herrschen, Herrin! Seid uns endlich gnädig, wir werden es Euch danken!" Verächtlich antwortete Gudrun: „Lieber wähle ich den Tod als Hartmut, der nicht meinesgleichen ist!" Darüber geriet Ludwig in große Wut, er packte die Jungfrau beim Haar und warf sie in die See. Sie wäre ertrunken, wäre ihr nicht Hartmut nachgesprungen; er faßte sie an den blonden Zöpfen, zog sie in ein Boot und brachte sie wieder aufs Schiff. Dort saß sie frierend in stummer Trauer, während ihre Genossinnen in lautes Weinen ausbrachen. Zornig sprach Hartmut zu seinem Vater: „Wäret Ihr nicht mein Vater, Ihr kämt nicht mit dem Leben davon!“ Aber Ludwig erwiderte: „Bis in mein Alter durfte mich niemand ungestraft schmähen, und so soll es bis zu meinem Tode bleiben. Sorge du dafür, daß Gudrun von ihrem Hochmut läßt!“

Als der alten Königin Gerlind gemeldet wurde, daß ihr Sohn Gudrun mit sich führe, war sie vor Glück außer sich. Eilends ritt sie mit ihrer Tochter Ortrun und stattlichem Gefolge der Braut entgegen, um sie nach Würden zu empfangen. Aber als sie sie küssen wollte, wehrte Gudrun mit finsterem Antlitz ab: „Ich will Euch nicht küssen! Ihr brachtet mir durch Euren Rat Unglück und Herzeleid, und ich fürchte, Ihr bringt mir noch mehr!“ Sosehr die Weigerung sie verletzte, hielt Gerlind sich doch zurück; denn sie dachte die stolze Jungfau noch im guten zu ihrem Sohn zu bringen. Sie ließ ihr in der Burg alle fürstlichen Ehren erweisen und sprach ihr oft freundlich zu. Aber als sie sie fragte, wann endlich sie sich Hartmut ergeben wolle, antwortete die Heimatlose: „Sagt, Herrin, hättet Ihr Euch einen Mann aufzwingen lassen, durch den Ihr Vater und Heimat verlort?“ „Ins Geschehene muß man sich fügen“, erwiderte die Königin; „du wirst dafür hier die Krone tragen, ich gebe sie dir willig!“ Aber Gudrun sprach heftig: „Niemals will ich sie! Bei Tag und Nacht hab ich nur einen Wunsch: fort von hier zu kommen!“ Diese Worte hörte Hartmut, und er sprach gekränkt zu seiner Mutter: „Wenn sie so böse gegen mich gesinnt ist, wie soll ich ihr hold bleiben?“ „Widerspenstige Kinder muß man ziehen“, antwortete ihm Gerlind; „ich will, wenn du sie mir anvertraust, ihren Nacken schon beugen.“ „Wenn Ihr es vermögt, werde ich es Euch danken“, erwiderte er; „aber da sie hier in der Fremde ist, versucht es mit Güte!“

So kam Gudrun ganz unter Gerlinds Hand, und die alte Königin war nicht gesonnen, sie zu schonen. „Willst du nicht Freude haben, so habe Leid!“ sagte sie zu ihr; „willst du nicht Königin sein, so sei Magd!“ Sie trennte die Königstochter von ihren Genossinnen und ließ sie die Öfen heizen, während die andern Mädchen Flachs hecheln und spinnen mußten. Mehr als drei Jahre tat sie solchen Dienst, und Hartmut sah Gudrun nicht, denn er war auf Heerfahrten abwesend. Als er aber wiederkam, ließ er sich die Jungfrau zeigen. Er sah an ihrem Gesicht, daß es ihr schlecht ging, und hörte auf seine Frage, welche Schmach man ihr antat, ihm selbst zur Schande. Darum stellte er seine Mutter zur Rede, und sie versprach ihm, Gudrun von jetzt an besser zu halten. Als aber Hartmut den Rücken gewendet hatte, sagte sie zu ihr: „Da du es nicht besser willst, sollst du meine Kemenate dreimal am Tage auskehren und mit deinem Haar den Staub von Schemeln und Bänken wischen!“ Im Gedenken an ihren Verlobten trug Gudrun auch das, und wieder verstrichen sieben schwere Jahre.

Danach dachte Hartmut die Qual des Wartens zu beenden. Er sprach freundlich mit Gudrun, die im Gewande einer Dienstmagd, aber trotzig wie nur je vor ihm stand; doch als sie seinem Werben kein Haarbreit nachgab, flammte er auf. „Ihr wißt, Gudrun“, herrschte er sie an, „daß ich in dem Land hier gebiete; wer würde mir ein Haar krümmen, wenn ich Euch heut noch zu meiner Kebse machte?“ „Schande über Euch, wenn Ihr das tätet!“ antwortete die Jungfrau; „aber noch fürchte ich nicht von Euch, daß Ihr Eure Ehre mit eigenen Händen zerbrecht!“ Da Hartmut sah, daß keine Drohung sie erschütterte, entschloß er sich zu einem letzten Versuch, sie im guten zu gewinnen. Er bat seine Schwester Ortrun, die der Gefangenen immer freundlich und hold gewesen war, mit ihr wie eine Freundin zu sprechen. Jetzt wurde Gudrun nicht mehr wie eine Magd gehalten, sondern wie eine Genossin Ortruns; sie trug wie sie köstliches Gewand und teilte mit ihr Zimmer und Mahl, so daß die liebliche Farbe in ihr blasses Antlitz zurückkehrte. Aber obwohl sie Ortruns Liebe von Herzen erwiderte, blieb sie gegen Hartmut unversöhnlich, und wenn er sie begrüßte, erwiderte sie seine Ansprache mit kalter Feindseligkeit. Da ward er des vergeblichen Werbens endlich müde und sprach: „Jetzt soll es mir gleich sein, was ferner mit Euch geschieht. Die Krone wollt Ihr nicht mit mir teilen; so habt, was Euch lieber ist!“

Nun Hartmut sich mit Zorn von ihr gewandt hatte, ließ Gerlind, die alte Wölfin, ihrem Haß die Zügel schießen. Die härteste Arbeit wies sie Gudrun zu: alle Tage sollte sie hinunter an den Strand gehen und die Wäsche waschen. Jeden Morgen jagte Gerlind sie hinaus, und sie fügte sich, ohne ein Wort zu entgegnen. Ihre Gespielinnen weinten, wenn sie ihre Herrin in solcher Erniedrigung sahen; aber Hildburg, die ihr die Vertrauteste war, verlangte ihr Los zu teilen. „Du wirst es bereuen, wenn du des Winters mit den Füßen im Schnee stehen mußt und dir vom Frost die Hände springen“, sagte Gerlind höhnisch zu ihr; „aber da du es so sehr wünschst, sollst du deinen Willen haben!“ Täglich trug von jetzt an Hildburg mit Gudrun zusammen die Wäsche zum Strande und teilte Arbeit und Leid mit ihr; diese Treue war der einzige Trost der Heimatlosen.

Dreizehn Jahre waren vergangen seit Gudruns Entführung, da schien der Königin Hilde die Zeit gekommen, die Tochter heimzuholen und den Gatten zu rächen. Eine starke Jugend war herangewachsen im Hegelingenland, und am Strand lag eine neue Flotte wohlgezimmerter Schiffe. Für alles, was zum Rachezuge nötig war, hatte Hilde aufs beste gesorgt; jetzt sandte sie um die Zeit der Zwölf Nächte zu König Herwig, ihrem Sohn Ortwin und ihren alten getreuen Recken und entbot sie zur Heerfahrt. Alle folgten mit ihren Mannen sofort dem Ruf, mit gutem Wind liefen sie aus, und als sie zum Wülpensand kamen, stieß auch Siegfried von Morland zu ihnen. Bei der Fahrt übers offene Meer hatten sie schwer mit den eisigen Winterstürmen zu kämpfen, aber nach mancher Gefahr näherten sie sich der normannischen Küste. Eine waldige Berginsel bot ihnen einen Ankerplatz, wo sie wohlgeborgen und ungesehen liegen konnten; von hier war es nicht mehr weit zu Hartmuts Burg. Nun ward Rast gehalten, die Helden prüften und probten Waffen und Rosse. Aber bevor der Angriff gewagt wurde, sollten Späher erkunden, ob Gudrun noch lebe und wo sie zu finden sei. Diesen Dienst zu leisten, ließen sich Herwig und Ortwin, der Verlobte und der Bruder der Jungfrau, nicht nehmen.

Schon wartete Gudrun ihres Kommens. Denn tags vorher, als die Mädchen wuschen, war ihnen wunderbare Botschaft gekommen. Auf der Flut schwamm ein Schwan heran, der begann mit menschlicher Stimme zu reden und sprach: „Heil wird dir geschehen, Gudrun, deine Freunde kommen über die See, dich zu befreien, bald wirst du wieder in die Heimat kehren!“ Gudrun glaubte, als sie das hörte, die Stimme eines Engels zu vernehmen; voll sehnsüchtiger Ungeduld fragte sie den Vogel: „Wann sehe ich meine Freunde?“ „Morgen!“ rief der Schwan, erhob sich in die Luft und rauschte mit mächtigem Flügelschlag davon. Diesen Tag waren die beiden Mädchen lässig bei der Arbeit, und Frau Gerlind schalt sie hart, da sie heimkamen. Aber sie trösteten sich der Verheißung, als sie das schwarze Brot aßen und das Wasser tranken, das man ihnen zum Nachtmahl bot, und sich in ihren schlechten Hemden auf die harten Bänke streckten, die ihnen als Lager dienten.

Am frühen Morgen blickte Hildburg aus dem Fenster und sah, daß über Nacht Schnee gefallen war. Die Jungfrauen mußten fürchten, zu Tode zu frieren, wenn sie barfuß hinuntermüßten an den Strand; darum gingen sie zu Gerlinds Ehegemach und baten sie durch die Tür, ihnen heute Schuhe zu geben. Aus dem Bett heraus, noch im halben Schlaf, begann die Wölfin zu schelten: „Was läge viel an eurem Tode! Fort mit euch, wie ihr seid, und wascht mir fleißig, sonst gibt es Schläge!" „Daran sollst du noch denken!" sprach Gudrun, als sie weggingen und barfuß durch den Schnee zum Strande wateten.

Sehnsüchtig schauten sie aus über die Wogen, während sie die Laken im eisigen Wasser wuschen; endlich erspähten sie in der Ferne ein Boot und sahen bald, daß zwei Männer darin waren. Es hielt auf sie zu und kam rasch näher, da ward Gudrun von Scham ergriffen, daß Boten aus Hegelingenland sie in solcher Erniedrigung finden sollten, und wandte sich mit Hildburg zur Flucht. Aber die Männer sprangen schon ans Land, und einer – sie glaubte Herwigs Stimme wiederzuerkennen – rief ihnen laut nach: „Warum flieht ihr, schöne Wäscherinnen? Wir sind hier fremd und möchten euch manches fragen! Laßt eure Linnen nicht im Stich, sondern bleibt – wir bitten euch bei aller Mädchen Ehre!" Diesem Anruf vermochte Gudrun nicht zu widerstehen, sie kehrte mit Hildburg um; in ihren nassen dünnen Hemden, die Locken vom Märzwind zerzaust, kamen sie zum Strande zurück, und der edle Herwig bot ihnen einen guten Morgen; solchen freundlichen Gruß hatten die beiden lange nicht gehört.

„Nun sagt uns", fragte Ortwin, „wer ist's, der euch zu seiner eigenen Schande so elend hier in der Kälte harte Arbeit tun läßt? Ihr seid schön wie Königinnen – sind solche Jungfrauen hierzulande so wohlfeil?" „Es gibt ihrer schon genug", antwortete Gudrun; „aber fragt rasch, was Ihr wissen müßt, damit uns unsere böse Herrin nicht von der Zinne her müßig sieht, denn dann geht es uns übel." Sie schlug die goldenen Spangen aus, die er ihnen als Lohn für ihre Auskunft bot, und gab ihm auf seine Fragen treulich Antwort: daß Hartmut und Ludwig hier herrschten und in der Burg zu finden seien, umgeben von einem Heer tapferer Kämpen. Währenddessen sah Herwig, wie die beiden Mädchen vor Frost zitterten, und fragte: „Wollt ihr nicht unsere Mäntel um euch nehmen gegen den schneidenden Wind?" „Wir danken euch", antwortete Gudrun, „aber wir tragen nicht Männerkleider an unserem Leib." Der König blickte sie aufmerksam an, und sie dünkte ihn der verlorenen Braut ähnlich. Aber sie hatten einander so lange nicht gesehen, daß keines das andere mit Sicherheit erkannte, zumal sich beide verändert hatten. Langsam suchten sie die Wahrheit zu erkunden, stets darauf bedacht, sich nicht vorschnell zu verraten. Endlich, als die Fremdlinge nach Gudrun fragten, wagte sie die Probe und sprach: „Gudrun war hier, aber sie ist lange tot!" Da brachen die beiden Männer in Tränen aus, und nun gab sich die Jungfrau zu erkennen; sie trug noch Herwigs Ring am Finger, wie er den ihren.

Voller Freuden küßten der Bräutigam und der Bruder erst Gudrun und danach auch Hildburg und ließen sich ihr hartes Schicksal erzählen. Herwig wollte die beiden Jungfrauen ohne Verzug davonführen, aber Ortwin weigerte das: „Und hätte ich hundert Schwestern — ich ließe sie eher in der Fremde sterben, als daß ich sie stehlen wollte wie ein Dieb! Nein, mit stürmender Hand will ich sie wiedergewinnen!“ Und als Herwig widersprach, fuhr er fort: „Denkst du nicht an die Jungfrauen, die mit ihr zusammen gefangen wurden? Sie haben auf unsere Hilfe das gleiche Recht!“ Betrübt hörte die Königstochter, daß sie noch zurückbleiben sollten, und fragte vorwurfsvoll den Bruder: „Was habe ich dir getan, mein Bruder, das solche Strafe verdient?“ Aber er antwortete: „Ich tu es ja nicht aus Haß gegen dich, liebe Schwester, sondern um unserer Ehre willen! Ich schwöre dir, daß du Herwig doch deine Liebe schenken sollst!“ Und Herwig rief: „Ja, ich schwöre dir, daß wir dich morgen holen mit gewaffneter Hand!“ Da ward Gudrun wieder getrost, und als die Helden vom Strand weggerudert waren, rief sie: „Zwei Könige haben mich heut geküßt — ich will nicht länger Gerlinds Magd sein!“ Damit nahm sie, obwohl Hildburg ihr ängstlich in den Arm fiel, ihr Teil Wäsche und warf es ins Meer: „Da schwimme hin!“

Spät am Abend war's, als die Mädchen zur Burg zurückgingen; Hildburg ächzte unter der Last ihrer Wäsche, aber Gudrun schritt frei und stolz neben ihr. Gerlind wartete ihrer schon vor dem Tor und begann zu schmähen: „Wer hat euch erlaubt, so spät zurückzukommen? Ihr schlagt Könige aus, und abends, scheint's, treibt ihr euch mit den Knechten herum!“ „Ihr lügt“, entgegnete Gudrun, „Ihr wißt wohl, daß ich nie etwas tat, was sich nicht gebührt!“

„Schweig, sonst sollst du es mit deinem Rücken büßen!“ rief Gerlind; nun gewahrte sie erst, daß Gudrun mit ledigen Händen dastand, und fuhr keifend auf sie los: „Wo hast du die Wäsche? Gehst du müßig, statt zu arbeiten?“ Da erwiderte die Stolze: „Fragt das Meer, wo die Wäsche ist; mir war sie zu schwer zu tragen, und mich kümmert's nicht, ob Ihr sie wiederseht!“

Voll Wut befahl Gerlind, frische Ruten zu bringen und Gudrun ans Bettgestell zu binden. Aber die Jungfrau sprach mit List: „Laßt Ihr mich jetzt schlagen, wird es Euch übel ergehen, wenn ich hier die Krone trage! Denn Ihr sollt wissen, daß ich jetzt den König freien will, der bis heut auf mich warten mußte!“

Als Gerlind das hörte, schwand ihr Zorn, und sie ließ sogleich Hartmut herbeirufen. Der gab dem Degen, der ihm die Nachricht brachte, reiches Botenbrot und eilte frohen Herzens zu Gudrun. Aber als er sie umarmen wollte, wehrte sie ihm: „Noch nicht, Hartmut! Es ziemt sich nicht für einen König, eine arme Wäscherin zu umarmen! Geduldet Euch, bis ich Königin heiße!“ Sofort trat Hartmut mit edlem Anstand zurück; er dankte ihr und bat sie zu befehlen, was ihr genehm sei. „So will ich zum ersten, daß mir vor dem Schlafengehen ein warmes Bad gerüstet wird“, antwortete sie, „und zum zweiten, daß alle meine Jungfrauen ihrer Dienste bei Gerlind entbunden und zu mir gebracht werden.“ „Das soll sofort geschehen!“ sprach Hartmut. Als aber Gudrun sah, wie armselig und verwahrlost die Mädchen ausschauten, erbat sie auch für sie alle Bad und schönes Gewand.

Fröhlich gingen sie daran, zu baden und sich zu putzen; geschmückt und heiter saßen sie im warmen Saal zusammen mit der lieblichen Ortrun und ihren Frauen, ein köstliches Mahl wurde ihnen aufgetragen, und die Schenken boten ihnen Met genug. Eines der Mädchen aus Hegelingenland aber begann plötzlich zu weinen, und als man fragte, warum, anwortete sie: „Immer sehnten wir uns danach, wieder heimzukehren, und nun sieht es so aus, als sollten wir alle hierbleiben!“ Da weinten die andern Mädchen auch, aber Gudrun mußte lachen; sie lachte so hellauf, daß Gerlind, die im Gemach nebenan weilte, erschrak. „Vierzehn Jahre lang hat sie nicht gelacht“, sagte sie zu Hartmut, „und nun wird mir bange bei ihrem Lachen! Fast möchte ich glauben, sie hat eine heimliche Botschaft aus ihrer Heimat bekommen. Sieh dich vor, mein Sohn, ich fürchte, uns droht Gefahr!“ Aber Hartmut nahm die Warnung leicht und antwortete nur: „Warum soll sie nicht mit den Frauen ihre Freude haben?“

Als Gudrun mit den Jungfrauen in die Schlafkammer kam, standen die Betten aufs schönste mit Polstern und Decken aufgeschlagen. Die Königstochter ließ die Riegel vorschieben und sprach, als sie gewiß war, daß kein Lauscher sie mehr hören konnte, zu den Mädchen: „Nun freut euch mit mir: morgen werden wir unsere Freunde wiedersehen! Ich küßte heut Herwig, meinen Gatten, und Ortwin, meinen Bruder – morgen werden sie in der Burg sein! Welche von euch mir als erste den Morgen ansagt, der will ich's reich lohnen!“ Jetzt gingen sie alle frohen Muts zu Bett, da sie wußten, daß die Befreier nahe seien.

Als Herwig und Ortwin den Hegelingen die Botschaft brachten, in welcher Schmach sie Gudrun und Hildburg gefunden hatten, begannen ihre Freunde zu weinen; aber Wate rief zornig: „Seid ihr alte Weiber? Sofort auf und Gudrun zu Hilfe, wir wollen die Kleider, die sie für die Normannen waschen mußte, blutig rot färben!“ Ohne Verzug gingen sie ans Werk. Im Schutz der Nacht setzten sie ungesehen nach der Küste über; sie waren früh genug zur Stelle, um noch eine Stunde lang mit dem Schild unterm Haupt ruhen zu können, unmittelbar vor Hartmuts Burg.

Der Morgenstern leuchtete über dem Meer, und jetzt trat eine von Gudruns Jungfrauen ans Fenster; sie wollte als erste den Tagesschein erspähen und sich den Botenlohn bei der Herrin verdienen. Da sah sie im matten Zwielicht nach dem Meere hin den Glanz von Helmen und Schilden, sie rannte zur Kammer; im Nu sprang Gudrun aus dem Bett und lief mit bloßen Füßen zum Fenster. Aber jetzt erblickte auch der Wächter auf der Zinne die ungebetenen Gäste und rief die Normannen zu den Waffen: „Auf, ihr Könige und Recken, ihr habt schon zu lange geschlafen!“ Gerlind hörte den Ruf als erste, sie stürzte zur Zinne und sah ringsum lauter Feinde; rasch weckte sie die Könige und rief ihnen zu: „Jetzt müssen wir Gudruns Lachen bezahlen!“ Ludwig und Hartmut traten auf die Mauer und erblickten das gewaltige Heer; an den aufgesteckten Bannern erkannten sie, wieviel starke Helden gegen sie gezogen waren. So zahlreich waren die Feinde, daß Frau Gerlind die Könige beschwor, die Tore der Festung geschlossen zu halten und sich nicht ins Feld zu stellen; einer Belagerung werde man länger als ein Jahr widerstehen können. Aber Hartmut sprach: „Lieber will ich draußen sterben, als mich hinter Mauern verkriechen!“ Da gewann auch Gerlind ihren grimmigen Mut zurück und rief: „So schlagt sie, daß ihnen das Feuer aus den Helmen und das Blut aus den Wunden spritzt!“ Schnell waren die Normannen gerüstet; sie taten alle vier Tore der Burg auf und stellten sich zum Kampf.

Drüben bei den Hegelingen aber stieß Wate dreimal gellend ins Heerhorn. Beim ersten Ruf eilten die Mannen zu den Feldzeichen, beim zweiten schwangen sie sich in die Sättel, beim dritten – Land und Meer erbebten von dem Schall des Horns, und Steine rollten aus der Mauer – entfaltete Horand das Banner; von vier Seiten her rückten die Hegelingen vor die Burg, und die Normannen eilten ihnen entgegen. Vor seiner Schar ritt stolz in glänzendem Harnisch König Hartmut, gegen ihn stürzte sich Ortwin, begierig, die Schwester zu rächen. Die beiden prallten mit gefällten Speeren gegeneinander, daß ihre Rosse in die Knie brachen; sie rissen sie wieder hoch und fielen sich mit den Schwertern an. Einen Augenblick trennte sie das Gewühl der Kämpfenden, aber sie suchten und fanden sich wieder, und zuletzt schlug Hartmut den Gegner durch den Helm, daß ihm das Blut über den Panzer rann. Horand sah es und nahm für Ortwin den Kampf auf, aber auch ihn traf Hartmut mit scharfem Schlag. Rasch sprangen die Freunde dazwischen und sorgten, daß Ortwin und Horand den Kampfplatz verließen, bis ihre Wunden verbunden seien.

Derweilen wütete die Schlacht rings um die ganze Burg. Der alte Ludwig erschlug einen Degen nach dem andern; das sah König Herwig und rief übers Feld: „Wer ist der Alte, der dort so rast?“ Der alte König antwortete: „Wer wünscht das zu wissen? Ich bin Ludwig von der Normandie und warte auf Ihn!“ Als Herwig das hörte, sprach er: „Wenn du Ludwig bist, verdienst du meinen Haß! Viele Helden erschlugst du uns auf dem Wülpensand, durch deine Hand fiel König Hettel! Auch ich erlitt großen Schaden durch dich, denn ich bin Herwig, und du stahlst mir mein Weib. Gib es mir wieder, oder laß auf dieser Stelle dein Leben!“ „Ich bat dich nicht um deine Beichte“, entgegnete Ludwig; „du bist nicht der einzige, dem ich Gut oder Freunde nahm! Komm her, ich will dafür sorgen, daß du deine Frau nicht mehr küssen sollst!“ Damit liefen die Helden einander an, und Ludwig traf Herwig so hart, daß er strauchelte und wohl das Leben gelassen hätte, wären nicht seine Mannen dazwischengesprungen. Aber Herwig raffte sich auf, ihn packte Scham, daß Gudrun vom Fenster gesehen haben könne, wie der Graukopf ihn niederschlug, und er drang mit neuem Ungestüm gegen ihn vor. So gewaltig schwang er das Schwert gegen Ludwig, daß dem das greise Haupt von den Achseln sprang.

Die Krieger des Gefallenen drängten zurück zum Tor, aber Herwigs Mannen verrannten ihnen den Weg, hieben sie zu Boden und nahmen ihnen das Banner. Die Weiber hinter der Mauer jammerten, da sie den König sinken sahen, laut auf, sie schrien so ängstlich, daß Hartmut die Burg in Gefahr glaubte und sich wandte, um seine Schar zurückzuführen. Aber er kam nicht mehr durchs Tor, denn hier stand bereits Wate als grimmiger Pförtner. Die ganze Burg sah Hartmut umringt, kein Tor war mehr frei, und so galt nur noch eins: sich kämpfend den Weg zu brechen. Mit hocherhobenem Schwert stürmte er seiner Schar voran auf Wate zu, und nie hielt er sich herrlicher in einem Streit als in dem gegen den alten wilden Recken, der vieler Männer Kraft besaß. Zitternd sah Ortrun die Gefahr ihres Bruders, sie fiel Gudrun zu Füßen und flehte sie an, ihn zu retten um ihretwillen, die ihr immer treu und hold gewesen sei.

Ihre Bitten rührten Gudrun, sie trat ans Fenster, um zu sehen, ob einer ihrer Freunde den Kampf scheiden könne; da erblickte sie Herwig. Ihn rief sie an und bat ihn, Hartmut dem grimmigen Alten zu entreißen. Es war ein harter Dienst, den sie von ihm verlangte, aber Herwig weigerte ihn der geliebten Frau nicht. Er drang hin zu Wate und rief ihn an, um Gudruns willen den Kampf zu enden. Zornig rief Wate zurück: „Von Sinnen müßte ich sein, wollte ich einer Frau zuliebe einen frevlerischen Feind schonen! Hinweg, Herr Herwig!“ Aber Herwig hörte nicht auf ihn, sondern warf sich zwischen die Kämpfenden; da schlug ihn der alte Recke so ungefüge aufs Haupt, daß er zu Boden stürzte. Herwigs Mannen sprangen ihrem Herrn zu Hilfe, sie brachten ihn davon und drängten auch Hartmut von dem Rasenden ab, so daß sie ihn gefangennehmen und in Sicherheit bringen konnten.

Nun aber stürzte sich Wate mit Macht gegen das Tor, er hieb die Riegel durch und schlug es ein; dann tobte er durch die Säle und erschlug alles, was ihm vor die Klinge kam. Viele drangen ihm nach in die Burg, um zu plündern; er aber achtete der Schätze nicht, sondern tötete Mann und Weib, selbst die Kinder schonte er nicht, damit sie nicht dereinst zu Rächern erwüchsen. Vor seinem Wüten flüchtete Ortrun in den Schutz Gudruns, die ihn ihr gern gewährte. Aber als Gerlind, vor Entsetzen bebend, sie gleichfalls um Schutz anflehte, schüttelte sie den Kopf; dennoch verbarg Gerlind sich hinter Gudruns Frauen. Überall hatte Wate die böse Königin gesucht, jetzt trat er in den Saal, funkelnden Auges, mit den Zähnen knirschend, den ellenbreiten Bart gesträubt; Blut träufte ihm von Schwert und Gewand.

Gudrun hieß ihn willkommen, aber er erwiderte kaum den Gruß, sondern fragte gleich: „Wer sind die Frauen hier im Saal?“ „Es sind meine Genossinnen“, antwortete sie, „und dazu Ortrun, die mir immer eine Freundin war und in meinem Schutz steht! Erschreckt uns nicht länger, Wate, wir fürchten uns vor Eurem Schwert und dem Blut, das von Euch tropft!“ Er aber ließ sich nicht beirren, sondern fragte weiter: „Wo ist Gerlind, die Euch für sich waschen ließ?“ „Sie ist nicht hier“, antwortete Gudrun. Mit drohendem Blick trat Wate auf die Frauen zu und sprach: „Wird mir die Richtige nicht gezeigt, so werden mit ihr zusammen auch andere sterben müssen!“ Da wurden die Frauen ängstlich, und eins der Mädchen winkte ihm heimlich mit den Augen zu, dahin, wo Gerlind sich verborgen hielt. Wate griff nach ihr und zerrte sie hervor. „Euch wird meine Herrin keine Wäsche mehr waschen!“ rief er und schlug ihr das graue Haupt ab, daß die Frauen vor Entsetzen aufschrien.

Nun endlich ward dem Morden Einhalt getan. Die Degen legten die Waffen ab, und Herwig eilte, noch vom Rost des Panzers bedeckt, zu seiner Braut. Es kamen Ortwin und Siegfried, Frute und Horand und alle guten Recken, Gudrun zu grüßen. Wate wollte die Burg niederbrennen, aber Frute widerriet es: „Hartmuts Land ist jetzt unser Erbe!“ Sie machten sich zu Herren im ganzen Reich, ringsum brachen sie die Burgen und nahmen Geiseln. Viele reiche Beute führten sie zu den Schiffen. Dann brachen sie auf; nur Horand blieb mit tausend Recken als Vogt des unterworfenen Normannenreichs zurück. Hartmut und Ortrun aber mußten mit dahin ins Hegelingenland.

Mit hohen Freuden empfing Frau Hilde die Boten, die vorausgesandt waren, um ihr den glücklichen Ausgang der Heerfahrt zu melden. Herrlich wurde alles zum Empfang bereitet, und als die Flotte anlangte, wartete die Königin schon am Strande. Zu lange hatte sie die Tochter nicht gesehen, sie erkannte sie nicht, da sie zwischen den andern Frauen stand; aber als sie sie in die Arme schloß und küßte, war aller Schmerz vergessen, den sie um sie getragen hatte. Mit finsteren Brauen sah sie Ortrun an, sie wollte sie nicht willkommen heißen, doch tat sie es endlich der Tochter zuliebe; aber mit großer Huld umarmte sie die treue Hildburg. Alle Helden begrüßte sie mit einem Kuß, als ersten den alten Wate. Und dann begann das Fest; fünf Tage lang ward der Sieg vor der Stadt in bunten Zelten gefeiert, und alles Volk nahm daran teil. Unterdessen lag Hartmut mit den andern Geiseln schwer gefangen; Hilde sträubte sich, ihm Gnade zu erzeigen, obwohl Gudrun und Ortrun für ihn baten. Endlich fielen die beiden ihr zu Füßen samt allen den Mädchen, die in Gefangenschaft gewesen waren, und als das Weinen und Flehen gar nicht enden wollte, nahm sie Hartmut zuletzt doch in Frieden auf.

Ehe die Helden vom Hofe schieden, wurde die Hochzeit für Herwig und Gudrun gerichtet. Aber sie sollten nicht allein unter die Krone treten. Auf Gudruns Rat erwählte sich Ortwin Ortrun zum Weibe und Hartmut die treue Hildburg; für Siegfried von Morland aber ließ Herwig seine Schwester aus Seeland holen und gab sie ihm. So begingen vier königliche Paare am gleichen Tage ihre Hochzeit, und mit Versöhnung und Freude endeten blutiger Kampf und wilder Haß.

KÖNIG ROTHER

Dem jungen König Rother, der in Bari über ein großes italienisches Reich herrschte, fehlte zu seinem Glück nur noch ein schönes und edles Weib. Als er seine Getreuen fragte, um welche er werben solle, riet ihm Lupold, sein vertrautester Held: „Ich weiß nur eine: die Tochter des Kaisers Konstantin zu Byzanz. Sie leuchtet vor allen

Jungfrauen wie der Goldfaden in der Seide. Aber sie zu gewinnen, ist schwer, denn noch jeden Boten, der um sie warb, ließ ihr Vater töten." „Wen sollte ich dann senden?" fragte der König; „würdest du selbst dich getrauen, die Botschaft zu übernehmen?" „Für dich, mein König, tu ich es gern!" antwortete Lupold, und alle Herren, die zugegen waren, riefen: „Schick uns, wohin du willst!" Aus ihrer Zahl erwählte Rother zwölf, und Lupold sollte ihr Führer sein. Bevor sie in See gingen, sang ihnen der König zur Harfe drei Lieder vor. „Wenn ihr in Not seid und diese Weisen hört, so sollt ihr wissen, daß ich euch nahe bin!" Dann flogen die schnellen Schiffe ostwärts.

In Konstantinopel angekommen, stiegen die Boten schnell ans Land und ritten in herrlichem Zuge dem Schlosse zu. Die Menge drängte sich gaffend um sie und konnte sich nicht genug tun in Bewunderung der golddurchwirkten und juwelenbesetzten Kleider, der stolzen Rosse, an deren Sätteln Silberglöckchen klangen, und des stattlichen Trosses, der den Herren folgte. „Diese Boten muß ein reicher König schicken", sprach Kaiser Konstantin, als er sie nahen sah, und stieg mit seiner Gemahlin selbst hinab, sie zu empfangen. Nachdem Lupold nach Hofessitte den Kaiser gegrüßt und die Erlaubnis zum Reden erhalten hatte, begann er: „König Rother schickt uns, der mächtige Fürst, dem zahllose Helden dienen und dessen Schiffe auf allen Meeren segeln. Schöner und reicher als sein Hof ist keiner auf der Welt! In meines Königs Namen komme ich, dich um deiner Tochter Hand zu bitten!" Finsteren Blicks antwortete der Kaiser: „Es ist mir leid, daß ich dich deine Botschaft ausrichten ließ, denn du hast euch alle ins Verderben geredet! Noch jeder Bote, der um meine Tochter warb, mußte im Kerker sterben, und euch soll es nicht besser ergehen!" Sofort ließ er sie binden und in ein tiefes Verlies werfen, dahin weder Sonne noch Mond schien; in Frost und Nässe mußten sie Hunger leiden, und um den Durst zu stillen, hatten sie nichts als das faule Wasser, das sich auf dem Grunde der Grube sammelte. Ganz ungewiß, wie lange man sie in dem grausigen Kerker halten würde, begannen sie an ihrem Leben zu verzagen und hoben in ihrer tiefen Not die Hände zu Gott. So verstrich die Zeit, ihr Haar ergraute, und ihre Augen wurden fast blind vor Tränen.

Als ein Jahr vergangen war und Rother vergebens auf die Rückkehr seiner Getreuen gewartet hatte, ergriff ihn tiefe Schwermut. Drei Tage und Nächte saß er ohne Speise und Trank, ohne ein Stunde Schlaf und ohne ein Wort zu reden auf einem Stein am Meere. Dann aber sprang er auf, ging in die Burg und berief seine Mannen. „Wollt ihr mir helfen, meine Boten zu befreien?" fragte er sie; und alle riefen: „Ja, gleich wollen wir aufbrechen mit bewaffneter Hand!" Da nahm Rothers ältester Rat das Wort und sprach: „Nicht mit Gewalt dürfen wir's versuchen! Konstantin ist von zornigem und bösem Gemüt; hält er unsere Freunde im Kerker und wir ziehen feindlich mit einem Heer gegen ihn, dann könnte es geschehen, daß er sie alle sogleich ums Leben bringen ließe! Nein, König, fahre in Reckenweise übers Meer mit wenig Schiffen, nimm auserwählte Degen mit, aber nicht zu viele, und unterlasse nicht, einen reichen Schatz von Gold, Silber und Juwelen mitzuführen, dann gelingt es dir vielleicht mit List, die Deinen heil davonzubringen!" Dieser Rat schien allen und auch dem König vortrefflich. Er erwählte eine starke Schar aus seinen Mannschaften, Fürsten und Rittern, dazu berief er die Riesen, die in seinen Diensten standen. Ihnen allen gebot er: „Solange wir in Konstantinopel weilen, sollt ihr mich nicht Rother nennen, sondern Dietrich, und keiner soll verraten, wer ich bin!" Dann ließ er reiches Gut aufladen und ging mit allen an Bord; er selbst vergaß nicht, seine Harfe mitzunehmen. Guter Fahrwind trieb die Schiffe über das Meer. Als die Helden in Konstantinopel anlangten, war gerade Ostertag, und die ganze Stadt fieberte in festlicher Erregung. Da war der feiernden Menge der Einzug König Rothers ein herrliches Schauspiel, und in helles Staunen geriet sie, als die zwölf Riesen einherstampften mit ihren Stangen, voran der gewaltige Asprian; mitten zwischen ihnen wurde Witold geführt, der allergrimmigste: er war mit Ketten gefesselt, denn seine Wildheit war so groß, daß man ihn nicht frei unter die Leute gehen lassen durfte. Hinter den Fürsten, Rittern und Riesen aber fuhren sieben Wagen, hochbeladen mit Gold und köstlichen Gütern. Als Rother vor den Kaiser kam, ließ er sich auf ein Knie nieder und sprach: „Mächtiger Kaiser, nimm mich gnädig auf! Ich heiße Dietrich und wurde von König Rother, meinem Herrn, aus meinem Besitz und aus seinem Reich vertrieben. Als heimatloser Mann biete ich dir meine Dienste!" Während er sprach, hatten ein paar Herren vom Hofe versucht, gemeinsam die Stahlstange Asprians, die der Riese ihnen gutmütig ließ, hochzuheben, aber sie mußten sie fallen lassen, da sie ihnen zu schwer war, und das machte dem Riesen solchen Spaß, daß er vor Vergnügen mit einem Bein aufstampfte und dabei ein tiefes Loch in den Boden trat. Der Kaiser sah es, und ihm wurde bänglich zumute. Darum antwortete er sogleich dem bittenden Gast mit großer Freundlichkeit: „Sei mir willkommen, Herr Dietrich, ich nehme dich mit Freuden bei mir auf!" Die alte Kaiserin aber musterte die Pracht des Aufzugs und die Menge der Schätze mit großen Augen; heimlich sprach sie bei sich: „Wie töricht war doch mein Mann, unsere Tochter dem König Rother zu versagen, vor dem ein so starker und reicher Held wie dieser Dietrich aus dem Land weichen muß!“

Der Kaiser ließ die Gäste in die Herberge weisen und lud sie auf den Abend zur Tafel. Fürstlich geschmückt kamen sie in die Halle, Truchsesse und Schenken eilten, sie zu bedienen. Nun lief in dem Saale ein großer zahmer Löwe herum, den der Kaiser besonders liebte; das Tier hatte die Gewohnheit, den Speisenden das Brot vom Teller zu fressen. Als es zu Asprian kam und an seinem Teller zu schnuppern begann, nahm der es an der Mähne und warf es an die Wand, daß ihm das Rückgrat entzweibrach. Den Kämmerern lief es kalt über die Haut, sie drückten sich weg vom Tisch und flüsterten einander ins Ohr: „Dem da darf man nicht zu nahe kommen, wenn man nicht an die Wand fliegen will!“ Den Kaiser aber verdroß es, daß sein Lieblingstier so kläglich hatte enden müssen, und er sprach: „Herr Dietrich, sagt doch Euren Leuten, daß sie sich nach den Sitten unseres Landes richten! Meine Frau hat sich sehr erschreckt über den Streich Eures Mannes!“ Aber ehe der König noch den Riesen zur Rede stellen konnte, sprach dieser selbst zum Kaiser: „Wie sollte ich mich denn wehren, Herr, wenn mir dein gelber Hund mein Brot wegfressen will?“

Bald priesen alle Armen und Bedrängten in Konstantinopel laut Herrn Dietrich, denn er weigerte keinem seine Hilfe, der sie begehrte: für jeden war eine Gabe bereit. Einem landflüchtigen Grafen gab er so viel Geld, daß er ein Haus kaufen und stolz mit dreißig Rittern einherreiten konnte; da dachte mancher, ein solcher Herr sei gnädiger als der karge Kaiser. Am Hofe wußte man immer wieder Geschichten von seinem milden Herzen und seiner offenen Hand zu erzählen, und so erfuhr auch des Kaisers Tochter täglich Neues zum Lobe Dietrichs. Das machte sie neugierig auf ihn, und sie sprach zu Herlind, ihrer Kammerfrau: „Wie fang ich es doch an, daß ich diesen berühmten Mann einmal zu sehen bekomme?“ Die Dienerin riet ihr: „Bitte deinen Vater, daß er die Helden zu einem großen Feste einlädt, zu dem du auch gehen darfst!“ Das tat die Jungfrau, und Konstantin gewährte ihr die Bitte.

Mit den fremden Gästen zugleich wurden die griechischen Fürsten eingeladen, und die Kämmerer hatten viel zu tun, für ihre Gebieter Platz zu schaffen. Für seinen Herrn stellte Asprian mit großem Eifer die goldenen Stühle und elfenbeinernen Tische auf. Aber ein fremder Kämmerer geriet mit ihm in Streit und fuhr ihn an: „Rück deine Tische mehr zusammen, Flegel, hier soll mein Herr sitzen!“

Kaum hatte er's gesagt, da versetzte ihm Asprian einen Backenstreich, von dem ihm der Schädel barst. Nun entstand ein großer Tumult, die fremden Knechte begannen sich mit denen Asprians zu balgen, und als sich gar Witold, seine Ketten zerbrechend, ins Gewühl stürzte, da wurde laut nach Dietrich gerufen, und er mußte kommen, um Frieden zu stiften. Gerade da trat die Kaisertochter in den Saal, und weil der Held von allen umdrängt war, konnte sie ihn nicht sehen. Es erging ihr auch nicht besser, als Dietrich den Streit mit Gold und freundlichem Zuspruch geschlichtet hatte; denn immer neue Menschen, die etwas von ihm begehrten, umlagerten ihn. Betrübt kehrte sie in ihre Kammer zurück und klagte ihrer Dienerin: „Nun habe ich mir fast die Augen aus dem Kopf geschaut und ihn dennoch nicht gesehen!"

Aber der Fehlschlag machte ihren Wunsch nur heftiger. „Ich muß ihn sehen", sprach sie zu Herlind, „und wär's auch heimlich! Fünf goldene Spangen wollte ich dem schenken, der ihn mir hierherbrächte!" „Den Botenlohn will ich mir wohl verdienen", antwortete die treue Magd lächelnd; „komme, was wolle: Euer Wille soll geschehen!" Sie ging, zierlich geputzt, in Dietrichs Herberge und wurde von ihm sehr freundlich empfangen. Sogleich sagte sie ihm ihre Botschaft: „Meine Herrin ist dir wohlgesinnt, du sollst in allen Ehren zu ihr in die Kammer kommen!" „Treibt Ihr Scherz mit mir, Jungfrau?" antwortete der Held; „ich bin früher wohl zu manchem Mädchen geschlichen, aber jetzt bin ich ein armer Heimatloser – wer fragt dem nach?" Herlind schwur ihm, daß sie die Wahrheit gesagt habe, aber Rother hielt sich klüglich zurück. „Hier gibt es zu viele Aufpasser, leicht entsteht üble Nachrede. Erführe Konstantin etwas, dann jagte er mich aus dem Lande!" Da wollte Herlind gehen, aber Rother hieß sie noch warten. Eilig ließ er von seinem Goldschmied zwei Paar Schuhe gießen, eins von Gold und eins von Silber; davon gab er ihr den linken goldenen und den linken silbernen, dazu einen Mantel von purpurroter Seide und zwölf goldene Spangen.

Vergnügt lief sie hinweg zu ihrer Herrin und brachte ihr Bericht: „Er wäre gewiß gern gekommen, doch fürchtete er, des Kaisers Gnade zu verscherzen. Aber diese Schuhe hat er mir geschenkt, dazu den Mantel und die Spangen! Bei Gott, er ist der schönste, liebenswürdigste Ritter, den ich je erblickte, ich konnte mich gar nicht an ihm satt sehen!" „Du hast mehr Freude von ihm gehabt als ich", erwiderte die Herrin betrübt; „ich bin, scheint mir, zum Unglück geboren! Nun überlaß mir wenigstens die Schuhe, ich will sie dir mit Gold füllen!" Der Kauf ward schnell geschlossen. Sogleich zog die

Kaisertochter den goldenen Schuh an, als sie aber nach dem silbernen griff, merkte sie, daß er an den gleichen Fuß ging. Sie fing an zu weinen und klagte: „O weh, mir schlägt auch alles fehl! Nun sind die Schuhe verwechselt worden! Da bleibt nichts übrig – du mußt sofort noch einmal hin zu Dietrich und ihn bitten: gib mir die richtigen Schuhe – und dann komm selbst zu ihr!" „Mögen sie lästern, ich tu's!" sprach die treue Magd und sprang von dannen; der Hof war feucht von Regen, sie mußte die Röcke bis ans Knie heben.

„Da bin ich schon wieder", sagte sie zu dem Herrn; „aber die Schuhe sind verwechselt, sie gehen beide auf den linken Fuß! Darum läßt dich meine Herrin bitten: gib mir die richtigen Schuhe – und dann komm selbst zu ihr!" „Gern täte ich's", antwortete er; „aber wenn man mich sieht –?" „Darum mach dir keine Sorge!" sagte Herlind; „alle sind draußen beim Ritterspiel! Komm mir nur getrost nach!" „Erst muß ich nach den Schuhen fragen!" erwiderte der Herr und rief hinaus: „Asprian, wo hattest du die Gedanken, daß du mir zwei linke Schuhe für die Jungfrau gabst?" Der Riese rumorte draußen und schimpfte: „So viel Geschrei um einen lausigen Schuh! Wir haben von dem Zeug so viel, daß man nicht mehr durchfindet!" Doch endlich brachte er die rechten Schuhe, und die Kammerfrau empfing sie mit Dank, dazu ein schönes Kleid und abermals zwölf Goldspangen; fröhlich eilte sie zurück. Rother aber schickte, um die Augen der Späher ganz von sich abzulenken, die Riesen hinaus vors Tor. Die trieben da ihre Künste, und alles lief herbei, ihnen zuzuschauen: Witold sprang mit seiner Stange, Grimm warf zentnerschwere Steine, andere rangen und fochten um die Wette, und Asprian schlug Purzelbäume. So sah kein Auge nach Rother, als er still und geschwind zur Kammer der Kaisertochter ging.

„Willkommen, Herr!" begrüßte sie ihn, als er eintrat; „du hast mich lange warten lassen! Zur Strafe dafür sollst du mir jetzt die Schuhe selbst anziehen!" „Mit Freuden!" sprach der Held und kniete vor ihr nieder. Sie setzte ihm den Fuß aufs Knie, und er streifte ihr mit leichter Hand die zierlichen Schuhe über. Dabei fragte er: „Um dich, Herrin, haben wohl schon viele Männer gefreit? Wem von ihnen gibst du wohl den Preis?" Sie antwortete mit Ernst: „Bei meiner Treue, unter allen Helden mag keiner besser sein als du – oder höchstens einer, an den ich oftmals denken muß, seit seine Boten bei uns im Kerker liegen: König Rother. Den, ich gestehe es frei, hätte ich gern zum Gatten erwählt." „Steht es so, schöne Herrin?" erwiderte der Held fröhlich; „den König Rother will ich dir bald zur Stelle schaffen!" Die Jungfrau schaute ihn scharf an und sagte: „Ich merke wohl, du hast uns getäuscht: dich hat Rother nicht vertrieben, sondern als heimlichen Boten zu mir geschickt! Rede frei, bei mir ist's gut aufgehoben!" Da sah Rother ihr in die Augen und sprach: „So vertrau ich mich Gottes und deiner Gnade! Wohlan: deine Füße stehen in König Rothers Schoß!" Errötend zuckte das Mädchen zurück und sprang auf. „Wie konnte ich so ungezogen sein, die Füße auf dein Knie zu setzen! Du bist also Rother, wirklich, und nicht Dietrich – und du kamst hierher um meinetwillen? Da sollte mein Herz wohl fröhlich sein! Aber woran erkenne ich, daß du die Wahrheit sprichst?" „Zeugen sind in der Nähe", antwortete der König; „du brauchst bloß meine gefangenen Freunde zu fragen, wer ich bin! Könnten wir sie nur aus dem Kerker heraus und zur Stelle bringen, dann erführst du im Nu, ob ich dir die Wahrheit sagte." „Wir werden sie herbeischaffen", entgegnete das Mädchen, „das getrau ich mir von meinem Vater zu erbitten. Aber wer bürgt ihm dafür, daß sie nicht entfliehen?" „Das tu ich!" sprach Rother. Da küßte ihn die schöne Jungfrau, und er kehrte voll Freude in die Herberge zurück.

Als der nächste Morgen graute, legte die Prinzessin ein dunkles Pilgerkleid an und nahm einen Stab in die Hand; dann ging sie und klopfte an die Kammertür ihres Vaters. Er verwunderte sich sehr, als er sie so vor sich stehen sah; sie aber sprach: „Lieber Vater und liebe Mutter, ich muß Abschied von euch nehmen! Böse Träume plagen mich: König Rothers Boten, die du im Kerker hältst, erschienen mir und klagten mich an, daß ich sie ins Elend gebracht habe. Sie drohten mir mit ewiger Verdammnis, und kurz ehe ich erwachte, war mir's, als ob ich in den Abgrund der Hölle stürzte! Darum will ich ins Kloster gehen und Buße tun für mein Verschulden." „Das gefällt mir wenig, mein Kind", antwortete der Vater; „sollte sich nicht besserer Rat finden lassen?" „Vielleicht", entgegnete die Prinzessin, „könnte ich den Himmel versöhnen, wenn du mir erlaubtest, die Armen drei Tage lang aus dem Kerker zu nehmen, zu baden, zu speisen, zu tränken und ihnen neue Kleider zu geben." Da sagte der Kaiser: „Wenn du glaubst, daß dir das die Ruhe wiedergibt, will ich es dir gewähren. Aber du mußt mir einen Bürgen dafür stellen, daß sie nicht entlaufen, sondern wieder in die Haft zurückkehren." Fröhlich erwiderte die Jungfrau: „Du hast so viele edle Herren an deinem Hofe, von ihnen bürgt mir schon einer." Zur Mittagszeit, als der Kaiser mit seinen Fürsten und Gästen beim Mahle saß, trat sie in den Saal und ging zwischen den Tischen durch; aber von den griechischen Herren, die sie fragte, wollte keiner Bürge sein. Endlich trat sie vor ihren Freund und sprach: „So bitte ich dich, den Heimatlosen: hilf mir in meiner Not und sei Bürge für mich!" „Dir gehören meine Dienste, schöne Herrin! Auf jede Gefahr hin will ich für die Boten bürgen und dem Kaiser mein Haupt zum Pfande setzen – darauf meine Hand!"

Sogleich schickte der Kaiser seine Leute mit den Schlüsseln zum Verlies, und Rother begleitete sie. Schon durch die Tür hörte man das Stöhnen und Klagen. Dann klirrten die Riegel, und in den geöffneten Keller brach das Sonnenlicht, zum ersten Male seit einem Jahr; da standen die Ärmsten geblendet und tasteten wie Blinde zum Ausgang. Einer nach dem andern wankte heraus, als erster Lupold, ihr Führer; ihm hing der struppige Bart lang über den ausgemergelten, zerschundenen, nackten Leib, dessen Blöße nur noch ein Fetzen des Hemdes deckte. Der König stand zur Seite, er wandte sich ab und verhüllte sein Gesicht, denn sie durften ihn nicht vor den Leuten des Kaisers erkennen; mit der Hand wischte er sich die Tränen weg. „Dieser Mann meint es gut mit uns", sprach Lupold zu den andern, da er ihn in so trauriger Haltung stehen sah. Nun wurden sie in die Herberge geführt, dort war ihnen ein köstliches Bad gerüstet. Die kraftlosen Leiber in neue Wäsche und schöne Kleider gehüllt, betraten sie den Saal, wo die Tische herrlich mit Speise und Trank gedeckt standen.

Während sie schmausten und mit dem edlen Wein ihr Herz erfreuten, horchten sie plötzlich auf, dem einen fiel das Messer aus der Hand, der andere stieß den Becher um, daß der Wein zur Erde floß: denn hinter einem Vorhang erklang zur Harfe die erste der Weisen, die König Rother ihnen zum Abschied gespielt hatte. Als aber die zweite begann, sprang Lupold mit einem Freudenschrei auf und über den Tisch hinweg, er riß den Vorhang zur Seite und fiel seinem Herrn zu Füßen: „Gottwillkommen, König Rother, nun ist unsere Not zu Ende!"

Und ihm nach stürmten die andern herbei, umdrängten den König und küßten ihm die Hände. Da wußte die Kaisertochter ohne allen Zweifel, daß ihr Freund König Rother war.

Nach Ablauf der drei Tage mußten die zwölf Boten zurück in die Haft; aber die Prinzessin hatte es ihrem Vater abgeschmeichelt, daß sie nicht mehr ins Verlies geworfen, sondern in ritterlicher Gefangenschaft gehalten wurden. Sie sorgte dafür, daß ihnen nichts abging, tagsüber wurden sie gut mit Speise und Trank verpflegt, und des Nachts ruhten sie in weichen Betten; auch ein Hof stand ihnen offen, in dem sie sich ergehen konnten. So blühten sie bald wieder auf zu ihrer alten Kraft. Zu dieser Zeit geschah es, daß der gewaltige Sultan

Ymelot von Babylon gegen das Griechenreich mit einem riesigen Heere ins Feld zog; seine Macht war sehr furchtbar, und Kaiser Konstantin begann zu verzagen, denn von seinen Fürsten sprach ihm keiner Trost und Zuversicht zu. „Was soll ich tun, Dietrich?" wandte er sich endlich an seinen Gast; da erhielt er tapfere Antwort: „Laß den Mut nicht sinken, Kaiser! An deiner Seite will ich mit allen meinen Mannen streiten, und wenn du mir dazu noch die Recken König Rothers gibst, die du gefangenhältst, getrau ich mich wohl, deinen Feinden obzusiegen!" Darauf erhielt Rother seine Boten zurück samt den Rossen und Waffen, die sie einst ins Land mitgebracht hatten. Mit ihnen und allen seinen Rittern und Riesen zog er dem Heer des Griechenkaisers voran und lagerte sich, als sie auf Ymelot stießen, abseits von den andern zunächst am Feind.

Nachts brach er mit den Seinen heimlich auf und ritt still zum Lagerwall der Heiden. Dort sprang er vom Roß und rief den Wächter an: „Bring mich schnell zu meinem Herrn, dem Sultan!" Der Wächter ließ sich täuschen, tat ihnen das Tor auf und wies ihnen den Weg zu dem Zelt, in dem Ymelot sanft schlummerte. Aber der Heide ward unsanft geweckt; Asprian packte ihn mit den gewaltigen Fäusten und schwang ihn auf seine Schulter, und als der Überraschte schreien wollte, flüsterte er ihm zu: „Tu keinen Mucks, sonst schlage ich dir den Schädel ein!" Damit trug er ihn davon. Rother fiel mit seinen Helden und Riesen über die schlafenden Feinde her; die meisten wurden erschlagen, und die andern flohen entsetzt. Dann ritt der König mit seiner Schar zurück und führte den Sultan gefangen mit sich. Es war noch Nacht, da sie in ihrem Lager ankamen, und sie schliefen bis in den lichten Morgen hinein.

Längst war das Lager des Kaisers in Bewegung, der Herold rief die Recken zu den Waffen, sie rüsteten sich und eilten herbei. Aber im Lager Dietrichs rührte sich nichts. „Wo bleibt er?" fragte der Kaiser bange. und von seinen Fürsten, die dem Gast längst Glück und Ruhm geneidet hatten, sprach mancher: „Seht den Maulhelden! Er vermaß sich des Siegs, und jetzt liegt er still, gedenkt wohl gar zu fliehen!" Voll Sorgen trabte endlich Konstantin selbst hinüber und rief vor dem Fürstenzelt: „Dietrich, kühner Held, was zögerst du, die Heiden zu verjagen!" Da öffnete sich das Zelt, und heraus trat der Sultan Ymelot. Als er den Kaiser zum Kampf gegen die Heiden rufen hörte, sprach er: „Was spottest du meiner? Mein Heer ist ja längst geschlagen!" Stammelnd fragte der Kaiser: „Wie kamst du hierher?" Ymelot antwortete: „Mitten in der Nacht drang ein wüster Kerl in mein Zelt und riß mich vom Bett, er drohte mir den

Schädel einzuschlagen, wenn ich schrie! Dann wurde ich hierhergebracht, und alle meine Mannen liegen tot!"

Der Kaiser wußte nicht, wie ihm geschah. „Berichte, Dietrich!" bat er den Helden. Nun erfuhr er, wie alles geschehen war, und wie ein Lauffeuer flog die Kunde weiter zu seinem Heere: „Dietrich hat in der Nacht den Sultan gefangen und seine ganze Macht vernichtet!" Da wurden die Neider stumm, überall ertönte Jubelruf, und der Kaiser dankte dem edlen Retter zu vielen tausend Malen. Der Held gab Ymelot in Konstantins Hand und sprach: „Edler Fürst, nimm diesen besiegten Mann in Gnaden auf!" Dann aber fuhr er fort: „Nun aber dünkt mich, wir sollten sofort einen Boten nach Konstantinopel senden, damit die edlen Frauen von ihren Sorgen erlöst werden!" „Dir gebührt die Ehre", sagte der Kaiser, „du sollst der Bote sein!"

In Windeseile ritt Rother mit seiner ganzen Schar nach der Stadt, und während er die andern die Abfahrt rüsten und die Schiffe segelfertig machen hieß, begab er sich zum Palast. Ganz außer Atem trat er vor die Kaiserin und sprach: „Gottlob, ich bin dem Tode entgangen!" „Wie?" rief die Frau in Schreck und Leid; „ist denn mein Gemahl tot?" „Ymelot hat ihn erschlagen", antwortete der König; „jetzt zieht er im Eilmarsch mit seinen wilden Heiden heran, die Stadt zu zerstören und alle zu töten, die darinnen sind!" „Rette uns!" rief die Kaiserin; sie nahm ihre Tochter an der Hand und mahnte sie: „Hilf mir bitten!" Gemeinsam flehten sie den Helden an, sie hinwegzuführen vor den bösen Heiden. Rasch geleitete er sie hinab zum Strande, dort lagen die Schiffe zur Abfahrt bereit.

König Rother nahm sein Liebchen in den Arm, in einem mächtigen Satz sprang er mit ihr ins Schiff, ihm nach Asprian mit der großen Goldkiste, die er rasch noch aus der Herberge geholt hatte. Dann rief Rother vom Schiff zur Kaiserin hinüber: „Tröstet Euch, edle Frau! Konstantin lebt in guter Gesundheit, der Feind ist geschlagen, der Sultan gefangen! Sagt dem Kaiser, wenn Ihr ihn wiederseht: Nicht Dietrich, sondern König Rother habe seine Tochter entführt!"

Da schlug die Kaiserin vor Freude die Hände zusammen und sprach: „Heil diesem Tage! Fahrt glücklich dahin, du, König, und du, mein liebes Kind, Gott geleite euch! Keinen besseren Mann konntest du bekommen!" Mit frischem Wind rauschten die Schiffe durch die Flut und trugen König Rother mit der Braut von dannen. Am Ufer stand die Königin und winkte ihnen lachend nach.

VIERTES BUCH:

MUND DES VOLKES:

KAISER UND HERREN, RITTER UND FRAUEN, BAUERN, RÄUBER UND DÄMONEN

Nun aber wollen wir heben an,
Ein neues Lied wollen wir singen!

Neben der Spielmannsmär, die die Helden längst versunkener Zeit mit immer üppigerem Fabelgerank umflocht, erwuchs eine neue Sagenwelt aus der lebendigen Gegenwart des deutschen Volkes. Ihre Helden sind Deutsche, also nicht mehr schlechthin, sondern nur noch in einem besonderen Sinne Germanen; sie sind Christen, nicht mehr bare oder christlich eingekleidete Heiden. Am Anfang dieser Entwicklung ragt die Gestalt Karls des Großen, der den letzten heidnischen Altstamm der Deutschen unters Kreuz beugte. Deutsche und Franzosen haben gleichermaßen sein Bild ins Erhabene entrückt, und er ist der einzige Kaiser geblieben, von dem der Glanz großer Sage durch die Jahrhunderte strahlte. Wohl hat sich die bekannteste deutsche Kaisersage auch an die hohenstaufischen Friedriche geheftet, aber sie hat weder ihren Ursprung von ihnen, noch gehört sie ihnen allein. Im allgemeinen haben die deutschen Kaiser und Könige wenig sagenbildende Kraft gehabt, sie standen schon in allzu hellem Licht der Geschichte; eine reiche volkstümliche Überlieferung spann sich am ehesten noch um Bauernkönige wie Widukind oder Heinrich den Vogler. Sonst aber gab das Volk den Vasallen den Vorzug, am häufigsten gerade solchen, die zu dem Oberhaupt des Reichs im Gegensatz standen; von Adalbert von Bamberg sang man auf Straßen und Jahrmärkten, von Herzog Ernst erzählte eins der verbreitetsten Volksbücher, Heinrich der Löwe hat seine eigene wohlgerundete Sage, die freilich ganz abseits von seiner geschichtlichen Wirksamkeit liegt. Der Boden begrenzter Landschaft, in der die Erzählung von Mund zu Mund geht, erwies sich durchaus als fruchtbarer für die Sage denn das weite Reich.

Manchen Gegenstand nahmen Dichter auf, wie Konrad von Würzburg die Geschichten Heinrichs von Kempten und des Schwanenritters oder Hartmann von Aue die des Armen Heinrich; das weitaus meiste aber ging über in Chronik und Volkslied, also echte Formen volkstümlicher Überlieferung. Man spürt den lebendigen Untergrund allenthalben: an der Freude am abenteuerlichen Erlebnis, zu dem die Kreuzzüge und die Erschließung unbekannter Länder neuen Stoff gaben; an dem heimlichen Fortleben ehemals göttlicher Wesen aus der Heidenzeit, die jetzt freilich in Dämonengestalt auftreten, wie die Meerfee des Peter Dimringer oder Wodan als wilder Jäger; an dem Gefallen, den das Volk von je an großen Räubern fand; an dem Heimatstolz, mit dem kleine Bauernvölker den Kampf um ihre Freiheit verherrlichen. Vielfältig sind die Quellen dieser Sagen, sind auch ihre Inhalte; sie strotzen von neuer Wirklichkeit. Ein ganz neues Antlitz tragen manche Frauenwesen: die sanfte Gräfin von Gleichen, die fromme Jungfrau gar, die ihr junges Leben für den geliebten Herrn zu opfern brennt – sie konnten nur in einem christlichen Volk entstehen und nähern sich schon den Gestalten der Heiligen, deren Legenden freilich von dieser Sammlung ausgeschlossen bleiben mußten. Alles in allem: hier baut sich auf altem Boden eine neue Welt, deren Anhauch schon in der Spielmannsmär zu fühlen war, wirklich und leibhaft auf.

DER EISERNE KARL UNTERWIRFT DIE LANGOBARDEN

Desiderius, der letzte König der Langobarden, war ein frommer Mann, und der Segen des Himmels schien auf ihm zu ruhen; denn er war auf wunderbare Weise zur Herrschaft berufen worden. Aus adligem Geschlecht, aber mäßig begütert, wohnte er bescheiden zu Brixen. Als die Großen des Reichs sich in Pavia versammelten, um einen König zu wählen, sagte er zu seiner Frau Ansa: „Ich hätte Lust, auch dorthin zu reiten." Sie lachte und sprach: „Reite nur hin, am Ende wählen sie gar dich!" Unterwegs hielt er Rast unter einem Baum und schlief ein; da kroch eine Schlange zu ihm und wand sich um seine Stirn; ihm aber träumte, ihm werde eine Krone aufs Haupt gesetzt. Der Diener wagte die Schlange nicht zu verscheuchen, aus Angst, sie möchte den Schlafenden verletzen; aber ehe Desiderius noch erwachte, glitt sie von selbst hinweg. Frohen Muts ritt er weiter nach Pavia; dort hatten die Großen, denen die Wahl oblag, schon tagelang gestritten, wen sie wählen sollten, ohne daß sie sich einigen konnten, und das Volk begann bereits zu murren. „Geh hinein", sprachen die Leute vor der Burg zu dem Ankömmling, „und sage, daß wir nicht länger warten wollen!" Als Desiderius in den Saal trat und die Botschaft ausrichtete, rief einer der Edlen wie in einer Erleuchtung: „Seht, Desiderius kommt uns gerade recht! Er ist edel und tapfer, wenn auch nicht reich: wählen wir ihn!" Keiner hatte ihn bisher genannt, so stand er jenseits jedes Streits, und das dünkte alle gut. Einmütig riefen sie seinen Namen, er ward mit allen Stimmen erwählt und sofort gekrönt, und das Volk im Hofe jubelte ihm zu.

Manches Jahr hindurch begleitete den König das Glück; es verließ ihn erst, als König Karl gegen ihn heranzog. Der gewaltigen Streitmacht der Franken konnte das langobardische Heer im offenen Felde nicht die Spitze bieten. Darum ließ Desiderius beim Nahen Karls die Pässe der Alpen durch Mauern sperren, dahinter saßen die Langobarden und verwehrten den Franken den Durchzug; ja, Adelgis, der starke Sohn des Desiderius, machte manchen glücklichen Ausfall gegen sie und schlug mit der eisernen Stange, die er im Kampf zu tragen pflegte, viele von ihnen zu Tode. Bald mußte Karl erkennen, daß der Durchgang durchs Gebirge nicht mit Gewalt zu erzwingen war. Da erschien eines Tages bei ihm ein langobardischer Spielmann und sang ein Lied: „Welchen Lohn empfängt der Mann, der Karl nach Italien führt auf heimlichen Wegen, wo kein Spieß ihn bedroht, kein Schild ihm wehrt, wo keiner der Seinen fällt?" „Fordere deinen Lohn selbst, wenn wir jenseits sind", erwiderte Karl; und der Spielmann führte die Franken über einen versteckten Steig, der seitdem der Frankenweg genannt wurde, hinüber in die italienische Ebene. Als Desiderius die Feinde in seiner Flanke auftauchen sah, flüchtete er mit seinem Heer eilends nach Pavia, die Franken aber ergossen sich über das ganze Land. „Jetzt sag, welchen Lohn du begehrst!" sprach Karl zu dem Spielmann, und der antwortete: „Ich will auf einen der Berge steigen und in mein Horn stoßen, so laut ich kann – so weit man den Schall hört, soll das Land mein eigen sein mit allen Männern und Weibern, die darinnen sind." Das ward ihm gewährt, und der Spielmann blies von der Spitze des Bergs herab. Dann ging er durch Dörfer und Felder und fragte jeden, dem er begegnete: „Hast du mein Horn tönen hören?" Und wer es bejahte, dem gab er einen Backenstreich und sagte dazu: „So bist du mein eigen!" Es war ein großes Gebiet, das er für sich und seine Nachkommen zusammengeblasen hatte.

Karl aber zog, nachdem er das Land ringsum erobert hatte, weiter auf Pavia zu, wo Desiderius schweren Herzens seiner Ankunft harrte. Bei dem Langobardenkönig weilte Otker, ein fränkischer Fürst, der vor Karls Ungnade geflohen war; zusammen standen sie auf einem hohen Turm und spähten in die Weite. Sie sahen einen gewaltigen Troß nahen, und Desiderius fragte den Franken: „Ist Karl bei diesem großen Heer?" „Nein, noch nicht", antwortete Otker. Dann kam das Fußvolk aus dem ganzen fränkischen Reich, und Desiderius fragte wieder: „Aber unter diesen reitet doch Karl?" „Noch nicht, noch nicht!" erwiderte Otker. Da begann der König zu verzagen und fragte: „Kommen denn noch mehr? Und was sollen wir dann tun?" Otker antwortete: „Du wirst ihn noch kommen sehen, aber was dann mit uns geschieht, das weiß ich nicht." Nun zogen die Beamten des Hofes heran mit allem Gesinde, und Desiderius rief: „Jetzt kommt er!" „Nein, immer noch nicht!" sprach Otker. Prächtig und prunkend folgten die Bischöfe, Äbte, Geistlichen und Kapläne mit ihren Begleitern, und Desiderius, von Todesschauern erfaßt, stammelte schluchzend: „Laß uns hinabsteigen! Unter der Erde möchte ich mich verbergen vor dem entsetzlichen Feind!" Aber Otker sprach: „Warte noch! Erst wenn die Felder starren von eiserner Saat und wenn Po und Tessin mit eisenschwarzen Wogen gegen die Mauern der Stadt spülen, wird Karl dasein!"

Noch hatte er die Worte nicht ausgesprochen, da schien sich im Westen und Norden eine dunkle Wetterwolke zu erheben, die den Tag verschattete; aber als sie sich näherte, brach aus ihr Gefunkel wie von Blitzen. Da kam der eiserne Karl geritten, den Eisenhelm auf dem Haupt, den Eisenpanzer um die breite Brust und die mächtigen Schultern, Arme und Beine eisengeschient und selbst die Hüften, die man wegen des leichteren Aufsitzens sonst ungeschützt läßt, mit eisernen Schuppen bedeckt. Mit der Linken reckte er die eiserne Lanze hoch, denn seine Rechte war stets frei für das siegreiche Schwert. Ganz von Eisen war der Schild, und sein Roß war eisern von Farbe und Mut. Alle aber, die ihm vorauszogen und folgten, waren gewappnet wie er. Eisen füllte Felder und Straßen, die Sonne strahlte zurück von blinkendem Eisen, von Eisen dröhnte der Grund und erbebten die Mauern der Burg. Mit den Zähnen klappernd, sprach Otker zu Desiderius: „Sieh, jetzt ist er da, den du sehen wolltest!" – und damit sank er ohnmächtig zu Boden.

Wie ein eiserner Ring schloß sich Karls Heer um Pavia; doch trotz des Schreckens, der von dem Gewaltigen ausging, übergab Desiderius die Stadt nicht, denn er baute auf Gottes Hilfe. Als ein frommer und demütiger Mann erhob er sich jede Mitternacht und ging in die Kirche, um zu beten, und wenn er nahte, tat sich ihm die Pforte von selbst auf. So hätte Karl wohl stürmen müssen, hätte nicht die Tochter des Langobardenkönigs ihren Vater und ihr Volk verraten. Von dem Anblick Karls und seiner Macht geblendet, schrieb sie ihm: wenn er sie zur Gemahlin nehmen wolle, werde sie ihm die Stadt und alle Schätze ihres Vaters in die Hand liefern – und schoß den Brief um einen Pfeil gewickelt über den Tessin. Als Karl ihr auf die gleiche Weise antwortete, er wolle nach ihrem Wunsch tun, ward sie vollends von Liebe entzündet; sie stahl die Schlüssel der Stadt unter dem Haupt ihres schlafenden Vaters hinweg und gab Karl Nachricht, daß er ins Tor eindringen solle; selbst öffnete sie es und sprang jubelnd dem ersehnten Feinde entgegen. Aber die Rosse der Franken drängten so gewaltig an, daß sie die Jungfrau umrissen und in der Finsternis unter ihren Hufen zerstampften; über die Leiche hinweg stürmte der Feind in die Stadt. Von dem Gewieher und Waffengeklirr erwachte der starke Adelgis, zog das Schwert und schlug viele Franken nieder; doch der König, sein Vater, gebot ihm Einhalt und sprach: „Es ist Gottes Wille, daß Karl Pavia gewinnt!" Da floh Adelgis voll Zorn aus der Stadt, Karl aber nahm sie in Besitz, und sie mußte ihm den Treueid leisten. Dem König Desiderius ließ er das Haar scheren und steckte ihn in ein Kloster; er selbst aber setzte sich die eiserne Krone der Langobarden aufs Haupt und brauchte nicht zu fürchten, daß einer sie ihm streitig machen würde – außer vielleicht Adelgis.

Der starke Sohn des Desiderius war entronnen und hielt sich im Lande versteckt. Nach einiger Zeit wollte er sehen, ob es nicht doch möglich sei, dem mächtigen Karl beizukommen. Um die Gelegenheit auszuspähen, kam er heimlich zu Schiff nach Pavia, in geringem Gewand, damit niemand in ihm den Königssohn vermute. Aber ein alter Diener seines Vaters, der jetzt den Tisch Karls bestellte, erkannte ihn dennoch; mit seiner Hilfe gelangte er in den Saal, wo Karl mit den Edlen speiste, und setzte sich zuunterst an den Tisch. Während die andern sich an den köstlichen Speisen erfreuten, ließ er sich die Knochen der Hirsche, Bären und Ochsen bringen, zerbrach sie und schlürfte daraus wie ein hungriger Löwe das Mark; die Splitter warf er auf den Boden. Dabei ließ er fleißig seine Augen in die Runde gehen; dann machte er sich, noch bevor die Tafel aufgehoben wurde, schleunigst wieder davon. Karl bemerkte, als er hinausging, den Knochenhaufen unter Adelgis' Platz; er erriet leicht, wer dort gesessen hatte, und es war ihm leid, daß er des starken Degens nicht habhaft geworden war. „Soll ich ihm nachsetzen und ihn töten?“ fragte ihn einer seiner Mannen. „Wie soll dir das glücken?“ fragte Karl zurück. „Gib mir deine goldenen Armringe“, antwortete der Mann, „ich will es mit List versuchen.“ Da gab ihm Karl seine Armringe, und der Franke eilte zu Roß den Fluß entlang, auf dem Adelgis wieder davongefahren war. Noch aus der Ferne rief er ihm zu: „Halt, Adelgis, lenke das Schiff ans Land! Warum flohst du so schnell und heimlich davon? König Karl will dein Freund sein — des zum Zeichen schickt er dir seine Armspangen!“ Adelgis wandte sich zum Ufer, von dem aus der Franke ihm Karls Armringe auf der Spitze des Speers darbot. Als Adelgis das sah, ahnte er Verrat, warf den Panzer um die Brust und sprach: „Was du mit dem Speer bietest, will ich mit dem Speer empfangen! Und gegen Karls Gabe nimm die meine.“ Damit streifte er die eigenen Armspangen ab und reichte sie mit dem Speer hinüber, Spitze gegen Spitze, und der arglistige Franke hütete sich wohl, einen Stoß gegen den starken Degen zu führen. Enttäuscht kehrte er um mit der Gegengabe; als aber Karl die Armspangen des Adelgis über den Arm streifte, glitten sie ihm bis auf die Schultern, und er sprach: „Nun wundere ich mich nicht mehr über die Riesenstärke dieses Helden!“

Adelgis, der bei seinem heimlichen Besuch die Macht Karls wohl ermessen hatte, wich aus dem Lande. Er begab sich erst nach Brixen zu seiner Mutter Ansa, dann weiter nach Bayern zu seiner Schwester, der Gattin Herzog Tassilos'. Den Weg Karls hat er nicht wieder gekreuzt, und dieser führte hinfort die Herrschaft über das Langobardenreich.

ROLAND BEI RONCEVAL

Zwölf Genossen scharte der große Karl um sich, daß sie ihm zur Seite stritten; zu diesen Paladinen gehörten Oliver und Erzbischof Turpin, Herzog Naims von Bayern und Holger, der Däne. Als ihr erster aber galt der kühne Roland, und höher als alle seine Taten gepriesen ward sein Heldentod im Tale Ronceval.

Als Kaiser Karl die Sarazenen in Spanien besiegt hatte, gedachte er, sich wieder ins Frankenland zurückzuziehen und hielt letzte Rast in Pampelona. Von dort sandte er Ganelon als Gesandten nach Saragossa, wo zwei sarazenische Könige, Marsilius und Beligand, ihren Sitz hatten. Sie hatten ihm Unterwerfung angeboten, und er ließ ihnen befehlen, sie sollten die Taufe annehmen und ihm Tribut schicken. Aber die beiden Könige sannen auf Untreue, und es gelang ihnen, auch Ganelon zum Verräter an seinem Herrn zu machen. Sie sandten dem Kaiser dreißig Rosse, mit Gold und Silber beladen, und dem Ganelon gaben sie zwanzig. Dafür brachte er Karl die Botschaft, die Könige würden nach Frankreich kommen, um sich dort taufen zu lassen; aber er wußte wohl, daß sie den Kaiser nur aus Spanien weg haben wollten und ihn unterwegs zu überfallen gedachten.

Karl nahm die Botschaft Ganelons mit Vertrauen entgegen und rüstete alles für die Heimfahrt. Auf den Rat des Verräters hin teilte er sein Heer, und während er mit der Hauptmacht die Pyrenäen überschritt, ließ er Roland und Oliver mit zwanzigtausend Streitern im Tale Ronceval die Wacht halten. Dort aber lagen, von Ganelon unterrichtet, Marsilius und Beligand mit fünfzigtausend Mann schon zwei Tage und Nächte im Hinterhalt, um im rechten Augenblick die Nachhut abzufangen. Mit zwanzigtausend packten sie Rolands Heerschar im Rücken; er wandte sich und schlug sie, daß von ihnen kaum einer mit dem Leben davonkam. Aber jetzt fand er die andern dreißigtausend auf seinem Wege, und sie waren seiner geschwächten und kampfmüden Schar zu viele. Einer nach dem andern fielen seine Mannen, und auch Oliver ward erschlagen. Mit Lanzen und Schwertern, Beilen und Pfeilen, Dolchen und Keulen wüteten die Heiden gegen die Christen, daß ihrer kaum mehr als hundert am Leben waren, als die Nacht hereinbrach und die Feinde zum Abbruch des Gemetzels zwang.

Sie zogen sich ein Stück zurück, um zu lagern; Roland aber ging ihnen auf Kundschaft nach. Dabei fand er einen Mohren, der hatte sich, vom Kampf ermattet, in einem Hain verborgen; ihn fesselte er und band ihn an einen Baumstamm. Als der Morgen graute, sammelte er die Überlebenden um sich; da zogen auch schon die Sarazenen wieder heran. Roland löste seinem Gefangenen die Fessel, schwang das Schwert über seinem Haupte und sprach: „Wenn du jetzt mit mir kommst und mir Marsilius zeigst, will ich dich laufen lassen, sonst bist du des Todes!" – er kannte nämlich Marsilius nicht von Angesicht. Der Gefangene kam mit und zeigte ihm den Heidenkönig, der hielt inmitten eines starken Gefolges auf einem feuerfarbenen Roß und trug einen runden Schild. Sofort stürzte sich Roland in die Feinde, um Marsilius zu treffen. Ein riesiger Sarazene verrannte ihn den Weg, aber Roland traf ihn mit einem Schlage seines guten Schwerts so gewaltig, daß er Mann und Roß in zwei Hälften schnitt. Vor dieser Riesenstärke erfaßte die Heiden Entsetzen, sie begannen zu fliehen, und da Marsilius sich verlassen sah, wandte auch er sich zur Flucht; aber Roland setzte ihm nach und tötete ihn. Mit ihm zugleich waren seine hundert Mannen in die Reihen der Fliehenden eingebrochen, aber im Handgemenge wurden sie insgesamt erschlagen. Nur Roland war noch am Leben, jedoch durch Lanzenstiche und Steinwürfe schwer verwundet.

Von Schmerzen und Trauer gequält, nur mit Mühe sich auf dem Pferde haltend, ritt er durch den Bergwald dahin bis zu einer Halde, wo er unter einem Baum einen mächtigen Block von Marmorstein liegen sah; hier stieg er ab und sank hin, des nahen Todes gewiß. Es dauerte ihn von Herzen, daß sein herrliches Schwert Durandarte in die Hand der Feinde fallen könne. Er zog es aus der Scheide und betrachtete den blanken Stahl und den goldenen Kreuzgriff, den ein lichter Beryll krönte. „So oft hast du mir gedient, herrliche Waffe", sprach er zu dem Schwert, „nie ließest du mich im Stich, viele Länder halfest du mir unterwerfen, unzählige Feinde Gottes hast du niedergemäht und den Tod Christi tausendfältig gerächt! Nie soll eine unwürdige Hand dich führen – lieber will ich dich zerbrochen sehen!" Mit letzter Kraft führte er drei gewaltige Schläge gegen den harten Marmorstein, aber das Schwert brach nicht, sondern spaltete den Fels von oben bis unten. Da warf er sich aufs Knie und rief: „Gott im Himmel, vergib, daß ich mich um mein Schwert sorgte – dir vertraue ich es an!" Er streifte den Eisenhandschuh von der Rechten, mit bloßer Faust reckte er das nackte Schwert gen Himmel, und ein Engel nahm es ihm aus der Hand.

Noch einmal gedachte er seines Herrn, der jetzt bereits das Gebirge überschritten hatte. Um ihm ein letztes Zeichen zu geben, nahm er sein Horn Olifant und stieß so gewaltig hinein, daß es von dem Sturm seines Atems zersprang und mit ihm zugleich die Schlagadern an seinem Halse; weit hinweg über die Berge flog der Schall und drang bis ans Ohr Karls, dessen Lager acht Meilen entfernt aufgeschlagen stand. „Ich höre Rolands Horn!“ sprach der Kaiser; „wir wollen zurückziehen, denn mir scheint, er bedarf unserer Hilfe!“ Aber Ganelon, der wohl wußte, daß Roland in Todeswut war, erwiderte aus falschem Herzen: „Roland stößt oft aus bloßer Freude ins Horn, ohne damit etwas zu wollen; ich meine, er jagt hinter einem Wilde her!“ So blieb Roland verlassen in seinem Blute liegen, vom Schmerz der Wunden und von großem Durst geplagt. Ein versprengter Ritter namens Balduin, der dem Schwert der Sarazenen entgangen war, stieß auf ihn, und da der Todwunde ihn um etwas Wasser bat, suchte er nach einer Quelle; aber er fand nirgends eine. Da machte er das Kreuz über der Stirn des Sterbenden, schwang sich auf des Helden Pferd und ritt, um nicht in Feindeshand zu fallen, eilends hinweg. Bald danach hauchte Roland die Seele aus, Balduin aber trug die Nachricht von der mörderischen Schlacht zu Karl.

Noch ehe er anlangte, hatte der Erzbischof Turpin, die Messe zelebrierend, in plötzlicher Verzückung ein Gesicht: er sah, wie zwei geisterhafte Scharen durch die Luft hinfuhren; die eine, schwarz und häßlich anzuschauen, schleppte eine Leiche abwärts, und eine zornige Stimme schrie: „Wir tragen Marsilius zur Hölle!“ Aber eine lichte Schar, vom Erzengel Michael geführt, fuhr aufwärts und trug einen Helden mit sich, und eine helle Stimme rief: „Wir geleiten Roland in den Himmel!“ Gerade erzählte Turpin sein Gesicht dem Kaiser, da trat Balduin ein und brachte die Kunde von Rolands Fall. Sofort eilte Karl zurück; aber er fand nur noch den Toten, der mit kreuzweis ausgebreiteten Armen neben dem Marmorstein lag. Vor Trauer zerriß er sein Gewand und klagte über ihn die ganze Nacht. Anderntags zog er auf das Schlachtfeld, wo er die ganze Nachhut seines Heers erschlagen fand, und schwur, nicht zu ruhen und zu rasten, bis er den Tod der Helden an den Heiden gerächt habe. Nahe bei Saragossa am Ebro fand er sie und erschlug ihrer viele Tausend samt ihrem König Beligand. Danach zog er über die Pyrenäen zurück in sein Reich und führte Rolands Leichnam wohleinbalsamiert mit sich. In Sankt Roman ließ er ihn feierlich beisetzen.

Dann entbot er alle seine Helden nach Aachen; dort hielt er Gericht über den Verräter Ganelon, gegen den Rolands Verwandten Klage erhoben hatten. Aber auch Ganelons Sippe war stark und stand ihm zur Seite. Sein Neffe Binabel, ein mächtiger Kämpe, erbot sich, im Zweikampf die Treue seines Oheims zu erhärten; gegen ihn trat Dietrich, Rolands Vetter, in die Schranken und schlug ihm nach hartem Kampf das Haupt vom Rumpfe. Jetzt gab es keine Gnade mehr für Ganelon: er wurde mit Händen und Füßen an die Schweife von vier wilden Rossen gebunden, auf jedes schwang sich ein Reiter und spornte es, da sprangen sie nach den vier Himmelsrichtungen und rissen den Verräter in Stücke.

Seinem treuen Helden Roland aber trauerte Karl bis zu seinem eigenen Tode nach.

KARLS HEIMKEHR AUS UNGARLAND

König Karl tat eine Heerfahrt zu den Ungarn, um sie zu Christen zu machen, und drang vor bis in die Walachei; dort lagerte er sich nahe am Meer. Er hatte seiner Frau beim Abschied gelobt, nicht länger denn zehn Jahre fortzubleiben. „Bin ich dann nicht zurück, so sollst du mich für tot halten! Bringt dir aber ein Bote meinen Ring, dann sollst du ihn wohl aufnehmen und anhören, als spräche ich selbst zu dir!"

Mehr als neun Jahre waren verstrichen, da erhob sich im Frankenreich großer Unfriede; allenthalben wüteten Gewalttat, Raub und Brand, und die Edlen des Landes wollten nicht länger dulden, daß das Land herrenlos liege. Darum gingen sie zu der Königin und baten sie, ihre Hand einem starken Fürsten zu reichen, der die Herrschaft in feste Hände nähme. „Sicherlich ist Karl tot", sprachen sie, „denn sonst hättet Ihr längst Botschaft von ihm." Sie antwortete: „Es wäre eine Schande für mich, wenn Karl zurückkehrte und mich samt dem Lande in der Gewalt eines anderen Mannes fände! Er täte recht daran, mich zu töten! Weder sind zehn Jahre seit seinem Abschied verflossen, noch sah ich das Wahrzeichen, das er mir beim Abschied verhieß, bisher mit Augen. Nie vordem brach ich ihm die Treue; so will ich es auch jetzt nicht tun!" Aber die Herren hörten nicht auf zu drängen, und endlich verschworen sich etliche hoch und teuer: sie hätten sichere Nachricht erhalten, daß der König in der Fremde tot geblieben sei. Und sie fragten die Königin vorwurfsvoll: „Wollt Ihr denn, daß das ganze Land zugrunde geht?" Da gab sie endlich zur Antwort: „So mag denn geschehen, was Ihr begehrt, aber ich will nicht schuld daran sein! Gegen meinen eigenen Willen füge ich mich dem euren!" Nicht lange danach führten ihr die Herren einen mächtigen Fürsten zu, und die Hochzeit ward auf den dritten Tag anberaumt.

Aber Gott wollte nicht, daß König Karl seiner Frau und seines Reichs beraubt werde. Darum sandte er ihm als Boten einen seiner Engel, der sprach zu ihm: „Ob es dir lieb oder leid zu hören sei, König: kommst du nicht bald heim zu deiner Königin, so mußt du sie und dein Land verlieren; denn in drei Tagen wird sie das Bett eines andern besteigen!“ Betrübt antwortete Karl: „Wie soll ich in drei Tagen nach Hause kommen, da doch von hier bis nach Aachen ein Weg von hundertfünfzehn Rasten ist?“ „Verzage nicht“, sprach der Engel, „du weißt, daß Gott allmächtig ist! Geh zu deinem Schreiber, er hat ein starkes Pferd, das kaufe von ihm um so viel Geld, wie er verlangt! Dieses Pferd wird dich an einem Tage bis zur Stadt Raab tragen und am zweiten bis nach Passau. Dort laß das Roß und kaufe von dem Wirt, bei dem du wohnen wirst, sein schönes Fohlen; mit ihm wirst du am dritten Tag noch zur rechten Zeit in Aachen sein.“ Zur selben Stunde kaufte der König seinem Schreiber das Pferd ab; in aller Frühe trug es ihn schnell wie ein Vogel davon und brachte ihn bis zum Abend nach Raab, wie der Engel verheißen hatte. Am nächsten Tag, da noch die Sonne am Himmel stand, ritt Karl bereits in Passau bei dem Wirte ein. Abends kam das Vieh von der Weide, unter ihm lief ein Fohlen mit, das fing Karl bei der Mähne und sprach: „Herr Wirt, verkauft mir dies Roß, darauf will ich weiterreiten!“ „Herr“, erwiderte der Wirt, „das Tier ist ja noch viel zu jung, das kann Euch noch nicht tragen.“ „Wer sagt Euch das?“ sprach der König; „genug, gebt es mir!“ „Da Euch so viel daran liegt“, antwortete der Wirt, „gäbe ich es Euch gern – doch ist es bisher weder gezäumt noch geritten worden.“ Aber der König ließ nicht nach, ihn darum zu ersuchen, und so willigte der Wirt endlich ein; Karl bezahlte ihn mit gutem Gold und gab ihm das Pferd, das ihn von der Walachei hergetragen hatte, obendrein in den Kauf. Und siehe: das junge Tier, das noch keinen Reiter getragen hatte, schoß mit Karl wie der Blitz dahin, so daß er des Abends zur rechten Zeit in die Herberge am Tor von Aachen einritt.

Aus der Stadt heraus tönte Gesang und Flötenschall, überall wurde getanzt und gesprungen zu Ehren der königlichen Hochzeit. „Der Fürst, den unsere Frau nimmt, ist reich!“ sprach der Wirt; „in der Stadt geht es hoch her. Ihr braucht nicht besorgt zu sein um Eure Kost, denn jedem wird heut Speise und Trank reichlich zugemessen, und den Rossen schüttet man die Krippe bis zum Rande voll!“ „Ich will hier bei Euch wohnen“, antwortete Karl, „und nicht auf Kosten des Hofes zehren! Da, Herr Wirt, habt Ihr Goldstücke genug, dafür kauft ein und schafft heran, daß Ihr samt Eurem Gesinde mit mir satt werdet!" Der Wirt sah und nahm das viele Geld mit Freude und flüsterte seiner Frau zu: „Das muß ein großer Herr sein!" Der Tisch wurde reichlich gedeckt, und alle tranken und schmausten, daß sie sich wie im Paradies dünkten. Als die Nacht kam, sprach der König, „Nun will ich ein wenig ruhen!" Aber er erbat vom Wirt einen Wächter, der an seinem Bett bleibe, und zu ihm sagte er: „Gib wohl acht, und wenn man auf dem Dome das Singos läutet, wecke mich auf! Dann will ich dir zum Lohn diesen kostbaren Ring schenken!"

Zur rechten Stunde rief ihn der Wächter. Karl tat ein reiches Gewand an und bat den Wirt, ihn zur Burg zu geleiten. Der faßte ihn bei der Hand und führte ihn bis zum Tor. Sie fanden es mit starken Riegeln verschlossen, und der Wirt sprach: „Ihr müßt unten durchschlüpfen, Herr! Leider wird Euer schönes Gewand dabei schmutzig werden!" „Laß dich's nicht kümmern", erwiderte der König und schlüpfte unterm Tor durch in die Stadt. Dann entließ er den Wirt und ging zum Dom; darin stand der Königsstuhl, und es galt in Franken das Recht, daß derjenige König hieß, der darauf saß. Karl war dessen eingedenk; er setzte sich auf den Stuhl, zog das Schwert aus der Scheide und legte es bloß und blank über seine Knie.

So fand ihn der Mesner, als er die heiligen Bücher herbeitrug; er erschrak, als er den König so stumm mit dem entblößten Schwert sitzen sah, und lief zum Priester. „Seltsames ist mir begegnet, da ich zum Altar ging", berichtete er atemlos; „dort saß in dem gesegneten Stuhl ein greiser Mann, der hielt das bloße Schwert auf den Knien und sprach kein Wort – mir brach, da ich ihn sah, vor Angst der Schweiß aus!" „Du erzählst Märchen", erwiderten die Domherren; jener aber schwur, er rede die Wahrheit. „Wenn ihr mir nicht glaubt, kommt selbst und seht!" Da ging ein Domherr mit ihm, die Kerze in der Hand, und trat vor den Stuhl: als er den Gewaltigen sah, erfaßte ihn solcher Schreck, daß er das Licht wegwarf und davonrannte.

Auf sein Geschrei trat der Bischof aus der Kammer; begleitet von zwei Knechten, die ihm mit großen Kerzen voranleuchteten, ging er selbst hin, und als er den Greis mit dem bloßen Schwert auf dem Königsstuhl erblickte, sprach er bangen Herzens: „Sagt mir, wer Ihr seid und was Euch widerfuhr, daß Ihr so an dieser Stätte sitzt! Seid Ihr von Fleisch und Blut oder ein Geist? Ich beschwöre Euch beim lebendigen Gott, gebt mir Antwort!" Da öffnete der König den Mund und sprach: „Einst kanntet Ihr mich, da ich König Karl hieß und niemand mich an Macht übertraf!" Der Bischof trat näher und schaute ihm fest ins Antlitz – jetzt erkannte er ihn und rief voll Freuden: „Willkommen, geliebter Herr!" Liebreich umfing er ihn und geleitete ihn in sein Haus; er ließ die Glocken läuten, daß die Stadt von ihrem Schall erdröhnte, und bald flog die Kunde von König Karls Heimkehr durch die Gassen und an den Hof.

Eilig zogen die Gäste, die Karl nicht gebeten hatte, die Rosse aus dem Stall, und wer keins hatte, entrann zu Fuß; ja, die nicht schnell genug zum Tor gelangten, sprangen vor Angst von der Mauer hinab. Im Nu war die Stadt von der Hochzeitsgesellschaft leergefegt. Der Bischof aber holte die Königin und bat Karl, ihr seine Huld wiederzuschenken. So geschah es, und Karl nahm gnädig und gewaltig Frau und Reich zurück in seine starke Hand.

DIE FRIESEN UND IHR RECHT

Karl Martell, der König des Frankenreichs, pflanzte den Heerschild auf gegen Radbod, den die Dänen zum König über Friesland gesetzt hatten. Als die Heere, zur Schlacht bereit, einander gegenüberlagen, trat aus dem der Friesen ein alter verständiger Mann vor sein Volk und sprach: „Liebe Gesellen und Freunde, warum sollen wir das Blut so vieler guter Männer vergießen, da doch der Ausgang der Schlacht ungewiß ist? Laßt uns versuchen, wie wir den Streit auf andere Weise schlichten können!“ Dem stimmte das Volk bei: es wählte zwölf kluge Männer aus seiner Mitte, und mit Bewilligung der beiden Könige berieten sie sich mit einer gleichen Abordnung der Franken. Danach baten sie die Könige vor sich und eröffneten ihnen, was sie für richtig und gut befunden hatten: „Die Könige sollen den Streit in eigener Person austragen; unbewaffnet sollen sie in einen Ring treten und dort auf einem Bein stehen: wer das am längsten aushält, dem gehöre die Herrschaft über Friesland; wer aber vorzeitig den andern Fuß auf die Erde setzt, gehe jedes Anspruchs verlustig!“ Gesagt, getan; die beiden Könige traten in den Ring und standen geraume Zeit auf einem Bein. Karl Martell aber hielt seinen rechten Handschuh lose in der Hand, den ließ er aus listiger Überlegung fallen. Unbedacht bückte sich Radbod danach, um ihn aufzuheben, und trat dabei mit dem Fuß auf den Boden. Als Karl den Handschuh empfing, lachte er: „Haha!“, aber Radbod, seines Versehens innewerdend, schrie laut: „O weh!“ – von diesen Rufen her wurden nachmals die Dörfer Hachensee und Wachensee genannt. So fiel Friesland an Karl Martell, Radbod aber durfte noch im Lande bleiben und genoß herzogliches Ansehen.

Danach sandte Karl Martell die Bischöfe Willibrord und Wolfram, den Friesen das Evangelium zu verkünden und sie zu Christus zu bekehren. Sie walteten eifrig ihres Amtes und gewannen durch Predigt und Beispiel viele Seelen. Zu jener Zeit pflegten die Friesen ihren Göttern noch Menschen zu opfern, und das Opfer wurde durchs Los bestimmt. Diesmal traf es einen Knaben namens Ocko, und als Wolfram davon erfuhr, erbarmte ihn das junge Blut. Er ging zu Herzog Radbod und bat ihn, ihm den Knaben zu schenken. „Er sei dir geschenkt", antwortete Radbod, „wenn dein Christus, dessen Macht du so sehr rühmst, imstande ist, ihm das Leben zu retten." Da betete Wolfram von ganzem Herzen, als sie den Knaben am Galgen hochzogen; und siehe: der Strick riß, heil und gesund stand Ocko auf seinen Füßen und nahm die Taufe. Dieses Wunder machte Radbod geneigt, sich gleichfalls taufen zu lassen, und der Bischof bestärkte ihn in seinem Entschluß. So wurde alles zur heiligen Handlung gerüstet. Aber als Radbod bereits einen Fuß ins Taufbecken gesetzt hatte, fiel es ihm ein, den Bischof zu fragen: „Wohin sind meine Ahnen gekommen, in den Himmel oder in die Hölle?" „Nach Gottes Wort", antwortete der Bischof, „steht zu besorgen, daß sie als Heiden zur Hölle fuhren." Da zog Radbod den Fuß wieder aus dem Taufbecken zurück und sprach: „Dann will ich lieber mit meinen Vätern zur Hölle gehen als mit dir und deinen Christen in den Himmel!" So blieb Radbod ungetauft. Bald danach mußte er aus dem Lande weichen. Er begab sich zu den Dänen und starb schon im folgenden Jahr. Das Volk der Friesen aber nahm den christlichen Glauben an.

Es währte nicht lange, bis sie gezwungen wurden, ihren Glauben und ihre Freiheit zugleich zu verteidigen; denn König Gotrik von Dänemark und Norwegen, dem vertriebenen Radbod nahe verwandt, überfiel Friesland mit gewaltiger Heeresmacht, um es den Franken wieder zu entreißen. Im ersten Anlauf überrannte er einen großen Teil des Landes, besetzte ihn und brachte ihn in harte Knechtschaft. Er gebot den Besiegten, an Stelle des Gold- und Silberschmucks, den er ihnen wegnahm, weidengeflochtene Ringe um den Hals zu tragen, zum Zeichen, daß sie ihm leibeigen seien; willkürliche harte Schatzung legte er ihnen auf; auch verordnete er, daß ihre Häuser hinfort nur eine einzige kleine Tür haben sollten nach Norden zu, damit jeder beim Heraustreten sein Haupt beugen müsse gen Dänemark hin. Aber diese Tyrannei war nicht von Dauer. Denn ehe noch der große Karl, der damals die Krone in fränkischem und deutschem Lande trug, zur Hilfe herankam, zogen die noch freien Friesen gegen die Stadt Norden heran, wo Gotrik Hof hielt, und besiegten ihn in einer schweren Schlacht, in der alle umkamen, die sich nicht zu den Schiffen retten konnten; unter ihnen der König selbst. Diese Kunde flog dem herannahenden Karl entgegen und erfüllte sein Herz mit Freude.

Als er aber ins Land kam, gedachte er, wie überall in seinem Reich, so auch bei den Friesen festes Recht zu setzen; darum berief er sie zu einem Thing und forderte sie auf, selbst das Recht zu küren, bei dem sie forthin bleiben wollten. Bis dahin aber war bei den Friesen nur nach Gewohnheit geurteilt worden; so konnten sie dem König keine Antwort geben, und die Versammlung mußte vertagt werden. Am nächsten Tage legte ihnen der König auf, zwölf ehrenfeste und weise Männer aus ihrer Mitte zu wählen, damit sie das Recht kürten. Aber auch sie erbaten Frist, und so wurde der Entscheid von Tag zu Tag verschoben, bis Karl ungeduldig sprach: „Kein Land kann bestehen ohne festes Recht, kommt endlich zu einem Entschluß! Ich kann nicht immer in Friesland sein, darum muß das Gesetz bleiben an des Königs Statt." Als aber die zwölf, wie hart er auch forderte und drohte, immer nur antworteten, sie wüßten kein Recht, das sie küren könnten, sondern wollten bei ihrer alten Gewohnheit bleiben, geriet er in gewaltigen Zorn und rief: „Wollt ihr kein Recht küren, so stelle ich euch zwölf vor eine andere Kür! Wählt also von drei Dingen das, was euch am besten dünkt: Soll ich euch die Köpfe abschlagen lassen? Oder soll ich euch zu Leibeigenen machen? Oder soll ich euch aus dem Lande jagen hinaus aufs Meer, in einem Schiff ohne Segel, Anker, Ruder und Riemen, nicht stärker, als daß es eine Ebbe und Flut überstehen kann?" Als die zwölf sahen, daß es aus der Ungnade des Königs kein Entrinnen gab und sie eins der drei Übel wählen müßten, sprachen sie: „So wollen wir uns in Gottes Namen Wind und Wellen anvertrauen und erwählen das Schiff!"

Als die Gezeit umschlug, stiegen sie ein, und die Ebbe trug sie weit hinaus ins Meer; bald sahen sie nichts mehr als Himmel und Wasser, und der Tod stand ihnen vor Augen, so daß sie fast verzagten. Da sagte einer von ihnen: „Liebe Brüder, ich hörte einmal den Bischof Willibrord davon predigen, wie der Herr Jesus Christus bei verschlossenen Türen zu den zwölf Aposteln kam, um sie in großer Not zu trösten! Laßt uns ihn anrufen, damit er auch uns zwölfen rate und helfe!" Als sie auf ihren Knien lagen und beteten, sahen sie plötzlich hinten im Schiff einen dreizehnten sitzen, der hielt in seinen Händen ein Krummholz: damit steuerte er das Schiff sicher durch die Wellen bis zum Lande, und als sie anlegten, warf er das Krummholz aufs Erdreich; da sprang alsbald ein Quell hervor. Um ihn herum setzten sie sich und erquickten sich am Wasser; der dreizehnte aber saß in ihrer Mitte und lehrte sie, was sie als Recht küren und vor König Karl bringen sollten. Aber sie wußten sein Aussehen nicht zu beschreiben, denn er schien jedem von ihnen zu gleichen, und als er ihnen das Recht gewiesen hatte, waren ihrer wieder nur zwölf. Nach seiner Lehre zeichneten sie das Landrecht der Friesen auf und bestimmten, daß allezeit dreizehn Richter im Lande sein sollten.

Mit diesem ihrem Recht traten sie freimütig vor König Karl, der sich sehr verwunderte, da er sie noch am Leben sah. Er bestätigte das Recht, das sie erkoren hatten, und das gleiche tat auch der Papst Hadrian: darum soll es gehalten werden alle Tage und für ewige Zeit als eigenes Recht eines freien Volkes.

KÖNIG WIDUKIND

Widukind, der als Herzog der Sachsen lange Jahre hindurch stets von neuem gegen den großen Karl für die Freiheit seines Volkes kämpfte, hat im Leben keine Krone getragen, aber nach seinem Tode ehrten ihn die Sachsen mit der Königswürde: in Westfalen und Engern lebt er fort als König Widukind, Weking oder Wiek. Allenthalben begegnet man seinem Namen heut noch.

Als nach vielen Schlachten die Übermacht der Franken ihn endlich hart bedrängte, vermochte er nur noch zwei Burgen zu behaupten, die Wieksburgen zu Osnabrück und zu Schagen. Niemals konnten die Feinde erfahren, in welcher von beiden er selbst sich mit seiner Hauptstreitmacht befand; denn er täuschte sie dadurch, daß er den Pferden die Hufeisen verkehrt aufschlagen ließ. Wiesen die Spuren ins Land, so befand er sich trotzdem in der Burg; führten sie aber zu ihr hin, dann flog er auf seinem kleinen schwarzen Hengst durch Feld und Heide, und immer war er dort zur Stelle, wo ihn keiner vermutete. Einmal aber, da er von Schagen fortritt, wurde er verraten, und fast hätten ihn die Franken gefangen, indem sie ihm den Weg durch einen Verhau sperrten. Doch Widukind beugte sich über die glänzende Mähne des Hengstes und flüsterte ihm ins Ohr:

„Hengstken, spring awer,
Kriegst en Spint Hawer!
Springst du nich awer,
Frütet di un mi de Rawen!“

Wie ein Pfeil schoß das schnellfüßige Pferd über den Verhau und trug mit fliegenden Hufen seinen Reiter bis Osnabrück; dort brach es tot zusammen.

So war Widukind für diesmal gerettet und setzte den Kampf fort. Wohl gerieten die Sachsen in große Not, aber auch Karl wollte manchmal fast am Sieg verzagen. In einer schweren Stunde tröstete ihn ein göttliches Zeichen. In der Nähe seines Lagers besah er sich den großen Opferstein, der dort in einer Bergschlucht stand. Gerade hatte man ihm die Nachricht gebracht, daß Widukind ein neues Heer gegen ihn sammle. Als er mit seinen Begleitern darüber redete, schlug er voll Unmut und Zweifel mit einer Pappelgerte auf den Opferstein und sprach: „Es scheint mir gleich unmöglich, diesen Stein und den harten Sinn der Sachsen zu brechen!" Da zersprang der gewaltige Block unter der schwachen Rute in Stücke, und Karl begann mit neuem Mut den neuen Kampf.

Als Widukind, der Karl fünfzehnmal besiegt hatte, in drei gewaltigen Schlachten endlich niedergerungen war, gedachte er um der Freiheit seines Volkes Willen den Kaiser mit eigener Hand zu töten. In Pilgerkleidung ging er nach Visbek, wo Karl gerade Hof hielt, und stellte sich an die Kirchentür; dort wollte er warten, bis sein Feind heraustrete. Die Rechte hielt er auf der Brust, den Griff des Dolches umklammernd, den das Kleid verbarg. Aber während er harrte, blickte er voll Neugier in das Gotteshaus, er schaute die erhabene Gestalt des Kaisers und die Pracht des Gottesdienstes, und das alles erschütterte ihn im tiefsten Herzen. Als das Hochamt zu Ende war, kam Karl, von seinem glänzenden Hofstaat umgeben, aus der Kirche und blieb vor dem Pilger stehen, dessen gewaltiger Wuchs ihm auffiel; er betrachtete ihn lange und sah auf seine Hand: dabei bemerkte er, daß der Mittelfinger nach dem Daumen zu verkrümmt war, und erkannte an diesem Zeichen Widukind. „Du bist nicht der, der du scheinen willst!" sagte er und blickte dem Pilger scharf in die Augen. Da warf Widukind, von unwiderstehlichem Zwang ergriffen, den Dolch von sich und gab sich in Karls Hand, jetzt endlich bereit, das Christentum anzunehmen.

Karl empfing ihn gütig und hielt ihn bei sich, um ihn unterweisen zu lassen. In der Halle saß Widukind mit den Mannen Karls beim Mahle. Der Kaiser prangte auf dem Hochsitz, und demütig hockten die Bettler nahe der Tür am Boden. Da kam dem Sachsen in den Sinn, was ihn jüngst der Priester gelehrt hatte, und er sprach zu Karl: „Ich hörte, daß euer Christus gesagt hat: ‚Was ihr den Armen tut in meinem Namen, das habt ihr mir getan!' Wie soll ich mich vor eurem

Gott beugen, wenn ihr die, die an seiner Stelle sind, so verächtlich behandelt?" Als Karl das lautere Wort des Herrn aus dem Munde des Ungetauften hörte, errötete er bis an die Haare und antwortete: „Du bist wahrlich ein besserer Christ als ich!"

Kurz danach nahm Widukind die Taufe, und Kaiser Karl gab ihm ein neues Wappen: statt des schwarzen Rosses ohne Zaum und Gebiß, das Widukind vordem geführt hatte, erhielt er ein weißes, das seither das Zeichen Niedersachsens blieb. Von seiner Bekehrung an lebte er frei und geehrt in seiner Burg zu Enger. Dort lag ein altes Opferfeld, wo man ehedem den Kriegsgefangenen über einem ehernen Kessel mit dem Schlachtschwert die Gurgel durchgeschnitten hatte; dort sprang aber auch der Seelborn, in dem Widukind die Taufe empfangen hatte. Rings um die Burg siedelte Widukind seine Freunde, Waffengenossen und Diener an, schenkte ihnen Landgüter als Eigentum und verteilte unter sie die Hofämter. Diese Männer wurden Meier genannt oder, da sie gewöhnlich ihren Herrn zu Pferde begleiteten, Sattelmeier; Widukind gab ihnen große Vorrechte und machte sie zins- und steuerfrei. Als ein großer Grundherr und Bauernkönig wohnte und waltete er unter den Seinen, und er freute sich ihrer Treue und Ergebenheit. Einmal, als er alt geworden war, stellte er die Liebe seiner Bauern in sonderlicher Art auf die Probe. Er ließ das Gerücht ausstreuen, daß er gestorben sei, und die Leichenfeier wurde anberaumt; als aber die Menge der Leidtragenden sich zur festgesetzten Stunde traurig um den aufgestellten Sarg geschart hatte, trat der Totgesagte plötzlich heil und lachend unter sie. Erst glaubten sie ein Gespenst zu sehen; aber bald wurden sie fröhlich, als sie ihn sagen hörten: „Wem ich so viel wert war, daß er zu meiner Leiche kam, der soll sein Gut für alle Zeit zehntfrei haben!" Kaum hatte er ausgesprochen, da kam noch einer angerannt; der erhielt die gleiche Vergünstigung, aber zugleich den Spitznamen Nalop – und so heißt sein Hof noch heutigentags. Ein anderer Bauer war unterwegs, aber als er hörte, daß der alte König Weking noch lebe, drehte er wieder um; auch er wurde noch zur Hälfte zehntfrei. Ein dritter hatte sich gerade die Stiefel angezogen, um zum Begräbnis zu gehen; selbst er blieb nicht unbelohnt und wurde zehntfrei wenigstens für einen seiner Kämpen.

Bald darauf starb der alte Held wirklich, aber nicht in Enger, sondern auf seiner Burg Babilonie. Da kamen die Sattelmeier und trugen den Sarg mit seiner Leiche auf ihren Schultern nach Enger, und alles Land, auf das sie ihre Füße setzten, ward frei. In Enger wurde der Sarg in der Kirche vor dem Altar aufgestellt und nochmals geöffnet, damit die Bauern zum letzten Male die Züge des alten geliebten Königs sehen könnten. Dann ward Widukind in die Gruft gebettet und die Tür, durch die der Sarg hinausgetragen wurde, zugemauert. Die Sattelmeier aber genossen nachmals das Vorrecht, daß, wenn einer von ihnen starb, seine Leiche um die Kirche getragen und dann auf dem Chor niedergesetzt wurde, daß der Tote noch Abschied nehme von seinem toten König.

ADALBERT VON BAMBERG

Lange sang das Volk auf Landstraßen, Jahrmärkten und Gerichtsstätten Lieder von dem edlen Helden, der, im Kriege unüberwindbar, durch Tücke und Verrat fiel: Adalbert, Graf von Bamberg. Er lag in langer Fehde mit der Sippe der Konradiner; sie hatten ihm den Bruder erschlagen, dafür erschlug er ihr Haupt, den Herzog Konrad; der aber war ein vertrauter Freund des jungen Königs Ludwig gewesen, den man das Kind nennt. So ward der König Adalberts Feind und zog mit großer Macht gegen ihn; aber er konnte seiner nicht Herr werden, denn der Graf war immer zur Stelle, wo man ihn nicht vermutete, und wurde er allzu hart bedrängt, so zog er sich zurück in seine Burg. Sieben Jahre hindurch währte der Krieg, und Ludwig hatte keine Hoffnung mehr, ihn siegreich zu beenden. Das verdroß nicht weniger als ihn selbst seinen Ratgeber, den Erzbischof Hatto von Mainz, einen verschlagenen und harten Mann, der das, was mit Gewalt nicht zu erzwingen war, mit List zu erreichen gedachte. Er sprach zu seinem Herrn: „Sei getrost, ich will dich von deinen Sorgen befreien! Laß es meine Sache sein, den Grafen Adalbert zu dir herzubringen; dann sei es die deine, daß er nicht wieder davonkommt!“

Danach ritt er, auf seinen Plan vertrauend, zu Adalberts Burg. Mit freundlichen Worten redete er dem Grafen zu, sich mit Ludwig zu versöhnen. „Du kämpfst gegen deinen König“, sprach er zu ihm, „das kann dir weder in diesem noch in jenem Leben Heil bringen! Aber du tust nicht nur unrecht, sondern du handelst auch töricht! Der König, obwohl er dich bekriegt, ist dir im Herzen wohl gewogen; er möchte dir gern ein gnädiger Herr werden, wolltest du dich nur darum bemühen, und alle, die um ihn sind, würden dich gern wieder als Freund begrüßen. Entschließe dich, zu ihm zu gehen, ja, komm gleich mit mir, und du wirst finden, daß ich die Wahrheit rede!“ Adalbert wäre wohl geneigt gewesen, dem Rat zu folgen, doch fürchtete er für seine Sicherheit. Da sprach Hatto: „So will ich dir bei Gott und meiner Seligkeit einen Eid schwören, daß ich dich so heil, wie du mit mir aus der Burg ziehst, wieder in deine Burg zurückgeleiten werde!“ Das dünkte den ehrenfesten Helden eine sichere Bürgschaft; er nahm den Eid des Erzbischofs mit Freuden an und beeilte sich, sogleich mit ihm zum König zu reiten.

Ehe sie aufbrachen, lud er Hatto ein, mit ihm noch einen Imbiß einzunehmen; aber Hatto lehnte ab: „Nein, wir wollen keinen Augenblick versäumen!“ – und so stiegen sie denn, ohne gefrühstückt zu haben, zu Roß. Sie waren noch nicht weit geritten, als Hatto sagte: „Fürwahr, es kommt im Leben oft vor, daß man etwas haben möchte, was man kurz vorher verschmähte! Nun ist es mir leid, daß ich nicht mit dir gegessen habe, ich bin jetzt schon müde und hungrig, und bis wir zum König kommen, das wird ein langes Fasten!“ Sofort sprang Adalbert vom Pferde, beugte das Knie und bat den Bischof, mit ihm noch einmal in die Burg zurückzukehren, um das Versäumte nachzuholen. Lächelnd nahm Hatto die Einladung an; sie ritten zurück und machten sich, nachdem sie gefrühstückt hatten, von neuem auf den Weg.

Als sie ins Hoflager kamen, entstand dort freudige Bewegung: niemand hatte geglaubt, daß Adalbert ins Netz gehen werde; am meisten von allen aber freute sich der König. Der Mahnung Hattos eingedenk, ließ er den Grafen sofort gefangennehmen; dann berief er seine Edlen und hielt Gericht. „Welches Urteil“, fragte er, „gebührt dem Manne, der den König sieben Jahre lang mit Krieg und Aufstand, Raub und Brand plagte?“ Und alle riefen: „Ihm gebührt der Tod!“

Sogleich ward Adalbert davongeführt; aber als er an Hatto vorbeikam, stand er still und rief ihm zu: „Vor aller Ohren schelte ich dich einen meineidigen Verräter, wenn du zuläßt, daß ich getötet werde!“ Da lächelte Hatto und sprach: „Hielt ich nicht getreulich meinen Eid? Ich habe dich doch, wie ich dir schwur, heil zur Burg zurückgeleitet – als wir umkehrten, um zu frühstücken!“

So mußte der Held sterben. Ihm ward das Haupt abgeschlagen, und sein Land zog der König ein.

HEINRICH DER VOGLER

Als Konrad I. deutscher König und Kaiser war, vermochte er alle deutschen Fürsten unter seine Gewalt zu beugen, nur einen nicht: Heinrich, den mächtigen Herzog von Sachsen. Um sich König Konrads Gnade zu erwerben, versuchte Erzbischof Hatto von Mainz, der schon Adalbert von Bamberg ums Leben gebracht hatte, auch Heinrich mit List zu verderben. Er lud ihn freundlich zu einem Besuch ein, insgeheim aber ging er zu einem Goldschmied und bestellte eine goldene Kette: die sollte dem Gast, wenn er käme, verehrt werden; hätte er sie aber erst um den Hals gelegt, so wollte man ihn damit erdrosseln. Als Hatto einmal beim Goldschmied war, um die fast fertige Kette zu besehen, wog er sie in der Hand und seufzte dabei. Der Goldschmied fragte, was ihn betrübe, und Hatto antwortete: „Ich seufze, weil diese Kette bald von dem Blut eines Fürsten gerötet werden wird, den ich töten muß, und der doch ein vortrefflicher Mann und der Liebe wert ist." Der kluge Goldschmied erriet, wer gemeint sei, und eilte, sobald er die Kette abgeliefert hatte, zu Heinrich, um ihn zu warnen. Da sandte Heinrich die Boten Hattos, die noch bei ihm weilten, zurück zu ihrem Herrn und ließ ihm sagen: „Ich habe keinen härteren Hals als Adalbert, darum will ich lieber daheim bleiben und dir die Kosten für die Bewirtung sparen!" Ohne Verzug beschlagnahmte er die Güter, die der Erzbischof in Sachsen und Thüringen besaß, und jagte dessen Verwandte aus dem Lande; mit ihren Gütern belehnte er seine eigenen Getreuen. So wuchs infolge des verräterischen Anschlags seine Macht, sehr zum Verdruß Hattos, der bald darauf eines elenden Todes starb. Denn da er während einer Hungersnot arme Menschen, die ihn um Brotkorn anflehten, hatte in eine Scheune einschließen und verbrennen lassen, ihr Jammergeschrei verhöhnend mit den Worten: „Hört, wie die Mäuse pfeifen!", sandte Gott zur Strafe Mäuse gegen ihn, vor denen er sich vergebens in einen festen Turm mitten im Rhein zu bergen suchte: die Mäuse durchschwammen den Strom, drangen in den Turm — der jetzt noch der Mäuseturm heißt und bei Bingen steht — und fraßen den hartherzigen Verräter bei lebendigem Leibe auf.

König Konrad aber sandte gegen Heinrich seinen Bruder Eberhard mit gewaltiger Heeresmacht und ließ den Herzog in seiner Feste Eresburg belagern. Da verließ Heinrich heimlich die Burg, um neue Truppen zum Entsatz heranzuholen. Eberhard aber prahlte und forderte die Eingeschlossenen heraus, weil sie sich auf Heinrichs Befehl still in den Mauern hielten. „Wo stecken die frechen Sachsen?"

rief er zu ihnen hinauf; „warum verkriechen sie sich und wagen sich aus ihrem Loch nicht hervor?“ Aber als er sich's nicht versah, kamen sie über ihn: sie brachen aus der Feste, sobald Heinrich mit dem Hilfsheer nahe war, und es wurden so viele Franken erschlagen, daß die Sachsen spotteten: es werde wohl keine Hölle groß genug sein, sie alle zu fassen. Eberhard entkam nur mit Not dem Tode und brachte dem Bruder die Nachricht von der Niederlage. Auch der König selbst hatte gegen die Sachsen kein Glück und mußte, als er gegen sie zu Felde zog, unverrichteterdinge umkehren. Doch so feindlich er dem Sachsenherzog gesonnen war, war er doch ein weiser Herrscher, der wohl sah, daß kein Fürst im ganzen Deutschen Reich Heinrich an Kraft und Tapferkeit gleichkam.

Als nun Konrad in einem Kriege gegen den Bayernherzog Arnulf schwer verwundet worden war und seinen Tod nahen fühlte, rief er seinen Bruder Eberhard zu sich und sprach: „Lieber Bruder, unser Geschlecht ist reich an Macht und Ehren, aber uns fehlt eines: das Glück. Das steht bei Heinrich dem Sachsen, und darum wird er der Stärkste sein und bleiben. Deshalb, um der Franken und des ganzen Reichs willen, soll er die Krone tragen. Nimm sie und die andern Zeichen der königlichen Würde und eil damit, sobald ich tot bin, zu ihm! So wirst du Frieden mit ihm haben, und er wird ein König sein, der über das Reich und andere Völker gewaltig herrscht!“

Eberhard verhieß dem Sterbenden, seinem Rat zu folgen, und als Konrad die Augen geschlossen hatte, berief er sofort die Fürsten, die Heinrich auf seinen Vorschlag zum König wählten. Er selbst aber ritt mit einigen von ihnen eilends ins Sachsenland, um dem Erkorenen Krone, Schwert und Königsmantel zu überbringen. Es war zur Winterszeit, und sie fanden Heinrich auf seinem Hof Dinklar, wie er gerade mit einem Rudel lustiger Bauernjungen Schlingen für die Vögel legte; daher ward er nachmals der Vogler genannt. Eberhard sprang vom Rosse, bog das Knie und brachte ihm die Kunde von seiner Wahl, indem er ihm die Zeichen der königlichen Würde darbot. Da nahm Heinrich die Wahl an, aber die Krone setzte er nicht aufs Haupt, auch nicht, als er zu Aachen feierlich auf den Thron erhoben wurde; und er trug sie bis an seinen Tod niemals, denn er sprach: „Wie sollte ich die Krone aufsetzen, da ich, solange Konrad sie trug, gegen sie gestritten habe!“

Jedoch, auch ohne daß er die Krone trug, brachte er die Königswürde wieder zu Ehren und machte das Reich stark und gefürchtet. Nicht mehr wollte der deutsche König fremden Völkern Zins zahlen, wie es seine Vorgänger, die sich römische Kaiser nannten, getan hatten. Voll kluger Überlegung schloß er mit den Ungarn, als er einen ihrer Fürsten gefangen hatte, einen Waffenstillstand von mehreren Jahren, während deren der Tribut ruhen sollte; unterdessen baute er Burgen, sicherte die Grenzen und schuf sich ein starkes Heer. Als aber die Ungarn nach Ablauf der Frist Boten zu ihm sandten, um wieder den Tribut zu fordern, ließ er ihnen einen fetten räudigen Hund vor die Füße werfen, dem zu größerer Schmach noch Ohren und Schwanz abgeschnitten waren; „Den bringt eurem König, und begehrt er noch mehr Zins, so werden wir ihn mit dem Schwert zahlen!" Bald danach zogen die Ungarn heran, den Schimpf zu rächen; fünfzigtausend Reiter fielen über das Land her, verheerten das östliche Sachsen und bezogen bei Merseburg ein Lager: dort überfiel sie König Heinrich mit sechzehntausend Mann seines Landsturms und schlug sie, daß die Überlebenden in wilder Flucht das Land räumten.

Ein mächtiges Reich errichtete er und hinterließ es seinem Sohne Otto, auf dessen Haupt die Krone, die der schlichte König Heinrich nie getragen hatte, in kaiserlichem Glanz erstrahlte.

DIE GRAFEN VON EBERSTEIN

Als Kaiser Otto der Große den König von Frankreich geschlagen und die Stadt Straßburg erobert hatte, zog er den Rhein abwärts vor das Schloß Alt-Eberstein; denn die Grafen von Eberstein, drei stolze Brüder, waren bei ihm verdächtigt worden, sie hätten es mit seinen Feinden gehalten. Er ließ das Schloß einschließen und belagern, aber es war fest und lag hoch auf einem steilen Felskegel; auch waren die Grafen tapfere Kriegsleute, so daß dritthalb Jahre vergingen, ohne daß der Kaiser ihrer Herr wurde. Da gab ihm ein kluger alter Ritter den Rat: „Schreibt ein Turnier in Speyer aus und laßt ausrufen, daß jeder, der dazu kommt, Frieden und freies Geleit haben soll! Die Grafen von Eberstein brechen so gern Lanzen, daß sie nicht ausbleiben werden. Dann mögt Ihr, während sie mit ihrem Gefolge am Hofe sind, leicht die geschwächte Burg von Eurem Kriegsvolk überwältigen lassen!" Der Rat gefiel dem Kaiser, er lud zu dem Festtag ein, und unter den vielen Fürsten und Herren, die nach Speyer strömten, fehlten auch die drei Grafen von Eberstein nicht.

Nun wurde den Tag über tapfer turniert, des Abends aber getanzt in des Kaisers Gegenwart. Dabei durfte der jüngste Eberstein, ein anmutiger kraushaariger Mann, mit des Kaisers Tochter Kunigund den Vortanz führen. Ihr gefiel der Tänzer wohl, darum flüsterte sie ihm ins Ohr: „Seid auf der Hut! Der Kaiser will, während Ihr mit Euren Brüdern hier in Speyer seid, Euer Schloß ersteigen lassen!" Diese Warnung teilte der Graf sofort den Brüdern mit. Um keinen Verdacht aufkommen zu lassen, forderten sie für den folgenden Tag viele Edle zum Lanzenstechen um ein Kleinod heraus, hinterlegten auch hundert Goldgulden als Pfand; aber in der gleichen Nacht machten sie sich mit ihrer Gefolgschaft heimlich davon über den Rhein und gelangten unbemerkt in ihre Burg, und als am Morgen des Kaisers Leute zu stürmen begannen, wurden sie mit blutigen Köpfen den Berg hinabgeworfen.

Jetzt schien es dem Kaiser doch besser, es in Güte zu versuchen, und er schickte drei Ritter zu den Brüdern, um zu verhandeln; dabei sollten sie sich wohl umtun, ob die Burg genugsam mit allem versorgt sei, um noch längere Zeit widerstehen zu können. Die Grafen empfingen die Gesandten aufs beste und setzten ihnen einen guten Trunk vor, dann führten sie sie selbst in der Burg herum; da lagen vor ihren Augen im Keller Fässer, bis zum Spund gefüllt, aus denen roter und weißer Wein floß, und auf dem Speicher hohe Haufen von Mehl und Korn. Das berichteten die Boten ihrem Herrn; aber sie hatten nicht gemerkt, daß die Fässer doppelte Böden hatten und inwendig nur mit Wasser gefüllt waren und daß Mehl und Korn nur als dünne Decke über Spreu, Kehricht und Lumpen gebreitet lag. So mußten sie glauben und versicherten es dem Kaiser, daß die Burg voll von Vorräten sei und gut und gern nochmals dritthalb Jahre der Belagerung trotzen könne.

Unter diesen Umständen hielt es der Kaiser für besser, mit den Grafen einen ehrenvollen Frieden zu schließen, um an ihnen fortan treue Gefolgsmannen zu haben. Er nahm sie wieder zu Gnaden auf und gab dem jüngsten Eberstein seine Tochter Kunigund zur Frau, eben die, die ihn beim Tanz gewarnt hatte. Dieser Graf leistete dem Kaiser treue Dienste, er ging für ihn auch als Gesandter zum Papst nach Rom. Dort feierte man den Sonntag Lätare, an dem der Papst in der Prozession eine Rose herumzutragen pflegte, die aus fünf Rubinen rings um einen blauen Saphir kunstreich gebildet war; sie schenkte er, in ein weißes seidenes Tuch gehüllt, dem Eberstein. Der Graf brachte sie mit nach Deutschland, und der Kaiser erlaubte ihm, hinfort die Rose in weißem Felde als Wappen seines Hauses zu führen.

HERZOG ERNST

Herzogin Adelheid, die ihr Gatte, Herzog Ernst von Bayern und Österreich, früh als Witwe zurückgelassen hatte, erzog ihren Sohn, der gleichfalls Ernst hieß und ihres Herzens einziger Trost war, mit großer Liebe. Er lernte viele Sprachen und alle ritterlichen Künste, zeigte auch ein so mannhaftes und mildes Gemüt, daß Hof und Land ihm freudig als Herrn huldigten. Von allen seinen Edlen am wertesten hielt er den Grafen Wetzel, der ihm verwandt war; die beiden standen stets in Treue zueinander.

Zu dieser Zeit herrschte im Römischen Reich machtvoll Kaiser Otto, nachmals der Große genannt; er hatte Straßburg für das Reich gewonnen, die Ungarn aus Deutschland vertrieben und viele Länder unterworfen, und sein Volk ehrte ihn wie einen rechten Vater. Als ihm seine Gemahlin Ottogeba gestorben war, hielt er unter den Fürstinnen nach einer zweiten Frau Ausschau, und die Räte lenkten seinen Blick auf die fromme Herzogin Adelheid. Sie lebte still in ihrem Witwenstande und war gesonnen, darin zu verharren. Aber als sie die Botschaft des Kaisers ihren Räten vortrug, waren alle einig, daß sie dem gewaltigen Herrn ihre Hand nicht versagen dürfe. Dieser Meinung traten auch ihr Sohn und sein Freund bei, und sie überbrachten der Herzogin den Beschluß der Edlen. Die Frau erschrak darüber, denn sie fürchtete, es möchte aus solcher Ehe Zwist zwischen dem Kaiser und ihrem Sohn entstehen. Aber Herzog Ernst gelobte ihr, seinem Herrn stets in aller Treue zu dienen und sich seiner Gnade wert zu machen. Da gab sie ihr Jawort, und Kaiser Otto holte sie mit hohen Ehren ein nach Mainz, wo die Hochzeit mit großem Gepränge gefeiert wurde.

Den Herzog Ernst empfing Otto aufs herzlichste, und der junge Herr erwies dem Stiefvater alle schuldige Ehrfurcht. Vertraulich nahm der Kaiser den Jüngling an die Hand und sprach zu ihm: „Ich liebe deine Mutter von ganzem Herzen und um ihretwillen auch dich. Darum will ich allezeit deine Macht mehren, wie es deine Tugend und Manneshaftigkeit verdienen!“ Dieser Rede freute sich Frau Adelheid sehr, und sie mahnte den Sohn, solche Huld stets durch Treue und Gehorsam zu vergelten. In herzlicher Eintracht schieden sie voneinander. Herzog Ernst diente dem Kaiser, so gut er nur konnte, und schirmte das Reich mit aller Kraft.

Der Kaiser hatte aber einen ungetreuen, bösen Ratgeber, den Pfalzgrafen Heinrich. Der sann darauf, wie er Zwietracht säen könne zwischen Vater und Sohn, daß Herzog Ernst des Kaisers Freundschaft verliere. Mit falschen Anklagen suchte er den jungen Herrn bei Otto zu verdächtigen und sprach zu ihm: „Herzog Ernst verdient es nicht, daß Ihr ihn vor andern Fürsten ehrt! Er führt schlimme Reden gegen Euch, und es will scheinen, daß er Euch nach dem Leben trachtet, um sich des Reichs zu bemächtigen. Darum hütet Euch vor ihm!" Über diese Worte ward der Kaiser sehr zornig und sprach zu dem Pfalzgrafen: „Erzählte mir ein anderer als du solche Lügen, ich ließe ihm den Kopf abhauen! Sprichst du aber aus Haß gegen meinen Sohn, so hast auch du den Tod verdient! Nie sah ich etwas Unrechtes an Herzog Ernst, sowenig wie an seiner Mutter; immerdar in Krieg und Frieden hat er zu mir gestanden." Aber der Pfalzgraf ließ sich nicht erschrecken. Er sagte, auch andere hätten böse Reden von Herzog Ernst gehört, und er selbst habe ihm wohl angemerkt, daß er auf Büberei sinne. Darum sei es seine Pflicht, des Kaisers Majestät zu warnen.

Da ward der Kaiser an seiner Meinung irre und glaubte endlich, was der Pfalzgraf ihm einflüsterte. Nach dem Rat des Ungetreuen entsandte er ein Heer gegen seinen Sohn. Der Pfalzgraf führte es und fiel unversehens, als der Herzog zu Regensburg weilte, in Österreich und Bayern ein, verwüstete das Land, schlug viel Volks zu Tode und eroberte Würzburg und Bamberg, so tapfer sich die Bürger wehrten. Als die Kunde vor den Herzog kam, erschrak er im tiefsten Herzen und konnte nicht ergründen, wer ihn bei dem Kaiser verleumdet und ihm solche Ungnade zugezogen habe. Er sammelte eilig ein Heer und zog dem Feind entgegen; in einer harten Schlacht behielt er das Feld, und der Pfalzgraf entrann nur mit wenigen Reitern. Da ergrimmte der Kaiser über die Maßen; jetzt nahm er selbst Kriegsvolk und eroberte eine Stadt des Herzogs nach der andern. Der junge Herr aber, der nicht gegen den Vater Krieg führen wollte, sandte an ihn einen Brief mit inständiger Bitte, ihm doch Frieden zu geben, da er sich keiner bösen Tat bewußt sei und nicht begreifen könne, warum der Kaiser ihn mit seinem Zorn heimsuchte. Der Bote kam, als die Kaiserin bei ihrem Gemahl war, und sie sah, wie ihm die Röte ins Gesicht stieg, als er den Brief las; wie ein grimmiger Löwe ging er hin und her im Saal. Sie merkte wohl, daß es ihrem Sohn galt, und wollte den Kaiser mit guten Worten besänftigen. Er aber wies sie zurück: „Liebe Frau, geht an Eure Geschäfte! Mein Geschäft ist es, die Missetaten Eures Sohns zu strafen!" „So ruft eine Versammlung ein und ladet ihn vor", bat sie, „damit ein sicheres Urteil gefunden werde, ob mein Sohn schuldig ist oder nicht!" Aber auch davon wollte er nichts wissen. So blieb der Kaiserin nichts übrig, als sich in ihren

Nöten zu Gott zu wenden, und als sie betete, glaubte sie eine Stimme zu hören, daß kein anderer an dem Unheil schuld sei als der Pfalzgraf. Das ließ sie, als der Bote zurückkehrte, ihrem Sohn bestellen.

Der junge Fürst blieb, als er das vernahm, lange in sich gekehrt. Dann vertraute er sich seinem Freunde Wetzel an und bat ihn, mit ihm nach Speyer zu reiten, wo der Kaiser gerade einen Reichstag abhielt. Sie brachen auf, nur von einem Diener begleitet, und ritten hin. Im Hof stiegen sie von den Pferden, gaben sie dem Diener zu halten und gingen hinauf in den Palast. Sie fanden den Kaiser mit dem Pfalzgrafen allein in einer Kammer sitzen; da ging Herzog Ernst auf den Verräter zu und rief: „Du meineidiger, treuloser Pfalzgraf, warum verleumdest du mich bei meinem Vater?“ Damit riß er das Schwert aus der Scheide und durchstach den Pfalzgrafen. Als der Kaiser den Sohn so außer sich vor Zorn sah, sprang er vier Klafter tief hinab in eine Kapelle, um sich zu bergen. Herzog Ernst aber lief mit Wetzel die Treppe hinab in den Hof, dort schwangen sie sich auf die Rosse und entritten auf heimlichen Wegen. Der Kaiser verharrte eine gute Weile in der Kapelle, bis er sich endlich herauswagte und den Herren des Hofs das Geschehene mitteilte. Die ganze Stadt geriet in Aufruhr durch die Freveltat, nach allen Seiten hin wurden Reiter ausgeschickt, die Entflohenen zu fangen; aber man fand sie nicht. Der Kaiser schwur, das Verbrechen blutig zu strafen. Die Kaiserin aber dankte Gott und bat ihn, ihren Sohn auch fürder zu behüten; sie konnte nicht glauben, daß er fähig gewesen wäre, sich auch am Kaiser zu vergreifen.

Nachdem der Pfalzgraf feierlich bestattet war, beschloß Otto, den Herzog ganz aus seinem Lande zu vertreiben, und nie wieder zu Gnaden anzunehmen. Er zog mit seinem großen Heer gegen ihn aus, und obwohl manche Fürsten, vornehmlich der Herzog von Sachsen, dem Geächteten wohlwollten und ihm auch Unterstützung gewährten, war der Kaiser doch zu mächtig, als daß Herzog Ernst hätte auf die Dauer widerstehen können. So wich er aus seiner Hauptstadt Regensburg, die danach ihre Tore dem Kaiser öffnete, und wurde immer weiter donauabwärts gedrängt. Endlich warf er sich mit Wetzel und einer Schar Getreuer unweit der Grenze in eine Feste. Als er aber sah, wie hinter ihm das ganze Land in Flammen stand, rief er seine fünfzig besten Ritter zusammen und bat sie, mit ihm einen Zug zum Heiligen Grabe zu tun; denn er sei nirgends mehr sicher vor seines Vaters Zorn, und unschuldiges Blut sei schon mehr als genug vergossen. Die Ritter hießen diesen Entschluß gut und erklärten, sie würden gern mitziehen. Von dem Rest seiner Habe stattete er die Genossen aufs beste aus, und auch das Geld, das seine Mutter ihm heimlich schickte, verteilte er unter sie.

Dann wich er trauernd als ein Verbannter aus dem Lande seiner Väter und zog mit Wetzel und seinen Mannen über Ungarn nach Konstantinopel, wo sie der griechische Kaiser mit hohen Ehren aufnahm. Dort blieben sie drei Wochen, bis sie ein großes Schiff fanden, das ihnen der Kaiser mit allen Vorräten aufs beste ausstattete. Sie dankten ihm und fuhren in Gottes Namen davon, und es schlossen sich ihnen noch zwölf Schiffe mit Griechen an, die gleichfalls zum Heiligen Lande wollten. Sechs Wochen waren sie gefahren, als sich auf dem Meere ein großes Unwetter erhob. Der Anprall der Wogen war so heftig, daß alle zwölf Schiffe der Griechen untergingen; nur Herzog Ernsts Schiff hielt aus, weil es stark mit Eisen beschlagen war. Aber der Sturm hatte sie weit von ihrem Ziele weggetrieben, sie wußten nicht, wo sie waren; viele Wochen sahen sie nur Wasser und Himmel und begannen bereits großen Hunger und Durst zu leiden. Da erblickten sie endlich eine Küste, hielten darauf zu und kamen an Land.

Vom Strand aus sahen sie in der Ferne eine wohlgebaute Stadt liegen, mit mächtigen Mauern und Türmen; sie kannten aber weder ihren Namen noch den des Landes. Wohlausgerüstet ritten sie der Stadt zu, und Graf Wetzel trug das seidene Banner mit dem goldgestickten Kreuz. Sie ritten um die Mauer, ohne auf ihr jemand zu erblicken; sie hielten vor einem der Tore und fanden es unverschlossen; sie zogen ein, und alle Straßen waren wie ausgestorben. Vor dem Schloß stiegen sie ab und traten in den Saal; auch er war leer von Menschen, aber ringsum standen die Tische reich mit Essen und Trinken gedeckt wie zu einem Hochzeitsmahl. Da setzten sie sich nieder und ließen es sich schmecken, sandten auch der Schiffsmannschaft genug zur Labung, und endlich trugen sie so viel Vorräte auf das Schiff, daß sie Proviant für ein halbes Jahr hatten.

Am nächsten Tage aber ritten Ernst und Wetzel allein zur Burg; sie nahmen in einem schönen Brunnen, der im Garten sprang, ein erfrischendes Bad und hielten in köstlichen Betten einen guten Schlaf. Danach beschauten sie die ganze Stadt, die herrlich gebaut war. Als sie aber auf die Mauer stiegen, sahen sie ein gewaltiges Heer heranziehen, und als es näher herankam, erstaunten sie über die Maßen: denn die Leute waren von den Schultern abwärts wohl wie Menschen gebildet, oben aber trugen sie Hälse und Köpfe wie die Kraniche. Um zu sehen, was sich weiter begeben würde, verbargen sich die Helden in einem Winkel hinter der Tür.

Bald kamen die Vogelschnäbler in die Stadt, und ihr König betrat das Schloß. Er führte eine schöne Menschenjungfrau mit sich, ihre Krone zeigte, daß sie königlichem Geschlecht entstammte, sie war die Tochter eines indischen Königs, und das ganze Schnabelvolk war ausgezogen, sie zu rauben; darum war die Stadt auch leer gewesen. Nun sollte Hochzeit gefeiert werden, der geschnäbelte König setzte sich mit der Jungfrau zu Tisch und ringsherum die schnatternde Mannschaft. Sie merkten wohl, daß von ihrem Tisch schon gegessen worden war, und schienen eine Weile verwundert; aber bald taten sie sich gütlich mit Speise und Trank, fingen an zu singen und wurden vergnügt, so daß manche mit seltsamen Sprüngen um die Tafel tanzten. Der König bot der Jungfrau oft den Schnabel, damit sie ihn küsse, aber sie wandte den Kopf traurig und voll Ekel hinweg. Das jammerte die Helden sehr, gern wären sie aus ihrem Versteck hervorgesprungen, die Königstochter von der scheußlichen Sippschaft zu befreien; aber es waren der Feinde so viele, daß es sie besser dünkte, zu warten, bis der König die Braut zu Bett führte. Allmählich ging denn auch das Mahl zu Ende, das geschnäbelte Volk, das vor Trunkenheit wie eine Herde Enten schnalzte, verließ den Saal, und der König schritt zur Kammer, die reich mit goldenem Gerät ausgestattet war. Bald entsandte er auch zwei Diener, ihm die Braut zuzuführen.

Als diese die arme Jungfrau durch den Gang schleppten, sprangen die beiden Helden aus ihrem Schlupfwinkel und erschlugen den einen, der andere aber entrann ihnen und lief zur Kammer mit großem Geschrei: „Die Indier sind gekommen, die Braut wiederzuholen!“ Da sprang der König ihnen entgegen und auf die Jungfrau los, mit seinem spitzen Schnabel stach er sie in die Seite, daß sie blutend zu Boden sank. Voll Zorn schlug Herzog Ernst dem König den Kranichkopf ab, er und sein Geselle trieben das Gesinde mit Schwerthieben aus der Kammer und schoben den Riegel vor. Aber als sie die Jungfrau aufhoben, war sie so schwer verwundet, daß sie nur noch wenige Worte reden konnte: „Ihr kühnen Helden, hättet ihr mich meinem Vater lebend zurückgebracht, er hätte mich einem von euch zum Weibe gegeben! Nun aber muß ich sterben und Gott meine Seele befehlen!“ Damit hauchte sie in den Armen des Herzogs den Atem aus.

Er sprach, als er sie tot sah: „Jetzt müssen wir uns unseres Lebens wehren!“ Sie stießen die Tür auf, vor der sich viele Vogelschnäbler gesammelt hatten; mit den Schwertern brachen sie sich Bahn aus dem Palast und bis zum Stadttor. Das fanden sie verschlossen, und sie hätten wohl ihr Leben lassen müssen, wären ihnen nicht ihre Genossen vom Schiff zu Hilfe gekommen. Die hatten sich, um die Helden wegen ihres langen Ausbleibens besorgt, aufgemacht; jetzt schlugen sie das Tor mit Streitäxten ein, und so gelang es den beiden, mit der Leiche der Königstochter hinauszukommen. Aber sie mußten die Tote dennoch hinter sich lassen, denn der Feinde wurden mehr und mehr, sie bedrängten sie immer härter und schossen vergiftete Pfeile auf sie, so daß sie nur mit Mühe sich und ihre Verwundeten auf das Schiff retten konnten. Schnell suchten sie das Weite; aber die Vogelschnäbler hatten auch Schiffe, mit denen sie die Fliehenden aufs Meer verfolgten, unaufhörlich ihre Giftpfeile entsendend, so daß es Herzog Ernst mit seinen Rittern wohl schlimm ergangen wäre, hätte er nicht zum Glück eine Wurfmaschine an Bord gehabt. Mit ihr schoß er ihnen etliche Schiffe in den Grund, daß alle, die darauf waren, ertranken. Da ließen die Vogelschnäbler von der Verfolgung ab und kehrten heim. Der Herzog verlor acht Ritter bei dem Treffen; denn die von einem Giftpfeil getroffen waren, mußten alle sterben, und ihre Leichen wurden unter großer Trauer der ganzen Mannschaft ins Meer versenkt.

Aber der Helden, die nun vier Tage mit gutem Wind dahinfuhren, wartete schon neues Unheil. In der Nacht stand ein Sturm auf, der sie in rasender Eile südwärts trieb. Als der Schiffer am Morgen Ausschau hielt, rief er laut in großem Schrecken: „Allmächtiger Gott, hilf uns, sonst müssen wir alle verderben!" „Was macht dir Angst, daß du so schreist?" fragte ihn der Herzog, und der Schiffer antwortete: „Bittet Gott um Gnade – wir sind ganz nahe beim Magnetberg und kommen nicht mehr los!" Alle fielen auf die Knie und ergaben sich in Gottes Hand, während die Macht des Berges sie mit unwiderstehlicher Gewalt an sich zog. Sie war so groß, daß die eisernen Nägel und Klammern aus dem Holz herausgerissen wurden und das Schiff in Stücke brach. Nur wenigen gelang es, sich auf treibenden Trümmern zum Strande zu retten, an dem viele Überreste von Schiffen lagen; außer dem Herzog und seinem Freund Wetzel entkamen nur fünf der Ritter dem Untergang. Sie suchten Schutz in einem der gestrandeten Fahrzeuge, das noch ziemlich wohlerhalten war; darin fanden sie viele Tote, die sie aufs Deck legten. Da kamen mächtige Greife geflogen, die führten die Leichen hinweg, um sie ihren Jungen ins Nest zu tragen. Indessen geriet Wetzel in eine Kammer, die lag voll von getrockneten Ochsenhäuten, und als er sie sah, kam ihm ein Plan zur Rettung, der freilich verwegen genug war.

„Da wir hier sonst doch sterben müssen", sprach er zum Herzog, „wollen wir's darauf wagen! Wir wollen uns in Ochsenhäute einnähen und aufs Deck legen lassen; dann werden uns die Greife für irgendwelche Leichen halten und hinwegführen. So kommen wir wenigstens übers Meer, und weiter mag Gott uns helfen!“ Damit war der Herzog zufrieden. In voller Rüstung, um sich vor den scharfen Krallen der Ungetüme zu schützen, ließen er und Wetzel sich von ihren Rittern, die das Wagnis tollkühn dünkte, in zwei Häute nähen und aufs Deck legen. Kaum nach einer Stunde kam ein riesiger Greif geflogen, ergriff mit jeder Klaue einen und führte sie im Sturm dahin wie der Habicht die Lerche. Sie konnten sich nicht rühren, die Luft drohte ihnen auszugehen, aber vor den Krallen schützte sie die Rüstung. Der Greif warf sie seinen Jungen ins Nest, er selbst schwang sich zum Glück wieder davon. Als er fort war, riefen die zwei einander zu und hörten, daß sie beide noch lebten; aber Wetzel war so schwach, daß er sich nicht mehr bewegen konnte, und auch der Herzog mußte eine Weile warten, bis er wieder so weit zu Kräften kam, daß er sich aus der Haut herausschneiden und seinem Gefährten beistehen konnte. Die jungen Greife glotzten ihnen entgegen, groß wie Kälber, aber trauten sich nicht an die Helden heran. So stiegen sie aus dem Nest und kletterten mit Mühe den steilen Felsen hinab; dann suchten sie eiligst Schutz im Walde. Ihren Hunger mußten sie mit Wurzeln stillen, aber sie waren Gott dankbar, daß sie der schlimmsten Gefahr entronnen waren. Nur um die Ritter, die sie zurückgelassen hatten, trugen sie großes Leid.

Jedoch von diesen hatten zwei beschlossen, dem Beispiel ihres Herrn zu folgen; auch sie ließen sich einnähen, wurden vom Greif davongetragen und schnitten sich heraus; jetzt irrten sie im Walde umher und hofften ihren Gebieter wiederzufinden. Als die drei letzten auf dem Schiffe zusammensaßen, unschlüssig, was sie beginnen sollten, sprach der eine: „Alle drei können wir nicht von hier entrinnen, einer muß zurückbleiben: so will ich dieser eine sein und euch beide einnähen. Mich aber laßt in Gottes Namen auf dem Schiff den Tod erwarten!“ Es ward den beiden andern schwer, den Gefährten zu verlassen, da sie solche Treue sahen; aber er bestand darauf, und so taten sie nach seinem Rat und kamen glücklich davon. Der letzte aber blieb zurück, und wiewohl er traurig war, dachte er doch mehr als seiner selbst des Herrn und der Freunde, ob sie wohl das Leben gerettet hätten. Es war kein Wasser auf dem Schiff, und das letzte Brot war bald verzehrt; so mußte er verschmachten und sich des Tages getrösten, da Christus ihn zur Auferstehung rufen werde. Die geretteten Ritter irrten im Walde hin und her, ob sie die andern fänden. Endlich trafen die beiden Paare an einem Quell zusammen und suchten nun gemeinsam ihre Herren. Zuletzt stieg einer auf einen hohen Baum und sah von fern zwei Leute; er schrie und pfiff so lange, bis sie ihn endlich hörten und näher kamen: da waren es der Herzog und Wetzel, und alle freuten sich von Herzen des Wiedersehens.

Eine Weile gingen sie im Walde fort, dann kletterten sie über Felsen hinab in eine Schlucht, in der ein reißendes Wasser floß; es wunderte sie selbst, wie sie heruntergekommen waren, denn es schien ihnen unmöglich, wieder hinaufzusteigen. So gingen sie dem Fluß nach auf immer schlimmerem Pfad; immer breiter ward das Wasser, immer steiler und höher stiegen zu beiden Seiten die Berge an; endlich standen die sechs vor einem Felsentor, durch das der Strom in eine finstere Höhle hineinbrauste. Der Herzog entschloß sich, nicht umzukehren. Er befahl den Gefährten, große Stämme abzuhauen und zusammenzutragen, die banden sie mit Weidenruten zusammen. Dann fragte er, wer mit ihm die Fahrt in den Berg wagen möchte. Da wollte keiner zurückbleiben, und nachdem sie Gottes Schutz angerufen hatten, vertrauten sie sich der Strömung an. Das Floß schoß durch das Tor wie ein Pfeil, es wurde stockfinster um sie, daß keiner den andern sah. Das Fahrzeug begann zu schwanken und zu beben, als wollte es in Stücke gehen; es drehte sich bald längs, bald quer zum Strom, und das Wasser toste, daß keiner des andern Wort vernahm. So wurden sie wohl einen halben Tag lang vorwärts gerissen. Auf einmal begann eine Wand zu erglühen, als ob sie brenne, und als sie daran entlang streiften, schlug der Herzog ein Stück ab: der Stein war ein Karfunkel, ihn brachte er später mit nach Hause. Endlich sahen sie das Tageslicht wieder. Sie trieben auf breitem Strom durch einen großen Wald und danach in eine freie Landschaft mit schönen Städten und Schlössern; dort arbeiteten sie sich ans Ufer.

In dem Land wohnte ein Menschenschlag, der nur ein Auge hatte, gerade über der Nase (auf Latein nennt man sie Zyklopen), und ihr Reich gehörte zu Indien. Dort fanden die Gefährten gute Aufnahme. Der König der Einäugler entbot sie zu sich und war, da er die Geschichte Herzog Ernsts gehört hatte, von ganzem Herzen froh, so mannhafte Helden bei sich zu begrüßen; denn sein Land war von vielen Feinden bedroht. Die einen waren das Volk der Schattenfüßler: diese Leute hatten nur einen, aber sehr breiten Fuß, mit dem hüpften sie so schnell dahin, daß niemand sie einholen konnte, und sie sprangen damit nicht nur über das Land, sondern auch über das Meer; wenn aber die Sonne sehr heiß schien, legten sie sich auf den Rücken und brauchten den Fuß als Schirm. Gerade jetzt machten sie einen Einfall in das Land der Einäugler. Der Herzog legte ihnen mit seinen Rittern und den Mannen des Königs einen Hinterhalt und erschlug die meisten; aber einen nahm er gefangen und behielt ihn für sich. Danach kamen als neue Feinde die Langohren, denen die Ohren wie Lappen bis auf die Erde hingen. Sie kreiste Herzog Ernst in einem Walde ein und steckte ihn an; die dem Brand entrannen, wurden getötet bis auf zwei, die er fing. Danach verlangte das Volk der Riesen von den Einäuglern Tribut; Herzog Ernst widerriet dem König, ihn zu zahlen, und rief dem ungefügen Boten zu: „Melde deinem Herrn: Wenn ihm das Fell juckt, dann wollen wir's ihm kratzen!" Da zog der Riesenkönig mit seinem Heer in großem Grimm heran, aber der Herzog vermied die Schlacht, und so lagen sich die Heere einen Monat gegenüber und scharmützelten nur. Als aber die Riesen keinen Angriff mehr fürchteten und sorglos wurden, überfiel er sie unversehens und erschlug so viele, daß die andern flohen. Von ihnen fing er einen, der schwer verwundet war; er ließ ihn heilen und nahm ihn in seinen Dienst.

Da er nun so viel wunderliches Volk beeinander hatte, gelüstete es ihn, auch die Pygmäen oder Zwerge kennenzulernen, die unfern dem Lande der Einäugler wohnten. Diese kleinen Leute lagen in einem steten Kriege mit den Kranichen, und als der Herzog mit seinen Gewappneten bei ihnen erschien, erschraken sie sehr, denn sie fürchteten neue Feinde. Aber er tröstete sie bald, indem er ihnen sagte, er wolle ihnen vielmehr helfen, und nun nahmen sie ihn mit Freude auf. Als die Kraniche in dichten Schwärmen heranflogen und viele der Kleinen mit ihren spitzen Schnäbeln zu Tode stachen, fiel Herzog Ernst mit seinen Gesellen über sie her und schoß und erschlug ihrer so viele, daß das Zwergenvolk von dem Fleisch ein ganzes Jahr lang zu essen hatte. Der Zwergenkönig bot dem Befreier zum Lohn viel Gold und Edelstein; Herzog Ernst aber erbat sich statt dessen nur zwei Zwerglein als Diener, und der König schenkte sie ihm mit großen Danksagungen.

Mit den beiden und seinen andern seltsamen Leuten hatte der Held viel Kurzweil. Er lebte mit Wetzel und seinen Rittern bei den Einäuglern hochgeehrt; der König hatte ihm für seine Dienste fünf große Städte und Schlösser geschenkt, und am liebsten hätte er ihn für immer bei sich behalten. Aber der Herzog gedachte nicht zu bleiben, sondern nahm die nächste Gelegenheit wahr, um von dannen zu kommen. Als ein Schiff aus dem indischen Mohrenlande zur Küste kam, erzählte ihm der Patron, daß sein König um seines christlichen Glaubens willen von dem Sultan von Babylon hart bedrängt werde. Da beschloß der Herzog dem Mohrenkönig Hilfe zu leisten, und das gefiel auch dem Grafen Wetzel und den Rittern wohl. Ohne Urlaub zu nehmen, gingen sie an Bord; der Herzog ließ seine Städte und Schlösser fahren und nahm nur seine wunderlichen Leute mit, dazu noch einen Einäugler, den ihm der König als Diener geschenkt hatte. Mit gutem Wind gelangten sie rasch ins Mohrenland und fanden daselbst den besten Empfang. Eines Tags bei der Mittagstafel erschien ein Bote des Sultans von Babylon und forderte im Namen seines Herrn von dem Mohrenkönig, er solle den Christenglauben abschwören, sonst würden die Heiden ihn samt seinem ganzen Lande verderben. An Stelle des erschrockenen Königs antwortete der Herzog Ernst: „Melde deinem Herrn, er soll kommen; wir werden ihn als tapfere Kriegsleute erwarten!" Und er sprach dem Mohrenkönig so gut zu, daß er Mut faßte, in Gottes Namen seinen Glauben mit bewaffneter Hand zu verteidigen.

Der Sultan kam durch die kecke Absage in großen Zorn. Mit hunderttausend Heiden fiel er ins Mohrenreich ein, erschlug Männer, Weiber und Kinder und vergoß viel unschuldiges Blut. Nun zog auch der Mohrenkönig ins Feld, stellte sein Heer zur Schlacht auf und ritt durch die Reihen, die Kampflust und die Zuversicht der Seinen zu stärken; das Banner aber gab er in die Hand des Herzogs Ernst. Auf der andern Seite feuerte der Sultan die Heiden an, beherzt dreinzuschlagen: sie sähen ja, daß der Mohrenkönig nicht viel Volks habe; vor allem aber sollten sie nach dem Banner des Feindes trachten. Dann ward zum Angriff geblasen, und als der Hornruf zum drittenmal ertönte, begann die Schlacht mit Spießekrachen und Geschrei, daß man es meilenweit hören konnte. Während der Mohrenkönig hinter seinem Heer auf die Erde hinkniete und mit erhobenen Händen Gott um den Sieg anflehte, wurde Herzog Ernst mit dem Banner aufs härteste bedrängt; aber ihn schützten Graf Wetzel und seine Ritter so tapfer, daß sich rings um sie die Toten häuften. Wacker stand ihnen der Riese bei, den der Herzog von den Einäuglern mitgebracht hatte; er schlug mit seiner Keule so mächtig drein, daß kein Heide mehr standhalten wollte. So wild war das Gemetzel, daß das Blut unter den Toten dahinfloß wie ein Bach. Als der Sultan die Not der Seinen sah, sprengte er selbst gegen den Herzog an. Aber Graf Wetzel unterlief ihn und versetzte ihm einen so harten Schwertschlag, daß er samt seinem Rosse zur Erde fiel. Vergebens wollten ihm die andern Heiden helfen, der Riese schlug jeden nieder, der sich näherte, und Wetzel nahm den Sultan gefangen. Da begannen die Heiden zu fliehen, aber die Mohren rannten ihnen nach und stachen mit Spießen zwischen sie, daß nur wenige entkamen. Auch Herzog Ernst hatte einen schweren Verlust zu beklagen: einer seiner Ritter war gefallen. Aber der Sieg war sein, und er meldete ihn dem Mohrenkönig.

Dann ging er mit Wetzel zu dem gefangenen Sultan, der sehr betrübt über seine Niederlage war, aber den Helden, der sie ihm gebracht, wegen seiner Mannhaftigkeit pries und vollends bewunderte, als er seine früheren Taten und Schicksale erfuhr. Er faßte großes Vertrauen zu ihm und bat ihn, ihm aus der Gefangenschaft zu helfen; dafür werde er ihn gern durch sein Land geleiten bis zur Stadt Jerusalem. Der Vorschlag behagte dem Herzog, und er bat den Mohrenkönig, den Heiden gegen die Versicherung, daß er künftig Frieden halten werde, freizugeben. Aber der Mohrenkönig sagte: „Nein, ich werde den Sultan nicht freilassen, ehe er nicht den christlichen Glauben bekennt!“ Das hörte der Herzog mit Unmut, und entgegnete: „Wißt Ihr nicht, daß man niemand zum Glauben zwingen soll? Wer ihn nicht aus eigenem Willen annimmt, den soll man lassen; Gott möge es mit ihm selbst abmachen!“ Trotzdem ließ der König den Sultan vor sich kommen und drohte ihm, ihn sein Leben lang in Gefangenschaft zu halten, wenn er nicht das Christentum annähme. Darauf erwiderte der Sultan: „Das tu ich nicht! Aber Gold und Silber will ich zahlen, soviel Ihr verlangt, Euch auch das Land zurückgeben, das ich Euch früher nahm, und Euch schwören für mich und meine Nachkommen, daß Ihr immerdar Frieden vor uns haben sollt.“ Damit gab sich der Mohrenkönig, zumal Herzog Ernst ihn treulich dazu mahnte, endlich zufrieden. Der Sultan schwur den Eid und durfte heimziehen nach Babylon; Herzog Ernst samt seinen Gefährten aber ritt mit ihm, wiewohl ihm der Mohrenkönig sein halbes Reich bot, wenn er bei ihm bliebe. In der schönen Stadt Babylon verweilte der Herzog drei Wochen und besah sie mit aller Aufmerksamkeit. Dann nahm er Abschied von dem Sultan, der ihn reich mit Gold, Silber und Kleinodien beschenkte und ihm zweitausend bewaffnete Reiter als Geleit mitgab. Sie brachten ihn bis dicht vor Jerusalem, dann kehrten sie um; denn in die Christenheit durften die Heiden nicht hinein, man hätte sie dort erschlagen.

In die Heilige Stadt sandte der Herzog einen seiner Ritter voraus, der führte den Schattenfüßler, die Langohren, den Einäugler und die zwei Zwerge durch die Straßen; da liefen die Einwohner und Pilger von allen Seiten zusammen und staunten die seltsame Gesellschaft an. Aber als er selber einzog mit Wetzel, den beiden andern Rittern und dem Riesen, da wurde das Gedränge so groß, daß sie nicht mehr vorwärts konnten und er dem Riesen befehlen mußte, ihnen mit seiner Keule Platz zu machen. Langsam kamen sie zur Herberge, vor der die Neugierigen sich noch lange stauten und riefen, so daß sich der Herzog und seine Gesellen immer wieder an den Fenstern zeigen mußten. Einige vornehme Pilger brachten die Kunde zum König von Jerusalem; er suchte sogleich den Herzog auf, um ihn zu begrüßen, und konnte sich nicht genug wundern, als er seine Geschichte vernahm. Nach dem Mahle führte er die Helden selbst zum Heiligen Grabe; dort fiel Herzog Ernst auf die Knie und dankte dem barmherzigen Gott für die Gnade, mit der er ihn aus so viel Gefahren errettet hatte.

Ein ganzes Jahr lang blieb der Herzog in Jerusalem, und die heimkehrenden Pilger erzählten in allen Ländern von ihm und seinen wunderbaren Fahrten. Auch der Kaiser Otto hörte davon und sagte zu seiner Gemahlin: „Liebe Frau, ich bring Euch eine neue Mär: Euer Sohn Ernst weilt zu Jerusalem, und er soll ganz grau geworden sein." Da seufzte die Kaiserin vor Glück und Schmerz und antwortete: „Fürwahr, Herr, die grauen Haare kommen ihm nicht von ungefähr, er hat viel Unglück in seinem Leben erdulden müssen."

Nach einem Jahr ging der Herzog mit seinen Gefährten auf ein Schiff, das nach Frankreich fuhr. Sie landeten glücklich und ritten nach Paris. Überall wunderten sich die Leute über die seltsamen Geschöpfe, die er mit sich führte, aber in Paris wurde eins von ihnen, der Schattenfüßler, krank und starb. Von hier zogen sie weiter nach Rom; denn der Herzog hoffte, daß der Papst für ihn bei seinem Vater Fürsprache tun werde. Aber der Heilige Vater schlug es ihm ab, da er gerade mit dem Kaiser in Uneinigkeit lebte.

So entschloß sich der Herzog, auf eigene Gefahr in sein Vaterland heimzukehren, und sprach zu seinem Freund Wetzel: „Wir haben so viele Ängste ausgestanden und sind mit Gottes Hilfe so vielen Gefahren entronnen, daß wir es auch diesmal wagen wollen, obwohl uns durch den Zorn meines Vaters vielleicht das größte Elend droht." Wetzel riet ihm, nach Nürnberg zu ziehen, wohin der Kaiser gerade einen Reichstag einberufen hatte. „Vielleicht, daß uns dort Gott selbst einen Weg zeigt, da der Papst uns nicht helfen will." Sie machten sich auf den Weg; die beiden Freunde ritten vorauf, ihr fremdartiges Gefolge aber ließen sie in zwei gedeckten Wagen unter dem Geleit der Ritter nachkommen. Auf diese Art kamen sie unbemerkt in die Stadt Nürnberg und wohnten bei einem Wirt, der dem Herzog Stillschweigen gelobte.

Bald danach traf auch der Kaiser mit seiner Gemahlin und seinen Herren ein. Am Christtag früh ging die Kaiserin mit ihren Jungfrauen zur Messe. Diese Gelegeneit nahm Herzog Ernst wahr und näherte sich ihr, als sei er ein Bettler; er begrüßte und redete sie an: „Gebt mir ein Almosen um Christi willen – und wegen Eures Sohnes Ernst!“ Sie antwortete: „Ach, lieber Freund, meinen Sohn habe ich lange nicht gesehen! Wollte Gott, daß er noch lebte – ich würde dem, der es mir meldet, ein gutes Botenbrot geben!“ Schnell sagte Ernst: „Gnädige Frau, gebt es mir – aber rasch, denn ich muß sogleich wieder hinweg, weil ich in Ungnade bei meinem Vater bin!“ Sie sprach: „So bist du selbst mein Sohn Ernst!“ „Ja, Mutter“, antwortete er, „ich bin's; helft mir, daß ich wieder zu Gnaden komme!“ „Wir haben nicht Zeit, lange zu reden“, flüsterte sie hastig; „komm morgen in die Kirche, und wenn der Bischof von Bamberg das Evangelium gelesen hat, falle mit Wetzel zusammen dem Kaiser zu Füßen! Ich will indessen den Bischof und andere Herren ersuchen, daß sie für dich bitten.“ Sie schieden rasch, und die Kaiserin ließ sogleich den Bischof von Bamberg kommen, damit er ihr beistehe. Er versprach ihr seine Hilfe und redete mit vielen Fürsten und Herren; sie waren alle gern der Kaiserin zu Diensten.

Ungeduldig hatte Herzog Ernst den nächsten Tag erwartet. Sobald der Kaiser in die Kirche gegangen war, folgte er ihm; er stellte sich an die Tür, Graf Wetzel aber trat hinter den Altar, die Hand am Schwertgriff, denn er war fest entschlossen, den Kaiser zu erstechen, wenn er den Sohn nicht begnadigte, sondern etwa gefangennehmen ließe. Der Kaiser thronte herrlich auf seinem Stuhl, und neben ihm saß die Kaiserin; andächtig hörten sie zu, wie der Bischof das Evangelium sang. Als das Amt aber vorüber war, begann der Bischof nicht sogleich mit der Predigt, sondern machte – wie er es mit der Kaiserin verabredet hatte – eine Pause. Da ging Herzog Ernst mutig vor den Kaiser, das Antlitz mit dem Mantel verhüllt, fiel vor ihm auf die Knie, neigte sein Haupt dreimal und sprach: „Allergnädigster Herr und Kaiser, ich bitte Euch, einem Sünder zu verzeihen, der sich vor langer Zeit gegen Euch verging, aber, wie Gott weiß, in der Hauptsache unschuldig ist!“ Der Kaiser entgegnete: „Es kommt auf die Art deiner Sünde an, ob dir verziehen werden kann.“ Aber die Kaiserin stand auf und sprach: „Gnädiger Herr, vergebt dem Menschen, der Euch an diesem hohen Feiertag so herzlich bittet!“ Und der Bischof von Bamberg kam mit vielen Fürsten und Herren, und sie baten alle: „Vergebt ihm, vor Gott ist keine Sünde so groß, daß er sie nicht dem Reuigen verziehe!“ „So mag ihm denn verziehen sein“, sprach der Kaiser; „aber ich will wissen, wer er ist!“

Da warf Herzog Ernst den Mantel vom Gesicht; der Kaiser erkannte ihn und wurde blaß vor Zorn. Das sah Ernst und winkte seinem Gesellen Wetzel nach dem Altar hin, daß er wohl achtgeben solle. Aber der Kaiser überwand den Zorn, da er den einhelligen Willen seiner Herren sah, und fragte: „Lieber Sohn, wo ist denn dein Freund Graf Wetzel?“ Nun rief der Herzog den Freund vom Altar herbei, der kam mit Freuden, und der Kaiser gab beiden den Friedenskuß. Zusammen hörten sie die Predigt an und gingen einträchtig heim, die Kaiserin aber war von ganzem Herzen froh.

Vater und Sohn saßen bei Tisch nebeneinander und unterhielten sich freundlich; da erfuhr der Kaiser, was für ein schändlicher Verräter der Pfalzgraf Heinrich gewesen war. Nach der Mahlzeit aber ließ der Herzog seine seltsamen Leute kommen; das Volk lief ihnen auf der Straße nach und umdrängte sie, daß ihnen der Riese nur mit Mühe Bahn machen konnte, und als sie glücklich im Saal waren, mußten die Riegel vorgeschoben werden, sonst wären die Schaulustigen ihnen nachgedrungen. Nun wies der Herzog dem Kaiser die wunderlichen Geschöpfe vor und erzählte ihm, wie viele Völker und Länder er gesehen und wie viele Gefahren er bestanden habe, so daß sein Vater aus dem Staunen nicht herauskam. Und als er ihm erzählte, wie er mit seinen Gesellen auf dem Floß durch den Berg gefahren und an der leuchtenden Steinwand vorbeigekommen war, zog er aus der Tasche den Karfunkel und schenkte ihn dem Kaiser. Der ließ ihn nachmals in seine Krone setzen, und man nannte den Stein den Waisen, weil seinesgleichen in der ganzen Christenheit nicht mehr gefunden wurde.

Als der Kaiser aber erfahren hatte, durch wie viele Prüfungen sein Sohn hindurchgezogen war, setzte er ihn vor allen Herren feierlich wieder in seine Würden und Länder ein und verhieß ihm, seinen Besitz noch zu vergrößern. Versöhnt und in Liebe schieden sie voneinander, und die Kaiserin lobte Gott. Herzog Ernst kehrte mit dem Grafen Wetzel in sein Land zurück, das ihm freudig von neuem huldigte. Der Kaiser zog nach Speyer und feierte dort der Rückkehr seines Sohnes zu Ehren ein großes Fest. Die Kaiserin aber ließ, Gott zu Dank, ein herrliches Münster in Salza erbauen, und dort wurde sie nachmals auch begraben.

OTTO MIT DEM BART

Kaiser Otto II., wegen seiner zornigen Strenge sehr gefürchtet, trug ums Kinn einen langen roten Bart; was er bei dem schwur, hielt er unverbrüchlich, und wenn ein Missetäter den Eid: „Bei meinem Bart!" hörte, so wußte er, es war sein Tod.

Einmal um die Osterzeit berief der Kaiser alle Fürsten und Herren auf sein Schloß Bamberg, und aus allen Teilen des Reichs strömten die Bischöfe und Edlen herbei. Während die Messe gesungen wurde und die Glocken die Auferstehung Christi einläuteten, wurden in den Sälen schon die Tische zum Mahl gedeckt; auf dem weißen Tuch lag das Brot, daneben blinkte der Weinkrug. Da lief ein junger Edelknabe vorbei, der kürzlich erst zu Hofe gekommen war, ein Sohn des Herzogs von Schwaben, und da ihn die Speise so freundlich anlachte, nahm er, genäschig wie Kinder sind, ein Brötchen vom Tisch. Gerade aber schritt der Truchseß mit seinem Stabe den Saal auf und ab, um die Tafel mit dem letzten Blick zu mustern. Er sah den Knaben in das Weißbrot beißen, lief zornig hinzu und schlug ihn mit dem Stabe so grob auf den Kopf, daß sich sein Blondhaar blutig färbte und seinen Augen die Tränen entstürzten. Das gewahrte Herr Heinrich von Kempten, ein wackerer Ritter, der den Herzogssohn als Hofmeister nach Bamberg geleitet hatte, und er stellte den Truchseß zornig zur Rede. Der aber antwortete hochmütig: „Wer höfische Sitte verletzt, dem bring ich sie bei, dazu gab man mir den Stock; Eure Reden kümmern mich nicht, und Euren Zorn fürchte ich sowenig wie der Habicht das Huhn." Über diese schnöde Abfertigung ergrimmte Herr Heinrich, er riß dem Truchseß den Stock aus der Hand und ließ ihn auf seinen Schädel sausen, daß die Hirnschale zu Scherben brach und das Blut des Hinstürzenden über den Estrich floß.

Als der Kaiser nach dem Kirchgang sich zum Mahle setzte, sah er den frischen Blutfleck und fragte heftig, wer den Saal so entweiht habe. Er hörte, daß sein Truchseß erschlagen worden sei, und befahl, den Täter sofort vor sein Angesicht zu führen. „Du warst es also", herrschte er ihn an, „der hier den Frieden brach und Mord verübte an meinem treuen Mann?" Herr Heinrich bat mit bescheidenen Worten, sich rechtfertigen zu dürfen, denn obzwar er die Tat begangen habe, sei er nicht so schuldig, wie es scheine. Aber der Kaiser rief, das Antlitz vor Zorn flammend: „Der Mord geschah, so soll auch die Sühne geschehen! Du sollst mir büßen, bei meinem Bart!" Der Ritter wußte wohl, was dieser Schwur bedeute und daß sein Kopf verloren sei, wenn er nicht selbst mit raschem Mut sein Schicksal wendete.

Darum rief er: „Droht Ihr mir den Tod, so will ich vorher noch um mein Leben kämpfen!" – und tief Atem holend sprang er mit raschem Anlauf auf den Kaiser zu, packte ihn am Bart und zog ihn quer über den Tisch. Mit mächtiger Kraft zwang er ihm das stolze Haupt nieder, daß ihm die Krone entfiel und mit dem Geschirr und den Speisen auf die Erde rollte, schwang sein Messer über ihn und sprach: „Herr Kaiser, ich töte Euch auf der Stelle, wenn Ihr mir nicht zuschwört, daß Euer erster Eid nichtig ist und ich frei und sicher hinweggehen kann!" Die Ritter des Kaisers wollten dem Herrn zu Hilfe springen, aber Heinrich rief: „Keiner rühre mich an, sonst ist es um den Herrn geschehen – und ich schicke ihm den nach, der mir zu nahe kam! Ihr aber, Herr Kaiser, laßt mich jetzt nicht länger warten!" Da streckte der Kaiser die Finger rückwärts hoch und leistete einen feierlichen Eid, daß er Herrn Heinrich Leben und Freiheit schenke; und sofort ließ der Ritter Bart und Gebieter los.

Der Kaiser setzte sich wieder auf seinen Stuhl und strählte mit den Fingern den mißhandelten Bart. Dann sprach er: „Was ich dir geschworen habe, will ich dir halten; aber in meiner Nähe will ich dich nicht mehr sehen, ich kann keinen Bartscher brauchen, der so grob zupackt. Verlaß den Hof noch in dieser Stunde, und komm mir nie wieder vor die Augen!" Da fuhr Herr Heinrich schleunigst von dannen und kehrte nach Schwaben zurück auf sein schönes Gut, das er von einem Kloster zu Lehen trug. Dort lebte er zufrieden und in Ehren.

Nach zehn Jahren begab es sich, daß Kaiser Otto einen Heerzug über die Alpen nach Italien tat. Eine feste Stadt hielt ihn auf; er belagerte sie lange und konnte ihrer nicht Herr werden, denn es gebrach ihm an Mannschaft. Daher erließ er ein Aufgebot in alles deutsche Land: Jeder, der vom Reich ein Lehen trage, solle sich bei Strafe des Verlustes sofort mit seinen Mannen zum Kriegsdienst stellen. Die Boten kamen auch zu dem Abt des Klosters, und er berief Herrn Heinrich, seinen Lehnsmann, daß er ihm auf der Fahrt nach Italien folge. „Lieber Herr", antwortete der Ritter, „wißt Ihr nicht, daß ich die Huld des Kaisers verscherzt habe und nicht mehr vor sein Angesicht treten darf? Nehmt meine beiden Söhne mit und laßt mich zu Hause!" Aber der Abt sprach freundlich zu ihm: „Du bist mir mehr wert als die beiden Jünglinge, ich kann deine Kraft nicht entbehren! Auch gibt es für dich schwerlich einen besseren Weg, des Kaisers Gunst wiederzugewinnen, als tapfer und ruhmreich für ihn zu kämpfen. Doch schlägst du es ab, mir zu folgen, so muß ich dein Lehen einem andern geben, der dem Reich freudiger dient." „Dann ziehe ich in Gottes Namen mit", sagte Herr Heinrich; „die Fahrt macht mir Sorgen, aber lieber will ich ritterlich in den Tod gehen, als meiner Lehnspflicht untreu sein."

Mit der Schar des Abts zog er übers Gebirge und zum Lager vor der Festung. Sein Zelt schlug er abseits auf, damit er dem Kaiser nicht begegne, aber in jedem Kampf war er treulich zur Stelle. Einmal nach einem siegreichen Treffen bestellte er sich ein frisches Bad, um den Leib nach der heißen Arbeit zu kühlen. Gerade war er in den Zuber gestiegen, als er sah, daß aus der Stadt ein Zug von Bürgern herausgeritten kam, während aus dem Lager der Kaiser nahte. Die Feinde hielten nahe bei seinem Zelt, und so konnte er erlauschen, was sie planten. Sie hatten den Kaiser zu einer Unterredung geladen, um ihm Frieden und Unterwerfung anzubieten, waffenlos sollten die Parteien sich begegnen; aber heimlich hatten die Feinde Waffen mitgeführt und dachten den Kaiser, der arglos auf sie zuritt, zu überfallen. Schon umstellten sie ihn und zogen die Waffen unter den Mänteln vor, da überlegte Herr Heinrich nicht lange: er sprang aus dem Zuber und lief, nackt wie er war, nur mit dem Schild die Brust deckend und in der Faust das Schwert schwingend, dem Kaiser zu Hilfe. Die Städter erschraken, als der wilde nackte Mann über sie herfiel, sie leisteten seinen wütenden Hieben geringen Widerstand; er schlug einige nieder und jagte die andern in die Flucht. Dann lief er schnell, sich geschickt allen Blicken entziehend, zurück in sein Zelt und stieg wieder in den Zuber, um sich den Staub des neuen Gefechts von den Gliedern zu spülen.

Der Kaiser kehrte ins Lager zurück, erzürnt über die heimtückischen Verräter, aber mehr noch erfreut über den mutigen Helfer. „Wer kann der kühne Mann gewesen sein", fragte er seine Ritter, „der in meiner höchsten Not plötzlich zu meiner Rettung erschien und ebenso plötzlich wieder verschwand? Kennt ihn keiner von euch? Gern würde ich in seine tapferen Hände viel Land und Leute geben!" Nun wußten einige wohl, daß der Helfer kein anderer gewesen war als Herr Heinrich; doch sie scheuten sich, den Namen vor dem Kaiser zu nennen. Darum sagten sie: „Wir kennen den Helden wohl; aber er hatte das Unglück, bei Euch in schwere Ungnade zu fallen. Deshalb können wir nicht sagen, wer er ist, bevor Ihr ihm nicht Eure Huld wieder zuwendet." Da sprach der Kaiser: „Und wenn er meinen Vater erschlagen hätte, wollte ich ihm – bei meinem Bart! – fortan immer huldreich und gnädig sein!"

Als sie ihm nun, noch etwas zaghaft, Herrn Heinrich von Kempten nannten, mußte der Kaiser lachen. „Er also ist's? Das sieht ihm wirklich gleich; wer wäre sonst wohl nackt in den Kampf gerannt als er, der im Zorn sogar über seinen Kaiser herfiel! Der Mann hat Mut, und ich bin ihm von Herzen gewogen! Aber einen kleinen Schreck soll er doch noch haben!" Rasch wurde Heinrich herbeigeholt, und der Kaiser fuhr ihn in verstelltem Zorn an: „Habt Ihr in Eurer Vermessenheit ganz vergessen, daß ich Euch von meinem Angesicht verbannte? Ihr habt mir den Bart so übel zugerichtet, daß er sich heut noch nicht wieder krausen will! Welcher Übermut führte Euch her?" „Vergebt", antwortete der Ritter, „mein Lehnsherr zwang mich herzukommen, ich tat's, bei Gott, nicht gern – aber der Lehnspflicht mußte ich doch Treue halten." Da lachte der Kaiser laut heraus: „Nun, wenn du so ungern kamst, dann bist du freilich entschuldigt! Aber ich glaube, dann muß ich auch meinen Zorn fahrenlassen. So sei mir denn tausendmal willkommen, mein werter Ritter, dem allein ich's verdanke, daß ich noch lebe!" Er trat zu ihm und küßte ihn auf die treuen Augen: „So nimm von mir Sühne und Frieden, immer sollst du mein Freund sein!" Mit reichen Gütern und Ehren begabt, lebte Herr Heinrich hinfort in des Kaisers Gunst, und alle Welt rühmte seinen hohen Mut.

GRAF HOYER VON MANSFELD

Der tapferste Held seiner Zeit, hoch und stark von Wuchs, unverzagt an Mut und wie ein Leu beherzt, dabei hochfahrend, übermütig und trotzig, war Graf Hoyer von Mansfeld aus sächsischem Stamm. Man erzählt, seine Mutter sei vor seiner Geburt gestorben, und er habe sich ihrem Leibe ohne fremde Hilfe entwunden; daher sei sein Spruch gewesen:

„Ich, Graf Hoyer, ungeboren,
Hab' noch keine Schlacht verloren."

Seine Faust galt ein Heer, und siegreich war er bis in seinen Tod; der traf ihn in der blutigen Schlacht am Welfesholz. Vor dem Holz, an dem er mit einer mutigen Schar von Jünglingen hielt, um den Kampf zu eröffnen, lag ein mächtiger Felsstein. Graf Hoyer zog den Handschuh ab und sprach zu seinen Getreuen: „So wahr ich mit meiner Hand in diesen Stein hineingreife wie in Teig, so wahr will ich diese Schlacht gewinnen!" Damit griff er hinein in den Stein, und viele Jahrhunderte danach sah man darin noch den Abdruck von Daumen und Hand. Voll wilden Muts stürzten die Seinen in den

Streit und schlugen den Feind, den Grafen aber durchstach Wiprecht von Groitzsch mit der Lanze, daß er sterbend vom Pferde fiel.

Nach der Schlacht richteten die Sachsen ihm zu Ehren die Bildsäule eines gehelmten Mannes auf, mit einem Streitkolben in der Rechten und dem sächsischen Wappen in der Linken: dieses Bildwerk nannte man Jodute, nach dem Namen des alten Kriegs- und Schwertgottes Tiu oder Ziu, den die Sachsen von je als den starken Schützer ihres Stammes verehrt hatten. Zu ihm kamen die wehrhaften Bauern aus der Umgebung, um zu beten, und selbst die christlichen Priester ehrten das Bild, bis Kaiser Rudolf von Habsburg es als eine heidnische Abgötterei zerstören und eine Kapelle an dem Ort erbauen ließ. Aber die Erinnerung an den Helden ließ sich von hier nicht vertreiben, und war sein Bild verschwunden, so zeigte man sich später in der Kapelle einen alten Weidenstumpf: der habe in der Schlacht „Jodute!" gerufen und so den Sieg herbeigeführt.

DER EISERNE LANDGRAF

In seiner Jugend war Landgraf Ludwig von Thüringen gütig und leutselig gegen Edle und Unedle, allezeit versöhnlich und weichen Herzens; darum achteten ihn die Edlen nicht, noch fürchteten ihn die Unedlen, seine Gefolgsmannen wurden mutwillig, die Bürger ungehorsam, und das Volk verkam. Ehrbare Männer hielten ihn für einen Toren, die einfachen Leute und Bauern aber fluchten ihm, weil sie durch seine übergroße Milde arm und elend wurden; sie lebten in steter Angst vor neuer Bedrückung, Last und Fron, ja offenbarer Räuberei. Es stand bald so übel um das Land, daß viele seiner spotteten: „Schade, daß er unser Herr ist, er taugt nicht dazu." Er aber erfuhr von allem nichts, denn die Bedränger verbargen ihm die Wahrheit aus Eigennutz, und die Bedrängten wagten nicht zu sprechen.

Einmal auf der Jagd, der der Landgraf gern oblag, kam er von seinem Gefolge ab, ritt kreuz und quer in die Irre und gelangte abends zur Waldschmiede in Ruhla. Der Schmied fragte, wer er sei, und der Landgraf, der einfache Kleidung und um den Hals das Jägerhorn trug, antwortete: „Ich bin ein Jägerbursche des Landgrafen Ludwig." „Pfui", sprach da der Schmied, „das ist ein übler Herr! Wer seinen Namen nennt, sollte sich danach den Mund auswaschen! Beherbergen will ich dich wohl, aber nicht um seinetwillen. Zieh dein Pferd in den Schuppen, dort findest du Heu; damit mußt du dich diese Nacht behelfen, denn Bettzeug habe ich nicht." Der Landgraf schwieg dazu und machte sich ein Lager. Der Schmied aber hatte bis tief in die Nacht zu arbeiten; er glühte das Eisen im Feuer und schlug mit dem großen Hammer darauf, dazu schalt und fluchte er auf den Landgrafen: „Landgraf, werde hart! Du böser, saumseliger Herr, was nützt es den armen Leuten, daß du lebst? Deine Edlen und Amtsleute bedrücken das Volk und saugen es aus, einer wie der andere!" Und er zählte das vielerlei Unrecht her, das sie begingen, indem er ihre Namen dabei nannte: „Der redet dir nach dem Munde, der nimmt Abgaben von deinen Untertanen, der tut ihnen Gewalt, der beraubt sie, der listet dir dein Gut ab und schmiert dich mit deinem eigenen Schmalz, der mästet sich von dir, während du verarmst!" Bei jeder Anklage dröhnte der Hammerschlag, alles Böse, was im Lande geschah, schrie der Schmied heraus, und dazwischen fluchte er dem Herrn: „Landgraf, werde hart, oder fahr zur Hölle!" Ludwig hörte dem Schmiede zu, er schlief diese Nacht gar wenig und lag in schweren Gedanken. Morgens in der Frühe ritt er davon, fest entschlossen, von nun an besser auf sein Land zu achten und Unrecht nicht mehr zu dulden, sondern mit starker Faust zuzupacken und die Widerspenstigen zu zwingen.

Dagegen lehnten sich die Schuldigen auf; sie taten sich zusammen und begegneten dem Landgrafen mit Waffengewalt. Aber er besiegte sie und nahm sie allesamt gefangen. „Was soll ich nun mit euch tun?" fragte er, als er sie gebunden vor sich sah. „Soll ich euch töten? Dann töte ich meine eigenen Landeskinder, das tu ich nicht gern. Soll ich euch Buße zahlen lassen? Das sieht unredlich aus, als wollte ich mich bereichern. Aber eure starren Nacken will ich beugen!" Er führte sie auf einen Acker, dort spannte er ihrer immer vier vor einen Pflug; nur mit dem Hemd bekleidet mußten sie wie Pferde oder Ochsen ziehn, und er trieb sie mit der Geißel. So zog er mit den ersten vier eine Furche und mit den nächsten vier die zweite und so weiter, bis der ganze Acker wohl umgebrochen war. Als er ihre Schuld so geahndet hatte, mußten ihm die Edlen Unterwerfung und Frieden schwören. Um den Acker aber setzte er große Steine und machte ihn für ewige Zeiten zu einer Freistätte, die den Namen Edelacker trug. Diese Tat machte ihn gefürchtet, die Gedemütigten seufzten, wenn sie nur seinen Namen hörten; aber sie erweckte auch Haß gegen ihn. Mancher Mordanschlag wurde gegen ihn geplant, und oft erhielt er Warnungen. Darum ging er hinfort unter denen vom Adel immer gepanzert, so daß man ihm den Namen des eisernen Landgrafen gab. Aber die ehrbaren Leute und das Volk achteten und liebten ihn, denn er schützte sie mit gewaltiger Hand, und wenn er von einer Untat gegen sie erfuhr, ließ er die Verbrecher ohne Gnade hängen oder ertränken. So ward er seines Adels völlig Herr, und die seiner vordem gespottet hatten, dienten ihm mit Eifer und Treue, daß er in Krieg und Frieden ihrer sicher war.

Einmal besuchte ihn Kaiser Friedrich zu Neuenburg an der Unstrut, und sie waren fröhlich miteinander. Dem Kaiser behagte das herrliche Schloß wohl, und er sprach zu dem Landgrafen: „Dieses Schloß ist wahrhaft fürstlich, und ich sehe keinen Mangel an ihm, außer daß es von keiner Mauer umgeben ist.“ Darauf antwortete Ludwig: „Herr, ehe zwei Nächte vergehen, will ich um diese Burg eine so gute, köstliche Mauer bauen, daß Ihr in ganz Thüringen nicht ihresgleichen finden sollt!“ Über diese Rede verwunderte sich der Kaiser sehr. Am andern Tage entbot Ludwig alle seine Grafen und Mannen, die er erreichen konnte; sie mußten in der Nacht kommen, wohlgewaffnet und geschmückt nach bestem Vermögen, und er stellte sie rings um die Burg, daß sie mit ihren gekrönten Helmen einer dicht am andern standen, vor ihnen die Knechte mit ihren Schilden. Als der Kaiser aufgestanden war, führte ihn der Landgraf um die Burg und ließ ihn die Mauer beschauen; da bekannte der Kaiser: „Ihr habt recht behalten: nie sah ich eine Mauer, die so köstlich und so fest gewesen wäre!“

Bald darauf wurde der Landgraf krank. Als er sein Ende nahen fühlte, rief er alle, die ihm vor Zeiten ungehorsam gewesen waren und den Acker hatten pflügen müssen, zu sich auf die Neuenburg und sprach zu ihnen: „Seht, ich muß nun sterben. So befehle ich euch, so lieb euch euer Leben ist, daß ihr mich, sobald meine Seele vom Leibe geschieden ist, auf euren Schultern feierlich nach Reinhardsbrunn zu Grabe tragt!“ Das gelobten sie ihm in die Hand, denn sie fürchteten ihn mehr als den Teufel und waren bange, er könne vielleicht doch wieder gesund werden und den strafen, der sich weigerte. Als er gestorben war, hielten sie das Gelübde treulich; auch jetzt dachte mancher noch bei sich, er habe den Tod nur vorgetäuscht zur Probe auf ihren Gehorsam oder aber seine Kinder beauftragt, Ungehorsame zu strafen.

So trugen ihn denn die Edlen auf ihren Schultern von der Neuenburg zehn Meilen Wegs bis Reinhardsbrunn. Dort ward er mit großer Feierlichkeit in die Gruft gesenkt, neben dem Altar zum heiligen Kreuz, und auf sein Grab wurde ein Denkstein gesetzt, der ihn in voller Rüstung zeigte, so wie er bei Lebzeiten ging und stand.

HEINRICH DER LÖWE

Herzog Heinrich, der reich an Ehren und Land in Braunschweig Hof hielt, glaubte im Traum eine Stimme zu hören, die ihn rief, ins Heilige Land zu fahren. Erwachend sprach er zu seiner lieben Frau: „Alles nenne ich mein, was ich auf Erden nur begehren mag; dennoch kann ich nicht länger hier stilliegen, denn es ruft mich hinweg übers Meer." Vergebens bat sie ihn, im Lande und bei ihr zu bleiben, wo es ihm an nichts gebreche. „Nein, Frau", antwortete er, „ich will mir mit Helm und Schild Gottes Huld verdienen; statt lauter Glück muß ich Sorge, Mühe und Kampf haben! Wir müssen scheiden in kurzer Frist; wenn Gott will, kehr ich zu dir zurück." Er sprach der Weinenden tröstend zu und umfing sie freundlich; zum Abschied brach er einen goldenen Fingerring in zwei Stücke und gab ihr das eine: „Dabei gedenke meiner!" Nach wenigen Tagen ritt er mit Rittern und Knechten getrost davon, sie durchzogen Deutschland, Ungarn und Bulgarien und gingen zu Schiff, um ins Heilige Land zu fahren. Dort stritt der Herzog aufs tapferste, half Jerusalem erobern und blieb in der Stadt geraume Zeit.

Als er aber mit den Seinen wieder vom Lande abgestoßen war, um heimzusegeln, ward das Schiff vom Sturme auf dem wilden Meere so weit verschlagen, daß sie nicht mehr wußten, wo sie waren. Mit gebrochenen Masten trieben sie auf der endlosen Flut, viele Tage und Wochen lang sahen sie nirgends Land. Die Speise ging ihnen aus, und sie litten Qualen des Hungers, daß sie alle zu verderben drohten. In dieser Not beschlossen sie darum zu losen, welcher von ihnen den andern zur Speise dienen sollte. Sie warfen die Lose in einen Hut und zogen dann, der Herzog so gut wie der geringste Knecht. Den ersten, auf den das Todeslos fiel, zögerten sie zu töten, da stieß er sich selbst das Schwert in die Brust. Und so starben alle, die es traf, gern und willig für die Gefährten, so daß die übrigen ihr Leben fristen konnten.

Durch Gottes Fügung ward der Herzog stets verschont, so daß zuletzt nur noch er und ein alter Diener auf dem treibenden Wrack vorhanden waren. Lange ertrugen sie den Hunger, weil keiner wollte, daß der andere um ihn sterbe. Als aber nirgends Land auftauchte und gar keine Rettung mehr winkte, sprach der Herzog: „Nun bleibt nichts übrig, jetzt müssen wir zwei losen." Das wies der alte Diener mit Entsetzen zurück. „Lieber sterbe ich freiwillig, als daß ich mich an meinem Herrn versündige"; und sosehr der Herzog in ihn drang, er blieb bei seiner Weigerung. Endlich sagte er: „Ich bin alt und schwach, Ihr steht in der Blüte der Kraft. Überlaßt mich meinem Schicksal, aber sucht Euch selbst zu retten! Oft hat man gehört, daß der Vogel Greif sich Beute von den Schiffen holt. Ich will Euch in eine Ochsenhaut nähen und aufs Deck legen – dann laßt uns auf Gott vertrauen!" Darein willigte der Herzog, und der Diener nähte seinen Herrn samt seinem guten Schwert in das Fell.

Da kam der mächtige Vogel bald geflogen, ergriff die lockende Beute und trug sie weit übers Meer ins Felsennest zu seinen Jungen. Sie fielen, während der Alte wieder entflog, gierig über den Fraß her; aber der Herzog schnitt sich mit seinem Schwert aus der Ochsenhaut und erschlug die jungen Greife allesamt; einem hieb er zum Angedenken eine Klaue ab und nahm sie an sich. Mit Mühe kletterte er von dem steilen Felsen herab und irrte lange durch riesige Wälder, sich notdürftig von Wurzeln und Beeren nährend. Aber er verlor die Hoffnung auf Gottes Hilfe nicht.

Eines Tages hörte er durch das Dickicht schreckliches Geschrei wilder Tiere, dem ging er nach. Hinter einem Baum verborgen, sah er einen furchtbaren Kampf zwischen einem Löwen und einem Lindwurm, und der Löwe geriet in harte Bedrängnis durch das Feuer, das der Wurm auf ihn spie. Da dachte der Herzog bei sich: „Der Löwe ist ein edles Tier, ich führe ihn in meinem eignen Wappen – ihm muß ich beistehen, und sollte ich selbst verderben!" Ohne zu zaudern, sprang er hervor und lief den Drachen von der Seite mit dem Schwerte an. Der Anblick des Helfers gab dem Löwen neue Kraft, er kämpfte mit Zähnen und Tatzen ebenso gewaltig wie der Held mit dem Schwert; so mußte der Drache erliegen und verschied, als ihm der Herzog endlich das Schwert in den Rachen stieß, mit lautem Gebrüll, von dem der ganze Wald erbebte. Der Löwe aber ging sanft auf seinen Retter zu, legte sich ihm zu Füßen und sah ihn an, als wolle er ihm danken. Von dieser Stunde an wich er dem Herrn nicht mehr von der Seite, er lief mit ihm durch die Wälder und lag neben ihm des Nachts. Wenn er aber ein Wild sah, erjagte er es und brachte dem Herzog Speise, so daß er keine Not mehr litt.

Rüstig legten sie weite Strecken zurück, bis sie endlich ans Meer kamen. Dort blieb der Herzog lange in der Hoffnung, ein Schiff zu erspähen, das ihn aus der Wildnis wieder zu Menschen trüge. Aber als die Zeit verstrich und nie ein Segel auftauchte, beschloß er, sich selbst zu helfen. Aus langen Stämmen baute er ein Floß, darauf wollte er sich dem Meere anvertrauen. Aber er trug Bedenken, den Löwen auf die Fahrt mitzunehmen; darum wartete er, bis sein Genosse auf die Jagd in den Wald gegangen war, und brachte dann erst das Floß zu Wasser. Als er sich vom Lande abgestoßen hatte und ein paar Lanzenlängen entfernt war, trat der Löwe aus dem Walde, mit einem Hirsch im Rachen; kaum sah er, daß sein Herr ohne ihn davonfahren wollte, als er mit einem gewaltigen Satz auf das Floß sprang. Es kippte nach der Seite, da sprang er sogleich auf die andere und brachte es wieder ins Gleichgewicht. Dann streckte er sich zu des Herzogs Füßen, und dem ging die Treue des Tiers so zu Herzen, daß er ihm den Arm um den Hals legte und sich gelobte, es nie mehr von sich zu lassen. Manchen Tag fuhren sie dahin, aber sie begegneten weder einem Schiff, noch erblickten sie eine Küste. Hunger und Durst begannen sie zu quälen, die Sorge verscheuchte dem Herzog den Schlaf; täglich müder und schwächer, hielt er sich die Verzweiflung nur noch durch das Gebet fern. Doch es kam kein Engel, ihm zu helfen.

Dafür aber erschien auf dem Floß der Widersacher, der Teufel, und sprach zu Herrn Heinrich: „Da treibst du nun auf dem Meere, aller Hoffnung bar, dem Tode zur sicheren Beute – und währenddessen wird deine Frau mit einem andern ins Ehebett gehen! Schon zog ein fremder Fürst in Braunschweig ein, morgen wird er Hochzeit halten und dein Weib samt deinem Reiche erben!" Betrübt antwortete der Herzog: „Sieben Jahre bin ich meinem Lande fern, daheim hält man mich wohl für tot. Aber was kann ich gegen Gottes Willen!" Der Satan lachte meckernd und sprach: „Das glaube ich wohl, daß Gott dir nicht helfen wird! Aber ich will dir helfen, wenn du mir deine Seele versprichst!" „Das soll nicht geschehen", sagte der Herzog; „lieber will ich zeitlich verloren sein als ewig." „Nun", erwiderte der Satan, „dann will ich mit mir handeln lassen! In dieser Stunde noch will ich dich, wenn es dir recht ist, aufheben und nach Braunschweig vor die Stadt führen; danach fliege ich zurück und hole auch deinen Löwen. Finde ich dich alsdann wach, so sollst du frei und ledig sein; finde ich dich aber eingeschlafen, so gehörst du mir!" Diesen Pakt ging der Herzog ein, und der Teufel führte ihn sogleich hinweg durch die Luft und legte ihn vor Braunschweig auf dem Giersberg nieder. „Nun bleib schön munter!" rief er ihm zu und flog wieder davon, den Löwen zu holen.

Als aber Herr Heinrich in dem weichen Grase lag, übermannte die Müdigkeit nach so viel Mühen und schlaflosen Nächten seinen geschwächten Leib, und sosehr er dagegen ankämpfte, fielen ihm doch die Lider zu. Bald kam Satan dahergeflogen und trug den Löwen in seinen Klauen; von weitem sah er, daß der Herzog schlief, und ihm wässerte schon der Mund. Aber als der Löwe seinen Herrn unbeweglich und mit geschlossenen Augen liegen sah, glaubte er ihn tot und brüllte vor Kummer laut auf. Da fuhr der Herzog aus dem Schlaf empor, ehe der böse Feind noch bei ihm war. So ward der Satan um seine Beute betrogen. Voll Wut warf er den Löwen hinunter, daß ihm alle Knochen knackten. Aber das Tier blieb heil, der Herzog umarmte es voller Freude und sprach: „So treu, wie du mir warst, will ich dir auch sein; mein Freund sollst du bleiben bis an meinen Tod!"

Als er durch die Straßen von Braunschweig ging, den gewaltigen Löwen neben sich und mit seinem wuchernden Haar und Bart anzusehen wie ein wilder Mann, wichen ihm die Leute, die sich zum Feste drängten, erschrocken aus. Rasch kam er zur Burg, daraus klang der Schall von Pfeifen und Fiedeln. Er wollte eintreten, doch der Pförtner wehrte es ihm: „Du bist nicht zur Hochzeit unserer Fürstin geladen, Bettler und Gaukler bleiben vor der Tür!" Als er aber beharrte und ein Auflauf um ihn geschah, kam die Herzogin selbst heraus. Sie konnte ihn nicht erkennen, denn er hatte sich zu sehr verändert; aber sie merkte wohl, daß dieser Mann nicht ein gewöhnlicher Straßenläufer war. Darum sprach sie freundlich zu ihm: „Tritt ein und sei willkommen – nur das große Tier mußt du draußen lassen!" „Nein", sagte der Herzog, „mein Löwe hat alle Not mit mir geteilt – eher bleibe ich selbst draußen, als daß ich mich von ihm scheide." „So kommt denn beide", sprach die Frau, und sie gingen in die Burg. Heinrich setzte sich nah der Tür, und der Löwe legte sich zu seinen Füßen. Währenddessen füllte sich der Saal mit Gästen, obenan nahm die Herzogin ihren Platz und neben ihr der fremde Fürst. Herrlich wurde aufgetragen, und bei fröhlicher Musik lachte und scherzte die Hochzeitsgesellschaft nach Herzenslust.

Auch an dem fremdartigen Gast dachten die Herrschaften ihr Vergnügen zu haben, und sie baten die Herzogin, ihn herbeizurufen. Die Knechte liefen sogleich und brachten ihn, und einer der Herren redete ihn an: „Nun, Bruder, du bist wohl weit in der Welt umhergewandert! Weißt du uns nichts Neues zu erzählen?" Der Herzog antwortete: „Ja, ich habe viel gesehen und erlebt, aber wenn ich's euch erzählte, würdet ihr es mir nicht glauben! Doch eins kann ich euch sagen, was ich in der ganzen Welt immer gleich fand: daß Frauen langes Haar haben und kurze Treue und daß überall der Spruch gilt: Aus den Augen, aus dem Herzen!"

Da lachten die Herren, die Herzogin aber, seltsam ergriffen, ließ ihm ihren eigenen Becher mit Wein reichen. Er leerte ihn und warf den halben Ring hinein, den er beim Abschied mitgenommen hatte. Als die Herzogin den Becher wiedernahm, funkelte ihr das Kleinod entgegen, sie erkannte es sofort und wurde abwechselnd bleich und rot. Dann rief sie laut in den Saal: „Freut euch mit mir, ich habe meinen Herrn und Gemahl wiedergefunden!“ Sie schritt hinab und umarmte Heinrich: „Habe ich an Euch gefehlt, so nehmt Buße von mir!“ „Schweig, liebe Frau“, antwortete der Herzog, „und nimm es nicht so schwer! Wir wollen das Beste daraus machen, denn ich kam noch zur rechten Zeit. Wäre ich zu pät gekommen, so weiß ich freilich nicht, wie es ergangen wäre. Nun aber laßt uns fröhlich sein!“ Da riefen ihm alle Gäste im Saal freudig zu.

Der Fürst aber, der die Herzogin hatte heiraten wollen, trat zu Heinrich und sprach: „Ich gebe mich in Eure Gewalt, verfahrt gnädig mit mir!“ Darauf antwortete der Herzog: „Wäre ich in der Fremde verdorben, so war's meine Schuld; denn ich bin aus eigenem Willen von hier fortgegangen. Du hast in Ehren geworben, das trage ich dir nicht nach. Und wenn die Braut dir entging, so werden wir wohl eine andere für dich finden.“ Diese Rede hießen allen Frauen und Herren gut, und noch am gleichen Abend brachten sie ein schönes Fräulein, das zierte sich erst ein wenig, dann aber ward es gerne des Fürsten Braut.

Viele Jahre lebte Herzog Heinrich noch glücklich mit seiner Frau, ein edler und mächtiger Herr. Immer begleitete ihn der Löwe, und nach diesem Feund nannte man den Herzog selbst Heinrich den Löwen. Als er hochbetagt starb, wich der Löwe nicht von Sarg und Gruft, bis er selbst das Leben aufgab. Des Löwen Bildnis steht, in Erz gegossen, vor der Burg von Braunschweig, und im Dom, über dem Grabe des Herzogs, hängt die Greifenklaue, die er von seiner abenteuerlichen Fahrt mitbrachte.

THEDEL VON WALMODEN, DER UNVERZAGTE

Im braunschweigischen Land wurde Thedel von Walmoden als Sohn eines edlen Geschlechts geboren und so gut erzogen, wie es sich für einen ritterlichen Jüngling ziemt, ja endlich sogar nach Paris geschickt, damit er auch gelehrter Bildung teilhaft werde. Als er wieder daheim weilte, wurde er einmal zu Gevatter gebeten und hörte bei der Taufe aufmerksam auf die lateinischen Worte des Priesters, die er sehr wohl verstand. Nachher fragte er den Geistlichen: „Bin ich genau so getauft worden wie eben dieses Kind?“ „Genau so“, antwortete der Alte; „ich war es selbst, der Euch vor achtzehn Jahren in die christliche Gemeinschaft aufnahm.“ „Darüber bin ich von Herzen froh“, sprach Thedel, „denn nun weiß ich mich so fest in Gottes Schutz, daß ich keinen Teufel zu fürchten brauche!“ Von Natur schon war Thedel kühnen Sinns, aber von jetzt an gab es nichts mehr, was ihn erschrecken konnte, und so erwarb er sich den Namen Thedel Ohnverfehrt, was so viel heißen will wie unverzagt.

Nach dem Tode der Eltern lebte er mit seiner Hausfrau auf seinem Gut zu Lutter am Barenberge; dort vergnügte er sich gern damit, auf einem weiten wildreichen Felde Hasen und Füchse zu fangen. Wieder einmal war er mit seinem Schreiber dort, und sie trieben eben vor dem Forst Appelhorn die Heftpflöcke in die Erde, als sie eine große Reiterschar herankommen sahen; darunter erkannte Thedel manche aus seiner Heimat, die schon längst gestorben waren. Allen voran ritt ein schwarzer Mann, der eine große schwarze Fahne schwenkte, während sein schwarzes Pferd seltsame Sprünge machte. Der unverzagte Thedel gab die Schnur mit den Glocken dem Schreiber und sagte: „Stell du das Garn ruhig weiter, ich will mir die Reiter näher ansehen!“

Er erreichte nur noch die letzten fünf, davon kannte er einen, denn es war der gleiche, bei dessen Kind er einst Pate gestanden hatte; der kam nun geritten auf einer schwarzen dreibeinigen Geiß und sprach ihn auch gleich an: „Lieber Gevatter, was treibt Ihr hier so allein? Habt Ihr vielleicht Lust, mit nach dem Heiligen Grab zu reiten? Dann setzt Euch nur getrost hinter mich auf meine gute Ziege, ich führe Euch hin! Ihr dürft freilich unterwegs kein Wort sprechen, sonst bricht Euch der Böse den Hals! Sind wir erst am Heiligen Grabe, dann könnt Ihr beten, beichten und opfern, soviel Ihr wollt. Nur in der dritten Nacht müßt Ihr wieder zur Stelle sein, wenn ich Euch zurückbringen soll; sonst müßt Ihr selbst zusehen, wie Ihr wieder nach Hause kommt. Aber vielleicht gewinnt Ihr für die Rückfahrt auch das schöne schwarze Roß, auf dem der schwarze Mann reitet!“ Darauf sprach Thedel: „Wenn du mir versprichst, mich sicher nach Jerusalem zu bringen, reite ich gern mit. Warum soll ich nicht auf die Ziege steigen, wenn sie auch nur drei Beine hat? Mir kann ja der Teufel nichts tun, und das schwarze Roß gewänne ich auch gern!“ So sprang er denn unverzagt auf die Ziege, und sie fuhren rasch durch die Luft dahin. Als sie ans Meer kamen, sagte sein Begleiter: „Nun sitz fest, wir müssen bloß noch über die kleine Pfütze da springen!“ – und im Nu hielten sie schon vor dem Heiligen Grabe.

Thedel beschaute sich alles wohl; dann tat er seine Beichte und

Buße, ließ auch zum Gedächtnis einen feinen Schild malen, den er am Heiligen Grabe aufhängte, wo ihn nachmals viele sahen. Als er aber im Dom umherging, erblickte er plötzlich unter den vielen Menschen seinen Herzog Heinrich, der auf Kreuzfahrt gegangen war. Sofort nahte er ihm grüßend, und der Herzog fragte auch gleich: „Bist du nicht Thedel von Walmoden? Wie bist du hierhergekommen?" Und als er hörte, daß Thedel noch gestrigen Abend in Lutter gewesen war, sagte er: „Ich merke, du hast ein schnelles Pferd gehabt! Aber wie geht's meiner Gemahlin und meinem Land?" Treulich berichtete ihm Thedel alles, auch daß die hohe Frau hart bedrängt werde, einen neuen Ehebund zu schließen, wenn Herzog Heinrich nicht zur Zeit wiederkehre; denn dann werde man ihn für tot erklären. Während er so mit seinem Herrn sprach, trat sein Gevatter zu ihm und flüsterte ihm ins Ohr: „Weicht diese Nacht nicht aus der Kirche und laßt Euch nicht erschrecken!" Thedel faßte das wohl auf, der Herzog aber plauderte weiter mit ihm und bat ihn, wenn er so schnell zurückzukehren gedenke, wie er gekommen sei, doch einen Brief an seine Gemahlin mitzunehmen; vorderhand aber möge er bei ihm speisen. Freudig antwortete Thedel: „Das schlage ich nicht ab, gnädiger Herr, denn ich habe einen leeren Magen und wenig Geld in der Tasche." In des Herzogs Herberge wurde ihnen der Tisch reichlich bestellt; unterdessen ließ der Fürst den Brief schreiben und siegeln und übergab ihn Thedel zur Bestellung. Der nahm mit vielem Dank Abschied und ging zurück in die Kirche; dort blieb er zur Nacht.

Um Mitternacht klopfte der Teufel an die Pforte und rief: „Thedel, komm doch heraus! Du wolltest ja so gern mein schwarzes Pferd haben!" Aber Thedel blieb ruhig an seinem Ort und sprach sein Gebet. Zum zweiten und dritten Male klopfte der Teufel, aber Thedel ließ sich weder erschrecken noch irremachen. Da rief der Teufel: „O wehe, ich höre dich beten! Hättest du dich verlocken lassen oder wärest vor Angst weggelaufen, dann hätte ich dir ein anderes Lied gesungen und einen anderen Tanz mit dir getanzt! So aber kann ich leider nicht an dich kommen!" Darauf sprach er weiter: „Hör, Thedel, du sollst meinen Rappen haben! Du mußt ihm glühende Kohlen und scharfe Dornen zu fressen geben, das mag er gern, und er wird mit dir traben und rennen in jedem Turnier und Gefecht, daß dir niemand widerstehen kann! Anfassen, zäumen und reiten läßt er sich nur von einem, der keine Furcht kennt. Nimm ihn, er wird dich schnell nach Hause tragen. Aber du darfst keinem Menschen verraten, wer dir das Roß schenkte, sonst mußt du am dritten Tag sterben!" Damit fuhr der Teufel davon.

Thedel fand das Roß draußen angebunden, er schwang sich darauf, und es rannte mit ihm davon, so schnell, daß er noch am Abend auf der Wiese vor dem Forst Appelhorn anlangte, von wo er tags zuvor auf der dreibeinigen Ziege weggeritten war. Dort fand er noch seinen Schreiber vor, den hatte die Furcht ganz verwirrt, so daß er sich nicht vom Fleck getraut hatte, und seine Haare waren weiß geworden. Erst als er seinen Herrn wieder heil vor sich sah, wich die Angst von ihm.

Als Thedel zu Hause einritt, wollte der Stallknecht ihm das schwarze Roß abnehmen, aber es bäumte sich und schlug aus, denn es wollte sich von niemand berühren lassen als von dem Unverzagten. Thedel selbst führte es in den Stall und schüttete ihm glühende Kohlen und Dornreisig in die Krippe, das fraß es mit Lust. Dann ging er, seine Hausfrau zu begrüßen, und sie hieß ihn mit herzlicher Freude willkommen. „Wo warst du denn?“ fragte sie; „ich habe noch nie so viel Angst um dich ausgestanden wie diese Nacht! Gottlob, daß ich dich gesund wiederhabe!“ „Ich bin nur rasch eben einmal in Jerusalem gewesen“, antwortete Thedel, „und mir ist allerhand Wunderliches zugestoßen; aber es ist besser, nicht davon zu reden. Nun laß den Tisch decken und wacker Bier und Wein einschenken! Wir wollen guter Dinge sein!“ Als sie gegessen hatten und fröhlich beisammensaßen, fragte die Hausfrau: „Sag, Thedel, woher hast du denn das große schwarze Pferd, das sich so wild gebärdet?“ „Das hab' ich von einem Roßkamm aus Niederland gekauft“, antwortete Thedel, und damit mußte sie sich begnügen. Die Botschaft an die Gemahlin Heinrichs bestellte Thedel treulich am nächsten Tage und erhielt dafür großen Dank und Lohn; aber es dauerte noch manchen Tag, bis Herzog Heinrich zurückkam.

Inzwischen gab Thedel viele Proben seiner Unerschrockenheit, so daß er im ganzen Lande hoch angesehen ward. Einmal besuchte er den Grafen von Schladen und wurde von ihm sehr gut aufgenommen. Aber der Teufel gedachte ihm einen Streich zu spielen: er nahm einen gehenkten Dieb vom Galgen und führte ihn aufs Schloß, dort setzte er ihn aufs heimliche Gemach. Als sich nun Thedel nach manchem guten Trunk zu Bett legen wollte, ging er erst noch einmal, sich zu erleichtern: da fand er den Gehenkten sitzen. „Mach mir ein Weilchen Platz“, sagte er, nahm den Dieb beim Schopf und setzte ihn neben sich; ehe er aber hinausging, setzte er ihn säuberlich wieder zurück. Danach wollte auch der Schreiber nach dem heimlichen Ort schleichen, aber er prallte mit großem Geschrei zurück und rief jämmerlich um Hilfe, ja, er wäre vor Schreck des Todes gewesen, wenn Thedel nicht zu ihm gekommen wäre. Der Graf ließ am Morgen, da er das Geschehene erfuhr, den Dieb zurück zum Galgenanger schaffen und sprach zu dem Gast: „Du hast wohl einen rechten Schreck gekriegt? Ich wäre davongelaufen, so schnell mich die Beine getragen hätten, und hätte die ganze Nacht kein Auge zugetan!" Aber Thedel antwortete nur: „Was soll mir ein toter Dieb tun? Ich hab' bloß gedacht, wie ich schnell wieder in mein Bett zum Schlafen käme."

Als Herzog Heinrich, von seinem Löwen begleitet, nach Braunschweig heimgekehrt war, ritt Thedel zu Hofe und ward aufs herzlichste empfangen. Viele fremde Gäste waren gekommen, Trommler und Pfeifer spielten zum festlichen Mahle auf, es wurde gefochten, turniert und getanzt. Thedel auf seinem schwarzen Hengst tummelte sich weidlich in der Bahn; er stach jeden Gegner nieder, und alle riefen: „Thedel hat das Beste getan!" Der Herzog winkte ihn zu sich und sagte: „Du hast mir Freude gemacht, mein getreuer Thedel, nicht ein einziges Mal bist du zur Erde gefallen oder auch nur gestrauchelt! Ich habe viele Ritterspiele gesehen, aber nie hielt sich ein Ritter so wacker wie du." Damit schenkte er ihm ein kostbares Kleinod. Abends wurde fröhlich gegessen und getrunken; Lachs und Forellen gab es, Karpfen und Hecht, mannigfaches Wildbret von Schwein, Hirsch, Reh und Hasen, dazu köstlichen Wein und das allerbeste Bier. Dann kam auf den Wink des Herzogs eine schöne Jungfrau, brachte einen goldenen Kranz und setzte ihn Thedel aufs Haar, und er umfing sie zierlich und führte sie zum Tanz. Während er sich in Züchten mit ihr drehte, lobten ihn alle samt dem Herzog mit freundlichen Worten.

Aber an dem Tisch saß auch ein neidischer Mann, der Thedel das hohe Lob nicht gönnte. Er sprach zum Herzog: „Hochgeborener Fürst, man nennt den Thedel unverzagt, aber ich glaube, man kann ihm wie jedem Menschen einen Schreck einjagen. Wollt Ihr's erproben, dann steckt morgen früh, wenn Ihr zur Kirche reitet, eine Feder in den Bart, als sei sie Euch vom Bett hängengeblieben. Sicherlich wird Thedel mit großer Höflichkeit hinlangen, um sie herauszunehmen: alsdann schnappt nach seiner Hand, und Ihr werdet sehen, wie er erschrickt und zurückfährt!"

Nach diesem Rat tat der Herzog. Thedel sah die Feder, zumal sich sein Herr im freundlichen Gespräch ihm entgegenneigte, und griff sofort voller Höflichkeit nach ihr, um sie zu entfernen. In diesem Augenblick schnappte der Herzog zu und biß ihn in die Hand; aber im gleichen Augenblick brannte auf seiner Backe ein derber Schlag, und Thedel sprach zornig, aber ganz unerschrocken: „Sind Euer Gnaden ein Hund geworden, daß Ihr mich beißt? Dann muß man Euch auch schlagen wie einen Hund! Ich wollte Euch nur geziemend die Feder aus dem Bart nehmen: hättet Ihr mich nicht gebissen, hätte ich Euch nicht geschlagen!" Darauf antwortete der Herzog: „Bei Christus und meiner Krone, hätte ein anderer mir das getan, es sollte nicht ungestraft bleiben! Ich habe auf eines boshaften Narren Rat gehört und deine Unverzagtheit erproben wollen: du bist unverzagt und tatest recht!" Aber zu dem schlechten Ratgeber sprach er: „Pack dich, du übler Gast, und komm mir nie wieder vor die Augen, sonst lasse ich dir den Hals brechen!"

Reich beschenkt und hoch geehrt schied Thedel vom Hof, als das Fest vorüber war; immerdar stand er bei seinem Herrn in hoher Gunst. Er hielt sich allezeit tapfer in Frieden und Krieg und vollbrachte auf seinem schwarzen Hengst manche kühne Tat. Als ihm aber seine liebe Hausfrau starb, war ihm sein Haus in Lutter verleidet. Er ließ es mit allen Gütern seinem Sohn, zog mit zehn reisigen Knechten nach Livland und trat in den Schwertorden. Als ein christlicher Ritter half er den Glauben mehren und das ganze Land dem Orden unterwerfen; der Heermeister hielt ihn hoch vor allen Brüdern.

Aber einmal begehrte der Meister von ihm zu wissen, wie Thedel zu dem schwarzen Roß gekommen sei, das ihn zu so viel Siegen getragen hatte. Thedel wollte es nicht sagen, denn er dachte der Warnung; doch der Meister bestand auf seiner Frage und gebot ihm endlich bei der Pflicht des Gehorsams, ihm rechte Antwort zu geben. Da bat Thedel um vierzehn Tage Aufschub, beichtete, bereute seine Sünden und nahm das Sakrament. Dann erzählte er dem Meister, was er zu wissen begehrte, und starb in Gott am dritten Tage danach.

Das schwarze Roß aber holte sich der wieder, der es Thedel einst gebracht hatte.

DER GRAF VON GLEICHEN

Als Kaiser Friedrich II. das Kreuz nahm zur Heerfahrt ins Heilige Land, führte ihm Landgraf Ludwig von Thüringen, der Gemahl der heiligen Elisabeth, eine Anzahl erlesener Ritter zu. Noch ehe sie in Brindisi zu Schiff gingen, um über das Mittelmeer zu segeln, starb der Landgraf an einer hitzigen Krankheit; die meisten seiner Edlen setzten jedoch die Fahrt fort, und einer von ihnen war Graf Ernst von Gleichen. Er kämpfte mit großer Tapferkeit gegen die Sarazenen, wurde aber in einem harten Scharmützel samt zweien seiner Diener von einer Übermacht gefangengenommen und dem Sultan von Ägypten überliefert. Da er seinen hohen Stand nicht offenbarte, mußte er mit andern Gefangenen schwere Arbeit auf dem Felde tun; doch fügte es ein günstiges Geschick, daß er bald dem Gärtner des Sultans als Hilfe zugewiesen wurde.

Im Garten sah ihn des Sultans Tochter Melechsala, und der kraftvolle, hochgewachsene Fremdling gefiel ihren Augen wohl. Täglich wußte sie ihm zu begegnen, fing auch an, mit ihm zu plaudern; so erfragte sie rasch die Umstände seines Lebens und erfuhr, daß er in seiner Heimat ein großer Herr sei. Da trug sie kein Bedenken mehr, ihm ihre Zuneigung zu offenbaren, und sprach zu ihm: „Schwöre mir bei deinem Leben, daß du mich zur Ehe nehmen willst: dann will ich dir zur Freiheit verhelfen und mit dir in dein Land entfliehen!" Der Graf antwortete, indem er die schöne Jungfrau freundlich anblickte: „Wohl wäre ich gern dazu bereit, Euch zu ehelichen; aber ich habe daheim schon eine gute Frau und zwei liebe Kinder." „Das soll mich nicht bekümmern!" sprach sie darauf; „es ist bei uns Sitte, daß ein vornehmer Mann zwei und mehr Frauen zugleich hat." Der Graf bedachte, daß es Christen nicht erlaubt sei, mehr als ein Gemahl zu haben; doch sah er wohl, daß er niemals der Knechtschaft bei den Heiden entrinnen werde, wenn er den Wunsch der schönen Heidin abschlage, und so beschloß er, es daraufhin zu wagen, daß ihm, wenn er aus so großer Not eine zweite Ehe eingehe, der Heilige Vater den Segen dazu nicht verweigern werde. Den sanften Sinn seiner Frau aber kannte er genugsam, um hoffen zu dürfen, daß sie ihm nicht zürnen werde, wenn sie ihn nur heil zurück erhielte. So leistete er nun der Sultanstochter den Schwur. Sie ließ insgeheim ein Schiff rüsten, brachte den Grafen und seine zwei mitgefangenen Diener aus dem Palast und fuhr mit ihnen davon; sie hatte auch nicht vergessen, reiches Brautgut mit sich zu nehmen.

Glücklich landeten sie in Venedig. Dort lief dem Grafen ein Mann über den Weg, den er als einen seiner Diener aus dem Schloß von Gleichen erkannte; ihn hatte die Gräfin ausgesandt, um überall nachzuforschen, ob ihr Gatte noch am Leben sei. Von ihm erfuhr der Graf, daß daheim alles gut bestellt sei und seine Frau samt den Kindern sich bei bester Gesundheit befinde. Getrost reiste er nun mit Melechsala nach Rom; der Papst hörte seinen Bericht gnädig an, und da er erkannte, daß der Graf nicht aus Leichtsinn und Üppigkeit die zweite Ehe begehrte, sondern aus Dankbarkeit für seine Retterin, gab er ihm die Erlaubnis und traute ihm selbst die sarazenische Fürstin an, nachdem sie die Taufe empfangen hatte.

Jetzt machte sich der Graf voll Zuversicht auf den Weg in die Heimat. Eine Tagereise vor seiner Burg ließ er die Genossin zurück, um seiner ersten Gemahlin alles Geschehene in Ruhe zu vermelden. Sie empfing ihn mit Jubel, und als sie erfuhr, daß er als zweite Gattin die mitführte, der er die Freiheit verdankte, blieb ihr Antlitz so heiter und freundlich wie zuvor: „Hat sie dich gerettet und mir wiedergegeben, so will ich sie lieben wie dich! Führe sie her zu mir!"

Mit Freuden holte der Graf die Sarazenin ein, und die Gräfin zog ihr ein Stück entgegen ins Land und empfing sie mit Freuden wie eine liebe Schwester: davon heißt die Stätte, wo sie sich trafen, bis auf den heutigen Tag Freudental. Vereint kehrten sie zur Burg zurück, und die beiden Frauen lebten glücklich und in schöner Eintracht miteinander. Obwohl die Sarazenin überaus wohlgebildet war, erzeugte der Graf mit ihr keine Kinder; aber sie liebte die Kinder der ersten Frau, als habe sie sie selbst geboren.

Noch jahrhundertelang wurde auf der Burg Gleichen die Bettstatt gezeigt, in der der Graf mit seinen beiden Frauen ruhte: ein geräumiges Lager mit starken Pfosten, grün gemalt und von einem runden Himmel überwölbt. Wie im Leben, so blieben die drei auch im Tode vereint; im Petersmünster von Erfurt liegt der Graf zwischen den beiden Frauen begraben, und der Leichenstein, der sie deckt, zeigt sie im Bilde: in der Mitte den Grafen, zu seiner Linken die Sarazenin mit einer Krone auf dem Haupt, zu seiner Rechten die erste Gemahlin, unbedeckten Haupts, mit ihren Kindern zu Füßen. Und wohl gebührt der Ehrenplatz der edlen Frau, die der Erretterin ihres Gemahls so großmütig begegnete.

DER MANN IM PFLUGE

Ein edler deutscher Graf zog, seiner Frau zu großem Leid, ins Heilige Land. Dort stritt er wie ein Held, ward aber gefangen und kam in Knechtschaft bei dem Heidenkönig; der ließ ihn wie andere Christensklaven vor den Pflug spannen. Ein ganzes Jahr lang hatte der Graf diese schwere Fron leisten müssen und Kummer und Hunger erduldet, als er einmal den König am Acker vorbeireiten sah. Da faßte er sich ein Herz, fiel ihm zu Füßen und bat flehentlich, ihn freizulassen und heimzuschicken zu seiner Frau. Der König fragte ihn, wie seine Frau beschaffen sei, und der Graf wußte ihre Schönheit und Tugend nicht genug zu rühmen. „Nun", sprach der König,

„wenn deine Frau wirklich so hohen Preis verdient, so schicke ihr Botschaft, daß sie hierherkommt und ich sie sehen kann; dann sollst du ledig werden, aber anders nicht." Damit ritt der König hinweg, der Graf aber blieb in großer Kümmernis zurück; denn er fürchtete, wenn seine Frau käme, werde sie ihm vom König genommen oder verunehrt werden. Da er aber anders gar keine Rettung sah, entschloß er sich endlich schweren Herzens doch, ihr alles zu schreiben und um ihre Herkunft zu bitten.

Ein Bote des Königs trug den Brief des Grafen übers Meer und brachte ihn der Frau. Tief erschrocken las sie, was ihr Herr von ihr verlangte, und schrieb ihm zurück: sie wolle alles für ihn tun, was in ihrer Macht stehe, aber zu dem Heidenkönig könne sie um ihrer Ehre willen nicht fahren. Mit der Antwort reiste der Bote zurück. Die Gräfin aber gedachte ihren Gatten in der Not nicht zu verlassen. Sie ließ sich heimlich eine Pilgerkleidung machen, hüllte sich in die Kutte und barg ihr Haar unter der Kapuze, auch änderte sie ihr Aussehen, so gut sie vermochte, so daß keiner sie so leicht erkennen konnte. Dann ritt sie, ohne jemand auch nur ein Wort zu sagen, davon, um ins Heilige Land zu fahren, und nahm ihre Harfe mit; denn sie war eine große Meisterin in Sang und Saitenspiel. Sie ritt so schnell dahin, daß sie den Boten noch ereilte, ehe er zu Schiffe ging, und bestieg es mit ihm zugleich. Während der Tage, da sie übers Meer fuhren, sang und spielte sie so wundersam, daß der Bote, der ihr gegenüber saß, von Staunen und Bewunderung ergriffen wurde und zu ihr sprach: „Herr, mit Eurem Sang könntet Ihr großes Gut gewinnen, wenn Ihr mit mir zu meinem König fahren wolltet!" Sie ließ sich lange bitten, dann willigte sie ein; und als sie im Heiligen Land angelangt waren, führte sie der Bote sofort vor des Königs Saal.

Kaum hatte sie mit ihrem Spiel begonnen, als auch schon der König mit seinem Gefolge vor die Tür kam, und alle sagten, sie hätten nie schöner singen hören. Man hieß die Frau im Pilgerkleide willkommen und setzte sie an der Tafel obenan; so reich wurde ihr aufgetragen, daß sie wohl merkte, wie hoch sie in Gunst stand, und daß es gut ausgehen werde mit ihrem Vorhaben. Das machte sie so fröhlich, daß von ihrer hellen Stimme und ihrem Harfenschlag bald der ganze Palast erklang und die Heiden vor Freude zu springen und zu tanzen begannen.

Derweil wurde dem Grafen der Brief seiner Frau gebracht, und so teuer ihm die Keuschheit seiner Frau war, überkam ihn doch schwere Trauer, da er jetzt ganz an seiner Rettung verzagen mußte.

Jeder Hoffnung beraubt, in dumpfer Ergebung zog er am nächsten Tage den Pflug durch den Acker. Die Frau aber stand heimlich auf der Zinne und spähte übers Feld, bis sie ihn entdeckte. Tränen entstürzten ihren Augen, daß sie nicht zu ihm hingehen und ihn aus dem Joch lösen konnte; doch sie wischte sie tapfer weg, ging fröhlichen Antlitzes in den Saal zurück und sang noch schöner als zuvor. Vier Wochen hindurch erfreute sie das Herz des Königs, und täglich mehr, während der Graf im Pfluge immer tiefer in Verzweiflung versank.

Nach dieser Zeit aber bat sie um Urlaub. Um ihre Kunst zu belohnen, ließ der König ihr einen goldenen Kranz und eine ganze Schüssel voll Goldstücke reichen: „Verschmäht die Gabe nicht!“ Sie aber wehrte ab und sprach: „Ich bin Mönch, und es ist nicht meines Ordens Sitte, Geld zu nehmen und zu besitzen! Aber wohl stünde es mir an, einen meiner christlichen Brüder aus der Gefangenschaft zu erlösen. Darum bitte ich Euch, wenn Euch mein Gesang eines Lohnes wert scheint: schenkt mir einen der Christensklaven, die Euch das Feld pflügen müssen!“ „Nehmt, welchen Ihr wollt!“ antwortete der König freundlich. Sie ging hinaus aufs Feld und von einem Gefangenen zum andern, bis sie ihren Gatten fand. „Den gebt mir!“ sprach sie zum König. Er gewährte es gern und sagte zu dem Grafen: „Danke diesem Mann von ganzem Herzen, ohne ihn wärst du niemals von hier davongekommen!“

Am gleichen Tage noch führte die Gräfin den Befreiten fort, dem Meere zu; aber sie offenbarte sich ihrem Mann nicht. Es lag ihm auf dem Herzen, daß er das Heilige Grab, um deswillen er doch ausgefahren war, noch nicht gesehen hatte; darum bat er seinen Begleiter, ihn erst nach dorthin zu entlassen, damit er an der heiligen Stätte Gott für seine Rettung danken könne. Die Gräfin war's zufrieden und schied von ihm, ohne daß er sie erkannt hatte. Ihm voraus fuhr sie zurück in die Heimat. Allen zur Verwunderung war sie eines Tags wieder in ihrem Hause, und sie erzählte niemandem, wo sie gewesen war.

Nicht lange danach kam der Graf bestaubt und abgerissen an, und seine Frau empfing ihn mit großer Liebe. Er begegnete ihr nicht mit gleicher Freundlichkeit, sondern sprach: „Ich bat dich in großer Not, zu mir zu kommen, aber du kamst nicht. Lag dir so wenig an meinem Leben?“ Sie antwortete: „Lieber Mann, laß dir meine Weigerung nicht leid sein! Ich mußte doch meiner Ehre gedenken!“ Dagegen konnte er nichts sagen, aber er ward den ganzen Abend über nicht recht froh.

Anderntags kamen seine Freunde, ihn zu begrüßen. Doch sosehr sie sich seiner Heimkehr freuten, so bittere Klage führten sie gegen seine Frau: Während ihr Mann in schwerer Knechtschaft seufzte, sei sie lange Zeit im Lande herumgezogen, kein Mensch wisse, wo und um welcher Abenteuer willen. Als die Frau das hörte und den Zorn in den Augen ihres Gatten sah, eilte sie vom Tisch hinweg in ihre Kammer, und während Mann und Freunde über sie schalten, legte sie Kutte und Kapuze an. Die Harfe in der Hand, eine schöne Weise greifend, trat sie mit sittsamem Gruß in den Saal. Der Graf sprang auf und rief voll Freude: „Das ist der Pilger, der mich erlöst hat! Heißt ihn willkommen!"

Da warf sie lachend Mantel und Kapuze weg und stand in ihrer holden Schönheit da. Voll Reue und Dankbarkeit umfing sie ihr Gemahl, und die sie verklagt hatten, stürzten ihr zu Füßen, um ihre Verzeihung zu erflehen. Jeder bekannte, nie eine Frau gesehen zu haben, die so tapfer und treu, so keusch und klug gewesen wäre wie die edle Gräfin.

DER ARME HEINRICH

Im Schwabenland verbrachte Herr Heinrich von Aue, ein junger Ritter aus vornehmem Geschlecht, seine Tage in Freuden; denn er war mit Gütern und Ehren ebenso reich gesegnet wie mit Tugenden, geliebt von jedermann und mit jedem Glück begabt, das sich Menschen nur wünschen können. Jählings wie ein Donnerschlag brach in sein heiteres Dasein schwerstes Leid: er wurde vom Aussatz befallen. Als man die Schwären an seinem Leibe sah, ward er den Menschen so leid, wie er ihnen vordem lieb gewesen war; alle wichen von ihm, und in der Qual der schauerlichen Krankheit verfluchte er den Tag seiner Geburt. So vom Himmel in die Hölle gestürzt, wäre er ganz verzweifelt, hätte er sich nicht an die Hoffnung geklammert, daß sein Leiden vielleicht doch heilbar sei. Sein Reichtum erlaubte ihm, an die berühmtesten Stätten der Heilkunst zu reisen. Zuerst fuhr er nach Montpellier, und als man ihm dort keinen Trost gab, nach Salerno.

Hier erteilte ihm der weiseste der Ärzte seltsamen Bescheid; er sprach: „Eure Krankheit ist heilbar, und doch kann sie nie geheilt werden." „Wie soll ich das verstehen?" fragte Herr Heinrich; „Eure Rede dünkt mich ganz unsinnig! Ich habe Geld und Gut genug, um jede Kur zu bezahlen, und will Euch alles, was ich besitze, geben, wenn Ihr mich gesund macht!" „Kein Mensch auf Erden hat Geld genug, um das Mittel zu kaufen, das Ihr zur Genesung braucht", antwortete der Meister, „denn es ist nicht auf dem Markte feil. Ihr könnt nur geheilt werden, wenn eine reine Jungfrau ganz aus freiem Willen ihr Herzblut für Euch gibt." Da war es mit der Hoffnung gänzlich vorbei; denn wer würde um seiner Heilung willen den Tod erleiden wollen? Schweren Herzens fuhr Herr Heinrich heim; alle seine Güter verteilte er an arme Freunde, vergaß auch nicht, die Kirche zu bedenken; für sich aber behielt er nichts zurück als einen Meierhof. Dort lebte er in tiefer Verborgenheit, und das ganze Schwabenland klagte um ihn wie um einen schon Verstorbenen.

Der Meier und seine Frau, die ihn pflegten, waren brave, ehrliche Bauersleute und taten gern alles für ihren Herrn, der sie nie mit böser Fron und schweren Lasten gedrückt, sondern sich immer hold und gnädig gegen sie gezeigt hatte. Vor allen andern aber war es eins der Kinder, ein zierliches zwölfjähriges Mädchen, das ihm stets zur Seite blieb und ihn mit zärtlicher Liebe umgab. Mit ihr spielte und plauderte er gern, schenkte ihr auch wohl ein Haarband, einen Spiegel oder ein Ringlein, und sie fühlte sich so wohl in seiner Nähe, als sei er gesund und rein. Oft nannte er sie scherzend seine Frau, und sie erwiderte seine Herzlichkeit mit kindlichem Vertrauen. So verbrachte Heinrich drei Jahre, und die Schmerzen seines Siechtums quälten ihn unaufhörlich. Seinen Wirten ging das sehr zu Herzen; denn sie liebten nicht nur ihren Herrn, sondern sie mußten auch fürchten, wenn er etwa stürbe, werde dem gütigen Gebieter ein harter folgen. Darum fragte ihn der Meier, als sie an einem Feierabend zusammensaßen, voll Sorgen: „Sagt, lieber Herr, in Salerno gibt es doch so gelehrte Meister: weiß denn wirklich keiner ein Mittel gegen Eure Krankheit?" Tief aufseufzend vor Gram, erzählte Heinrich, was ihm der weise Arzt gesagt habe, und schloß: „Weil es nun aber ganz unmöglich ist, daß eine reine Magd freiwillig für mich den Tod erleidet, muß ich meine Not bis ans Ende tragen und bitte den Herrn nur, daß er mich bald sterben läßt."

Das alles hörte die Jungfrau mit an, denn sie saß bei ihnen und hielt Heinrichs Füße auf ihrem Schoß. Sie merkte sich jedes Wort ganz genau und ward davon so bewegt, daß sie nicht einschlafen konnte, als sie, wie allnächtlich, im Bett zu den Füßen ihrer Eltern lag. Von ihrem Seufzen und Weinen wachten die Alten, die längst entschlummert waren, auf und fragten sie, was sie für Kummer habe. Erst wollte sie mit der Sprache nicht heraus, doch als der Vater sie schalt, sagte sie endlich: „Um unsern Herrn muß ich weinen; wir finden nie wieder einen, der so fromm und so gut gegen uns ist." „Wohl wahr!" antwortete der Alte; „aber dein Klagen hilft uns ebensowenig wie unser Schmerz. Wir können ihm nicht helfen; also müssen wir uns in Gottes Willen fügen." Darauf hielt sich die Jungfrau still, aber Schlaf fand sie in dieser ganzen Nacht nicht.

Durch den nächsten Tag trug sie schweigend ihr Leid; aber als sie wieder im Bett lag, brachen die Tränen unaufhaltsam aus ihren Augen. Mit einem Male kam ihr der Gedanke: „Kann ich nicht mein eigenes junges Leben für den Herrn hingeben?" Da wollte sie schon fröhlich werden; aber es fiel ihr ein, daß ihre Eltern es nicht zulassen würden, und nun wurde ihr Jammer so übergroß, daß die Alten abermals erwachten. „Was fehlt dir, Kind?" schalten sie; „kannst du denn mit deinem Klagen nie zu Ende kommen? Laß uns schlafen, törichtes Ding, wir können ihm doch nicht helfen!" „Wir können ihm helfen", erwiderte die Jungfrau; „er sagte uns ja selbst das Mittel! Ich tauge dazu, denn ich bin eine Jungfrau und habe Mut genug! Ehe er verdirbt, lieber will ich für ihn sterben!" „Kein Wort mehr davon!" gebot ihr der Vater; „und daß du dem Herrn nichts davon sagst! Du bist ein Kind und hast den Tod noch nicht gesehn; käme er dir plötzlich nahe, so würde es mit deinem Mut bald zu Ende sein! Und nun still, sonst gibt es Schläge!" Unerschrocken entgegnete das Mädchen: „Lieber Vater, so jung ich bin, weiß ich doch wohl, daß das Sterben schwer ist. Aber ist das Leben nicht auch voller Plage? Und muß nicht schließlich jeder sterben? Was nützt ein langes Leben, wenn man darüber die Seele verliert! Seht: mir soll es vergönnt sein, meinen jungen Leib für die ewige Seligkeit hinzugeben; das sollt ihr mir nicht verwehren! Und euch selbst wird es um so besser ergehen, wenn unser Herr durch mich gerettet wird." Doch ihre Mutter erwiderte weinend: „Denke daran, daß ich dich mit Schmerzen gebar! Gab Gott nicht das Gebot: Du sollst Vater und Mutter ehren!? Uns kann dein Tod kein Glück bringen, denn du warst unseres Lebens Freude, du sollst unseres Alters Stütze und Stab sein! Wenn du verschuldest, daß wir weinend an deinem Grabe stehen, wirst du dir Gottes Gnade nicht erwerben!" „Liebe Mutter", antwortete das Mädchen, „du und der Vater, ihr habt mir nur Liebes erwiesen, und euch danke ich mein Dasein. Darum werde ich nie gegen euren Willen handeln! Aber laßt euch bitten, daß ich auch meine Schuldigkeit gegen Gott erfüllen darf! Er hat es mir ins Herz gelegt, unsern Herrn zu retten und um seinetwillen den Tod mehr zu lieben als das Leben; ewig wird mich Reue quälen, wenn ich dem

Ruf nicht folge. Darum vergönnt es mir, Gott und meinem Herzen treu zu sein! Euch bleiben eure andern Kinder, die werden euch trösten. Und du, liebe Mutter, wirst nie an meinem Grabe stehen, denn fern von hier, in Salerno, werde ich sterben und ins ewige Leben eingehen."

Als sie ihr liebes Kind so bereit zum Tode sahen und hörten, wie klug und weit über sein Alter es sprach, kamen den Eltern Zweifel, ob nicht vielleicht doch Gottes Mund aus ihm rede. Wohl dünkte sie das Opfer hart, das von ihnen verlangt wurde. Sie saßen wach und vor Jammer frierend im Bett und vermochten kein Wort zu sprechen; die ganze Nacht rangen sie stumm mit ihren Gedanken. Aber zugleich mit dem Morgen kam Klarheit über sie, und sie wußten, daß es keinen schöneren Tod geben könne als den, den ihre Tochter sich erwählte. So sagten sie seufzend ja zu ihrem Wunsch.

Freudig eilte die Jungfrau zur Kammer Herrn Heinrichs und rief: „Herr, schlaft Ihr noch?" „Nein, liebe kleine Frau", antwortete er; „aber warum kommst du heut so früh?" Sie sprach: „Eure Not treibt mich her!" — und darauf er: „Sei bedankt für deine Liebe, aber du kannst meine Not nicht wenden!" „Doch, wahrlich, ich kann's!" rief sie; „denn seht, lieber Herr: ich selbst bin die Jungfrau, die Ihr zu Eurer Heilung braucht!" Ihm gingen die Augen über, und er dankte ihr: „Lohn dir Gott deine Treue, liebe Frau! Dennoch kann's nicht sein! Du weißt nicht, wie bitter der Tod ist, und handelst vorschnell wie Kinder: sie wollen immer tun, was ihnen in den Sinn kommt, und danach reut es sie. Nicht anders würde es dir gehen! Und, liebe Frau, denke auch an deine Eltern! Sie können nicht ohne dich sein, ich darf dich ihnen nicht nehmen: also laß mich mit deinem reinen Willen vorliebnehmen und höre auf sie!" Dazu lächelte er, weil er nicht ahnte, wie ihre Eltern in Wahrheit gesonnen waren. Aber nun kamen sie selbst herbei und sprachen: „Lieber Herr, Ihr seid uns stets so gnädig begegnet, daß wir Euch nicht länger leiden lassen dürfen! Unser Kind trägt nur noch den einen Wunsch im Herzen, Euch geheilt zu sehen. Heute ist der dritte Tag, daß sie in uns dringt, sie gewähren zu lassen, und nun haben wir es ihr versprochen. Möge Euch Gott durch sie genesen lassen!"

Noch lange stritten sie in großer Liebe und Güte miteinander, bis endlich Herr Heinrich sich bewegen ließ, das Geschenk der Jungfrau anzunehmen. Sogleich rüsteten sie sich zu der Fahrt nach Salerno. Die Jungfrau wurde fürstlich eingekleidet, in Hermelin, Samt und Zobel, und auf ein schönes Roß gehoben; so ritt sie mit ihrem Herrn weg von den weinenden Eltern, selber festen Sinns und hohen Muts.

Den weisen Arzt dünkte es unglaublich, als der Kranke ihm erzählte, daß er die Jungfrau, die ihn erlösen wollte, gefunden habe. Er betrachtete sie lange und fragte sie: „Sag, Kind, ist es wirklich dein eigener freier Wille? Oder gehorchst du nur, weil man dich drängte oder dir drohte?“ Sie antwortete: „Ich will es nach dem Wunsch meines eigenen Herzens!“

Noch immer zweifelte der Meister, darum führte er sie abseits, um unter vier Augen mit ihr zu sprechen. „Liebes Kind, du mußt genau wissen, was mit dir geschehen soll; denn wenn du nicht von Anfang bis zu Ende alles gern und willig erleidest, verlierst du dein junges Leben, ohne daß uns dein Tod den geringsten Gewinn bringt. Darum sage mir die Wahrheit, wie ich sie jetzt dir sagen will! Ich muß dich nackt und bloß ausziehen – wirst du dann nicht vor Scham vergehen? Dann muß ich dich an Armen und Beinen binden, muß dir tief in die Brust schneiden und dir das Herz aus dem Leibe brechen, während du noch lebst – wirst du dann nicht Angst und Reue spüren? Mir selbst ist bange vor dem, was ich tun soll; und dir, die du das alles erleiden mußt –? Bedenke: fühlst du nur einen Augenblick lang Reue, dann ist alle meine Mühe umsonst und dein Leben nutzlos vertan!“ Aber sie antwortete lachenden Mundes: „Gott lohne Euch, daß Ihr mir die Wahrheit sagtet! Ich gestehe Euch: ich bin ein wenig verzagt, aber nicht, weil ich sterben soll, sondern weil Ihr, Meister, so wenig Mut habt! Ich bin ein Weib und habe die Kraft, zu leiden; so habt auch Ihr die Kraft, zu schneiden! Saht Ihr mich bei Eurer Rede blaß werden? Ich spüre keine Angst, sondern mein Herz ist fröhlich, als ginge ich zum Tanze! Laßt mich nicht länger auf die Stunde warten, da ich mein irdisches Leben gegen das ewige vertauschen kann; zeigt Eure Meisterschaft an mir und laßt mich die süße Not fühlen, durch die ich die Himmelskrone erwerbe!“

Da der Meister sie so unerschütterlich sah, sprach er zu Herrn Heinrich: „Fürwahr, wir brauchen nicht zu fürchten, daß die Maid zu dem Werke untauglich sei! Nun habt Vertrauen: ich mache Euch gesund!“ Damit führte er die Jungfrau hinweg in eine abgelegene Kammer, daß der Herr nicht sähe, was ihr geschehen sollte, und verschloß hinter sich die Tür. Dann hieß er sie die Kleider ablegen, und sie gehorchte so eilig, daß sie die Naht entzweiriß; ohne sich zu schämen, zeigte sie ihre Schönheit nackt und bloß. Als sie der Meister so sah, gedachte er in seinem Herzen, daß auf der ganzen Erde wohl kein holderes Weib zu finden sei, und ihm wollten vor Leid die Sinne schwinden. Aber er bezwang sein Mitleid und befahl ihr, sich auf einen großen Tisch zu legen; darauf band er sie fest. Dann nahm er das scharfe Messer zur Hand, aber es schien ihm doch nicht scharf genug, denn er wollte ihr den Tod so lind wie möglich antun. Darum ergriff er einen Wetzstein und wetzte das Messer mit sorgsamem Strich.

Das hörte Herr Heinrich, der wie festgebannt vor der Tür des Gemachs harrte. Es dünkte ihn unmöglich, daß er die Jungfrau nie mehr lebend sehen sollte, und er spähte durch einen kleinen Ritz der Tür: da sah er die Schöne mit Stricken gebunden in ihrer Nacktheit liegen. In diesem Augenblick wandelte sich sein Sinn, und ihm schien das Vorhaben nicht mehr gut. „Wie kann ich mich gegen Gott setzen", dachte er, „und ihm das Leiden, das er mir verhängte, trotzig durch den Tod dieses Mädchens abkaufen wollen, statt es nach seinem Willen zu tragen? Ja, wer kann wissen, ob mich ihr Tod wirklich heilt? Aber wie es auch sei, ich will nicht dulden, daß sie stirbt!"

Er pochte an die Tür und rief: „Laßt mich ein!" „Ich habe jetzt keine Zeit", antwortete der Meister, „ich kann Euch die Tür nicht öffnen! Wartet, bis ich fertig bin!" Aber Heinrich klopfte weiter und rief: „Ihr müßt sofort öffnen, ich muß mit Euch reden!" „So sagt mir's durch die Tür!" „Nein, das kann ich nicht – öffnet!" Da öffnete der Meister die Tür; Heinrich trat ein, er stürzte zum Tisch, auf dem das Mädchen gebunden lag, und rief: „Dieses Kind ist so schön und rein, daß ich es niemals ertrüge, seinen blutigen Tod zu sehen! Gottes Wille geschehe: bindet sie los! Was ich Euch als Lohn versprach, will ich Euch geben – aber sie darf nicht sterben!"

Der Meister löste ihre Fesseln; aber als die Magd sah, daß sie nicht ihr Leben für ihres Herrn Gesundheit geben durfte, war sie so verzweifelt, daß sie sich das Haar zerraufte und, ohne an ihre Nacktheit zu denken, laut klagte: „So muß ich die Himmelskrone verlieren, und Ihr werdet nie rein und gesund werden!" Ja, sie wurde zornig und begann auf Heinrich zu schelten, daß er sie aus lauter Furchtsamkeit betrogen habe. Der Herr hörte das alles mit Sanftmut an, hieß die Reine ihre Kleider wieder anlegen und führte sie davon, nachdem er dem Arzt den ganzen versprochenen Lohn bezahlt hatte. Als sie heimfuhren, war die Jungfrau, die so freudig nach Salerno gereist war, traurig und weinte ohne Unterlaß, aber Heinrichs Herz war leicht und froh. Er hatte sich mit Demut in sein Leiden gefügt.

Und da erbarmte sich Gott seiner: seine Krankheit besserte sich von Tag zu Tag, der böse Aussatz fiel von ihm ab, und lange ehe sie zu Hause waren, blühte er in gleicher Kraft und Schönheit wie einst. Da war auch die Jungfrau bald getröstet. Mit hohen Freuden begrüßten die Eltern ihr Kind, das ihnen wiedergeschenkt war, und den genesenen Herrn. Das ganze Schwabenland empfing Heinrich mit Jubel, Ehre über Ehre ward ihm erwiesen, und er erlangte rasch mehr Gut, als er vordem gehabt hatte. Mit allem, was er besaß, diente er Gott; dem Meier aber schenkte er den Hof, der einst die Zuflucht des Kranken gewesen war.

„Nur eins fehlt dir jetzt zu deinem Glück: ein holdes Weib!" sagten seine Freunde. Da lächelte er und lud sie auf ein Fest, zu dem er alle Verwandten und Untertanen entbot. Vor sie trat er hin und sprach: „Ihr wißt, liebe Freunde, wie schwer ich mit Krankheit geschlagen war – niemand mochte mich mehr anschauen. Nun bin ich geheilt. Wie soll ich dem lohnen, der mir wieder zu Gottes Gnade und zu meiner Gesundheit half?" Sie antworteten: „Ihm müßt Ihr für allezeit mit Gut und Leben angehören!" Sogleich führte er die Jungfrau herbei, umarmte sie liebevoll vor aller Augen und sagte: „Sie war es, der ich mein Heil und Glück verdanke: so will ich ihr gehören mein Leben lang als meiner lieben Frau! Möge mein Wille euch wohlgefallen!" Wie aus einem Munde riefen alle: „So soll es sein!"

Lange lebten die beiden zusammen in stetem Glück, und sie starben am gleichen Tage, um Hand in Hand in die Ewigkeit zu gehen.

DER SÄNGERKRIEG AUF DER WARTBURG

Im Jahre 1206 nach Christi Geburt kamen auf der Burg des Landgrafen Hermann von Thüringen sechs edle Meister der Sangeskunst zusammen, die stritten mit Liedern gegeneinander, welcher von ihnen wohl der beste sei. Vier von ihnen waren Ritter von gutem Adel: Heinrich der Schreiber, Walther von der Vogelweide, Reimar von Zweter und Wolfram von Eschenbach; Biterolf, der fünfte, war ein Dienstmann des Landgrafen, und Heinrich von Ofterdingen, der sechste, der Sohn frommer Bürger aus Eisenach. Mit solchem Ernst führten sie ihren Krieg, daß sie sich untereinander verpflichteten: wer offenbar unterliege, solle das Haupt verlieren; und des zum Zeichen mußte Stempfel, der Henker von Eisenach, im Saale neben ihnen stehen. Nun ergab es sich bei dem Streit, daß plötzlich ihrer fünf sich gegen einen wandten. Als die andern den Landgrafen Hermann als den herrlichsten aller Fürsten priesen und ihn mit dem lichten Tag verglichen, stellte der Ofterdinger den Herzog Leopold von Österreich am höchsten und nannte ihn die Sonne unter den Fürsten. Das schien den fünfen übel, daß einer einen fremden Fürsten lobte statt dessen, der sie so hoch in Ehren hielt; sie riefen einmütig, der Ofterdinger habe versungen und müsse den Tod erleiden; mit vielen klugen Reden trieben sie ihn in die Enge, ja, endlich wollten sie ihn ergreifen und riefen schon nach dem Henker. Da flüchtete er hin zur Landgräfin Sophie und umfaßte ihre Knie, und sie warf ihren Mantel über ihn, so daß sie ihn wohl fahrenlassen mußten. Er aber sprach: „Ihr spielt mit falschen Würfeln, daß ihr Richter sein wollt in eurer eigenen Sache! Ich begehre, daß ihr Meister Klingsor aus Ungarland beruft; er möge das Urteil sprechen, wer von uns besser sang, und fällt es zu meinen Ungunsten, dann will ich den Tod erleiden!" Dieses Verlangen schien dem Landgrafen Hermann billig, und so willigten auch die andern darein, daß Heinrich von Ofterdingen binnen Jahresfrist den Meister Klingsor zur Stelle schaffe, damit er das Urteil fälle.

Sofort machte sich der Ofterdinger auf den Weg. Er fuhr erst zum Herzog von Österreich und klagte ihm, daß er sein Haupt hatte verlieren sollen, weil er ihn so hoch gepriesen. Zum Dank gab ihm der Herzog Zehrung und Briefe mit; damit kam er nach Ungarn und traf Meister Klingsor. Als dieser die Briefe gelesen und Heinrichs Bericht gehört hatte, sprach er ihm Mut zu und sagte: „Ich will selbst mir dir nach Thüringen ziehen; sei hier mein Gast, bis die Zeit gekommen ist!" Dem Ofterdinger gefiel das wohl, denn Klingsor stand in hoher Gunst beim König von Ungarn und besaß Reichtum genug, um ein großes Haus zu führen. Er war ein Meister der sieben freien Künste, wußte die Sterne zu deuten und verstand sich auch auf die schwarze Kunst. Der Gast hatte gute Tage bei ihm, und darum ließ er eine gute Weile verstreichen. Als es aber hohe Zeit zum Aufbruch wurde, begann er ihn zu mahnen: „Meister, denkt an Euer Versprechen! Treffe ich nicht zur rechten Zeit mit Euch in Eisenach ein, so verliere ich meine Ehre und darf mich zeitlebens nicht mehr in Thüringen blicken lassen!" Darauf lachte Klingsor und sprach: „Sei unbesorgt, meine Pferde laufen schnell und mein Wagen ist leicht!" Am Vorabend des bestimmten Tags gab er Heinrich einen Schlaftrunk, setzte sich auf eine lederne Decke und legte den Schlummernden neben sich; dann rief er seine Geister und befahl ihnen: „Nun führt uns flugs hin nach Eisenach und setzt uns dort in der besten Herberge ab!"

Am Morgen erwachte Heinrich vom Geläut und sprach: „So klingen nur die Glocken von Eisenach!" „Du träumst wohl noch", antwortete Klingsor lächelnd. Aber Heinrich sprang auf und ging zum Fenster, da sah er zur rechten Hand das St. Georgentor, durch das man zur Stadt hinausgeht, und erkannte, daß er sich im Hellgrevenhaus zu Eisenach befand. Nun ward sein Herz fröhlich. Er führte Klingsor hin zur Burg und mußte unterwegs vielen Neugierigen Rede stehen; doch er konnte ihnen nur sagen: „Gestern abend hörte ich die Glocken noch läuten im Ungarland, doch heute früh in Eisenach; wie ich aber hierherkam, das weiß ich nicht!“ Der Landgraf nahm den fremden Gast mit hohen Ehren auf und bestellte ihn zur Entscheidung über wenige Tage.

Abends saßen Klingsor und der Ofterdinger im Garten des Wirts und tranken mit den Bürgern; die plauderten gern mit ihnen, denn der fremde Meister wußte viel Seltsames zu erzählen. Immer wieder wollten sie etwas ganz Neues hören; da schaute Klingsor eine lange Weile scharf nach den Sternen und sprach: „So hört eine neue und fröhliche Mär! In diesem Augenblick wird meinem Herrn, dem König von Ungarn, eine schöne Tochter geboren, die wird dem Sohne des Landgrafen vermählt und eine heilige Frau werden, zum Troste der ganzen Christenheit!“ Von den Bürgern kam die frohe Kunde zu dem Landgrafen und seiner Gemahlin, die sich darüber von Herzen freuten, und sie erwies sich später in allen Stücken als wahr: denn in dieser Nacht wurde Elisabeth von Ungarn geboren, die nachmals Landgräfin von Thüringen und eine Heilige ward.

Am bestimmten Tage versammelte der Landgraf im Rittersaal der Wartburg alle seine Grafen und Herren, und in ihrer Mitte standen die Sänger, deren Streit durch Klingsor geschlichtet werden sollte. Der Meister trat vor die Versammlung hin und sprach: „Ich löse Heinrich von Ofterdingens Haupt! Er hat seinen Fürsten schöner gelobt als die andern den ihren, denn der Tag kommt von der Sonne, und wenn die Sonne das Erdreich nicht beschiene, so gäbe es keinen Tag!“ Damit war der Sängerkrieg zu Heinrich von Ofterdingens Gunsten beendet, und die andern mußten sich zufriedengeben.

Aber als sie noch beieinander saßen, entspann sich ein neuer Streit zwischen Wolfram von Eschenbach und Meister Klingsor. Sie sangen in vielen Liedern gegeneinander, und keiner vermochte den andern zu überwinden. Das ward Klingsor endlich leid; er verließ den Saal für ein Weilchen und berief einen seiner Geister zu sich, der kam in eines schönen Jünglings Gestalt. Klingsor führte ihn hinein und sprach zu Wolfram: „Das Streiten hat mich ein wenig müde gemacht, nimm statt meiner einstweilen mit meinem Diener vorlieb!“ Da begann der Jüngling aufs allerschönste zu singen und kündete viele Dinge seit dem Anbeginn der Welt; Wolfram aber hob ein Gedicht an von dem Ewigen Wort, das aus dem Herzen Gottes geflossen und zu Fleisch geworden sei, und wie sich das Wunder täglich wiederhole im Sakrament der heiligen Messe. Und da er zu den Worten kam, durch die das Brot in Christi Leib gewandelt wird, mußte der Teufel verstummen und eilends weichen.

Das verdroß Klingsor sehr, und er beschloß nochmals zu prüfen, ob Wolfram wohl der Geheimnisse der Welt so kund sei wie er selbst und seine Geister. Wolfram wohnte zur Herberge in Gottschalks Haus auf dem Markte; als er nachts in seiner finsteren Kammer lag, kam, von Klingsor gesandt, der teuflische Geist zu ihm herein, und sein Antlitz war ganz feurig und schrecklich anzusehen. Mit großer Kunst begann der Teufel von des Himmels und der Sterne Lauf zu singen, von der Bewegung der Planeten und ihrer wirkenden Kraft, und legte Wolfram viele schwere Fragen vor. Darauf vermochte Wolfram keine Antwort zu geben, denn er war wohl bewandert in Gottes Wort, aber von den weltlichen Künsten wußte er nichts. Da lachte der Teufel und schrieb mit dem Finger in feurigen Buchstaben auf die Wand: „Wolfram, du bist ein Laie und ein Schnippenschnapp“ – was wohl einen bedeuten mag, dessen Wissen man mit einem Finger wegschnippen kann. Danach fuhr der böse Geist von dannen, und Klingsor hörte gern, daß Wolfram in weltlicher Weisheit nicht bestanden habe.

Kurz danach fuhr der Meister wieder heim nach Ungarland auf die gleiche Weise, wie er gekommen war; der Landgraf gab ihm reiche Geschenke mit. Die höllische Schrift aber blieb tief eingebrannt auf dem Steine in der Herberge stehen und kam immer wieder zum Vorschein, sooft man auch versuchte, sie wegzuwischen. Da ließ der Wirt endlich den Stein aus der Wand brechen und ins Wasser werfen.

TANNHÄUSER

In der grünen Wald- und Bergwildnis Thüringens liegt der Hörselberg, die Wohnung der Frau Venus, die manche auch Frau Vrene oder Frau Holda nennen. Wer zu ihr kommt, den lassen Lachen und Tanz und Sinnenfreude die Zeit vergessen, er lebt dahin in einem Zaubergarten voll weltlicher Seligkeit, aber er verliert das Heil seiner Seele. Nur selten findet einer den Weg zurück. Darum steht ein Warner vor der Tür, der Treue Eckhard, und scheucht die

Nahenden mit einem weißen Stabe; aber nicht jeder hört auf ihn, denn die Wunder des Berges locken allzu mächtig.

Von einem edlen Ritter und Sänger wird erzählt, der zu Frau Venus in den Berg ging; er hieß der Tannhäuser. Viele Länder kannte er, auch im Heiligen Land hatte er gestritten, und vielen Fürsten hatte er gedient. Oft hatte er Reichtum besessen, dann lebte er herrlich und in Freuden, und es gab keinen Genuß, den er sich versagte. Dann aber starben seine Gönner, sein Gut floß ihm aus den Händen, sein Haus verfiel, seine Nahrung wurde kärglich, seine Diener verließen ihn. In verschlissenem Gewand, auf einem alten Roß, dem die Last seines Körpers viel zu schwer war, ritt er davon, einer letzten Hoffnung zu: er wollte teilnehmen an dem Sängerstreit auf der Wartburg. Aber er kam nie dahin; vor Eisenach bog er ab zum Hörselberg, und dort ward er mit Freuden aufgenommen. Sieben Jahre lebte er bei Frau Venus und ihren schönen Gespielinnen; sie war ihm hold und gnädig und glaubte, er werde niemals mehr von ihr lassen. Aber eines Tages, als er unter einem Feigenbaum in ihrem Garten schlief, hatte er schwere Träume, und er wachte auf von dem Ruf seines Gewissens. Da trat er vor Frau Venus hin und begehrte Urlaub.

Sie hörte die Bitte ungern und ungläubig. „Ihr seid mir lieb, Herr Tannhäuser“, sprach sie; „und schwurt Ihr mir nicht einen Eid, niemals von mir zu wanken?“ „Nie schwur ich einen solchen Eid!“ rief der Ritter dagegen, „Gott strafe jeden, der das behaupten wollte!“ „Gleichviel“, erwiderte sie, „Ihr sollt bei mir bleiben; ich will Euch die schönste meiner Gespielinnen zum Gemahl geben, damit Ihr hier Heimat habt.“ „Nein“, sprach er, „ich will das Mädchen nicht, in ihren braunen Augen glüht die Hölle – wenn ich der untreu würde, auf die jetzt mein Sinn gerichtet ist, müßte ich ewig im Feuer brennen!“ „Ihr sprecht immer von der Hölle“, sagte sie lächelnd, „hat sie Euch hier schon einmal weh getan? Denkt lieber an meinen roten Mund, der Euch zu allen Stunden in gleicher Liebe entgegenlacht!“ Er antwortete: „Euer roter Mund tut mir weh, mein Leben ist krank geworden bei Euch, ich darf nicht länger bleiben; gebt mir Urlaub von Eurem stolzen Leibe!“ Sie umfaßte ihn und bat ihn freundlich: „Redet nicht so, Tannhäuser, besinnt Euch! Kommt mit mir in die Kammer, da ist Heimlichkeit und holdes Spiel!“ Er aber stieß sie zurück und sprach: „Eure Liebe ist mir leid geworden! Schön seid Ihr, Frau Venus, aber ich meine, Ihr seid eine Teufelin!“ Über diesen Schimpf ward sie zornig und begann ihm zu drohen; da aber rief er Maria, die reine Magd, um Hilfe an, und nun gab

Frau Venus ihn frei. „Ihr sollt den Urlaub haben, um den Ihr bittet; aber wohin Ihr auch geht, Ihr werdet noch mein Lob preisen!"

So schied Tannhäuser aus dem Venusberg und machte sich auf den Weg nach Rom, seine Sünde zu beichten und zu büßen; mit blutenden Sohlen kam er in der Ewigen Stadt an und fiel vor dem Kreuzaltar mit ausgebreiteten Armen auf die Knie. Dort erwartete er den Papst Urban; ihm klagte er die Sünde, die er begangen hatte, da er bei Frau Venus im Berge war, und bat um Buße, damit er die Augen wieder zu Gott erheben dürfe. Der Papst trug einen dürren Stab in der Hand, den stieß er in den Boden und sprach: „Nicht eher wirst du Gottes Gnade erlangen, als bis dieser dürre Stab grünt!" In tiefster Seele erschrak Tannhäuser über den harten Spruch des Papstes; voll Trauer erwiderte er: „Hättet Ihr mir ein Jahr Frist gegeben, dann hätte ich wohl so viel Buße getan, daß Gott sich meiner erbarmt hätte!" Verzagten Herzens ging er aus der Kirche. „Einst warst du mir gnädig, mein Gott – nun muß ich von dir scheiden!" Auf dem Weg sah er manches Bild der Muttergottes, dann wandte er sein Antlitz hinweg. „Behüte dich Gott, reine Magd! Ich darf dich nicht mehr anschaun!" Geradeaus wanderte er zurück zum verwunschenen Berge; als er eintrat, fiel ihm Frau Venus mit Freuden um den Hals und küßte ihn.

Als aber der dritte Tag anbrach, begann zu Rom der dürre Stab zu grünen, und zur Vesperzeit stand er in Laub und Blüten. Da erschrak der Papst und sandte Boten aus in alle Lande, sie sollten den Tannhäuser suchen und ihm künden, daß Gott sich seiner erbarmt habe. Aber sie fanden ihn nirgends mehr: er war im Venusberg, um dort zu bleiben bis zum letzten der Tage. Dann wird Gott ihm gnädiger sein als der harte Priester.

DER SCHWANENRITTER

Auf einem Zuge nach Niederland nahm der deutsche König seinen Sitz in einer Burg am Rhein und ließ verkünden, daß jeder, der sich in seinem Recht gekränkt fühle, vor ihn kommen möge, um seine Beschwerde anzubringen und gerechtes Urteil zu empfangen. Da erschien vor ihm die Herzogin von Brabant, um Klage zu erheben gegen ihren Schwager, den mächtigen Herzog Friedrich von Sachsen, der sich nach dem Tode ihres Gatten, des Herzogs Gottfried, des Landes Brabant bemächtigt hatte. Der König hieß den Sachsenherzog vor den Stuhl des Gerichts treten und die Herzogin ihre Klage vortragen. Aber ehe sie, die sich weinend auf die weinende Tochter stützte, noch damit beginnen konnte, erblickte der König durchs Fenster ein wundersames Schauspiel: auf dem Rhein kam eilig ein Schwan dahergeschwommen, der an einer silbernen Kette einen Nachen hinter sich herzog; darin schlief ein Ritter, das Haupt auf den Schild gebettet, während Helm und Rüstung neben ihm lagen. Pfeilgerade nahm der glänzend weiße Vogel die Richtung hin zum Landeplatz.

Des Staunens voll, erhob sich der König und sprach: „Wer mit mir das größte Wunder sehen will, das meine Augen jemals schauten, der begleite mich hinab zum Ufer!“ Im Nu standen die klagenden Frauen allein im Saal, alle andern eilten dem König nach, und sie kamen gerade zurecht, um das Schifflein anlegen zu sehen; in diesem Augenblick erwachte auch der Ritter, er sprang auf die Füße und ans Land, und der König hieß ihn herzlich willkommen. „Weiß Gott, Herr, Ihr habt einen guten Lotsen“, sprach er zu dem Gast; „er hat Euch sicher zu uns hergeführt! Nun begleitet uns auf die Burg!“ Willig ging der Ritter mit, aber ehe er sich wandte, sprach er zu dem Vogel: „Nun zieh deines Wegs, mein lieber Schwan! Wenn ich deiner bedarf, will ich dich rufen!“ Mit mächtigem Flügelschlag begann der Schwan, den Nachen hinter sich, die Fahrt dahin, woher er gekommen war, und bald entschwand er aller Augen. Der König aber führte den stolzen Ritter mit sich in den Saal, wies ihm einen Platz unter den Fürsten an und setzte sich wieder auf den Richterstuhl, das unterbrochene Gericht fortzuführen.

Abermals trat die Herzogin vor, an der Hand ihre Tochter führend, eine Jungfrau von großer Schönheit, und hob an: „Erbarmt Euch meines Ungemachs, edler König, und straft die Unbill, die mir angetan ward, nach Eurer Gerechtigkeit! Mit Gewalt hat der Herzog von Sachsen mich samt meiner Tochter aus meinem Land vertrieben; er will uns um das Erbe bringen, das wir rechtmäßig besitzen. Ehe mein Gemahl ins Heilige Land fuhr, wo er das Leben verlor, verbriefte er es uns, daß wir des Landes walten und es immer besitzen sollten, wenn er nicht zurückkehre. Dieses unser Recht, das sein Bruder räuberlich angetastet hat, helft uns schützen, gnädiger König!“ Darauf antwortete der beschuldigte Sachsenherzog: „Gott weiß, Herr, daß ich kein Unrecht begehre! In Brabant gilt seit vielen hundert Jahren als Recht, daß keine Frau die Herrschaft führen darf. Da nun zu meinem Leid mein Bruder jenseits des Meeres totgeblieben ist und keinen Sohn hinterlassen hat, bin ich als sein nächster männlicher

Gesippe rechtmäßig Erbe und Herr von Brabant, und wer es mir nehmen will, der wird einen harten Krieg darum führen müssen." „Krieg zu führen, sind wir armen Frauen zu schwach", erwiderte die Herzogin; „wie sollten wir es aufnehmen mit einem so mächtigen Fürsten? Darum rufen wir ja des Königs Gericht an, damit er uns wieder in unsere Herrschaft einsetze! Er geruhe die Briefe und Handvesten einzusehen, die unser Recht erhärten! Mein Gatte war ein freier Fürst und unbestrittener Herr seines Landes, es stand ihm zu, nach seinem Willen zu entscheiden, wer sein Erbe sein sollte, und da er uns dazu erwählte, darf niemand mit Gewalt unsern rechtmäßigen Besitz antasten!"

Da sprach der König: „Euch soll Gerechtigkeit werden, edle Herzogin! Wir wollen Zeugen hören und Eure Briefe prüfen; übergab Euer Gemahl wirklich das Land in Eure Hand, dann soll der Herzog von Sachsen es Euch hinfort in Frieden überlassen und den Schaden vergüten, den er Euch tat! Ist es aber anders, so sollen Land und Herrschaft ihm gehören." „Herr, ich tue sonst willig alles, was Ihr befehlt", entgegnete darauf der Herzog, „nur Brabant lasse ich niemals mehr aus meinen Händen. Das Recht, das mein ist, werde ich mit aller meiner Kraft verteidigen! Will es mir einer abstreiten, so soll er, falls ihm Krieg nicht behagt, im Zweikampf seinen Mann gegen mich stehen! Wer die Hand gegen mich zum Schwur erhebt, dem will ich sie bald abhauen! Was aber die Briefe betrifft, so kann auf ein Stück Pergament jeder schreiben, was er gern möchte; dadurch lasse ich mir mein gutes Recht nicht abdingen. Mag die Herzogin einen Kämpfer gegen mich stellen, damit das Schwert entscheide, wem Brabant gehören soll."

Als die Herzogin das vernahm, erschrak sie; denn der Sachsenfürst war ein starker, riesiger Held, dessengleichen in ganz Niederland nicht zu finden war. Auch dem König war die Herausforderung leid, er sprach in bitteren Sorgen: „So bleibt nichts übrig, edle Frau, als daß Ihr unter Euren Rittern einen sucht, der für Euch einsteht! Aber lieber wäre mir's, der Herzog willigte in eine andere Art, den Streit zu scheiden; das würde ich ihm ewig danken." „Nein", rief der Herzog, „lieber will ich sterben, als daß diese Sache ohne Kampf geschlichtet würde! Wer mich aus dem Lande treiben will, dem antworte ich nicht anders als mit dem Schwert in der Faust." So blieb den Frauen nichts übrig, als einen Kämpfer für sich zu suchen. Aber ob auch die Mutter flehend die Augen unter ihren Rittern umhergehen ließ, keiner von ihnen wollte den Streit mit dem Herzog wagen. Weinend rang ihre schöne Tochter die Hände und seufzte: „Nun sei es dem Himmel geklagt, daß mein ruhmreicher Vater, der Jerusalem eroberte, uns zwar sein Land hinterließ, aber keinen Helden darin, der für uns streiten will! Wir haben viel Dienstmannen, aber keinen Helfer in der Not! So möge Gott, der Helfer der Witwen und Waisen, uns Verlassene in seinen Schutz nehmen!"

Jetzt erhob sich der Ritter, den der Schwan ins Land gebracht hatte, und sprach: „Edle Frauen, verzagt nicht! Ich bin hierhergesandt, um euch zu beschirmen; wenn eure Ritter euch verlassen haben, will ich für euch streiten! Mag der kommen, der euch das Land nehmen will, ich werde euer Recht gegen ihn verteidigen!" Da weinten die Frauen nicht mehr vor Schmerz, sondern vor Freude und umfingen den Ritter mit vielen Danksagungen. Der Sachsenherzog aber blickte ihn zornig an und sprach: „Herr Gast, daß Ihr mir Feindschaft ansagt, hab' ich nicht um Euch verschuldet, denn ich tat Euch nie ein Leid! Wenn Ihr mir rauben wollt, was mir von meinen Vätern her gehört, so kamt Ihr zur Unzeit ins Land! Aber da Ihr den Kampf wollt, nehme ich ihn an; denn ich fürchte Euch nicht, obzwar Ihr auf eine seltsame Art hergeführt wurdet und vielleicht durch eines bösen Zaubers Gewalt." „Es ist nicht fein von Euch", antwortete der Ritter, „daß Ihr mich der Zauberei zeiht, und dafür sollt Ihr büßen! Ich werde die Frauen beschirmen, es bräche mir denn das Schwert in Stücke! Nicht eher ende der Kampf, als bis einer von uns beiden tot und der andere Sieger ist!"

Sogleich rüsteten sich die Gegner zum Streit. Dem Gast gebrach es an einem Roß; darum bat er den König, ihm eins zu leihen, und der sprach freundlich: „Wählt Euch unter den meinen das, was Euch am besten gefällt!" Eins nach dem andern erprobte der Ritter durch einen Druck ins Kreuz, und jedes sank dabei in die Knie, bis er an ein ganz junges kam, einen schönen Apfelschimmel, vierschrötig und mit breiter Brust; das hielt stand. Er schwang sich auf und ritt zum Kampfplan, herrlich gewappnet, mit einem glänzenden Helm, über den ein silberner Schwan den Kopf reckte. Der Sachsenherzog eilte ihm entgegen auf einem riesigen Rapphengst, seinen Helm überragten zwei Pfauenfedern mit bunten Spiegeln. In wildem Galopp ritten sie widereinander und prallten krachend zusammen; des Herzogs Lanze zersplitterte, und er ward von der des Gegners aus dem Sattel geworfen. Dann trieben sie sich mit harten Schwertschlägen rings um das Feld, daß Stahlringe und Eisenspäne von ihnen stoben. Der Fremde hatte einen harten Stand, da der Herzog ihn weit überragte; ihm wurden der Schild und die Halsberge zerschnitten, nur seine seidene Kappe schützte ihn vor der tödlichen Wunde, und der

Herzog schrie triumphierend: „Wollt Ihr mir nun mein Erbe lassen? Sonst zahlt mir Euer Leben als Zins!" Aber der Schwanenritter rief: „Der Zins ist mir zu teuer!" und schwang seine Klinge gewaltig; mit einem Hieb durchschnitt er des Herzogs Koller und trennte ihm das Haupt vom Rumpf, daß es behelmt auf das grüne Gras niedersprang. Trauernd trugen die Sachsen die blutüberströmte Leiche ihres Herrn hinweg, die Frauen aber neigten sich tief vor ihrem Retter und küßten ihn.

Dann sprach die Herzogin: „Herr und Held, da Eure Mannhaftigkeit uns aus dem Elend erlöste, nehmt zum Dank die Hand meiner Tochter samt der Herrschaft von Brabant!" Der Gast sah die schöne Jungfrau mit freundlichen Augen an, dann sprach er zu ihr: „Freudigen Herzens will ich Euch, schöne Jungfrau, zum Weibe nehmen – aber eins müßt Ihr mir versprechen: mich nie zu fragen, wer und welches Stammes ich bin!" Das sagte die Jungfrau zu, und auch der König war es zufrieden, daß der Schwanenritter seine Herkunft hehlte: denn der hohe Adel stand ihm auf dem Antlitz geschrieben. Feierlich ward die Hochzeit begangen, und der junge Gatte nahm die Herrschaft von Brabant in seine Hände. Er führte sie mit Kraft; seine Frau lebte in Glück mit ihm und gebar ihm zwei schöne Kinder.

Aber als sechs Jahre vergangen waren, begannen falsche Freunde der Frau ins Ohr zu flüstern, daß wohl Zweifel entstehen könnten, ob ihr Gatte an Geschlecht ihrer würdig sei; und sosehr sie sich dagegen wehrte, trug sie doch immer schwerer an dem Geheimnis seiner Herkunft. Obzwar sie nichts sagte, merkte er doch wohl, wie traurig und bedrückt sie umherging; drei Nächte nacheinander hörte er sie weinen, und endlich fragte er sie: „Warum bist du so betrübt, liebe Frau? Bei unserer Liebe, sage es mir!" „Ich muß wohl traurig sein", antwortete sie; „nun habe ich von dir zwei wohlgeratene Kinder und weiß nicht, aus welchem Geschlecht sie stammen. Mein Herz hat dich erwählt, und ich habe bisher nie erfahren wollen, woher du kamst; denn ich glaube fest, daß du von edler Herkunft bist. Aber was sollen unsere Kinder sagen, wenn man sie nach ihrer Sippe fragt? Sie müssen sich ja schämen, wenn sie darauf keine Antwort geben können! Um ihretwillen muß ich's wissen, und wenn du mich liebst, darfst du es mir nicht länger verschweigen!" „Wehe", antwortete der Ritter tief erschrocken, „jetzt hast du dir und mir zum Unglück geredet! Tat ich dir denn nicht Genüge als Gatte und Herr des Landes, daß meine Herkunft dich bekümmert? Du versprachst mir doch, nie danach zu forschen und zu fragen; warum brachst du dein Versprechen? Nun muß ich dich Gott befehlen und von hinnen scheiden – du wirst mich nie mehr wiedersehen!“ Von Reue übermannt, sank die Frau vor ihm nieder und rang die Hände. „Verzeih mir, geliebter Herr!“ flehte sie; „sei nicht so zornig auf mich und vergiß, was ich fehlte! Ewig wird es mir leid sein, daß ich dich traurig machte; hätte ich geahnt, welch schweres Leid meine unbesonnene Rede heraufbeschwor, ewig hätte ich geschwiegen! Aber um der Kinder willen scheide nicht von mir! Erbarme dich ihrer und des Landes und meiner und verzeihe mir!“ Aber er schüttelte kummervoll das Haupt und hieß sie die Kinder bringen; er küßte sie und befahl sie in Gottes Hut. Mit nassen Augen flehten ihn die Männer und Frauen des Hofs an, zu bleiben, sie fielen ihm vereint zu Füßen, aber weder ihr Kummer noch der Schrei von Weib und Kindern vermochte ihn zu halten. Er legte das Gewaffen an, das er einst mit ins Land gebracht hatte, und schritt hinab zum Ufer: da kam auch schon der Schwan daher und zog das Schifflein hinter sich. Trauernd segnete der Ritter seine Leute und küßte Weib und Kind, dann stieg er ins Boot; der Schwan führte ihn hinweg, und kein Auge sah ihn wieder.

Die Herzogin zog ihre Kinder in Zucht und Ehren auf; sie wurden die Stammeltern der Grafen von Geldern, Cleve und Rieneck, und ihr Geschlecht blühte lange in Macht und Ruhm. Wer der Schwanenritter aber war und woher er kam, hat niemand erfahren. Vielleicht, daß Gott selbst dem ruhmreichen Herzog Gottfried zuliebe den bedrängten Frauen aus seiner Heerschar den Helfer schickte. Andere erzählen, der Schwanenritter sei vom heiligen Gral gesandt worden und habe mit Namen Lohengrin geheißen.

DER SCHERFENBERGER UND DER ZWERG

Eines Tages ritt Herr Wilhelm von Scherfenberg von seinem Schloß zur Jagd in den Wald, da ward ihm eine seltsame Augenweide zuteil: Vom Berg her trugen vier Zwerge einen Himmel von edlem hellem Tuch an vier übergoldeten Stangen, und unter ihm ritt stolz und hochgemut ein Zwerg gleich einem König, mit einer goldenen Krone auf dem Haupt, Sattel und Zaumzeug mit Gold beschlagen und, wie auch das Gewand, mit Edelsteinen geschmückt. Der Ritter hielt und wartete, bis der Zwerg zu ihm herankam; dann nahm er den Hut ab und bot ihm guten Morgen. „Wilhelm, Gott grüße dich!“ erwiderte der Zwerg, und als der Ritter ihn fragte: „Woher kennt Ihr mich?“ fuhr er fort: „Daß ich dich kenne und dich mit Namen anrede, soll dir nicht leid sein! Ich suche deine Mannheit, denn überall hörte ich von deiner Ehre und Treue. Ich bin in Streit geraten mit einem mächtigen Könige, der mich um mein Land bringen will, und unser Krieg soll entschieden werden durch einen Zweikampf, von heute ab in sechs Wochen. Nun getraute ich mich wohl, ihn Mann gegen Mann zu bestehen, denn er ist wie ich aus Zwergengeschlecht; aber er hat sich als Kämpen einen Riesen geworben, der ist mir zu groß. Alle meine Freunde rieten mir, dich zu gewinnen, damit du dich als ein rechter Held, wie man dich rühmt, an meiner Statt des Kampfes unterwindest. Bist du dazu bereit, so will ich dir's so reich lohnen, daß du all dein Lebtag in Herrlichkeit leben magst. Du brauchst nicht zu fürchten, daß du unterliegst; denn ich will dir einen Gürtel geben, der dir die Stärke von zwanzig Männern verleiht. Bist du also so mannhaft, wie alle sagen, so schlage mir die Bitte nicht ab!" Darauf antwortete der Scherfenberger: „Da Ihr so fest auf meine Mannheit baut, will ich zu Eurem Dienste treu bereit sein und es auf Leben und Tod wagen."

Um dem Ritter jedes Bedenken zu nehmen, das ihm etwa kommen könnte, fügte der Zwerg hinzu: „Herr Wilhelm, fürchte nicht etwa, ich sei nicht geheuer; ich glaube an die heilige Dreifaltigkeit und daß Gott von einer Jungfrau geboren ward und an alle andern Stücke, die ihr bekennt, denn ich bin ein Christ wie du selbst." Das vernahm der Ritter gern und gelobte dem Zwergkönig: „Wenn nicht Siechtum oder Tod mich hemmen, werde ich zur rechten Stunde dort sein, wohin Ihr mich bestellt." „So sei heut über fünf Wochen hier an dieser Stelle", gebot der Zwerg, „und bring Roß und Rüstung und einen Knappen mit! Aber erzähl davon keiner Menschenseele, auch deinem Weibe nicht, sonst ist alles verloren!" All das beschwor der Scherfenberger, da gab ihm der Zwerg einen Ring und sprach: „Das nimm zum Zeugnis unserer Abrede! Der Ring ist ein Kleinod: solange du ihn trägst, wird dir dein Gut nicht zerrinnen, und lebtest du tausend Jahre. Und nun bewahre mir die Treue!" Damit ritt der Zwerg hinweg, und der Ritter folgte ihm mit den Augen, bis er im Berge verschwand.

Er kam nach Hause, als das Mahl schon bereitet war, und alle fragten ihn, wo er sich verweilt habe; doch er verriet kein Wort. Aber er war von Stund an nicht mehr so fröhlich wie vordem, sondern schien heimlich über etwas zu grübeln. Das merkten die Seinen bald, und sein Weib lag ihm dringlich an, ihr zu sagen, was er auf dem Herzen habe. Er schwieg weiter; aber er sorgte dafür, daß sein Roß wohl gepflegt wurde, und ließ seinen Harnisch ausbessern, als sinne er auf Kampf und Abenteuer. Dann sandte er um den Priester, reinigte sein Herz durch lautere Beichte, nahm den Leib des Herrn und ließ für sich beten. Als er einmal ausgeritten war, rief die Frau den Beichtiger zu sich und drang in ihn, ihr zu offenbaren, was es mit ihrem Herrn für eine Bewandtnis habe; doch der Priester weigerte sich bei seines Amtes Ehre und Gottes Gebot, das Geheimnis zu brechen und Todsünde auf sich zu laden. Nun bat sie ihre nächsten Verwandten zusammen und klagte ihnen ihr Leid; mit vielen Bitten brachte sie sie dazu, daß sie sich verschworen, dem Priester mit Gewalt sein Geheimnis zu entreißen. Ihrer vier ergriffen ihn, führten ihn in eine Kammer und hießen ihn nochmals reden; als er es aber weigerte, setzten sie ihm ihre bloßen Messer an den Hals und bedrohten ihn mit dem Tode: da erzählte er ihnen alles der Wahrheit nach.

Darauf gingen sie mit der Frau zusammen zu dem Scherfenberger und befragten ihn selbst noch einmal; als er aber schwieg, sagten sie ihm alles auf den Kopf zu, und er konnte es nicht wohl ableugnen. Vereint suchten sie ihn aus allen Kräften in seinem Vorsatz wankend zu machen. „Nein“, sprach der Ritter, „was ich dem Zwerg schwur, muß ich halten; ich will nicht zum Lügner an ihm werden.“ „Der Zwerg ist selbst ein lügenhafter, teuflischer Geist“, sagten sie. Aber der Ritter entgegnete: „Er hat mir seinen Glauben gesagt; ich muß ihm treu bleiben, sonst wird es mein Verderben sein.“ „Euer Verderben wird es sein, wenn Ihr die Tat tut!“ sprachen die andern, „Ihr sollt unbekannte Straßen gehen, keiner wird bei Euch sein, und wenn Ihr verwundet oder getötet werdet, wird keiner die Kunde davon nach Hause bringen! Werdet Ihr aber bei solch zweifligem Abenteuer erschlagen, dann ist Eure Seele ewig verloren!“ „Wer hat euch mein Geheimnis verraten?“ rief der Ritter voll Gram; „das ist ein Schlag auf meine Ehre, denn keiner sollte davon wissen! Nun sehe ich, daß alles ein böses Ende nehmen wird.“ Aber er leistete nicht länger Widerstand, sondern ließ sich bereden, dem Abenteuer fernzubleiben, obwohl sein Herz dessen nicht froh war.

Es verging wohl ein halbes Jahr, ohne daß er von dem Zwerge etwas hörte. Aber als er eines Tages heim nach seiner Feste ritt, als letzter hinter den Seinen, trabte plötzlich der Zwerg neben ihm und redete ihn zornig an: „Wer Eure Treue und Mannheit pries, der hat gelogen! Ihr habt mich betrogen und verraten und darum Gottes und aller guten Frauen Haß verdient! Sieglos sollt Ihr sein von dieser Stunde an! Und trüget Ihr nicht den Ring, den ich Euch leider schenkte, dann solltet Ihr auch arm werden und hungern mit Weib und Kindern!“ Damit faßte er rasch nach des Scherfenbergers Hand, um ihm den Ring abzuziehen, der aber steckte ihn schnell in den Busen, so daß das Kleinod ihm blieb. Da sprach der Zwerg einen Fluch über ihn und ritt hinweg; der Scherfenberger aber eilte den Seinen nach, und keiner von ihnen hatte gesehen, was ihm begegnet war.

Bald danach erfüllte sich der Fluch des Zwerges. In einem Treffen gegen den Grafen Meinhard von Tirol sank der Scherfenberger, von sieben Lanzenstichen durchbohrt, vom Rosse und lag sterbend im Sande. Der Herr von Auffenstein fand ihn, und ihm schenkte der Scherfenberger des Zwerges Ring. Aber als man den Todwunden auf ein Roß legte, um ihn davonzuführen und zu pflegen, wurde er so schwach, daß man ihn wieder herabnehmen und auf die Erde betten mußte; da hauchte er in Schmerzen den Atem aus.

PETER DIMRINGER UND DIE MEERFEE

Auf der Burg Staufenberg in der Ortenau saß Peter Dimringer, ein tapferer und freigebiger Herr, der gern schöne Frauen sah und ihnen zu Ehren im Turniere manchen Sattel geleert hatte. In vielen Ländern hatte er durch männliche Tat und feine Sitte Ruhm erworben, auch ehrenvoll gegen die Heiden gestritten, so daß er wohl für die Krone der Ritterschaft gelten konnte.

An einem schönen hellen Pfingsttag ließ er sein Roß satteln, um nach Nußbach zur Messe zu reiten; sein Knappe ritt voran, er selbst, um ungestört sein Gebet zu sprechen, in gutem Abstand hinterdrein. Als der Knappe den Burgweg hinab kam, sah er auf einem Stein vor dem Hag eine Frau ganz allein sitzen, herrlich gekleidet und geschmückt, und ihre Schönheit strahlte wie die Sonne. Sie neigte sich ihm freundlich zum Gruß; gern hätte er gehalten, aber er getraute es sich nicht. So erwiderte er den Gruß schweigend und mit Züchten und ritt vorbei.

Als aber sein Herr an die Stelle kam und die schöne Frau sitzen sah, ward sein Herz sogleich vom Feuer der Liebe ergriffen, und er sprach zu ihr voller Freude: „Gott grüße Euch, Frau, in allen Ehren! Schönstes Weib, das ich je auf Erden sah, seid gegrüßt zu tausend Malen!“ „Ich danke dir, lieber Freund, Gott lohne dir deinen Gruß!“ antwortete sie und neigte sich. Er sprang vom Pferd, und sie reichte ihm die Hand; da zog er sie empor und legte den Arm um sie. Dann setzten sie sich zusammen ins Gras, und er sprach: „Darf ich Euch fragen, edle, schöne Frau, warum Ihr hier so mutterseelenallein sitzt?" Sie lächelte ihn freundlich an und antwortete ohne Umschweif: „Das will ich dir gern sagen, Freund: ich habe auf dich gewartet. Lange kenne ich dich; seit du ein Ritter wurdest, habe ich dich heimlich begleitet und meine Hand über dich gehalten in jedem Kampf, in manchem Land, daß du niemals Schaden nahmst. Heut endlich solltest du mich mit Augen schauen!" „Wohl mir, daß ich diesen Tag erlebte", sprach Herr Peter; „nichts Lieberes wünschte ich mir, als daß ich bei Euch sein könnte bis an meinen Tod!" Sie antwortete: „Das kann dir zuteil werden, wenn du auf mich hörst! Sooft du willst, sollst du mich bei dir haben, wenn du allein bist. Aber willst du meinen Leib liebkosen, so mußt du dein Leben lang ohne eheliches Weib bleiben! Erfüllst du das, so sollst du immerdar in Freuden mit mir leben und nie krank oder schwach werden, und ich werde dir Reichtum schenken, soviel dein Herz begehrt. Wenn du aber ein Weib zur Ehe nimmst, so mußt du am dritten Tage danach sterben; und das kann niemand wenden. Darum bedenke wohl, was du tun willst!" „Ist das gewißlich wahr?" fragte der Ritter, und sie antwortete: „Es ist wahr, das schwöre ich dir bei Gott und meinem Leben!" „So will auch ich Gott zum Zeugen nehmen", sprach er, „daß ich dir Leib und Leben für immer zu eigen geben will!"

Sie umarmten und küßten sich in großer Liebe, aber als er sie niederziehen wollte, wehrte sie ihm: „Nicht auf der grünen Heide wollen wir Hochzeit feiern, wo Menschenaugen uns sehen können, sondern bei dir zu Hause! Reite jetzt, wie du wolltest, zur Messe und nimm von mir diesen Ring! Bist du aber wieder daheim, so gehe ganz allein in deine Kammer, und wenn du mich herbeiwünschst, werde ich bei dir sein und dir alles schenken, was dein Herz begehrt." „Dann will ich fröhlich dahinreiten!" sagte er, stand auf und hob die Frau von der beblümten Wiese empor; lachend sahen sie sich in die Augen und nahmen Abschied mit Umarmung und vielen Küssen.

Voller Freude ritt der Ritter seines Wegs, dem Knappen nach. Er hörte in Nußbach die Messe und betete andächtig; aber sofort nach dem Segen machte er sich auf nach daheim. Ohne Verzug ging er in seine Kammer und wünschte: „Hätte ich jetzt die schöne Frau bei mir, die ich auf dem Steine fand!" Ehe er noch ausgeredet hatte, stand sie vor ihm, und sie genossen alles Glück der Liebe miteinander. „So selig werden wir in alle Ewigkeit sein, wenn du tust, wie ich dir sagte", sprach sie zu ihm; und er erwiderte: „Du sollst meine einzige Herrin sein, solange mir Gott die Sonne gönnt!"

Die Schöne machte Herrn Peter nicht nur an Liebe reich, sondern auch an Gut und Gold; er konnte mit freigebiger Hand ausstreuen, soviel er wollte, und gewann viele Freunde und gute Gesellen. Mit einer fröhlichen Schar durchritt er viele Länder, überall war er willkommen. Und überall war seine schöne Frau bei ihm, sooft er sie zu sich wünschte, es mochte bei Tage sein oder bei Nacht. Aber als er wieder in die Heimat zurückkam, prächtiger und geehrter als je, schien es seinen Brüdern und Freunden Schaden und Schande, daß dieser stolze Mann kein eheliches Weib und keine Kinder habe, da ihm doch jeder Fürst gern seine Tochter geben würde. Mit herzlicher Bitte lagen sie ihm an, ein Gemahl zu nehmen, das würdig sei, ihm Erben zu schenken. Herr Peter erschrak über ihren Wunsch und wies ihn von sich: „Noch ist mir nicht nach Hochzeit zumute, ich will ein freies Leben führen und alle Freuden genießen, solange ich jung bin!“ Aber sie dachten ihn doch zu fangen, und ein kluger Alter aus seiner Sippe sprach bei nächster Gelegenheit zu ihm: „Lieber Freund, deine Brüder und wir alle hier möchten dich um etwas bitten; willst du uns das gewähren?“ Darauf antwortete er: „Jeden Wunsch will ich euch erfüllen, nur einen nicht! Ich will kein eheliches Weib nehmen, eher soll man mir die Haut zu Riemen schneiden! Davon sollt ihr mir nie wieder reden, wenn ihr mich bei euch sehen wollt!“ Bekümmert sprach der Alte: „Ich wollte dir nicht zu nahe treten, sondern dachte nur an dein Wohl und deine Ehre!“ Und es ward nicht weiter über die Sache geredet.

Aber sie ging dem Ritter nach und machte ihm Sorgen. Das merkte die Frau wohl, da er sie in dieser Nacht herbeiwünschte, und sie sprach zu ihm, als sie in seinem Arm lag: „Du bist traurig, und ich weiß auch warum: man will dir ein Weib zur Ehe geben. Dann aber ist dein Leben verloren, und ich wünschte, ich wäre nie die Deine geworden!“ Der Ritter antwortete: „Sei ohne Sorge, mich verführt niemand; was ich gelobte, halte ich bis an den Tod.“ „Ich will dir einen Rat geben“, sprach die Frau; „wenn sie dich allzu hart bedrängen, daß du dir gar nicht mehr helfen kannst, so sag ihnen alles nach der Wahrheit: daß du ein Weib hast, das du liebst und das bei dir ist, sooft du willst. Erzähl ihnen, wie schön und treulich wir zusammen leben, das erlaube ich dir; nur überreden laß dich nicht, denn das wäre dein Tod!“

Kurz danach begab es sich, daß zu Frankfurt der deutsche König gekrönt werden sollte, und alle Fürsten, Grafen und Herren eilten zu Hofe. Auch Peter Dimringer machte sich auf den Weg, er führte eine herrliche Schar mit sich; denn er hatte alle seine Brüder und Verwandten auf das köstlichste mit Gewand, Harnisch und Roß ausgestattet, daß sie sich seines Reichtums und seiner Freigebigkeit nicht genug wundern konnten. So stolz kamen sie eingeritten, daß der König sofort fragte, wer dieser edle Ritter sei, und ihn mit hohen Ehren empfing. Als er aber auch im Turnier so trefflich stritt, daß er der Beste genannt wurde und alle Frauen ihm zujubelten, da entbot ihn der König zu sich und sprach zu ihm „Vor allen andern will ich Euch wohl! Ich habe eine Muhme, sie ist Waise, achtzehn Jahre alt und sehr schön: die will ich Euch zum Weibe geben und so viel Land dazu, daß Ihr und Eure Kinder gewaltige Herren im Reich sein sollt!" Diese gnädigen Worte trafen den Dimringer wie ein Blitzschlag, er wußte kein Wort zu erwidern, so daß die Herren ringsum sich wunderten und der König stutzte. Da der Ritter stumm blieb, sprach er weiter: „Glaubt nicht, werter Freund, daß ich Euer spotte! Ich meine es im Ernst und will Euch wirklich meine Muhme geben, die ich bisher manchem Fürsten verweigerte." Endlich kam der Ritter zu sich und antwortete: „Gnade, Herr! Aber es stünde wohl einer so edlen Magd nicht an, einen geringen Mann wie mich zu nehmen." Ungeduldig erwiderte der König: „Wen ich für sie wähle, den nimmt sie mit Freuden."

Die Fürsten sahen den Dimringer an wie einen Unsinnigen, bis endlich ein Bischof ihn fragte: „Sagt, Ritter, habt Ihr etwa schon ein Gemahl, daß Ihr solches Glück verscherzt?" Da antwortete der Dimringer: „Ich habe eine geliebte Frau, schöner, als je Menschenaugen eine sahen; sie ist bei mir, sooft ich will, und ich verdanke ihr mehr des Gutes, als ich je verzehren kann. Aber wenn ich ein Eheweib nehme, so muß ich – das hat sie mir auf die Treue gesagt – am dritten Tage sterben. Und das ist, ich schwör's, die Wahrheit." Darauf sprach der Bischof: „Laßt mich die Frau sehn!" und der Ritter antwortete: „Sie zeigt sich niemand als mir allein." „So ist sie kein rechtes Weib", rief der Bischof, „sondern der Teufel, und Ihr müßt um sie Seele und Leib verlieren!" So streng redeten er und seine Geistlichen dem Ritter ins Gewissen, daß er sich endlich verwirren ließ und versprach, nach des Königs Willen zu tun. Sofort ward ihm die Magd verlobt und die Hochzeit anberaumt nach Staufenberg in der Ortenau; mit reichen Gnadenbeweisen entließ ihn der König.

Als der Dimringer heimgekommen war und sich des Nachts zu Bett legte, wünschte er noch einmal seine Frau herbei. Gleich lag sie in seinem Arm, doch sie war sehr betrübt und sprach: „Ach, herzliebster Mann, nun tust du doch, was ich dir verbot!" „Was meinst du damit, liebe Frau?" fragte er. Aber sie wußte alles und sprach: „Es ist mir leid um dich, daß du ein Weib zur Ehe nimmst, denn du wirst davon sterben auf den dritten Tag. Und das sag ich dir als Zeichen: wenn du bei der Hochzeit meinen Fuß siehst und mit dir die andern Frauen und Männer, so laß den Priester rufen, damit er deine Beichte empfängt und dir die Ölung bringt.“ Aber so irre war der Ritter an der Frau, daß er bei sich dachte, hier sei vielleicht doch teuflischer Trug im Spiele; sie schied mit Trauer von ihm und ließ ihn in Sorgen zurück.

Zur festgesetzten Zeit ward die Braut nach Staufenberg gebracht und mit großem Gepränge dem Ritter angetraut. Als sie fröhlich an der Tafel saßen und der festliche Saal von Musik und Lachen erscholl, da geschah es, daß plötzlich durch die Decke ein Frauenfuß stieß; alle sahen ihn, wie er hervortauchte bis ans Knie, nackt, wunderbar schön und weißer als Elfenbein. Da verstummten alle jählings, nur der Ritter schrie auf: „Wehe mir, nun bin ich in drei Tagen tot!“ Auf einen Schlag war es vorbei mit Musik, Lachen und Tanz. Langsam zog sich der Fuß wieder zurück, und viele der Gäste rannten auf den Boden, der über dem Saale lag; aber dort war nichts zu sehen, und es war auch kein Loch und keine Spur zu finden, wo der Fuß durchgestoßen war.

Der Ritter ließ den Priester rufen und beichtete; nachdem er seiner Braut und seinen Brüdern Lebewohl gesagt hatte, starb er und war von allen, die ihn gekannt hatten, tief betrauert. Die Braut nahm den Schleier und betete für ihn; von der schönen Meerfee aber, die dem Dimringer Glück und Tod gebracht hatte, sagte und sang man noch lange im rheinischen Land.

DIE HERZMÄRE VOM BRENNBERGER

Der Brennberger, ein edler Ritter, lebte am Hofe des Herzogs von Österreich und sang viele Lieder zum Preise der Herzogin. „Der Herrin Wangen und Mund blühen wie Rosen: selig, wer sie küssen dürfte! Wahrlich, kein Mann scheint mir glücklicher auf Erden als mein Herr, dem diese Frau beschert ist! Keine andere kommt ihr gleich, es sei denn die Königin von Frankreich, von der in aller Welt gesagt und gesungen wird!“ „Ihr preist mich hoch, Brennberger“, sprach die Herzogin, „und wärt Ihr nicht mein treuer Diener, ich dürfte es nicht anhören! Aber sagt mir: ist die Königin von Frankreich wirklich so schön?“ „Ihr seid die Schönste, die ich je mit Augen sah, edle Herrin; von der Königin hörte ich nur, und ich kann nicht glauben, daß sie schöner sei als Ihr!" „Brennberger, mein liebster Diener, dem ich hold bin und vertraue: von dir möchte ich die Wahrheit wissen, welche von uns beiden dich schöner dünkt! Zieh hin nach Frankreich, sie zu schauen, und bring mir Kunde – dafür will ich dir danken!" „Lang und mühsam ist der Weg", entgegnete der Brennberger; „müßte ich fürchten, daß meine Kunde Euch betrübt, mir wäre die Reise viel zu weit! Aber ich vertraue darauf, daß ich Euch fröhliche Mär bringen kann; darum will ich gern dahinreisen, wie Ihr wünscht!" „So mach dich auf den Weg", sprach die Herzogin; „Gold und Silber will ich dir genug zur Fahrt geben, es soll dir nicht an Zehrung und an Pferden gebrechen. Geschmeide und Gewand, alles, was du verlangst, sollst du bekommen!" „Was ich brauche, ist nur eins", antwortete der Brennberger, „und darum bitte ich Euch, edle Frau: laßt mir ein Krämlein zurichten, darin alles ist, was edle Frauen zum Spinnen und Sticken brauchen – das will ich feilhalten in Paris." Als er es beisammen hatte, mit schöner Seide von vielerlei Farben und allem zierlichen Gerät, nahm er Abschied von der Herzogin: „Segne Euch Gott, schöne Frau, bis ich mit Freuden wiederkehre!"

In Paris nahm er Herberge bei einem Wirt und fragte ihn, wo er wohl die Königin am besten sehen könne. „Stellt Euch vor die Burg, wenn sie zur Kirche geht", gab ihm der Wirt Bescheid; „wenn Ihr sie dort kommen seht, wird sich Euer Auge und Herz erfreuen; denn ich schwöre es Euch: ich selbst sah nie ein schöneres Frauenbild!" Der Brennberger tat Frauengewand an und setzte sich als eine Krämerin vors Burgtor, sein Krämlein sauber vor sich hin breitend; bald kam die Königin, von zwölf Jungfrauen begleitet, herrlich einhergegangen, und ihr roter Mund brannte wie Feuer. „Gott grüß dich, Krämerin", sprach sie, „was hast du Schönes feil?" „Geruht es anzusehen, vieledle Königin!" Manche Stunde suchten und wählten die Frauen; so viel Schönes fanden sie, daß alle etwas kauften. Darüber wurde es Abend, und die Königin sprach: „Nun ist es so spät geworden, daß wir die Krämerin nicht mehr heimschicken können! Sie mag die Nacht über bei uns bleiben!" Als sie zur Nacht gegessen hatten, fragte die Königin: „Bei wem willst du nun heut schlafen?" „Ich danke Eurer Güte, edle Königin, laßt mich nur allein schlafen!" „Nein", sagte sie, „das wäre nicht gute Sitte! Ich habe zwölf schöne Jungfrauen, bei der jüngsten von ihnen sollst du liegen!" Und so geschah es. Zwölf Tage lang hielt die Krämerin ihre Waren feil, und jede Nacht lag sie bei einer andern Jungfrau. Am dreizehnten Abend sprach die Königin: „Nun lagst du bei allen, soll ich allein deine Gesellschaft entbehren?“ In der Frühe aber ward dem Brennberger bange um sein Leben; er wartete den Morgensegen nicht ab, sondern lief eilig in seine Herberge, bezahlte den Wirt, schwang sich aufs Roß und ritt, so schnell er konnte, davon aus der Stadt und dem Lande.

Als er nach Wien kam, trat ihm die Herzogin freundlich entgegen: „Nun sprich, Brennberger, mein liebster Diener, wie ging es dir? Bringst du gute Mär?“ „Lieb und Leid ist mir geschehen, hohe Frau“, antwortete er; „Ihr habt dergleichen noch nie gehört!“ Und er erzählte ihr alles, was ihm begegnet war. Da sprach die Frau: „Wehe, Brennberger, jetzt ist es mir leid, daß ich dich auf die Reise geschickt habe. Ist sie wirklich so schön, die Königin?“ „Ja, sie ist schön“, antwortete der Ritter; „als ich sie zuerst sah, brach ein so lichter Schein von ihrem Angesicht, daß ich glaubte in Feuer zu stehen!“ „Wenn das so ist“, erwiderte die Frau voll Betrübnis, „so sollst du künftig ihr Diener sein und nicht der meine!“ „Nein, Herrin“, sprach der Brennberger, „Ihr seid schöner noch als sie! Wohl hat sie einen stolzen Mund, aber schöner seid Ihr mit Eurem sanften Kinn und Eurem zarten Hals! Ihr seid das edelste Geschöpf, das die Erde trägt: selig Tag und Stunde, da Gott Euch schuf!“

Viele Lieder sang der Brennberger noch seiner Herrin, und sie liebte ihn reinen Herzens und in Ehren. Aber die neidischen Späher brachten üble Nachrede von ihnen zu ihrem Gatten, dem Herzog; der ließ den Brennberger auf freier Straße ergreifen und in den Turm werfen: „Brennberger, du hast meine Frau zu lieb: das geht dir ans Leben!“ Lange lag der Ritter gefangen, sein Haupthaar wurde weiß, sein Bart grau, sein Mut zerbrach, und er vermochte kaum mehr zu sprechen. Da wurden Mörder zu ihm geschickt; sie legten ihn auf einen Tisch und schnitten ihm das Herz aus dem Leibe. Sein Herr aber nahm das Herz und gab's dem Koch, der mußte es mit Gewürzen wohl zubereiten; so ward es der Frau vorgesetzt, und sie aß es unwissend.

„Was ist's, was ich gegessen habe?“ fragte sie ihren Mann; „noch nie schmeckte mir eine Speise so wohl!“ Er antwortete: „Was du aßest, ist das Herz Brennbergers, der dir, als er noch lebte, so viele Freuden gemacht hat!“ Sie sprach: „Habe ich Brennbergers Herz gegessen, so soll keine andere Speise mehr über meine Lippen! Nur ein Glas kühlen Weins schenkt ein und gebt es mir zu trinken! Doch das nehme ich mit auf meine letzte Hinfahrt: daß ich nicht schuldig wurde mit Brennberger – rein war unsere Liebe und ohne Tadel!“ Sie setzte den Becher an den Mund, und als sie ihn geleert hatte, sprang ihr das Herz in Stücke. Möge Gott ihr gnädig sein!

HERR HALEWYN

Herr Halewyn ritt durch das Land und sang mit heller Stimme ein schönes Lied, davon Berg und Tal widerklangen; und welche Jungfrau es hörte, die mußte mit ihm dahin. Wenn er eine lockte, so trat sie aus dem Hause, das Haar mit Seide gebunden, und er schwang sie hinter sich auf sein Roß; den grünen Schild an den Sattel gehängt, ritt er davon mit ihr in den dunklen Wald, und keine kehrte wieder. Viele Jungfrauen verschwanden so. Das vernahm Magteld, die Tochter eines Fürsten, eine schöne, kühne Jungfrau; sie beschloß, den Unhold zu suchen, um ihre Schwestern an ihm zu rächen.

Sie trat vor ihren Vater und fragte ihn: „Sag, Vater, darf ich hin zu Halewyn gehn?" „Nein, meine Tochter", antwortete er, „tu's nicht! Die dahin gehen, kehren nicht wieder!" Da trat sie vor die Mutter und fragte, die gab ihr dieselbe Antwort, und desgleichen auch ihre Schwester. Aber als sie vor ihren Bruder trat und ihn fragte, sagte der: „Geh hin, wohin du willst, wenn du nur deine Ehre bewahrst und deine Krone ohne Makel trägst!"

Wie zu einem Fest kleidete und schmückte sie sich. Über den Leib zog sie ein Hemd fein von Seide, darüber ein Mieder mit prächtigen Bändern und einen roten Rock mit goldenen Knöpfen, ihr Umhang war mit Perlen gestickt, und auf ihr blondes Haar drückte sie eine schwere goldene Krone. Dann ging sie in ihres Vaters Stall und zog das beste Roß heraus; schrittlings setzte sie sich darauf, singend und klingend ritt sie durch den Wald.

Tief im Forst begegnete ihr Halewyn und sprach sie an: „Gegrüßt, schöne Jungfrau mit den klaren braunen Augen!" Er wandte das Roß und ritt mit ihr weiter, und sie sprachen wenig miteinander. Von einer Haselstaude rief eine weiße Taube: „Kehr um, schöne Jungfrau!", aber sie ritt weiter ohne Angst. Endlich kamen sie zu einem Quell, darum war der Boden dunkel von Blut. Dort sprang Halewyn vom Roß und spreitete seinen Mantel ins Gras; er bat sie, sich zu ihm zu setzen, und sie tat es. Aber als sie die Augen hob, sah sie im Wipfel einer finsteren Tanne elf Jungfrauen hangen. „Bald sollst du die zwölfte sein!" sprach Halewyn, und er blickte ihr ins Gesicht, ob sie weinte, wie die anderen getan hatten; aber ihre Augen blieben klar. Da sprach er zu ihr: „Da du die schönste und kühnste Magd von allen bist, so wähle selbst deinen Tod! Sag, willst du am Tannenbaum hängen oder im Wasserstrom fließen – oder willst du das blanke Schwert küssen?" Sie erwiderte: „So wähl ich das blanke Schwert, wie es meinem Haupte gebührt!"

Er hatte sich erhoben und das Schwert gezogen, und sie stand vor ihm. Da sprach sie: „Leg dein Oberkleid ab, daß es nicht verdirbt – Jungfrauenblut spritzt weit!" Ihrem Geheiß folgend, wandte er sich, um das Kleid abzustreifen, und legte das Schwert neben sich; da ergriff sie es, und ehe er noch das Kleid vom Leibe hatte, lag sein Haupt vor ihren Füßen. Da begann das Haupt zu reden und sprach: „Geh unter die Tanne, dran die Jungfrauen hangen; dort findest du einen Topf mit Salbe, die streich mir an den Hals!" „Das tu ich nicht", sprach sie; „des Mörders Haupt bleibe liegen, wie es liegt!" „So nimm das Horn, das hinten an meinem Sattel hängt, und blase hinein!" „Das tu ich nicht, ins Horn blase ich nicht, sonst laufen mir die andern Mörder nach!"

Sie nahm das Haupt beim Haar und wusch es im Brunnen, mit ihm und dem Schwert ritt sie davon, schrittlings im Sattel sitzend wie ein Mann. Singend und klingend zog sie durch den Wald. Als sie den halben Weg geritten war, begegnete ihr Frau Jutta, Halewyns Mutter, und fragte sie: „Schöne Jungfrau, hast du nicht meinen Sohn gesehen?" Magteld antwortete: „Euer Sohn, Herr Halewyn, ging auf die Jagd, aber er wird nie wieder jagen gehen! Euer Sohn, Herr Halewyn, ist tot, hier trage ich sein Haupt in meinem Schoß, rot ist mein Gewand von seinem Blut!" – und sie zückte das Schwert drohend gegen die Alte, daß sie entwich.

Singend und klingend ritt sie weiter, bis sie an ihres Vaters Tor kam, da stieß sie ins Horn wie ein Held. Vater und Mutter, Schwester und Bruder eilten heraus und grüßten sie jubelnd. Zu Mahl und Gelage wurden alle Edlen des Landes geladen, und mitten auf der Tafel stand Halewyns Haupt.

DIE DITHMARSCHEN UND GRAF RUDOLF

Graf Rudolf, der auf der Bökelnburg saß, hielt die Dithmarschen in schwerer Dienstbarkeit; zum Zeichen, daß er sie nicht höher achtete als Vieh, mußten sie am Halse eine Halfter tragen gleich der, mit der man die Ochsen im Stall anbindet. Übermütiger und grausamer noch als der Graf war seine Frau Walburg; sie stiftete ihn an, seinen Untertanen immer härtere Lasten aufzubürden. Nach einem Winter, der so grimmig kalt war, daß die Vögel tot aus der Luft fielen, folgte ein Sommer des Mißwachses mit solcher Teuerung und Hungersnot, daß Menschen und Vieh dahinstarben, und die Bauern hatten kein Korn, um ihre Abgaben zu entrichten; darum baten sie den Grafen, ihnen die Schatzung zu erlassen. Da er sah, daß er doch nichts erlangen werde, weil nichts da war, bewilligte er ihnen die Bitte; doch gebot er ihnen auf Betreiben seiner Frau, daß sie im folgenden Jahre die Schatzung doppelt entrichten müßten.

Im nächsten Sommer geriet die Ernte gut; die Bauern atmeten auf und freuten sich des wiederkehrenden Wohlstandes. Einen der reichsten, Hein Viert, lud der Graf einmal zu sich und bewirtete ihn an seiner Tafel, die mit köstlichem Silbergeschirr gedeckt war; während des Mahls aber ließ er eine schöne Musik machen. Nach dem Essen fragte er den Bauern: „Nun, an einem so kostbaren Tisch hast du wohl noch nie gesessen?“ Der Bauer, den der Hafer stach, antwortete schmunzelnd: „Kommt nach der Ernte bei mir zu Gast; dann mögt Ihr sehen, ob mein Tisch nicht ebensogut bestellt ist!“ Der Graf folgte mit seiner Frau zusammen der Einladung. Da führte der Bauer sie in die Scheune, wo lange Tische und Bänke aufgeschlagen waren, und setzte den Gästen eine kräftige Bauernmahlzeit vor; die schmeckte ihnen aufs beste. „Dein Essen ist gut“, sagte der Graf; „aber wie will sich dein Tisch aus Brettern vergleichen mit meiner Tafel, die mit Silber gedeckt ist?“ Da wies ihn der Bauer darauf hin, daß die Bretter des Tisches und der Bänke über volle Kornsäcke gelegt waren, wie bei bäuerlichen Festen üblich, und erwiderte: „Von solchem Korn kann man wohl silbernes Geschirr genug bezahlen!“ „Aber wo bleibt die Musik?“ fragte der Graf weiter. Der Bauer ging hinaus und öffnete die Ställe, alles Vieh rannte auf den Hof; da kamen blökend die Schafe, quiekend die Schweine, brüllend die Kühe und Ochsen, wiehernd die Pferde, dazwischen schnatterten die Gänse, quakten die Enten und gackerten die Hühner, und der Bauer fragte: „Ist das nicht eine schöne Musik?“ Dem Grafen gefiel der Schwank; aber als er von Hein Viert heimfuhr, begann die Gräfin auf die Bauern zu schelten, denen es viel zu gut gehe, und drang in den Grafen, jetzt die doppelte Schatzung von seinen Untertanen mit aller Strenge einzutreiben. Daraufhin befahl der Graf, daß sie ihm alles schuldige Getreide, vorjähriges und diesjähriges zugleich, am St. Martinstag abliefern müßten, und es dürfe nicht ein Korn daran fehlen.

Die Bauern aber wollten nicht den Ertrag ihrer ganzen Mühe und Arbeit hingeben für den harten Herrn und sein böses Weib; darum beredeten sie sich untereinander, wie sie sein Joch abschütteln und die alte Freiheit wiedergewinnen könnten. Als der Martinstag kam, schickten sie ihre Wagen mit dem Zinskorn zur Burg; auf dem ersten aber saß neben dem Bauern seine schöne Tochter, mit der der

Graf längst gern Buhlschaft getrieben hätte. Als die Säcke ausgeschüttet wurden, waren sie voll schönen schweren Korns, und es folgten noch weitere Wagen, die waren gleichfalls mit Korn beladen. Aber als der Graf sich von der Güte des Getreides überzeugt hatte und danach seine Augen mehr auf die schöne Jungfrau richtete als auf die Kornsäcke, folgten die andern Wagen; da lagen in und unter den Säcken wohlgewaffnete starke Männer verborgen, und nebenher gingen andere, nicht weniger starke; den ganzen Hof stellten sie voll mit den Wagen und sperrten mit ihnen außerdem das Tor. Und nun, da der Graf glaubte, sich eines schönen Liebchens freuen zu können, und nicht mehr Obacht gab, rief ein Bauer den versteckten Genossen zu:

„Röret de Hände,
Snidet de Sacksbände!"

Auf diese Losung schnitten sich die Versteckten aus den Säcken, mit ihnen vereinten sich die Fuhrleute und die Begleiter, und jetzt hatten alle Waffen; mit dem Ruf: „Die Burg ist gewonnen!" stürmten sie durch Gänge und Zimmer und erschlugen jeden, der ihnen in den Weg kam. Die böse Gräfin ergriffen sie, schnitten ihr Brüste, Nase und Ohren ab und warfen sie ins Wasser, wo sie ertrank. Nur des Grafen konnten sie nicht habhaft werden; da begannen sie die Burg zu zerstören. Am dritten Tag hörten sie des Grafen zahme Elster schreien, sie gingen dem Geschrei nach und entdeckten einen verborgenen Gang: davor saß die Elster und rief unablässig den Namen ihres Herrn. Sie zogen den Grafen heraus und stachen ihn tot. Danach schleiften sie die Burg bis auf den Grund, nur von dem großen Ringwall blieb die Spur erhalten; aber an dieser Stätte wurde nie wieder eine Zwingfeste erbaut.

HOLSTENRECHT

Eine Königin von Dänemark, die schwarze Margret, griff mit Heeresmacht das Land der Holsten an und eroberte es bis zum Flusse Stör, nur die Marsch im Meere blieb frei. In die Burg Segeberg setzte sie einen ihrer Hauptleute als Vogt, der sollte das Land ganz dänisch machen; darum suchte er das alte Recht der Holsten zu vertilgen und richtete nach dem dänischen Gesetzbuch. Die Holsten führten darüber bittere Klage und begannen dem Vogt unter die Augen zu knurren: ihr eigenes Recht wollten sie behalten. Aber der

Vogt sprach: „Was ihr euer Recht nennt, das besteht nur in euren Köpfen, es ist nicht aufgezeichnet wie das dänische Recht. Nach einem geschriebenen Buch kann ich mich und euch richten; aber wie soll ich euer Recht überhaupt wissen? Geschrieben ist es nicht, erraten kann ich's nicht; da müßte ich mir ja schließlich einen Hund mitbringen, der euch euer Recht bellt! Darum beratet euch untereinander, wie euer Recht eigentlich aussehen soll, und bringt es mir zur Stelle!" Und er setzte ihnen einen Tag, an dem sie ihr Recht vor ihn bringen sollten.

Damals hatten die Holsten in ihrem Lande keinen eigenen Herrn, und die unter dänischer Herrschaft standen, konnten auch keinen wählen. Aber die in der freien Marsch wohnten nebst denen, die sich zu ihnen geflüchtet hatten, erbaten sich vom Grafen von Schauenburg seinen Sohn Alf als Haupt und Regenten. Als sie ihn nun bei sich hatten, lebte die Hoffnung auf die Freiheit im ganzen Holstenlande wieder auf, und mit neuer Zuversicht gingen die Edelleute zu der Tagung nach Segeberg. Dort traten sie vor den Vogt und verlangten abermals ihr Recht. Der Vogt fragte: „Was wollt ihr also für ein Recht in eurem Vaterlande?" Da zogen die besten und ältesten Edelleute zuerst ihre Schwerter und dann alle andern, und indem sie die blanken Klingen schüttelten, riefen alle trotzig wie aus einem Munde: „Unser altes Recht wollen wir behalten und mit dem Schwerte verteidigen!"

Als der Vogt die Schwerter der kühnen Männer so dicht vor seinen Augen blitzen sah, erschrak er; denn er hatte auch schon gehört, daß sich die Holsten ein neues Haupt gesetzt hatten. Darum wich er aus dem Saal und floh hinweg. Aber die Holsten eilten ihm nach und schlugen ihn tot. Danach holten sie ihren neuen Herrn, Graf Alf von Schauenburg, ins Land; der war ein junger, frischer Held und jagte die Dänen über die Grenze.

Seitdem aber war es ein Sprichwort bei den Holsten: „Unser Recht verteidigen wir mit dem Schwert!" Und des zum Zeichen erschienen sie fortan bei Gericht und auf den Landtagen stets in Waffen.

ISERN HINNERK

Hinrik, der Sohn des Grafen Geert von Holstein, trat in den Dienst des Königs von England; mit ihm zog er gegen die Franzosen und erwarb in der Schalcht von Cressy großen Ruhm. Mitten ins

Gewühl hinein sprengte er gegen den König von Frankreich an, ergriff ihn bei seiner goldenen Halskette und riß ihn vom Pferde; so nahm er ihn gefangen und zwei seiner Ritter dazu. Damit gewann er sich das beste Teil an dem Sieg. Viele von den Engländern gönnten ihm den Ruhm nicht, darum töteten sie den gefangenen König. Doch die Tat konnten sie ihm dadurch nicht nehmen; der König von England ehrte ihn um ihretwillen hoch und machte ihn zum Hauptmann in seinem Heer. Um so mehr wuchs der Neid der andern, und sie hätten ihn gern ums Leben gebracht. Einmal, als er mit seinen Leuten ausgezogen war, um Lebensmittel zu erbeuten, überfielen sie ihn mit Übermacht; aber seine holsteinischen Schützen und sein eigener Heldenmut halfen ihm, daß er viele der Verräter erschlug und die andern davonjagte. Und der König hielt ihn seitdem höher als zuvor.

Jetzt machten sich seine Feinde an die Königin und klagten ihr, daß der deutsche Sachse selbst Engländern von hohem Adel vorgezogen werde. Und als der König einmal fern war, sprachen sie zu ihr: „Dieser Fremde gibt sich für einen Grafen aus; aber wer weiß, ob das wahr ist! Wir wollen darauf eine Probe machen! Ihr haltet einen Löwen im Zwinger, und man hat stets gehört, daß dieses Tier einem geborenen Herrn kein Leid tut. Laßt den Löwen auf ihn los, dann werden wir sehen, ob jener von gutem Adel ist!“ Damit gewannen sie die Königin, und sie willigte in ihren Anschlag.

Nun hatte der Graf die Gewohnheit, morgens vor Tag aufzustehen und sich an die frische Luft zu begeben; er spazierte dann um das Schloß herum und sah zu, ob alles gut verwahrt sei. Da seine Feinde das wußten, ließen sie eines Abends den Löwen aus dem Gitter frei in den Hof laufen. Graf Hinrik erhob sich, wie er pflegte, in der Dämmerung, warf seinen Mantel über den nackten Körper und hängte sich sein Messer an einem Riemen um den Hals. So ging er in den Hof, und gleich sprang ihm, der sich nichts vermutete, der Löwe grimmig brüllend entgegen. Die Neider, die heimlich aus dem Versteck zusahen, meinten, das Tier werde den Helden zerreißen; aber Graf Hinrik griff unerschrocken an sein Messer und sprach mit starker Stimme: „Sei still und leg dich, verwegener Hund!“ Da duckte sich der Löwe stumm zu seinen Füßen, der Graf aber faßte ihn an der Mähne und führte ihn zurück in den Zwinger.

Nicht nur dem König von England leistete Graf Hinrik ruhmreiche Kriegsdienste, sondern auch dem König von Schweden und dem Heiligen Vater; immer tat er das Beste, und überall wurde dem wackeren Deutschen sein Ruhm geneidet. Aber nie wurden die Feinde seiner Herr; und als sie ihn einmal im oberen Stockwerk eines Hauses eingeschlossen hatten, sprang er in voller Rüstung aus dem Fenster hinab auf die Straße und entkam ihnen. So machte er seinem Namen, den man ihm seit der Schlacht von Cressy gegeben hatte, immerdar Ehre; und wenn die Holsten einen loben wollen, weil er jedem Feinde Trotz bot und jede Ungunst des Schicksals siegreich überwand, dann sagen sie heut noch von ihm: „Dat is recht en Isern Hinnerk."

SIRK VON REPSHOLT

Graf Gerhard von Oldenburg baute das Schloß Neuenburg gegen die Friesen auf strittigem Gebiet; als er den Grundstein legte, warf er seinen Handschuh darunter und rief: „Daß die Friesen der Bammel schlage! Sie behaupten allezeit, ich wolle auf das Ihre bauen, nun aber lege ich doch den ersten Stein auf das Meine!" So ging sein Sinn darauf, auch weiteres Land der Friesen zu dem seinen zu machen. Darum war es ihm ein Dorn im Auge, daß Sirk von Repsholt, der nach dem Willen der Friesen die unweit von Neuenburg gelegene Friedeburg innehatte, diesen seinen Sitz stark ausbaute und befestigte und damit den Zugang nach Ostfriesland hinein beherrschte. Wenn der Graf, was öfter geschah, mit Sirk auf der Landesgrenze wegen allerhand Fragen und Händeln zur Zwiesprache zusammenkam, war seine ständige Rede: er hätte doch gern einmal gesehen, wie Sirk sein Haus eingerichtet habe; und so blieb Sirk schließlich nichts übrig, als den Grafen der guten Nachbarschaft und der Ehre halber einmal zu sich einzuladen. Kaum hatte er ihn gebeten, ihn als Gast zu besuchen, da sagte der Graf auch schon zu; denn er hoffte bei dieser Gelegenheit das feste Haus mit List zu gewinnen.

An dem bestimmten Tage entbot Sirk in aller Frühe siebzig wehrhafte Männer mit ihren Harnischen und kurzen Schwertern heimlich zu sich und versteckte sie, mit aller Notdurft wohl versehen, in dem Steinhaus; dort sollten sie sich ganz ruhig halten, aber wenn sie ihn an die Tür klopfen oder rufen hörten, eiligst herbeikommen. Am Tor und in der Feste aber ließ Sirk nicht mehr Leute sehen, als er auch sonst bei sich hatte. Graf Gerhard kam mit seinem Hofgesinde vierzig Mann stark zu Sirk auf die Friedeburg geritten und hatte einigen seiner Diener befohlen, wohl auszukundschaften, wie stark sie besetzt sei. Als er nicht mehr Leute als gewöhnlich sah, war er sehr vergnügt und guter Dinge mit Sirk. Sie taten manchen guten

Trunk zusammen, bis der Graf den rechten Zeitpunkt nahe glaubte. Da schien es ihm richtig, seinen Wirt vor Schaden zu warnen, und er sprach so vor sich hin:

„Ruse, muse,
Een jeder seh to sinen Huse."

Sirk hatte des Sprüchleins wohl acht, ließ sich aber nichts merken, sondern ermahnte die Oldenburger Herren, sie sollten nur lustig sein und vorliebnehmen mit dem, was sein Tisch bieten könne. Nach einer Weile sprach der Graf abermals:

„Ruse, muse,
Een jeder Mann seh to sinen Huse."

Aber Sirk ließ sich nicht stören, sondern bat nochmals, Seine Gnaden und die Herren möchten nur so vergnügt sein wie er selbst. Inzwischen hatten des Grafen Diener sich umgesehen und nirgends etwas Verdächtiges gefunden; das sagten sie ihrem Herrn heimlich ins Ohr. Nun war es schickliche Zeit für den Grafen, dem Wirt für die freundliche Aufnahme zu danken, darum trank er Sirk einen guten Schluck zu und sprach danach zum dritten Male:

„Ruse, muse,
Sirk seh to sinen Huse!"

Da nun Sirk sah, daß es nicht anders sein sollte, antwortete er, aber jetzt in seinem guten Friesisch: „Gnädiger Herr von Oldenburg, gebt Euch zufrieden und seht nach Euren eigenen Häusern — das meine ist schon gut verwahrt!" Damit klopfte er an die Tür, hinter der seine Knechte warteten, und rief: „Kommt herunter!" Als die Knechte das hörten, kamen sie eilig die Treppe des Steinhauses heruntergerauscht und rasselten in den Saal. Da erschrak der Graf mit den Seinen nicht wenig und murmelte in Verlegenheit, er habe die Warnung nur ganz allgemein zu Sirks und aller Friesen Bestem getan. Sirk nahm es wohl auf und ließ nochmals einen guten Trunk einschenken; aber allzu lange wollte es dem Grafen nicht mehr schmecken. Er dankte dem Wirt für den freundlichen Empfang und ritt hinweg zur Neuenburg; aber er trug kein Verlangen mehr, wieder nach der wohlverwahrten Friedeburg zu kommen.

DIE SCHWEIZER WALDSTÄTTE UND DER TELL

Von den drei Waldstätten wurde zuerst Uri gegründet durch Siedler, die mit Erlaubnis des Römischen Reichs das wilde Land reuteten; dann kamen die Römer nach Unterwalden und als letzte Schweden, die durch Hunger und teure Zeit aus ihrer Heimat vertrieben worden waren, nach Schwyz. Lange Zeit saßen die drei Länder in guter Ruhe, und das änderte sich fürs erste auch noch nicht, als die Grafen von Habsburg das umliegende Gebiet unter ihre Herrschaft brachten. Als aber Rudolf von Habsburg zum deutschen König gesetzt war, sandte er Boten zu den Waldstätten und bat sie mit guten Worten, ihm in des Reiches Namen untertänig zu sein und eine bescheidene Steuer zu zahlen; dafür wolle er sie schirmen und fromme Männer zu Vögten über sie setzen. Nur dem Reich sollten sie zugehören und in allen ihren Rechten und Freiheiten belassen werden. Das gingen die Waldstätte ein, und König Rudolf hielt, solange er lebte, treulich, was er ihnen versprochen hatte.

Als er aber gestorben war, nahmen seine Erben die habsburgischen Länder in Besitz und begannen auch mit den Waldstätten zu schalten, als seien sie ihr eigen und nicht des Reiches. Edelleute aus dem Aargau, Thurgau und Zürichgau, die gern die großen Herren spielen wollten, bewarben sich um die Vogteien, und so ward ein Geßler Vogt zu Uri und Schwyz und ein Landenberg Vogt zu Unterwalden. Sie führten ihre Ämter mit Härte und achteten die Freiheiten der Waldstätte nicht, schrieben willkürlich Abgaben aus und gedachten die Länder aus der Hand des Reiches in ihre eigene Gewalt zu bringen. Mutwillig bedrückten und mißhandelten sie die Biederleute. Wenn einer eine hübsche Frau oder Tochter hatte, führten sie sie ihm weg und behielten sie auf ihren Burgen, solange sie wollten; und wer sich darüber beschwerte, den straften sie hart und nahmen ihm Hab und Gut.

Der Landenberg, der auf der Burg zu Sarnen saß, hörte, daß ein alter Bauer im Melchtal ein besonders schönes Joch Ochsen besaß; gleich schickte er einen Knecht, sie wegzunehmen und ihm zu bringen. Der Knecht ging hin und bestellte, wie ihm geheißen ward: „Die Bauern sollen ihren Pflug selbst ziehen, die Ochsen gehören dem Vogt!“ Als er aber die Tiere ausspannen und wegtreiben wollte, kam des Bauern Sohn Arnold dazu, der wollte den Raub nicht dulden und schlug mit dem Geißelstecken auf den Knecht, daß er ihm einen Finger entzweibrach. Schreiend lief der Knecht heim und erzählte dem Herrn, was ihm widerfahren war. Der Vogt befahl, den Sohn zu ergreifen; aber die Häscher fanden ihn nicht mehr, denn er war bereits entflohen. Da ließ der Landenberg den Vater gefangen nach Sarnen führen und blenden und nahm ihm alles, was er hatte.

Zur selben Zeit ritt der Junker von Wolfenschießen, den der Landenberg als seinen Amtmann auf die Burg Roßberg gesetzt hatte, zum Hause eines Biedermanns in Altzellen, als dieser gerade ins Holz gegangen und seine hübsche Frau allein war; und er verlangte von ihr, daß sie ihm seinen Willen täte, ob es ihr lieb sei oder leid. Da sie ein frommes Weib war, sträubte sie sich; aber er hörte nicht auf ihre Bitten und befahl ihr, ein Bad zu rüsten, darin wollte er sich mit ihr erfreuen. Als das Bad fertig war, ging er hinein und hieß sie nachkommen; verzweifelt rief sie zu Gott, und weil er die Seinen nicht verläßt, wenn sie ihn anrufen, kam in diesem Augenblick ihr Mann vom Holz zurück, die Axt auf der Schulter. „Was fehlt dir, Frau?" fragte er, da er sie in solcher Betrübnis sah, und sie erzählte ihm in Hast, was geschehen war. Da geriet der Mann in Zorn und sprach: „So will ich ihm sein Bad segnen!", lief in die Badstube und schlug den Junker mit der Axt auf einen Streich zu Tode. Danach entrann er, und obzwar der Landenberg ihn verfolgen ließ, ward er nicht gefunden. Nicht weniger gefürchtet als der Landenberg war in Schwyz und Uri der Geßler. Für gewöhnlich saß er auf der Burg zu Küßnacht; um Uri aber besser in der Faust zu haben, begann er in Altorf mit der Errichtung einer starken Feste, die den Namen Zwing-Uri tragen sollte. Eines Tages kam der Vogt durch Schwyz geritten und sah dort ein neues schönes Haus, ganz aus Stein erbaut; er ließ den Werner Stauffacher, der darin wohnte, herausrufen und fragte ihn: „Wem gehört dies Haus?" Der Stauffacher war wohl auf der Hut und antwortete: „Gnädiger Herr, das Haus ist Euer, und ich trage es nur zum Lehen" – denn er getraute sich nicht zu sagen, es sei sein. Da sprach der Vogt: „Ich will nicht, daß die Bauern wie Herren wohnen", und ritt für diesmal weiter; aber Stauffacher wußte, daß er von ihm nichts Gutes zu erwarten habe. Seine Frau, die nicht weniger klug war als er selbst, merkte bald, daß er mit Sorgen umherging, und bat ihn, da er nicht von selbst sprach: „Erzähl mir, was dich bekümmert! Wiewohl man sagt: Frauen geben kalte Räte – wer weiß, ob Gott mir nicht einen guten Gedanken schickt!" Darauf vertraute er sich ihr an, und als sie gehört hatte, was ihm widerfahren war, sagte sie: „Weißt du nicht jemand in Uri, mit dem du die Sache in Heimlichkeit besprechen könntest? Dort wohnt doch Werner Fürst, der ein Ehrenmann und dein Freund ist!"

Nach diesem Rat tat der Mann, er ging nach Uri und fand den Fürst gleichen Sinns und von gleichen Sorgen bedrückt. Nun berieten sie, ob sie nicht als dritten einen aus Unterwalden an sich ziehen könnten, und wählten dazu Arnold von Melchtal, den jungen Bauern, der vor dem Landenberger aus der Heimat geflohen war. Er irrte, nirgendwo sicher, umher, und sein glühender Wunsch war, Rache für seinen Vater zu nehmen; mit Freuden trat er Stauffacher und Fürst zur Seite. Die drei Männer schwuren sich Treue und kamen oft zusammen. Heimlich warben sie in allen drei Waldstätten sichere Leute zu Freunden, die mit Eiden gelobten, in Treue und Wahrheit zusammenzustehen und Leib und Gut zu wagen, um sich der Herren zu erwehren. Wenn sie etwas zu beraten hatten, trafen sie sich heimlich auf dem Rütli, einer Halde am Mythenstein, und brachten die mit, denen sie vertrauten.

Während sich so der Bund festigte, wurde Geßlers Übermut immer ärger. Er ließ zu Altorf bei der Linde eine Stange aufrichten und hängte einen Hut daran; daneben stellte er einen Knecht als Wache. Und er gebot: Wer da auch immer vorbeigehe, der solle sich vor dem Hut neigen, als wäre der Herr selbst zur Stelle; wer es aber weigere, den wolle er mit schwerer Buße strafen. So ungern sie es taten, gehorchten doch alle, die vorübergehen mußten, dem Befehl. Nur ein redlicher Mann, der Tell, der auch zu dem Bunde geschworen hatte, ging mehrere Male vor dem Hut auf und ab, ohne sich zu neigen, und der Knecht, der bei der Stange wachte, zeigte ihn dem Landvogt an. Sofort forderte Geßler den Tell vor sich und fragte ihn: „Warum neigtest du dich nicht vor dem Hut, da ich's doch geboten habe?“ Tell antwortete: „Es geschah von ungefähr, ich wußte nicht, daß es Euer Gnaden so ernst damit sei! Wäre ich wohlbedacht, dann hieße ich nicht der Tell!“ Nun war Tell der beste Schütze, den es im ganzen Lande gab, und er hatte schöne Kinder, die er sehr liebte. Die ließ Geßler herbeibringen und fragte: „Sag, welches von deinen Kindern ist dir wohl das liebste?“ „Sie sind mir alle gleich lieb“, antwortete Tell. Da griff der Landvogt das jüngste, einen sechsjährigen Knaben, bei der Hand und sprach zum Vater: „Wilhelm, ich hörte, du seist ein guter Schütze und fehltest nie dein Ziel – das wirst du mir jetzt beweisen: du sollst deinem Kinde hier einen Apfel vom Haupt schießen!“ Vergebens bat der Tell, ihm das zu erlassen, und sprach: „Was Ihr verlangt, ist gegen die Natur; weist mir ein anderes Ziel!“ Der Landvogt bestand auf seinem Willen und legte selbst dem Kind den Apfel aufs Haupt.

Der Tell, rings von den Knechten umstellt, sah, daß es kein

Entrinnen gab; so willigte er ein. Er nahm einen Pfeil und steckte ihn in sein Wams, einen zweiten legte er auf die Sehne, spannte die Armbrust und bat Gott, sein Kind zu behüten; dann zielte er und schoß glücklich den Apfel von des Kindes Haupt, ohne es zu versehren. „Das war ein Meisterschuß!" lobte ihn der Vogt; „aber sag mir, Tell: warum stecktest du den ersten Pfeil in dein Wams?" Der Tell antwortete: „Das ist so Gewohnheit bei uns Schützen." Doch damit wollte sich der Landvogt nicht abspeisen lassen, sondern drängte weiter, bis der Tell sagte: „Versprecht mir Sicherheit für mein Leben, dann will ich's Euch ganz nach der Wahrheit sagen!" Nachdem der Landvogt das versprochen hatte, sprach der Tell: „So hört es denn: Hätte ich mit dem ersten Schuß den Apfel verfehlt und mein Kind getroffen, dann wollte ich Euch mit dem zweiten nicht verfehlt haben!" Da sagte der Landvogt: „Ich versprach dir Sicherheit für dein Leben, und das will ich halten. Aber ich werde dich an einem Ort verwahren, wohin weder Sonne noch Mond scheint!" Flugs ließ er ihn von den Knechten anpacken und binden und in den Nachen werfen, mit dem er selbst nach Schwyz hinüberfahren wollte; Tells Schießzeug aber legten sie auf die hintere Bank.

Wie sie über den See fuhren und nach Axen zu kamen, erhob sich ein Sturm, so stark, daß Herr und Knechte zu ertrinken fürchteten; denn sie waren des Boots nicht mehr mächtig. In dieser großen Not sprach einer der Knechte zum Vogt: „Herr, Ihr seht, wie es um uns steht! Ließet Ihr dem Tell die Fesseln abnehmen, so könnte er uns wohl davonbringen, denn er ist ein starker Mann und versteht sich auf Wasser und Wind!" Da sagte der Vogt zu Tell: „Willst du dein Bestes tun, um uns zu helfen, dann will ich dich losbinden lassen!" „Gern, Herr!" antwortete der Gefangene. Sie nahmen ihm die Fesseln ab, er stellte sich zum Steuer und lenkte das Schiff mit starker Hand durch die Wellen; dabei sah er sein Schießzeug dicht neben sich liegen. Als sie sich der Felsplatte näherten, die seitdem die Tellplatte genannt wurde, rief er den Knechten zu: „Jetzt fest gerudert! Kommen wir hin zur Platte, dann haben wir das Schlimmste hinter uns!" Sie ruderten aus allen Kräften, und als sie nahe genug waren, riß er mit Macht das Steuer herum, daß sich das Schiff mit dem Hinterteil gegen das Land drehte, packte sein Schießzeug und sprang mit einem großen Satz auf die Platte hinauf; den Nachen aber stieß er mit einem Fußtritt in die Flut zurück, mitten hinein in die empörten Wogen. Während das Schifflein auf dem See schwankte, lief er auf verborgenen Bergpfaden in aller Eile nach Schwyz und weiter auf Küßnacht zu; in der hohlen Gasse, die nach dem Ort führt, machte er halt und wartete. Mit Mühe war der Vogt aus Sturm und Wogen entronnen; jetzt kam er mit seinen Dienern durch den Hohlweg geritten und sprach mit ihnen davon, wie sie des Entflohenen habhaft werden möchten, um ihn zu töten. Der Tell stand hinter einem Gebüsch und hörte das Gespräch; da spannte er seine Armbrust und schoß dem Geßler einen Pfeil ins Herz, daß er tot vom Pferde fiel. Dann machte er sich eilends fort und lief durch die Berge nach Uri, um die Nachricht von seiner Tat zu den Eidgenossen zu bringen.

Als sie das Geschehene hörten, hielten sie den Augenblick für gekommen, um die Knechtschaft abzuschütteln; denn sie waren inzwischen mächtig genug geworden, und auch manche vom Adel waren ihnen beigetreten. Mit bewaffneter Hand erhoben sie sich, brachen die Burgen und vertrieben die übermütigen Herren. Die noch nicht vollendete Feste Zwing-Uri zerstörten sie bis auf den Grund; die Burgen Roßberg und Sarnen, die sehr fest waren, nahmen sie mit List. In Roßberg war eine Dienstmagd die Liebste eines ihrer Gesellen; er überredete sie, ihn in der Nacht an einem Seil zu einem Fensterloch hinaufzuziehen. Aber unten an der Mauer warteten zwanzig Eidgenossen, und während er in der Kammer mit der Magd scherzte, kletterten sie an dem herabhängenden Seil hinauf und machten sich zu Herren der Burg. Den Amtmann mit seinen Leuten setzten sie gefangen, bis auch Sarnen als letzte Burg genommen war; dann jagten sie die fremden Herren aus dem Lande.

Sarnen gewannen sie an einem Neujahrstage, an dem sie dem Landvogt Landenberg Geschenke zu bringen hatten, je nachdem, was jeder besaß, ein Kalb, ein Schaf oder eine Sau. Dreißig Eidgenossen versteckten sich wohlbewaffnet vor der Burg in einem Erlengebüsch, andere zwanzig gingen mit den Geschenken zum Schloß. Dem Befehl des Vogts gemäß führten sie keine Waffen bei sich, sondern nur Stöcke; aber sie trugen die Speereisen in ihren Wämsern verborgen und hatten ihre Stöcke so zugerichtet, daß sie die Eisen leicht daranstecken konnten. Unterwegs schon begegneten sie dem Landvogt, der mit seinem Gefolge zur Kirche ritt, und da er sie unbewaffnet sah, gebot er ihnen, die Geschenke in die Burg zu bringen. Kaum waren sie darin, so pflanzten sie die Eisen auf und ließen das Horn blasen; da stürmten die Genossen aus dem Erlenbusch herbei und nahmen mit ihnen vereint alle gefangen, die in der Burg waren. Der Landvogt und seine Diener hörten den Hornruf und das Getümmel bis in die Kirche, und da sie die Burg verloren sahen, ergriffen sie die Flucht. Die Eidgenossen erblickten die Fliehenden, wie sie an den Bergen entlangjagten, aber verfolgten sie nicht, sondern ließen sie laufen, zufrieden damit, sie los zu sein. Die Burg Samen ward wie alle andern Zwingburgen bis auf den Grund geschleift.

So waren die Eidgenossen, die sich heimlich zusammengetan hatten, Meister des Landes geworden. Und nun richteten die drei Waldstätte öffentlich ihren Bund auf und schwuren einander, gemeinsam ihre Freiheiten und Rechte zu wahren, jetzt und immerdar.

EPPELE VON GEILINGEN

Der Eppele von Geilingen, aus fränkischem Adelsgeschlecht, war ein freier Reitersmann, der im ganzen Frankenland die Straßen unsicher machte und insonderheit der Stadt Nürnberg großen Schaden tat. In hohen Reiterstiefeln saß er auf seinem guten Roß, blitzschnell war er da, und blitzschnell entrann er. Aber einmal, nachdem er den Nürnbergern die Pferde von zweiunddreißig Wagen abgespannt hatte, erwischten sie ihn doch unversehens, als er sich in seinem Schloß Wald ausruhte. Da mußte er die Reiterstiefel ausziehen und zu Fuß nach Nürnberg laufen; sein Roß aber führten sie als Beute mit in die Burg. Dort ward Gericht über ihn gehalten und für Recht erkannt, daß ihm der Kopf vor die Füße gelegt werden sollte.

Als sie ihn zum Tode führten, bat er sie: „Da ich nun mein junges frisches Leben enden soll, laßt mich noch einmal mit Augen sehn, was vordem mein Herz erfreute! Laßt mich einen Blick tun ins Land, das ich so oft straßauf, straßab geritten bin, und laßt mich Abschied nehmen von meinem treuen Roß!“ Diese Rede erbarmte die Herren, sie ließen den Eppele an die Mauer treten, von der er weit übers Land hin sehen konnte, führten ihm auch sein Roß zu; er schlang ihm die Arme um den Hals, und es wieherte vor Freude laut auf. Im selben Augenblick schwang er sich auf den Rücken des Tieres, trieb es vor bis zur Brüstung und stieß ihm die Fersen in die Weichen: mit einem mächtigen Satz übersprang es den Mauerkranz hinein in den Burggraben, mit einem zweiten schnellte es sich empor über die Grabenwand und gewann das offene Feld. So entritt Eppele den Nürnbergern, und ihnen blieben nur seine Reiterstiefel; die hängten sie an seiner Statt und ihm zum Hohn unter dem Frauentor auf.

Nun begann Eppele aufs neue, die Kaufleute auf der Straße anzuhalten und ihnen die Geldtaschen abzuknöpfen. Aber es wurmte ihn, daß er den Pfeffersäcken hatte seine Stiefel lassen müssen, und er sann darauf, ihnen den Hohn einzutränken. Eines Tages ritt er frisch hinein durchs Tor in die Stadt, und da sich niemand solcher Dreistigkeit versah, wurde er nicht erkannt. Vor dem Hause des Schmieds hielt er an und ließ sich sein Pferd mit vier guten Eisen beschlagen; dann griff er in die Tasche und gab dem Schmied eine ganze Handvoll Goldgulden als Lohn mit den Worten: „Nimm es getrost und sei fein still! Deine Herren sollen es mir wohl wiedergeben!“ Er ritt vor das Wechselhaus; dahin hatte er heimlich zwei seiner Knechte vorausgeschickt, die mußten im Flur Lärm machen; währenddessen ging er unbemerkt in den Saal und nahm das goldene Vogelbauer von der Wand, das dort hing und ein Stolz der Nürnberger war. Unter dem Mantel trug er es mit sich davon und ritt zum Frauentor, wo seine Reiterstiefel aufgehängt waren. „Sag, guter Freund“, fragte er den Torwächter, „wem gehören denn diese schönen Reiterstiefel?“ „Die gehören einem Strauchritter, Eppele von Geilingen genannt.“ Da nahm Eppele die Stiefel vom Nagel und schlug sie dem Wächter um die Ohren, daß er taumelig wurde; dann jagte er aus dem Tor und rief zurück: „Nun melde deinen Herren: der Eppele hat seine Stiefel wiedergeholt!“

Draußen ließ er zunächst alle Vögel aus dem goldenen Bauer fliegen; darauf eilte er rasch weiter. Der Wächter aber rannte zu seinen Herren, und sofort mußten siebzig Reiter aufsitzen, Eppele zu verfolgen. Sie kamen bald auf seine Spur und jagten ihn weit durchs Land. Bei Muggendorf konnte er ihnen nicht anders entrinnen, als indem er einen Hügel hinaufritt; oben aber sah er, daß die Felswand viele Klafter hoch steil zur Wisent abstürzte: da sprang er mit seinem Roß über die Wand hinunter in den Fluß und schwamm ans andere Ufer. Dort setzte er sich geruhig ins Gras, zog sich vor den Augen der Verfolger seine Stiefel an und rief ihnen höhnisch zu: „Warum springt ihr mir nicht nach? Ihr seid schlechte Reitersknaben, um jeden Pfennig ist's schade, den eure Herren euch zahlen!“ Lachend schwang er sich wieder auf und ritt davon, sein Handwerk weiterzutreiben, und toller als je zuvor. Jetzt hatten die Nürnberger zum Schaden den Spott, aber sie gedachten nicht, ihn auf sich sitzen zu lassen. Überall ließen sie nach Eppele fahnden, und endlich spürten sie ihn zu Farrnbach auf.

Eppele hatte einen Knecht vorausgeschickt und sich im Wirtshaus eine gute Mahlzeit bestellt. Bald kam er selbst und tat seinem Leib mit Speise und kühlem Wein gütlich. Aber als er zum Fenster hinausblickte, sah er plötzlich, daß die Bauernwagen, die bei seinem Eintritt draußen auf dem Platz gestanden hatten, alle vor das Tor geschoben waren, ihm das Fortreiten zu verwehren. Da ließ er Essen und Trinken stehen und warf sich auf sein Roß, er drückte ihm die Sporen ein und sprang über acht Wagen: aber beim neunten mußte er es aufgeben, und die Nürnberger Knechte drangen auf ihn ein. Ehe sie ihn packen konnten, zog er sein Schwert und erstach sein gutes Roß. „Hättest du das nicht getan, Eppele“, sprach der Hauptmann zu ihm, „so wärst du vielleicht noch mit dem Leben davongekommen. Nun gibt es keine Gnade mehr für dich!“

Gebunden ward er nach Nürnberg gebracht und auf den Rabenstein geführt; dort schlug man ihm das Haupt vom Rumpfe.

STÖRTEBEKER

Klaus Störtebeker und seine Genossen, unter denen Gödeke Michael und Wichmann Wichelt die vorzüglichsten waren, hatten wacker zur See gegen die Dänen gekämpft, um dem gefangenen Schwedenkönig Beistand zu leisten. Als aber Friede geschlossen war, gefiel ihnen Kampf und Raub so gut, daß sie weiter auf eigene Faust Städte eroberten und Schiffe wegnahmen. Was sie erbeuteten, teilten sie gleichmäßig unter alle, und an vielen Orten der Ostseeküste besaßen sie Schlupfwinkel, in denen sie Schätze verbargen. Endlich wurden sie so lästig, daß sich die Hansen zusammentaten und sie aus der Ostsee verjagten.

Da wandte sich Störtebeker nach Friesland und fand Zuflucht bei dem Häuptling Keno ten Brooke, der ihm seine Tochter zum Weibe gab. Aber er lag nie lange fest im geschützten Hafen, sondern machte weite Raubzüge bis hin in die spanische See, ja ins Mittelmeer und selbst nach Konstantinopel. Dort waren die wilden Brüder ungebetene Gäste auf der Hochzeit der heidnischen Sultanstochter, sie hausten in der reichen Stadt wie die wilden Eber und lebten gute Tage; aber dann bekamen sie Durst auf Hamburger Bier und kehrten in die Nordsee zurück, um ihre Zeche auf Kosten der reichen Hamburger zu machen. Denen war das wüste Treiben der Seeräuber schon lange ein Dorn im Auge. Aber auch Störtebeker hatte Grund, ihnen zu grollen; denn sie hatten ihm vor kurzem ein Schiff weggeschnappt und den gefangenen Genossen die Köpfe abschlagen lassen.

Die Seeräuber fuhren von der Weser aus die Küste entlang bis zur Mündung der Elbe; dort erbeuteten sie eine Hamburger Holk, die mit Wein beladen war, und ließen sich's gut schmecken. Ein Blankeneser Fischer fuhr vorbei, der war einmal gut Freund mit ihnen gewesen, und sie luden ihn freundlich auf einen Trunk ein; so legte er sein Boot an Störtebekers Schiff und hielt mit ihnen, des Nachts aber goß er heimlich geschmolzenes Blei in die Angeln des Steuerruders. Dann segelte er schleunigst nach Hamburg und lief in das Haus des ältesten Bürgermeisters, bei dem gerade der Rat versammelt war: „Ihr lieben Herren, Störtebeker will euch besuchen, schon liegt er am Sand in der Elbmündung, dicht vor eurer Tür! Laßt ihr ihn entrinnen, so wird es euch immer eine Schande sein!" Und er erzählte ihnen auch, welchen Streich er den Räubern gespielt hatte. Bedächtig antwortete der Bürgermeister: „Guter Geselle, du bist uns unbekannt; woran erkennen wir, daß du die Wahrheit sprichst?" Der Schiffer erwiderte: „Setzt mich aufs Vorderkastell des Schiffs, bis wir die Feinde treffen, und log ich, so ertränkt mich im Meer!"

Jetzt eilten sich die Herren; mit der nächsten Ebbe segelten drei Jachten schnell die Elbe hinunter. Als sie nach Neuwerk kamen, gerieten sie in dicken Nebel, so daß sie nichts sehen konnten; aber mit einem Male brach der Dunst entzwei, die Sonne schien hell, da erblickten sie den Feind und der Feind sie. „Hört auf zu trinken, Gesellen!" rief Störtebeker, „dort kommen drei Schiffe gelaufen, das sind Hamburger — nun gilt's zu fechten!" Sie richteten die Geschütze, die Kugeln fegten übers Wasser, und mancher junge Hamburger mußte sein Leben lassen. Hart kämpften sie aus der Entfernung miteinander, aber Störtebekers Schiff konnte sich, da das Ruder mit Blei ausgegossen war, nicht frei bewegen, und nun brauste durch die Wellen die Bunte Kuh, das größte Schiff der Hamburger, heran, um die Räuber auf ihre starken Hörner zu nehmen. Ihr Kapitän rief dem Steuermann zu: „Halte steuerbords beim Winde und lauf ihm das Vorderkastell entzwei!"

Als von dem Stoß der Bunten Kuh dem Piratenschiff das Vorderkastell zerkrachte, sprach Gödeke Michael zu Störtebeker: „Jetzt geht's uns ans Leben!" Aus aller Kraft wehrten sie sich, viele wurden erschlagen, aber Störtebeker wurde mit siebzig seiner Gesellen gefangen. Er bot Simon von Utrecht, dem Admiral der Hamburger, alles Gut, das er ihnen geraubt hatte, als Lösung, aber Simon antwortete: „Nicht auf Gnade seid ihr gefangen, sondern auf Recht! Erweist es sich, daß ihr den Hamburger Kaufleuten kein Leid getan habt, so wird euch auch keins geschehen!"

Als sie die Elbe aufwärts gefahren waren und sich der Stadt

näherten, sah Störtebeker am Grasbrook viele abgehauene Köpfe aufgesteckt. „Das sind unsere Genossen", sprach er zu den Mitgefangenen, und alle wußten, was ihnen bevorstand. Nur eine Nacht ließ man sie im Gefängnis, dann wurden sie zur Richtstätte geführt, und die Herren von Hamburg taten ihnen die Ehre an, einen Zug von Pfeifern und Trommlern vorausgehen zu lassen. Die Frauen und Jungfrauen aber, die aus den Fenstern niedersahen, ließen manche Träne fallen; denn es waren unter den Räubern kühne, junge Gesellen. Auf dem Grasbrook wartete ihrer der Henker. Dort bot Störtebeker noch einmal Lösung für seine Genossen und sich: „Gold will ich euch geben, genug, um eine goldene Kette daraus zu schmieden, die die ganze Stadt mitsamt dem Dom umspannt!" Aber Rat und Richter wiesen das Gebot zurück. Da sprach er: „So gewährt mir eine letzte Bitte! Richtet mich als ersten und schlagt mir das Haupt ab, während ich stehe! Dann will ich an der Reihe meiner Genossen entlang laufen, und an welchen ich vorbeikomme, die laßt frei!" Diese Bitte dünkte die Herren seltsam genug, und sie versprachen, sie zu erfüllen.

Als Störtebeker stehend den Todesstreich empfangen hatte, begann er ohne Kopf zu laufen, er rannte vorbei an vieren der gefesselten Genossen und wäre wohl noch viel weiter gekommen: aber ein Henkersknecht, um den Kopflohn besorgt, warf ihm einen Holzklotz zwischen die Beine, so daß er zu Boden fiel. So wurden nur vier der Verurteilten erlöst; an den andern tat der Henker Rosenfeld sein Werk, er hieb frisch darein und ließ nicht nach bis zum letzten, daß er mit seinen geschnürten Schuhen bis zu den Knöcheln im Blute stand. Als er fertig war, fragte ihn ein junger Ratsherr: „Nun bist du wohl müde?" Aber der Henker antwortete: „Gar nicht müde bin ich, sondern so munter, daß ich jetzt noch ohne Beschwer den ganzen Rat von Hamburg abtun könnte!" Über diese frevelhafte Rede entsetzten sich die Hamburger Herren; sie ließen den Henker gefangennehmen und ihm den Kopf abhauen, wie er ihnen selbst hatte tun wollen.

Die Häupter der hingerichteten Seeräuber wurden auf dem Grasbrook aufgesteckt. Zu ihrem Erstaunen fanden die Hamburger in dem Schiff Störtebekers nur geringe Beute, obwohl sie große Schätze erwartet hatten. Sie gaben das Schiff einem Zimmermann, damit er es zerschlage. Aber als die Säge an den Hauptmast gesetzt wurde, traf sie auf etwas Hartes: da fand es sich, daß der Mast innen hohl und mit Gold ausgegossen war. Aus diesem Gold ließen die Hamburger eine große Krone machen und setzten sie auf den Turm von St. Katharinen.

DAS WÜTENDE HEER

In den Zwölf Nächten, aber zuweilen auch zu andern Zeiten, da Sturm übers Land heult, fährt es dahin durch die Lüfte: Wotans Heer, das wütende Heer, Wodes Jagd, die wilde Jagd, mit großem Ungestüm und Hundegekläff und lautem Geschrei: Wod, Wod, hoto, hallo! Es ist nicht gut, ihm zu begegnen; mancher, der es anbrausen sah, wurde von Entsetzen gepackt und vorwärts gehetzt, bis er ohnmächtig oder tot zu Boden fiel. Zuweilen ruft die Stimme eines Warners von oben: „Mitten in den Weg, mitten in den Weg!" Wer dem Zuruf des Treuen Eckhard folgt, über dessen Haupt zieht das wütende Heer hinweg, ohne ihm Schaden zu tun.

Viele haben es gesehen und davon berichtet; sehr verschieden ist, was sie erzählten, und verschieden sind auch die Meinungen, was es mit ihm für eine Bewandtnis habe. Manche meinen, da reite ein Jäger, Hackelbernd geheißen, der sich das ewige Heil verscherzte, weil er auch des Sonntags jagte und sich wünschte, jagen zu dürfen bis in alle Ewigkeit; andere halten den Herrn des Heers für den leibhaftigen Teufel. Manche sahen ihn auf einem schwarzen kopflosen Roß, in einer Hand die Hetzpeitsche, in der andern das Hifthorn, das Gesicht in den Nacken gedreht; andere auf dreibeinigem Pferd zwischen kopflosen Gestalten und feurigen Tieren; und wieder andern erschien er einäugig, in wehendem Mantel, auf einem Schimmel, so daß er auch der Schimmelreiter genannt wird. Manche sagen, es ritten in seinem Zuge auch Frauen mit, alte Heidengöttinnen, wie Berchta und Holda, aber auch Diana, Herodias und die Fee Abundia. Andere sprechen nur von Kriegsleuten und glauben, daß das wilde Heer Krieg prophezeie. Berühmte Helden sind ihm zugesellt, wie Dietrich von Bern; aber manchmal sind auch solche darunter, die man noch kurz vorher lebendig auf der Erde wandeln sah.

Einmal ritt das wütende Heer um Mitternacht über das schwäbische Städtchen Veringen; alle Bürger hielten ängstlich Tür und Fenster geschlossen, auf der Straße war nur ein Wächter, die Stunden auszurufen. Da rief ihn einer an: „Manno! Manno!" – und kam auch gleich zu ihm getreten, furchtbar anzuschauen: er war gekleidet wie ein Kriegsmann, und das Haupt war ihm in zwei Stücke gespalten bis an den Hals, so daß die eine Hälfte auf der Schulter lag. Der Verwundete begehrte vom Wächter, er solle ihm den Kopf mit einem Riemen zusammenbinden, und der Wächter gehorchte, obschon ihm grauste. Da sah er, daß es ein Mann aus seinem Städtchen war, dem war im Krieg das Haupt gespalten worden, und nun mußte er mitreiten im wütenden Heer, zusammen mit vielen andern, die eines gewaltsamen Schlachtentods starben. So sammelt der Wode Erschlagene um sich wie einst Heervater die gefallenen Helden, und es sind verwegene Gesellen in seinem Gefolge.

Von einem solchen erzählt eine Geschichte, die sich im Frankenland begab. Dort wohnten zwei Adlige, einer von Seckendorf und einer von Erlikom, die einander bitter feind waren und sich nach dem Leben trachteten. Eines Abends ritt der Seckendorfer, nur von einem Diener begleitet, mit gespanntem Bogen durch den Wald und kam, als es Nacht ward, zu einer einsamen Kapelle. Dort hielten sie eine Rast und ritten wieder davon, um sich gegen den Erlikomer in den Hinterhalt zu legen. Indessen merkte der Junker, daß er in der Eile seine Blechhandschuhe in der Kapelle auf einer Totenbahre hatte liegenlassen, und hieß den Knecht umkehren, sie zu holen. Der kam bald zurück, aber ohne die Handschuhe; ihm klapperten die Zähne vor Entsetzen, und er erzählte: In der Kapelle sitze auf der Bahre ein feuriges Gespenst, das habe die Handschuhe angezogen und schlage sie gegeneinander; da habe er sich eiligst davongemacht. Der Junker schalt den Knecht wegen seines Hasenherzens und kehrte selbst um, die Handschuhe zu holen; denn er war ein kecker Mann, der sich noch nie gefürchtet hatte. Aber er kam nicht bis zur Kapelle. Als er auf einem kleinen Pfad dahinritt, hörte er plötzlich ein seltsames Geschrei und Geklirr, und es krachte ringsum, als brächen alle Bäume entzwei. Immer näher kam das Getöse, und er wich ein wenig zur Seite, um im Gebüsch verborgen zu sehen, was da wäre. Da fuhr eine wunderliche Reiterei an ihm vorbei: dem einen fehlte das Haupt, dem andern ein Arm, und es waren auch Rosse, die auf zwei Beinen oder ohne Kopf dahintrabten; dazwischen liefen Fußgänger, manche ohne Schenkel oder nur mit einer Hand, andere kopflos und halb verbrannt, und manchen steckten bloße Schwerter im Leibe. Am Schluß aber ritt auf einem weißen, dürren, hinkenden Gaul ein Mann daher, schlecht gekleidet und so schwer verwundet, daß ihm das Gedärm aus dem Leib und übers Roß weg fast bis auf den Boden hing.

Der Seckendorfer sah alles genau an, und ihm geschah nichts; als der Spuk vorbei war, ritt er getrost wieder auf den Weg zurück. Da begegnete ihm noch einer zu Pferd, der auch zu der Gesellschaft gehörte, und weil es nur ein einzelner war, erdreistete sich der Junker und fragte ihn, was das für Leute gewesen seien. „Das war das wütende Heer“, sagte der Mann. Darauf fragte jener ihn weiter: was es mit dem dürren Roß auf sich habe und mit dem Mann, der so gräßlich verwundet war. „Das Roß gehört dem von Seckendorf“, antwortete der Mann; „er wird in einem Jahr von dem Erlikomer, seinem Feind, auf solchem weißen dürren Roß erschossen werden, und ihm wird dann das Gedärm so aus dem Leib herabhängen!“

Als der von Seckendorf das hörte, erschrak der sonst so Kecke doch bis ins Herz; er nahm, ohne weiter zu fragen, kurzen Abschied von dem Fremden und ritt nach Hause. Dort überlegte er, wie er wohl einem so jämmerlichen Tode entgehen möchte, und beschloß, sich in einem weit entfernten Kloster zu bergen. Also übergab er seine Güter den Freunden und machte sich heimlich auf nach Maulbronn. Dort ward er ein Laienbruder; niemand kannte ihn, und wenn ein Fremder ins Kloster kam, ließ er sich nicht blicken. Aber als die Zeit verstrich und er niemals wieder etwas von seinem Feinde hörte, glaubte er, der sei gestorben oder habe ihn vergessen oder werde, wenn er zufällig doch nach Maulbronn käme, ihn in seinem Klosterhabit nicht erkennen. So wurde er sorgloser und traute sich öfter aus der Mauer hinaus.

Der Erlikomer lebte aber noch und hatte ihn auch nicht vergessen; er hatte ihm vielmehr eifrig nachgeforscht, und als er vernahm, daß sein alter Feind sich in einem fernen Kloster verborgenhalte, suchte er eins nach dem andern ab. Gerade als der Tag sich jährte, kam er nach Maulbronn und ritt aufs Kloster zu: ein großes Stück vor der Mauer stand der Seckendorfer, gekleidet wie ein Laienbruder, bei den Zimmerleuten und las Späne auf. Der Erlikomer erkannte ihn auf den ersten Blick und schrie ihm zu: „Jetzt ist deine letzte Stunde gekommen!“ Der Seckendorfer rannte davon, dem Kloster zu; unterwegs sah er auf der Wiese ein lediges weißes, dürres Bauernroß und sprang eilends auf seinen Rücken, um zu entrinnen. Als er aber merkte, daß das nicht mehr möglich war, wandte er das Pferd um und ergriff eine Stange, um sich gegen den Feind, so gut er konnte, seines Lebens zu wehren. Der aber hatte schon seinen Bogen gespannt, schoß auf ihn und traf ihn mit dem Pfeil so in den Leib, daß ihm die Gedärme heraus und über das Roß stürzten. Das war sein Ende, er fiel tot zu Boden und ward in Maulbronn begraben.

Der Erlikomer entritt, und niemand weiß, wohin er gekommen ist. Von dem Seckendorfer aber steht zu vermuten, daß er zum wilden Heer stieß, um mit ihm zu reiten, wie er es ein Jahr vorher gesehen hatte.

DER SCHLAFENDE KAISER

Allenthalben in deutschen Landen gehen Sagen von Helden, die nicht starben, sondern in einen Berg entrückt der Stunde ihrer Wiederkehr harren. Von Hermann dem Cherusker und Siegfried wird solches erzählt, auch von Widukind, vor allem aber von großen Kaisern: von Karl dem Großen, Heinrich dem Vogler, Otto dem Großen, den beiden Hohenstaufen Friedrich I. und Friedrich II. und noch von Karl V. Zuweilen aber wurde der Name überhaupt vergessen und nur von einem Kaiser gesprochen.

Im Kyffhäuser oder in der Felshöhle zu Kaiserslautern soll der Kaiser Friedrich sitzen. Das erzählte sich das Volk wohl in Erinnerung an den zweiten Friedrich, den letzten Träger der großen alten Kaisermacht. Gerade daß er die meiste Zeit in Italien, fern von Deutschland, weilte, während sich doch die Hoffnung des Volks an ihn knüpfte, ließ ihn schon bei Lebzeiten geheimnisvoll erscheinen. Als er plötzlich, noch im kräftigen Alter von sechsundfünfzig Jahren, fern der Heimat im Bann des Papstes starb, wollten viele an seinen Tod nicht glauben, und man stritt sich darüber, ob er nicht doch auf Erden wandle. Mehr als einmal gaben sich spätere Abenteurer für ihn aus, und einer von ihnen wurde noch von Rudolf von Habsburg als Betrüger verbrannt. Aber auch Friedrich I., der auf seinem Kreuzzug ertrank, ward plötzlich und in der Fremde dahingerafft, gleichfalls ein gewaltiger Herrscher und dem Volk als „Rotbart" vertraut: er rückte später an die Stelle des zweiten Friedrich und galt als der Kaiser, der im Kyffhäuser sitzt, mit dem feuerroten Bart, der durch den Marmortisch gewachsen ist. Zu ihm in den Berg gelangten manche in glücklicher Stunde; er schenkte einem Spielmann, der ihm ein Ständchen brachte, zur Belohnung den Fuß eines Handfasses, der sich später als golden erwies; er fragte den Besucher: „Fliegen die Raben noch um den Berg?" – und seufzte auf die bejahende Antwort: „Dann muß ich noch hundert Jahre schlafen!"

Aber es ist gewiß, daß man sich schon von einem Kaiser im Berg erzählte, ehe noch die hohenstaufischen Friedriche lebten und herrschten. Damals war es der große Karl, den man entrückt glaubte, und auch die Sage von ihm erhielt sich bis in unsere Zeit. Er sitzt im hessischen Odenberg mit seinem ganzen Heer. Einmal kam er dorthin auf dem Heerzug, es war heiß, und die Krieger verschmachteten fast vor Durst. Da schlug der schneeweiße Schimmel, auf dem er den Seinen voranritt, mit dem Huf aus dem Boden einen Quell, an dem Mann und Roß getränkt wurden; dieser Quell heißt der Glisborn, und sein Wasser ist heute noch berühmt. Dann entbrannte am Fuß des Odenbergs eine gewaltige Schlacht, das Blut strömte in Bächen, die tiefe Furchen in die Erde rissen, und Karl errang den Sieg. Abends aber öffnete sich der Berg, nahm ihn und sein Kriegsvolk auf und schloß sich hinter ihnen wieder. Dort drinnen ruht der Kaiser, aber alle hundert Jahre kommt er einmal mit seinem Heer heraus: dann tönt die Luft vom Rasseln der Waffen, Pferdegewieher und Hufschlag, der Zug braust hin zum Glisborn, wo die Rosse getränkt werden, und rund im Kreise zurück in den Berg.

Von Waffen und Rossegestampf tönen alle die Berge wider, in denen die entrückten Kaiser sitzen, wie sie auch heißen mögen: denn überall wartet der mächtige Held auf den Tag, wo er aus dem Schlaf aufersteht. Dann wird er seinen Schild hängen an einen dürren Baum, und wenn der anfängt auszuschlagen und zu grünen, wird die gewaltigste Schlacht entbrennen; so viel Blut wird vergossen werden, daß es den Kriegern in die Schuhe rinnt; aber die Guten werden die Bösen besiegen. Niemand weiß die Zeit, aber die Sage vom Untersberg erzählt, daß es geschehen werde, wenn Kaiser Friedrichs Bart dreimal um den Tisch herumgewachsen sein wird; dann aber wird der Jüngste Tag anbrechen: in das Getümmel der Schlacht auf dem Walserfeld werden die himmlischen Posaunen hineindröhnen, und der Antichrist selbst wird zum Streit erscheinen.

Einmal hörten Leute, die am Odenberg vorbeigingen, in den Lüften Trommeln wirbeln; einer von ihnen krümmte seinen Arm zum Ring und hieß die andern hindurchsehen: da sahen sie den Kaiser reiten. So sah einst der sterbende Bjarki, als er durch den gekrümmten Arm seiner Frau blickte, Odin, den Herrn der Schlacht!

NACHWORT

Dies Buch ist zum Lesen bestimmt. Es setzt bei dem, der es zur Hand nimmt, nichts voraus als den Wunsch und Willen, heimisch zu werden in der Welt der Vätersage und ihre Gestalten von Angesicht zu Angesicht zu schauen. Es will nicht zu wissenschaftlicher Erkenntnis führen, sondern zum unmittelbaren Mitschwingen und Miterleben, und sucht dieses Ziel auf dem einfachsten Wege zu erreichen, indem es nicht untersucht und deutet, sondern erzählt.

Seit mehr als einem Jahrhundert ist eine ungeheure Arbeit geleistet worden, um die germanisch-deutsche Sage zu erschließen. Berühmte Namen leuchten über diesem mühevollen Werk: Jakob und Wilhelm Grimm, Ludwig Uhland, Josef Görres, Karl Simrock, Wolfgang Golther, Andreas Heusler, Axel Olrik, Friedrich von der Leyen und viele andere; trotzdem bleibt es eine Tatsache, daß selbst unter den Gebildeten nur eine Minderzahl einen Überblick über den Bestand unserer Götter- und Heldensagen hat. In weite Kreise sind eigentlich nur die Nibelungen und die Gudrun gedrungen, dazu noch einiges vom nordischen Mythos; alles andere bleibt mehr oder weniger Zufall, und selten langt es zu einem in sich gerundeten Gesamtbild. Auf diesem Mangel beruht es, daß man unsere sagenhafte germanische Vorzeit zumeist mit den Augen Richard Wagners sieht, der mit der Faust des Genies allerdings einen gewaltigen Komplex zu einem einheitlichen Ganzen zwang. Aber bei aller Bewunderung dieser kühnen Tat wird man nicht leugnen können, daß seine künstlerische Ballung gleichzeitig eine Verengung bedeutet. Niemals kann die Leistung eines einzelnen, und sei er noch so groß, umfassen oder gar ersetzen, was ein Volk im Laufe eines Jahrtausends schuf; der Künstler kann aus diesem Vorrat schöpfen und sein Werk selbständig formen, aber ihn zu erschöpfen vermag er nie und nimmer. Die gewachsene Überlieferung behauptet ihr Eigenleben, nur aus ihr selbst können wir sie richtig erkennen.

Will man also einen umfassenden Überblick über die germanisch-deutsche Götter- und Heldensage gewinnen, dann ergibt sich die Notwendigkeit, diese Fülle sich wirklich entfalten zu lassen. Gewiß sind Grenzen zu ziehen und Maße zu setzen, damit nicht eine Unform entsteht; aber die Grenzen müssen mit den Fingerspitzen ertastet sein und nicht mit dem Lineal gezogen, die Maße aus dem lebendigen Organismus abgeleitet und nicht aus einem Schema entnommen. Entscheidend für die Aufnahme einer Sage in unsere Sammlung war stets zunächst ihr eigener Gehalt, ihre Gestaltungskraft, ihre beispielhafte Gültigkeit; daneben aber die Beziehung auf das Ganze: ob sie einen neuen Zug, eine neue Farbe bringt oder auch, durch Wiederkehr des gleichen Motivs, dessen Gewicht verstärkt. In der großen Gliederung bildete sich zwanglos eine gewisse Entwicklungslinie heraus, auf die in den kurzen Einleitungen hingewiesen wird. Im übrigen aber wurde bei der Anordnung darauf geachtet, daß Dinge, die in einer Sage als bekannt vorausgesetzt werden, auch bereits vorher zur Sprache gekommen sind, damit der Leser nicht ohne Not vor Rätsel und Schwierigkeiten gestellt wird.

Dementsprechend wurden die Quellen behandelt. Manche bieten eine so vorzügliche Unterlage, daß ich ihnen genau folgen konnte, andere zwangen zur energischen Raffung, zum Streichen von Abschweifungen und Wucherungen, selbst zu vorsichtigen Änderungen, um störende Unstimmigkeiten zu beseitigen oder den Zusammenhang herzustellen, der zum Verständnis des Ganzen nötig ist. Wenn eine Sage in verschiedenen Formen erscheint, wurden, wo es möglich und wichtig erschien, einzelne Züge zusammengearbeitet; im allgemeinen wurde diejenige gewählt, die sich am besten in den Gesamtplan einordnet. Es wurde keineswegs immer die ältere Fassung bevorzugt; ganz darauf verzichtet habe ich, aus der Überlieferung geflissentlich eine Urform herauszuschälen: diese Aufgabe kommt dem Forscher zu, nicht dem Mittler, der jede wahrhaft lebendige Gestaltung mit gleicher Liebe umfaßt. Auch Spätformen können reizvoll sein, gerade an ihnen kann sich das Weiterströmen der sagenbildenden Kraft in besonderer Weise offenbaren. Diese Kraft war ein ganzes Jahrtausend hindurch am Werke, sie hat sich in so langer Zeit mannigfach gewandelt: auch davon soll dieses Buch zeugen.

Ich sehe keinen zwingenden Grund, warum man um einer Entwicklungsstufe willen die andere verleugnen soll; heidnische Germanen und christliche Deutsche sind in gleicher Weise unsere Vorfahren, wir haben von beiden unser Erbgut mitbekommen. Gewiß steht es jedem frei, selbst zu entscheiden, auf welchen Teil des Erbes er den größeren Wert legt; aber vorher soll er sich sein Urteil aus eigener Kenntnis bilden. Der Rahmen des Buches wurde so weit gespannt, daß jede Phase zu ihrem vollen Rechte kommt. Auf diese Art läßt sich das Trennende scharf erkennen, aber ebenso auch das Gemeinsame; und mancher wird vielleicht mit einigem Staunen wahrnehmen, daß dessen sehr viel ist, von der nordischen Göttersage her bis in die Sage der Kaiserzeit. Die gewaltigen Züge Odins kehren noch wieder in dem Antlitz des großen Karl oder des Rotbarts, der im Berge schläft; die Gestalt Balders, des Helden, der durch verräterische Tücke fällt, in Siegfried, Alphart, Adalbert von Bamberg; die Bauernkraft des starken Thor lebt weiter in den starken Händen wie Offa und Dietleib, den bäuerischen Grobianen wie Heime und Ilsan, den kraftvollen Bauernkönigen Widukind und Heinrich I. oder auch in einem Kerl wie Thedel von Walmoden, und endlich, schon an der Schwelle der Neuzeit, in den kleinen Bauernstämmen, die um ihre Freiheit kämpften. Immer wieder begegnen wir den von Allvater stammenden grimmigen Helden, die entfesselt wie Riesen wüten: Sigmund, Starkad, Hagen, Wate; und den väterlichen Beschützern nach der Art des alten Hildebrand und des treuen Berchter. Und von Anfang bis zu Ende leuchten in gleichem Glanz die königlichen Männer wie Beowulf, Rolf Kraki, Walther, Ortnit und Dietrich von Bern. Und nicht anders steht es mit den Frauen. Unter dem Einfluß des Christentums tritt die starke, wilde Genossin des Helden allmählich zurück gegenüber der sanften, duldenden und opfernden Frau; aber auch die Göttersage kennt ja neben der kampflustigen Freia und den Walküren schon die mütterliche Frigga und die liebliche Sif, das Christentum hat nur dazu beigetragen, eine von vornherein vorhandene Möglichkeit zu entfalten und zu erfüllen. Ist das nicht Gewinn? Unser Dasein wird aus vielen Brunnen getränkt, daher kommt sein Reichtum. Wir verstehen das harte Heldentum der germanischen Frühzeit, aber in unserem Blut funkelt auch die Freude an dem bunten Abenteuer des Mittelalters. Doch seht: auch in der Göttersage ist schon beides da: das unerbittliche Schicksal, das dem Untergang der Götterdämmerung zwanghaft zustrebt, schließt nicht den Bauernhumor der Riesenabenteuer aus, der genau von gleichem Schlage ist wie die volkstümliche Rüstigkeit, die Uhland der späten Spielmannsdichtung vom Rosengarten nachrühmte.

Durch die Sage blicken wir unmittelbar hinein in den Seelengrund unseres Volkes: darin liegt ihre Wichtigkeit und ihr Wert. Sie erschließt uns mit grenzenloser Offenheit und Klarheit das Herz unserer Vorfahren; viel sicherer als die Geschichte, bei der im Mittelpunkt die Tatachen stehen und die Beweggründe, Triebkräfte und Absichten der handelnden Personen erst gefolgert werden müssen. Von geschichtlicher Wirklichkeit enthält die Sage blutwenig. Wohl knüpft sie vorwiegend an historische Ereignisse und Persönlichkeiten an, aber sie verfährt mit ihnen höchst willkürlich, verflüchtigt sie unter Umständen bis auf winzige Spuren, ändert sie zuweilen so stark, daß Ereignisse und Charaktere einfach ins Gegenteil verkehrt werden. Aus Theoderich dem Großen, der den Odoakar besiegte, macht das Hildebrandslied einen Besiegten, der vor Odoakar aus dem Lande weichen muß; die spätere Überlieferung läßt ihn gar vertrieben werden von Ermanrich, der hundert Jahre vor ihm lebte, und verwandelt den Gotenkönig in einen tückischen Bösewicht. Von der Person Siegfrieds weiß die Geschichte überhaupt nichts zu melden; man hat hinter ihm den Cherusker Hermann oder den Goten Uraja vermutet, aber es fehlt dafür jeder bündige Beweis. Daß das Burgundenreich am Rhein den Hunnen erlag, ist eine Tatsache, die sogar mit einer Jahreszahl — 435 — belegt ist; und wir wissen auch, daß bei dieser Gelegenheit König Gunther ums Leben kam. Aber was hat das noch mit der Not der Nibelungen zu schaffen! Dieses Lied ist kein Faktum, sondern Dichtung vom Untergang hoher Helden, von ihrer Kühnheit, ihrer Freundestreue, ihrer Todesbereitschaft; genau wie die Dietrichsage die Dichtung von einem durch alle Feuer zu edelster Menschlichkeit geläuterten königlichen Mann. Daß solche Gestalten vor uns stehen in Fleisch und Blut, als ob sie noch lebten, das ist für die Bewertung der Sage wichtiger als die Frage, ob und wie sie wirklich gelebt haben; höher, erhabener, beispielhafter als die Wirklichkeit der Tatsachen ist die Wahrheit der Schau. Und so ist es auch fruchtbarer, die erhöhten Bilder der Götter in ihrer ganzen Eindringlichkeit auf sich wirken zu lassen, als über alle mythologischen Verhäkelungen Bescheid zu wissen. Gewiß hat die Aufklärung aller dieser Hintergründe ihre Verdienste; aber es gibt eine natürliche Rangordnung der Dinge, und in ihr wird das endgültig Geformte immer an der ersten Stelle stehen. Um der klaren Verständlichkeit willen wurde auf alle Stilexperimente verzichtet. Der Versuch, in fließender Erzählung unserer Zeit frühere Kunstformen nachzuahmen, hätte nur zu Halbheiten führen können. Ein Teil der älteren Sagen ist uns in Stabreimdichtungen überliefert. Zu ihren Eigentümlichkeiten gehörten, zumal im Norden, zahlreiche Umschreibungen und Kunstausdrücke; diese blieben schon damals den Hörern oft so dunkel, daß Snorri Sturluson hauptsächlich zu ihrer Erläuterung das poetische Lehrbuch schrieb, das wir als jüngere Edda kennen. Was in einer bis ins kleinste durchgebildeten Dichtungsart wohl am Platze ist, gehört nicht in eine aufrichtige Prosa, deren vornehmstes Ziel unbedingte Deutlichkeit ist; hier würde es nur geschraubt klingen. Eine zweite Eigenheit der alten Heldendichtung ist ihre Vorliebe für die dramatisch zugespitzte Zwiesprache: wir erfahren, was geschieht und geschah, aus dem Munde der handelnden Personen. Diese Form ist sicher von hohem Reiz für Zuhörer, die die Geschehnisse wenigstens in allgemeinen Zügen bereits vorher kannten und beim Vortrag die große Kunst des Dichters bewunderten; den, der den deutlichen Zusammenhang erst noch erfassen soll, bringt sie in Verwirrung. Wer solche Kunstwirkungen genießen möchte, muß sich an die Quellen selbst wenden; der Weg dazu wird ihm durch dieses Buch, das ihn über das Gegenständliche unterrichtet, ganz gewiß erleichtert werden. Ist es bei den älteren Dichtungen die Gedrängtheit und Dunkelheit, die das unmittelbare Verständnis erschwert, so ist es bei den Spielmannsmären die Vorliebe für Abschweifungen und Weitläufigkeiten; selbst das Nibelungenlied hat Abschnitte, die ziemlich leer laufen, geschweige denn gar der Wolfdietrich. Wie der Stabreim zur Überkürze, führt der Endreim zur Überlänge. Tat für mich dort Auflockerung not, so hier Straffung. Durch dieses Doppelvorgehen ergab sich eine gewisse Einheitlichkeit der Erzählweise, doch, wie ich hoffe, keine Eintönigkeit; das geschärfte Ohr wird die verschiedenen Schwingungen, die trotz allem vorhanden sind, wohl wahrnehmen. Aber sie sollen als feinerer Genuß nur nebenher laufen und keinesfalls von dem Inhalt ablenken, dessen Erfassung hier immer die Hauptsache bleibt.

Nach diesen grundsätzlichen Darlegungen habe ich noch über die Quellen und ihre Behandlung in gedrängter Kürze Rechenschaft zu geben; ich nenne lediglich die hauptsächlich benutzten, die daneben herangezogenen nur, wenn sie bedeutsam wurden.

Für den ersten Teil, die nordische Göttersage, boten den Stoff so gut wie ausschließlich die beiden Edden (die ältere Edda übersetzt von Simrock, durchgesehen von Neckel; die jüngere Edda übersetzt von Neckel und Niedner, Sammlung Thule). Da in beiden der Handlungsstoff reich, wenn auch nicht gleichmäßig strömt, machte die Erzählung wenig Schwierigkeiten – bis auf die Odinskapitel, in denen, um die Gestalt des zwiespältigen, geheimnisvollen Gottes herauszuarbeiten, zum Teil Darstellung und auch ein wenig Deutung gegeben werden mußte. Bei dem Abschnitt Gylfi in Walhall, der Rahmenerzählung des ersten Teils der jüngeren Edda, habe ich den Fragewettstreit über das Original hinaus zugespitzt, glaube aber damit den Sinn des Ganzen aufgehellt zu haben. Beiseite ließ ich ohne Trauer alles, was lediglich mythologischer Spekulation zugänglich ist.

Für den zweiten Teil, die germanische Heldendichtung, fließen die Quellen weit vielfältiger. Bei einigen Sagen, wie der von Helgi und Sigrun oder der von Wölund, konnte ich mich ganz eng an die Versedda anschließen. Von der Wölsungen- und Gjukungensage bieten beide Edden nur Bruchstücke oder sehr gedrängte Inhaltsangaben; so mußte der isländische Prosaroman (übertragen von Paul Herrmann, in dem Band Isländische Heldenromane der Sammlung

Thule) herangezogen werden, um den durchlaufenden Faden herzustellen; doch wurde, wo es nur möglich war, die Fassung der Edden bevorzugt. Diese Sage ist die einzige, die ich in doppelter Form bringe, nach der nordischen des zweiten Teils folgt im dritten die deutsche Nibelungensage. Bei der selbständigen Entwicklung beider Fassungen wird es wohl auch einfachen und jugendlichen Lesern möglich sein, sie nebeneinander zu genießen, ohne sich verwirren zu lassen; für den, der tiefer eindringt, wird der Vergleich ebenso lehrreich wie fesselnd sein. Fehlen durfte keine von beiden, die nordische schon darum nicht, weil sie zu Wagner hinführt. Ich habe, dem Beispiel von Wolters und Petersen folgend, den Namen Gudrun, den Siegfrieds Weib im Norden trägt, in Grimhild abgeändert (so heißt dort die Mutter, die Ute des Nibelungenliedes); es ist in einem Buch, das als ein Ganzes aufgenommen werden will, nicht zu tragen, wenn zwei verschiedene Hauptheldinnen unter dem gleichen Namen auftreten, zwei identische aber unter grundverschiedenen.

Eine Anzahl von Sagen ist der dänischen Geschichte von Saxo Grammaticus entnommen. Dieser gelehrte Geschichtsschreiber, der von kirchlicher und lateinischer Bildung strotzt, macht es einem nicht leicht, die einfache Handlung aus seinen wortreichen Sätzen und gar Gedichten herauszuschälen, und vieles bleibt bei ihm sprung- oder lückenhaft. Vor allem bei der Geschichte Starkads war ein wirklich geschlossener Handlungsablauf nur mit Mühe herzustellen. Eine große Schwierigkeit besteht darin, daß Saxo dem Kämpen drei Neidingstaten verhängen läßt, während er tatsächlich nur zwei begeht; da von diesen Taten die ganze Komposition der Sage abhängt, wurde die Zahl entsprechend geändert. Aber auch in die Gruppierung mußte scharf eingegriffen und der klaren Führung zuliebe etwa die Erzählung von der berühmten Bravallaschlacht ganz kurz gefaßt werden. Zur Sage von Rolf Kraki wurde neben Saxo der isländische Heldenroman herangezogen, der allein auch die Geschichte von der Königin Olöf bringt (Isländische Heldenromane, übertragen von Paul Herrmann). Von den übrigen Saxo entnommenen Sagen sei besonders der Amleth hervorgehoben; ganz gewiß wird jeder sich freuen, das Urbild des Shakespearehelden kennenzulernen.

Der Beowulf ist in der großartigen angelsächsischen Heldendichtung (von der es eine Reihe Übersetzungen gibt, vor allem die ausgezeichnete H. von Wolzogens) vollständig erhalten; ihr konnte mit wenig kleinen Umstellungen gefolgt werden. Die Tyrfingsagen hat Poestion zusammengetragen und geordnet; daneben wurde die Herwarasage selbst benutzt.

Das reiche Strömen der dänischen und isländischen Quellen gibt den Nordgermanen ein großes Übergewicht. Doch muß man festhalten, daß vieles, was dort erzählt wird, ursprünglich andern germanischen Stämmen gehört. So ist die Wölsungen- und Gjukungensage burgundisch-fränkisch; der Jörmunrek (Umformung von Ermanarich) zeigt eine Verschmelzung dieses Sagenkreises mit dem ostgotischen, Wölund-Wieland kommt von den Sachsen, Offa von den Angeln, Heidrek wiederum ist Westgote, und in der Schlacht auf der Dunheide, die den Schluß der Tyrfingsagen bildet, hallt die Erinnerung an die Schlacht auf den Katalaunischen Feldern nach. Beowulf ist kein Angelsachse, sondern Gaute, d. h. er entstammt dem südschwedischen Gotland, wohin auch die Herwörsage weist. Die Stammeszugehörigkeit ist also in der nordischen Überlieferung trotz des großen Anteils der Dänen sehr bunt. Eigene Geschichtsschreiber, die Sagengut ihrer Stämme mitteilen, hatten außer den Nordgermanen vor allen Dingen die Langobarden in Paulus Diaconus, von dem die Geschichte Alboins hergenommen ist, und die Franken in Fredegar, dem die Sammlung zwei Sagen verdankt. Die Geschichte von Irminfried und Iring ist dem Geschichtswerk des Widukind von Corvey entnommen. Den Adelger von Bayern fügte ich diesen Sagen bei, obwohl von ihm erst ein mittelhochdeutsches Gedicht berichtet, weil die Sage trotz ihrer offenbar späten Zutaten doch altes kernhaftes Gut zu enthalten scheint.

Schwer nur habe ich der Versuchung widerstanden, die Sammlung aus dem nordischen Bestand noch ausgiebiger zu bereichern; doch schien mir alsdann die Überbetonung zu stark. Auf eine Wikingersage freilich wollte ich nicht verzichten; ich wählte die von den Wikingern auf der Jomsburg, so daß wenigstens der Ort auf deutschem Boden liegt. Diese Sage gehört in ihrem Abklang zu dem Herrlichsten, was das Wikingertum (das ja eine Fortsetzung der Völkerwanderung zur See ist) hervorbrachte; die wundervolle Übertragung von W. Bätke (Sammlung Thule), die ich zugrunde legte. verdiente wohl, als eigenes kleines Buch verbreitet zu werden. Ganz verzichtet habe ich nach langer Überlegung auf die isländischen Bauerngeschichten, die freilich viel Sagengut enthalten, deren realistische Erzählungskunst aber gänzlich aus dem Stil dieses Buches herausfallen würde. Wer sie kennenlernen will (was jedem nur zu raten ist), greife zu den Isländergeschichten von Arthur Bonus oder den entsprechenden Bänden der Sammlung Thule. Nicht missen aber wollte ich die Frithjofsage, obwohl sie in Ton und Form schon auf einer späteren Entwicklungsstufe steht. Sie ist allgemein bekannt durch die Dichtung Tegnérs; in ihrer reinen alten Fassung ist sie dem deutschen Leser duch Gustaf Wenz zugänglich gemacht worden.

Da die folgenden zwei Bücher ausschließlich der deutschen Sage gewidmet sind, ergänzte ich die nordische Reihe noch durch die Erzählungen von der Geisterschlacht, der ich den späteren christlichen Schluß anhängte, und die von Nornagest (nach den isländischen Heldenromanen), in der das Heidentum auf eine würdige Weise zu Grabe getragen wird.

Dem dritten Buch – Deutsche Recken – liegen zum größten Teil geschlossene mittelalterliche Epen zugrunde. Die Anordnung erfolgte nach dem Gesichtspunkt der leichtesten Verständlichkeit; darum stehen Ortnit, Hugdietrich, Wolfdietrich, obwohl jünger, an der Spitze, weil sie zu dem großen Amelungenhelden Dietrich von Bern hinführen. Dessen Geschichte wiederum rahmt den burgundischen Sagenkreis ein. Den Schluß machen Gudrun und König Rother, die Seefahrererzählungen, die in den Personen mit den übrigen Sagen dieses Teils nichts gemein haben. Aus der einheitlichen Führung der Linie weichen zwei Geschichten: die von Walther und Hildegund und die vom Rosengarten. Beide geben von manchen burgundisch-fränkischen Helden ein anderes Bild als das Nibelungenlied. Im Waltherlied herrschen in Worms nicht Burgunden sondern Franken; Gunther erscheint als ein höchst unwürdiger König; daß er das Bein, Hagen ein Auge verliert, sind Züge, von denen das Nibelungenlied nichts weiß – in ihm treten beide Helden völlig heil am Leibe auf. Im Rosengarten kommen die Burgunden samt Siegfried schlecht weg, am schlechtesten aber Kriemhild; alles Licht fällt in diesem Gedicht auf Dietrich und seine Helden. Mit diesen Unstimmigkeiten muß sich der Leser wohl oder übel abfinden; fehlen durften die beiden Werke nicht, die nach Stoff und Form Meisterstücke früher und später mittelalterlicher Epik sind. Eingereiht sind sie da, wo ihre Widersprüche gegen die Hauptüberlieferung am wenigsten stören.

Die Wiedergabe von Ortnit und Hugdietrich hält sich eng an die Vorlagen. Bei Wolfdietrich ist die Überlieferung nicht einheitlich; es gibt vor allem für die Geschichte seiner Geburt zwei ganz verschiedene Fassungen. Da ich den Hugdietrich als eine der reizendsten Brautfahrtgeschichten nicht entbehren wollte, mußte ich mich für die jüngere entscheiden, die ich im übrigen auch keineswegs für geringer halte. Die Wolfdietrichmär selbst, die bei den Spielleuten hochgeschätzt war und darum hemmungslos ausgesponnen wurde, habe ich ganz energisch gekürzt; die Episoden von der rauhen Else und vom Messerkampf behielt ich bei, obwohl sie sichtlich unter fremdländischem Einfluß stehen: aber wenigstens an einem Beispiel sollte das Einfluten neuer Motive aus der Ferne gezeigt werden. Im übrigen habe ich an zwei Stellen die zerflatternde Fabel so gestützt, daß sie Halt hat: daß Wolfdietrich seine Getreuen vergißt, mußte unbedingt motiviert werden, und ebenso, daß er sich plötzlich wieder ihrer erinnert. Die Stützpunkte waren leicht zu finden.

In der Nibelungensage folgte ich ganz dem Liede, auch die Vorgeschichte vom hörnenen Siegfried wurde aus ihm entnommen und nur durch einige Züge aus dem späten Volkslied und Volksbuch ergänzt. Gestrichen wurden nur wenige, die Handlung nicht fördernde Abschweifungen (z. B. Siegfrieds Fahrt vom Isenland zu den Nibelungen), und geändert habe ich nur einmal, indem ich (in Übereinstimmung mit Jakob Grimm) die Wasserfrauen, die Hagen die Zukunft weissagen, in Schwanenjungfrauen zurückverwandelte. In der Hegelingensage wurde die Vorgeschichte, König Hagens Entführung durch den Greif, auf ein paar Sätze zusammengezogen; beim König Rother der zweite Teil als eine unnötige Zutat gestrichen.

Bei der ganzen Arbeit hat es mir die größte Mühe gemacht, die Dietrichsage in eine geschlossene, klar übersichtliche Form zu bringen. Von der Geschichte Dietrichs gibt es nur eine Darstellung, die vom Anfang bis ans Ende reicht: die nordische Thidrekssage, die im 13. Jahrhundert aufgezeichnet wurde (deutsch von Fine Erichsen in der Sammlung Thule). Dieses umfangreiche Werk, literaturgeschichtlich von höchstem Wert, ist literarisch eine wahre Stopfwurst, in die der Sagamann alle ihm irgend erreichbaren Stoffe hineingezwängt hat. Dennoch weiß er die Haupthandlung so zu führen, daß die Linie erkennbar bleibt, auch hat er einzelne Abschnitte in sehr schöner Form bewahrt. In Deutschland war Dietrich der bewundertste und geliebteste Held der Spielleute, weshalb er der Kirche auch besonders verhaßt war: sie ließ ihn als einzigen der heidnischen Helden vom Teufel holen. Trotzdem gibt es kein zusammenhängendes deutsches Dietrichepos, sondern nur eine Reihe kleiner, sehr verschiedenartiger Dichtungen. So wurden einzelne seiner Riesenkämpfe gesondert besungen (Sigenot und Eckes Ausfahrt), sein Abenteuer mit Laurin, seine Flucht vor Ermanrich, Alpharts Tod, die Rabenschlacht, die Klage über seine gefallenen Mannen; ihr Tod selbst und Dietrichs Kampf mit Gunther und Hagen ist geschildert in dem erschütternden Schlußabschnitt des Nibelungenliedes. Daneben erhielt sich aus ältester Zeit als einziges deutsches Heldenlied in Stabreimen das

Lied von Hildebrand und Hadubrand – leider am Schluß verstümmelt. Alle diese Dichtungen sind selbständig, sie nehmen aufeinander gar keine Rücksicht. Hier mußte also, um die verschiedenartigen, oft widerspenstigen Elemente zu einem Ganzen zu zwingen, sehr fest zugepackt werden. Vor allem habe ich die ins Uferlose schwellenden Kämpfe Dietrichs um die Wiedergewinnung seines Reichs in einen zusammengezogen, in die Rabenschlacht, und in sie auch den Tod Alpharts eingefügt, der nicht verlorengehen durfte, obwohl er zweifellos ein späterer Doppelgänger zum Tod der Etzelsöhne ist. Im übrigen aber habe ich das Gute immer getrost dort genommen, wo ich es kriegen konnte. Trotz der Spaltung der Dietrichsage durch die burgundisch-fränkische, die sich ja nicht vermeiden ließ, hoffe ich, daß so — und für viele gewiß zum ersten Male — ein vollständiges und rundes Bild vom Wesen und Schicksal dieses herrlichsten aller Sagenhelden erwachsen ist.

Das vierte Buch enthält die Sagen der Kaiserzeit; der Buntheit seines Inhalts entspricht die Vielfältigkeit der Quellen. Ich habe diesem Teil die Überschrift Mund des Volkes gegeben – sie soll nur die Richtung weisen. Denn die hier wiedergegebenen Geschichten beruhen wohl fast durchweg auf mündlicher Überlieferung einer bestimmten Landschaft, indessen auf uns gekommen sind sie in sehr verschiedener Form; eine stattliche Anzahl von ihnen als Kunstdichtungen, wie vor allem der Arme Heinrich des Hartmann von Aue, der Otto mit dem Bart und der Schwanenritter des Konrad von Würzburg und der Peter Dimringer des Erkenbold; Karls Heimkehr aus Ungarland entstammt einem mittelalterlichen Versepos, der Scherfenberger einer Reimchronik; auch die Sage von Heinrich dem Löwen habe ich aus einem Gedicht des späten Mittelalters gezogen, während ihr bäuerliches Gegenstück, die Geschichte Thedel von Walmodens, erst im 16. Jahrhundert von dem bestrebten Magister und Hauslehrer Georgius Thym in Reime gebracht wurde, freilich offensichtlich auf Grund guter alter Familienüberlieferung. Der Herzog Ernst ist aus einem Epos ins Volksbuch gewandert (wie übrigens auch der Arme Heinrich.)

Einige Sagen sind in Geschichtswerken aufbewahrt: Karl und die Langobarden – die herrliche Schilderung des Aufzugs von Pavia bei dem St. Gallener Mönch, der als Notker der Stammler festgestellt wurde –, Adalbert von Bamberg (Liudprand und Widukind von Corvey), Heinrich I. (Jahrbücher von Pöhlde), Roland bei Ronceval

(Pseudo-Turpin); andere in Chroniken heimatlichen Charakters: der eiserne Landgraf Ludwig und der Sängerkrieg in der thüringischen von Johannes Rothe, die ostfriesischen bei Beninga, die holsteinischen beim Presbyter Bremensis, die dithmarsische bei Neokorus; auch Geschlechterchroniken (Graf von Gleichen) lieferten Stoff. Für die Tellsage benutzte ich das Weiße Buch von Sarnen, nur wenige Lichter wurden aus späterer Darstellung aufgesetzt. Die Erzählungen um König Widukind, über den es leider eine zusammenhängende Sagendichtung nicht gibt, mußte ich stückeln; die Bestandteile finden sich am vollständigsten bei Josef Dettmer (Der Sachsenführer Widukind). Nicht anders ging es bei den Abschnitten vom schlafenden Kaiser und vom wütenden Heer; das Hauptstück des letzten entstammt der Zimmerischen Chronik.

Mit besonderer Zärtlichkeit bin ich den Sagen zugetan, die aus der reinsten Art volkstümlicher Überlieferung stammen: dem Volkslied. Die Geschichte vom Mann im Pflug ist auch in einem flämischen Volksbuch erzählt; ich bin der Fassung des Volkslieds vom Grafen von Rom gefolgt. Vom Tannhäuser gibt es verschiedene Lieder; ich habe, in der Hauptsache dem einen folgend, auch besondere Züge anderer zu retten gesucht. Der Brennberger – übrigens eine historische Person, bekannt als Minnesänger, dessen eigener Ton vielfältig nachgesungen wurde — ist gleichfalls Held mehrerer Lieder. Zwar ist der erste Teil der Sage, der heitere, nur in einem Meistergesang erhalten, aber den zweiten, tragischen, hat das Volk selbst aus seinem Herzen heraus gesungen. Die Herzmäre war in vielfältiger Form ein beliebter Stoff, nicht nur in Deutschland; in der eigentümlichen Fassung, wie sie hier erscheint, ist sie deutsches Eigentum. Die Geschichte vom Herrn Halewyn gehört in den Kreis der deutschen Blaubartsage, die in einer ganz ungewöhnlichen Menge von Liedern Widerhall gefunden hat. Es gibt sie mannigfach gewandelt, in den verschiedensten Gegenden Deutschlands, und der Unhold trägt verschiedene Namen: Adelger, Uliger oder — in dem herrlichen Lied, das keine Geringere als Annette von Droste aus Westfalen aufgezeichnet hat — Gert Olbert. Halewyn nennt ihn das niederfränkische Lied (nebst andern mitgeteilt in Uhlands Volksliedern); es ist am reichsten gegliedert, darum legte ich es zugrunde, übernahm aber auch Züge aus den andern. Auf dieses Lied hat übrigens Charles de Coster eine seiner schönsten flämischen Legenden gebaut; ihm zu Ehren habe ich die tapfere Jungfrau, der das Lied keinen Namen gibt, mit dem geziert, den er ihr beilegte: Magteld. Bei der Droste heißt sie seltsamerweise Helena. Halewyn selbst ist wahrscheinlich der Name einer geschichtlichen

Person; er wird als Sohn eines Jarls der Karolingerzeit mit dem Namen Adelwyn oder Alowyn genannt. Mit zwei Helden seltsamer Art, einem Räuber zu Land und einem zu Wasser, reicht die Sammlung, die im allgemeinen als Zeitgrenze das Ende der Hohenstaufenkaiser festhält, sogar bis etwa ans Jahr 1400. Eppele von Geilingen, der fränkische Raubritter, und Störtebeker, der norddeutsche Seeräuber, sind beide im Volkslied gefeiert; freilich mußte diese Überlieferung mannigfach ergänzt werden. Man wundert sich keineswegs, daß das Volk sie liebte; sie haben entschieden echte Heldenzüge, und das Ende Störtebekers klingt ein wenig an die Jomswikingersage an –; sogar die Zahl der zum Richtblock Geführten – siebzig – ist die gleiche. Die Sage von Störtebeker ist, wie angemerkt sei, die einzige dieses Buchs, in die bereits Kanonen hineindonnern.

Mit diesen Ausführungen wird denen, die Erläuterungen zu unserer Sammlung suchen, genug getan sein; es sollen ja nur Fingerzeige gegeben werden. Wem die hier erzählten Sagen den Wunsch erwecken, Genaueres über die Geschichte, die Zusammenhänge und die Deutung der Sagen zu erfahren, der greife zu dem Deutschen Sagenbuch Friedrich von der Leyens (vier Teile in fünf Bänden); an seiner Hand wird er sich erwerben können, was er braucht, und auch andere wissenschaftliche Bücher werden sich ihm dann leicht öffnen. Wer danach verlangt, zu den Quellen selbst zu gehen, dem sei empfohlen, sich zunächst an die groß geformte Dichtung zu halten: also an die ältere Edda (Übersetzung von Simrock, durchgesehen von G. Neckel), das Nibelungenlied (mittel- und neuhochdeutsch), die Gudrun und den Beowulf; kleinere Epen — Walther und Hildegund, Laurin, Alpharts Tod, Rabenschlacht — mögen dann folgen. Von den Dichtungen der Kaiserzeit sind der Arme Heinrich und die kleinen Erzählungen Konrads von Würzburg leicht zugänglich. Noch Anspruchsvollere mögen sich dann weitertasten zu den Jomswikingern und anderen Köstlichkeiten der Sammlung Thule. Und wer erst bis dahin gekommen ist, wird selbst weiterfinden. Nichts wäre mir willkommener, als wenn dieses Buch recht vielen Anregung gäbe, immer tiefer in die Schatzkammern der Vätersage einzudringen. Sehr viele werden dazu freilich nicht in der Lage sein; gerade diese sind es, an die vor allen sich diese Sammlung wendet

INHALTSVERZEICHNIS

ERSTES BUCH

Kunde der Seherin: Nordische Götter

ZWEITES BUCH

Lied des Sängers: Germanische Helden

DRITTES BUCH

Mär des Spielmanns: Deutsche Recken

VIERTES BUCH

Mund des Volkes: Kaiser und Herren, Ritter und Frauen
Bauern, Räuber und Dämonen

INHALTSVERZEICHNIS